政府会计建设研究十年

——我们的观点演进

赵西卜　王建英　王彦　著

中国财政经济出版社

图书在版编目（CIP）数据

政府会计建设研究十年/赵西卜，王建英，王彦著. —北京：中国财政经济出版社，2016. 3

ISBN 978 - 7 - 5095 - 6578 - 0

Ⅰ. ①政… Ⅱ. ①赵…②王…③王… Ⅲ. ①预算会计 - 研究 - 中国 Ⅳ. ①F812. 3

中国版本图书馆 CIP 数据核字（2015）第 309955 号

责任编辑：张若丹等　　　　责任校对：刘　靖
封面设计：刘宏伟

中国财政经济出版社 出版

URL：http：//ckfz. cfeph. cn

E - mail：ckfz@ cfeph. cn

社址：北京市海淀区阜成路甲 28 号　邮政编码：100142

营销中心电话：010 - 88190406　北京财经书店电话：010 - 64033436、84041336

北京财经印刷厂印刷　各地新华书店经销

880 × 1230 毫米　32 开　21 印张　578 000 字

2016 年 3 月第 1 版　2016 年 3 月北京第 1 次印刷

印数：1—3 060　定价：50. 00 元

ISBN 978 - 7 - 5095 - 6578 - 0/F · 5293

（图书出现印装问题，本社负责调换）

质量投诉电话：010 - 88190744

打击盗版举报热线：010 - 88190492，QQ：634579818

前　言

1997年，我们有幸深度参与了事业单位会计改革，并深深体会到事业单位会计的复杂程度远超过原有的想象。自那时起，在以企业会计准则为主攻方向的同时，我们对事业单位会计有了浓厚的兴趣。2003年作为课题主持人，我承担了财政部会计准则委员会的重点课题“政府会计的概念框架”，开始了政府会计研究之路。自2003年起，我和我的同事王彦老师、王建英老师自发组成了中国人民大学政府会计研究小组（以下简称研究小组），由王彦老师统领，王建英老师和我作为主要成员，采用团队形式对政府会计进行深度研究。组成这个团队，一是形成研究合力，以多角度专攻政府会计中的一个个具体难题，二是在现有政府会计实务基础上充分借鉴吸收企业会计改革和国际政府会计改革的成功经验。团队式研究使我们受益颇多。

全国预算与会计研究会作为一级专业学术团体，每年都配合财政部相关部门的中心工作，围绕财政部各年重点工作任务开展相关课题研究。作为全国预算与会计研究会的分支机构，北京市预算会计研究会每年承接全国预算与会计研究会的研究课题。我们这个研究小组，每年配合北京市财政局及北京市预算会计研究会的研究任务开展相应的课题研究。十余年来，研究小组在北京市预算会计研究会、北京市财政局的积极支持和配合下，开展了以实际调研为基础的多项课题攻关，对诸如政府会计准则体系、管理模式、会计要素、会计主体、权责发生制、国有资本、固定资产及基础设施、政府负债、政府财务报告、财务报告分析利用等问题进行专题研究。

有些研究报告还得到了财政部相关领导的批示和认同。

2014年12月，国务院发布《关于批转财政部权责发生制政府综合财务报告制度改革方案的通知》，明确要求建立全面反映政府资产负债、收入费用、运行成本、现金流量等财务信息的权责发生制政府综合财务报告制度。《权责发生制政府综合财务报告制度改革方案》（以下简称《方案》）作为落实《中华人民共和国预算法》和《国务院关于深化预算管理制度改革的决定》（国发〔2014〕45号）、推进国家治理体系和治理能力现代化的重要举措，确定了建设中国现代化政府会计制度的目标、任务、原则、方法、内容、实施步骤和措施保障等，是建设中国现代化政府会计制度的纲领。该《方案》既是中国政府会计改革的方向和目标，也是建设中国政府会计的实施路径和具体方法。该文件的发布使我们备受鼓舞！经过长达数十年的政府会计研究论证，中国政府会计的实质性改革终于到来了！毫不夸张地说，《方案》已成为中国政府会计实质性改革的里程碑！

落实中国现代化政府会计制度，其核心内容就是通过政府会计准则规范政府会计行为，为国家治理现代化提供有助于评价政府受托责任和决策有用所必需的会计信息。如果说1992年的企业会计改革是助推中国经济发展的革命性变革，是在国际经济一体化局势下的被动式改革，那么，2014年开始的中国政府会计改革则是在推进中国国家治理中的自我革命。这次会计改革必将大大加快从国家管理到国家治理的革命性转变。

回顾十多年的研究历程和研究成果，我们感到有小小的成就感，更有要为中国政府会计建设贡献力量的自信心、责任感和使命感。在此，我谨代表中国人民大学政府会计研究小组，向为我们提供政府会计研究机会、提供政府会计改革思想和研究成果的各位领导、同仁和朋友表示诚挚的谢意，向为研究小组提供调研协助和条件支持的政府基层单位表示衷心感谢！

为便于有志于参与中国政府会计变革的同仁进行相关问题的研究和讨论，我们特将十余年来对中国政府会计研究的过程和点滴体会出版。需要说明的是，在研究过程中，我们不断根据实际调研情况对以往的观点和方法进行修正和完善，现有的观点也不是我们最终的定论，还会在不断调研、学习和讨论中修正和补充。也正因为如此，我们把本书命名为《政府会计建设研究十年——我们的观点演进》，各年研究成果保留原样。

2005 年至今，研究小组在对政府事业单位、政府行政单位和财政部门、相关国有企业，以及地方人民代表大会办事机构、政府信用评级机构等进行广泛调研基础上，完成了政府会计方面的研究课题二十余项，本书正是这些研究成果的集中展示。在课题研究中，中央财经大学李晓梅副教授、北京市教育局陶春梅博士、北京工商大学陈珂教授、北京市预算与会计研究会聂宝玲同志和高笑莲同志、北京市财政局马晓薇同志，以及北京市相关区县财政局同志深度参与了课题的拟定和内容讨论并对课题研究内容和观点提出了中肯的意见和建议，在此表示衷心感谢。特别需要感谢时任《预算管理与会计》杂志总编的汪雁题先生，汪老从课题设计到稿件撰写投入了大量精力，指导课题组高质量完成了 2005 ~ 2010 年的各项课题研究。限于世界银行中国经济改革的实施（技援五期）中国政府会计管理与改革战略框架研究项目“建立政府会计准则体系研究”（项目主持人赵西卜）和“政府会计制度体系研究”（项目主持人王彦）的知识产权归属问题，未能将这两个课题的研究报告收入本书；2009 年完成的国家社会科学基金项目“公共财政体系中政府会计建设研究”（20090674，项目主持人赵西卜），由北京市社会科学理论著作出版基金资助并由中国人民大学出版社于 2012 年 7 月出版发行，其内容不再收入本书；2013 年财政部、科学技术部课题“科学事业单位财务制度修订”和“科学事业单位会计制度修订”（项目主持人赵西卜），以及 2013 年完成的财政部“行政单位会计制度设计”（项目主持人王彦）和 2015 年完成的“财政总预算会计制度设计”（项目主持人王彦）等制度性研究成果，已经公布实施，不再收入本书；2012 年完成的财政部课题“国际公共部门会计准则委员会对政府会计最新研究成果的借鉴”（项目主持人赵西卜）以翻译和归纳借鉴为主，限于篇幅也未收入本书。我们将一如既往地在中国政府会计建设道路上不断前进，力争拿出更多更好的研究成果，为中国政府会计的建设和发展贡献我们的微薄之力。

本书由中国财政经济出版社出版发行，在此，向中国财政经济出版社表示衷心感谢！中国财政经济出版社会计分社副社长樊清玉女士为本书出版做了大量辛勤工作，在此向她表示我们的诚挚谢意！

本书观点仅是研究小组的一些不成熟看法，而且在深入研究中不断对已有观点进行了修正和完善。尽管这些观点和建议性做法多数被已经正式发布执行的政府会计基本准则及政府总预算会计制度、行政单位会计制度和事业单位会计准则等所采纳或认可，但时至今日，这些观点也远未达到权威观点的水平。也正因为如此，才有出版本书的必要。希望本书所载内容和观点能够引起业界同仁关注，并请对我们的观点、看法等提出宝贵意见和建议，大家群策群力，共同研究，为中国政府会计的健康发展作出新的更大贡献。

恳请同仁和读者批评斧正。

赵西卜

2016 年 2 月于中国人民大学明德商学楼

目　录

2005年《政府会计的概念框架》[①]

本研究的主要内容包括主要观点综述、研究报告全文、政府会计基本准则（建议稿）三个部分。

第一部分　主要观点归纳

一、政府会计的界定

我国的政府会计是以政府为会计核算主体，反映政府各业务活动中的财政资金收支和运用效果，对政府预算执行情况和财务状况进行记录、计量、核算和报告，以向政府内部提供其进行宏观决策和制定相关政策所需要的会计信息为主要目的的专门会计，是进行财政资金管理的重要手段。

我国的政府会计适宜采用政府预算会计和政府财务会计相结合，并以政府预算会计为主的模式。

二、政府会计的对象

现阶段我国政府会计的核算对象应涵盖除企业会计和民间非营利组织会计以外的所有单位的经济业务活动。具体包括：（1）全口

① 本课题为财政部会计准则委员会重大课题，课题负责人为赵西卜，执笔人为赵西卜、王彦。

径政府预算；（2）财政支出形成的资本金；（3）政府债务的发生和偿还；（4）政府债权的发生和收回；（5）预算单位的全部财务活动情况；（6）属于与政府预算紧密相联的税收征缴、国库缴拨、政府代管性质的社会保障基金及住房公积金等；（7）暂时不对国家文化资产、土地资源以及矿藏等进行核算和报告。

三、政府会计的适用范围

我国政府会计的范围应包括政府机构、组织和所有国有事业单位，而且要涵盖原来预算会计体系中的财政总预算会计、行政单位会计和事业单位会计。政府企业不纳入政府会计范围之内，但政府对国有企业的投资产权应纳入政府会计的报告范围。

四、政府会计目标

我国的政府会计在满足政府会计信息使用者方面，未来很长时间内，以满足政府部门自己的需要为近期目标的模式不会发生根本性改变。内部使用的需要主要表现为：财政部门用于监督预算执行和进行预算决策；政府机关用于掌握预算情况和执行结果；税务部门用于有效安排税务管理和决策；立法机关用于监督政府部门的职能履行、预算执行和预算安排；人民代表大会需要预算执行情况的必要信息等。

为满足以上信息使用者的需要，政府会计（报告）目标可以细化为三个方面：（1）反映报告中央和地方政府预算收支执行情况，提供相关的有用信息；（2）全面真实反映政府财务状况的相关信息；（3）反映政府受托责任履行情况的重要信息。

五、政府会计假设

政府会计基本前提应包括四个方面：会计主体、持续运作、会计分期和货币计量。这些名称与企业会计的假设一致，但在具体含义上却差别很大。

会计主体多样（基金、单位、部门），持续运作可多角度理解（有明确期限的基金、无明确期限的基金、单位），会计分期有多种形式（公历制、特殊要求、基金存续期），货币计量（需要大量辅以非价值指标）。

六、政府会计的信息质量特征

政府会计的信息质量特征包括真实性、及时性、相关性、可比性、一贯性、限制性、实质重于形式、收付实现制和权责发生制、配比、明晰性、全面性和重要性 12 项。

七、政府会计的核算基础

一般经济活动采用收付实现制核算基础，期末预算执行的个别项目采用权责发生制核算基础，某些经济活动采用收付实现制和权责发生制双核算基础，需要进行绩效评估的项目或经营活动要求采用权责发生制核算基础。

八、政府会计要素

设置三个层面的会计要素：政府预算报告层面的会计要素包括预算收入、预算支出和预算结余；政府财务状况报告层面的会计要素包括资产、负债和基金产权（净资产）；绩效报告层面的会计要素包括收入和支出。

九、政府财务报告

财务报告应当包括报表、报表附注和文字说明。

主要会计报表有：财政预算执行情况表（包括预算收入、预算支出和预算结余）；部门预算执行情况表（包括预算收入、预算支出和预算结余）；资产负债表（包括资产、负债和净资产）；收入支出表（列示收入类项目、支出类项目和净损益项目）；基金报表（主表包括基金资产负债表、基金收入支出表，并将基金产权变动表作为附表）。

第二部分　研究报告全文

我国预算会计经过了近 60 年的发展，从最初的以反映预算资金收付为主要目的的会计模式发展到以反映资金收付和反映预算资金运行结果并重的预算会计模式。尤其是 20 世纪 90 年代末开始的预算会计改革，适应当时的预算管理要求，实行了以“一则三制”（事业单位会计准则、事业单位会计制度、行政单位会计制度和财政总预算会计制度）为核算体系的预算会计模式，在预算会计的目标、原则、要素、报告等方面有了重大突破。但随着预算管理四项改革和预算收支科目分类改革的实施以及政府机构改革和政府职能的转变，我国对预算会计提出了更高的要求，行政民主化进程的加快，也使得原预算会计的方法不能完全适应新形势的要求，需要有更科学高效的会计体系反映政府受托责任及其履行情况，也就是说需要建立更科学、高效的政府会计体系。

建立政府会计体系必须首先在理论上搞清楚政府会计的目标、原则、会计要素及其确认计量以及政府财务报告等问题，这是实施政府会计改革的前提和基础。当然，理论研究成果还应在实践中可行，不结合现实情况进行的纯理论研究无实际价值。为此，我们本着“理论与实际结合、注重实用性和可操作性”的精神，对承担的《政府会计的概念框架》课题，在界定了政府会计及其目标、政府会计对象、政府会计适用范围的基础上，对政府会计概念体系从政府会计目标、政府会计假设、政府会计的信息质量特征、政府会计的核算基础、政府会计要素、政府财务报告六个方面进行了研究。研究目的是为会计准则委员会进行政府会计准则和政府会计制度的制定提供参考。现将研究结果分两大部分综合汇报如下。

政府会计界定及政府会计的对象和适用范围

一、政府会计的界定

（一）政府会计与预算会计

从我们了解的情况看，大部分国家都建立有政府会计体系。尽管政府会计中很大一部分涉及政府预算及其执行情况，但它们并没有使用“预算会计”的称谓，主要是因为预算会计既不能准确反映政府会计应达到的目标，也无法涵盖政府会计应包括的内容。我国长期以来一直使用“预算会计”的称谓，主要是因为我国长期以来实行计划经济，政府机构、组织和政府设立的实行预算管理的单位应通过一定的会计方法，反映预算执行情况。高度集中的行政权力和严格的计划管理，使满足预算管理的要求成为政府会计首要的甚至是唯一的目标，以至于使预算会计取代了政府会计。

预算会计实际上是以预算资金为主体，从政府管理需要出发设计的会计系统，即预算会计系统。预算会计是以预算管理为中心，以货币为主要计量单位，以经济和社会发展为目的，对各级政府预算和行政、事业单位预算的执行情况进行完整、连续、系统核算和监督的专业会计。它的主要特点是核算预算收支，计算经费余存。

随着我国政府职能转变和政府行政民主化进程，需要以政府为主体，从受托责任角度出发重新设计会计系统，不仅要以收付实现制为基础核算政府预算收支，反映预算执行情况，而且还要以权责发生制为基础核算政府资产和需要进行业绩评价的项目及业务的收入、支出，反映政府的财务状况及需要进行业绩评价的项目及业务的运营成果。新的政府会计系统应当是政府预算会计和财务会计的有机结合。由此可见，政府会计同原来的预算会计相比，在目标上发展了，在核算内容上扩大了，在核算方法上也精确了，在核算范围上也更全面了。主要体现在以下四个方面：

1. 会计对象的扩展。预算会计以预算资金及其运动为对象，以预算年度为会计期间，确认、计量、记录和报告当年的预算收支及结果。而政府会计应以政府及政府单位为会计主体，除了包括预算会计对象内容外，还应包括全部预算资金活动及其结果，如：将政府出资形成的产权、政府的债权、政府因获得资金形成的债务都要在政府会计中予以核算和反映。这样，就可以通过政府会计更为全面地反映、考核各级政府、单位预算执行情况、履行受托责任情况、国有资产的家底及保值增值情况等。政府会计的作用远远大于预算会计。

2. 权责发生制会计基础的引入。长期以来，预算会计采用收付实现制（现金制）会计基础对预算收支进行反映。但对政府会计而言，由于其会计对象扩展、会计目标扩大，为了客观、真实地反映政府预算执行情况、政府财务状况及相关业务的成果，保证会计信息的相关性，会计确认基础不应只采用单一的收付实现制，或主要强调现金收付制，对某些会计事项还应采用权责发生制。

3. 基金会计模式的应用。由于政府会计资金来源主要体现为非交易性收入的特殊性（如税收收入、规费收入、基金收入等），在其使用上，往往要限定用途，即预算限定。为了更好地体现专款专用原则，政府会计应在全面反映政府全部预算资金收支情况的基础上，对各种专用基金及托管基金的收支及财务状况单独进行反映，即在粗放型的预算会计模式基础上逐渐引入精细化的基金会计模式，如社会保障基金、具有托管性质的住房公积金等。

4. 财务报告内容的拓展。预算会计报告以提供预算执行情况报告为主，作为预算执行情况报告的主要基础，主要为政府部门、各级人大服务，而政府会计报告应全面反映政府预算执行情况、财务状况及重要的财务业绩、与受托责任相关的财务及非财务信息。在财务报告的服务对象上，政府会计还应适当考虑除政府部门、单位以外的信息使用者的需要，而不能仅仅从政府单一角度考虑预算资金收支情况，因为政府财务报告的使用者具有多元化特点，如分析师、出资人或基金委托人等。国际会计师联合会在1991年公布的《中央政府的财务报告》中也列举了五种类型的主要使用者，可见政府财务报告服务对象不能是单一的。另外，政府财务报告的组成和具体内容也比传统意义上的预算会计报告复杂得多。政府会计不仅要提供关于预算执行情况和结果的报告，而且还要提供关于政府资产、负债的情况；不仅要反映预算执行情况，而且要反映政府财务状况以及提供有助于评价政府绩效的财务信息和提供服务的潜在能力。

（二）我国政府会计的界定

将我国原来的预算会计更名为政府会计，需要明确我国政府会计的目标如何定位、政府会计有什么特点，进而决定我国的政府会计如何定义。

同国外的政府会计相比，我国目前的政府会计规范没有专门对预算会计的目标作出具体说明，只是在一般原则中作了一般叙述：总预算会计的信息要符合预算法的要求，适应宏观经济管理和财政管理的需要；单位会计信息要符合宏观经济管理、适应预算管理的要求，并有利于单位内部管理。从这些要求可以看出，预算会计信息使用者的范围主要是人民代表大会、各级政府、财政部门和政府单位，没有考虑国债购买者、金融机构以及其他财务资源提供者对政府会计信息的需求，使用者使用预算会计信息的目的还主要是为财政经济管理提供对决策有用的信息。从国际情况看，我国目前确立的预算会计的目标存在不足，既不符合国际通行做法，也不适应我国政府预算改革的要求。国际货币基金组织（IMF）在 2001 年修订的《财政透明度手册》中，提出了政府财政信息透明度（公开性）要求及其对政府会计目标的影响。其指出：政府会计信息使用者需求是政府会计目标的决定因素，政府会计不仅要反映政府过去受托责任的履行情况，而且还要有利于使用各种政府会计信息制定决策。《国际公立单位会计准则第 1 号——财务报表的列报》也提出了相同的目标要求，指出：通用财务报表的目的是为广大政府会计信息使用者在制定有关资源配置的经济决策和评估决策时，提供主体的财务状况、业绩和现金流量的信息。公立单位财务报表的目的尤其应该是提供对决策有用的政府会计信息，并且应该具体表明其受托责任的履行情况。该准则同时指出：政府会计通用财务报表的使用者包括中央和地方不同税种的纳税人、立法机构的成员、借款人、供应商、媒体和雇员等。由此可见，《国际公立单位会计准则》确定的政府会计信息使用者的范围主要是政府外部而不是政府内部。美国《政府会计准则委员会概念公告第一号》也进行了类似表述。他们之所以将政府会计信息主要使用者定位于政府外部，主要是受“新公共管理理论”的影响，是主要针对联邦制国家而言的。而我国是多党合作的民主治理国家，与西方国家的情况有很大区别。我国如何确定政府会计信息主要向谁提供以及提供什么信息、提供这些信息干什么等问题，不能照搬国外的做法。

我们认为，我国预算会计作为政府财政管理的重要工具，主要应为政府内部财政预算管理服务，并向人大提供收支预决算信息，预算会计主要反映政府预算执行情况，为政府财政管理和宏观经济管理提供决策有用信息。尽管这与国际货币基金组织、国际会计师联合会公立单位委员会等国际组织把政府会计信息使用者范围主要定位于政府外部，并把信息使用者的需求确定为反映政府过去受托责任的履行情况和为未来提供决策有用信息的目标有很大差距，但不可否认，我国过去几十年来预算会计在财政预算管理中确实发挥了重要作用，并形成了一套比较适合我国国情的方法体系。把预算会计改革为政府会计，不应放弃预算会计作为政府财政管理重要工具的作用，政府会计应继承预算会计原有的功能和作用，适当考虑国外成功经验，使之发扬和充实。

就政府会计信息的需要者而言，由于我国长期以来实行计划经济，高度集中的行政管理和严格的计划管理，使公民参与民主管理和进行民主监督的意识很弱，远远没有达到西方发达国家的水平。同时，我国实行人民代表大会的政治制度，人民代表大会既是国家的立法机关，又是广大人民群众的代表，政府会计向国家立法机关提供会计信息，也就等于向社会公众提供会计信息。除了政府有关部门以外，其他关心政府会计信息的群体主要是对政府出资项目进行出资的出资人（一般是捐赠人）和对政府投资项目进行贷款的国内外债权人。因此我们认为：我国的政府会计应当主要为国家和政府领导人进行决策服务，同时向立法机关反映政府及政府单位在经济上履行受托责任的状况，并对其他政府会计信息使用者提供会计信息。

就提供的会计信息内容来说，政府会计应当向政府部门、国家立法机关提供政府财政资金使用和分配的信息，提供有助于评价政府及政府单位效率的财务信息，如财务状况方面的信息、债权债务方面的信息以及政府产权方面的信息等。政府会计对政府有关部门提供会计信息的同时，在不涉及国家机密的前提下，应当将会计信息向社会公开，以满足政府以外的政府会计信息使用者（如出资人、债权人等）的需要。

基于上述分析，我们给我国政府会计作出如下定义：

我国的政府会计是以政府为会计核算主体，反映各政府单位业务活动中的财政资金和其他资金的收支和运用效果，对政府预算执行情况和财务状况进行记录、计量、核算和报告，以向政府内部提供其进行宏观决策和制定相关政策所需要的会计信息为主要目的的专门会计，是进行财政资金管理的重要手段。

我国的政府会计适宜采用政府预算会计和政府财务会计相结合，并以政府预算会计为主的模式。

二、政府会计的对象

政府会计的对象就是政府会计应该核算和反映的具体内容，它取决于政府会计目标，并受为适应该目标所采用的具体核算基础的影响。

国际货币资金组织的《财政透明度手册》从不同会计信息使用者和提供者角度，对政府会计核算内容提出了基本要求。这些基本要求包括：（1）面向公众的预算文件、决算账户以及其他财政报告不仅应提供包括中央政府的所有预算和预算外活动，而且还应该提供中央政府的汇总财务状况以及所有预算外资金明细内容；（2）在预算文件中，应提供中央政府的或有负债和税收支出以及准财政活动及其对财政资金的影响等信息；（3）中央政府应公布全面的关于债务和金融资产水平及其构成的信息；（4）各级政府应公布合并的金融头寸和广义的合并金融头寸，公开报告其预算外活动、债务和金融资产、或有负债和税收支出的信息，以及关于公共金融机构及其所控制的非金融公共企业的准财政活动的信息。国际货币基金组织还提出了几点最佳做法：（1）预算文件应提供对未来 5 ~ 10 年的总体财政预测；（2）年度预算、向立法机关提交的年中报告以及重要报告中应披露或有负债的金额、类型以及政府偿还或有负债的历史信息；（3）提供所有税收支出项目的估算成本，准财政活动财务报告中也应包括准财政活动对财政影响的量化估计和估计基础；（4）资产负债表作为预算文件的重要组成部分，应将政府资产分为金融资产和非金融资产；（5）提供中央政府的债务信息并对发布数据时间进行承诺；（6）各级政府应使用统一的分类方法编制综合财务数据报告，并使用与中央政府一样的透明度标准（核算和报告的具体内容）；（7）提供法律要求的向公众公布的财政信息以及例外情况等。

可以看出，按照国际货币基金组织的要求，政府会计应该核算和反映的信息至少包括三大部分：（1）完整的预算信息（包括预算内资金收支信息和预算外资金收支信息）；（2）资产负债信息（单位的财务状况以及部门的合并财务状况）；（3）或有事项、税收支出以及准财政活动的财务信息。

《财政透明度手册》还要求记录完整的流量和存量方面的信息，认为交易可以划分为交换和转移（交换是等价的，而转移是非等价的），非交易造成的资产负债的数量和价值变化称为流量。非交易导致的资产数量变化可以分为三种情况：（1）因技术进步或出于环境考虑，在资产负债表上增加或减少一项资产，如因技术原因使矿藏资源变为可以开采资源、因考虑环境因素禁止对矿藏的开采等；（2）资产实际数量或质量发生变化，如自然灾害导致的房屋、建筑物等毁损；（3）因资产分类改变而导致一个项目减少、另一个项目增加。这些要求表明：政府会计的核算对象不能仅限于交易事项导致的资产负债变化，而且应记录非交易事项造成的资产变化。我们认为，这实际上就是要求政府会计应努力做到核算和反映政府全部资源及其变化。

可见，西方国家大多以政府管理的能以货币反映的经济资源作为会计核算对象，并通过财务报告等方式把某些不能以货币反映的经济资源也作为报告对象，试图完整报告政府管理的各种资源及其运用情况。从会计角度看，试图进行资源报告的努力是各国政府会计追求的远期目标，但由于会计确认计量方面的限制，目前还难以达到以政府全部资源为会计核算对象的程度，而只能将需要核算和报告且可计量的政府财务及其他资源的使用情况和使用结果进行核算和报告。

从国外的相关资料可以看出，按照政府会计核算对象的内容不同，国外政府会计分为两类：（1）以美国、英国、澳大利亚和新西兰为主要代表的政府会计，其核算对象的范围很广，几乎涵盖了政府的全部资源，例如美国的政府会计核算对象包括了国家土地、文化遗产、国防不动产、工厂和设备、社会保险、人力资源研究和开发以及不具有所有权的资产等。正是由于具有资源会计的特点，所以在很大程度上需要采用权责发生制会计基础，也可以说，由于采用了权责发生制基础，其会计核算对象的范围更为宽泛和全面了。(2) 以德国和法国为代表的一些国家，其政府会计的核算对象包括了全部的政府收支和部分按照权责发生制基础核算的资源。如德国和法国的政府会计，其目标与预算和法律保持一致，主要是为了监督预算的执行，因此其会计核算基础也就采用修正的权责发生制。

同国外情况相比，我国现行预算会计核算对象的内容还远远不够，还存在很多问题。现行的财政总预算会计的核算对象是政府财政资金的预算执行活动所引起的资金运动。但是在收支内容上没有包括预算外收支，资产负债部分也只是货币性资产和结算性往来款项，政府投资性资产、债权债务的核算也不完整。现行的行政单位和事业单位会计的核算对象是单位的各项经济业务活动，但没有包括基本建设业务在内。总体看，我国预算会计是以反映预算收支执行为主的会计，未全面反映政府施政对公共资源的使用、支配过程及其运行结果。存在的具体问题可以概括为三大类：

1. 财政预算会计核算方面存在的问题。1998 年进行预算会计制度改革后，有关部门陆续针对实际情况的变化，出台实施了一系列相关核算制度和专项业务核算办法，但就现行的《财政总预算会计制度》而言，核算内容上还存在以下问题：(1) 预算外资金未包括在财政总预算会计核算范围之内；(2) 发行的政府债券和多、双边贷款的借入、转贷、收回、使用等未纳入财政总预算会计；(3) 会计报表未考虑部门预算中经营性收支及其形成的资产、负债和净资产情况；(4) 相关的社会保障基金核算不统一，财政部门无法全面反映。

2. 部门预算会计核算方面存在的问题。从部门预算会计核算角度看，现行的《行政单位会计制度》和《事业单位会计制度》存在的主要问题有：(1) 基本建设拨款与行政费、事业费支出分别编报报表，无法完整反映全部预算支出执行和资金使用情况；

(2) 行政事业单位会计对其拥有的固定资产不计提折旧，无法反映固定资产的净值，导致固定资产的实际价值与账面价值的背离越来越严重。

3. 财务核算上存在的问题。从财务会计角度看，现行的预算会计存在的主要问题有：(1) 政府债权的发生和收回未作为政府资产进行反映，导致政府资产状况无法全面反映；(2) 政府投资形成的国有资本金以及缴存国际货币基金组织的股本未作为政府产权进行反映，导致政府资产状况和结构无法表达，不能反映政府资产对未来预算收支和服务能力的影响；(3) 政府当期应付未付的款项无法准确反映，如拖欠的工资、应退未退税款等，由此对政府未来现金流出的影响无法如实表达；(4) 没有反映社会保障基金的运作及增值情况。

从理论上讲，政府会计要反映政府管理公共资源的情况，其涵盖的内容应是政府管理的全部公共资源，不仅包括现行财政总预算会计和行政单位会计的内容，还应包括国有非营利组织（事业单位）和国有企业以及无法进行会计计量的诸如国土资源、矿产资源、国防等公共资源。但从具体操作看，考虑到国有企业纳入政府会计范畴有很大的操作难度，无法进行会计计量的公共资源也难以通过会计进行反映，现有某些国有事业单位将随着事业单位改革的进一步深化而转为企业化管理等现实情况，以及针对当前存在的问题和前述会计目标定位，我们建议：现阶段我国政府会计的核算对象应涵盖除了适用企业会计和民间非营利组织会计以外的所有单位的经济业务活动。具体包括：

1. 全口径政府预算。不仅要包括政府收支预算、部门收支（含政府拨款和部门自身的业务收支等）预算，也要包括纳入部门预算管理的单位预算。

2. 财政支出形成的资本金。从预算会计角度看，这种支出不是纯消费性支出，实际上形成了有利于提高政府服务潜能和进行宏观管理的资源，需要同时以资产进行表达。

3. 政府债务的发生和偿还。政府债务的发生和偿还是政府债务变化。但从预算会计角度看，债务的发生和偿还也是预算收支的重要内容之一，也是进行预算收支管理的重要手段。因而对政府债务的发生和偿还，在以债务方式进行核算和报告的同时，还要以相应的预算收入和预算支出进行核算和报告。

4. 政府债权的发生和收回。由于政府债权的发生和收回产生的财政资金流出、流入是预算支出和预算收入的内容。但从财务会计角度看，政府债权同时又是政府提供服务能力的资源，是政府资产结构的一种变化，因而政府债权的发生和收回，在以预算支出和预算收入核算的同时，还要以相应的债权进行反映和报告。

5. 预算单位的全部财务活动情况，包括资产、负债和净资产等。

6. 属于与政府预算紧密相联的税收征缴、国库缴拨、政府代管性质的社会保障基金及住房公积金等。

我们同时认为，暂时不对国家文化资产、土地资源以及矿藏等进行核算。主要理由是：（1）这些资源属于国家资产，但政府不能对其全部动用，要为后代做好相应储备，无须在政府会计上进行核算和报告；（2）在现有会计计量技术条件下，这些资产大多难以用货币指标进行衡量，即使按照市价估值，其所带来的相应的价值变动也并不代表政府的业绩，核算意义和作用不大；（3）这类资产和资源，可以由统计部门按照统计的方法进行报告，以弥补政府会计无法对非交易性资产（资源）进行核算的不足（如英国和法国的政府资产负债表仅以 1 元当地货币金额列示国家公园绿地和文化遗产，同时以大量详细的实物计量单位进行记录和反映）。

另外，我们建议，我国政府会计对象应包括的内容范围最好分三步走。第一步：对现在的财政总预算会计、行政单位会计进行改造，使政府会计能够提供政府单位的财务状况和财务业绩；并将事业单位会计报告以合并方式纳入政府会计报告内，以提供政府及国有事业单位利用国家资源行使国家管理职能、提供公共产品和从事社会发展事业所表现出的财务状况和财务业绩，同时将国有企业的国有资本金纳入政府会计范围。这一阶段可称为以满足政府会计信息内部使用者的需求为首要目的的初级模式。第二步：随着民主化进程加快及政府会计信息使用者需求范围扩大和内容细化，逐步扩大权责发生制基础的使用面，以全面核算和报告政府财务资源及其使用情况。在满足内部使用者信息需要的同时，还要满足外部使用者评价政府执政业绩和受托责任履行情况的需要。这一阶段可称为以满足不同政府会计信息使用者的需求为综合目的的中级模式。第三步：条件成熟时，将无法用现代会计方法确认和计量的公共资源在政府会计中以一定方法进行确认、计量、披露和报告。这一阶段可以称为以满足各政府会计信息使用者全面信息需求为目的的高级模式。本研究报告基于实用性的考虑，主要按第一步设想进行设计。

三、政府会计的适用范围

政府会计的适用范围，是指哪些部门、单位应适用政府会计准则或制度，也就是政府会计所应涵盖的部门和机构。我们初步分析论证后，得出如下基本结论：

1. 不把政府企业纳入政府会计范围，是大多数国家的通行做法。这种做法在我国更具有适用性，因为我国是社会主义国家，国有企业在整个国民经济中的比重极大，把国有企业纳入政府会计范围无法进行会计操作。但国有企业的资本金即政府出资形成的国有企业产权应纳入政府会计视野。

2. 从理论上讲，我国政府会计的范围应包括政府机构、组织和承担部分政府职能的国有事业单位，即涵盖原来预算会计体系中的财政总预算会计、行政单位会计和事业单位会计中具有行政职能的部分。但按照我国目前国有事业单位的实际情况，将具有政府行政职能和不具有政府行政职能进行划分在操作上不具有可行性，也没有支持依据。

3. 将事业单位进行人为划分，分别归入政府会计系统和非营利组织会计系统的做法不可取。简便、可行的做法就是将没有实行和在可预见的未来不准备实行企业化管理的国有事业单位均纳入政府会计体系。

总之，我们认为，我国政府会计的范围应包括政府机构、组织和所有国有事业单位，而且要涵盖原来预算会计体系中的财政总预算会计、行政单位会计和事业单位会计。政府企业不纳入政府会计范围之内，但政府对国有企业的投资产权应纳入政府会计的报告范围。

政府会计概念体系及其主要内容

从国外的会计概念情况看，无论是企业会计还是政府会计，会计概念都属于会计理论范畴，是为制定、理解和应用会计准则提供的理论基础，而不属于会计准则的构成内容。我们认为，我国会计管理的特点，决定了我国政府会计概念体系应作为政府会计准则体系的重要组成部分，企业会计如此，政府会计更应如此。

各国情况不同，政府会计概念所包括的内容也有一定区别。在我们查阅的资料中，有的专门制定发布了政府会计概念或类似公告，如美国政府会计准则委员会（GASB）已经发布了三个州和地方政府的会计概念公告，美国联邦会计咨询委员会（FASAB）制定和发布了四个联邦财务会计概念公告，英国财政部发布了 2004 ~ 2005 年度旨在建立适用于资源会计的主要会计概念和原则等的《资源会计手册》，澳大利亚会计研究基金会发布的四个概念公告等；有的我们没有发现其专门的概念性公告，如德国。从各国已经制定和发布的概念公告看，大多是针对政府会计的目标、原则和核算基础等内容制定的，美国还专门针对政府服务绩效报告制定和发布了概念公告。在具体内容上，大多数国家主要针对政府会计目标、政府会计信息质量特征、政府会计环境、报表使用者及其信息需要等问题进行描述和分析（美国还对与政府服务绩效相关的问题进行了分析和描述）。

考虑到政府服务绩效评价的概念已经不是以会计问题为主了，它使用了很多非财务信息概念。同时，已有专门的课题对政府服务绩效评价进行研究。我们未将政府服务绩效评价概念问题作为研究内容。

我们在分析国外政府会计概念内容的基础上，结合我国多年来形成的对会计概念（包括前提和原则）的理解，把我国政府会计的概念定义为：在一定会计环境下，基于会计目标、会计假设、会计原则、会计程序和方法结构而构筑的理论。基于这种分析，我们认为，我国的政府会计概念应包括：（1）政府会计目标；（2）政府会计假设；（3）政府会计的信息质量特征；（4）政府会计的核算基础；（5）政府会计要素；（6）财务报表的列报。其具体内容可分别通过基本准则和基本准则解释进行总括和详细表述。

一、政府会计目标

政府会计目标是研究政府会计的起点，也是政府会计实务应达到的要求，它决定了政府会计的原则、方法和报告内容。世界各国政府会计准则及有关管理规定，主要是围绕政府会计报告的目标而进行的。

由于各国情况不同，在政府会计的具体目标上反映出各自的特点。我们认为，国外政府会计目标模式大致可以分为两大类：一是以反映受托责任为目标的英美政府会计模式，二是以进行政府决策为主要目标的德法模式。不同的政府会计目标模式，主要考虑了三个因素：市场经济规范化和发达程度、新经济公共理论的影响程度以及权责发生制预算会计改革的程度。这两类不同的政府会计目标模式反映出来的特征表现是：英美模式的政府会计侧重于外部信息使用者的需要和详细的信息披露，以反映受托责任为主要目的；而德法模式的政府会计则侧重于政府内部使用者的需要，特别强调立法机关对政府会计信息的使用，尤其法国还突出强调了政府自己的需要是最重要的，以进行预算的内部监督控制和进行宏观调控为主要目的。

基于这种分析，我们认为，英美模式的政府会计着重强调了资源会计或财务会计，反映政府对资源的占有、分配和使用情况以及资源使用效果，而德法模式的政府会计更强调了预算会计。

尽管各国对政府会计目标的表述不尽一致，但把具体目标归结起来不外乎以下方面：（1）政府收入的来源及类型；（2）经济资源的分配和使用；（3）在会计期间提供商品和服务的成本；（4）当期的收入能否抵补当期的成本；（5）政府的财务状况；（6）政府是如何为其活动提供资金的以及如何满足其现金需要的；（7）当期的政府活动与当期计划的政府活动以及与以往期间的政府活动的比较；（8）是否根据法律的授权管理公共经济资源；（9）实物资源的存量、分配和使用；（10）收入满足支出的程度。

美国、加拿大的政府会计目标主要包含以下四项内容：（1）帮助信息的使用者了解一定时期会计主体的财务状况和经营成果；（2）帮助信息的使用者考核预算的相关法规的执行情况；（3）帮助信息的使用者评价会计主体的经营绩效；（4）帮助信息的使用者评价受托经管责任的履行情况。其政府财务报告目标比较侧重于政府施政的会计责任和对公民知情权的维护，也就是对政府的受托经管责任的履行和报告。

以德国为代表的欧洲大陆国家，政府会计的目标以行政控制为主，以报告受托经管责任为辅。

有学者将各国会计准则制定机构确定的政府会计目标划分为三个层面：（1）基本目标：检查、防范舞弊和贪污，以保护公共财政资金的安全；（2）中级目标：促进健全的财务管理；（3）高级目标：帮助政府履行公共受托责任。

就我国情况而言，要满足政府会计各信息使用者的需求只是一种理想目的。事实上，任何国家的政府会计在考虑各信息需求者的需要时，他们并不应该具有同等重要地位。正如法国对中央政府财务报告的见解中指出的那样，所有使用者并不具有同等的重要性，首先必须确认政府部门自己（预算办公室、财政部）的需要是最重要的。也就是说，研究政府会计需要以远期目标为方向，根据政治、经济和技术等因素确立政府会计的中期目标和近期目标。可以预见，我国的政府会计在满足信息使用者方面，未来很长时间内，以满足政府部门自己的需要为近期目标的模式不会发生根本性改变。

我国政府会计信息内部使用的需要主要表现为：财政部门用于

监督预算执行和进行预算决策；政府机关用于掌握预算情况和执行结果；税务部门用于有效安排税务管理和决策；立法机关用于监督政府部门的职能履行、预算执行和预算安排；人民代表大会需要预算执行情况的必要信息等。

为满足以上信息使用者的需要，政府会计（报告）目标可以细化为三个方面：（1）反映报告中央和地方政府预算收支执行情况，提供相关的有用信息；（2）全面真实反映政府财务状况的相关信息；（3）反映政府受托责任履行情况的重要信息。

二、政府会计假设

政府会计假设是政府会计方法和政策的基础，主要解决政府会计方法体系存在的环境条件。我们认为政府会计基本前提应包括四个方面：会计主体、持续运作、会计分期和货币计量。这些名称与企业会计的假设一致，但在具体含义上却差别很大。

（一）会计主体

会计主体是会计为之服务的特定单位，明确会计主体是组织会计核算的首要前提。政府会计是以政府和政府单位的财务活动为核心的，其财务管理的主要手段是预算控制和基金管理（或专款专用）。在这种情况下，究竟是以编制整个预算的政府作为会计主体，还是以预算组成的各个部门、单位作为会计主体在理论界争论很大。

在美国，会计主体被分为记账主体和报告主体。记账主体是各类基金，报告主体由以基本政府为核心的多个层次组成。州和地方政府分别以各类基金为记账主体和报告主体，并以政府整体为报告主体，提供基金财务报表和政府整体财务报表。政府作为一个整体，需要对政府实际控制的财务资源的获得与使用进行报告，以评价其受托责任；而在基金层面，则需要以政府基金、企业基金和受托基金作为报告主体，并对那些主要的基金单独编报独立的基金财务报表，非主要的基金则合并在一起编报综合基金财务报表。

美国政府会计将各种基金作为相对独立的会计主体，以便分别核算不同用途的财务资源的来源和使用情况。作为独立会计主体的各项基金，都有各自的资产、负债、收入和支出，以及相应的基金余额或基金权益。这样，各基金可以有属于自己的一套完整的财务报表。以基金为主体的会计可以清晰地描述有关组织和单位对不同法定限制资金的使用情况，以及与各项法定限制资金相配套的其他资源的取得和使用状况。

目前我国具有政府功能的单位即政府单位和组织，划分为行政单位和事业单位，行政单位和事业单位都是政府会计的主体。现行财政总预算会计是以各级政府为会计主体，但尚未以政府整体为会计主体来反映政府全面财务信息。

我国的预算会计虽然也设置了某些基金，但没有明确其记账主体就是各类“基金”。许多种类不同的资源放在一起核算，基金分类不够规范，也不够细化和全面，没能发挥出基金会计的优势。如我国预算会计中没有将信托与代理基金（如社保基金）作为一个独立的记账主体，未设置自相平衡的科目体系，而是将其列入了一般预算收入的其他收入和有关支出中。这种处理显然难以实现反映受托责任和利于制定决策的财务报告目标。而此类相关业务在我国的发生已不是小数目，在希望工程、抗洪救灾、抗击非典等过程中，我国政府都收到了数目巨大的此类资源。再如，近年来社会保险基金已成为各级政府工作的一个重要内容，社会保险基金的支出占财政支出的比重日益增大，然而，社会保险基金却没有纳入我国的预算会计核算中。它由独立于预算会计体系之外的《社会保险基金会计制度》来核算，只是在预算会计报表中笼统地反映当年财政对该基金的拨款支出情况。这样在预算会计中就不能反映社会保险基金的运行状况，从而也不利于反映我国政府的整体财务状况。

我们认为，从我国政府会计改革的渐进性和可操作性角度考虑，对于完全或主要使用政府资源的政府单位，可以采用以单位为记账主体，单位、主管部门和政府整体作为财务报告主体的模式；对于部分使用政府资源、政府对其负有管理责任的托管资金（如社会保险基金等），应采用基金会计模式，以基金作为记账主体和报告主体。为此，我们建议，在建立政府会计的过程中，应该把与政府各类活动有关的“基金”在会计系统中健全起来，如社会保障基金、政府投资基金、政府偿债基金等，借鉴基金会计的方法，对各类资源进行记录，更好地贯彻专款专用原则，使具有专门用途的各种基金的界限更加清楚，更利于加强政府财务资源的管理。

尽管各国的具体国情不同，我国在界定政府财务主体时，不应该也不能完全照搬国外的做法，但其有关界定政府会计主体的标准及政府财务报告的分层理论值得借鉴。即，在以各基金为主体进行完整的会计核算并编制财务报表的同时，基金所在的政府单位还有一套完整的会计报表。整个政府单位即为前述的财务报告主体。

（二）持续运作

持续运作又称持续营运，是指会计主体在预见的存续期间不会面临清算和解散。这一假设是设计会计主体适用的会计政策的基础。这里所指的持续运作包括两层含义：（1）对于在预见的未来无明显迹象表明要终止营运的会计主体（如单位和组织）而言，持续运作意味着该主体能够长期存在，假定在未来时期不存在终止问题。在这种情况下，需要结合会计主体的具体业务选择适宜的会计政策，如支出是否需要资本化等。（2）对于存在明显期限且期限已知的会计主体（如基金等）而言，持续运作意味着在到期前不会面临清算和解散。这种情况下，可能需要结合会计主体的具体业务选择与未知终止期会计主体不同的会计政策。

总之，持续运作假设是假定会计主体在已知确切到期前，或没有明确到期日的情况下，不会面临清算或解散。

（三）会计分期

会计分期实际上是会计主体在营运过程中的报告期间划分。一般认为，会计分期应根据不同会计主体的持续性特点进行划分。就政府会计而言，由于不同的会计主体有不同的持续性，因此，应根据不同报告主体的报告要求和报告目的进行报告期间的划分。

从不同会计主体看，对于持续运作的会计主体，如单位、组织等，至少应按照我国的预算年度（目前采用的是公历年度）划分会计期间。对于有明确期限的会计主体，如基金等，则应考虑其结束期，即基金到期前应依照公历年度进行核算和报告，基金到期清算应编制终止报告。

从报告目的看，对于有持续性报告要求的会计主体，如单位或组织的财政资金收支等，应采用公历制基础划分会计期间，而对于有特殊报告要求的会计主体，需要依照公历制基础进行会计期间划分的同时，按规定要求进行报告期间的划分，如出资人在大专院校设立的专门基金，需要根据出资人要求，或按学期划分专门基金报告期间，或按公历制基础划分报告期间。由此可以看出，政府会计的会计分期假设应是多层面、多种类的。而我国目前预算会计的报告分期主要是公历制基础，这不符合政府会计多主体、多种报告要求的需要。我们认为，政府会计的会计分期必须分别会计主体而定，不能把不同会计主体的会计分期搞成一个标准。

另外，政府会计分期的目的与企业不同，企业是为了分期核算和报告企业财务状况和经营成果，而政府会计的会计分期尽管也是为了报告目的，但其目的主要是核算和报告预算执行情况及基金来源和使用情况。在这种情况下，除了单位的经营性业务等需要进行经营性收入和经营性支出（费用）配比外，其他收支无须按照权责发生制基础进行收入和支出配比，对于有期限的会计主体，按规定用途使用发生的有些支出，按照出资人要求也可以不进行收益性支出和资本性支出的划分。

（四）货币计量

货币计量假设，是指政府会计以货币指标反映政府资产负债、基金权益以及收入、支出和结余情况。那些无法以货币指标反映的项目和内容不包括在政府会计核算范围之内。相对于企业会计而言，政府会计的这一假设明显显示出其局限性。很多具有服务潜能的公共资源在现有会计技术条件下无法进行货币计量，即使硬性计量了，其价值也不代表其服务能力大小，如英国的公园绿地在英国政府会计报告中以 1 英镑表示。对于这类问题，我们建议无法以货币指标准确反映服务潜能的政府资源（如土地、林地、矿藏等），适宜借助统计等方法进行面积计量或储量计量。

三、政府会计的信息质量特征

政府会计的信息质量特征，也称政府会计报告的信息质量要求或会计核算原则，是指政府会计所提供的信息应达到的标准。不同国家的政府会计所确立的政府会计信息质量特征的内容有一定区别，这主要取决于政府会计目标和会计管理的方式。

美国 FASB 认为政府会计的财务信息必须达到下列六项要求：

（1）可理解性（Understandability）：为对社会大众展现真实性，政府财务报告及其所附解释必须尽可能使那些对会计原则没有深入了解者也能较容易地理解。然而，重要的信息不能因内容较复杂、令部分使用者不能理解而加以排除。

（2）可靠性（Reliability）：财务信息应可以被客观验证，不夹杂偏见，公允地表达其所应表达的内容。

（3）相关性（Relevance）：相关性是指该信息对使用者评价问题、状况或事件具有影响力。

（4）及时性（Timeliness）：单纯的及时性并不能够增加信息的有用性，然而信息的有用性往往随时间的推移而递减，在某些情况下，及时性十分重要，甚至可以为此适当牺牲精确度。

（5）一致性（Consistency）：财务报告在不同的会计期间应保持一致，相同的会计原则或方法在类似的交易或事件中除非有正当理由，应被一致地采用。

（6）可比性（Comparability）：财务报告应帮助使用者比较类似的联邦部门或施政计划的成本或成果。

英国财政部发布的 2004 ~2005 年度《资源会计手册》的目的之一就是建立适用于资源会计的主要会计概念和会计原则，其在第二部分“会计原则”中指出，资源会计主要应用英国公认会计实务（UKGAAP，包括 ASB 发布的 SSAP、FRS 等）中界定的规则框架。在“会计政策”一节中列出的会计政策选择的目标，实际所说明的问题就是会计信息的质量特征：

（1）相关性：会计需要提供财务绩效和财务状况方面的信息，以帮助评价受托经管责任并作出决策。财务信息若对这些方面具有影响力，则是相关的信息。

（2）可靠性：若财务信息能够反映已经发生的交易和其他事项的经济实质、不带有偏见和重大差错、完整且在不确定情况下采取了谨慎的披露原则，则被认为是可靠的。

（3）可比性：会计主体财务报告中的信息若可以与该主体其他时期或时点的同类信息相比较，且可以与同类其他会计主体相比较，则能获取巨大的效用。这种可比性通常要通过一致性和充分披露原则相结合来取得。

（4）可理解性：报表所提供的会计信息应能够被使用者理解。这些使用者要求具备公共部门业务及其经济活动以及会计方面的必要常识，且愿意为研究这些信息付出一定的努力。

（5）重要性：是对会计报表中提供的全部信息的把关性要求。如果一项信息的误报或漏报经合理预期可能会给报表使用者的经济决策——包括其对受托经管责任的评价——造成影响，则认为该信息对财务报表是重要的。

可见，美、英政府会计准则在信息质量特征（会计核算原则要求）方面比较接近，而且，这些原则与企业会计中的有些内容也很雷同。这是由于英国政府会计改革的结果使政府会计的原则和惯例更接近于企业会计实务，故美、英政府会计对会计信息质量特征所强调的相关性、可靠性、可比性、可理解性等在准则的解释方面也都接近于企业会计的相关原则，只是在报告主体和披露目的上有所区别。

客观地讲，国外准则在列举会计核算的一般原则方面往往不如我国准则明确和系统化。其中总体性要求的原则、会计信息的质量特征原则及对会计要素确认与计量要求的原则往往出现在准则不同层面的内容当中，而我国习惯于更系统性表述。因此，按照我国的习惯，把主要的信息质量特征集中表述如下：

（1）真实性。真实性原则是指政府会计核算应当以实际发生的经济业务或客观存在的事实为依据，客观真实地记录、反映各项资产负债和收支情况及结果，以提供真实可信的会计信息。

（2）及时性。及时性原则是指政府会计核算应当及时进行，不得提前或延后，以提供及时有效的会计信息。政府会计的及时性应特别强调对预算执行情况的及时表达，包括：集中支付涉及三方需要及时准确，以便对账；为了某些决策的及时性，需要按规定及时对财政资金情况进行报告（按旬甚至按天报告）；由于需要进行汇总，各主体应在规定日期提供财务报告。

（3）相关性。相关性原则是指政府会计提供的信息应当能够满足政府会计信息的使用者了解政府单位受托经管责任的履行情况及公共资源的运行状况和结果，并对决策有用。我国政府会计的相关性应特别强调提供如下信息：全面的预算执行情况；作为财务状况予以反映的政府债务、债权和产权；需要进行财务绩效评估（经营业务等）的相关信息；双基础核算需要设置辅助账反映的相关信息；会计技术局限性无法反映需要进行披露的信息，如自然资源；政府履行职责的绩效（产出）等非财务信息等。

（4）可比性。可比性原则是指政府会计核算应当按照准则规定的会计处理方法进行，同类会计指标的核算口径应一致，以提供在不同报告主体间相互可比的会计信息。政府会计信息的可比性，一是为了政府主管部门对所属单位进行效益比较，二是便于各级政府进行汇总，因此要求不同的单位或同一单位类似的业务处理的方式要一致。具体包括：要执行全国统一的会计标准，编制报表的口径（包括指标生成口径和汇总口径）必须一致，会计处理的方法要一致，甚至科目名称也必须一致。为了做到可比性，在设计政府会计标准时一定要减少可供选择的方法。

（5）一贯性。一贯性原则是指报告主体的会计政策应当前后各期一致，不得随意变更，如确有必要变更，应当将变更的情况、原因和对财务收支情况及结果的影响在会计报表中说明。遵循一贯性原则利于制定决策、编制预算、评价决算、效益比较等。要做到一贯性应符合下列要求：前后期处理方法一致；连续使用的项目资金会计处理前后连续，而且一贯采用，以便既能反映当期情况，又能反映累计情况；特殊的项目发生变动，如三峡、南水北调等，在变动后必须进行说明。

（6）限制性。限制性原则是指限定用途的资金按规定用途使用。这是因为单位无偿获得的资金必须按出资意愿进行使用。政府会计的限制性原则要求做到收支分开核算，基金主体的会计报告要按要求单独提供，不仅要对基金收支进行单独反映，而且还应对各基金主体的基金资产、基金负债和基金产权单独反映。

（7）实质重于形式。实质重于形式原则是指政府会计应当按照经济业务或事项的经济实质进行信息披露，而不应当仅仅以它们的法律形式作为会计核算的依据。政府单位的经济活动中也存在交易性活动，与企业的交易性活动一样，在政府参与的交易中，也存在交易标的的法律形式与交易实质不相符合的情况。因此，实质重于形式原则对政府会计也是适用的。

（8）收付实现制和权责发生制。收付实现制和权责发生制是指政府会计对基本业务采用收付实现制，对个别事项采用权责发生制，对部分项目同时采用收付实现制和权责发生制。收付实现制主要为了反映预算执行情况，权责发生制是为了反映财务状况。收付实现制基础上的个别事项，期末需要按照权责发生制进行调整；需要进行绩效评价的项目和业务，应按照权责发生制原则核算。政府会计采用权责发生制和收付实现制。

（9）配比。配比原则是指一个会计期间的收入和同一会计期间的相关支出应配比。政府会计的配比原则包括三项内容：为了反映预算执行情况，当期预算收入和预算支出配比；同一单位不同基金的收支各自配比，即基金收入和该基金支出配比；权责发生制基础的收入和支出（费用）配比，以准确核算成果。

（10）明晰性（可理解性）。明晰性原则是指政府会计记录和会计报表应当清晰明了，便于信息使用者理解和利用。政府会计的明晰性原则要求能够使出资人和其他报表读者详细了解资金使用及分配情况，并特别注意以下三点：会计科目划分与预算安排项目要一致，反映预算收支的明晰情况；无法依靠价值指标全面反映的效益情况，需要提供相关的非价值指标的详细信息；在会计科目设置上，有些科目的名称宁可长一些、多一些，也不能损失其明晰性。

（11）全面性和重要性。全面性是指政府单位和组织要对本单位所有的经济活动及掌控的资源进行会计核算。政府单位管理的公共资源无论采用什么管理方式，无论其是否纳入预算管理，无论其是否属于财政性资金，政府会计都要将其纳入财务报告的范围。重要性原则是指在全面核算和报告政府会计对象的前提下，对于那些影响会计信息使用者决策的事项，严格按照会计原则进行详细核算和单独报告，而对于那些不至于影响会计信息使用者决策的事项，可以简化或将几个类似的事项合并核算或合并报告。就政府会计而言，政府会计给会计主体留下的重要性判断空间是很小的，因为政府会计需要从总体上判断事项是不是重要，而不能站在单位角度进行判断。所有单位必须把本单位视为政府整体的组成部分，采用严格统一的会计方法。就目前看，需要单独核算和报告的项目有政府托管资金、项目资金以及各项专用基金等。

四、政府会计的核算基础

（一）国外政府会计的核算基础

20 世纪 80 年代以前，各国政府会计选择将收付实现制作为会计核算基础。这是因为，当时政府会计的目标主要集中在：（1）及时地反映政府财政资金的收支状况；（2）客观地揭示政府机关执行预算的情况。基于这样的会计目标，以收付实现制为核算基础的政府会计所提供的财政资金收支余信息足以满足会计信息使用者的需要。

然而，自 20 世纪 80 年代以来，经济全球化带来经济环境的变化，许多西方国家政府部门在财务方面都出现了一些新的问题。例如：政府支出占国民生产总值的比例过高；政府负债规模过大，给财政带来沉重的偿还压力；政府财务信息的披露不完整，导致公众对政府的信任度降低；政府部门缺乏责任考核机制，对经济资源的使用效率低下，等等。这些问题的出现，促使西方发达国家对政府的行政管理进行了一系列重大的改革。其重点是推行“新公共管理”，旨在提高政府使用经济资源的效率，保证政府运作的持续性，增强政府工作的透明度。新公共管理理论认为，政府财务报告使用者所需要的财务信息，已经不仅仅囿于传统的预算执行层面，而是发生了重大的拓展。

自 20 世纪 80 年代初开始，由新西兰率先发起，澳大利亚、英国、加拿大、美国等西方国家先后进行了政府会计和预算改革。经历了 20 多年的改革和实践，许多国家已经基本建立了以权责发生制为主要核算基础的政府会计体系，并在实践中取得了较好的效果，也有一些经验教训。自 20 世纪 80 年代以来，西方许多国家政府会计实行了权责发生制的改革，但不同的国家实施的情况有所不同。有些国家改革的步伐较大，有些国家则仅仅“试试水的深浅”。

从权责发生制实施的范围来看，主要有三种情况：

（1）在所有的政府会计科目上都实施权责发生制，其代表国家有澳大利亚、新西兰、加拿大、芬兰、瑞典等。这些国家实施完全的权责发生制，改革得比较彻底，在所有的政府会计科目上都采用权责发生制进行核算，资产要予以资本化，固定资产要计提折旧。

（2）在主要会计科目上采用权责发生制，但部分资产和负债科目采用收付实现制，如冰岛、意大利等。这些国家实行的是修正的权责发生制，除不对资产进行资本化、不计提折旧外，其他会计科目的核算均采用权责发生制。

（3）除特定的交易采用权责发生制外，均按收付实现制进行核算，如丹麦、法国、波兰等。在丹麦，利息费用和员工养老金按权责发生制核算，其他会计科目则采用收付实现制。在波兰，员工养老金也采用权责发生制。

从权责发生制实施的层面来看，主要有两种情况：

（1）在整个政府层面和各政府部门层面上均采用权责发生制进行会计核算和编制财务报告。如美国、英国、澳大利亚、新西兰等国家，在这些国家的政府会计中，权责发生制不仅应用于各个政府机构、部门，而且在整个政府层面上也要采用权责发生制进行会计核算和编制财务报告。其中美国的州和地方政府会计中，平时按收付实现制进行核算，期末按照权责发生制编制财务报告。

（2）只在政府机构、部门层面上采用权责发生制，而在整个政府层面上则主要以收付实现制为核算基础。如比利时、德国、法国、荷兰、葡萄牙、瑞士等国家，在财政部门对各政府机构、部门拨付款项时按收付实现制进行会计核算和编制财务报告，而在各政府机构、部门取得收入和发生支出时则采用权责发生制进行会计核算和编制财务报告。

（二）我国政府会计的核算基础

长期以来，我国政府会计一直以收付实现制作为核算基础，它以预算资金运动为核算对象，记录和反映了政府预算执行情况与结果，这种政府会计模式建立在原有的预算管理体制基础上，有利于客观地反映和监督政府财政预算的执行情况，为及时了解财政资金的收支情况、分析预算执行进度提供了有用的会计信息。但是，随着社会主义市场经济的不断发展和政府职能的转变，现行的完全以收付实现制为核算基础的政府会计模式，已经不能满足人们对政府财务信息的需求，不能满足经济管理对信息的要求。在这样的经济背景下，进行政府会计核算基础的改革是十分必要的。

从世界范围来看，在政府会计领域，推行完全的权责发生制会计的国家还是少数，大多数国家在政府会计改革上都是循序渐进地推行权责发生制会计的原则。由于我国的经济改革走的是渐进式道路，政府会计改革势必将是循序渐进式的，在引入权责发生制会计上也将是渐进式的，不可能一蹴而就。基于此，对我国政府会计准则建设中引入权责发生制会计的程度、如何分阶段地引入权责发生制会计核算基础，以及哪些会计核算项目应当首先引入权责发生制等问题的研究，就显得十分重要，而且具有现实意义。

根据本报告阐明的我国政府会计目标的要求，对我国政府会计核算基础改革的具体建议如下：

1. 对政府及政府单位的一般经济活动采用收付实现制核算基础。我国政府会计提供的首要信息是政府预算执行情况的信息。目前我国的政府财政预算基本上是按照收付实现制编制的，政府的一般经济活动都按照预算管理的要求进行。因此，对一般经济活动按照收付实现制核算，最能反映预算执行情况，有利于提供政府决策的有用信息，也有利于提供阐明政府及政府单位在筹集资金、使用资金方面是否合法合规的会计信息。

2. 对期末预算执行的个别项目，采用权责发生制核算基础。在预算管理实行改革以后，由于实行国库直接支付，因为某些程序上的原因，有些预算支出的资金到了预算执行的年末并没有从国库拨付出去。如因有关审批未完而无法支付的预备费和基建投资、采购合同规定留出的尾款等等。这些资金虽然没有从国库支付，但是不能够再作为安排下期支出预算的资金来源，因此应当列入本期预算支出。为了更好地反映预算执行情况，对类似于此类情况的预算项目，在期末应当采用权责发生制基础核算，确认为当期的预算支出，同时确认相应的负债。同样，取得拨款的政府单位，对此类情况的预算项目，也应当在期末采用权责发生制基础核算，确认为当期的预算收入，同时确认相应的资产。

3. 对某些经济活动采用收付实现制和权责发生制的双基础核算。在政府会计核算的领域，有三类经济活动会同时影响到政府的预算收支和资产负债。这三类经济活动是：政府从国外借款和发行国债及其偿还；政府的产权投资和收回；政府对国外贷款和发放有偿使用财政资金及其收回。对于这三类经济活动，无论按哪一种单一的核算基础核算，都不能够完全满足政府会计目标的要求。如果按照收付实现制核算，可以反映预算收支执行情况，但是不能反映资产负债的变动情况；如果按照权责发生制核算，可以反映资产负债的变动情况，但是不能反映预算收支执行情况。因此，对这三类经济活动，政府会计应当采用收付实现制和权责发生制基础同时核算（简称“双基础核算”）。具体做法是：对出售政府资产、收回贷款、借款，采用双基础核算的方式，既确认为当期预算收入，又同时登记资产的减少、负债的增加；对投资（包括对企业投资、基础设施投资和其他固定资产投资）、放出贷款、归还借款，也采用双基础核算的方式，既确认为当期预算支出，又同时登记资产的增加、负债的减少。

4. 对涉及绩效评估需要的项目或经营活动，按照要求采用权责发生制基础核算。对政府单位的一些投资项目和经营活动的绩效评估，往往需要借助成本或经营收益信息。对于这类信息，采用权责发生制核算更能使提供的信息反映报告期间的真实成本和净收益情况。因此，对于需要提供期间成本的项目和政府单位的经营活动，应当采用权责发生制基础进行核算。

五、政府会计要素

（一）国外政府会计的会计要素

国际会计师联合会公立单位委员会发布的第 11 号研究报告（政府财务报告），在综合各国的公立单位会计要素设置情况基础上，分别表述了适用于收付实现制基础的会计要素和适用于权责发生制基础的会计要素。其中，适用于收付实现制基础的会计要素为现金收入、现金支出、现金结余；适用于权责发生制基础的会计要素为资产、负债、净资产（权益）、收入、费用。

由于不同国家国情不同，对政府会计目标的要求和会计核算情况不同，所以在会计核算时采用的核算基础各异。不同的会计核算基础，对会计计量的重点不同，对会计要素设置及核算内容不同，反映公共资源的范围也不相同（见表 1）。

表 1　　不同会计核算基础的计量重点及会计要素比较

核算基础	计量重点	会计要素
收付实现制	现金结余（及其变动）	现金收入、现金支出、现金结余
修正的收付实现制	当期财务资源（及其变动）	现金收入 + 应收款项 现金支出 + 应付账款 现金及约当现金结余
修正的权责发生制	总财务资源（及其变动）	收入、费用、金融资产、负债、净财务资源
完全的权责发生制	经济资源（及其变动）	收入、费用（包括折旧）、资产、负债、净资产（权益）

资料来源：国际会计师联合会公立单位委员会《研究报告第 2 号——中央政府财务报表的要素》。

一般来说，政府会计以满足政府经济管理需要（决策有用性）为首要目标的，政府会计设置会计要素适宜以收付实现制为基础进行设置，并侧重于反映政府掌控的财务资源。会计要素一般为：资产、负债、净资产、收入、支出、结余。

政府会计以反映政府的经济受托责任履行情况（反映受托责任）为首要目标的，政府会计设置会计要素适宜以权责发生制为基础进行设置，并侧重于反映政府掌控的全部经济资源。会计要素一般为：资产、负债、净资产（权益）、收入、费用。

目前，一些资料介绍的外国政府会计设置的会计要素为资产、负债、净资产（权益）、收入、费用（有的国家不限于这五个会计要素）。这主要是因为这些国家以反映政府的经济受托责任履行情况为政府会计首要目标，并都采用权责发生制或修正的权责发生制会计核算基础。国际会计师联合会公立单位委员会发布的《国际公立单位会计准则第1号》中，定义部分属于会计要素的定义为资产、负债、净资产/权益、收入、费用、净盈余。这些会计要素，也是基于权责发生制核算基础设置的。

（二）我国政府会计中的会计要素及其存在的问题

我国目前属于政府会计要素的规定主要体现在预算会计的《财政总预算会计制度》、《行政单位会计制度》、《事业单位会计制度》之中，规定的会计要素有五个，即资产、负债、净资产、收入、支出。目前我国政府会计规范当中对会计要素的规定，已经不符合新的会计环境下政府会计目标和会计报表对会计要素的要求，存在着以下缺陷：

1. 资产、负债会计要素不能反映政府全部的资产负债。目前财政总预算会计和行政单位会计核算中的资产反映的是财政资金的资产和行政单位的固定资产及库存材料等，对于政府掌握和控制的非资金资产如产权投资、债权、实物资产等（不含行政单位管理的）并没有进行核算及反映。因此，实际上资产要素的核算并没有涵盖政府层面的全部资产。目前财政总预算会计和行政事业单位会计核算的负债，基本上是核算财政预算执行过程中发生的负债。由于财政预算核算基本上是按照收付实现制核算的，因此有些基于责任立场的政府负债没有进行核算及反映。目前，不仅没有被列入政府预算但应由政府承担的债务（例如已经能够确认由政府承担的各种补偿等）不作为负债确认，甚至已经列入财政预算但是由于财政库存资金不足而没有支付的预算款项（如欠发工资等）也不作为负债确认。

2. 反映预算收支的会计要素涵盖内容不完全。目前财政总预算会计对政府发行国债和政府借入款项的核算采用的是权责发生制，即确认为负债，但不确认债务预算收入和债务预算支出。在财政会计编制的预算收支报表中，也不反映债务预算收入和债务预算支出。这样，在财政总预算会计提供的会计信息中，就不包括债务预算收支情况，从而使预算报告反映的政府财政预算内容不完整。

3. 缺少“预算结余”会计要素。目前行政单位会计制度规定的收入支出总表在结构上分为收入、支出、结余三个部分。报告政府财政预算执行情况的会计报表也应包括预算收入、预算支出、当期预算结余的结构内容。预算结余是反映政府在会计期间预算执行结果情况的重要指标，为政府管理当局及监督部门所重视。但是目前的政府会计规范中没有结余要素。其结果是，没有设置反映政府会计主体当期预算结余的会计科目，不利于结余的核算与反映。

4. 缺少按权责发生制反映政府收支的会计要素。目前财政总预算会计和行政单位会计核算中的收入和支出基本上是按照收付实现制核算的预算收支，事业单位按照权责发生制核算的经营收入、经营支出，并没有作为会计要素体现在相应的会计规范当中。由于不能计提固定资产折旧费用，目前经营支出的核算也不是完全按照权责发生制进行核算。

（三）对我国政府会计设置会计要素的分析

1. 两种核算基础的会计要素比较。基于不同基础定义的会计要素具有不同的作用和局限性。基于权责发生制会计基础的会计要素，如资产、负债、净资产等，可以全面反映政府经济资源的持有及变动情况，但是对现金资源的筹集、分配难以及时进行反映。基于收付实现制会计基础的预算收入、预算支出、预算结余，可以及时反映现金资源的流入流出，说明财政资金的筹集和分配情况，但是对政府持有的经济资源无法全面反映，不能说明政府实际的资产负债情况。

2. 政府会计的会计要素设置应当满足政府会计的会计目标要求。政府会计的报告目标是多重的，其中既有反映政府依法筹集、分配和使用财政资金情况的要求，也有反映政府管理、运用全部经济资源方面情况的要求。政府会计目标要求，设置政府会计要素，既要能够使政府掌控的全部经济资源纳入政府会计要素核算的涵盖范围，也要对政府筹集、分配的财政资金资源进行单独的核算、反映。政府会计的多重目标，通过政府会计编报不同的财务报告予以完成。在政府会计报表中，预算收支情况表重点反映政府在依法筹集、分配和使用财政资金方面的受托责任履行情况；资产负债表重点反映政府在对全部经济资源的管理、使用方面的受托责任履行情况。作为反映会计报表结构的会计要素，不仅要涵盖这些主要政府会计报表的内容，还要使这些政府会计报表表达的内容完整、全面。

3. 应当设置反映政府依法筹集和分配资金情况的会计要素。政府会计要反映财政预算执行情况，可以在目前财政总预算会计的收入、支出要素的基础上，设置一组核算预算资金的会计要素。目前我国财政会计要素中的收入、支出，实际上就是预算收入、预算支出，只是缺少债务预算收支。如果设置涵盖债务预算收支的预算收入、预算支出要素，再加上反映当期预算执行结果的预算结余要素，就可以建立全面反映预算执行情况和执行结果的会计要素组合，全面反映预算执行情况。

4. 应当设置反映政府全面财务状况的会计要素。随着我国政府执政水平的提高，政府对公共资源的管理使用要更加透明，要更加便于社会进行监督。原来以反映财政资金为主要对象的财务状况的报告，已经不能适应社会公众对政府会计信息的需要。政府应当提供以全部公共资源为对象的报告，以反映政府全面的财务状况。

要做到政府会计反映政府全面的财务状况，就要设置基于权责发生制基础的资产、负债、净资产要素。

5. 设置两个层面会计要素符合会计原理。反映政府财务状况的会计要素和反映预算执行情况的会计要素，分别属于两个层面的会计要素。反映政府财务状况的会计要素中资产、负债、净资产为资产负债表的报表要素。反映预算执行情况的会计要素预算收入、预算支出、预算结余为预算执行情况表的报表要素。不同层面的会计要素，构成不同层面的会计报表基本结构，满足不同的会计目标要求。设置两个层面的会计要素，会出现这样的现象：当一项经济业务发生时，既符合资产负债表的要素定义，要作为资产（或负债）予以确认；又符合预算收支情况表的要素定义，要作为预算收入（或预算支出）予以确认。对于同一经济业务，作为资产（或负债）予以确认，是出于编制资产负债表、报告政府全面财务状况的需要；同时又作为预算收入（或预算支出）予以确认，是出于编制预算收支情况表、报告预算执行情况的需要。确认资产负债和确认预算收支两者之间没有矛盾，这是政府会计多重目标的要求，也是按不同会计基础核算的结果。

6. 应当设置基于权责发生制基础的收入、支出要素。如本报告的政府会计核算基础部分所述，对涉及绩效评估需要的项目和政府单位的经营活动，应当按照要求采用权责发生制基础核算。按照收付实现制核算的预算收入、预算支出与按照权责发生制核算的收入、支出，属于反映不同会计目标需求的会计信息，两者不仅在口径上既有交叉又有重叠，在会计报表上也分别属于不同层面的会计报表。所以，在政府会计中应当设置基于权责发生制基础核算、报告的收入和支出会计要素，作为反映经营活动等业绩信息的收入支出表的构成要素。

7. 预算收入、预算支出与收入、支出会计要素的核算协调。预算收入和收入之间、预算支出和支出之间，存在交叉及重叠的部分。在会计核算的初次确认时，只能先按一个层面的收支要素确认。即当经济业务发生时，或者先按预算收入、预算支出确认，或者先按收入、支出确认。从会计信息需求的要求看，由于政府对财政预算要实时监控，政府管理当局对预算执行情况信息的实效需要和使用频率要优先于对绩效考评的信息需要。所以，政府会计在核算时，可以在对会计要素初次确认时按照反映预算执行情况的会计要素进行确认，在需要编报反映经营活动的收支报告时，再将预算收入和预算支出按照收入、支出要素的定义进行调整，再次确认为收入支出表中的收入、支出。

（四）我国政府会计中应当设置的会计要素

在政府会计中，建议设置三个层面的会计要素：政府预算报告层面的会计要素包括预算收入、预算支出和预算结余；政府财务状况报告层面的会计要素包括资产、负债和基金产权（净资产）；绩效报告层面的会计要素包括收入和支出。

1. 预算收入，指一定期间内会计主体依法筹集的财政资金的流入。预算收入的内容主要包括：税收；行使政府权力的收费；罚款；让渡资产使用权的租金（使用费）收入；贷款利息收入；收回贷款的本金；出售资产或者收回产权所得的现金；借款或者发行债券所得的现金；获得其他政府会计主体的转移支付；接受无限定条件的捐赠；其他的预算收入。

预算收入的确认条件包括：（1）符合预算收入的定义；（2）该预算收入的金额能够可靠计量。

预算收入应当在收到的资金进入会计主体的国库或者其他的金融机构时予以确认。会计期末的决算延长期内到账的上期收入，应当作为上期收入予以确认。期末实行权责发生制的预算收入项目，应当在期末予以确认，并同时确认相应的债权。

预算收入应当以流入的资金数额作为其入账价值。

2. 预算支出，指一定期间内会计主体依法分配的财政资金的流出。预算支出的内容主要包括：工资福利；对个人和家庭的补助；采购商品和服务的经常性支出；对企业的补贴；归还借款本金和利息；购置固定资产、无形资产支付的现金；取得政府产权支付的现金；对其他政府会计主体的转移支付；资产的报废和损失；对国外的赠予；其他的预算支出。

预算支出的确认条件包括：（1）符合预算支出的定义；（2）该预算支出的金额能够可靠计量。

预算支出应当在资金从会计主体的国库或者其他的金融机构拨出时予以确认。列入下一会计期间预算的预拨资金，在拨出资金时不确认为当期预算支出，到下一会计期间时确认为该期的预算支出。会计期末的决算延长期内到账的收回的上期支出，应当冲减上期支出。期末实行权责发生制的预算支出项目，应当在期末予以确认，并同时确认相应的负债。

预算支出应当以流出的资金数额作为其入账价值。

3. 预算结余，指一定期间内会计主体的预算收入减去预算支出的差额。预算结余的内容主要包括：有限定用途的资金的当期预算结余；无限定用途的资金的当期预算结余；托管资金的当期预算结余。

预算结余的确认条件包括：（1）符合预算结余的定义；（2）该预算结余的金额能够可靠计量。

预算结余应当在会计期末时予以确认。

预算结余应当以当期的预算收入减去预算支出的差额作为其入账价值；跨期项目的预算结余应当以该项目各期累计的预算收入减去预算支出的差额作为其入账价值。

4. 资产，指会计主体拥有或控制的、由过去的经济业务或会计事项形成的经济资源，该资源预期能为会计主体提供服务潜能或者带来经济利益。资产的内容主要包括：货币资产；应收及预付款项；应收其他会计主体的转移支付；贷款；产权投资；固定资产；物资储备；公用基础设施；无形资产；自然资源；其他政府资产。

资产的确认条件包括：（1）符合资产的定义；（2）该资产的成本或价值能够可靠计量。

完全符合资产确认条件的资产应当确认为资产负债表内的资产。满足资产确认条件（1）但是不满足资产确认条件（2）的资产，可以在报表附注中披露。

资产应当按取得的成本作为其入账价值。如果无法获得资产的取得成本，应当对资产进行初始估价，并按资产估价价值作为其入账价值。资产的估价结果应当可靠。不能可靠地使用价值指标计量、需要在报表附注中披露的资产，可以采用与其相适合的单位计量，如按面积计量的土地、按面积或者林木蓄积量计量的森林等。

5. 负债，指过去的经济业务或会计事项形成的现时义务，履行该义务很可能会导致会计主体经济资源的流出或消耗。负债的内容主要包括：应付及预收款项；欠发的工资福利；应付其他会计主体的转移支付；借款；担保的还款；应承担的政府给付和赔偿；其他政府的负债。

负债的确认条件包括：（1）符合负债的定义；（2）该负债的金额能够可靠计量。

完全符合负债确认条件的负债应当确认为资产负债表内的负债。只符合负债确认条件中的一个的或有负债，即满足负债确认条件（1）但是不满足负债确认条件（2），或者满足负债确认条件（2）但是不满足负债确认条件（1），可以在报表附注中披露。

负债应当以会计主体预期流出或消耗的经济资源的金额为入账价值。对于无法直接计量金额的负债，可以采用适当方法进行估计，以估计的金额作为负债的入账价值。

6. 净资产（基金产权），等于资产减去负债的差额，包括公共资源供给者对会计主体提供的具有限定条件的资金来源，或者会计主体以往的累积收支差额。净资产（基金产权）的内容主要包括：无限定条件的基金；有限定条件的基金；偿债基金；对应特定资产的基金（如固定基金、产权基金、债权基金等）；托管基金（如社会保障基金）；未分配结余（跨期项目累计结余）。

净资产（基金产权）的确认条件包括：（1）符合净资产（基金产权）的定义；（2）该净资产（基金产权）的金额能够可靠计量。

净资产（基金产权）应当在符合净资产（基金产权）确认条件时予以确认。

出资人直接投入的净资产（基金产权），应当按照投入资产所确认的金额作为入账价值；由收支净余额形成的净资产（基金产权），应当按照收支净余额作为入账价值。

7. 收入，指一定期间内会计主体为主体运行而取得的经济资源的总流入，收入的发生会导致会计主体净资产增加，但是不包括与直接增加会计主体基金产权相关的流入。

收入的确认条件包括：（1）符合收入的定义；（2）该收入的金额能够可靠计量。

符合收入确认条件的收入应当在期末对预算收入进行调整时予以确认。

收入应当以导致会计主体净资产增加的经济资源流入金额或者负债减少金额作为其入账价值。

8. 支出，指一定期间内会计主体因运行而发生经济资源的流出、消耗，或者负债的增加，但是不包括与直接减少会计主体基金产权相关的流出，支出的发生会导致会计主体净资产减少。

支出的确认条件包括：（1）符合支出的定义；（2）该支出金额能够可靠计量。

符合支出确认条件的支出应当在期末对预算支出进行调整时予以确认。

支出应当以导致会计主体净资产减少的经济资源流出金额、或者负债增加金额作为其入账价值。

六、政府财务报告

（一）目前我国政府财务报告存在的问题

政府会计的目标决定政府会计提供的财务报告的内容。受目前预算会计核算的对象范围、核算基础的影响，我国至今还没有反映政府全面经济状况的财务报告。具体来看，目前的政府综合财务报告存在以下的问题：

1. 反映的预算资金范围偏窄。目前政府财务报告主要反映预算内财政资金，预算外资金、社会保障基金（也称社保基金）、行政事业单位的非财政资金都没有在财务报告中反映。

2. 反映预算收支及财务状况的内容不完全。在反映预算执行情况的报告中，没有反映债务预算收支情况；在反映政府财务状况的报告中，没有反映财政资金支出形成的资产以及由本期财政支出负担但延迟到以后支付的负债。

3. 没有提供单独的基金报告。社保基金作为政府受托管理的财务资源，应当单独提供财务报告。但目前我国政府财务报告中，对社保基金的报告内容，只限于预算内资金涉及的社保基金收支，没有提供反映社保基金整体情况的财务报告。

4. 会计报表设计不合理。目前的资产负债表是按照资产、支出、负债、净资产、收入五个部分设计的。在资产负债表中，既有反映时点指标的数据，又有反映时期指标的数据，数据的口径不一致。而且，资产负债表中的收入、支出数据和收入支出表的数据重复。

（二）对我国政府财务报告设计的建议

我们认为，我国政府财务报告的设计应当体现以下几点要求：

1. 财务报告的内容应当涵盖政府会计核算的全部资产、负债、净资产、收入、支出、结余情况。

2. 财务报告应当反映预算执行情况和政府财务状况。其中，预算执行情况主要通过收入支出表反映，包括预算收入、预算支出、预算结余；政府财务状况主要通过资产负债表反映，包括资产、负债、净资产。

3. 财务报告应当反映重大投资项目的绩效情况，应当反映政府单位（事业单位）从事经营活动、投资活动的效益情况。

4. 财务报告应当包括报表、报表附注和文字说明。

5. 对于已单独作为核算主体的基金，应当单独提供完整的财务报告，如社保基金的财务报告。

6. 各政府单位，应当按照出资人的要求，编报各不同来源资金的财务报告，并编报本单位的综合财务报告；各个主管部门，除了编报部门本级各不同来源资金的财务报告外，还应当编报涵盖本部门下属所有政府单位的汇总（或合并）财务报告；各级政府，除了编报本级政府的财务报告，还应当编报涵盖本级政府下属的各级政府的汇总（或合并）财务报告。

（三）主要会计报表

政府财务报表的内容与政府会计核算采用的核算基础直接相关。以权责发生制为主要核算基础的，会计报表主要包括资产负债表、经营业绩表、现金流量表等。以收付实现制为主要核算基础的，会计报表主要包括资产负债表、收入支出表等。

我国的政府会计现阶段的会计目标以提供国家宏观管理所需要的信息为主，会计核算基础主要采用收付实现制。会计报表主要包括预算（部门预算）收支表、资产负债表、经营活动（项目）收入支出表、单项基金报表，并以净资产变动表、收入支出调整表、基本数字表等报表作为补充。

目前我国的政府会计还不适宜编报现金流量表。这是因为：(1) 我国采用收付实现制编制了预算执行情况表（收入支出表），与现金流量表的信息重复较大；(2) 现金流量表的主要作用是在权责发生制基础核算的前提下，通过现金流量表反映政府运营活动导致的现金增减变化，而我国政府会计主要以收付实现制为核算基础，政府决策者对现金流量表反映的信息需求不大；(3) 现金流量表编制的技术要求较高，我国政府会计人员水平参差不齐，现阶段编制现金流量表成本较高，也难以保证报表的质量。

（四）主要会计报表的内容

反映各种预算执行情况的主要报表是收入支出表。按照报告的口径，分为反映财政预算执行情况的收入支出表和反映部门预算执行情况的收入支出表。

财政预算执行情况表包括预算收入、预算支出、预算结余三个部分。预算收入应当包括目前的预算内收入、预算外资金收入、债务预算收入；预算支出应当包括目前的预算内支出、预算外资金支出、债务预算支出；预算结余应当包括各类预算资金的结余，并且应当列示扣除了债务预算收支差额后的结余。财政预算执行情况表的收入、支出项目应当按照预算科目的分类列示，其中基金之间转入、转出的收入、支出应当单独列示。

部门预算执行情况表包括预算收入、预算支出、预算结余三个部分。预算收入应当包括目前行政事业单位的预算内收入、预算外资金收入、其他非财政资金收入、债务收入；预算支出应当包括目前行政事业单位的预算内支出、预算外资金支出、其他非财政资金支出、债务支出。部门预算执行情况表的收入、支出项目应当按照部门预算收支的分类列示。

反映政府整体财务状况的主要报表是资产负债表。资产负债表包括资产、负债、净资产三个部分。资产负债表的内容，可以在目前财政总预算会计编制的资产负债表基础上扩充。在资产部分，应当增加政府产权、政府债权的内容；在负债部分，应当增加政府负债的内容；在净资产部分，应当增加基金的内容，其中包括由结余结转的累积结余形成的基金和由于“双基础制”核算政府产权、政府债权而增加的基金（类似固定基金）。

反映政府会计主体一定时期经营活动和项目投资成果的报表是收入支出表。该报表应按收入类项目、支出类项目和净损益项目编报。

单项基金报表的主表应当包括基金资产负债表、基金收入支出表，并以基金产权变动表作为附表。

第三部分　政府会计准则第×号——基本准则（建议稿）

第一章　总则

第一条　为适应我国政府管理职能的需要，统一政府会计标准，规范会计行为，保证会计信息质量，根据《中华人民共和国会计法》，制定本准则。

第二条　本准则规范具体会计准则的制定，以及具体会计准则没有规范的事项的会计处理。

第三条　政府会计应当如实反映政府预算执行情况、政府财务状况和评价政府投资项目、经营活动绩效的有用信息，有助于信息使用者作出相关决策，反映政府受托责任的履行情况，以满足有关各方的信息需要。

第四条 政府会计应当以政府单位和组织发生的各项经济业务为核算对象，记录和反映政府单位和组织的各项经济活动。政府单位和组织的各种专用基金应当单独记录和反映。

第五条 政府会计应当以政府单位和组织持续运营为前提，政府单位和组织管理的各种专用基金一般也以持续运营为前提，但有明确运营期限的专用基金除外。

第六条 政府会计应当划分会计期间，分期结算账目和编制财务报表。会计期间分为年度和中期，中期是指短于一个完整的会计年度的报告期间，包括半年度、季度和月度等。年度和中期的起讫日期采用公历日期。

第七条 政府会计应当以货币计量为基础，以综合反映政府部门发生的各事项的结果与影响。

第八条 政府的会计记账采用借贷记账法。

第九条 政府会计记录的文字应当使用中文，在民族自治地方，会计记录可以同时使用当地通用的一种民族文字。

第十条 本准则适用于中华人民共和国的各政府机构、政府组织以及纳入政府预算管理的其他单位和组织。

第二章 会计信息质量要求

第十一条 政府会计核算应当以实际发生的业务和事项为依据，提供真实、可靠的会计信息，如实反映政府机构、政府组织和政府单位的预算收支情况、财务状况和财务绩效。

第十二条 政府会计核算应当及时进行，不得提前或延后，以提供及时有效的会计信息。

第十三条 政府会计提供的信息应当能够满足信息使用者了解政府单位、组织所管理的公共资源的状况、营运结果及受托经管责任的履行情况的需要，并对决策有用。

第十四条 政府会计核算应当按照规定的会计处理方法进行，同类或相似业务的会计核算方法应当一致，以提供不同报告主体或同一报告主体不同期间相互可比的会计信息。

第十五条 报告主体对同一项目及类似项目会计处理前后各期一致。按规定需要改变会计处理方式和指标核算口径的，应当将变更的情况、原因和对财务收支情况及结果的影响在会计报告中说明。

第十六条 政府会计对各种具有限定用途的基金或资金应当按照限定用途分别进行核算。

第十七条 政府会计应当按照经济业务或事项的经济实质进行信息披露，而不应当仅仅按照它们的法律形式作为会计核算的依据。

第十八条 对于反映预算执行情况的经济业务和事项，一般应当采用收付实现制核算基础，对于按照权责发生制编制预算的项目应采用权责发生制核算基础。对于政府产权、债权和借入资金形成的政府债务的变动，应当在以收付实现制为基础核算预算收支的同时，以权责发生制为基础核算相应的资产和负债；对于需要进行绩效评价的投资项目和政府单位的经营性活动，应当以权责发生制为基础进行核算。

第十九条 政府及政府单位当期的预算收入和预算支出应当配比，当期的收入和支出应当配比，各种不同用途基金的当期收入和支出应当各自配比。

第二十条 政府会计记录和会计报表应当清晰明了，便于信息使用者理解和利用。

第二十一条 政府会计应当全面反映政府单位、组织的各项经济活动。对评价政府受托经管责任和进行相关决策具有重要影响的经济活动和事项，应当详细核算，单独反映；其他业务或事项可以适当简化处理。

第三章 预算收入

第二十二条 预算收入是指一定期间内会计主体依法筹集的纳入预算管理的资金流入。主要包括税收、行使政府权力的收费、罚款、让渡资产使用权的租金（使用费）收入、贷款利息收入、收回贷款的本金、出售资产或者收回产权所得的资金、借款或者发行债券所得的资金、获得其他政府会计主体的转移支付、接受无限定条件的捐赠、其他预算收入等。

第二十三条 预算收入应当在预算资金实际收到时予以确认。实行财政直接支付的预算单位，应当在国库直接支付时确认预算收入。会计期末，对决算清理期内到账的上期收入，应当作为上期预算收入予以确认。按规定在期末实行权责发生制的预算收入项目，应当在期末予以确认，并同时确认相应的债权。

第二十四条 预算收入应当按照流入的资金数额作为其入账金额。

第四章 预算支出

第二十五条 预算支出是指一定期间内会计主体依法分配的纳入预算管理的资金流出和消耗。主要包括工资福利、对个人和家庭的补助、采购商品和服务的经常性支出、对企业的补贴、归还借款利息、归还借款本金、购置固定资产或无形资产支付的现金、取得政府产权支付的现金、对其他政府会计主体的转移支付、资产的报废和损失、对国外的赠予、其他预算支出等。

第二十六条 预算支出应当在预算资金实际支付或确认资产消耗时予以确认。列入下一会计期间预算的预拨资金，在拨出资金时不确认为当期预算支出，到下一会计期间确认为预算支出。会计期末，对决算延长期内收回的上期预算支出，应当冲减上期预算支出。按规定在期末实行权责发生制的预算支出项目，应当在期末予以确认，并同时确认相应的负债。

第二十七条 预算支出应当按照流出的资金数额作为其入账金额。

第五章 预算结余

第二十八条 预算结余是指一定期间内会计主体的预算收入减去预算支出的差额。包括有限定用途资金的当期预算结余、无限定用途资金的当期预算结余、托管资金的当期预算结余，以及上期未完项目的资金结余等。

第二十九条 各项预算结余的金额等于各项预算收入减去该项预算支出的差额。

第六章 资 产

第三十条 资产是指会计主体拥有或控制的、由过去的经济业务或会计事项形成的经济资源，该资源预期能为会计主体提供服务潜能或者带来经济利益。政府会计核算的资产主要包括货币资金、应收款项、存货、贷款、产权投资、固定资产等。

第三十一条 对于符合资产定义的项目，应当在同时满足以下条件时，确认为资产：

（一）与该项目相关的经济资源很可能流入会计主体；

（二）该项目的成本或者价值能够可靠地计量。

第三十二条 对于符合资产定义和资产确认条件的项目，应当列入资产负债表；对于符合资产的定义、但不符合资产确认条件的项目，不应当将其在资产负债表内确认，但应当在报表附注中对规定的项目作相关披露。

第三十三条 资产应当按取得的成本作为其入账价值。如果资产的取得成本明显低于资产的市场价值，应当对资产进行估价，并按资产估价价值作为资产的初始入账价值。资产的估价结果应当可靠。

第七章 负 债

第三十四条 负债是指过去的经济业务或会计事项形成的现时义务，履行该义务很可能会导致会计主体经济资源的流出或消耗。政府会计核算的负债主要包括应付及预收款项、欠发的工资福利、应付其他会计主体的转移支付、借款、其他政府负债等。

第三十五条 政府会计对于符合负债定义的项目，应当在同时满足以下条件时，确认为负债：

（一）与该项目有关的经济资源很可能流出会计主体或被消耗；

（二）预期流出会计主体或消耗的经济资源能够可靠地计量。

第三十六条 政府会计对于不能同时满足负债确认条件的或有负债，应当按照规定进行反映。

第三十七条 负债应当以会计主体预期流出或消耗的经济资源的金额作为入账价值。

第八章 净资产（基金产权）

第三十八条 净资产（基金产权）是指公共资源供给者对会计主体提供的具有限定条件的资金，以及会计主体以往的累积收支差额。包括有限定用途的基金、无限定用途的基金（累计收支结余）、对应特定资产的基金和托管基金、未分配的结余等。对应特定资产的基金主要包括固定基金、产权基金、债权基金等。

第三十九条 净资产（基金产权）应当在满足以下条件时予以确认：

（一）符合净资产（基金产权）的定义；

（二）净资产（基金产权）的金额能够可靠计量。

第四十条 净资产（基金产权）的计量取决于资产和负债的计量，其金额为资产减去负债后的差额。

第九章 收入

第四十一条 收入是指一定期间内会计主体为主体运行而取得的经济资源的总流入，但是不包括与直接增加会计主体净资产相关的流入。收入会导致政府会计主体未来经济资源的增加。

第四十二条 收入只有在满足以下条件时才予以确认：

（一）未来经济资源很有可能增加；

（二）经济资源增加金额能够可靠地计量。

第四十三条 政府会计应当对需要进行绩效评估的投资项目和经营活动的收入在符合规定的收入确认条件时，于期末在收入支出表中确认。

第四十四条 收入应当以导致会计主体净资产（基金产权）增加的资产增加金额、或者负债减少金额作为其入账价值。

第十章 支出

第四十五条 支出是指一定期间内会计主体因运营而发生经济资源的流出和消耗，但是不包括与直接减少会计主体净资产相关的流出。支出的发生会导致会计主体未来经济资源的减少。

第四十六条 支出只有满足下列条件时才予以确认：

（一）未来经济资源很可能减少；

（二）经济资源的减少金额能够可靠地计量。

第四十七条 政府会计应当对需要进行绩效评估的投资项目和经营活动的支出在符合规定的支出确认条件时，于期末在收入支出表中确认。

第四十八条 支出应当以导致会计主体净资产（基金产权）减少的资产减少金额、或者负债增加金额作为其入账价值。

第十一章 政府财务报告

第四十九条 政府财务报告是反映政府、政府单位和基金的预算执行情况、财务状况、投资项目和经营活动损益情况的书面文件。财务报告由会计报表、报表附注和文字说明构成。会计报表主要包括预算执行情况表、资产负债表、收入支出表等。

第五十条 预算执行情况表是反映政府、政府单位和基金一定时期预算收支及其结余情况的报表。该报表应按规定的预算收入类项目、预算支出类项目和预算结余类项目编报。

第五十一条 资产负债表是反映政府、政府单位和基金在某一特定日期财务状况的报表。该报表应按规定的资产类项目、负债类项目和净资产（基金产权）类项目编报。

第五十二条 收入支出表是反映政府、政府单位一定时期项目投资和经营活动成果的报表。该报表应按收入类项目、支出类项目和净损益项目编报。

第五十三条 报表附注是对会计报表中有关项目所作的进一步说明，以及对未能在这些报表中确认的项目的说明。附注应有助于报表使用者进一步理解和分析政府会计主体的预算执行情况、财务状况和收支情况。

第五十四条 财务报告文字说明是对政府、政府单位和基金经济状况和运营情况的总体说明，主要包括政府、政府单位和基金占有的各种资源的描述、报告期内对资源运用情况及其效果的说明、各报表项目发生重大变化的原因说明、对未来筹集和使用财务资源的预计，以及按规定应当重点说明的其他事项。

第五十五条 各政府单位应当按照出资人要求对不同的财务资源分别编报财务报告，并编报本单位全部财务资源及其使用情况的综合财务报告；各政府主管部门应当编报本部门所属全部单位的汇总（或合并）财务报告；各级政府应当编报包括本级政府下属的各级政府的汇总（或合并）财务报告。

第十二章 附 则

第五十六条 本准则由财政部负责解释。

第五十七条 本准则自 20 × ×年 ×月 ×日起施行。

2005 年
《建立中国政府会计准则体系的研究》[①]

本研究包括主要观点归纳和研究报告两大部分。

第一部分　主要观点归纳

前　言

西方国家的政府会计改革和我国企业会计改革的经验表明，建立政府会计准则体系，首要问题是建立概念框架。因为从理论上把概念框架的基本原则搞清楚，准则体系就有了基础，改革就能真正到位，不走弯路。我们按照“理论先行、制度在后”的思路，着重对建立政府会计概念框架的重要问题进行设计论证，提出供决策参考的建议。

本报告包括以下八个方面的问题：政府会计的目标、政府会计的核算对象、政府会计的适用范围、政府会计的核算基础、政府会计的会计主体、政府会计的会计要素、政府财务报告、相关问题。

---

① 本课题由全国预算会计学会、北京市预算会计研究会委托研究小组完成，课题负责人为王彦，执笔人为王彦、赵西卜、荆新、王建英。

政府会计的目标

西方国家讲的政府会计目标，系指会计信息目标，或曰财务报告目标。其内涵有三：一是向谁提供会计信息；二是提供什么样的会计信息；三是提供这些会计信息干什么（要达到什么目的）。科学地回答这三个问题，政府会计改革就有了正确的方向。反之，政府会计准则体系、政府会计制度体系、政府综合财务报告制度的建立，就可能变成"豆腐渣工程"。因此，会计界人士认为，会计目标是设计政府会计概念框架的核心，是建立政府会计规范体系的基点，是推行政府会计改革的出发点和归宿点。

国外的政府会计改革，都有比较明确的会计目标。从西方国家看，对政府会计目标的表述（即回答三个问题），大体上可以归纳为两种模式：（1）英美模式，包括美国、英国、加拿大、澳大利亚、新西兰等国在内。这种模式是依据新经济公共管理论、权责发生制会计（预算）改革的理论界定的。他们的做法是：会计信息主要为外部使用者提供，范围广；着重提供财务信息，内容多且细；提供会计信息的目的是阐明政府施政的受托责任；政府会计定位为财务会计（资源会计）。（2）德法模式，除德国和法国外，欧洲大陆国家（如波兰）也都采用这种模式。他们的做法是：会计信息主要向立法机关、行政部门提供；主要提供财政预算信息；提供这些信息，主要供议会和政府决策使用。德国明确：政府会计的主要目的是满足立法机关的信息需要；是"立法导向的"，用于"财政"目的而非"管理"目的。法国规定：所有的使用者不具有同等的重要性，政府会计信息首先必须确认政府部门自己（预算办公室、财政部）的需要是最重要的。

我国 1998 年的预算会计改革，没有明确提出预算会计的会计目标。对即将展开的政府会计改革，我国会计理论界和实务工作者都主张要解决好政府会计的会计目标问题。他们的意见归结起来有两种：（1）认为反映和阐明政府的受托责任是政府会计的基本目标。理由是：能有效界定政府的公共受托治理责任，有利于与西方国家协调一致。这是一些高等院校教授的观点。(2) 现阶段我国政府会计目标宜定位为以反映预算收支的合规性和财政管理的要求为主。具体包括三个方面：一是反映预算收支的合规性；二是反映政府财务状况和运营绩效；三是反映政府持续运营和服务的能力，防范财政风险。

我们的意见是，确立政府会计目标，应从国情出发，要理论上讲得清、实践上行得通。基于这种思路，提出四条具体建议：

1. 政府会计信息主要向立法机关和政府内部使用单位提供。包括各级人大，各级政府及所属财政、税务、中央银行、审计、宏观规划部门、部门预算（财务）主管部门，上级政府和财政部门等。其理由是：(1) 政府会计是政府的一项非常关键的基础工作。政府和政府部门需要利用政府会计提供的信息，进行宏观调控和提供社会公共服务的决策；各级政府会计的会计主体也有提供这些信息的职责。(2) 我国是人口大国，但民众对政府会计信息的关注程度比西方低得多。全国的农民关心的重点是增产、增收、减负，城市居民关心的重点是调资、就业、医疗、物价和教育。(3) 与西方国家不同，我国社会各界对政府单位的捐赠很少。据 2003 年全国 107.5 万户行政事业单位收入决算统计，列入“其他收入”科目的收入占当年收入总额的比例为 5%，其中捐赠收入占收入的比例只有 1%～2%，美国则为 9%。相比之下，我国政府部门对捐赠人说明捐赠资源运用情况的内容要少得多。(4) 我国政府是人民自己的政府，政府履行人大委托的责任，政府会计向立法机构提供财务报告，就体现了“执政为民”的宗旨和受托责任的履行。

2. 政府会计以提供政府财政资金信息为主。具体包括当年政府预算、部门预算执行的信息，重大投资项目的绩效信息，财政、财务资金使用的风险预警信息，政府产权、债权、债务的信息等。其理由是：(1) 我国财政收入（不含债务收入）占全国 GDP 的比例约为 20%（1999 年为 19.3%）。这些资源如何分配使用，是全国人大和政府领导关注的重点，也是审计部门检查的重点。(2) 我国实行共产党领导、多党合作、共谋发展的民主政治制度，政党之间没有根本的利益冲突，不存在“相互竞争、相互拆台”的问题，国家和政府领导人当选与否也不存在“许愿”的问题。因此，我国的政府会计只需要提供与政府进行决策和管理相关的财务和绩效信息，没有必要向社会公众提供政府全部经济活动的绩效信息。

3. 提供政府会计信息，主要为国家和政府领导决策服务。其理由是：(1) 国际公立单位会计准则（IPSAS）强调，公共部门财务报告以决策有用性为首要目标以反映受托责任为次级目标。(2) 政府的职能是提供公共服务和宏观调控，政府实现其职能主要通过对公共资源的再分配来完成，而各种公共资源的再分配是通过财政部门、综合规划部门、税收部门等主要担负宏观调控任务的部门制定并推行政策来完成的。这些部门在制定政策方案及对不同的政策方案进行决策选择时，都需要政府会计提供信息。政府会计信息对决策的有用性体现在诸多方面，包括：编制、审批当年政府预算和部门预算，制定中长期财政规划，确定国家投资计划及投资重点，制定补贴政策和工资政策，制定税收政策和措施，安排社会公共服务事项，采取增产节约、增收节支措施，制定支出定额标准，防止腐败行为等。

4. 政府会计应实行以预算会计为主①、财务会计与预算会计相结合的基本模式。主要理由是：我国财政收入占国内生产总值（GDP）的20%，预期今后这个比例还要提高，将达到30%左右，政府单位的收入平均70%～80%来自财政资金，因此应当以预算会计为主，以充分反映财政收支。与此同时，政府会计还要提供财务状况的信息，包括使用财政资金形成的资产信息和应由本期财政支出负担的负债信息等。这些财务状况信息，也是政府及政府单位决策时必需的信息。而现行预算会计尚不能充分提供这些财务状况信息，需要财务会计来提供。为此，应当把财务会计与预算会计结合起来，为政府及政府单位的决策提供全面、完整、充分的会计

① 这里所指的预算会计是指以反映预算执行为主要目的的会计模式，与传统意义上的预算会计分支概念不同。

信息。

综上所述，我们把政府会计的目标定位为：以向政府、立法机构提供财政资金收支信息为主，同时提供财务状况方面的信息，以更有效地适应政府及政府单位的决策对会计信息的需求。

政府会计的核算对象

一、政府会计的核算对象的界定

政府会计的核算对象就是政府会计核算的具体内容。政府会计的目标决定了政府会计财务报告信息的主要内容。政府会计的核算对象应当包括政府会计财务报告信息使用者需要了解的各种会计信息。这些信息需要按照一定的会计程序取得、加工、生成和报告。从我国实际情况看，政府会计的核算对象应该是政府会计核算和反映的各种政府会计的会计要素的具体内容，包括政府资产、负债和净资产、政府预算收入、预算支出、预算结余、政府净资产变动等情况。

从西方国家政府会计情况看，我国目前的预算会计实际上是仅以反映预算资金收支为主导，并未全面反映政府行使职能对公共资源的使用、支配过程及其运行结果。但是，我们的国情与西方国家有很大不同，如何借鉴国外政府会计体系的研究，建立适应我国实际情况、简便实用的政府会计体系，从务实角度构建我国政府会计应核算的对象，成为理论界和实务界共同关注的热点问题。

二、国外政府会计的核算对象的归纳

国外关于政府会计的核算对象主要可以分为两类：一类是以美国、英国、澳大利亚和新西兰为主要代表的国家，这些国家对于政府会计的核算对象的界定范围比较广，基本上是把与政府有关的各种资源涵盖了，也就是所谓的资源会计。正是由于其资源会计的特点，所以很大程度上采用了权责发生制会计基础。另一类是以德国和法国为代表的一些国家，这些国家的政府会计的核算对象包括了全部的政府收支和部分按照权责发生制基础核算的资源。德国和法国的政府会计，其目标与预算和法律保持一致，以监督预算的执

行。其提供的政府会计信息主要是满足立法机关的需要，很少考虑社会公众和政府执行部门的信息需要，这与美国的政府会计有很大差别。由于其满足立法机关进行预算执行监督和预算控制的目的，其政府会计财务报告的编制就以修正的收付实现制或完全的收付实现制为基础，而不像英美国家那样采用完全的权责发生制或修正的权责发生制。

三、我国现行预算会计核算对象存在的问题

我国当前的财政总预算会计的核算对象，是纳入政府预算的财政性资金收支活动，资产负债方面，只有货币性资产和结算性往来款项，缺乏对政府投资性资产、储备性资产的核算，债权债务的核算也不完整，会计核算对象的范围难以反映政府财务状况和财政活动的全貌，不能为编制部门预算提供完整的会计信息。问题类别及内容详见“2005 年《政府会计的概念框架》”第二部分。

四、对界定政府会计的核算对象的意见

会计核算对象是相应的会计主体进行会计确认、计量、记录和报告的标的，衡量会计核算对象正确与否的标准就是看能否科学、全面、客观、真实地反映各主体的财务状况、收支情况、预算执行情况及受托经管责任，并为相应的管理、控制与评价提供及时有效的会计信息。

按照前述会计目标定位，现阶段我国政府会计的核算对象应涵盖除企业会计和民间非营利组织会计以外的所有单位的经济业务活动。其包括的具体内容详见“2005 年《政府会计的概念框架》”第二部分。

政府会计的适用范围

研究政府会计的适用范围，就是要解决哪些部门、单位应适用政府会计，也就是政府会计所涵盖的部门和机构。

一、国外主要国家政府会计的适用范围

从国外市场经济国家的经验看，政府会计准则都明确了政府会计的适用范围，但各有特点，不尽一致。

国际会计师联合会（IFAC）公立单位委员会（PSC）制定的国际公共部门会计准则规定其使用范围包括：中央政府、地区性（如州、省、管区）政府、地方（如市、镇）政府和它们的组成机构（如分支机构、代理处、董事会和委员会），但不适用于政府企业（包括交易企业和金融企业）。

美国联邦政府会计准则规定其适用范围为所有联邦实体及合并实体。这些实体不仅包括政府整体、政府的组成单位（如一个机构或部门），而且还包括政府举办的诸如学校、医院等公立非营利组织和交通、供热、供水等公共基础设施领域中政府拥有的企业和其他可能的报告单位（如项目等）。但不包括非政府举办的诸如学校、医院等私立非营利组织。

加拿大的政府会计的适用范围主要是完全由政府控制的一些组织；德国主要包括政府公共部门和组成部门；法国主要包括政府部门及其组成单位。

尽管各国政府会计准则适用范围内的公共部门实体的业务领域和隶属关系存在差别，但从公共服务角度看，政府会计的适用范围至少包括两部分：一是不仅包括政府单位，也包括所有的公立非营利组织；二是包括政府企业（IFAC 除外）。可以说，只要是以政府身份提供公共服务的组织就应纳入政府会计的适用范围。这些组织的共同特点是：都使用政府财政资源，政府对其有运行支配权以及政府对其运营结果负有全部或大部分财务责任（如在清算时政府承担其剩余债务等）。西方国家判断一个机构、单位和组织是否应纳入政府会计的适用范围，其标准主要是三个方面：（1）是否使用政府财政资源；（2）政府是否直接支配其运营；（3）政府是否对其运营结果直接负有财务责任。只要同时符合这三个条件就应纳入政府会计的适用范围，否则不纳入。

二、我国专家学者关于政府会计的适用范围的主要观点

多年来就政府会计的适用范围问题争议的焦点，主要集中在以下两个方面：（1）事业单位是否纳入政府会计的适用范围；（2）国有企业是否纳入政府会计的适用范围。

对于事业单位是否包含在政府会计的适用范围内，主要有三种主张：

（1）政府会计的适用范围不包括事业单位，而将事业单位全部纳入非营利组织会计适用范围；

（2）按职能、功能、公立私立、拨款比例、经费、人员编制等对事业单位进行划分，确定哪些事业单位应纳入政府会计的适用范围，哪些事业单位界定为非营利组织会计适用范围；

（3）事业单位全部纳入政府会计的适用范围。

关于国有企业适用范围的归属也有三种主张：

（1）将国有企业全部纳入政府会计的适用范围；

（2）国有企业不纳入政府会计的适用范围；

（3）只将国有资本金纳入政府会计的适用范围。

三、我们对国有企业是否纳入政府会计范围的意见

我们赞成国内多数学者的看法，只将国有资本金纳入政府会计的适用范围。其理由是：

（1）我国国有企业使用的国有资产，尽管从其性质上讲是政府的财政资源，但改革后的国有企业已成为独立经营、自负盈亏的法人主体，政府不应再直接干预企业经营活动，也不再负有直接财务责任。

（2）政府已设有专门管理国有资产的机构，财政部门可以利用他们提供的信息。

（3）国有资本金属于政府资产，应当纳入财政管理范围。

四、我们对事业单位是否纳入政府会计的适用范围的意见

事业单位是否纳入政府会计的适用范围，我国会计理论界意见分歧很大。有的主张将事业单位纳入政府会计的适用范围，有的则不主张将事业单位纳入政府会计的适用范围。主张者认为，事业单位是政府下属单位，其从事的活动具有明显的非市场化特征，而且符合使用政府财政资源、政府直接支配其运营以及政府对其运营结果直接负有财务责任的标准。不主张者认为，事业单位不是政府机构和组织，而且其收支中有一部分不属于财政资金形成的收支，有

的非财政资金占该单位收支比例很大，有的甚至完全不依靠财政资金，全部收入都来自市场，这些收入及形成的支出，不应当纳入政府会计的报告内容，因此，事业单位也就不应纳入政府会计的适用范围。

我们认为，事业单位应当纳入政府会计的适用范围，其主要理由是：

1. 事业单位使用的财政资金占政府支出的比例很大。以2004年资料为例，全国90多万事业单位使用的财政性资金约占到当年同口径财政资金支出的30%，使用的财政性资金总额达到8546亿元。如果不把这些事业单位纳入政府会计的适用范围，财政资金的这些收入（预算外资金）和支出就无法准确反映在政府预算收入和支出中，就脱离了政府会计监督的视野。

2. 尽管有些事业单位获取的财政性拨款占其收入总额的比重不是很大，但是如果加上事业收费，事业单位自筹的资金占其总收入的比例就不高了。如北京市事业单位（市级）2004年平均获得的财政拨款和上级补助占总收入的比例为46.97%，加上事业收费形成的收入以后，占总收入的比例就上升到84.8%。可见事业单位对财政的依赖程度很大。事业单位的各种收费收入，多是依照国家有关规定获取的权利、或者是占据了垄断性的公益服务资源取得的收入。现在，事业单位的各种收支均已纳入部门预算范围，真正实现了“大收大支”。

3. 事业单位是政府机构的延伸。政府的职能主要是进行行政管理、发展公共事业和进行宏观管理与调控。发展公共事业的这一政府职能基本由事业单位承担了。事业单位的活动，实现着政府发展公共事业的职能。有的事业单位还被授权行使政府行政管理职能，如证监会、银监会、保监会等。很多事业单位既有提供公益服务的职能，又具有一定的政府行政管理职能。如海关所属的检疫单位、质量监督机构所属的检测单位、医药监督机构所属的药品检验单位等，一方面提供独立的专业检验、检测服务，履行公益服务职能，另一方面被授权审批商品的市场准入、入境准入等，履行行政管理职能。

4. 将事业单位划到政府会计的适用范围之外，不符合预算管理改革的目标。建立部门预算是预算管理改革的重要内容。编制部门预算时，要将一个部门所有所属单位的收支都纳入部门预算收支，形成涵盖一个部门全部资金的完整预算。如果把事业单位划到政府会计的适用范围以外，就会肢解部门预算。即使能够编制出完整的部门预算，由于事业单位不执行政府会计制度，也很难做到对全部部门预算的执行情况进行会计核算和监督。

5. 有些事业单位的运营完全不依靠财政资金和行政事业性收费。这类单位实际上已经实行了企业化管理，其本质已经是企业而不再是事业单位了。对这类名为事业、实为企业的单位，显然应当适用企业会计，不存在判断其是否适用政府会计的问题。

五、我们对事业单位如何纳入政府会计的意见

很多专家学者认为，只要事业单位具有政府职能，其收入大部分来自于政府拨款或支出的大部分用于事业发展性支出，政府对其运营结果负有财务责任，这些事业单位就应该纳入政府会计的适用范围。表面上看，有很多事业单位不能同时满足以上条件，所以不少学者认为需要对现有的各种事业单位进行适当划分，并提出按照事业单位的职能（行政管理职能和公益服务职能）、资金构成（财政资金和非财政资金）比例或人员构成（公务员与事业编制人员）比例的大小将事业单位一分为二，分别纳入政府会计的适用范围和非营利组织会计适用范围。

我们认为，无论用什么标准将现有的事业单位一分为二，都只是理论上的人为划分，在实际操作中无法实施。一方面，我国很多事业单位既承担公益服务职能，又承担部分行政管理职能，而且各个单位情况不一致。有的可能只有一小部分行政管理职能，有的则具有较多的行政管理职能，而且随着政府体制改革和公共管理分工的变化，事业单位承担的行政管理职能也在经常变化。要划分清楚哪些单位的哪些业务具有行政职能，哪些不具有行政职能，实在太困难。另一方面，事业单位的经费收入来源各异，人员构成比例也不一样。试图按照一个规定的比例，对事业单位进行划分，使其分为适用政府会计和不适用政府会计的两个部分，是不科学的。首先是这个比例的确定本身就具有主观性，很难说70%的比例和80%的比例到底哪个更科学；更为重要的是，事业单位的经费比例和人员比例在各年度之间可能发生变动，出现当年比例提高、下一年比例下降现象，会导致某个事业单位当年适用政府会计、下一年不适用政府会计、再下一年又适用政府会计的奇怪现象。因此按比例划分事业单位会计的适用范围无法操作。

我们认为，最简便宜行、并有足够理由支持的方案就是将所有的事业单位均纳入政府会计范围，与政府机构、组织采用统一的政府会计规范进行核算和报告。对于已经完全市场化运营、实现了企业化管理的事业单位，应当退出政府会计的适用范围，改为适用企业会计。

政府会计的核算基础

一、我国目前的做法及存在的问题

长期以来，我国现行的预算会计制度体系中，总预算会计、行政单位会计和事业单位会计（经营性业务除外）都实行收付实现制，记录和反映了政府预算的执行情况与结果。这种政府会计模式是建立在原有的预算管理体制基础上的，有利于客观地反映和监督政府财政预算的执行情况，为及时了解财政资金的收支情况，分析预算执行进度提供了有用的会计信息，对政府加强财政管理起到了积极的作用。随着社会主义市场经济体制的建立和发展，收付实现制基础已经显露出明显缺陷，主要是无法全面准确地记录和反映政府的财务状况，难以真实、准确地反映各政府部门和行政单位提供公共产品和公共服务的成本消耗与效率水平。主要表现在：(1)不能客观地反映财政资金的结余情况和预算执行的成果；(2)不利于科学评价需要评定绩效的项目；(3)不利于将政府会计所提供的会计信息进行经济分析与比较；(4)政府会计不能提供连续可比的信息。这与政府及政府单位对决策信息的需求不相适应。

一定程度采用权责发生制有利于推动和促进现有的财政和预算管理改革，可以为建立政府绩效评价制度提供技术基础，推动政府公共管理改革，加强对政府资产的管理和监督，建立有效的政府财务报告制度，揭示和防范财政风险。因此，在政府会计准则建设中应当对采用权责发生制基础进行研究，逐步从收付实现制过渡到不同程度的权责发生制。

二、国外的主要做法及经验教训

从 20 世纪 80 年代初开始，由新西兰率先发起，澳大利亚、英国、加拿大、美国等西方国家先后进行了政府会计和预算改革。经历了 20 多年的改革和实践，许多国家已经基本建立了以权责发生制为主要核算基础的政府会计体系，并在实践中取得了较好的效果。

从权责发生制实施的范围来看，主要有三种情况：(1) 在所有的政府会计科目上都实施权责发生制，其代表国家有澳大利亚、新西兰、加拿大、芬兰、瑞典等。这些国家实施完全的权责发生制，改革得比较彻底，在所有的政府会计科目上都采用权责发生制进行核算，资产要予以资本化，固定资产要计提折旧。(2) 在主要会计科目上采用权责发生制，但部分资产和负债科目采用收付实现制，如冰岛、意大利等国。这些国家实行的是修正的权责发生制，除不对资产进行资本化、不计提折旧外，其他会计科目的核算均采用权责发生制。(3) 除特定的交易采用权责发生制外，均按收付实现制进行核算，如丹麦、法国、波兰等国家。在丹麦，利息费用和员工养老金按权责发生制核算，其他会计科目则采用收付实现制。在波兰，员工养老金也采用权责发生制。

从权责发生制实施的层面来看，主要有两种情况：(1) 整个政府层面和各政府部门均采用权责发生制进行会计核算和编制财务报告，如美国、英国、澳大利亚、新西兰等国家。在这些国家的政府会计中，权责发生制不仅应用于各个政府机构、部门，而且在整个政府层面上也要采用权责发生制进行会计核算和编制财务报告。(2) 只在政府机构、部门的层面上采用权责发生制，而在整个政府层面上则主要以收付实现制为核算基础。如比利时、德国、法国、荷兰、葡萄牙、瑞士等国家，这些国家在财政部门对各政府机构、部门拨付款项时按收付实现制进行会计核算和编制财务报告，而在各政府机构、部门取得收入和发生支出时则采用权责发生制进行会计核算和编制财务报告。

但是，西方有关权责发生制的改革也出现诸多问题：（1）改革成本巨大，如德国黑森州仅改革方案设计和软件开发等支出预计就高达2亿欧元，相当于20亿元人民币，构成一笔沉重的财政负担；（2）影响信息需求，如澳大利亚由于全面引入权责发生制而忽视了现金交易信息，影响了政府通过财政政策实施宏观调控的信息需求；（3）部分项目无法计量，如英、法两国政府在资产负债表上仅以1元分别列示公园绿地和文化遗产；（4）审计机构不予认同，如美国审计总署（GAO）连续8年对联邦政府财务报告“拒绝发表意见”，认为某些会计和报告实务存在着明显的重大缺陷。

有鉴于此，许多国家对引入权责发生制相当慎重，如爱尔兰政府对此改革明显存有疑虑，认为不知道会发生什么问题，所以采取先要“试试水的深浅”的态度。

三、国内的主要观点

近年来，国内会计理论界对政府会计的核算基础及其改革进行了一定的研究讨论，主要观点有：

（1）政府会计适于采用收付实现制，不宜采用权责发生制；

（2）实行修正的收付实现制，逐渐向权责发生制过渡；

（3）实行修正的权责发生制，以完全的权责发生制作为长远目标；

（4）渐进式地引入权责发生制。

由此可见，国内关于政府会计的核算基础及其改革的研究迄今尚未形成一致意见，尚未提出比较完整可行的方案。

四、我们的意见与建议

我国政府会计的核算基础的改革既要借鉴国外政府会计的经验教训，也要符合我国财政管理体制和政府会计的具体情况。从世界范围来看，在政府会计领域推行完全的权责发生制会计的国家还是少数，大多数国家在政府会计改革上都是循序渐进地推行权责发生制会计。由于我国的经济改革走的是渐进式道路，政府会计改革势必将是循序渐进式的，在引入权责发生制会计上也将是渐进式的，不可一蹴而就。现在完全采用权责发生制还存在着很多的困难。基于此，对我国政府会计准则建设中引入权责发生制会计的程度，以及如何分阶段地引入权责发生制会计基础，哪些会计核算项目应当首先引入权责发生制等问题的研究，就显得十分重要，而且具有现实意义。

根据我国财政管理体制的实际状况和政府会计的具体业务，我们认为，政府会计的核算基础在总体上应当采用“双基础制”。具体建议如下：

（1）基本业务采用收付实现制。对于预算收入、预算支出和预算结余，无论是在整个政府层面上，还是在政府单位层面上，平时必须按收付实现制加以全面核算，以全面客观地反映和监督财政预算的执行情况，为政府及政府单位的决策提供现金收支的全面、完整信息。

（2）个别事项采用权责发生制。对于期末发生的应收未收、应支未支事项，可以采用权责发生制进行核算，以反映未了事项的责任。

（3）部分项目采用收付实现制和权责发生制双基础制。无论是整个政府层面还是政府单位层面，对于资本性支出项目，应当一方面按收付实现制确认为预算支出，另一方面按按权责发生制确认为政府产权、债权、固定资产增加；对于出售长期资产、收回财政放款等取得收入的项目，应当一方面按收付实现制确认为收入，另一方面按权责发生制确认为政府产权、债权、固定资产减少；对于借入或归还外债的项目，一方面应当按收付实现制确认为债务收入或债务支出，另一方面应当按权责发生制确认为应付债务的增加或减少，以全面、完整地提供政府债务的形成、使用和偿付信息。

政府会计主体

一、我国的现行做法

会计主体是会计的基本前提之一。只有确立会计主体，才能明确会计责任和提供决策有用的完整信息。会计主体作为政府会计改革研究中的一个重点和难点问题，很值得研究探索。

一般而言，政府会计的会计主体是政府会计为之服务的特定单位，明确会计主体是组织会计核算的首要前提。会计主体具有独立性、实体性和统一性的特点。

目前我国具有政府功能的单位划分为行政单位和事业单位。我国现行预算会计体系主要是以各个机构或单位为会计主体，尚未做到以政府整体为会计主体来反映政府全面财务信息。

在我国，政府会计的会计主体就是各级政府部门、各级行政事业单位。

我国的预算会计虽然也设置了某些基金，但没有明确其记账主体就是各类“基金”。许多种类不同的资源放在一起核算，基金分类不够规范，也不够细化和全面，没能够发挥出基金会计的长处。如我国预算会计中没有将信托与代理基金作为一个独立的记账主体，为其设置一组自相平衡的科目体系，而是将其列入了一般预算收入的其他收入和有关支出中。这种处理显然很难为实现受托责任和制定决策的财务报告目标服务。此类相关业务在我国的发生已不是小数目，在希望工程、抗洪救灾、抗击非典等过程中，我国政府都收到了数目巨大的此类资源。再如，近年来社会保险基金已成为各级政府工作的一个重要内容，社会保险基金的支出占财政支出的比重日益增大。然而，社会保险基金却没有纳入我国的预算会计核算中，它由独立于预算会计体系之外的《社会保险基金会计制度》来核算，只是在预算会计报表中笼统地反映当年财政对该基金的拨款支出情况。这样，在预算会计中就不能反映社会保险基金的运行状况，从而也不利于反映我国政府的整体财务状况。

二、国外（美国）的主要做法

在美国，会计主体被分为记账主体和报告主体。记账主体是各类基金，报告主体由以基本政府为核心的多个层次组成。州和地方政府分别以各类基金和政府整体为会计主体，提供基金财务报表和政府整体财务报表。政府作为一个整体，需要对政府能够实际控制的财务资源的获得与使用进行报告，以评价其财务受托责任；在基金层面，则以政府基金、企业基金和受托基金作为报告主体，并对那些主要的基金单独编报基金财务报表，非主要的基金则合并在一起编报基金财务报表。

美国政府会计将各种基金作为相对独立的会计主体，以便分别核算不同用途的财务资源的来源和使用情况。作为独立会计主体的各项基金，都有各自的资产、负债、收入和支出，以及相应的基金余额或基金权益。这样，各基金可以有属于自己的一套完整的财务报表。

这种做法是值得借鉴的。基金会计模式产生于法定预算对资源的限制，通过对国家预算体系中的各组织单位的约束，确保国家预算的执行，使资源真正运用到法定的用途上。基金主体的会计可以清晰地描述有关组织和单位对不同法定限制资金的使用情况，以及与各项法定限制资金相配套的其他资源的取得和使用状况，增强政府会计的透明度，为立法机关和公民监督提供必要的前提条件。

三、国内的一般认识

目前我国理论界在讨论政府会计的会计主体的界定时，主要有三种不同观点：

第一种观点认为，政府会计就是财政总预算会计和行政单位会计，政府会计的会计主体包括各级政府及其所属行政单位。

第二种观点认为，政府会计的会计主体的界定应以是否有利于在政府活动中有效界定各级政府的受托责任，正确引导公共选择为基准，政府会计的会计主体包括基金主体、政府部门单位以及政府三个层次。

第三种观点认为，政府会计的会计主体的界定应以政府机构的组成和活动范围为标准，包括两个层次：一是为辖区公民承担广泛受托责任的一级政权组织，包括中央政府及各级地方政府；二是为辖区公民履行受托责任的政府办事机构或行政机构，即管理国家事务、组织经济文化建设、维护社会公共秩序的国家机关及其派出机构，包括国家立法机关、行政机关、审判机关、检察机关等。

四、我们的意见与建议

根据我国的具体情况，我们认为，政府会计的会计主体在总体上具有下列特征：

第一，政府会计的会计主体的多层性特征。由于实行财政资金纵向分级管理体制，各级政府、各级政府的部门和各个政府单位都是会计主体，由此构成多层级的会计主体。

第二，政府会计的会计主体的复合性特征。政府单位横向资金来源多渠道，具体管理要求不尽相同，如有的资金实行专款专用原则，实质上成为基金，由此构成复合式的会计主体。

第三、政府会计的会计主体分为记账主体和报告主体。记账主体是政府会计在进行会计记录时对各种来源的财务资源之间的范围的界定；报告主体是政府会计在提供财务报告时对报告对象的涵盖范围的界定。政府会计在提供单一层级、单一财务资源的财务报告时，记账主体和报告主体是一致的；政府会计在提供汇总报告和合并报表时，记账主体和报告主体并不完全重合。

基于上述分析，我们建议：

1. 不再实行财政总预算会计、行政单位会计和事业单位会计的划分，各级政府、各级政府的部门和各个政府单位（包括政府创办的学校、医院、科研机构等）均成为会计主体，构成有序层级的会计主体体系。

2. 不同的单位，按照不同财务资源分为不同的主体，同一财政资源在不同单位应作为一个主体的分主体进行反映，也就是同一单位按照不同财政资金作为报告主体，如税务、海关等直收会计（是否还可以按照财政资源收缴分工划分会计主体，需要进一步斟酌），不再单列基建会计、债务会计，将基建业务和债务并入单位的大财务体系，在一级预算单位实行基建会计、债务会计与单位会计的“三合一”，在其他级次预算单位是基建会计与单位会计的

"二合一"。

3. 实行专款专用原则而自成完整体系的基金，如社会保障基金等，借鉴国外基金会计的经验，可以成为会计主体，以完整地记录和报告基金的收支和存在状况等，更好地贯彻专款专用原则，使具有专门用途的各种基金的界限更加清晰，更利于加强政府的财务资源管理。

政府会计的会计要素

会计要素是对会计对象的最基本分类，是由基于会计目标要求的报表结构所决定的。由于国情不同，不同国家政府会计的会计要素也不完全相同，有的甚至存在比较大的差异。

一、国外政府会计中的会计要素

国际会计师联合会公立单位委员会在其发布的第 11 号研究报告《政府财务报告》中描述了收付实现制会计和权责发生制会计，并且描述了收付实现制和权责发生制下的会计要素。收付实现制会计要素包括现金收入、现金支出、现金结余，权责发生制会计要素包括资产、负债、净资产、收入、费用。

由于不同国家国情不同，各国对政府会计目标的要求不同，对会计计量的重点不同，反映公共资源的范围不同，会计核算的基础不同，对会计要素的设置及核算内容也不相同。

一般来说，政府会计以满足政府宏观管理需要（决策有用性）为首要目标的，政府会计的会计要素适宜以收付实现制为基础进行设置，并侧重于反映政府掌控的财务资源。会计要素一般为：资产、负债、净资产、收入、支出、结余。

政府会计以反映政府的经济受托责任履行情况（反映受托责任）为首要目标的，政府会计的会计要素适宜以权责发生制为基础进行设置，并侧重于反映政府掌控的全部经济资源。会计要素一般为：资产、负债、净资产（权益）、收入、费用。

目前，一些资料介绍的外国政府会计设置的会计要素为资产、负债、净资产（权益）、收入、费用（有的国家不限于这五个会计要素)。这主要是因为这些国家以反映政府的经济受托责任履行情况为政府会计首要目标，并都采用权责发生制或修正的权责发生制会计核算基础。国际会计师联合会公立单位委员会在其发布的《国际公立单位会计准则第 1 号》中规定的会计要素为资产、负债、净资产、收入、费用。这些会计要素，也是基于权责发生制核算基础设置的。

二、我国目前政府会计中的会计要素

我国目前关于政府会计的会计要素的规定主要体现在《财政总预算会计制度》、《行政单位会计制度》、《事业单位会计制度》中。其规定的会计要素有五个，即资产、负债、净资产、收入、支出。其中，净资产要素虽然在以上各制度中都包括结余和基金，但是不同制度中规定的净资产具体内容并不一样。在财政总预算会计中，净资产只包括结余（曾经有过财政周转基金，但是目前已经取消了)，既包括当期结余，也包括累计结余。在行政单位会计中，净资产包括了结余和固定基金，其中结余既包括当期结余，也包括累计结余。在事业单位会计中，净资产包括结余和基金。其中，结余是收入减支出得出的当期结余，当期结余基本都结转到基金当中，累计结余包含在基金当中而不是结余当中；基金包括固定基金、事业基金、专用基金。

三、国内学者对设置政府会计的会计要素的主要观点

国内学者对设置政府会计的会计要素的主要观点包括：

(1) 只包括收入、支出、结余三个会计要素。持这种观点的学者认为，政府会计的本质是分配会计，不通过资产的运用获取收益，因此只需要设置收入、支出、结余会计要素。

(2) 除了资产、负债、收入、支出会计要素以外，设置基金余额或净资产要素，不设置结余要素。持这种观点的学者认为，政府组织不以营利为目的，因此不需要设置类似于利润的结余要素，而应表现为基金余额或净资产的变动。由于没有明确的所有者权益，所以没有所有者权益要素，资产减去负债后的差额称为基金余额或净资产。

(3) 设置资产、负债、基金、收入、支出、结余六个会计要素。持这种观点的学者认为，结余是收入、支出配比而求得的结果，在一定程度上表明单位运用资金的结果（各行政事业单位的领导人和管理者很关心单位的结余）。而资产减去负债的差额，应当称为基金。基金一词在会计上一般指资金来源且不包括负债，并表示对资源使用的限制，其含义符合这一会计要素所包含的内容。

从多数国内学者的观点看，在我国政府会计的会计要素的设置上，包含资产、负债、收入、支出这四个会计要素的看法基本一致，学者们争论的焦点主要集中在两个问题上：(1) 是否单独设置结余会计要素；(2) 对资产减去负债后的差额采用什么称谓。

四、我们对结余要素的意见

在政府会计中应当设置结余会计要素。理由是：

1. 设置结余要素，是提供以后预算期间预算资金来源信息的需要。在预算执行期末，当期的结余是不同情况形成的：有的结余是完成预算形成的结余，可以供以后安排任何预算支出；有的结余按规定需要转入预算周转金；有的结余是因预算项目改变而形成的，只能供以后安排特定的预算支出；有的结余是由于预算支出支付等原因（如暂时不能付款）形成的，不可以用于安排以后的预算支出。不设置结余要素，在预算会计中就没有专门反映当期结余的会计科目了，给不同情况下形成的当期结余的核算带来困难。因此，在政府会计核算中，不仅需要设置结余要素，还要设置反映不同情况结余的会计科目，对各种情况的当期结余进行核算。通过设置结余要素及相应的会计科目，将能够供以后安排预算支出的结余转入基金，不能够供以后安排预算支出的结余不作结转，有利于分清以后预算期间的不同资金来源。

2. 设置结余要素，可以为收入支出表的结余项目提供数字依据。会计报表的数字，主要来自于会计账簿。如果不设置结余要素，没有专门反映当期结余的会计科目，收入支出报表中结余项目就不能直接从会计账簿中取数字。因此，在政府会计核算中设置结余要素，就可以为收入支出表中的结余项目提供直接的账簿数据来源。

3. 设置结余要素，能够更好地反映会计报表的结构。会计要素本来就起着揭示会计报表结构的作用，因此又称会计报表构成要素。在收入支出表中，收入、支出、结余三个部分是报表的基本构成。设置了结余要素，用会计要素表现的收入支出表的构成才能完整。

五、我们对资产减去负债的差额如何称谓的意见

我们认为，资产减去负债的差额应当称为净资产（基金余额）。采用净资产而不采用基金称谓，主要基于以下考虑：

1. 基金不宜作为资产负债表的构成要素。由于基金不涵盖未结转的结余，在有未结转结余的情况下，资产负债表的净资产部分要包括基金和未结转结余两个部分，负债合计数加基金合计数并不等于资产总计数。

2. 不同会计主体的基金的含义不同。在以政府或政府单位为主体的会计中，基金代表的是运营初始投入的财产来源和累积的收支结余；在以基金为会计主体的会计中，基金又是全部基金资产、基金负债、基金余额的统称，基金的净资产部分称基金余额或基金产权；在目前的事业单位会计中，提取的某种专项使用的资金也称基金（如修购基金等）。因此再使用基金作为会计要素的称谓，会使基金内涵更加复杂，容易造成概念混淆。

3. 使用净资产称谓，有利于未结转结余信息的反映。使用净资产的称谓，就可以在资产负债表中将基金项目和未结转结余项目作为净资产项目的组成内容分别反映出来。如果使用基金概念，势必将未结转结余和基金项目都作为基金组成内容列示于报表中，不仅逻辑关系不清楚，而且难以被报表读者理解。

基于上述分析，我们认为，在没有研究出更好的称谓以前，对资产减去负债的差额以使用净资产的称谓为好。在基金会计主体中，可以借鉴国外流行的称谓，即将资产称为基金资产，将负债称为基金负债，将基金资产减去基金负债的差额，称为基金余额。

六、对设置政府会计的会计要素的建议

经过分析国内外政府会计的会计要素设置的情况，结合我国政府会计核算的需要，我们建议在政府会计中设置资产、负债、净资产（基金余额）、收入、支出、结余六个会计要素。与目前预算会计的会计要素相比，政府会计的会计要素主要有以下方面的变化：

1. 增加了反映当期收支结余的会计要素——结余。

2. 扩大了资产、负债、收入、支出会计要素的涵盖范围。由于政府会计的核算对象范围要大于以往预算会计核算对象范围，政府会计与预算会计相比，资产、负债、收入、支出会计要素核算内容更多，范围更广。其主要的变化是：在资产会计要素中增加了政府产权、政府债权；在负债要素中增加了能够确认政府责任主体的负债；在收入要素中增加了债务预算收入；在支出要素中增加了债务预算支出。

3. 净资产要素反映的构成内容发生了改变。设置结余要素以后，作为资产负债表构成要素，净资产要素仍然需要包括基金和结余。在增加了结余要素以后，净资产要素中基金和结余的结构发生了改变。设置结余要素以后，大部分结余在预算执行完毕后转入了基金，基金中包括了累积的结余。

政府财务报告

一、目前政府财务报告存在的问题

政府会计的目标决定政府会计提供的财务报告的内容。受目前预算会计核算的对象范围、核算基础的影响，我国缺乏反映政府全面经济状况的财务报告。具体来看，目前的政府综合财务报告存在以下的问题：（1）反映的预算资金范围偏窄。目前政府财务报告主要反映预算内财政资金，对预算外资金、社保基金、行政事业单位的非财政资金都没有在财务报告中反映。（2）反映预算收支及财务状况的内容不完全。在反映预算执行情况的报告中，没有反映债务预算收支情况；在反映政府财务状况的报告中，没有反映财政资金支出形成的资产以及由本期财政支出负担、但延迟到以后支付的负

债。（3）没有提供单独的基金报告。社保基金作为政府受托管理财务资源，应当单独提供财务报告，但目前我国政府财务报告中对社保基金的报告内容，只限于预算内资金涉及的社保基金收支，没有提供反映社保基金整体情况的财务报告。

二、我国政府财务报告的设计要点

我们认为，我国的政府财务报告的设计应当体现以下几点要求：

（1）财务报告的内容应当涵盖政府会计核算的全部资产、负债、净资产、收入、支出、结余情况。

（2）财务报告应当反映预算执行情况和政府财务状况。其中预算执行情况主要通过收入支出表反映，包括预算收入、预算支出、预算结余；政府财务状况主要通过资产负债表反映，包括资产、负债、净资产。

（3）财务报告应当反映重大投资项目的绩效情况，应当反映政府单位（事业单位）从事经营活动、投资活动的效益情况。

（4）财务报告应当包括报表、报表附注和文字说明。

（5）对于已单独作为核算主体的基金，应当单独提供完整的财务报告，如社保基金的财务报告。

（6）各政府单位，应当按照出资人的要求，编报各不同来源资金的财务报告，并编报本单位的综合财务报告；各个主管部门，除了编报本部门各不同来源资金的财务报告外，还应当编报本部门的汇总财务报告；各级政府，除了编报本级政府的财务报告，还应当编报涵盖本级政府下属的各级政府的汇总（或合并）财务报告。

三、主要会计报表

政府财务报表的内容与政府会计核算采用的核算基础直接相关。以权责发生制为主要核算基础的，会计报表主要包括资产负债表、经营业绩表、现金流量表等。以收付实现制为主要核算基础的，会计报表主要包括资产负债表、收入支出表等。

我国的政府会计现阶段的会计目标以提供国家宏观管理所需要的信息为主，会计核算基础主要采用收付实现制。会计报表主要包括资产负债表、预算（部门预算）收支表、单项基金报表，并以净资产变动表、项目（经营活动）损益表（按权责发生制核算）等辅助报表作为补充。

目前我国的政府会计还不适宜编报现金流量表。这是因为：

（1）我国采用收付实现制编制了预算执行情况表（收入支出表），与现金流量表的信息重复较大；

（2）现金流量表的主要作用是在权责发生制基础核算的前提下，通过现金流量表反映政府运营活动导致的现金增减变化，而我国政府会计主要以收付实现制为核算基础，政府决策者对现金流量表反映的信息需求不大；

（3）现金流量表编制的技术要求较高，我国政府会计人员水平参差不齐，现阶段编制现金流量表成本较高，也难以保证报表的质量。

四、主要会计报表的内容

反映各种预算执行情况的主要报表是收入支出表。按照报告的口径，分为反映财政预算执行情况的收入支出表和反映部门预算执行情况的收入支出表。

财政预算执行情况表包括预算收入、预算支出、预算结余三个部分。预算收入应当包括目前的预算内收入、预算外资金收入、债务预算收入；预算支出应当包括目前的预算内支出、预算外资金支出、债务预算支出；预算结余应当包括各类预算资金的结余，并且应当列示扣除了债务预算收支后的结余。财政预算执行情况表的收入、支出项目应当按照预算科目的分类列示，其中基金之间转入、转出的收入、支出应当单独列示。

部门预算执行情况表包括预算收入、预算支出、预算结余三个部分。预算收入应当包括目前行政事业单位的预算内收入、预算外资金收入、其他非财政资金收入、债务收入；预算支出应当包括目前行政事业单位的预算内支出、预算外资金支出、其他非财政资金支出、债务支出。部门预算执行情况表的收入、支出项目应当按照部门预算收支的分类列示。

反映政府整体财务状况的主要报表是资产负债表。资产负债表包括资产、负债、净资产三个部分。资产负债表的内容，可以在目前财政总预算会计编制的资产负债表基础上扩充。在资产部分，应当增加政府产权、政府债权的内容；在负债部分，应当增加政府负债的内容；在净资产部分，应当增加基金的内容，其中包括由结余结转的累积结余形成的基金和由于“双基础制”核算政府产权、政府债权而增加的基金（类似固定基金）。

相关问题

建立政府会计准则体系，除了要解决概念框架问题之外，还涉及其他相关的问题，本研究部分就一些主要问题进行讨论。

一、政府会计规范的模式

关于政府会计规范的模式，不同国家的做法不同，大体上分为三种类型：（1）政府会计规范主要由会计准则构成，没有制定会计制度，又可以称之为准则模式。美国、英国、澳大利亚、加拿大等都为其政府会计制定了相应的会计准则。其中，美国、英国还对联邦政府和地方政府分别制定了不同的政府会计准则。国际会计师联合会公立单位委员会，也制定了类似于指导各国企业会计的《国际会计准则》的、试图指导各国政府会计行为的一系列国际公立单位会计准则。（2）政府会计规范主要由会计制度构成，没有制定会计准则，又可以称之为制度模式。对政府会计规范采用制度模式的国家主要有法国、德国、波兰等国家。我国目前的预算会计规范基本上也属于制度模式的类型。（3）政府会计和企业会计适用相同的会计准则。采用这种模式的国家有澳大利亚、新西兰。这两个国家政府会计和企业会计适用相同的会计准则，和其政府会计采用完全的权责发生制有关。

随着政府会计改革理论研究的深入，国内会计界对建立我国政府会计准则体系，规范、指导政府会计核算工作，已经取得比较一致的看法。从政府会计改革的方向上看，制定我国的政府会计准则体系也是大势所趋。目前的问题是：有了会计准则作为政府会计核算的规范，还有没有必要制定政府会计制度？对于这个问题，国内理论界有不同的看法。一种观点是，我国政府会计应当同国际接轨，建立准则模式的政府会计规范；另一种观点是，在建立政府会计准则体系的同时，建立政府会计制度体系，又称之为准则加制度模式。我们同意后一种观点，即采用准则加制度作为政府会计的规范形式。其主要理由是：

1. 建立政府会计制度体系，是提高政府会计核算质量的需要。我国政府“统一领导、分级管理”的特征，使得政府财务报告具有可以层层汇总的特点，这样可以满足各级政府提供汇总综合财务报告的需要。因此，要求政府会计核算具有高度的可比性和统一性。会计准则和会计制度在对会计核算的规范中所起的作用不同。政府会计准则侧重于会计核算的原则要求，侧重会计要素的确认、计量和报告，而政府会计制度则侧重于会计科目及其使用说明，以及会计报表的具体编报和编报说明。两者可以从不同的角度规范各级政府、政府的各个单位会计核算和报告，以保证会计核算的质量。

2. 建立政府会计制度体系，是政府会计改革的需要。政府会计要提供反映政府整体会计信息的综合财务报告，就要求政府会计的改革、特别是新建立的会计规范对会计核算工作的指导，必须是系统的、全方位的，不能只建立少数规范而对大多数其他业务核算的规范仍维持原状，否则就会割裂会计核算的内在联系，无法提供可比的、综合的会计信息。根据以往的经验看，制定相对完整的会计准则体系，在短期内难以实现。我国企业会计准则制定经历了十几年，至今仍有相当多具体准则的制定没有完成。而制定会计制度，特别是关于一般业务的会计核算、报告的通用会计制度，既可以在短期内制定完成，又可以在其出台后专门针对其他经济活动的会计核算制定专门的规范，而不影响基本内容的核算和报告质量。对于出台的会计制度中存在的问题，可以通过在陆续出台具体会计准则时，对会计制度的部分内容进行调整来解决。

3. 建立政府会计制度体系，是我国政府会计核算人员的需要。我国政府会计的从业人员，除了长期习惯于按照会计制度要求进行会计核算以外，由于以往预算会计的制度内容相对简单，业务处理要求相对单一，需要作出会计判断的业务少于企业会计。毋庸讳言，我国政府会计人员比企业会计人员的会计判断经验要少一些。所以，仅仅依靠会计准则的规范，无法完成指导会计人员规范地进行会计核算的任务。广大政府会计人员需要有翔实具体的会计制度作指导。

二、政府会计准则体系的架构

政府会计体系采用何种架构，主要涉及三个问题：统领具体准则的是基本准则还是概念框架？具体准则是单位指向还是业务指向？具体准则主要由哪些构成？

（一）统领具体准则的是基本准则还是概念框架

在内容上看，基本会计准则与概念框架是一致的，都是对会计的目标、实现目标所需要的会计假设、会计信息质量特征、会计要素进行定义和说明。

从形式上看，基本会计准则属于法规，适应在我国广大的适用单位严格执行，但是由于采用条文格式、语言概括，从中不能直接得到有关内容的详细说明，许多细节只能在准则之外的其他文件中进行解释；概念框架形式上属于研究报告，解释、说明性更强，对理解概念具有相当大的帮助，但是从规范的执行看，概念框架对核算的强制性显然要弱很多。

出于对法规形式一致性和我国具体国情的考虑，本报告建议政府会计准则体系比照企业会计准则体系的框架进行构建，建立以基本准则为统领，下设多个具体准则的框架形式。“政府会计准则——基本准则”应该先行发布，或至少与主要的具体准则一同发布，这样做，一是为以后制定的具体会计准则提供指导，避免具体会计准则之间出现矛盾；二是可以尽快打开政府会计改革的局面，尽早解决当前落后的预算会计制度与已经发展前行的财政改革之间的矛盾；三是在实践层面及早扭转对政府会计的片面认识，为后续改革铺垫道路。

（二）具体准则是单位指向还是业务指向

在我国现行的预算会计规范体系中，主要的会计规范指向不同，《财政总预算会计制度》以预算资金为指向，《行政单位会计制度》、《事业单位会计准则》和《事业单位会计制度》则以单位为指向。这种不同指向、各自独立分离的规范模式与前期我国实行的财政资金管理体制有关。在实行政府集中采购、国库集中支付制度之前，我国的政府及政府单位的资金运动实际分为两个环节：前一个环节是预算资金入库和拨款阶段，核算对象是预算内资金；后一个环节是预算资金在各行政事业单位中的具体耗用阶段，核算对象包括行政事业单位使用的预算内资金、预算外财政资金、非财政资金。相应地，在会计上需要分别核算这两个环节的资金运动，结果形成以预算内资金为指向和以单位为指向的两种会计规范。

两种不同指向的规范并行，导致财政总预算会计与行政事业单位会计相融性差、数据接口不畅，出现“两张皮”现象，给数据合并或汇总带来阻碍，无法完整反映政府会计信息，同时也给政府会计监督带来困难。

实行部门预算打破了预算内外资金的划分，政府集中采购和国库集中支付也将行政事业单位中的主要资金使用过程与财政总预算资金的拨款阶段合二为一，资金运行由两环节逐渐转变为统一循环。因此，政府会计准则具备了采用单一指向的条件。

从会计准则和会计制度的适应性看，会计准则是指导会计人员对经济业务进行会计确认、计量、报告的规范，更适宜以经济业务为指向；会计制度是指导会计人员对单位经济业务全面核算的具体会计操作的规范，更适宜以单位为指向。

综合以上考虑，我们建议，政府会计的具体准则体系应当以经济业务为指向进行设计。

（三）具体准则的主要构成

根据政府会计核算对象及会计报告的目标要求，我们建议将具体准则分为三类：

1. 一般业务准则：包括资产会计准则、负债会计准则、收入会计准则、支出会计准则。会计要素的界定应能为各类资金通用，这些资金包括普通基金，也包括国有资产投资基金、社保基金等。

一般业务准则的项目不仅限于要素本身，还可以是要素中的某些具体业务的准则，如固定资产准则、捐赠会计准则等等，具体准则项目应随着新业务的出现逐渐增加或修改。

2. 特殊业务准则：包括国库会计准则、税收会计准则、执收业务会计准则、支付业务准则、投资业务准则等。

3. 财务报告准则：包括资产负债表准则、收入支出表准则、预算收支报表准则以及汇总报表准则和合并报表准则等。

三、制定政府会计准则的法律支持

（一）建立政府会计体系，应当确立法律依据

无论向政府提供全部经济资源信息，还是向立法机构提供财务信息，都是政府会计组织的法定义务。在法律制度比较健全的国家，对政府会计的建立、政府会计的活动，都有法律规定，政府会计只能依法履行职责、进行活动。例如：德国在其相当于联邦宪法的《德国基本法》中，对政府会计管理作了原则规定，在《联邦预算法》中，对政府会计的核算基础、核算内容、核算方法等作了明确规定；法国制定了《预算法》，对政府会计的标准、适用范围、财务报告的范围等作出了规定；加拿大制定了《联邦财务管理法》，对政府会计建立"公共账户体系"及提供的财务报告作出了规定。一些政府会计改革动作较大的国家，对政府会计改革大多遵循了立法先行、依法改革的做法。例如澳大利亚颁布实施了《1997财务管理和受托责任法案》，要求用权责发生制作为政府预算、政府会计核算的基础，为推行政府会计改革提供了强有力的法律支持。我国政府正在大力推行依法行政，外国成功的经验值得我们借鉴。在建立我国政府会计体系时，要首先从立法上解决建立政府会计的法律依据问题。

（二）建立政府会计准则体系对《会计法》的修订要求

《会计法》是所有会计机构及会计人员从事会计活动的最高规范，对政府会计管理的规定应当在《会计法》中有所体现。目前的《会计法》还没有在这方面作出专门的规定。随着政府会计准则体系的建立，特别是在基本准则中界定的政府会计的会计主体、政府

会计提供的财务报告、财务报告的内容范围，都需要有法律依据。为此，我们建议，《会计法》的主要修订内容应当包括：政府会计财务报告主体及其执行机构的界定，政府会计报告的内容范围以及报告程序，政府会计规范的制定、发布机构等。与此同时，相关的条例、制度、规章、规定也要进行适时修订，如《金库条例》等。

（三）建立政府会计准则体系对《预算法》的修订要求

《预算法》是国家预算管理的最高规范，也是政府会计反映和监督政府预算的依据。现在进行的预算管理改革是推动政府会计改革的重要原因。依据《预算法》对预算改革内容进行会计监督应当是政府会计依法履行会计监督职责的重要内容。因此，预算管理改革内容应当在《预算法》中予以体现，为政府会计准则的设计提供法律依据。我们建议，《预算法》中应体现以下内容：预算收支范围包括部门预算口径的全部预算收支，按照改革后的预算收支科目反映预算收支分类，按部门预算内容进行部门预算的编制，按全口径预算执收和支付预算资金，以及国库直接支付的规定等。

四、政府会计准则与政府财务规则

（一）保留政府财务规则的必要性

在企业会计已经淡化统一规范的财务制度的背景下，由于有了政府会计准则和会计制度，政府会计规范中是否还需要保留财务规则？对此我们的看法是：在建立了政府会计准则和会计制度之后，政府会计规范中仍然要有财务规则。这是因为：

1. 保留政府财务规则是政府单位合理运用公共资源的需要。各个政府单位使用的都是公共资源，必须按照各种法规体现的社会公众的意愿使用分配到的资金。政府单位不能任意使用、处置本单位所分配到的财政资金及其形成的各种资产，政府单位及其工作人员也不能任意进行开支。和自负盈亏的企业不一样，政府单位不能根据本单位掌握资金的充裕程度自行决定开支水平，不同的政府单位之间也不应当因为分配或实际占有的公共资源数量多寡而导致支出水平出现大的差距。有了统一规定的财务规则，各个政府单位在财务规则的基础上制定并执行财务制度，才能在使用公共资源时有矩可循，最大限度地避免出现乱用、浪费公共资源的现象。

2. 保留政府财务规则是政府单位履行受托责任的需要。政府及政府单位使用的公共资源都是无偿取得的，各个政府单位在无偿取得公共资源的同时，也承担了资源提供者（纳税人、捐赠人、行政事业收费的交费人等）的委托责任，即按照资源提供者意愿将公共资源使用到资源提供者所要求的公共服务和公益事业当中。这种受托责任是通过“资源提供者委托立法机构—立法机构委托政府行政机构—政府行政机构委托下属政府单位”的层层委托方式完成的。因此，我国政府出台了众多关于特定资金筹集、使用的管理规定，要求层层受托的政府单位按规定筹集、使用财务资源。这些资金管理规定，以及其对各个政府单位的财务管理要求，需要一个统领的规范。显然，这个统领政府单位财务管理的规范应当是政府财务规则，而以规范会计核算为主要功能的政府会计准则和会计制度不能起到这个规范的作用。

3. 保留政府财务规则是完善政府会计规范体系的需要。会计准则和会计制度是政府会计人员进行会计核算的规范，政府财务规则是对政府单位各项财务管理活动的规范，三者从不同的角度规范着政府单位的会计核算及财务管理活动。政府财务规则发挥着政府会计准则、会计制度不能取代的作用，是政府会计规范体系不可或缺的重要组成部分。保留政府财务规则的财务管理规范形式，才使得政府会计规范内容形成完整的体系。这一体系可以概括为“两则一制”，即会计准则、财务规则、会计制度。

（二）目前我国政府财务规则存在的问题

我国目前对政府单位财务管理的一般性规定是财务规则，即《行政单位财务规则》和《事业单位财务规则》。但《行政单位财务规则》和《事业单位财务规则》与《行政单位会计制度》和《事业单位会计制度》的很多内容重复，而对于具体的管理性规定并没有更细致的规定。比如，财务规则中关于收入管理和支出管理的规定，只是规定什么是某种收入和什么是某种支出，与行政事业单位的会计制度的规定基本一致，而并没有规定对这些收入、支出如何管理。此外，目前的财务规则对一些政府单位的财务管理活动如投资、负债、支出绩效等也没有作出规范。财务规则的这些缺陷，反映出现行财务规则定位偏离。为了使政府会计准则、会计制度、财务规则之间做到功能相互配合、内容相互分工，应当在建立政府会计准则体系和会计制度体系的同时，对政府的财务规则作出修订。

（三）政府财务规则应当修订的主要内容

在政府单位的财务规则及其具体实施制度（财务制度）中，应当充分体现规范政府单位财务管理的内容。我们认为，应当增加如下内容：

1. 收入管理。收入管理应当包括如何依法取得收入、如何按规定管理收入形成的资金以及对依法应收的收入应当如何管理等。

2. 支出管理。支出管理部分应当包括按规定用途使用资金的规定、按规定标准进行开支的规定以及对支出的绩效如何进行管理的规定等。

3. 投资管理。投资管理应当包括对投资的决策、投资的监督、投资效益的考核规定等。

4. 债务管理。债务管理应当包括对举债的论证和限制的规定、对债务偿还资金筹集的规定以及对债务进行监督的规定等。

五、政府会计准则、会计制度与政府预算收支科目

（一）政府会计准则、会计制度与政府预算收支科目的关系

政府会计核算要适应政府预算编制情况。因此，政府会计准则、会计制度要适应政府预算科目的设置要求，以便按照政府预算收支科目口径反映政府预算执行情况。当然，政府预算科目的设置也要考虑到会计技术和方法的内在规律，做到相互适应。

以前的政府预算支出科目有些按资金性质分类，有些按资金用途分类，有些则按管理部门进行分类，结果导致一些同类支出中，既有资本性支出，又有消费性支出，两者混在一起，会计上无法对资本性支出和消费性支出分开核算，难以对资本性支出形成的政府资产进行反映。

现在进行的政府预算收支科目改革，将预算收入按来源分类，将预算支出按功能和经济用途分类。这种分类能够使预算收支从多角度反映，为建立政府会计准则时将预算会计核算的对象扩大到政府会计核算的对象提供了基础。如预算收入科目分类中将贷款收回本金收入、产权出售收入、债务收入单独分类，预算支出科目分类中将资本性支出、贷款及产权支出、债务还本支出单独分类，就使得政府会计可以在核算预算收支的同时，核算政府产权、政府债权和政府债务。

（二）对目前政府预算科目设置的改进建议

目前新的政府预算收支科目中还没有包括事业单位的非财政资金收入，也不包括事业单位经营支出等。显然这不能满足目前政府单位编制部门预算和会计核算部门预算收支的需要。这个问题，应当在今后预算收支科目的进一步修订中加以解决。

第二部分　研究报告全文

前　言

财政部的“十一五”工作规划，已经将建立政府会计规范体系纳入计划，并准备出台国家统一的政府会计准则和相关会计制度。本课题本着“借鉴国外的理论和经验，着眼于国内工作实践”的总体研究思路，通过对国外资料的分析和对有关方面（北京市）政府会计信息需求的研究，提出建立我国政府会计的框架和规范的建议，为财政部门制定政府会计准则和会计制度提供参考。

政府会计的目标

政府会计目标，其内涵有三：一是向谁提供会计信息；二是提供什么样的会计信息；三是提供这些会计信息干什么。科学地回答这三个问题，政府会计改革就有了正确的方向。因此，会计界人士认为，会计目标是设计政府会计框架的核心，是建立政府会计规范体系的基点，是推行政府会计改革的出发点和归宿点。

一、国际上政府会计目标的发展趋势

国外的政府会计改革，都有比较明确的会计目标。从西方国家看，对政府会计目标的表述（即回答三个问题），大体上可以归纳为两种模式：（1）英美模式，包括美国、英国、加拿大、澳大利亚、新西兰等国在内。这种模式是依据新经济公共管理论、权责发生制会计（预算）改革的理论界定的。他们的做法是：会计信息主要为外部使用者提供，范围广；着重提供财务信息，内容多且细；提供会计信息的目的是阐明政府施政的受托责任；政府会计定位为以财务会计（资源会计）为主。（2）德法模式，除德国和法国外，欧洲大陆国家（如波兰）也都采用这种模式。他们的做法是：会计信息主要向立法机关、行政部门提供；主要提供财政预算信息；提供这些信息，主要供议会和政府决策使用。

二、国内对政府会计目标的观点

我国 1998 年的预算会计改革，没有明确提出预算会计的会计目标。对即将展开的政府会计改革，我国会计理论界和实务工作者都主张要解决好政府会计的会计目标问题。他们的意见归结起来有两种：（1）认为反映和阐明政府的受托责任是政府会计的基本目标。这种定位能有效界定政府的公共受托治理责任，有利于与西方国家协调一致。这是一些高等院校教授的观点。（2）现阶段我国政府会计目标宜定位为以反映预算收支的合规性和财政管理的要求为主。具体包括三个方面：一是反映预算收支的合规性；二是反映政府财务状况和运营绩效；三是反映政府持续运营和服务的能力，防范财政风险。这主要是一些政府管理部门中实务工作者的观点。

三、本研究对政府会计目标的定位

我们认为，政府会计目标的定位，应当明确解决三个问题：政府会计为谁提供信息？政府会计提供什么样的会计信息？政府会计提供的会计信息要满足会计信息使用者的什么要求？对于这三个问题，我们的观点如下：

1. 政府会计信息主要向立法机关和政府内部使用单位提供，

同时要向社会公众提供。包括人大，政府及所属财政、税务、中央银行、审计、宏观规划部门及部门预算（财务）主管部门，上级政府和财政部门，政府单位领导，社会中关心政府会计信息的人士等。

（1）我国属于集权式的国家，政府部门需要利用政府会计提供的信息，进行宏观调控和提供社会公共服务的决策；各级政府会计的会计主体有向本级政府和上级政府提供这些信息的职责。

（2）我国实行的是人民代表大会制度，人民推选出各级人民代表，人民代表组成各级人民代表大会，人民代表大会任命政府领导人并委托其组成各级政府机构。因此政府机构需要向各级人大提供会计报告，体现了“执政为民”的宗旨和公共服务责任的履行。

（3）随着政府依法执政的推进，社会公众的知情权将逐步落实，关心政府执政活动的新闻媒体和专业人士，需要了解政府对经济资源的管理和使用情况。

2. 政府会计应当提供政府管理和使用公共经济资源的预算收支执行信息、财务状况信息、成本信息、绩效评价所需的会计信息。我们对北京市的分层调查（政府决策领导、“两会”代表、主管部门、行政事业单位）显示：

（1）政府决策领导。100% 的被调查者认为他们需要财政部门提供的经济信息进行决策和控制；100% 的调查者表示其决策中不仅需要预算执行报告信息，而且经常需要有关土地、行政事业单位非经营性固定资产、政府债权的信息进行决策；半数以上的被调查者认为其决策中经常需要政府管理的基础设施、国有企业产权及其变动、文物、文化遗产和自然保护区等政府动用公共财政资金进行保障的资产等财务资源信息；100% 的被调查者认为从决策和控制的需要出发，还要求十分详细的政府债务信息；77% 的被调查者需要下属事业单位的全部收入和运营成本信息。

（2）“两会”代表。代表们非常需要利用政府会计信息，对预算及其执行情况进行依法监督；希望了解政府对土地、行政事业非经营资产等重要资源的持有和使用情况；政府单位的经费支出水平、特殊项目支出情况，尤其是培训中心和会议中心的收支和财政补贴情况、出差考察等费用开支情况。

（3）政府主管部门。81%的被调查部门编制部门预算时需要参考会计收支表，因此需要与部门预算分类一致或包含部门预算全部内容的收支信息；90%的部门普遍存在非经营性固定资产，28.5%的部门及其下属单位存在债权、14%的部门存在国有企业产权、9.5%的部门存在在建的基建工程，这些部门分别需要相关资产信息进行资产管理；47.6%的部门存在债务，需要债务有关的信息；42%的被调查者认为其部门管理中需要下属单位的绩效信息，特别是需要各单位每单位业务成本信息，成本信息作为申请获批准预算的参考（50%）、作为控制成本的依据（50%），以及作为确定或批准收费标准的参考（25%）。

（4）政府单位。100%的被调查单位都认为管理中需要本单位全部资金收支的信息；为了满足上级对项目或专项的监督，73%的单位需要按照项目或专款提供的全面会计信息；日常管理中各单位对各类资产的净值信息有明显需求，73%的单位经常或偶尔需要固定资产净值或摊余的信息；56%的单位经常或偶尔需要无形资产信息；100%的单位存在不同类型的负债，需要负债的相关信息；95%的单位经常或偶尔需要所提供服务的单位成本信息，成本信息作为确定获批准收费标准的参考（97%）、申请获批准预算的参考（77%）、安排经费分配的标准（65%）、控制成本或业绩评价与比较的依据（32%）。

3. 提供政府会计信息，主要为国家和政府领导决策服务，其次是要有利于社会对政府活动的监督，再次是为政府单位进行财务管理服务。其理由是：

（1）国际公立单位会计准则（IPSAS）强调，公共部门财务报告以决策有用性为首要目标，以反映受托责任为次级目标。

（2）政府的职能是提供公共服务和宏观调控，政府实现其职能主要通过对公共资源的再分配来完成，而各种公共资源的再分配是通过财政部门、综合规划部门、税收部门等主要担负宏观调控任务的部门制定并推行政策来完成的。这些部门在制定政策方案及对不同的政策方案进行决策选择时，都需要政府会计提供信息。如制定中长期财政规划，确定国家投资计划及投资重点，制定补贴政策和工资政策，制定税收政策和措施，安排社会公共服务事项等。

（3）人民代表大会作为政府机构的委托授权者，要对政府的活动进行监督，社会公众也要求政府就群众关心的经济问题作出解释。政府会计提供的信息，要能够满足人民代表大会和社会公众了解政府活动的需要。

综上所述，我们把政府会计的目标定位为：以向政府、立法机构提供财政资金收支信息为主，同时提供财务状况方面的信息，并为评价政府绩效提供相关财务信息，以满足政府及政府单位的决策和管理、有关机构和社会公众对政府活动进行监督的会计信息需求。

政府会计的框架

一、政府会计的适用范围

研究政府会计的适用范围，就是要解决哪些部门、单位应适用政府会计，即政府会计所涵盖的部门和机构。

（一）国际上政府会计的适用范围

国际会计师联合会（IFAC）公立单位委员会（PSC）制定的《国际公共部门会计准则》规定其使用范围包括：中央政府、地区性（如州、省、管区）政府、地方（如市、镇）政府和它们的组成机构（如分支机构、代理处、董事会和委员会），但不适用于政府企业（包括交易企业和金融企业）。

西方国家判断一个机构、单位和组织是否应纳入政府会计的适用范围，其标准主要是三个方面：（1）是否使用政府财政资源；（2）政府是否直接支配其运营；（3）政府是否对其运营结果直接负有财务责任。只要同时符合这三个条件就应纳入政府会计的适用范围，否则不纳入。

（二）我国专家学者关于政府会计的适用范围的主要观点

我们的会计从适用范围来看包括三大类，即企业会计、非营利组织会计和政府会计。对于企业会计的适用范围国内争论不大，而对于非营利组织会计和政府会计适用范围的界定，多年来我国理论界争论较大，其中争议的焦点，主要是事业单位是否纳入政府会计的适用范围。

对于事业单位是否包含在政府会计的适用范围内，主要有三种主张：（1）政府会计的适用范围不包括事业单位，而将事业单位全部纳入非营利组织会计适用范围；（2）按职能、公立私立、拨款比例、经费、人员编制等对事业单位进行划分，确定哪些事业单位应纳入政府会计的适用范围，哪些事业单位界定为非营利组织会计适用范围；（3）事业单位全部纳入政府会计的适用范围。

（三）本研究的观点

我们认为，事业单位应当纳入政府会计的适用范围。理由是：

1. 事业单位使用的财政资金占政府支出的比例很大。以2004年统计为例，全国90.41万户事业单位得到的各种财政性资金总额达到10329亿元，约占到当年财政资金支出的35%以上。如果不把这些事业单位纳入政府会计的适用范围，这些财政资金就脱离了政府会计监督的视野。

2. 尽管有些事业单位获取的财政性拨款占其收入总额的比重不是很大，但是如果加上带有政府特许权性质的事业收费，事业单位自筹的资金占其总收入的比例就不高了。如北京市事业单位（市级）2004年平均获得的财政拨款和上级补助占总收入的比例为46.97%，加上事业收费形成的收入以后，占总收入的比例就上升到84.8%。在编制部门预算的情况下，事业单位的各种收支均纳入预算范围，也充分说明了这一点。

3. 将事业单位划入政府会计的适用范围之内，符合预算管理改革的要求。建立部门预算是预算管理改革的重要内容。编制部门预算时，要将一个部门所有所属单位的收支都纳入部门预算收支，形成涵盖一个部门全部资金的完整预算。把事业单位划到政府会计的适用范围以内，能够通过事业单位执行政府会计制度做到对全部部门预算的执行情况进行会计核算和监督。

4. 已经在经费上基本和财政脱钩、实行自收自支的事业单位，应当按其运营机制和目的分别适用于民间非营利组织会计或企业会计。这样，在我国形成企业会计、政府会计、民间非营利组织会计的“三足鼎立”结构。

综上所述，对政府会计的适用范围应当界定为：政府及政府单位（包括事业单位），其他组织。其中，其他组织是指除了适用企业会计、民间非营利组织会计以外的组织。

二、政府会计核算对象的范围

政府会计的核算对象就是政府会计核算的具体内容。

（一）国际上政府会计的核算对象

政府会计目标发展过程显示，政府会计核算对象的范围是逐步扩大的。国际会计师联合会公立单位委员会在讨论会计要素的报告中，将会计对象划分为四种口径，分别称其为现金结余、当期财务资源、总财务资源和经济资源，并对不同口径的资源核算基础作出了描述，如表 1 所示。

表 1　　　　政府会计不同核算对象的比较

核算基础	计量重点	会计对象（要素）
收付实现制	现金结余 （及其变动）	现金收入 现金支出 现金结余
修正的 收付实现制	当期财务资源（及其变动）	现金收入 + 应收款项 现金支出 + 应付账款 现金及约当现金结余
修正的 权责发生制	总财务资源 （及其变动）	收入、费用 金融资产、负债 净财务资源

续表

核算基础	计量重点	会计对象（要素）
完全的 权责发生制	经济资源 （及其变动）	收入、费用（包括折旧） 资产、负债 净资产（权益）

资料来源：国际会计师联合会公立单位委员会《研究报告第2号——中央政府财务报表的要素》。

各国政府会计的目标不同，需要纳入政府会计核算对象的范围也不相同。国外政府会计核算对象范围主要可以分为两类：一类是以美国、英国、澳大利亚和新西兰为主要代表的国家，这些国家对于政府会计的核算对象的界定范围比较广，基本上是把与政府有关的各种经济资源涵盖了，也就是所谓的资源会计；另一类是以德国和法国为代表的一些国家，这些国家的政府会计的核算对象包括了全部的政府收支和部分按照权责发生制基础核算的经济资源。

（二）我国政府会计核算对象的考察

目前，我国政府会计信息使用者普遍认为目前会计核算的对象有进一步扩大的需要。对北京市的调查显示，除了目前预算会计报告已经提供的信息以外，对政府会计核算对象的信息需求主要为：政府可出让和已出让使用权的土地；政府债权；行政事业单位的非经营性固定资产；国有企业产权；基础设施信息；政府显性债务；文物、文化遗产等。调查的结果表明，目前我国政府会计核算的对象还是有很多缺失。现行的会计核算对象范围存在的主要问题有：（1）政府债权的发生和收回未作为政府资产进行反映，导致政府资产状况无法全面反映；（2）政府投资形成的国有资本金以及缴存国际货币基金组织的股本未作为政府产权进行反映，也导致政府资产状况和结构无法表达，也就不能反映政府资产对未来预算收支和服务能力的影响；（3）政府承担的显性债务无法准确反映，如拖欠的工资、应退未退税款等，由此对政府未来现金流出的影响也就无法如实表达；（4）基础设施和政府单位的固定资产核算不完整，无法给国有资产管理、经济决策提供完整信息；（5）土地等对决策和监督有重要作用的经济资源没有在会计报告中反映。

（三）我国政府会计核算的对象范围

从国外的经验和国内的需要考察，我国政府会计核算对象应当包括适用政府会计的组织控制和管理的所有经济资源。在现阶段，主要应当包括以下几个方面：

1. 全口径核算政府预算，包括政府财政预算、部门预算和预算单位的全部财务收支活动。

2. 财政支出形成的资本金。

3. 属于政府管理的基础设施。

4. 政府债务的发生和偿还，包括目前尚未在账面上反映的政府显性债务。

5. 政府债权的发生和收回。

6. 政府单位的全部收入、支出、资产、负债、净资产。

7. 政府管理的社会保障基金。诸如医疗保险基金、养老保险基金、失业保险基金以及住房公积金等。

8. 国家文化资产、土地资源以及矿产等公共经济资源。由于在现有会计计量技术条件下，这些资产的计量问题尚未有很好的解决办法，对这部分资源暂时可以不进行记账核算。但是，对这些资源特别是政府决策和监督有迫切信息需求的经济资源，如土地、矿产等，应当通过统计等手段，在会计报告中进行披露。

三、政府会计的模式

（一）对国外政府会计模式的考察

传统的政府会计是预算会计，以报告政府预算收支情况为目标。随着公共财政理论的出现和在实践中的推行，政府和社会公众要求政府会计要提供反映政府经济资源的信息。从而，政府会计中又形成以报告政府财务状况和运营状况为目标的财务会计。从 20 世纪 80 年代初开始，由新西兰率先发起，澳大利亚、英国、加拿大、美国等西方国家先后进行了政府会计和预算改革。经历了 20 多年的改革和实践，有些国家已经基本建立了以权责发生制为主要核算基础的政府财务会计，并在实践中取得了较好的效果。但是，已经进行完全的权责发生制改革的国家，开始遇到政府决策信息需要方面的困难（如澳大利亚、新西兰等），从而不得不重新审视收付实现制会计；完全采用收付实现制会计基础的国家，随着公共财政理论的推行，也开始遇到政府会计报告外部使用者信息需求的压力，从而开始引入权责发生制基础，形成政府财务会计（如法国、波兰等）。而美国虽然建立了比较完全的政府财务会计，但从来也没有放弃使用收付实现制的预算会计。

总之，政府会计提供的会计信息具有双重目标性，需要政府会计不仅要有预算会计核算，也要有财务会计核算，单纯的预算会计模式或单纯的财务会计模式，都不能很好地解决这种需要。预算会计模式和财务会计模式的有机结合，将成为大部分国家政府会计的模式选择，只是在结合程度上有所区别，从而呈现以财务会计为主还是以预算会计为主的模式。

（二）我国政府会计的模式和功能定位

我国现行的政府会计虽然以预算会计为主，但也提供部分财务会计信息，具有财务会计的功能。近年来，我国政府财政管理多项重大改革的推行，包括转移支付、集中采购、部门预算、收支分类、绩效评价等，对政府会计提出许多新的课题。对此，现行的政府会计核算已经不相适应，集中表现在：(1) 预算会计规范改革相对滞后，不能适应预算管理改革对会计核算的需要；(2) 按照现行会计规范核算既不能满足政府公共财政管理所需的经济资源信息需要，也不能满足政府绩效评价所需的会计信息需要。所以，目前政府会计的核算使得政府会计的预算会计功能和财务会计功能都难以得到有效发挥。

政府会计由单一的预算会计向预算会计与财务会计的“双重功能”会计转变，是国际上政府会计模式的发展趋势。我国的政府会计建设，也应当符合这种发展趋势。我国目前政府会计信息的需求以提供政府决策需要为主，人大等机构对政府活动的监督还主要处于监督政府活动的合法合规阶段。据北京市的调查显示，无论是政府经济决策领导人、“两会”代表，还是政府主管部门、行政事业单位，都将预算收支信息作为信息需要的首选（占调查对象的100%）。现阶段我国政府会计的信息需求仍然以预算收支信息为主。因此，我国的政府会计应实行以预算会计为主、财务会计与预算会计相结合的基本模式。政府会计既要充分发挥预算会计对预算执行情况的反映功能，也要加大力度发挥财务会计对政府财务状况及绩效情况的反映功能。在确立了这种政府会计模式的前提下，目前对政府会计的改革目标应当是：完善预算会计，拓宽财务会计。

四、政府会计的核算基础

基于反映政府收支合规性的目标，各国政府会计最早都是以收付实现制为核算基础。随着要求政府会计提供反映财务状况的信息，权责发生制基础也开始引入政府会计。

（一）国外的主要做法及经验教训

从权责发生制实施的范围来看，国外做法主要有三种情况：

1. 所有的政府会计科目上都实施权责发生制，其代表国家有澳大利亚、新西兰、加拿大、芬兰、瑞典等。这些国家实施完全的权责发生制，改革得比较彻底，在所有的政府会计科目上都采用权责发生制进行核算，资产要予以资本化，固定资产要计提折旧。

2. 在主要会计科目上采用权责发生制，但部分资产和负债科目采用收付实现制，如冰岛、意大利等国。这些国家实行的是修正的权责发生制，除不对资产进行资本化、不计提折旧外，其他会计科目的核算均采用权责发生制。

3. 除特定的交易采用权责发生制外，均按收付实现制进行核算，如丹麦、法国、波兰等国。在丹麦，利息费用和员工养老金按权责发生制核算，其他会计科目则采用收付实现制。在波兰，员工养老金也采用权责发生制。

但是，西方有关权责发生制的改革也出现诸多问题：（1）改革成本巨大，如德国黑森州仅改革方案设计和软件开发等支出就预计高达2亿欧元，相当于20亿元人民币，构成一笔沉重的财政负担；（2）影响信息需求，如澳大利亚由于全面引用权责发生制而忽视了现金交易信息，影响了政府通过财政政策实施宏观调控的信息需求；（3）部分项目无法计量，如英、法两国政府在资产负债表上仅以1元分别列示公园绿地和文化遗产；（4）审计机构不予认同，如美国审计总署（GAO）连续8年对联邦政府财务报告“拒绝发表意见”，认为某些会计和报告实务存在着明显的重大缺陷。有鉴于此，许多国家对引入权责发生制相当慎重，如爱尔兰政府对此改革明显存有疑虑，认为不知道会发生什么问题，所以采取先要“试试水的深浅”的态度。

（二）国内的主要观点

近年来，国内会计理论界对于政府会计的核算基础及其改革进行了一定的研究讨论，主要观点有：

1. 政府会计适于采用收付实现制，不宜采用权责发生制；

2. 实行修正的收付实现制，逐渐向权责发生制过渡；

3. 实行修正的权责发生制，以完全的权责发生制作为长远目标；

4. 渐进式地引入权责发生制。

（三）本研究的观点

在我国政府预算按照收付实现制编制的情况下，预算会计要反映政府预算执行情况，就需要按照收付实现制核算。同时，政府会计反映政府的财务状况，又需要按照权责发生制核算。因此，政府会计的核算基础既包括收付实现制基础，又包括权责发生制基础。在建立政府财务会计方面，我国政府会计改革走的是渐进式道路，在引入权责发生制核算上也将是渐进式的，不可一蹴而就。

根据我国财政管理体制的实际状况和政府会计的具体业务，我们认为，政府会计的核算基础在总体上应当采用“双基础制”。具体建议如下：

1. 基本业务采用收付实现制。对于预算收入、预算支出和预算结余，无论是在整个政府层面上，还是在政府单位层面上，平时必须按收付实现制加以全面核算，以全面客观地反映和监督财政预算的执行情况，为政府及政府单位的决策提供现金收支的全面、完整信息。

2. 个别事项采用权责发生制。对于期末发生的应收未收、应支未支事项，如拖欠工资、拨款等，应当采用权责发生制进行核算，以反映未了事项的责任。

3. 部分项目采用收付实现制和权责发生制双基础制。无论是整个政府层面还是政府单位层面，对于资本性支出项目，应当一方面按收付实现制确认为预算支出，另一方面应当按权责发生制确认为政府产权、债权、固定资产增加；对于出售长期资产取得收入的项目，应当一方面按收付实现制确认为收入支出，另一方面按权责发生制确认为政府产权、债权、固定资产减少；对于借入或归还外债的项目，一方面应当按收付实现制确认为债务收入或债务支出，另一方面应当按权责发生制确认为应付债务的增加或减少，以全面、完整地提供政府债务的形成、使用和偿付信息。

4. 对需要提供绩效考评和成本核算的项目或活动，采用权责发生制核算。

5. 对事业单位的经营活动和部分收支，采用权责发生制核算。

五、政府会计的核算系统

在政府会计采用收付实现制和权责发生制基础核算的前提下，采用何种会计核算系统成为政府会计必须解决的记账操作问题。

（一）对国外政府会计核算系统的考察

国外采用的会计核算系统大体上有以下类型：

1. 采用预算会计和财务会计两套相互独立的系统，建立两套会计账户，分别按收付实现制和权责发生制核算，如芬兰和法国的中央政府会计。

2. 采用一套系统，建立一套预算会计账户，按收付实现制核算，并设置若干财务会计账户，按权责发生制核算，以满足财务报表的要求，如德国。

3. 采用一套系统，建立一套同时满足预算会计和财务会计报表要求的权责发生制核算的会计账户，这要求预算也采用权责发生制基础编制，如澳大利亚。

在会计核算系统的选择和具体做法上，国外的情况多种多样。这是由于各国政府有不同的法律要求，而且受预算编制、政府会计历史习惯的影响。从国外的一般情况看，采用两套相互独立的核算系统的，主要是该国家对政府会计有全面按权责发生制基础提供财务会计信息的要求，而预算又基本采用收付实现制基础，造成预算会计和财务会计核算不一致的内容很多，因此采用两套系统同时处理。在采用一套会计核算系统的国家中，有的是因为政府预算编制采用的是权责发生制，预算会计核算与财务会计核算基本一致，不需要采用两套会计核算系统；有的是因为政府法令对提供权责发生制会计信息的要求不高，没有必要采用两套会计核算系统，而以预算会计系统为主，以权责发生制账户辅助反映。

（二）我国政府会计核算系统的选择

我国目前政府会计面临的基本情况是：（1）会计信息以反映预算执行情况为主；（2）预算采用收付实现制基础编制；（3）要求政府会计按权责发生制基础反映主要资产负债信息。

据此我们认为，我国现阶段政府会计应当采用“预算会计账户为主、融入部分反映资产负债账户的一套会计系统”。在这个系统中，设置一套预算会计账户，并设置若干权责发生制核算基础的资产负债账户，分别满足预算会计报表和财务会计报表的需要。采用这种核算系统的理由是：

1. 采用一套会计核算系统适应我国国情。目前我国要求政府会计提供的信息当中，需要采用权责发生制基础的并不多。这种情况下，如果政府会计采用两套相互独立的系统，会造成大多数经济事项需要在两个系统中分别记录，不仅重复内容很多，而且大大增加会计处理成本。采用一套核算系统，并通过设置相关但不重复的会计账户，既可以满足政府会计分别按收付实现制和权责发生制的核算需要，又最大限度地避免了重复登记，降低了会计处理成本。

2. 有利于充分提供预算会计信息。我国政府会计的目标，要求政府会计应当以提供预算会计信息为主。目前新的政府收支分类大大细化，科目划分多达 2000 余个。这种情况下，要求设置同样细化的账户进行反映。所以，以预算会计为主设置账户，既可以满足预算会计对账户细分的登记要求，也可以满足预算会计报表的编报需要。

3. 能够满足当前财务会计信息的需要。目前需要按照权责发生制核算的财务会计信息主要是资产负债，其核算的细化要求远不及政府收支。因此，在设置预算会计账户的同时，设置若干按权责发生制基础核算的资产负债账户，就可以满足资产负债表对会计账户的要求。设置权责发生制的资产负债账户，会在核算中遇到一个技术问题，即某些收付实现制基础的预算收支同时影响权责发生制基础的资产负债，需要既在预算收支账户中登记、又在权责发生制的资产负债账户中登记。解决这个问题，需要对相关的资产负债账户设置记账方向相反的净资产账户或虚拟资产账户，并在此类经济事项发生时采用“双分录”[①] 的记账方法。

4. 便于政府会计人员掌握核算技术。我国从事预算会计的人员长期使用预算会计账户系统，已经在操作理念上形成惯性思维。“预算会计为主、融入部分资产负债账户的一套会计核算系统”的账户设置，以及采用“双分录”的核算技术，都是以往预算会计核算中已有的。这种会计核算系统及会计账户系统的设计，至少从技术操作层面上不会对会计人员造成障碍，利于政府会计核算在操作层面上被实务工作者接受。

政府会计规范体系

一、政府会计规范形式

政府会计规范内容是落实政府会计框架的具体体现，政府会计规范形式和体系也构成政府会计管理的组成内容。会计规范的基本任务是：依据政府会计框架规范会计行为，规范业务操作，使政府

① “双分录”记账指对一项业务同时进行预算收入（或支出）的复式记账和资产（或负债）的复式记账，如对购买固定资产业务，既进行借记“××支出”、贷记“银行存款”的复式记账，又进行借记“固定资产”、贷记“固定基金”的复式记账。

会计机构能够提供符合政府会计目标的会计信息。从政府会计规范的形式考察，一般有两种模式：一是准则模式，即会计规范采用一系列会计准则的形式；二是制度模式，即会计规范采用若干会计制度的形式。实际上世界各国均是依据自己的国情和需要选定的，有的采用准则模式，有的采用制度模式。

依据我国的国情，借鉴国外的经验，我们认为，我国政府会计规范可采用以准则为统领、以制度为主体的形式。准则类似企业会计的基本准则，但暂时不搞具体准则，具体准则的内容置入会计制度之中，这样设计的主要理由是：

1. 会计制度与具体会计准则之间没有性质和功能的不同，只有规范形式的不同。我国的会计制度和会计准则都属于强制性会计规范，两者在内容上都可以包括会计确认、计量、记录和报告的规范内容。具体会计准则和会计制度所不同的主要是：会计制度是以会计主体为指向，规范会计主体涉及的所有经济活动和会计事项的确认、计量、记录和报告；具体会计准则是以经济业务或会计要素项目为指向，规范会计主体对该经济业务或会计要素项目的会计确认、计量、记录和报告。政府会计规范形式选择采用会计制度还是具体会计准则，主要看哪种会计规范更适合政府会计规范的制定和执行。

2. 以会计主体为指向来规范会计核算，体现了政府会计核算主体与预算管理责任主体的一致。按照政府预算管理要求，政府的预算管理要依靠财政部门、政府单位等预算责任主体进行。政府会计规范以会计主体为指向建设，可以针对不同预算管理环节的责任主体制定规范，有利于政府收支决算与预算的衔接、可比，有利于审计等部门的监督。

3. 我国属于集权式的行政管理体制，整个政府就是一个大会计主体，其中又包括多层次、多元的小会计主体。这与企业会计主体都是相互独立、自主经营、资金独自运转的经济组织不同。各层次政府会计主体在业务活动上存在很大差别。例如，资金的流出对税收会计是缴交税款，对国库会计是支拨资金，对财政会计是分配资金，对行政事业单位会计是使用资金。因此，以经济业务为指向制定会计规范很难适应多层面会计主体的不同核算需要。而以主体为指向制定会计规范，则更能满足不同层次政府会计主体的核算需要。

4. 采用一项通用准则、一套制度并行的规范形式，实用性强。一方面通用的会计准则规定政府会计各个方面的总原则和各个会计制度之间的衔接要求，可以统领各个会计制度，便于各个会计制度内容的衔接，有利于合并生成反映政府全面情况的会计报表。另一方面各个会计制度不再规定一般的会计原则和要求，只针对本会计制度适用的会计主体的具体业务核算作出详细规定，会计人员遇到业务上的疑点，可以在其执行的会计制度中“对号入座”找到答案，不必去查阅繁多的具体准则。我们调查显示，实际工作者特别是基层财会人员，普遍要求保留制度规范形式。他们说，如果在政府会计领域中采用企业会计规范的准则形式，变革太大，会摸不着头脑。

5. 以概念框架（基本理论）为指向制定通用会计准则，体现了与国际政府会计规范一定的协调、趋同。在国际上，很多国家都将政府会计概念框架或者相当于概念框架的会计准则作为统领政府会计规范的规范。我们建议的政府会计规范形式中，一项通用准则相当于基本会计准则，它的内容涵盖了我国政府会计概念框架的主要内容。从这个层面上看，与国际上的政府会计规范形式在局部上是一致的。

二、我国政府会计制度体系

我国现行会计制度主要是在国家经济体制从计划经济向市场经济过渡过程中，为了满足财政管理制度改革的需要客观形成的。目前会计制度体系的一个主要问题是：各种会计制度之间缺乏统一衔接，依照不同会计制度核算形成的会计信息不易汇总，难以形成反映政府整体预算执行情况和财务状况的报告。因此，未来会计制度体系的设计应满足三个基本要求：

1. 会计制度体系应涵盖所有政府会计应当包含的内容，不遗漏；

2. 各会计制度分别对政府会计内容进行规范，不重复、不矛盾；

3. 依据各会计制度生成的会计信息，应既便于分类汇总、又便于纵横合并。

（一）设计政府会计制度体系的思路

1. 以政府资金运动环节为主设置会计制度。政府资金运动的环节具体包括：税收、海关、财政等部门对财政收入的征解，国家金库对财政资金的收纳和支拨，财政部门对财政资金的分配，行政事业单位对财政资金和其他资金或资源的使用等。按照政府资金运动环节设计会计制度，也就是按照政府资金的征解、收纳和支拨、分配、使用环节分别制定会计制度。这种设计方法主要基于以下考虑：

（1）能够做到政府会计覆盖政府活动的全部内容。政府资金运动的全过程，贯穿于政府及政府单位的全部经济活动。按照政府资金运动的环节设计会计制度，可以将整个政府会计核算对象全部涵盖。

（2）有助于会计制度及其核算结果的统一。在按政府资金运动环节设计的会计制度体系中，处于不同环节的政府单位执行不同的会计制度；处于相同环节的政府单位，执行同一会计制度。其中，处于分配环节的会计制度——政府总会计制度处于政府资金运动枢纽的地位。执行政府总会计制度的财政部门，通过对相同环节会计信息的横向汇总和上下连贯环节的会计信息的纵向合并，可以生成反映政府总体财务情况的信息。

（3）适应预算管理的需要。目前我国政府及政府单位的预算包括三种口径：政府层面的财政预算、主管部门层面的部门预算、政府单位层面的单位预算。部门预算是单位预算的汇总。财政预算处于政府的财政资金分配环节，单位预算处于行政事业单位对财政资金和其他资金的使用环节。如果按政府资金运动环节设置会计制度，使会计核算主体与预算编报主体一致、会计核算与预算管理紧密结合，可避免会计核算与预算管理的脱节。

（4）有利于与现行会计制度衔接。在我国目前的预算会计制度体系中，各主要会计制度基本上体现了按政府资金运动环节来设置。按政府资金运动环节设置政府会计制度，便于与原有的预算会计制度衔接，易于被广大政府会计人员接受，也可以降低制度转换成本。

2. 对特殊业务涉及的财政资金单独设置会计制度。在财政资金中，有的资金在管理上有特殊要求（如国际金融组织贷款转贷），有的属于资金项目，只持续有限的时期且数量巨大（如三峡建设资金）。这些财政资金由于核算内容、报表格式与其他政府资金核算差异较大且内容复杂，其会计规范难以在政府总会计制度或政府单位会计制度中集中说明，单独制定相应的会计制度更有利于专项资金管理和会计处理。

3. 对政府托管基金单独设置会计制度。我国目前属于政府托管基金的资金主要是社会保障基金和住房公积金。政府托管基金的性质，要求单独核算、单独管理、单独报告，因此需要单独设置社会保障基金会计制度。我国托管基金的管理方式主要是：财政部门管理资金和预算，经办机构管理收费和支付，投资管理机构进行基金投资运作。因此，托管基金的会计制度可以包括“××基金财政会计核算制度”、“××基金经办机构会计核算制度”、“××基金投资会计核算制度”等。

（二）会计制度体系架构

我们认为，按照上述设计思路，具体的会计制度可以包括：税收会计制度、国家金库会计制度、政府总会计制度、政府单位会计制度、特殊业务资金会计制度、各种托管基金会计制度等。政府会计制度体系的架构如图 1 所示。

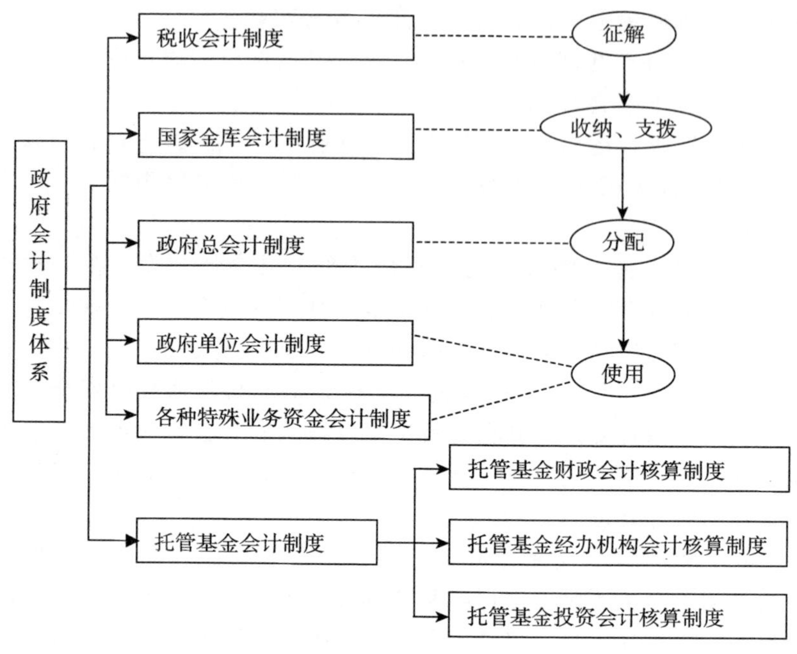

图1 政府会计制度体系架构

政府会计报告体系

政府会计报告是会计人员根据会计规范要求编制的报告文件，也是政府会计目标得以实现的具体结果。

一、政府会计报告的形式和内容

（一）国外政府会计报告的形式和内容

对国外政府会计报告考察后发现，市场经济发达国家的政府会计报告大都包括预算报告和财务报告。虽然各国报告的具体报表形式和内容有不少差别，但一般包括以下方面：（1）财务报告。财务报告的报表一般包括资产负债表、运营报表（又称绩效表）和现金流量表。在此基础上，新西兰还要求编制政府借款表、承诺事项表等反映政府债务和或有债务情况的报表，澳大利亚则要求编制资本报表，以反映政府开支形成资本的情况。(2) 预算报告。预算报告的报表主要是按照批准的预算分类及口径编报的预算执行情况报表。(3) 其他必要补充信息。

一般来说，财务会计模式的政府会计以提供财务状况报告为主，有的国家通过现金表间接提供预算报告，有的单独提供预算报告。预算会计模式的政府会计以提供预算报告为主，同时需要提供资产负债情况，编制资产负债表，但不同国家提供的资产负债项目范围不同。在中央政府层面，政府提供财务报告时，需要有大量的文字说明，并将文字说明作为报告的重要内容。如在美国政府综合财务报告的文字说明中，包括了管理层阐述和分析、目前财务状况和预算执行情况、采取的行动与取得的成效、经济背景分析与展望、审计报告、下期预算展望六个主要部分。

(二) 对我国政府会计报告的分析

最近几年，关于我国政府会计改革的研究和讨论，大都集中于政府财务报告的构建和会计基础选择两大方面，对政府会计报告特别是文字说明的内容研究相对较少。在我们看到的资料中，专门就政府会计报告内容问题进行讨论的文章，是财政部国库司詹静涛同志在“政府会计管理与改革”国际研讨会上的讲话。他指出，在政府会计框架下，政府整体财务报告可以考虑由政府财务报表体系、宏观经济背景分析、财政经济状况分析以及政府财政管理绩效分析四个部分组成。

目前，我国政府向“两会”作的报告中涉及财政经济情况的报告包括：(1) 国务院的政府工作报告，该报告说明了政府完成的主要任务，以及重点任务的财政资金投入情况；(2) 国家发展与改革委员会的国民经济和社会发展计划报告，该报告说明了国民经济和社会发展情况，包括财政经济总体情况和与预算管理相关的宏观经济背景；(3) 财政部的财政预决算报告，该报告说明了上年度政府财政预算的执行结果及预算执行情况的分析，当年度预算及其相关说明；(4) 审计署的审计工作报告，该报告说明了政府财政预算和其他财政收支完成情况以及在合规、合法方面存在的问题。应当说，我国政府的报告中基本囊括了所有对政府资源管理和使用应予说明的主要问题，其具体内容不亚于美国联邦政府和州政府的财务报告文字说明。

我国的各种政府报告形式是由我国的经济管理体制和法律决定的。在目前的政府报告分工下，政府的工作任务、宏观经济背景、政府资金收支结果审计等内容已经由其他的政府报告说明，因此政府财务报告内容除了会计报表以外，综合说明应当围绕着与政府预算和财务状况有关的方面进行。

（三）我国政府会计报告模式的选择

我们认为，政府会计报告由会计报告文字说明、会计报表和会计报表附注构成。

政府层面的会计报告文字说明的内容，应重点突出四个部分：（1）以汇总会计报表为主对财政经济状况和预算执行情况进行分析；（2）对重大项目和社会关注的重点问题进行重点分析，尤其应对主要收支项目和财政主要工作情况，特别应对重点支出项目、上级转移支付项目以及年度预算收支平衡情况进行必要说明；（3）就有助于进行政府绩效评价的相关信息，在财政主要工作情况及重点支出项目分析中进行说明；（4）根据政府工作重点和发展规划，对未来预算进行展望。

对政府单位和政府主管部门层面的会计报告，应当以会计报表及相应的报表附注为主要内容。会计报表的主表包括反映预算执行情况的预算收支执行表和反映财务状况的资产负债表。会计报表附注除了通常对会计报表内容的补充说明外，要包括没有纳入表内、但需要提供信息的经济资源的统计数据。

二、会计报表体系

政府单位、政府部门和各级政府各层面的会计报表应构成一个统一的体系，以达到全面反映、层次清晰、分类明确、指标可比的要求。在政府会计报表体系中，要通过会计报表既能看得到任意一种资金、一个项目、一个单位的会计信息，又能看得到一个部门、一级政府乃至全国政府的汇总会计信息。

（一）总体框架——“四二一结构”

我国实行以预算会计为主、财务会计为辅的政府会计模式，我们认为会计报表的主表应当是预算收支执行表和资产负债表。其中，预算收支执行表属于政府预算会计报表的范畴，基于收付实现制基础编制；资产负债表属于政府财务会计报表的范畴，基于权责发生制基础编制。主要报表体系应体现“四二一结构”的特点。

“四”是指四个层面，即会计报表应包括政府单位会计报表、政府部门合并会计报表、本级政府联合（不含下级政府）会计报表和本级政府汇总（含下级政府）会计报表。“二”是指两个主表，即预算收支执行情况表和资产负债表。“一”是指一套独立的托管基金报表，包括社会保障基金报表和住房公积金报表等。每一托管基金均包括资产负债表和收益表等一套完整的报表内容。

会计报表附表根据政府财政管理的要求进行编制，如行政事业支出明细表等。

（二）不编制营运表（营运成果表）

从理论上讲，基于权责发生制基础的政府财务报告中，除了资产负债表以外，还应当包括营运表，以组成完整的政府财务会计报表。然而，我国政府会计目前不适宜全面采用权责发生制基础，而以收付实现制为主。这种情况下，营运表的内容与预算收支执行表相差不大。而且，要编制运营表还需要设置一套核算财务会计收入、费用的账户，形成对政府单位经济业务的大量重复记账，大大增加记账成本。因此我们建议目前不编制营运表。以后随着权责发生制基础的应用范围不断扩大，可以根据信息披露的需要适时建立营运表。

（三）设置收支调整表

由于预算收支执行情况表和资产负债表的编制基础不一样，两者之间无法建立直接钩稽关系。为了保证报表数据衔接，同时对两个主要报表之间的差异进行解释，需要单独编制收支调整表。即，在预算收支执行表的基础上，剔除不影响资产负债的收支，并增加影响资产负债但不影响预算的收支，以使预算收支执行表和资产负债表通过收支调整表建立钩稽关系。收支调整表是预算收支执行情况表和资产负债表的辅助说明报表。在政府部门编制的合并会计报表以及各级政府编制的联合会计报表和汇总会计报表中，由于收支调整的难度较大，而且合并报表、联合报表以及汇总报表都是在单位会计报表基础上形成的，收支调整已经在单位会计报表中完成，因而无须再编制合并收支调整表、联合收支调整表和汇总收支调整表。

（四）不编制现金流量表

在会计报表构成问题上，我们主张目前不编制现金流量表。主要原因是，单独编制现金流量表是因为大量使用了权责发生制基础，需要通过现金流量表反映政府资金收支的情况，国外一些国家即是这种情况；而我国主要使用收付实现制基础，政府会计核算的预算收支基本反映了现金流量情况，再单独编制现金流量表已无太大价值。

（五）单独编制托管基金报表

尽管政府也使用政府资金对其进行一定数额的支付或补助，但社会保障基金和住房公积金性质上是政府托管基金。一方面，社会保障基金和住房公积金中很大一部分是个人缴款形成；另一方面，社会保障基金和住房公积金是一种封闭式基金，各自单独形成收支和资产负债，这些收支、资产负债与政府使用公共资源形成的资产负债明显不同。因此，应当单独编报社会保障基金和住房公积金收支表和资产负债表。

由此我们认为，政府会计报表主表应当包括预算执行情况表和资产负债表，主表体系应按如下层级编制：政府单位报表；政府部门报表；政府本级报表；本级汇总（本级政府和所属各级政府）报表；各项托管基金（主要是社会保障基金和住房公积金）报表。

政府会计报表的主表体系如图 2 所示。

三、各层面会计报表生成程序

各层面会计报表有关数据之间尽管具有总、分关系，但他们之间不是简单的求和加总。尤其是部门合并会计报表、各级政府联合会计报表和汇总会计报表，实质上都具有“合并”的特点。各层面会计报表生成程序简单概括如下：

1. 各政府单位（基本预算单位）的所有事项按照单位会计报

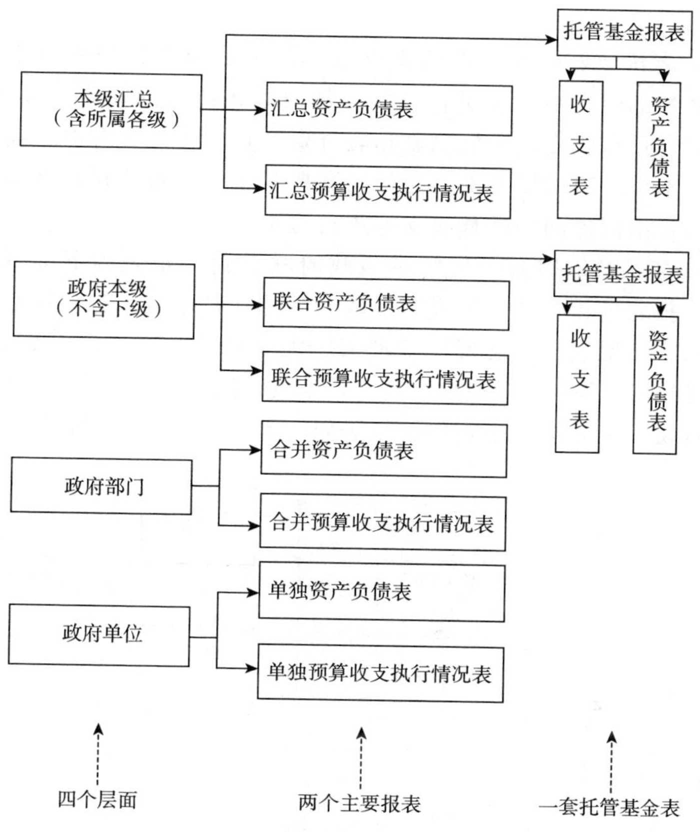

图 2　政府会计报表主表体系

表要求生成单独报表，包括预算收支执行情况表、资产负债表和收支调整表。其中，政府单位自身业务和按规定要求需要单独编报的专项基金收支业务应分别编报单独会计报表。

2. 各政府部门将本部门所属各单位的单独会计报表进行合并，形成本部门合并会计报表，包括部门合并预算收支执行情况表和合并资产负债表。合并时，需要抵销有关项目数据，以避免数据重复。例如，同一部门所属不同单位之间的转移收支需要抵销，本部门上下级单位之间的款项往来、经费拨付与上缴等需要抵销，等等。

3. 各级政府的财政部门将财政部门的财政会计报表与本级政府所属各部门合并报表进行合并，形成本级政府的联合会计报表，包括联合预算收支执行情况表和联合资产负债表。合并时，需要将财政与本级政府所属各部门之间的缴拨款项、经费拨付以及本级政府所属各部门之间的转移收支等进行抵销。

4. 各级政府财政部门将本级政府联合会计报表和下级政府汇总会计报表进行合并，形成本级政府汇总会计报表，包括汇总预算收支执行情况表和汇总资产负债表。汇总时，需要将本级政府与所属下级政府之间的转移收支、往来款项及其他债权债务等相互抵销。

各层面主要会计报表生成方法如图 3、图 4 及图 5 所示。

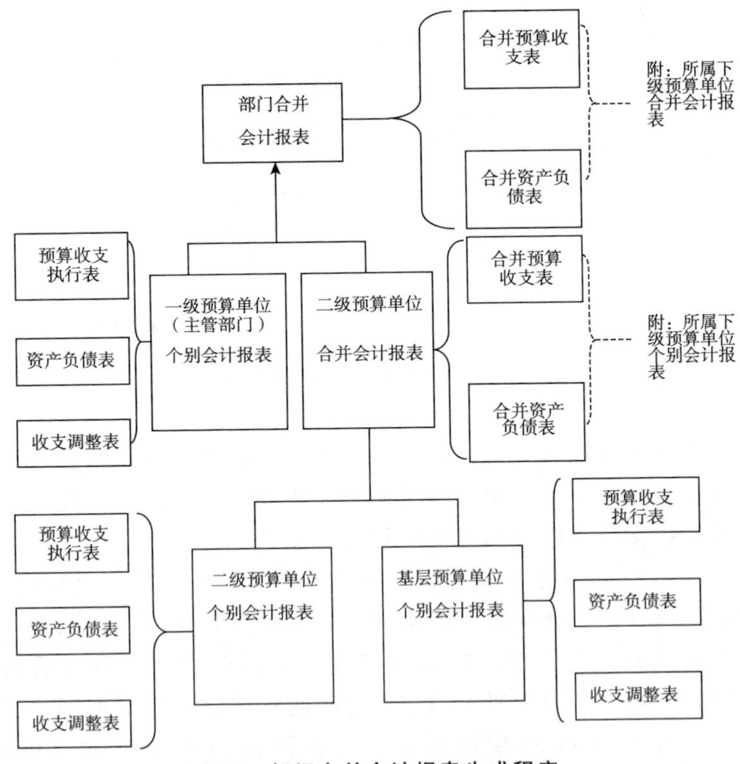

图 3　部门合并会计报表生成程序

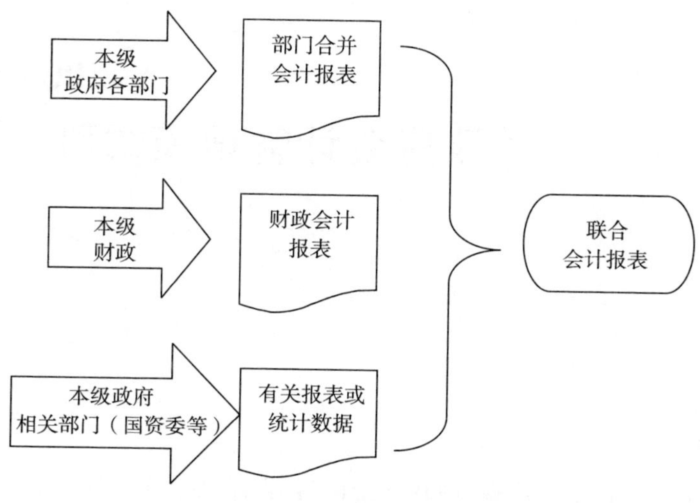

图4　本级政府联合报表生成程序

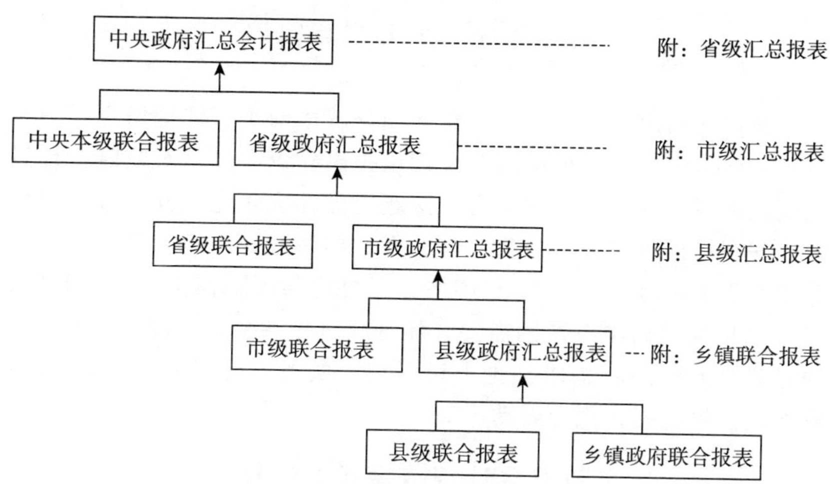

图5　各级政府汇总会计报表生成程序

2006年《政府会计管理模式研究》[①]

本研究包括主要观点归纳、研究报告以及政府会计信息有用性及需求情况调查报告三个部分。

第一部分　主要观点归纳

我们把政府会计改革这个总课题分解成两个子课题研究：一是对建立政府会计概念框架的若干理论提出建议，二是对政府会计管理模式进行选择论证。对前者，课题组已在去年完成并上报。对后者，现在提出供决策参考的实施方案。研讨选择政府会计管理模式的主线和要求是：(1) 立足国情，尽可能与国际惯例协调、趋同；(2) 适应财政诸项改革的需要，体现政府公共服务、构建和谐社会的有关要求；(3) 力求理论上讲得清，实务上行得通；(4) 改革成本低、效益高，社会震动小。

政府会计规范模式的选择

政府会计管理涉及一系列内容，包括会计管理体制、会计规

① 本课题由全国预算会计学会、北京市预算会计研究会委托研究小组完成，课题负责人为王彦，执笔人为王彦、赵西卜、王建英。

范、会计监管等，本报告着重研究会计规范问题。

会计规范的基本任务有二：一是规范会计确认、计量和报告行为，二是规范账务处理和业务操作。政府会计规范的模式，取决于政府会计的功能定位以及管理（改革）的需要。

在国外，由于政府会计功能定位不同、法治理念的差异，各国的政府会计规范模式不尽相同。归纳起来，大体可分为两种：（1）准则模式。即用准则形式规范会计确认、计量和报告行为，用指南或手册形式规范账务处理和业务操作。（2）制度模式。就是把需要规范的内容，都置于制度内。据了解，侧重于财务会计管理的国家多采用准则模式，侧重于预算会计管理的国家一般采用制度模式。

我们认为，政府会计应具有预算会计、财务会计的“双重功能”。因为这是客观存在的事实：只要有政府预算，必然存在政府会计，世界各国都是如此；政府会计一方面（也是主要方面）要为政府预算管理服务，另一方面要为政府管理、使用公共资源服务。据考察，在政府会计领域设立预算会计系统和建设财务会计系统是“经济合作与发展组织”（OECD）国家的普遍做法。

我国 1998 年的预算会计改革中，会计功能定位为预算会计，但实际上包含了部分财务会计的内容。从当前公共财政建设和财政诸项制度改革的需要看，两者的功能都不足，都不适应。在预算会计方面，核算范围较窄，还不到位。在财务会计方面，“缺位”不少。因此改进我国政府会计规范模式的主要任务是：完善预算会计，建设财务会计。近期目标主要是扩展预算会计、拓展财务会计；关于远期目标，还应建设绩效会计、成本会计、基金会计、项目会计等。

课题组在研讨政府会计规范模式的过程中，提出了三种具体方案：（1）借鉴企业会计改革经验，采用“准则”加“指南”模式；（2）“基本准则 + 特殊事项具体准则 + 制度”模式；（3）采用“一项通用准则和一套制度”的模式。

上述三个方案各有利弊，我们反复比较后认为：现阶段应采用第三方案，即建立“以准则为统领，以制度为主体”的管理模式为宜。理由是：

（1）“准则”、“制度”在词义上近似[①]，都是对某种活动或行为的限定（约束）的标准。会计准则模式与会计制度模式之间也没有本质的差别，只是法制表述形式和会计规范的方法、角度有所不同。从规范的需要和执行的效果分析，两种模式各有优势。我们提出“以准则为统领、以制度为主体”的模式，吸收两者之长，能够有效地发挥政府会计的“双重功能”作用。

（2）1998年财政部制定的《财政总预算会计制度》、《行政单位会计制度》、《事业单位会计制度》、《事业单位会计准则（试行）》“一则三制”管理模式中，对事业单位会计的规范实行了“准则+制度”的模式，这种模式得到各方面的认可，具有扩大领域推行的基础。

（3）制度侧重于按会计主体规范会计核算和报告行为，体现了与预算编制责任主体的一致，有利于政府、部门和单位决算与预算的衔接、可比，有利于审计部门对财政、财务的监督。我国的经济管理和财政管理体制属于集权式，整个政府系统构成一个大会计主体，这与企业会计主体明显不同。如采用按经济业务或事项分别制定会计准则的规范形式，难以适应纵横交织的多会计主体的核算需要。

（4）以概念框架为主制定通用会计准则，涵盖了国内外有关政府会计基本理论的内容，体现了与国际惯例趋同的方向。

（5）采用一项通用准则、一套制度并行的规范模式，实用性强。以会计准则统领各个会计制度，便于各个会计制度纵横的衔接。用会计制度规范会计行为和账务处理，在会计人员遇到业务疑点时，便于“对号入座”快速找到答案。据北京市调查，实际工作者特别是基层财会人员普遍要求保留制度规范模式。他们说，如果变革力度太大，会摸不着头脑。

---

① 准则，是人们行动等所依据的原则。制度，是要求大家共同遵守的办事规程和行动准则。会计准则一词源于美国，本意是公认的会计原则（general account standard）。

政府会计准则内容

我们设计的一项准则，类似于我国企业会计的基本准则，其名称可为“政府会计准则”或者“政府会计通用准则”。准则之下，就是一套会计制度，暂时不再搞具体会计准则。因为具体会计准则和会计制度并行，会带来规范内容的重复，而且在主要采用现金制基础的情况下，按照会计要素或经济业务事项制定具体准则，意义与作用不大。

借鉴国外经验，制定政府会计准则应体现概念框架的要求，但不宜受概念框架的局限。这个准则，要具有统领性、统一性、覆盖性和前瞻性。我们认为，建立具有中国特色的政府会计准则，应包括下列十个方面的主要内容：

（1）适用范围。在政府会计准则中应规定：除企业、民间非营利组织、已经实行企业化管理的国有事业单位之外的所有组织，都在政府会计的适用范围之内。这就从法制上确立了我国企业会计、政府会计和民间非营利组织会计三大会计体系。

（2）会计信息目标。①政府会计应提供对反映政府预算执行情况、反映政府财务状况、评价政府活动绩效有用的财务信息。②政府会计信息的使用者应当包括各级政府、各部门、各单位、立法机构、政府的债权人和社会公众等。③政府会计应提供各级政府、各部门、各单位决策所需信息，反映政府及政府单位履行公共服务的情况，有助于社会各界对政府和政府单位经济活动的合法性、合规性进行监督和评价。

（3）政府会计对象的范围。包括政府及政府单位全部收支；政府及政府单位全部资产、负债和净资产；政府托管的各类基金。

（4）政府会计主体。包括政府会计的报告主体和核算主体。各政府单位、各政府主管部门、各级政府等，都是政府会计报告主体。政府及所属单位都是政府会计核算主体。要求单独提供会计报告的经济资源以及需要封闭管理的托管基金，也是政府会计核算主体。

（5）信息质量要求。首要层次的质量要求是合规性、可靠性、相关性、明晰性。此外，还需要提出一些次级层次的质量要求，包括可比性、实质重于形式、及时性、限制性、重要性和全面性等。

（6）会计核算基础。收付实现制和权责发生制都应列为政府会计核算的基础。权责发生制的推行，要根据财政改革和管理的需要逐步扩展。在现阶段，会计核算应当以收付实现制为主、以权责发生制为补充。从长远看，要随着权责发生制预算的推行和会计信息使用者对政府财务会计信息需求的增大，逐步扩大会计权责发生制的应用范围。

（7）政府单位的内部成本核算。出于制定收费标准或推行绩效考核的需要，某些政府单位需要进行成本核算。政府单位的成本应当成为社会监督内容的重要组成部分，不能像企业那样把成本作为内部商业秘密。政府单位的成本核算，应当作为基本准则的内容予以原则性规范，规定出成本核算的适用范围和基本方法等。

（8）会计报表要素。明确划分为预算收支执行报表要素和财务状况报表要素两类。预算收支执行报表要素包括预算收入、预算支出、预算结余。财务状况报表要素包括资产、负债、净资产。从长远看，还应包括基于权责发生制基础编制的运营表，目前要求按照权责发生制提供政府财务收支信息的需求不大，可以暂时不设置收入要素和费用要素。

（9）会计计量属性。政府会计准则规定的会计计量属性包括历史成本、重置成本、可变现净值、现值、公允价值等。政府会计在计量中以历史成本为主。在历史成本不能反映计量对象实际价值的情况下，应当使用其他计量属性。

（10）政府会计报告。①分别对单位会计报告、部门会计报告、本级政府会计报告、本级及所属各级汇总会计报告以及政府托管基金会计报告的内容，提出原则要求。②统一规定会计报告由文字说明、会计报表、报表附注组成。其中以预算收支执行表和资产负债表为主要会计报表。③对政府会计报告合并、汇总涉及的报告主体、报告主体的报告责任、同级政府的报告合并、各级政府自下而上的报告汇总程序等，作出原则性规范。

在不制定具体会计准则的情况下，各会计制度应对会计对象的确认、计量、记录和报告行为，作出具体规定。各项会计制度中，不要重复会计准则中的基本原则，如核算基础、信息质量要求等。

构建政府会计制度体系设想

对政府会计制度体系的设计，应满足三个基本要求，即：会计制度体系应涵盖所有政府会计应当包含的内容，不遗漏；各会计制度分别对政府会计内容进行规范，不重复、不矛盾；生成的会计信息，应既便于分类汇总、又便于纵横合并。

设计政府会计制度体系的原则有三：(1) 以政府资金运动环节为主设置会计制度。就是按照政府资金的征解、收纳和支拨、分配、使用环节分别制定会计制度。这样设置主要基于以下考虑：一是能够覆盖政府活动的全部内容，涵盖整个政府会计核算对象。二是有助于核算结果统一。处于不同环节的政府单位执行不同的会计制度。处于相同环节的政府单位执行同一会计制度。执行政府总会计制度的财政部门，通过对相同环节会计信息的横向合并和上下连贯环节会计信息的纵向汇总，反映所需政府总体情况的信息。三是适应预算管理的需要。按政府资金运动环节设置会计制度，能使会计核算主体与预算编报主体一致、会计核算与预算管理紧密结合，有利于解决会计核算与预算管理的某些脱节问题。四是有利于与现行会计制度衔接。我国目前的主要会计制度基本上是按政府资金运动环节来设立的。继承这一做法，易于被广大政府会计人员接受，可以降低制度转换成本。(2) 对特殊业务涉及的政府资金单独设置会计制度。在政府使用的资金中，有的资金在管理上有特殊要求(如国际金融组织贷款转贷)，有的属于项目资金（如三峡建设资金）。这些资金，由于核算内容、报表格式与其他政府资金核算差异较大且内容复杂，难以在政府总会计制度或政府单位会计制度中进行规范，需要单独制定相应的会计制度。(3) 对政府托管的基金，如社会保障基金、住房公积金等，需要单独设置会计制度。

现行的预算会计制度，在政府各类资金管理中一直发挥着重要作用，但仍不能适应目前形势和改革的需要。建立政府会计制度体系，既要保留原来行之有效的做法，又要改革与现行财政管理不相适应的内容。应以现有会计制度为基础，通过整合、归并、补充、完善，形成新的政府会计制度体系。具体来说，就是形成下列五种会计制度：

(1) 政府总会计制度。采用“财政预算内外制度合一、归并财政专户制度（办法）”的方式，将目前财政部门使用的财政总预算会计制度、预算外资金财政专户会计核算制度以及各种财政专户的会计制度（核算办法）等合并。

(2) 政府单位会计制度。将目前的行政单位会计制度、事业单位会计制度和建设单位会计制度（指其中的行政事业单位基本建设投资内容）三者合一，形成新的政府单位会计制度。这是因为：部门预算、财政集中支付、收支两条线改革，特别是政府收支分类改革的推进，打破了原来按照经费性质划分的格局，行政事业单位的业务环境基本一致，采用“三合一”的条件已经具备。实施新的政府单位会计制度后，应取消事业单位的行业会计制度，对于不同行业事业单位的特殊业务的会计处理，可以在政府单位会计制度中设置相关的内容来解决。

(3) 税收征缴会计制度。在政府财政资金的征解环节，目前对税收部门、海关已经设置了相关会计制度。可以此为基础制定会计制度，对于非税收入，如由税务部门征解，可执行税收征缴会计制度；如通过主管部门征解，可以在政府单位会计制度中设置相关核算和报告的内容。

(4) 国家金库会计制度。目前，中国人民银行国库会计没有专门的会计制度，是个缺陷。我们建议单独制定国家金库会计制度，以适应金库业务量繁多的核算需要。此项制度，可由中国人民银行依据政府会计准则的要求制定。

(5) 特殊业务或政府托管基金会计制度。此类制度，根据需要设置或取消。

政府会计科目的设置

会计科目是规范政府会计管理的重要环节。近几年，财政部虽对预算会计制度中的部分会计科目作了修订，但仍不能满足财政改革和政府会计信息的需要。

我们认为，新的政府会计科目设置，可在现有会计科目的基础上进行整合、调整、补充和完善。设置政府会计科目应考虑以下五点：

（1）体现政府收支分类改革的要求。为了同口径反映预算收支执行情况，会计科目应当按政府收支科目设置明细科目。包括：①在预算收入的总账科目下，按政府收入分类的款、项、目级分类设置明细科目；②在预算支出的总账科目下，要设置反映按政府支出功能分类的类、款级的明细科目；③在核算行政事业单位取得财政拨款的总账科目下，要设置反映按政府支出功能分类的类、款级的明细科目；④在反映政府资金最终支出（包括财政部门的直接支出）的总账科目下，设置反映按政府支出经济分类的类、款级分类的明细科目。

（2）全面反映会计主体的收支。为了全面真实反映会计主体收支，防止对会计主体内部的收支重复计算，要对会计主体内部不同资金之间调拨、计提产生的收支设置会计科目（类似于目前财政总预算会计制度中的“调入资金”和“调出资金”）。另外，对事业单位的专用基金核算，应当增设“专用基金收入”、“专用基金支出”科目，将事业单位与外部交易形成的专用基金收支反映到单位的总收支当中。

（3）适应编制合并（汇总）会计报表的需要。政府会计主体编制的报表需要进行横向和纵向合并。在报表合并中，不同会计主体之间的资金横向调拨与纵向调拨产生的收入支出、不同政府会计主体之间发生的资产负债等应当冲减，以避免层层合并、汇总报表的数据重复计算。为了方便合并报表时的数据冲减，应当对不同会计主体之间的资金横向调拨与纵向调拨的预算收支单独设置会计科目，包括对具有隶属关系的上下级政府或政府单位之间的转移支付形成的收支，单独设置会计科目（对上级单位和对下级单位要分别设置相应的会计科目）；对不同隶属关系的政府或政府单位之间的转移支付形成的收支，单独设置会计科目；对财政部门将财政资金分配给政府单位管理使用的业务，设置“××预算拨款”科目核算。对不同政府会计主体之间因债权债务或待结算发生的资产、负债，要单独设置会计科目，包括：对上下级政府或政府单位之间产生的资产、负债，单独设置会计科目，并且按对上级单位和对下级单位分别设置会计科目；对不同隶属关系的政府或政府单位之间产生的资产、负债，单独设置会计科目。

（4）满足“双分录”记账的需要。新的政府收支分类科目，除包括一般性预算收支、基金预算收支、债务预算收支外，还包括实行专户管理的财政预算外收支和社会保险基金收支。其中一些预算收支在发生时相应引起政府股权资产、债权资产、固定资产、借款本金的变动，需要进行“双分录”核算。为此，应当在会计科目上作出如下补充：①将引起股权资产、债权资产、借款本金同时变动的预算收支与其他预算收支予以区别，单独设置会计科目。②设置相应的资产、负债会计科目，核算股权资产、债权资产、固定资产、借款本金。③设置与股权资产、债权资产和固定资产对应方向的基金类会计科目，设置与借款本金负债会计科目对应的资产类会计科目，以满足对预算收支和资产负债同时登记账簿（类似目前行政事业单位固定资产购置的“双分录”核算中设置的“固定基金”科目）的需要。

（5）考虑会计制度合并的要求。会计科目的设置应满足会计制度合并调整的要求，主要包括对核算内容相同的会计科目进行合并和尽量使用相同的名称。

（6）适应内部成本核算、绩效考核的需要。随着政府财务管理水平的提高，政府单位内部成本核算需要进一步细化。比如，在单位会计核算中应当设置“累计折旧”科目，一方面有助于核算固定资产净值，适应国有资产价值管理的要求；另一方面为成本核算提供了条件。

政府会计核算系统的选择

政府会计的“双重功能”，要求政府会计的日常核算既要满足编制政府预算会计报告的需要，又要满足编制政府财务会计报告的需要。因此，需要解决采用什么样的会计核算系统、设置哪些账户的问题。

在国外，政府预算会计和政府财务会计都是并存的，由于权责发生制运用的范围和程度不同，选择的会计核算系统也不尽相同，大体上有三种类型：（1）采用预算会计和财务会计两套相互独立的系统，建立两套会计账户，如芬兰和法国的中央政府会计。（2）采用一套系统，建立一套预算会计账户，并设置若干财务会计账户，以满足财务报表的要求，如德国。（3）采用一套系统，建立一套财务会计账户，同时满足预算会计和财务会计报表的要求，如澳大利亚。

参考国外的做法，总结我国预算会计核算系统设置的经验，我们认为，我国现阶段政府会计应当采用以“预算会计账户为主、融入部分反映资产负债账户的一套会计核算系统”。也就是说，在这个系统中，设置一套预算会计账户，同时设置若干权责发生制核算基础的资产负债账户，分别满足预算会计报表和财务会计报表的需要。主要理由是：

（1）采用一套会计核算系统适应我国国情。目前要求政府会计提供的信息当中，需要采用权责发生制基础的并不多。如果政府会计采用两套相互独立的系统，会造成大多数会计事项需要在两个系统中分别记录，造成重复登记。采用一套核算系统，可以避免大量的重复登记，降低会计处理成本。

（2）有利于充分提供预算会计信息。我国目前要求政府会计应当以提供预算会计信息为主。新的政府收支分类大大细化，科目划分多达近 2000 个。设置一套同样细化的预算会计账户，可以满足预算会计对账户细分并反映预算执行情况的需要。

(3) 能够满足当前财务会计信息的需要。目前需要按照权责发生制核算的财务会计信息主要是资产负债，其核算细化的要求远不及预算收支。在设置预算会计账户的同时，设置若干按权责发生制基础核算的资产负债账户，就可以满足资产负债表对会计账户的要求。设置权责发生制的资产负债账户，要求核算预算收支的同时，对影响权责发生制基础的资产负债事项，既要在预算收支账户中登记、又要在资产负债账户中登记。这个问题，可以在此类经济事项发生时采用“双分录”[①] 记账的方法解决。

(4) 便于政府会计人员掌握核算技术。“以预算会计为主、融入部分资产负债账户的一套会计核算系统”的账户设置，以及采用“双分录”的核算技术，在预算会计核算中已有先例，容易为会计实务工作者接受。

构建政府会计报告模式设想

国外政府会计报告各有特点，一般都包括会计报表（含报表附注）和综合说明两大部分，报告的主体是会计报表。政府会计报表一般包括财务报表和预算报表两种。其中，财务报表一般包括资产负债表、运营报表（又称绩效表、收支表）和现金流量表。预算报表主要是预算执行情况报表。综合说明主要是对有助于理解会计报表相关信息的文字说明。各国政府会计报告文字说明的内容不尽相同，但一般都包括管理层阐述和分析、目前财务状况和预算执行情况、采取的行动与取得的成效、经济背景分析与展望、审计报告、下期预算展望六个方面。

在我国，现行政府层面的会计报告主要是预算收支执行报表和相关的文字说明。与国外相比，有两点明显不同：(1) 我国的政府会计报表以预算报表为主，没有完整的财务报表。(2) 报表综合说

① “双分录”记账指对一项业务同时进行预算收入（或支出）的复式记账和资产（或负债）的复式记账，如对购买固定资产业务，既进行借记“××支出”、贷记“银行存款”的复式记账，又进行借记“固定资产”、贷记“固定基金”的复式记账。

明体现在政府“两会”的四个报告中，即体现在国务院的政府工作报告、国家发展与改革委员会的国民经济和社会发展计划报告、财政部的上年预算执行和当年预算草案以及审计署的审计工作报告中。

政府在“两会”上作的上述四个报告，囊括了所有对政府资源管理和使用应予说明的主要问题，不亚于国外政府财务综合报告的文字说明内容，缺少的仅仅是关于政府绩效的专门报告。目前我国政府正在加强这方面的工作，关于具体的做法，财政部国库司詹静涛司长在“政府会计管理与改革”国际研讨会上提出：“在政府会计框架下，政府整体会计报告可以考虑由政府会计报表体系、宏观经济背景分析、财政经济状况分析以及政府财政管理绩效分析四个部分组成。”我们认为，这种设想既从实际出发，又具有新意。

我国政府会计报告应由政府会计报表，在现有以现金资源为报告重点的基础上，逐步转到以政府现金资源和经济资源为报告重点、包含预算报表和财务报表的双重报表体系上来。会计报表体系应包括预算收支报表、资产负债表、营运表和现金流量表等。但目前应重点完善预算收支报表，修补、完善资产负债报表。

政府会计报告的文字说明，应重点突出四个部分：(1) 财政经济状况和预算收支执行情况的分析；(2) 重大项目和社会关注的重点问题的分析；(3) 有助于政府绩效评价的相关信息；(4) 对未来预算进行预测。

政府会计报表体系构成

从政府会计双重功能要求和我国政府会计功能定位看，我国政府会计报表的主表应当是预算收支表和资产负债表。设计政府会计主表体系的总体框架为“四二一结构”：“四”指四个层面，包括政府单位会计报表、政府部门合并会计报表、本级政府联合（不含下级政府）会计报表和本级政府汇总（含下级政府）会计报表；“二”指两个主表，即预算收支执行情况表和资产负债表；“一”指一套独立的托管基金报表，包括社会保障基金报表和住房公积金报表等。“四二一结构”的政府会计报表体系构成可参见本书2005年《建立中国政府会计准则体系研究》第二部分的图2。

由于我国政府会计目前未全面采用权责发生制核算，而采用以收付实现制为主核算，可不编制营运表和现金流量表。以后，随着权责发生制基础应用范围的不断扩大，可以根据信息披露的需要，适时建立营运表和现金流量表。

政府会计管理模式的实施步骤

建立健全我国政府会计管理模式是一项长期的系统工程。启动我国政府会计管理模式，近期内应做好以下工作：

第一项，调整预算收支报表项目。2007年预算已按新的政府收支分类科目进行编制，在会计核算制度来不及修订的情况下，急需调整报表项目，以适应政府收支分类改革的需要，满足政府决策信息的需求。

第二项，制定政府会计准则。规范政府会计管理，必须先从起统领作用的会计准则入手，才能为制定各项政府会计制度提供依据。目前，制定政府会计准则的条件已经基本具备。我国预算会计工作多年的经验和近几年各方面开展的政府会计改革研究，为会计准则的制定打下了扎实的基础。同时企业会计改革也从实践方面提供了宝贵经验。

第三项，整合建立政府总会计制度和政府单位会计制度。政府总会计制度和政府单位会计制度，是新政府会计制度的核心。制定和实施这两个会计制度可以满足政府会计报告对主要数据的要求，初步构建政府会计管理模式。

第四项，建立包括预算收支执行和财务状况在内的政府会计报告。根据信息使用者需求的迫切程度，可以采用“先完善预算收支报告、后建设财务状况报告”的步骤，建立政府会计报告。完善预算收支报告，重点是解决财政决算和部门决算的衔接问题。建立财务状况报告，主要是建立政府层面的资产负债表。

第五项，逐步完善政府会计规范体系。在制定政府会计准则、整合核心会计制度的基础上，结合财政管理的改革需要，完善其他会计制度和相应的规范。

总之，建立我国政府会计规范管理模式，要遵循“理论先行、由简到繁、单项突破、不断完善、逐步到位”的原则。

第二部分 研究报告全文

前 言

2005 年 11 月，我们把政府会计相关问题的研究成果，以《关于建立中国政府会计准则的研究报告》的形式向财政部领导作了汇报。部领导对我们的研究报告给予了充分肯定，并作出要进一步深入研究的批示。在上述研究报告的基础上，我们又以《关于政府会计管理模式的研究》为题，组织相关专家和市财政、市教委、有关区县等实务工作部门的同志，对政府会计管理模式的相关问题进行了研究，旨在提出具有一定可操作性的政府会计管理模式。研究内容主要包括政府会计管理模式总体设计、政府会计准则研究、政府会计制度体系研究、政府会计的会计科目研究、政府财务报告模式研究、政府会计实施步骤和主要工作等。现将我们的研究内容分六个部分汇报如下：

政府会计管理模式总体设计

一、政府会计规范表达方式的选择

对政府会计规范体系进行设计，需要解决的首要问题是：采用什么样的表达方式对政府会计进行规范？

新企业会计准则及其应用指南的出台，尤其是将会计科目表作为应用指南组成部分的做法，打破了准则和制度之间人为划分的界限。新的准则体系实际上既按会计要素分别规范会计确认、计量、记录和报告，又按经济业务或事项规范其确认、计量、记录和报告。准则和制度之间的界限已经很模糊了。

回顾企业会计准则 13 年的发展和变化，总结准则和制度的差异，可以这样认为：准则和制度其实并没有本质的区别，其内容是完全一致的，不同的只是他们的表达方式和强调的侧重点不同。侧重点的差异是这两种模式的根本差异。

准则模式以会计要素、业务或事项为内容进行规范，每个准则以单个项目的确认、计量和报告为规范内容，其特点是以会计要素或业务进行分类，强调确认、计量和报告方法，即便设计了会计科目表，会计科目的应用也不具有强制性。如我国新企业会计准则体系、国际会计准则体系以及美国的会计准则体系等，都体现了这一特点。在准则模式下，一个会计主体的经济业务需要执行几个甚至几十个具体准则，才能进行会计处理。

制度模式以会计主体或业务进行规范，每个制度主要按会计科目表的顺序依次规范各项目的确认、计量、记录、报告。其特点是按照会计主体或业务进行规范，在强调对各项目确认、计量的同时，还特别强调会计科目的设置和使用，以及报告的具体编制等。在制度模式下，一个会计主体的经济业务只需要一套完整的制度就可以进行会计处理，这套完整的制度一般都涵盖了该类主体或业务所有涉及的会计要素或事项。

企业会计规范采用准则模式的局面已经成型，政府会计规范是不是也会以准则模式为方向呢？我们认为，采用准则模式或制度模式需要考虑对规范对象的信息要求是否具有强制性，以及对规范对象进行分类的标准是否具有广泛性。而政府会计的特点决定了制度模式不仅更加适应政府会计信息使用者的信息要求，而且以报告主体为对象进行政府会计规范也更具有广泛代表性。

（一）政府会计行为的强制性——高度统一的制度模式

企业会计准则仅对外部信息使用者负责，反映企业对股东的受托责任，有助于外部信息使用者作出相关的决策。对于企业外部信息使用者来说，他们无须对形成信息的具体过程加以干预，只要求信息结果有用、可比和一致，而会计准则在确认、计量和报告方面即可满足这种需要。对于企业内部信息使用者以及内部信息加工者来说，形成信息的具体过程应该是强制性的，一般由企业通过制定内部会计制度或操作规程的方式来进行规范，通常包括会计科目设置和使用、会计凭证格式、传递等具体规定，这些规定对于保证企业内部管理所得到信息标准的统一性，以及企业最终编制合并报表都是必不可少的。特别是对于集团形式的企业，更需要在集团内部制定严格、统一的会计制度。

政府与企业不同，企业是各自独立的主体，而政府尤其是民主集中制下的政府，是一个上下统一的主体，每一级政府都是政府这一大主体中的一部分，就像企业集团中的成员企业一样，必须执行统一的政府会计规范。不论是从政府会计对预算执行的监控角度，还是从政府会计最终编制政府财务报表的角度，政府不仅需要各项业务确认、计量、报告标准的统一，更需要在记录环节和报表编制环节的完全统一，甚至要求凭证格式、传递程序等高度一致。政府会计对统一性的要求是区别于企业财务会计的突出特点。在国际上，尽管许多国家，如美国、法国、芬兰、西班牙等，其政府会计规范名义上执行的是准则，但他们也都对会计科目甚至分录有统一要求，实际上还是制度模式，仅仅是称谓上不同而已。

政府作为一个大主体，客观上要求与会计信息相关的财务行为必须高度一致。就像企业集团一样，政府活动中的费用开支标准、成本管理办法、资金使用管理规定等需要在整个政府层面统一。这也正是在政府会计管理模式中，除了会计规范体系，还需要制定有关财务管理规范的原因。

（二）政府会计规范对象的划分标准——按主体划分为主，兼顾特殊事项

企业会计规范采用的是以会计要素、业务或事项为主的划分标准，这是由企业会计主体共性特征、业务种类多样和业务活动多变等特点所决定的。各企业会计主体在会计对象——资金循环上具有共性，无须按照会计主体设计准则体系。同时，企业中发生的大量业务，以及同一业务在不同企业或在同一企业的不同时期可能差异很大，按照业务或事项分类设计会计准则能够更深入、全面地对某

一业务进行规范。不仅如此，交易性业务的迅速发展和变化使得按照业务分类进行会计规范设计更利于修订和完善，更具适应性。

我们认为，我国的政府会计规范应采用以会计主体为主的划分标准，理由是：

1. 我国政府会计主体的业务差异明显，但同类会计主体的业务内容相对稳定。政府会计主体处于财政资金循环的不同环节，各主体的业务具有明显的差异，不同资金循环阶段的主体具有完全相同业务的情形极少，按照政府会计主体进行会计规范设计，在逻辑上更为清晰简练。另外，我国政府会计中也存在少数较为特殊的业务，这些业务或是在确认、计量、记录上具有与政府会计一般业务明显的差异（如转贷业务），或是属于临时性事项（如三峡基金），对这些特殊业务单独制定政府会计规范更有利于实务操作。因此，在以政府会计主体为主规范政府会计行为的同时，并不排除同时按特殊业务单独设立会计规范的做法。这就像企业以会计要素、经济事项为主进行会计规范设计的同时，还存在按会计主体（如石油天然气开采）进行会计规范设计的情形。

2. 采用以会计主体为主进行规范体系设计，可以在我国现有的制度规范体系基础上进行适当改进，既可照顾到我国政府会计的传统习惯，又可满足实务中对会计规范的迫切需要，能够大大降低改革的成本。

（三）政府会计规范体系未来展望——适时而变

未来我国政府会计规范体系是否一定会由按会计主体分类为主转换为按要素或业务分类为主的制度体系，取决于未来我国政府会计业务的发展和国际趋同的力量。

我们认为，当我国政府会计业务的发展需要更多的职业判断，或业务内容更为复杂时，就需要以业务或会计要素为主重新设计我国政府会计规范体系。到那时，取消按会计主体为主设计的制度体系，代之以会计要素或业务为主设计的制度体系将成为必然。但我们没有足够的理由断定未来一定采用以政府会计主体为主的会计规范形式，或采用以会计要素或事项为主的会计规范形式。

政府会计相对于企业会计而言，更带有独立政治体制的色彩。就目前情况看，我们还看不到政府会计国际趋同的迹象。国际会计师联合会进行政府会计准则制定的努力，并未收到类似国际会计准则得到世界认同的效果，各国政府仍然按照各自的政治体制实施相应的规范。

我们认为，我国政府会计现阶段还不可能采用国际会计师联合会的公立单位会计准则和政府会计准则，但随着世界经济一体化进程的加快，政府间经济往来可能会日益频繁，不排除政府会计未来国际趋同的可能。需要我们密切关注国际上政府会计的发展趋势，适时调整我国政府会计规范。

二、我国政府会计规范体系的设计

本研究认为，我国政府会计规范体系适宜采用一项会计准则加一套会计制度的模式。

（一）一项会计准则和一套会计制度的内容

一项会计准则是指一项基本会计准则。之所以称之为准则，是因为该规范不涉及具体会计科目及其使用，不对具体的会计记录提出要求，符合会计准则的定义。该准则是原则性的会计框架，主要包括会计目标、会计假设、会计信息质量标准、会计要素的定义和确认及计量原则以及预算和财务报告的披露原则等。

一套会计制度是以政府会计主体为主进行政府会计规范的一系列制度构成的政府会计体系。政府会计制度体系，以财政资金运行环节中的各会计主体为主进行会计规范设计，打破原来按预算级次和行业划分的格局。

（二）一项会计准则和一套会计制度的关系

1. 会计准则统领会计制度。政府会计需要有明确的会计目标、会计要素和项目的概念，对会计信息质量应有明确的要求。这些构成了政府会计准则的内容。基本准则作为一系列会计制度的统领，既可避免规范体系中内容的重复、不协调，又可为制定会计制度提供依据和指导。我国多年的政府会计实践积累了大量宝贵经验，形成了比较稳定、成熟的政府会计理论和原则，把这些原则统一规范为会计准则已有扎实的基础，而且有 1997 年预算会计改革的基础和企业会计改革的成功经验，统领政府会计规范的政府会计（基本）准则的制定条件已经具备。

2. 会计制度是会计准则的具体化。政府会计制度中，对于会计假设、会计信息质量要求、会计确认和计量的一般原则不再涉及，而是着重规定具体会计业务的确认、计量和记录及报表问题。为了准确反映政府预算收支及资产负债情况，政府会计制度体系要以政府整体为最终报告主体，以财政资金运行各环节为分主体，并兼顾政府专门事项或特殊业务（如税收征解、国库会计、特殊事项会计等），以政府会计准则为依据，设计政府会计规范，从而打破目前按预算级次和行业分别制定会计规范的格局，形成政府会计准则指导下的政府会计制度体系。

政府会计准则研究

作为统领政府会计规范体系的纲领性规范，政府会计准则应对政府会计核算的基本目标、原则和方法作出规定。

结合我们对政府会计框架问题的已有研究（2005 年的研究报告），我们认为，政府会计准则的内容应包括：（1）政府会计的适用范围；（2）政府会计核算的对象；（3）政府会计的会计目标；（4）政府会计核算基本假设；（5）政府会计信息质量要求；（6）政府会计核算基础；（7）政府会计的会计要素；（8）政府会计计量属性；（9）政府单位的内部成本核算；（10）政府财务报告。

政府会计准则的制定不属于本课题的研究内容。本报告仅就政府会计准则应当包括的主要内容陈述如下：

一、关于政府会计适用范围

目前，政府会计主体与其他不适用政府会计的会计主体之间的界限比较模糊，应明确政府会计的适用范围。我们认为，除了民办非营利组织不适用政府会计外，已经实行了企业化管理的国有事业单位也不应包括在政府会计的适用范围之内。在适用政府会计的单位中，应包括行政单位、事业单位、各党派、各社会团体和军队等。在具体界定政府会计的适用范围时，可以同时采用列举法（如行政、事业单位适用政府会计）和排除法（如实行企业化管理的事业单位不适用政府会计）。

二、关于政府会计目标

我们认为，政府会计目标的描述应当包括三个方面的内容：政府会计应当提供何种会计信息；政府会计向谁提供会计信息；政府会计提供的会计信息的目的。

政府会计应当提供的主要会计信息包括：反映政府预算执行情况的信息；反映政府财务状况的信息；政府活动绩效评价的财务信息。

政府会计信息的使用者应当包括：政府各部门、各政府单位、立法机构、政府的债权人和社会公众等。

提供的政府会计信息应当：有助于会计信息使用者根据政府会计所提供的会计信息作出正确的政府管理决策；有助于反映政府及政府单位受托责任的履行情况；有助于会计信息使用者对政府和政府单位的经济活动进行合法合规监督和绩效评价。

三、关于政府会计对象的范围

作为政府会计准则，对政府会计核算对象的界定范围应当全面。我们认为，政府会计对象应当包括所有政府及政府单位所有需要进行反映的经济活动，以及政府及政府单位掌控、管理和使用的各种公共资源。

四、关于政府会计主体

政府会计主体应当包括会计报告主体和会计记账主体。政府会计报告主体是政府会计在提供财务报告时的主体界定。我们认为，各政府单位和各级政府作为直接管理和使用社会公共资源的责任承担者，都是政府会计的报告主体。按照政府会计报告的编报责任，政府报告主体可分为各政府单位、各政府主管部门、各级政府等多层次。

会计记账主体是政府会计在进行会计处理时对需要单独记账的范围的界定。每一个会计记账主体都需要设置一套自我平衡的账户，记录该主体范围内的经济资源及其变动。因管理需要，要求单独核算、报告的经济资源（如专项基金等），也应当作为政府会计的记账主体。

在同一报告主体内，可能有两个或两个以上的记账主体。比如税收部门是一个报告主体，但它包含两个会计记账主体：一是作为税收管理单位，要将征解的税金作为记账主体，将税金收缴与本单位使用的财政资金分开处理；二是作为行政单位，要将本单位因业务活动而使用、管理的财务资源作为会计记账主体。

另外，对于需要封闭管理的托管基金（如社会保险基金、住房公积金），应当采用基金会计模式，以基金作为记账主体和报告主体。

五、关于会计信息质量要求

我们认为，在政府会计信息质量要求中，除应包括可靠性、相关性、明晰性、可比性、实质重于形式、及时性等内容以外，还应包括限制性原则（又称专款专用原则），并应特别强调全面性原则。

六、关于会计核算基础

政府会计准则对政府会计核算基础应当有专门规定。从政府会计报告内容要求看，提供预算执行情况报告的数据大多要通过收付实现制基础核算，提供财务状况报告的数据往往要通过权责发生制基础核算。因此，政府会计准则应当将收付实现制和权责发生制都列为政府会计核算的基础。

我们建议的具体提法是：（1）基本业务采用收付实现制核算。预算收入、预算支出和预算结余，平时按收付实现制加以全面核算。（2）个别事项采用权责发生制核算。期末发生的应收未收、应支未支事项，应采用权责发生制进行调整，以反映未了事项的责任。（3）部分项目采用收付实现制和权责发生制双基础核算。涉及政府及政府单位固定资产、股权、债权和债务（借款本金）变动的预算收支业务，一方面应当按收付实现制确认预算支出和预算收入，另一方面应当按权责发生制确认固定资产、股权、债权和债务形成的政府资产或负债增加或减少。（4）事业单位的经营活动采用权责发生制核算。

七、关于政府单位的内部成本核算

我们认为，政府会计准则应当对政府单位进行内部成本核算作出规范。政府单位的内部成本核算出于以下需要：（1）成本数据是对某些政府单位制定拨款标准或收费标准的重要参考；（2）事业单位的经营活动应当进行成本核算；（3）成本是对部分政府单位活动进行绩效考核的重要依据之一。

作为社会公共组织，政府单位核算的成本应当成为社会监督的内容向社会公众公开，而不能像企业的成本那样成为不予公开的企业内部商业秘密。因此，政府单位的内部成本核算，应当作为基本准则的内容予以原则性规范。

政府会计准则对内部成本核算的规范内容应当包括两个方面：（1）进行内部成本核算的条件要求；（2）进行内部成本核算的基本方法。

八、关于会计报表要素

我们认为，政府会计准则对会计报表要素规定的内容，应当包括预算执行情况报表要素和财务状况报表要素两类。其中：

预算执行情况报表要素包括预算收入、预算支出、预算结余。这三个会计要素的数量关系为：预算收入－预算支出＝预算结余。

财务状况报表要素包括资产、负债、净资产。这三个会计要素的数量关系为：资产＝负债＋净资产。

政府会计准则应当对这些会计报表要素的定义、确认条件和计量原则作出规定。

我们认为，预算执行情况报表和财务状况报表是政府会计最主要报表。政府会计应当在满足预算收支表信息的需要的基础上，通过“双分录”[①] 方式，同时反映政府的资产负债的情况。这样，权

① “双分录”记账指对一项业务同时进行预算收入（或支出）的复式记账和进行资产（或负债）的复式记账，如对购买固定资产业务，既进行借记“××支出”、贷记“银行存款”的复式记账，又进行借记“固定资产”、贷记“固定基金”的复式记账。

责发生制基础上的财务收支不进行记录和反映，因此无须设置权责发生制基础上的收入要素和费用要素。但为了反映预算收支表和资产负债表之间的钩稽关系，需要编制收支调整表。

九、关于会计计量属性

我们认为，政府会计的会计计量属性应包括：历史成本、重置成本、可变现净值、现值、公允价值等，但应当以实际成本为主。在特定情况下，可以使用其他计量属性。同时，我们建议，应改变目前政府单位的固定资产不计算折旧、只按原值反映的计量方式，应当对固定资产计算折旧，确认、反映固定资产的净值，以利于政府资产价值的正确反映并利于进行绩效评价。

十、关于政府会计报告

我们认为，政府会计准则对政府会计报告的要求应当包括三个方面：（1）会计报告的内容；（2）会计报告的形式；（3）会计报告的汇总。

1. 按不同层级分别规定政府会计报告的内容。政府会计报告是多层次报告体系。各个层次报告需要反映不同报告主体提供的信息，因此，应对政府会计报告内容按照报告层面分别规定不同的要求，明确规定对单位会计报告、部门会计报告、本级政府会计报告、本级及所属下级政府汇总会计报告的要求。我们同时建议，政府托管基金，应当单独提供会计报告。

2. 会计报告的文件形式。会计报告由报告文字说明、会计报表、报表附注组成。其中以预算收支执行情况表和资产负债表为主要会计报表。

3. 对各层级政府会计报告汇总、合并的要求。政府会计报告体系呈现“金字塔”的形式。各政府单位的会计报告是政府部门会计报告的合并基础，下级政府的会计报告是上级政府的会计报告的汇总基础。为确保会计报告相互衔接，数据准确，政府会计准则应当就政府会计报告汇总合并涉及的报告主体、报告主体的报告责任、自下而上的报告汇总、合并程序等作出原则性规范。

政府会计制度体系研究

我国现行会计制度主要是按照财政资金收支管理的分工要求，适应各个财政资金管理单位对财政资金管理的要求设置的。如，税收会计制度用于税务部门征缴税金业务的会计处理，财政总预算会计制度用于财政部门筹集和分配财政资金业务的会计处理，行政单位会计和事业单位会计用于行政事业单位获取和支出财政资金业务的会计处理等。此外，有些会计制度按资金管理要求不同设置会计制度（如预算外资金会计核算制度）、按行业制定会计制度（如科研单位会计制度、高等学校会计制度、医院会计制度等）等。可以说，现行的会计制度体系不是刻意设计的，而是在国家经济体制从计划经济向市场经济过渡过程中，为了满足财政管理改革的需要，不断出台会计制度自然形成的。目前会计制度体系的一个主要问题是：各种会计制度之间缺乏统一衔接，依照不同会计制度形成的会计信息不易汇总，难以形成反映政府整体预算执行情况和财务状况的报告。因此，未来会计制度体系的设计，应满足两个基本要求：

1. 会计制度体系规范应涵盖所有政府会计应包含的内容。

2. 依照各种会计制度生成的会计信息，既便于分类汇总，又便于各政府报告层面汇总。

一、设计政府会计制度体系的原则

政府会计制度体系的安排可以考虑以下原则：

（一）以政府资金运动环节为主设置会计制度

政府资金运动的环节，具体包括税收、海关、财政等部门对财政收入的征解、国家金库对财政资金的收纳和支拨、财政部门对财政资金的分配、行政事业单位对财政资金和其他资金或资源的使用等。按照政府资金运动环节设计会计制度，也就是按照政府资金的征解、收纳和支拨、分配、使用环节分别制定会计制度。这种设计方法主要基于以下考虑：

1. 能够做到政府会计覆盖政府活动的全部内容。政府资金运动的全过程，贯穿于政府及政府单位的全部经济活动。按照政府资金运动的环节设计会计制度，可以将整个政府会计核算对象全部涵盖。

2. 有助于会计制度及其核算结果的统一。在按政府资金运动环节设计的会计制度体系中，处于不同环节的政府单位执行不同的会计制度；处于相同环节的政府单位，执行同一会计制度。其中，处于分配环节的会计制度——政府总会计制度处于政府资金枢纽的地位。执行政府总会计制度的财政部门，通过对相同环节会计信息的横向汇总、上下连贯环节的会计信息的纵向合并，可以生成反映政府总体财务情况的信息。

3. 适应预算管理的需要。目前我国政府及政府单位的预算包括三种口径：政府层面的财政预算，主管部门层面的部门预算，政府单位层面的单位预算。部门预算是单位预算的汇总。财政预算处于政府的财政资金分配环节，单位预算处于行政事业单位对财政资金和其他资金的使用环节。如果按政府资金运动环节设置会计制度，使会计核算主体与预算编报主体一致、会计核算与预算管理紧密结合，避免会计核算与预算管理的脱节。

4. 有利于与现行会计制度衔接。在我国目前的预算会计制度体系中，各主要会计制度基本上体现了按政府资金运动环节设置。按政府资金运动环节设置政府会计制度，便于与原有的预算会计制度衔接，易于被广大政府会计人员接受，也可降低制度转换成本。

（二）对特殊业务涉及的财政资金单独设置会计制度

在财政资金中，有的资金在管理上有特殊要求（如国际金融组织贷款转贷），有的属于资金项目，只持续有限的时期且数量巨大（如三峡建设资金）。这些财政资金由于核算内容、报表格式与其他政府资金核算差异较大且内容复杂，其会计规范难以在政府总会计制度或政府单位会计制度中集中说明，单独制定相应的会计制度更有利于专项资金管理和会计处理。

（三）对政府托管基金单独设置会计制度

我国目前属于政府托管基金的资金主要是社会保障基金和住房公积金。政府托管基金性质，要求单独核算、单独管理、单独报告，因此需要单独设置社会保障基金会计制度。

我国托管基金的管理方式主要是：财政部门管理资金和预算，经办机构管理收费和支付，投资管理机构进行基金投资运作。因此，托管基金的会计制度可以包括“××基金财政会计核算制度”、“××基金经办机构会计核算制度”、“××基金投资会计核算制度”等。

二、会计制度体系架构

我们认为，按照会计制度体系的设计原则，会计制度体系中的会计制度可以包括：税收会计制度、国家金库会计制度、政府总会计制度、政府单位会计制度、特殊业务资金会计制度、各种托管基金会计制度等。政府会计制度体系的架构见“2005 年《建立中国政府会计准则体系的研究》”第二部分图 1。

三、主要政府会计制度的构建

目前的预算会计制度体系在政府各类资金管理中一直发挥着重要作用。建立政府会计制度体系不应将目前的会计制度全部推倒重构，应当以现有的会计制度为基础，通过对现有会计制度的整合、归并、分解等，构建适应我国实际情况的政府会计制度体系。

（一）政府总会计制度

政府总会计制度由政府财政部门执行，主要规范政府层面对财政资金的筹集、分配形成的财政资金收支的核算，以及由此形成的资产、负债、净资产的核算；并且规范财政部门编制政府层面预算收入支出执行、资产负债状况的合并报告。

政府总会计制度的建立适宜采用“财政预算内外制度合一、归并财政专户制度（办法）”的方式。具体做法是将目前财政部门使用的财政总预算会计制度、预算外资金财政专户会计核算制度以及各种财政专户的会计制度（核算办法）等合并，形成规范财政部门核算财政资金（除社会保障基金、住房公积金以外）的统一的会计制度。这是因为，这些会计制度核算的主体都是财政部门，而核算的资金都是财政部门代表政府筹集和分配的财政资金，这些会计制度使用的会计科目及其核算方法也都大体类同，各种制度有重复性规定。将这些会计制度（核算办法）合并，通过在一个会计制度内设置不同科目和分科目核算各类财政资金的做法，既可以满足财政部门对不同财政资金分别核算的需要，也利于财政部门编制反映会计主体总体情况的预算收支执行情况表和财务状况表。

财政部门应当按照政府总会计制度的要求，编制对财政预算收入、分配的预算收支执行情况表和财政部门管理资金的资产负债表。

另外，财政部门还负有汇总政府层面预算收支和财务状况信息的责任。因此，政府总会计制度还应当包括规范财政部门编制本级政府及本级政府整体的联合预算收支执行情况表、联合资产负债表、汇总预算收支表和汇总资产负债表的相关规定。

（二）政府单位会计制度

政府单位会计制度适用于各种行政事业单位，以及其他纳入政府会计适用范围的社会团体等。政府单位会计制度主要规范政府单位对本单位的财政资金和其他业务资金收支，以及由此形成的资产、负债、净资产的会计处理，并且规范作为主管部门的政府单位编制本部门的收支情况和资产负债状况的合并报告。

我们认为，政府单位会计制度的构建应当采用“三合一”的方式。具体做法是，将目前的行政单位会计制度、事业单位会计制度和行政事业单位适用的国有建设单位会计制度三者合并，形成适用于行政事业单位对本单位经济活动进行会计处理的统一会计制度——政府单位会计制度。理由如下：

1. 行政单位和事业单位面临的会计环境越来越相近，可以适用同一会计制度。目前行政单位和事业单位的财政拨款方式都逐步采用国库直接支付，大量原来的预算外资金（事业单位在这方面的收入一般大于行政单位）逐步纳入预算内，并且实行收支两条线管理。在财政资金的取得和使用方面，事业单位和行政单位已经基本一致。事业单位还有一部分资金不属于财政资金，但是这些非财政资金收入及形成的支出也纳入了部门预算管理，同行政单位的部门预算管理方式相同。这些会计环境的相似性，使行政单位会计制度和事业单位会计制度合并具备了条件。

2. 基本建设资金管理已经纳入行政事业单位预算资金进行统一管理，应当将国有建设单位会计制度并入行政事业单位统一适用的会计制度。随着部门预算的建立、国库直接支付和实行新的政府收支分类，基本建设资金的管理已经和行政事业单位其他资金的管理统一起来。这就要求行政事业单位应当将基本建设与单位其他资金进行统一会计处理。这样才便于行政事业单位将本单位的预算收支情况和财务状况全面反映。

各政府单位按照政府单位会计制度的要求，应当编制反映本单位的预算收支执行情况表和资产负债表；主管部门还应当编制反映本部门的合并预算收支执行情况表和合并资产负债表。

（三）税费征缴会计制度

在政府财政资金的征解环节，目前已经设置了税收会计制度。可以以此为基础，制定税费征缴会计制度，适用税收部门、海关、财政等部门对税收收入和非税收入征缴业务进行会计处理。

（四）国家金库会计制度

目前国库资金的核算依据《中国人民银行国库会计操作规程》。但是由于没有专门的会计制度，中国人民银行将国库资金会计处理与中国人民银行其他业务资金会计处理混在一起，反映国家金库及其他业务资金的情况不够清晰。我们认为，中国人民银行作为代理银行，管理的国库资金是银行托管资金，应当和其他业务资金的会计处理分开进行。中国人民银行对国库资金应当使用单独的会计处理系统。因此，我们建议应当单独制定国家金库会计制度，以适应国库代理银行对国库资金的会计处理。

（五）政府托管基金会计核算制度

政府托管基金会计核算制度，用于规范政府托管基金的管理单位对政府托管基金的筹集、转移支付、给付、投资过程中形成的收入、支出和投资损益，以及由此形成的资产、负债和净资产的会计处理。

政府托管基金会计制度应当包括三个方面的规范：

1. 政府托管基金财政会计核算制度。规范在财政部门管理的政府托管基金核算，包括在国库和财政专户存放的政府托管基金的核算。

2. 政府托管基金经办机构会计核算制度。规范各类政府托管基金经办机构对经管的政府托管基金的会计核算。

3. 政府托管基金投资会计核算制度。规范政府托管基金投资管理机构对投资经营的政府托管基金的核算。

目前需要整合的政府托管基金会计制度主要是政府托管基金财政会计核算制度。在这个制度中，应当包括目前在财政部门核算、包括在国库和社保基金等财政专户的全部政府托管基金。此外，财政部门还负有汇总报告政府托管基金的责任。因此，政府托管基金财政会计核算制度还应当包括对编制政府托管基金合并报告（将财政部门的报告、经办机构的报告、投资管理机构的报告进行合并）的规范。

政府会计科目研究

一、政府会计核算系统与会计账户系统的选择

在构建我国政府会计的工作中最重要的内容之一，就是把过去预算会计没有按照权责发生制核算的政府产权、债权、负债纳入政府会计系统予以反映，同时还要使原有预算收支报告内容更加完善。这种情况下，解决预算会计和财务会计矛盾成为会计处理的关键问题之一。采用何种会计核算系统、使用何种账户系统，是构建我国我政府会计亟待解决的问题。

（一）对国外政府会计核算系统的考察

目前，实施预算会计系统的国家或多或少都已经引入财务会计理念，实施财务会计系统的国家（如美国）从来也没有放弃预算会计的思想。政府预算会计和政府财务会计在大多数国家都是并存的。但是不同的国家在进行处理时所选择的会计系统却不尽相同。

国外采用的会计系统大体上有以下类型：

1. 采用预算会计和财务会计两套相互独立的系统，建立两套

会计账户，如芬兰和法国的中央政府会计。

2. 采用一套系统，建立一套预算会计账户，并设置若干财务会计账户，以满足财务报表的要求，如德国。

3. 采用一套系统，建立一套同时满足预算会计和财务会计报表要求的会计账户，这要求预算也采用权责发生制基础编制，如澳大利亚。

在会计核算系统的选择和具体做法上，国外的情况多种多样。这是由于各国政府有不同的法律要求，而且受预算编制、政府会计历史习惯的影响而导致的。从国外的一般情况看，采用两套相互独立的核算系统的，主要是该国家对政府会计有全面按权责发生制提供财务会计信息的要求，而预算又基本采用收付实现制，造成预算会计和财务会计核算不一致的内容很多，因此采用两套系统同时处理。在采用一套会计核算系统的国家中，有的是因为政府预算编制采用的是权责发生制，预算会计核算与财务会计核算基本一致，不需要采用两套会计核算系统；有的是因为政府法令对提供权责发生制会计信息的要求不高，没有必要采用两套会计核算系统，而以预算会计系统为主，以权责发生制账户辅助反映。

（二）我国政府会计核算系统的选择

我国目前政府会计面临的基本需求是：（1）预算采用收付实现制编制；（2）会计信息以反映预算执行情况为主；（3）要求政府会计按权责发生制反映主要资产负债信息。据此我们认为，我国现阶段政府会计应当采用“预算会计为主、融入部分反映资产负债账户的一套会计系统”。在这个系统中，设置一套预算会计账户，并设置若干权责发生制核算基础的资产负债账户，分别满足预算会计报表和财务会计报表的需要。采用这种核算系统的理由是：

1. 采用一套会计核算系统适应我国国情。我们认为，目前我国政府会计改革刚刚开始，在会计核算基础的演进过程中，正处于引入权责发生制的初级阶段，要求政府会计提供的信息当中，需要采用权责发生制基础的并不多。目前情况下，如果政府会计采用两套相互独立的系统，会造成大多数经济事项需要在两个系统中分别记录，不仅重复内容很多，而且大大增加会计处理成本。采用一套核算系统，并通过设置相关但不重复的会计账户，既可以满足政府会计分别按收付实现制和权责发生制的核算需要，又最大限度地避免了重复登记，降低会计处理成本。

2. 有利于充分提供预算会计信息。我国政府会计的目标，要求政府会计应当以提供预算会计信息为主。目前新的政府收支分类大大细化，科目划分多达 2000 余个。这种情况下，要求设置同样细化的账户进行反映。所以，以预算会计为主设置账户，可以满足预算会计对账户细分的要求。

3. 能够满足当前财务会计信息的需要。目前需要按照权责发生制核算的财务会计信息，主要是资产负债，其核算的细化要求远不及政府收支。因此，在设置预算会计账户的同时，设置若干按权责发生制基础核算的资产负债账户，就可以满足资产负债表对会计账户的要求。

设置权责发生制的资产负债账户，会在核算中遇到一个技术问题，即某些预算会计基础的预算收支同时影响权责发生制基础的资产负债，需要既在预算收支账户中登记、又在权责发生制的资产负债账户中登记。解决这个问题，需要对相关的资产负债账户设置记账方向相反的净资产账户或虚拟资产账户，并在此类经济事项发生时采用“双分录”的记账方法。

4. 便于政府会计人员掌握核算技术。我国从事预算会计的人员长期使用预算会计账户系统，已经在操作理念上形成惯性思维。“预算会计为主、融入部分资产负债账户的一套会计核算系统”的账户设置，以及采用“双分录”的核算技术，都是以往预算会计核算中已有的。这种会计核算系统及会计账户系统的设计，至少从技术操作层面上不会对会计人员造成障碍，有利于政府会计核算在操作层面上被实务工作者接受。

二、设计会计科目的一般要求

目前各种会计制度中的会计科目是随着财政资金业务发展和管理要求的变化逐步形成的。近几年，适应四项财政管理改革的需要，对部分会计科目作了修订，但总的来说未作大的调整。有些已经不适应政府会计信息需要的科目应予废除，有些不能满足政府会计信息需要的科目还应适当补充，但目前使用的大多数会计科目还是适用的。

我们认为，为了减少政府会计规范的制定和实施成本，政府会计科目设计，应当以现行会计科目为基础，考虑政府会计信息需要，对现有会计科目进行整合、调整、增加，应是较好的选择。

设计政府会计科目应当考虑的主要因素有：

（一）反映新的政府收支分类

新的政府收支分类实施后，财政预算将按照新的收支分类编制。为了同口径反映预算执行情况，会计科目应当按政府收支明细分类设置明细科目。包括：（1）在各项反映财政预算收入的总账科目下，按政府收入分类的款、项、目级分类设置明细科目；（2）在反映财政向行政事业单位拨款的总账科目下，要设置反映按政府支出功能分类的类、款级分类的明细科目；（3）在核算行政事业单位取得财政拨款的总账科目下，要设置反映按政府支出功能分类的类、款级分类的明细科目；（4）在反映政府资金最终支出的总账科目下，要设置反映按政府支出经济分类的类、款级分类的明细科目。

（二）全面反映会计主体的收支

为了全面真实反映会计主体收支，防止对会计主体内部的收支重复计算，需要对会计主体内部不同资金之间调拨、计提产生的收支设置会计科目（类似于目前财政总预算会计制度中的“调入资金”和“调出资金”）。另外，对事业单位的专用基金核算，应当增设“专用基金收入”、“专用基金支出”科目，将事业单位与外部交易形成的专用基金收支反映到单位的总收支当中。

（三）适应编制合并（汇总）会计报表的需要

政府会计主体编制的报表需要进行横向和纵向合并。在报表合并中，不同会计主体之间的资金横向调拨与纵向调拨产生的收入支出，不同政府会计主体之间发生的资产负债等应当冲减，以避免层层合并、汇总报表的数据重复计算。

为了方便合并报表时的数据冲减，应当对不同会计主体之间的资金横向调拨与纵向调拨的预算收支单独设置会计科目。包括：(1) 对具有隶属关系的上下级政府或政府单位之间的转移支付形成的收支，单独设置会计科目（对上级单位和对下级单位要分别设置相应的会计科目）；(2) 对不同隶属关系的政府或政府单位之间的转移支付形成的收支，单独设置会计科目；(3) 对财政部门将财政资金分配给政府单位管理使用的业务，设置“××预算拨款”科目核算。

对不同政府会计主体之间因债权债务或待结算发生的资产、负债，要单独设置会计科目。包括：(1) 对上下级政府或政府单位之间产生的资产、负债，应当单独设置会计科目，并且按对上级单位和对下级单位分别设置会计科目；(2) 对不同隶属关系的政府或政府单位之间产生的资产、负债，应当单独设置会计科目。

(四) 满足“双分录”记账的需要

根据新的政府收支分类，各种政府收支都应当作为预算收支核算。然而，对其中一些在预算收支发生时也引起政府股权资产、债权资产、固定资产、借款本金变动的预算收支，需要进行“双分录”核算。为此，应当在会计科目上做出如下设计：

(1) 将引起股权资产、债权资产、借款本金同时变动的预算收支与其他预算收支予以区别，单独设置会计科目。

(2) 设置相应的资产、负债会计科目，核算股权资产、债权资产、固定资产、借款本金。

(3) 设置与股权资产、债权资产和固定资产对应方向的基金类会计科目，设置与借款本金负债会计科目对应的资产类会计科目，以满足对预算收支和资产负债同时登记账簿（类似目前行政事业单位固定资产购置的“双分录”核算）的需要。

(五) 考虑会计制度的合并

在以上所述政府会计制度设计中，将目前的会计制度进行了合并调整。因此，会计科目的设计也应当满足这种制度合并调整的要求。主要包括对核算内容相同的会计科目进行合并，尽量使用相同名称。

（六）适应内部成本核算、绩效考核的需要

随着政府财务管理水平的提高，对政府单位内部成本核算的要求也在提高。为了适应这些要求，有些会计核算需要进一步细化。比如，在单位会计核算中应当设置“累计折旧”科目，一方面有助于核算固定资产净值，适应国有资产价值管理的要求，另一方面为成本核算提供条件。

三、会计科目表

根据以上要求，我们设计了政府总会计制度和政府单位会计制度主要会计科目如表 1、表 2 所示。

表 1　　政府总会计制度的主要会计科目

一、资产类	三、净资产类
货币资金	预算周转金
有价证券	政府投资基金
财政零余额账户存款	政府贷款基金
预拨经费	四、预算收入类
对国际组织的股权	一般预算收入
对国外的贷款和转贷款	基金预算收入
对国内的财政有偿放款	专用基金收入
财政转贷款	债务预算收入
与下级往来	预算外资金收入
暂付政府采购款	上解收入
资金间暂付款	补助收入
对所属预算单位的暂付款	调入资金
对其他地区的暂付款	横向转移收入
其他暂付款	五、预算支出类
待偿债资金	一般预算支出

续表

二、负债类	预算外资金支出
对外借入款	基金预算支出
对内借入款	专用基金支出
对内转贷的国外贷款	债务预算支出
已结报支出	上解支出
暂存政府采购自筹款	补助支出
与上级往来	调出资金
承借财政转贷款	横向转移支出
应付预算款	六、预算结余类
资金间暂存款	一般预算资金结余
对所属预算单位的暂存款	基金预算结余
对其他地区的暂存款	专用基金结余
其他暂存款	预算外资金结余
预计负债	

表 2　　　　政府单位会计制度的主要会计科目

一、资产类	二、负债类	其他地区财政转移拨款
现金	短期借款	事业收入
银行存款	应付票据	上级补助收入
财政授权用款额度	应付账款	附属单位上缴收入
财政应返还额度	预收账款	其他政府单位转移收入
应收账款	应付政府采购款	经营收入
应收票据	应付上级单位款项	投资收益
预付账款	应付下级单位款项	专用基金收入
坏账准备	应付其他政府单位款项	资金间调入
预付政府采购款	应付工资	其他收入
应收上级单位款项	应付离退休费	五、预算支出类
应收下级单位款项	应付员工其他款项	拨出财政经费

续表

应收其他政府单位款项	应缴个人社会保障金	对其他政府单位转拨财政经费
其他应收款	其他应付款	行政事业支出
短期投资	应交税金	经营支出
转贷款	应缴预算款	专用基金支出
待偿债资金	应缴财政专户款	资金间调出
库存材料	承借转贷款	上缴上级支出
代管物资	应转赠物资	对附属单位补助
产成品	预提费用	对其他政府单位转移支出
待摊费用	长期借款	销售税金及附加
产成品	长期应付款	六、预算结余类
待摊费用	三、净资产类	行政事业结余
待处理财产损溢	普通基金	经营结余
长期投资	固定基金	专用基金结余
固定资产	工程基金	结余分配
累计折旧	债权基金	七、成本类
在建工程	专用基金	直接成本
固定资产清理	四、预算收入类	间接成本
无形资产	本地区财政经费拨款	期间费用

政府会计报告模式研究

一、国外基本情况

对国外政府会计报告考察后发现，以权责发生制为基础的政府会计报告可以提供与收付实现制相比更详细的财务信息，但需要提供更多的财务报表。尽管各国各有特色，但一般来说，实行权责发生制基础的会计报告一般分为三个部分。

（1）财务报表。财务报表一般包括资产负债表，运营报表和现金流量表。在此基础上，新西兰还要求编制“政府借款表”、“承诺事项表”等反映政府债务和或有债务情况的报表，编制“超出预算支出项目表”等反映政府是否遵循预算情况的报表；澳大利亚则要求编制“资本报表”，以反映政府开支形成资本的情况。

（2）财务报表附注和会计政策说明。

（3）其他必要补充信息。如新西兰要求将遵循拨款的情况作为必要补充信息披露；澳大利亚要求披露当期收费所依据的预算，以及按收费目的使用收费资金的情况，以有助于纳税人制定和评价政府的资源配置决策和受托责任的履行情况。同时，有些国家还单独编制有预算报告，如法国。

而在在实行收付实现制基础的国家，主要编制预算报告。

这一情况表明，预算执行报告和财务报告哪个更重要，主要取决于该国政府会计的目标模式。财务会计模式的政府会计以提供财务状况报告为主，并通过现金表间接提供预算报告，有的甚至单独提供预算报告。预算会计模式的政府会计以提供预算报告为主，但需要同时提供资产负债情况。

整体看，提供预算报告同时提供资产负债情况是大多数国家的普遍做法。

二、我国政府会计报告的一般要求

借鉴国外政府会计报告的成功经验，结合我国政府管理体制和财政管理要求，我们认为，政府会计报告应在政府单位、政府部门和各级政府各层面达到全面反映、层次清晰、分类明确、指标可比的要求，以便分级准确反映各报告主体按预算口径所体现的预算执行情况和财务状况。

1. 全面反映，是指政府会计报告应按规定全面反映政府各单位、各部门和各级政府预算收支情况和财务状况，不仅将原来分别以预算内和预算外反映的内容全部集中反映，而且所有属于各报告主体应反映的内容都应如实报告，包括各项预算收支、各项公共资源的使用分配、全部的资产负债等。

2. 层级清晰，是指各级政府及政府各单位、部门的会计报告，应清晰反映本级单位、本部门和本级政府的预算收支情况和财务状况，报告内容所涉及的主体范围清晰明了，层级界限非常清楚。

3. 分类明确，是指政府会计信息分类反映的项目、项目口径及生成方法应具体、明确，无论是政府单位、政府部门还是各级政府，对同一事项必须以一致的分类方法和处理方法进行反映，按统一标准反映政府预算执行情况和财务状况。各单位、各层级会计报告使用的项目分类不仅应明确、具体，而且应使用预算管理所规定的项目名称。

4. 指标可比，是指各层级政府会计报告应做到同级指标可比、上下级指标衔接、同类事项指标一致。

三、政府会计报告的构成及不同层级报表的命名

（一）政府财务报告的构成

财务报告（有时也称会计报告）由相关的文字说明、会计报表（也称财务报表）及报表附注三部分组成。其中：

1. 文字说明主要包括编报主体基本情况说明、预算执行情况说明及绩效信息等。

2. 会计报表包括会计报表主表及按照规定需要提供的相关附表。本报告所称的会计报表主表，包括预算收支表（预算收支执行情况表）和资产负债表。同时，为了说明资产负债表和预算收支表之间的钩稽关系，各政府单位的单独会计报表中，应单独编制收支调整表，以说明资产负债表的净资产与预算收支表的结余之间的关系，并将其作为会计报表的附表列报。

3. 会计报表附注包括报表数据所设计的范围，以及对会计报表重要项目的说明等。

（二）不同层级的会计报表命名

1. 单独会计报表和合并会计报表。单独会计报表是由各政府单位（基本预算单位、行政单位和政府部门）根据自身业务（经费收支及资产负债）编制的反映本单位情况的会计报表（其中，政府单位自身预算收支业务和按规定需要专门报告的各专项资金收支业务应分别编报单独会计报表，财政部门编制的反映财政总会计的报表称为财政会计报表）。

合并会计报表是各政府部门将本部门编制的单独报表与本级政府的本部门所属各单位的单独会计报表进行合并（需要抵销有关项目数据）而编制的会计报表。

2. 联合会计报表和汇总会计报表。联合会计报表是各级财政将本级财政部门的财政会计报表与本级政府所属各部门合并报表进行合并（需要将本级财政与本级政府所属各部门之间的缴拨款项、经费拨付以及本级政府所属各部门之间转移收支等进行抵销），再根据其他部门提供的相关数据，将有关资产直接列入合并资产负债表相关项目（如国有产权等）所形成的会计报表。

本级政府联合会计报表反映的是本级政府（不包括下级政府）的预算收支和财务状况数据，本级政府联合会计报表不将下级政府的联合会计报表作为附表。

本级政府汇总会计报表（与汇总预算同口径）是根据本级政府联合会计报表与下级政府联合会计报表进行再合并（下级政府向上级政府上解的收入数额和上级政府对下级政府返还或者给予补助的数额，以及上下级政府之间的债权债务等应予抵销）而生成的会计报表。

本级政府汇总会计报表反映的是本级政府（含下级政府）的预算收支和财务状况数据，是在基本预算单位基础上层层汇总而形成的。本级政府汇总会计报表应将下级政府的汇总会计报表作为本级政府汇总会计报表的附表。

四、政府会计报表总体框架

（一）总体框架——“四二一结构”

国外政府会计报告主要由三部分构成：会计报表、报表附注和情况说明。其核心部分是会计报表。尽管因不同国家采用的政府会计模式不同，以及相关法律制度的要求不同，会计报表组成有所区别，但从政府会计信息需求角度看，会计报表主表一般都包括资产负债表、营运情况表和现金流量表，尤其那些实行以财务会计为主模式的国家，其报表组成与企业会计有类似之处。

我国实行以预算会计为主、财务会计为辅的政府会计模式，政府财务报告整体上也应包括会计报表、报表附注和情况说明。但在会计报表构成上，我们认为，会计报表主表体系应体现“四、二、一结构”的特点。

（二）不编制现金流量表的主要理由

在会计报表构成问题上，我们主张不编制现金流量表，主要理由是：

1. 国外单独编制现金流量表，是因为他们大量使用了权责发生制基础，需要通过现金流量表反映政府资金收支的情况，而我国主要使用收付实现制基础，政府会计核算的预算收支基本反映了现金流量情况，再单独编制现金流量表已无特殊价值；

2. 财政部门有些现金流入和流出不属于预算收支项目（如往来款项的收回和偿付等），这种情况下，根据现金收支编制的现金流量表，也不能反映预算收支情况，即使单独编制了现金流量表，也没有比预算收支表更多的决策信息反映出来；

3. 现阶段还没有一种现金流量分类方法能够提供比现金收付制基础的预算执行情况报表更多的政府决策信息；

4. 政府主要依据未来预算收入和现有国库资金的多少来进行预算的安排，当年现金流量的大小与未来预算安排没有直接关系。

基于这种考虑，我们认为，在以政府预算会计为主、财务会计为补充的我国政府会计模式下，无需单独编制现金流量表。

（三）单独编制托管基金报表的主要理由

社会保障基金和住房公积金是政府托管基金，尽管政府也使用政府资金对其进行一定数额的支付或补助，但社会保障基金和住房公积金的性质与政府财政资金明显不同，因此不应将社会保障基金和住房公积金视同政府财政资金进行管理和核算。一方面，社会保障基金和住房公积金中很大一部分是个人缴款形成，专项用于社会保障事业和住房补偿与资金有偿支持，另一方面社会保障基金和住房公积金是一种封闭式基金，各自单独形成收支和资产负债，这些收支、资产负债与政府使用公共资源形成的资产负债明显不同。因此，应单独编报社会保障基金和住房公积金收支表和资产负债表。

另外，我国目前社会保障基金管理和运作是由政府、社会保障基金经办单位（管理中心）和投资机构共同完成的，住房公积金也是由政府和住房公积金经办机构共同完成的，要集中反映社会保障基金及住房公积金整体情况，就必须将财政部门、社会保障基金经办机构和社会保障基金投资机构对社会保障基金的管理和运作情况集合起来集中反映，将财政部门、住房公积金经办机构对住房公积金的管理和运作情况集合起来集中反映。如果将社会保障基金收支和资产负债以及住房公积金收支和资产负债与政府预算收支及财务状况混在一起，不仅无法反映社会保障基金和住房公积金的具体情况，也使得政府预算资金收支的反映不清晰。因此，我们认为，应将全国社会保障基金收支表和社会保障基金资产负债表单独编报，以反映全国社会保障基金的整体情况，应将各级政府托管的住房公积金收支表和住房公积金资产负债表单独编报，以反映各级政府受托管理的住房公积金整体情况。

在政府托管基金报表编制方面，我们主张由财政部门根据社会保障基金经办机构、社会保障基金投资机构编报的会计报表进行合并或汇总，单独提供社会保障基金会计报表。由住房公积金经办机构向财政部门提交住房公积金会计报表，以便财政部门统一报告托管基金运作和管理情况，并有利于进行各级政府汇总。

（四）预算收支表与资产负债表衔接

预算收支执行情况表以收付实现制为编制基础反映预算收支情况，而资产负债表以权责发生制为主要编制基础。两者之间无直接钩稽关系。我们认为，为了保证报表数据衔接，同时对两个主要报表之间的差异进行解释，需要单独编制收支调整表。即，在预算收支表的基础上，剔除不影响资产负债的收支、并增加影响资产负债但不影响预算的收支，以使预算收支表和资产资产负债表通过收支调整表建立钩稽关系。收支调整表应是预算收支执行情况表和资产负债表的辅助说明表。但政府部门编制的合并会计报表以及各级政府编制的联合会计报表和汇总会计报表中，由于收支调整的难度较大，而且合并报表、联合报表以及汇总报表都是在单位会计报表基础上形成的，收支调整已经在单位会计报表中完成，因而无须再编制合并收支调整表、联合收支调整表和汇总收支调整表。

由此我们认为，政府会计报表主表体系应按如下层级编制：

1. 政府单位应编制预算收支执行情况表、资产负债表和收支调整表。

2. 政府部门应编制部门合并预算收支执行情况表和合并资产负债表。

3. 各级政府应编制本级政府的联合预算收支执行情况表、汇总预算收支执行情况表和联合资产负债表、汇总资产负债表。

4. 各级政府应单独提供托管基金（主要是社会保障基金和住房公积金）收支表和资产负债表。

五、各层面会计报表生成程序

各层面会计报表有关数据之间尽管具有总、分关系，但它们之间不是简单的求和加总。尤其是部门合并会计报表、各级政府联合会计报表和汇总会计报表，实质上都具有“合并”的特点。各层面会计报表生成程序简单概括如下：

1. 各政府单位（基本预算单位）的所有事项（单位自身业务、各政府主管部门用于自身的经费收支及形成的相关资产负债、各级财政用于自身的经费收支）按照单位会计报表要求生成单独报表。其中，政府单位自身业务和按规定要求需要单独编报的专项基金收支业务应分别编报单独会计报表。

2. 各政府部门将本部门编制的单独报表与本部门所属本级政府各单位的单独会计报表进行合并，形成本部门合并会计报表。合并时，需要抵销有关项目数据，以避免数据重复，如同一部门所属不同单位之间的转移收支需要抵销，本部门与所属各单位之间的款项往来、经费拨付与上缴等抵销等。

3. 各级政府的财政部门，将本级财政部门的财政会计报表与本级政府所属各部门合并报表进行合并，并根据部门提供的相关数据，将有关资产直接列入合并资产负债表相关项目（如国有产权等）内，从而形成联合会计报表（合并时，需要将本级财政与本级政府所属各部门之间的缴拨款项、经费拨付以及本级政府所属各部门之间转移收支等进行抵销)。

4. 各级政府财政部门，将本级政府联合会计报表和下级政府汇总会计报表进行合并，形成本级政府汇总会计报表。

六、政府财务报告中文字说明的内容

(一) 国外基本情况

从国外情况看，政府提供财务报告时，需要有大量的文字说明，并将文字说明作为报告的主要内容，会计报表不过是文字说明的补充。如美国联邦政府和州政府对外提供的财务报告都明确提出包括三大部分：文字说明、财务报表、财务报表附注。其中，文字说明是财务报告中最为重要的部分。但州和地方政府在安排综合财务报告(文字说明)各有特点。如：

美国联邦政府综合财务报告(文字说明)主要包括十大部分：

1. 管理当局阐述与分析概述(如政府当前工作重点说明等)。

2. 执行情况概述(包括营运成果和政府承诺概述、义务和承诺等)。

3. 团体和组织结构(国家机构基本组成的描述)。

4. 财务执行情况(收入情况，成本支出情况，资产情况，负债情况，国债、预算盈余及赤字情况等)。

5. 未来情况预测(优先项目、社会保障项目等)。

6. 经济和预算结论(报告年度经济、预算结果、下年度的预算等)。

7. 所取得的显著成果(财务报表审计、总统管理议程等)。

8. 系统、控制和合规性(减少不当支出、加强资产管理、合规性等)。

9. 会计记录和报告的基础(会计准则、权责发生制、适用范围等)。

10. 补充信息。

美国州政府综合财务报告(文字说明)主要包括四大部分：

1. 基本概述(经济环境和展望、主要活动等)。

2. 政府财务管理情况（现金管理和投资、养老金和其他福利等）。

3. 独立审计报告。

4. 管理层阐述和分析（政府净资产整体情况、基金情况、财务报表概述、政府整体财务分析、资本性资产与负债管理、经济因素与下年度预算和展望等）。

在美国财务报告的文字说明中，州政府和联邦政府财务报告说明的具体内容在顺序安排上有所不同。但从其主要内容看，至少包括了管理层阐述和分析、目前财务状况和预算执行情况、采取的行动与取得的成效、经济背景分析与展望、审计报告、下期预算展望等六个主要部分。地方政府和州政府财务报告文字说明的具体内容有所差别、体例结构安排各有特点，主要是因为联邦政府和州政府相对独立，各自按照相关法律进行陈述，不强调州和联邦政府财务报告说明的严格统一，而且州政府财务报告说明的内容相对联邦政府而言更加详细和具体。

（二）我国专家的意见

就我国现行情况看，各级政府的政府工作报告中基本囊括了所有应予说明的主要问题，其具体内容不亚于美国联邦政府和州政府的财务报告文字说明。只是我国目前的政府工作报告并不是专门的政府财务报告，不可能在政府工作报告中专门对政府财务报告进行特别详细地说明。另外，我国各级政府的财政决算报告是专门针对预算执行情况进行说明的报告，未将政府工作报告中的内容纳入其中。

实际上，美国财务报告文字说明中的绝大部分内容，在我国政府工作报告、财政决算报告及政府报告中已经涵盖了，缺少的仅仅是预算执行绩效的说明。可喜的是，我国正在积极研究推进绩效预算和绩效预算报告。可以肯定，不久的将来，我国政府财务报告的文字说明将逐渐加大预算绩效方面的说明。

我国实行的是统一管理的财政体制，各级政府需要对下级政府的汇总财务报告进行再汇总，以反映不同层级政府的整体情况。因此，各级政府财务报告的文字说明部分，应力求格式一致、内容统一，以便逐级汇总分析。这一点与实行联邦制的美国在州和联邦政府之间各自独立编报报告说明的做法是不同的。

最近几年，关于我国政府会计改革的研究和讨论，主要集中于政府财务报告的构建和会计基础选择两大方面，对政府财务报告文字说明的研究相对较少。在我们看到的资料中，专门就政府财务报告问题进行讨论的文章，是财政部国库司詹静涛同志在“政府会计管理与改革”国际研讨会上的讲话①。他指出，政府会计改革的基本框架可以考虑为“两个体系一项制度”，即统一的政府会计准则体系、根据准则确定的原则建立的政府会计制度体系、以准则和制度为基础建立的综合年度财务报告制度。在这一政府会计框架下，政府整体财务报告可以考虑由政府财务报表体系、宏观经济背景分析、财政经济状况分析以及政府财政管理绩效分析四个部分。

综合国外做法及国内权威人士观点，可以看出，各级政府财务报告文字说明中，除应包括各级政府联合会计报表、各级政府汇总会计报表及报表附注说明外，还应包括宏观经济背景分析、财政经济状况分析、预算执行情况分析以及与政府绩效有关的信息、政府工作重点、未来预算展望等内容。

（三）我们的主张

我们认为，政府财务报告由政府财务报告文字说明、政府会计报表和政府会计报表附注构成。其中，政府会计报表包括政府汇总会计报告和政府联合会计报告。政府会计报表附注包括重要项目的解释分析以及发生重大变化的项目说明等。政府财务报告文字说明，从理论上讲，应至少包括以下六个部分：

1. 宏观经济背景分析。

2. 财政经济状况分析。

3. 预算执行情况分析（以汇总预算收支表、联合预算收支表为主进行分析，并尽可能提供有助于进行政府绩效评价的相关信

① 《预算管理与会计》，2004 年第 10 期，第 7 页。

息）。

4. 政府工作重点（已经进行的工作和将要进行的工作重点）。

5. 审计报告（以审计署的审计报告摘要为主）。

6. 未来预算展望。

但考虑到我国已有的政府工作报告、财政分析报告和审计报告已经对相关问题进行了说明和解释，现行政府工作报告、财政分析报告和审计报告的习惯做法已被广泛接受，不宜将包括在政府工作报告、财政分析报告以及审计报告中的内容再归并到政府财务报告文字说明中重述。

因此，我们建议：政府财务报告文字说明部分主要应对政府工作报告、财政分析报告以及审计报告中未能包括的部分进行说明和解释，主要包括：

1. 以汇总会计报表为主对财政经济状况和预算执行情况进行分析。

2. 对重大项目和社会关注的重点问题进行重点分析，尤其应对主要收支项目和财政主要工作情况，特别应对重点支出项目、上级转移支付项目以及年度预算收支平衡情况进行必要说明。

3. 将有助于进行政府绩效评价的相关信息，在财政主要工作情况及重点支出项目分析中进行说明。

4. 根据政府工作重点和发展规划，对未来预算进行展望。

需要说明的是，绩效报告需要使用大量的非财务信息，而本研究报告以会计信息生成为主要研究内容。尽管本研究报告在研究内容上，考虑了关于绩效评价的部分需要（如资产负债情况等），但如何进行绩效评价，如何编制绩效报告，不是本报告讨论的主题。据我们了解，有关部门已经着手研究政府绩效评价方法和绩效报告问题，待有较好的研究成果后，可按绩效报告研究成果所提供的方案，充实政府财务报告的文字说明，甚至可以提供单独的绩效报告。

政府会计的实施步骤和主要工作

建立新型的政府会计管理模式是一项系统工程。鉴于我国财政管理和预算管理改革正处于重大变化和快速发展阶段，政府会计改革必须循序渐进。我们认为，启动政府会计管理模式，需要从会计报表的完善、会计准则的制定和会计制度的整合三个方面入手。近期内应本着先急后缓、先易后难的原则，以报表完善为突破口，通过准则制定、制度整合和配套法规完善等措施，逐步完善我国政府会计管理模式。具体操作步骤及主要工作如下：

一、按照收支分类改革要求，完善预算收支报表

财政预算收支的重新分类使得现有报表体系无法满足预算管理和监督的要求，而制定准则和制度的过程需要较长的时间，在准则和制度完善前，先根据预算收支分类改革的要求，完善报表体系，优先满足预算报告和政府管理的要求，改变目前报表项目分类，提供能够反映以新的预算收支分类为基础的预算收支执行情况报表。

二、根据现实需要，充实资产负债表

对于急需提供的资产负债项目（如政府债务等），本着先易后难、先急后缓、先重点后一般的原则，安排资产负债项目，充实资产负债表内容。在操作上：

1. 能够通过会计系统提供的资产负债项目（如政府债务、政府债权等），在单独会计报表中要单列项目反映。

2. 政府会计系统难以提供的资产负债项目（如政府产权等），可通过财政部门和国有资产管理部门的协调，由财政部门根据国有资产管理部门提供的会计报表或其他资料，直接列报于资产负债表相关项目。

3. 难以用价值标准计量的政府财务资源（如国土、矿藏、自然资源等），可通过实物量披露方式进行表外反映。

三、抓紧制定政府会计准则

我国现行的各项政府会计制度，是在改革中不断充实、完善形成的，缺乏统一的理论指导，致使该制度体系既有重复，也有遗

漏，有些规定甚至已经过时。整合、完善政府会计制度是我国实施政府会计管理的核心，但制度的整合、完善必须有一套系统的理论作指导。因此需要抓紧制定基本准则，以指导现行制度的整合和未来制度的制定，并为会计人员职业判断提供依据。

我国制定基本准则已有良好的基础，相对于制度整合而言，准则的制定比制度的整合更容易一些，以原来的准则为基础进行修订、补充，在广泛征求意见的前提下，基本能够很快完成准则的制定工作。

四、整合核心会计制度

我国政府会计是“准则加制度”的模式，以准则为基础的制度是实施我国政府会计管理模式的核心。新制度体系需要在原有制度基础上进行较大修订、整合才能完成。但限于时间和精力，不可能同时把所有要建立的制度在短时期内进行全面修订、整合，只能先从核心制度入手，先整合政府单位会计制度，后修订财政总会计制度。

五、逐步完善政府会计体系

在制定政府会计准则、整合核心会计制度的基础上，整理完善其他会计制度、制定特殊业务制度或新业务制度，从而形成完整的政府会计规范体系。在完善制度体系过程中，财政部门、政府业务主管部门和相关专项制度制定部门需要通力合作，对现行各项会计制度进行整理，通过合并、新建等方式，草拟相关会计制度，在广泛征求意见基础上，形成正式制度并执行。

六、配套措施和技术支持

政府会计管理模式的实施是一项系统工程，涉及法律、财政体制改革等一系列问题。在实施过程中，需要各系统有机配合。对于预算法、会计法和相关法律法规与改革内容不适应乃至相抵触的内容需要进行适时修订。另外，政府会计系统是一套严密、复杂的体系，其有效落实必须借助现代技术手段，因此应着手研制政府会计专用信息系统，各政府单位、部门和各级政府应使用统一的软件，并力争做到全国联网。

第三部分　政府会计信息有用性及需求情况调查报告

调查目的说明

2006 年 4 月至 7 月，我们对政府会计信息有用性及需求状况在 × × 市范围内分别进行了针对人大代表、政府决策者、政府主管部门和政府单位的问卷调查，调查的目的是充分了解各级政府对政府会计信息的使用现状以及潜在的要求。

对两会代表和政府决策者的调查分别侧重于了解当前预决算报告服务于监督的作用，以及财政部门提供的会计信息服务于决策的作用，人大代表和政府决策者是政府会计信息最重要、最根本的服务对象，他们监督和决策要求的信息内容和质量标准决定了政府会计信息的内容和质量要求，也决定了政府各层级的部门和单位如何提供会计信息。对当前预决算报告和财政部门所提供的会计信息的局限性的调查为我们指出了政府会计改进的总体方向。

对各主管部门和单位的调查侧重于了解当前会计信息对部门预算和单位预算编制的作用，以及会计信息满足部门和单位管理程度。部门和单位会计信息的完整性和准确性是政府高质量预决算的保证，绩效管理则是保证政府预算有效实施、提高政府效率的必要手段。对主管部门的单位的调查为我们指出了政府会计改进的具体内容和具体手段。

通过调查，我们充分了解了政府会计信息的使用者和供应者对政府会计改进的看法和具体意见，这使我们的研究能够切合政府会计不同层次使用者的不同需求，并且为寻找符合中国国情的具体改革措施提供了客观的依据，使我们对政府会计规范的设计和制定的研究更有针对性和实用性。

调查数据说明

本次调查的对象和数据分为四个部分：

一、针对两会代表的调查

针对两会代表的调查问卷采用的是调查问卷与面对面的访谈同时进行的形式，对象是××市人大财经委和市政协经科委的代表，这些人具有较为专业的财经知识，而且是依法监督审查××市政府预算的主要组成人员。本次调查对象共计 31 名，其中××市人大代表 17 份，占 54.8%，××市政协代表 14 份，占 45.2%；从人员职业构成看，74% 为公务员，26% 为企业管理者。

二、针对政府决策者的调查

本调查对象为××市政府决策制定机构中的研究人员，而非具体的政府负责人。由于政府决策制定机构的研究人员是使用包括会计信息在内进行政策分析并制订备选政策方案的直接人员，因此对其调查能够真正获取会计信息在政策制定过程中的作用以及使用中存在的问题。本调查针对市委研究室和市政府研究室的研究人员，以调查问卷的形式进行，共发出并回收调查问卷 9 份。

三、针对政府部门管理者的调查

本调查对象为××市×城区政府各主管部门。尽管各级政府对某些预算收支、资产和负债管理权限不尽相同，使得调查中对于诸如债券发行、土地管理、自然资源等的调查受到限制，但是我们仍旧能够从问卷中看到多数政府部门管理中对会计信息的要求和期望。本调查发放并回收 21 份调查问卷，主管部门涉及国资委、统计局、体委、检察院、中医局、劳动和社会保障局、科委、教委、安监局等 21 个部门。

四、针对政府单位的调查

本调查对象为××市各行政事业单位的负责人，其中包括 67 家医院和学校，以及 15 家其他类型行政和事业单位，基本反映了我国政府会计范围内的单位比重和构成。本调查采用调查问卷形式，共计发放和收回问卷 82 份。

在调查问卷的统计中，大部分问卷对所有的题目进行了全面的回答，个别问卷中有少数问题没有得到全面的答复，鉴于这些问题占各类问卷中问题的比重不大，因此所有调查问卷都被视为有效，对于没有得到全部回答的问题，分析的时候以有效回答为基数进行统计。

监督和决策中会计信息有用性及需求的调查结论

两会代表和政府决策者分别出于监督和决策目的都需要政府层面的会计报告，因此我们对两者就政府层面会计报告的有关问题分别进行了调查。我国目前政府会计信息服务于监督和决策的职能主要通过预决算报告的形式体现，但是，近年来两会代表和政府决策者越来越关注政府财务状况，而这些内容需要通过预决算报告之外反映的政府财务状况的政府资产负债表得到，政府层面的资产负债表在目前仅有一个雏形，政府大量的资产负债项目没有得到反映；两会代表和决策者对单位绩效的关注也要求我们了解其具体的信息需求，此次调查为政府会计报告的改进提供了基础性的资料。通过此次调查，我们认为，当前政府会计报告系统的改进主要在于完善预决算报告和建设完整的政府资产负债表，适度引入政府绩效的相关信息。

一、法规和体制因素导致预决算报告没有发挥应有的作用

预决算报告是政府向监督者反映政府预算及其执行情况反映的综合会计信息，它应能够全面提供有关预算收支的全面信息。调查显示，尽管90.3%的两会代表认为预决算报告中提供的信息基本能够满足其对预算及其执行情况进行监督的需求，但是，代表们认为，目前的预决算报告是依据《预算法》和《××市预算监督条例》报告的，基本满足依法监督的需要，但是法律层面要求政府提供信息的系统是不完整的、滞后的，代表们对预算及其执行情况需要更为专业或细致的材料的时候需要政府和财政部门另行提供。例如跨年度采购或跨年度的重大项目有关的预算支出信息，2/3的代表经常或偶尔需要，但是却必须依据《××市重大事项监督条例》在政府决算之外的其他渠道获得相关信息。

在对决策者的调查中，我们也发现了因制度性约束，政府会计信息被人为割裂的问题严重影响了会计信息的有用性。半数的被调

查者认为由于目前提供政府经济信息的职能由多个部门分工完成，导致财政职能被肢解，缺乏全面反映政府经济状况的综合报告。

我们认为，从法规制度上整合会计信息提供的部门分工，保证会计信息系统的完整性，是政府会计改革的关键。人为地对同一信息提供过程进行分割，增加了信息提供的成本，政府会计改革必须得到法律层面的配合，整合现有的信息体系，扩大政府会计核算和报告的范围。

二、预决算报告改进的目标是增强可读性、全面性和层次性

80% 的两会代表认为目前的预决算报告的缺陷主要体现在内容分类太笼统，出现审查政府预算时“内行说不清，外行看不懂”的状态。尽管近几年政府推行部门预算改革，按照部门分类的预算必须依法上报市人大审议，但是具体的预算审查的内容还是太笼统，例如项目经费就是一个项目名称和资金额度，看不到预算安排项目的可行性材料、相应的财务数据和相关的绩效测算。

96.7% 的两会代表认为目前预决算报告最需要的重大改进包括提供综合预算外资金和预算内资金收支的综合报表以及按政府职能和经济功能提供详细报表。在对政府决策者的调查中，预决算资金口径太小，不能涵盖政府全部财政收支和事业单位使用的非财政性资金的缺陷也被提及。

但是为了避免政府提供专业性太强、内容过于复杂的报告，80.6% 的代表要求提供简化的综合报表。但是不论哪类报表，全部的代表都认为，决算报告应增加对财政支出绩效情况的说明、对审计意见的整改措施及落实情况的说明。大部分的代表认为应该在预决算报告中分别按政府职能、经济功能、重大专项提供详细报表，并且预算草案的说明应该更加全面；近半数的代表认为应该重新设计报告格式，在现有报告基础上增加更多地报表和更为详细的栏目和业务说明。

由此可见，在政府预算报告（以及相应的会计报告）设计的时候需要扩展预算的概念，扩大收支口径，考虑多层次的体系，适应不同层次代表对不同重要性和不同关注点业务的信息需求。

三、分轻重缓急提供政府财务状况信息

（一）土地、债权和行政事业单位非经营性固定资产信息最受关注

对政府财务状况信息的调查是通过被调查者对各项目的排序先后或各项被选择的频率得到其重要性的优先次序。经统计，政府可出让和已出让使用权的土地、政府债权和行政事业单位的非经营性固定资产信息依次是两会代表和政府决策者同时表现出最大关注的前三位资产信息。这些都是近来出现问题较多的一些资产，尤其是政府可出让和已出让使用权的土地的相关信息两会代表们表示最为敏感；而行政事业单位的非经营性固定资产被关注的重要原因是这部分资产是政府最容易、也是最应该着手加强管理的内容，对于降低政府行政成本和优化资源配置有十分重要的意义。

（二）国有企业产权和基础设施信息的关注度因使用者而存在差异

政府拥有的国有企业产权及其变动是排在前三项资产之后受到两会代表关注的项目，尽管该部分资产的管理是国资委的职能，但是代表们认为政府提供给人大和政协的政府财务信息中应该包括有关国有企业的内容，特别是国有资本金的保值和国有资本经营预算的收支情况。两会代表们认为对于政府管理的基础设施、政府拥有的可出让和已出让经营权的其他自然资源、物质和非物质文化遗产、无形资产等则可在晚些时候逐步纳入政府财务报告。

与两会代表意见有差异的是，政府决策者对这部分国有产权及其变动信息的关注排在对政府管理的基础设施信息之后。88%的政府决策者认为他们决策中经常需要政府管理的基础设施有关的信息，只有55%的政府决策者认为他们的决策中经常需要国有产权及其变动的信息。同样的，55%的政府决策者认为他们决策中经常需要政府动用公共财政资金保障的文物、文化遗产和自然保护区的信息。对于政府其他自然资源的信息、无形资产的信息以及国家储备物资的信息，多数只有偶然的需要。

（三）政府债务信息受到全面关注

所有被调查的两会代表们都希望全面了解政府债务的所有信息，不仅包括现有债务，而且包括潜在的债务，特别是因政策变化导致的隐性债务。同样的，在被调查的政府决策者中，所有的被调查者都表示经常需要非常详细的债务信息。

可见，在有关政府财务状况的会计信息供应上，现有的政府会计报告需要较大的改进。一方面，政府会计报告需要逐步容纳更多的资产负债信息，但不需要一次到位的改革，而是根据需要，区分重点。两会代表和政府决策者一致关注的土地、债权、非经营性固定资产、显性和隐性的债务需要优先考虑纳入政府会计报告的范畴。对于土地使用权、隐性债务等无法列入报表体系的信息，可以考虑以文字的形式在会计报告中体现。对于政府其他自然资源、无形资产等的信息当前可以不纳入政府财务报告的内容。另一方面，考虑到两会代表和政府决策者对于国有产权、基本设施、文物、文化遗产等信息不同的需求程度，政府会计信息系统需要根据两者的需要，纳入国有产权、政府管理的基本设施的存量及变动信息，文物和文化遗产等信息则可以文字或数量形式在报告中加以描述，以便同时满足两会代表和政府决策者的信息需求。

四、初步需要政府绩效信息

政府单位的各项业务成本和相关绩效是两会代表和政府决策者普遍关心的内容，特别是医院、学校、科研机构等关系民生的公共事业，77%的两会代表和82%的政府决策者认为他们经常需要相关的全部收入、运营成本、单位服务成本的信息。

两会代表还补充提出对行政单位的政府培训中心和会议中心的收支及财政补贴情况、国内外出差、考察和调研的支出等关系政府廉政性的信息表示强烈关注。

对于重点基础设施的运营成本，80%的代表认为不需要此类信息。代表们普遍认为这类信息专业性太强，只在涨价的听证会上偶尔需要，并且需要的是专业成本测算数据，并应经过第三方审核。同样的，在政府决策者中，77%的被调查者认为重点基础设施每年的运营成本和重大项目的累计投资相关信息只被偶尔需要。对于跨年度采购或跨年度重大项目未来几年可能的支出信息经常需要、偶尔需要和不需要的被调查决策者各占 1/3。

由此可见，政府会计报告中需要纳入对单位收支及运营成本和单位服务成本的全面反映，对于其他类型、较为复杂和专业性强的绩效信息，当前情况下尚不能为代表和决策者所普遍接受。

政府管理中会计信息有用性和需求的调查结论

本调查分别调查了政府各主管部门和具体的行政事业单位在各自的管理范围内使用会计信息的情况，这些部门和单位使用会计信息的目的一方面是为自身管理，另一方面是为了向上提供会计信息，因此他们同时处于政府会计信息需求者和供应者的位置。这两种职能在部门预算和单位预算的编制以及在为满足上级对各项资金的考核和编制政府会计报告而编制各类会计报表上得到统一。对这两者会计信息有用性和需求的调查，其实反映了他们为了自身管理和为了向上提供会计信息而对自身会计信息的内容的需要。通过对这两者的调查，我们得到部门和单位在产生会计信息和需求会计信息过程中出现的问题和需要。

一、会计信息对编制部门和单位预算有用但是不能充分满足需要

会计信息在管理中一个重要的作用是其对预测的参考作用，在政府管理中体现为会计信息在预算编制中发挥作用的程度。80% 的被调查部门认为目前会计收支报表对编制部门预算具有非常重要和比较重要的作用，有 4% 的被调查部门认为不太重要，这些持否定态度的部门为对会计收支表的信息要求比较高的部门，如市委办公厅，或下属大量事业单位的部门，如中医局、教委等，他们对目前会计信息系统提供的会计收支表信息非常不满意，认为无法依据它们编制预算。

在对行政事业单位的调查中，同样发现有大量收支目前难以编入预算，其中突发性、临时性支出所占比例最高，超过 1/3 的单位有此问题；其次是院校内部的培训创收、然后是非教育系统的科研

收支、债务收支，以及基建收支、捐赠收支等。

可见，不论是否认为当前的会计信息对部门和单位预算编制有用，其核心问题是协调会计信息与部门预算的内容和结构，使之适应部门预算的编制需要并提高其在部门预算编制中的参考作用。提高预算的权威性，最大程度减少突发性和偶然性支出的发生，也是提高会计信息在预测中的作用的重要手段。

二、现有的会计体系大致满足单位了解全面收支信息的需要

几乎所有的被调查单位都需要有关本单位包括基建支出和债务支出等全部资金收入和资金支出的会计信息；80% 的单位认为依据目前的会计制度能够提供这类信息，只有 20% 的单位持否定意见。这其中，医院和学校对目前信息的认可度较高，认为目前会计制度能够提供这类信息的占 83%，其他行政事业单位的认可度较低，只有 2/3 的单位认为目前的会计制度能够提供这类信息。

这种情况表明，在当前的会计体系下，单位的全部收支基本能够在会计信息中得到全面反映，只是需要进一步完善整合包括对基建支出和债务支出在内的全部资金收支的核算，尤其是需要进一步加强行政单位有关基建支出和债务支出信息的提供，使会计信息能够全面满足单位支出管理的需要。

三、资产负债信息的需求与供给存在较大矛盾

尽管 85% 的被调查部门认为目前的资产负债表信息基本满足管理的要求。但是各类资产和负债信息存在明显的供需失衡。

（一）现有政府会计能够较全面反映固定资产原始信息，单位对固定资产折旧信息有较大的需求

在各部门管理的资产中，行政事业单位的非经营性固定资产是所有部门拥有的资产，在会计报表中得到反映的情况也最好，95% 的部门能够从资产负债表、决算中的固定资产报表中得到有关信息，但是也有 5% 的部门得不到相关信息。尽管如此，由于我国目前政府会计不计提非经营性固定资产折旧，因此这种固定资产信息未考虑固定资产真实价值，不能满足管理的需要，从对各类单位的调查来看，医院、学校和其他类型的行政事业单位均有 70% 以上在

日常运营管理中经常需要或偶尔需要固定资产净值或摊余价值信息。

（二）现有政府会计对其他重要资产的反映有较大欠缺

32%的部门拥有债权，其中83%的部门能够从会计报表上反映，但是也有17%的部门需要此类信息却无法得到；16%的部门拥有国有企业产权，其金额及其变动的信息2/3来自企业财务会计提供的报表和国有资产统计表，1/3来自单位资产负债表；10%的部门拥有在建的基建工程，其中一半的部门能够从资产负债表和收支表中得到有关信息，另外一半的部门则认为需要此类信息无法得到。

另外，在部门自由填写的需要但无法得到的资产信息中，往来款的明细项目和债权的明细项目在目前的会计信息中无法提供。

（三）现有政府会计提供债务信息上存在严重不足

有半数部门存在各类债务。在存在债务的部门中，60%的部门存在已采购未付款，但是会计报表上不能提供相应信息，83%的部门需要此类信息但无法得到、17%的部门只能从统计报表中得到；30%的部门存在欠付工资或劳务款，其中67%的部门能够从资产负债表中得到相关信息，33%的部门需要此类信息却无法得到；30%的部门存在欠付其他部门或单位的拨款、10%的部门存在转贷形成的未还贷款，均得不到相关信息。另外有的部门在自由填写中提到希望得到往来款中的明细项目和负债的明细项目相关的信息。

在被调查的部门中，71%的部门回答了有关债务期限结构信息的需求问题，其中，67%的部门需要单独了解本部门和下属单位负债中需要在一年内偿还的债务信息，而我们目前的政府会计尚无法提供此类信息。

在对单位负债的调查中，医院和事业单位几乎都拥有各类负债，其他类型的行政事业单位则相对较少。最为普遍的负债是其他应付企业或个人商品或劳务款，拥有此类负债的单位占32%；其次是银行借款，拥有银行借款的单位占25%；然后是统一采购的已订货未付款，拥有此类负债的单位占21%；最后是欠付其他部门或单位的拨款以及其他借款等。除其他应付企业或个人商品或劳务款能够全部进行核算外，其他各类负债都不同程度地存在没有入账核算的问题。其中统一采购的已订货未付款的有 76% 未能入账核算；其他借款尽管较少，但是全部没有入账核算；欠付其他部门或单位的拨款有半数没有核算；甚至银行借款也存在没有核算的现象。

我国政府单位和部门普遍存在各类债务，以上揭示的还仅仅是显性的债务情况，但管理中却极度欠缺必要的相关信息，将债务至少是显性债务纳入核算并全面反映应该是政府会计改革中一项重要的任务。

四、成本信息在不同单位的需求和内容要求具有较明显的差异

（一）医院、学校单位更需要成本信息

有 42% 的部门认为需要下属单位绩效的信息，另外 58% 的部门认为不需要此类信息。在需要此类信息的部门中，87.5% 的部门回答需要下属单位提供每单位业务成本或项目的运营成本的信息；但是具体到何种业务的时候，却未能准确说明。

相比部门对成本信息的需求，单位对成本信息的需求较高，54% 的单位经常需要所提供服务的单位成本或项目的运营成本，38% 的单位偶尔需要此类信息，只有 8% 的单位表示不需要此类信息。其中，医院和学校对成本信息的需求明显高于其他单位，60% 的医院和学校经常需要成本信息，35% 的单位偶尔需要成本信息，不需要成本信息的单位只占 4.7%；而其他行政事业单位经常需要成本信息的只有 18%，55% 的单位偶尔需要，不需要成本信息的单位占 27%。

但是对于成本信息的供应，部门和单位都一致认为目前的会计信息仅能部分满足其需求，需要成本信息的部门中，认为现有会计信息只能部分满足对每单位业务成本信息需要的占到 71%；在对单位的调查中，各单位对目前单位会计核算中需要解决的突出问题进行了自由回答，其中提到最多的是成本核算不完善、现有会计制度不能满足成本核算的需求。

（二）成本信息在政府部门和单位具有广泛的作用

单位需要成本信息的各个目的中，医院和学校中97%的单位以此为确定或批准收费标准的参考，77%的单位将其作为申请或批准预算的参考；65%的单位将其作为安排经费分配的标准；32%的单位将其作为控制成本或业绩评价、比较的依据。

在其他类型的行政和事业单位中，80%的单位将其作为申请或批准预算的参考、70%的单位将其作为安排经费分配的标准，60%的单位将其作为控制成本或业绩评价、比较的依据；只有20%的单位将其作为确定或批准收费标准的参考。这种差异很明显是由于单位业务和资金运转的性质差异造成的。

需要成本信息的部门利用信息的目的首先在于作为申请获批准预算的参考以及控制成本的依据，其次才是确定或批准收费的参考。

（三）不同单位需要不同内涵范围的成本信息

在对需求的单位服务成本内涵的调查中，不同单位也表现出明显的差异。另外，由于各选项并不冲突，因此许多单位表现出对不同内涵范围成本信息同时的需要。

77%的医院和学校关注的是包括固定资产折旧等业务的全部成本，同时71%的单位关注的是业务的某方面（材料成本、人工成本等）成本，53%的单位关注的是不含固定资产折旧的业务的运营成本。

除医院和学校之外的其他行政事业单位中，这种关注顺序有明显的差异，71%的单位关注的是不含固定资产折旧的业务的运营成本，57%的单位关注的是业务某方面的成本；43%的单位关注的是包含折旧的业务全部成本。

通过对成本信息调查的分析，我们认为，由于部门和各类单位需求的差异，政府会计中不可强制要求成本核算。但是从总体上看，成本信息被广泛应用于各类单位制定或批准收费标准、制定和批准预算、安排经费分配等多种目的之上，政府会计改革需要满足这种对成本核算的广泛需求，在政府会计中将成本核算作为重要的规范内容之一，提高成本核算在政府会计信息系统中的地位。成本核算规范中需要考虑单位对不同内涵成本的需求情况，提供多种类型成本核算的标准和具体方法，以供不同单位根据自身需求进行选择。

五、现有单位普遍在局部业务中使用权责发生制

被调查单位中无论是医院学校，还是其他类型的行政事业单位，均有一半以上存在已使用权责发生制进行会计核算的业务，而其余近半数的单位并没有采用权责发生制。

存在权责发生制的所有单位中，应用权责发生制最多的是政府采购和国库直接支付业务，51% 的医院和学校在此类业务中使用权责发生制，78% 的其他行政和事业单位在该类业务中使用权责发生制，这与这些行政和事业单位更多地存在政府采购和国库支付业务有关；其次是下属单位应上缴本单位款项，23% 存在权责发生制核算的医院和学校对其采用权责发生制；最后是借款利息，少数单位使用权责发生制核算。除此之外，各单位在自行填列中提到其他已应用权责发生制的业务，如在非统一采购商品或劳务的应付款项、药品采购和病人医药费收入、科研项目收支等方面使用权责发生制。一些科研、高校认为目前其单位会计核算中突出需要解决的就是权责发生制的应用问题。

政府单位会计中使用权责发生制的主要是与市场相衔接的业务或需要成本核算的业务，这部分业务有必要、有可能实行权责发生制。但是从目前看，采用权责发生制进行核算的单位尽管不少，但基本都局限在少数业务上。各类单位、各类业务对权责发生制的需求并不相同，因此适度地在这些业务上推行权责发生制十分必要，应允许与市场衔接较为紧密或对成本需求较高的医院、学校在这些业务上全面采用权责发生制。

六、对会计报告的改进需要逐步进行

对于未来提高部门和单位会计信息有用性和全面性的会计改革措施，不论部门还是单位，从被选的频率上看，认为需要设计反映财政经费收支情况的报表、财务报告文字说明增加主要数据的变动

原因说明、设计反映单位全部收支余的收入支出表的部门或单位均占半数以上，其中单位对增加主要数据的变动说明的赞同率高达88%。

对于财务报告文字说明中加入完成的公共服务任务及主要绩效指标、设计反映单位全部资产、负债、净资产的资产负债表，部门的赞同率少于单位的赞同率，单位赞同此类改革的占到50%，仅有35%左右的部门赞同这两项改革。

同样，对于增加潜在负债的文字说明、设计专用基金收支余和暂付暂收表，部门的赞同率仅为20%甚至更低，而单位的赞同率却达到50%。因此，我们认为需要：

（1）将事业单位、行政单位、基本建设三个会计制度合并，形成一套适用行政、事业单位内的全部会计业务的会计制度；

（2）要求所属单位按单位全口径收支编制单位预算，并在此基础上编制汇总部门预算；

（3）设计反映预算数、本期执行数、上期执行数的单位收支比较表的部门数不到一半。至于其他，诸如①说明各类专用资金用途、期限等约束条件的文字说明；②土地矿山等公共资源的文字说明等；③将所属单位由于债权债务增减、对外投资的增减引起的资金流入流出纳入单位及部门预算收支，这些方案在被调查的部门中赞同的比率就更低了。

由此看出，反映部门和单位收支及其变动的报告改进受到部门和单位比较一致的赞同，对于财务状况和成本、绩效相关、对部门或单位构成约束的信息的披露赞同者较少，并且存在部门和单位之间的显著差异。

调查结论和建议

通过此次调查，我们得到了对我国目前政府会计信息有用性和需求情况的一些调查结论，尽管这些调查结论可能会由于调查中存在的种种局限性而与实际有一些偏差，但是我们相信这些调查结论应该能够基本反映目前大多数政府会计信息使用者和提供者对目前政府会计信息系统的基本看法和期望。

一、政府会计信息使用者及其需求的调查结论

本次调查我们针对的对象是人大和政协代表、政府决策者、政府部门和政府单位。社会公众对政府会计信息的需求和要求情况未能列入本次调查的内容，这是本调查的一个局限所在。因此，对于政府会计信息使用者及其需求的结论中不包括社会公众。

（一）人大和政协代表对政府会计信息的需求

访谈调查显示，代表们非常需要利用政府会计信息：

1. 对预算及其执行情况进行依法监督。

2. 了解政府对土地、行政事业非经营资产等重要资源的持有和使用情况，政府单位的经费支出水平、特殊项目支出情况，尤其是培训中心和会议中心的收支和财政补贴情况、出差考察等费用开支情况。不论是对资产还是对成本费用的关注，其目的有二，一方面监督政府的廉政性，这是代表们近年来非常关心的内容；另一方面是评价政府资源的使用效率。

3. 了解政府的负债状况，监督政府控制运行风险。

（二）政府决策者对政府会计信息的需求

政府决策者需要财政部门提供的经济信息进行决策和控制。他们不仅需要预算执行报告信息，而且经常需要有关土地、行政事业单位非经营性固定资产、政府债权的信息进行决策，以及政府管理的基础设施、国有企业产权及其变动、文物、文化遗产和自然保护区等政府动用公共财政资金进行保障的资产等财务资源信息。同时，政府决策者从决策和控制的需要出发，还要求十分详细的政府债务信息和下属事业单位的全部收入和运营成本信息。

（三）政府部门对政府会计信息的需求

各政府部门编制部门预算时需要参考会计收支表，因此需要与部门预算分类一致或包含部门预算全部内容的收支信息；各部门拥有的资产种类差异十分明显，因此管理上需要的资产项目信息差异较大，各部门分别需要相关资产信息进行资产管理；近半数的部门存在债务，需要债务有关的信息；不到半数的部门需要下属单位提

供服务的单位成本信息，迫切程度明显低于上面的两会代表和政府决策者，也低于下面政府单位对成本信息的需求。

（四）政府单位对政府会计信息的需求

政府单位利用政府会计信息满足上级监管的要求以及进行内部管理。他们不仅需要本单位全部资金收支的信息，而且需要按照项目或专款提供的全面会计信息以满足上级对项目或专项的监督；日常管理中普遍需要各类资产的净值、负债的相关信息，以及所提供服务的单位成本信息。我们发现，单位使用成本信息更多地是为了满足上级监管的需要，在自身的绩效管理上，成本信息的作用并不明显。

二、政府核算对象范围的调查结论和建议

从调查中可以看到，政府层面的报告中急需纳入土地、债权和行政事业单位非经营固定资产信息，逐步纳入文物、文化遗产等资产信息；国有企业产权、基础设施、显性债务等资产负债信息需要纳入政府会计核算的范畴，进一步完善成本核算。这些任务需要分轻重缓急分步进行。根据调查结果，我们认为，在政府会计核算对象的选择上，政府会计报告需要逐步容纳更多的资产负债信息，但不需要一次到位的改革，而是根据需要，区分重点。两会代表和政府决策者一致关注的土地、债权、非经营性固定资产、显性和隐性的债务需要优先考虑纳入政府会计报告的范畴。对于土地使用权、隐性债务等无法列入核算体系的信息，需要考虑以文字的形式在会计报告中体现。债权和固定资产目前已经大部分纳入政府会计的核算范围，但是需要进一步完善其核算方法，特别需要考虑行政和事业单位计提固定资产折旧，使固定资产信息更加完整。政府动用政府资金保障的文物、文化遗产等，则需考虑其核算上的难度和需求的迫切性差异，暂不纳入会计核算体系，但是应该按照政府决策需要的不同紧迫程度，逐步纳入政府层面报告。同时，政府会计应将成本核算作为重要的内容，提高成本核算在政府会计信息系统中的地位。成本核算规范中需要考虑单位对不同内涵成本的需求情况，提供多种类型成本核算的标准和具体方法，以供不同单位根据自身需求进行选择。在政府报告中需要加入重点事业单位和重要事项的成本披露。

三、完善政府会计的建议

（一）政府会计的完善依赖于法规、体制层面的协调

目前我国政府会计的核算内容和核算范围受到《预算法》的局限，预算法中对诸如重大项目收支和绩效等问题没有提供必要的规定，使得人大代表对这些内容的监督缺乏法律的依据；同时，由于政府资产在管理上的部门分割，国有企业产权及其变动、重大项目投资不在财政部门的核算范围之内，造成了信息多头的现象，财政部门生成的政府会计信息存在天生的缺陷。多头的信息生成制度不仅造成信息使用上的不便，而且给政府会计体系的完善造成了先天性的制约。只有重塑现有的法规和体制，将政府所有的收支和财务资源信息归集于财政部门，才能得到有效服务于监督、决策、管理上的会计信息形成机制。

（二）现有改进可以通过改进原有的信息生成和传输机制，实现信息全面整合

从前面的调查我们发现，人大和政府决策者关注的非经营性固定资产、预算内外综合收支等信息在政府部门和基层单位中已经存在较好的核算，只是由于这些信息最终未经过有效的整合和传递机制，导致监督、决策和管理中的信息匮乏。要解决这个问题，并不需要对我国目前的政府会计进行彻底地更新重建，只需要通过良好的科目设计和报表设计，使原已生成的信息能够顺利汇总并传递上去。

（三）增加新的制度和规范，使现有的政府会计体系能够吸纳短缺的信息

尽管我们认为现有的政府会计体系能够生成大部分需要的会计信息，但是调查中发现的监督、决策和管理中必要的有关单位业务成本、政府债务、基础设施等信息在现有的政府会计体系中缺少生成的机制，因此必须增加新的制度或规范，要求各单位进行有关的核算并正确传递此类信息，对于短期内由于技术原因在会计上无法

解决记录的信息，如政府土地信息，则需要通过实物计量等方式在会计报告中以文字进行反映。

（四）存在以及信息需求有重大差异的业务需要单独的规范，以便各单位选择

政府单位的类型不同，因此存在的业务差异非常大，对同一业务，不同层次的需求者、不同层次的机构有不同的要求。比如单位业务成本，在医院学校广泛存在，在行政单位则较少存在；在人大代表、决策者、不同医院、学校、科研机构的主管部门及自身，对单位成本的内涵也有不同的信息需求。考虑不同单位业务存在的重大差异，以及对同一业务信息需求的多样性，需要对这些存在和信息需求有重大差异的业务单独设置规范，提供多种状况下的信息形成和披露的选择。

（五）衡量改进的成本和效益，妥善处理理想与现实之间的矛盾

前面调查中我们可以发现，监督和决策者对政府不同财务资源的信息需求的迫切性不同、部门和单位对于会计报表格式和文字说明的改进方式存在不同看法，实务中供需双方都不要求会计信息越多越完美，在政府会计改革中，一步到位和照搬国外显然是不必要的。如何尽可能降低改革引发的动荡和改革耗费的成本，在考虑信息需求的国情下尽可能让改革更容易地为基层操作人员所接受，应该是此次改革必须考虑的内容。

2007年《政府会计要素确认和计量研究》[①]

本研究包括主要观点归纳、研究报告全文和政府会计要素确认情况调研报告三大部分。

第一部分　主要观点归纳

政府会计要素的总体设计思路

一、会计要素要体现政府会计的双重定位和双重目标

预算收支表会计要素和资产负债表会计要素是政府会计的两组会计要素，这两组会计要素存在的根源是源于政府会计的双重定位和双重目标。我国政府会计具有双重定位和双重基本目标：双重定位是指我国政府会计首先要反映预算收支的合规性和财政管理的要求，其次要反映政府财务状况，防范财政风险；双重目标是指政府会计既要提供政府预算收支信息，也要提供政府财务状况方面的信息。政府会计的这种双重性在我们对实务部门的调查中也得到印证。我国政府会计信息使用者目前关注的信息重点一是预算执行情

① 本课题由全国预算会计学会、北京市预算会计研究会委托研究小组完成，课题负责人为王建英，执笔人为王建英、王彦、赵西卜。

况，二是政府资产和负债状况。

预算收支表的功能是反映政府依法筹集资金和分配使用资金情况，其报告的对象主要是现金资源和部分的财务资源，报表提供信息的目标是满足信息使用者了解政府资金收支是否符合预算管理要求及实现预算计划的程度。为了实现预算收支表的功能和预算收支表提供信息的目标，预算收支表会计要素要能够全面地反映政府预算的收入、支出、结余情况，并能够提供预算计划与实际执行的差距情况。

资产负债表的功能是反映政府管理、使用公共资源的情况，其报告的对象主要是经济资源，报表提供信息的目标是满足信息使用者了解政府管理的各种资源规模和增减情况。为了实现资产负债表的功能和资产负债表提供的信息目标，资产负债表会计要素要能够全面地反映政府管理、使用资源形成的资产、负债、净资产情况。

二、会计要素规范要符合以基本准则为统领、以会计制度为规范的要求

我国政府会计包括多层次的复合会计主体，各种会计主体的记账、报告都有其各自口径的会计要素内容，各种会计主体对各自会计要素项目的具体核算要求，都要在其相适用的会计制度中进行规定。政府会计基本准则是各个会计制度的统领，各个会计制度中的涉及的会计要素的定义和一般确认条件需要在基本准则中达到统一。

从政府会计规范自上而下的角度看，基本准则的会计要素对不同的政府会计主体的会计核算及其报告要具有普遍的适用性。普遍适用性的具体要求是：从政府经济活动中资金运动的角度，会计要素要涵盖政府资金执收、收纳、分配、使用各个环节核算的会计要素；从会计记账角度，会计要素要符合政府单位、各个单个政府基金等不同层面的会计记账主体确认、记录会计要素的需要；从会计报告角度，会计要素要满足政府单位、政府部门、一级政府总体、各级政府总体等各个层面会计主体报告会计要素的要求。

从政府会计规范自下而上的角度看，由于各种差异导致在各个

会计制度中规定不同的会计要素项目具体确认、计量标准，都不能违反基本准则中的会计要素定义和一般确认条件。

三、会计要素的确认要体现预算收支表和资产负债表的不同确认基础

我国的预算收支计划是按照收付实现制编制的，为了保持预算执行情况的反映与预算计划口径一致，预算收支表就应当按照与预算计划相同的基础确认，即按照收付实现制确认。但是，在预算管理中，对期末一些未完的项目，不是列入下年预算计划，而是在下年作为上期的未完保留计划继续执行。因此，对期末一些未完项目的预算收支，要求按权责发生制确认在当期的预算收支表中。此外，在部门预算中，对一些非财政资金的预算计划是按照权责发生制编制的，核算中亦应采用权责发生制。由此看出，预算收支表会计要素的确认基础，主要是收付实现制，但包括一些权责发生制。

为了更全面地反映政府管理公共资源的情况，应当将政府会计披露的资源信息从财务资源扩大到经济资源，这是国际上政府会计发展的趋势。我国为了更好地满足各级政府决策者和对政府的监督者对政府管理公共资源的信息需要，也要求将政府会计核算的资源范围逐步扩大到经济资源。对于经济资源的会计核算来说，更适于采用权责发生制。因此，以经济资源状况为反映重点的资产负债表的确认基础，应当是权责发生制。我国政府会计渐进式改革要求，政府会计采用权责发生制应当逐步进行。即哪些项目采用权责发生制核算条件（能够清楚地辨认、可靠地计量）成熟了，就对其采用权责发生制核算。目前，政府会计需要采用权责发生制核算的资源情况（包括资产和负债），只能是那些具备核算条件和具有较强信息需求的资源。不具备核算条件或者其信息需求不强烈的资源，暂时可以不考虑按照权责发生制确认。由此看来，目前资产负债表会计要素的确认基础，主要是权责发生制，也包括部分的收付实现制。

四、会计要素命名要反映两个层面会计报表的内容

由于分属于预算收支表的会计要素和分属于资产负债表的会计

要素采用不同的基础确认，政府会计报表因此分为两个层面：一个层面是主要基于收付实现制的预算收支表，又可称为预算会计层面的报表；另一个层面是主要基于权责发生制资产负债表和财务运营表，又可称为财务会计层面的报表。这里，显然预算收支表结构内容（收入、支出、结余）和财务运营表结构内容（收入、费用）的确认基础和口径是不相同的。

本研究在明确了不同层面会计报表及报表要素存在的基础上，提出将预算收支表会计要素称为预算收入、预算支出、预算结余。之所以没有沿用以往会计制度中的收入、支出、结余的称谓，主要基于三点考虑：（1）强调预算收支表会计要素的口径与确认基础与预算保持一致；（2）区隔反映预算收支的报表与反映财务状况报表的内容；（3）避免与财务会计层面的收入、费用在名称上混淆。

对于资产负债表会计要素，仍沿用以往的资产、负债、净资产称谓，它们反映的是财务会计层面报表的内容。

需要指出的是，由于预算收支表会计要素和资产负债表会计要素采用不同的基础确认，所以预算收支表和资产负债表之间不具备直接的钩稽关系。通过编制收支调整表，可以衔接资产负债表和预算收支表之间的数据，使其建立起间接的钩稽关系。这也是国际上认可、被国际公立单位会计准则要求的做法。

五、会计要素定义要反映会计要素的本质特征及内在联系

为了防止会计要素在不同政府会计主体的会计要素项目确认时出现歧义，在基本准则中定义会计要素，要摒弃因预算环节、单位层级、会计主体经济活动内容等差异造成的会计要素具体形式上的差异，而应聚焦于会计要素的实质上，抓住会计要素的本质特征。这样，便于统一各个会计制度中对会计要素项目确认计量规定的原则，便于使用者正确把握对会计要素的理解，以及顺利实现报表的合并和相关项目的必要抵销。

我国2006年企业会计准则对会计要素定义的一个显著优点，就是通过用“经济利益”这一反映各个会计要素本质特征的关键词将资产、负债、所有者权益、收入、费用贯穿在一起，体现了各个会计要素之间的内在联系。不仅使各个会计要素彼此之间互不交叉重叠，各个会计要素组合起来又能全面覆盖企业会计主体的全部交易和事项。

政府会计中会计要素的定义，应当借鉴企业会计准则的方式，找出描述会计要素本质特征的关键词。并且，通过统一各个会计要素的关键词，使具有钩稽关系的会计要素建立起内在联系。由于政府会计的资产负债表和预算收支表的确认基础不一致，属于不同确认基础层面的会计报表，所以反映政府会计的资产负债表会计要素本质特征和反映预算收支表会计要素本质特征的关键词描述可以不同。

预算收支表会计要素的定义和确认条件

一、我国政府预算的范围和口径

目前我国的政府预算包括财政预算、部门预算和社保基金预算，这三种预算分别反映了不同层次及不同口径的政府收支。

财政预算属于政府整体层面的财政资金收支预算。目前我国的财政预算有两个口径：一是窄口径的财政预算，即目前政府行政部门向立法机构（人民代表大会）报告的财政预算，包括一般预算资金的收支、基金预算资金的收支、债务预算资金的收支。二是宽口径的财政预算，即包括各类所有财政资金收支的预算。宽口径的财政预算除了包括目前的窄口径财政预算涵盖的资金，还应当包括预算外资金的收支、政府偿债基金（国际金融组织贷款转贷基金）的收支、政府专用基金（粮食风险基金）等的收支。财政预算管理改革的方向是将财政预算逐步扩大到包括全部财政资金收支的宽口径预算。

我国部门预算是行政事业单位预算的集合，因此部门预算属于政府单位层面的资金收支预算。政府单位预算包括单位各类资金的全部收支，其中又分为财政资金的收支和非财政资金的收支。

我国的社保基金预算是以社保基金为主体编制的预算。社保基金预算包括社保基金的全部收支，其中又按照社保基金种类分别编制。

财政预算和部门预算既是并列关系，相互之间又有交集。财政预算支出中有一部分形成了部门预算的收入。如果把财政预算和部门预算之间的交集去掉（即将财政部门对行政事业单位拨款形成的财政预算支出和行政事业单位从财政部门获得财政拨款形成的部门预算收入相互抵销），那么财政预算收支加上部门预算收支就等于政府全部自有资金的预算收支。

社保基金预算和财政预算之间也有交集，财政预算支出中有一部分形成了社保基金预算的收入。由于社保基金属于政府的托管基金，因此在编制预算报告时要将社保基金预算报告单独反映。

本研究部分所定义的预算收入、预算支出、预算结余，既包括政府的财政预算，也包括政府的部门预算和社保基金预算。

二、预算收支表会计要素的定义

（一）对预算收支表会计要素定义的研究

1. 目前我国政府会计法规中对预算收入和预算支出的规定。政府会计中的预算收入、预算支出会计要素定义应当与预算法保持一致。但是在我国目前的《预算法》中没有对预算收入和预算支出给予定义。有关预算收入和预算支出的定义主要体现在会计规范当中。目前《财政总预算会计制度》、《行政单位会计制度》、《事业单位会计准则》中的“收入”会计要素相当于本报告所研究的预算收入会计要素，“支出”会计要素相当于本报告所研究的预算支出会计要素。从现行的会计规范对收入、支出的定义可以看出，除了对具体收入和支出的内容以外，对收入定义中均强调了“国家为实现职能、开展业务，依法取得的非偿还性资金”；对财政预算的支出定义中强调了“实现政府职能，对财政资金的再分配”，对行政事业单位的支出定义中强调了“开展业务活动，资金的耗费及损失”。

目前的会计规范中没有“结余”这一会计要素。我国目前的预算结余都包括在净资产会计要素当中。实际上，在财政总预算会计制度和行政单位会计制度当中，净资产中的结余项目是各期预算收支相抵后的累计结余。在事业单位会计准则中，包括在净资产中的结余基本上是当期收入减去支出后的差额。

2. 对预算收入、预算支出定义的分析。在给预算收入和预算支出进行定义时，需要找到准确描述定义的关键词，即：预算收支的主体，导致预算收支产生的活动，形成预算收支的客体。

（1）预算收支的主体。在企业会计准则对会计要素的描述中，将会计主体直接称为“企业”。在政府会计中，会计主体不仅包括政府和政府单位的层面，还包括要求独立核算、独立提供会计报告的基金，如社会保险基金等。对于基金主体来说，直接称之为“政府”就不太贴切了。因此可以用“政府会计主体”一词来代表、涵盖各类政府会计主体。

（2）产生预算收支的活动。在国际公立单位会计准则中，对导致收入、支出发生的活动采用“交易或事项”来描述。这是因为，国外准则将“交易”定义为包括“交换性交易（或互惠性交易）”和“非交换性交易（或非互惠性交易）”。而对“交易”一词的理解，我国与国外不一样。我国通常所说的交易性活动相当于国外的交换性交易，而国外的非交换性交易在我国通常被认为属于非交易性活动。如果照搬国际会计准则的定义描述，容易引起歧义。因此，在统一定义会计要素的情况下，对导致预算收支发生的活动还是沿用“业务活动”描述更好。因为，无论是对财政预算和单位预算来说，其导致预算收支产生的活动都可以统称为会计主体的“业务活动”。

（3）形成预算收支的客体。形成预算收支的客体是会计主体属于预算收支的资源流入和资源流出。如何将会计主体的资源流入、流出区分为属于预算收支的和不属于预算收支的，是预算收支会计要素定义的一个难点。属于预算收支的资源，既不局限于目前会计制度所说的非偿还资金（因为也存在交易性收入，从而包括偿还性资金），也不等同于财务会计中收入、费用定义的导致净资产变动的资源增减（因为在财政预算收支中还包括不导致净资产变动的债务预算收支等）。我们认为，界定预算收支的范围，可以依据我国预算收支分类的内容规定。因为，在政府财政预算收支分类和部门预算收支分类中，都规定了各个类别的收入内容和支出内容。以此作为预算收支定义的描述，方便核算实务中对预算收支的辨认。而且，如果预算收支的项目进行了调整，以新的预算收支分类内容作为预算收支的辨认条件，仍然符合定义的要求，从而避免作为会计要素的预算收支定义出现与反映的纳入预算管理的收支不相符合的情况。

3. 对预算结余定义的分析。设置预算结余会计要素是预算管理的需要。从预算会计实务中反映，不少预算会计信息的使用者，特别是各级领导，除了关心预算收支的实际情况以外，也非常关心当期的预算结余情况，作为对本期预算执行情况考察和安排下期预算的参考依据。在预算执行期末，当期的结余主要有两种情况：一是预算已经完成形成的净结余，没有任何指定用途，可供以后安排任何预算支出；二是当年预算未完成形成的项目结余，有特定用途，不能用于安排以后其他的预算支出。如果不设置结余要素，在会计中就没有专门反映当期结余的会计科目，给不同情况下形成的当期预算结余的核算带来困难，无法提供各种当期预算结余的会计信息。因此，在反映预算收支执行情况的报表中，应当包括提供预算结余的组成部分，并且应当对预算结余进行一般结余和专项结余的划分。在设置预算报表的会计要素时，也应当将预算结余设为单独的会计要素。

（二）预算收支表会计要素的定义

1. 预算收入的定义。预算收入可以定义为："预算收入是指政府会计主体在业务活动中形成的、符合预算收入分类内容的资源流入。"

2. 预算支出的定义。预算支出可以定义为："预算支出是指政府会计主体在业务活动中发生的、符合预算支出分类内容的资源流出。"

3. 预算结余的定义。预算结余可以定义为："预算结余是指政府会计主体的预算收入减去预算支出后的余额，包括一般（或普通）结余和专项结余。”

三、预算收支表会计要素的确认

（一）确认为预算收支的条件

1. 符合会计要素定义。

2. 预算得到批准。预算得到批准是指：（1）得到了根据预算法规规定的程序和批准机构通过，批准机构一般是立法机关、得到授权的政府主管部门；（2）批准的预算包括相应的收支项目和金额；（3）当期预算包括当期初始预算和当期调整预算。在预算收入中不包括预收下期预算的收入和收到属于上期预算的资金；在预算支出中不包括预付下期预算的支出和支付属于上期预算的资金。

（二）确认预算收支的时间条件

1. 财政预算收支的确认。在财政预算中，平时预算收支应当按照收付实现制确认，即按资金的收到或付出时间确认预算收支。在报告期末，对尚待执行的预算收支，按权责发生制确认。

2. 单位预算收支的确认。在单位预算中，由于财政资金收入来源于财政预算支出（拨款），财政资金的支出是财政资金最终使用情况的反映，因此对属于财政资金的收支应当按照与财政预算相同的确认基础确认。对于不属于财政资金的收支，应当逐步过渡到按照权责发生制确认。但是，为了保持不同的政府单位之间会计信息可比性，何种收支采用何种确认基础应当遵循财政部的统一规定。

资产负债表会计要素的定义和确认条件

一、国外资产负债表会计要素的内涵及我国的现行做法

由于各国采用的政府会计基础不同（可以简单归纳为现金制、修正的现金制、修正的权责发生和权责发生制四种情况），以及确定的政府会计目标差异，使得各国及国际公立单位会计准则对资产、负债和净资产的界定及范围划分有所差异。

我国现行的政府会计制度基本以收付实现制为主，在目前的《财政总预算会计制度》、《行政单位会计制度》、《事业单位会计准

则》中，都规定有资产、负债、净资产这三个会计要素，但仍存在一些问题。

二、资产负债表会计要素的定义和确认条件

（一）资产

1. 对资产定义的分析。政府控制或掌握的资源与企业在某些方面有共性，但其拥有资源的目的不同。就政府而言，政府拥有资源的主要目的不是为了获利，而是为了提供政府对社会的公共服务。政府掌握和控制的资源，是政府提供公共服务的能力的物质载体。所以，会计要素定义中资源的本质特征，主要是资源是否能够为会计主体形成提供公共服务的能力。也有些资源被政府和政府单位持有的目的是能够带来经济利益，如政府用于投资的外汇储备、社会保障投资基金，又如事业单位进行经营活动所使用的资产等。

2. 资产的定义。可以将资产定义为：资产是指政府会计主体通过过去的业务活动形成的、由会计主体拥有或控制的资源，该资源预期能够为政府会计主体提供未来服务能力或者带来未来经济利益。

3. 资产的确认条件。（1）符合资产定义。（2）该资产的价值能够可靠计量。

（二）负债

1. 对负债定义的分析。政府会计主体形成现实义务的原因除了交易活动以外，还包括履行法定责任等非交易活动。政府负债的偿还会导致资源减少。

2. 负债的定义。可以将负债定义为：负债是指政府会计主体由于过去的业务活动形成的现实义务，履行该义务预期会导致政府会计主体的资源减少。

3. 负债的确认条件。（1）符合负债定义。（2）该负债能够可靠计量。

（三）净资产

1. 对净资产定义的分析。资产扣除负债以后的余额，有时又称为资产净额。

2. 净资产的定义。可以将净资产定义为：净资产是政府会计主体的资产扣除负债后的差额。净资产是资产扣除负债以后的差额，因此净资产不存在单独确认和计量问题，它是对资产、负债确认和计量结果的一个综合反映。

会计要素项目计量的几个问题

我国企业会计准则规定的货币计量属性包括历史成本、重置成本、可变现净值、现值和公允价值 5 种。不同资产负债表项目可以采用不同的计量属性。计量属性的选择依据就是其与决策有用性的相关程度，比如固定资产采用可变现净值与成本孰低等。

过去我国政府会计的计量过多地强调历史成本，会计核算中对其他计量属性较少应用。在进一步完善资产负债表内容的要求下，今后在资产负债表会计要素计量中亦应适当引用其他的计量属性。

由于政府会计提供会计信息与企业会计的目的不同，资产的经济特征与企业不同，在某些方面，政府会计的计量不能照搬企业会计的方法。

1. 资产减值如何计量?

在政府会计中，由于资产的主要功能之一是提供服务能力，相当部分的资产不能通过提供公共服务带来经济利益。因此，政府会计对资产进行期末计价、提取减值准备，只适用于能够带来未来现金流入的资产，如应收账款等。不用于经营活动的各项资产，包括存货、固定资产、无形资产等，均不能计提减值准备。

2. 固定资产折旧如何计量?

对于固定资产折旧，政府会计与企业会计不同。对于企业会计来说，对固定资产计提折旧是为了正确反映固定资产价值转移到产品成本中的数量，从而准确计算当期实现的利润，所以往往采用直线折旧或加速折旧法。对政府会计来说，很多固定资产价值的反映目的是固定资产提供服务的能力及其变化，所以对于固定资产如何折旧要看提供固定资产价值信息的目的：①对于固定资产价值信息为反映服务能力及其变化的，应当按照固定资产服务能力的衰减程度计提折旧。比如有的固定资产服务前期基本保持服务能力不变、后期服务效能会发生较快的衰减，对该类固定资产就可以采用分段折旧（前期折旧率低，后期折旧率高）的方式计提折旧。②对于固定资产价值信息为反映固定资产价值转移，用以计算服务成本的，应当参照企业计提折旧的方法计提折旧。

3. 能否应当对某些资产采用非货币单位计量?

在政府掌握的资源中，像土地资源等虽然符合资产的定义，可是在没有交易以前很难可靠地用货币计量土地的市场价值，因此一般都不把土地资源确认为资产负债表中的资产。然而在现实生活中，土地资源的利用程度对政府预算收支影响很大，也关系到一届政府对土地资源的政策及实施结果，因此土地资源信息往往是有关领导或者对政府进行监督者非常需要的信息之一。所以，在不能对土地等资源以货币进行可靠计量的前提下，应当使用相关的非货币计量单位（如土地面积、土地级数等）计量，将土地资源信息在资产负债表附注中披露。

目前应当在资产负债表会计要素中确认或改进确认方法的项目

由于目前我国政府会计对大多数业务按照收付实现制核算，因此资产负债表项目尚不全面，影响了对政府整体财务状况的反映。以下根据本报告提出的资产负债表会计要素定义，提出应当在会计核算中和会计报表中按照权责发生制确认或改进确认方法的资产、负债项目。这些项目主要包括：政府贷款和转贷款，储备物资，政府股权，固定资产，借款，交易性负债，应付政府补助，预计负债等。

第二部分　研究报告全文

前　言

本课题报告是在 2006 年《关于政府会计管理模式的研究》课

题研究成果的基础上进行的延伸研究。在《关于政府会计管理模式的研究》报告中，我们将我国政府会计报表按层级分为政府单位会计报表、政府部门合并会计报表、本级政府联合（不含下级政府）会计报表和本级政府汇总（含下级政府）会计报表；按内容分为两个主表，包括预算收支执行情况表和资产负债表。在以往研究基础上，本报告对构成预算收支执行情况和资产负债表内容结构的会计要素（分别称为“预算收支表”会计要素和“资产负债表”会计要素）进行研究。正如在《关于政府会计管理模式的研究》报告中所指出的，目前政府会计可以暂时不编制基于权责发生制基础的运营收支表，因此本研究报告所研究的“政府会计要素”中，不涉及政府会计的运营收支表会计要素。

政府会计要素的理论研究和总体设计思路

一、政府会计要素的分类和命名

（一）政府会计要素分类的国际实践

政府会计要素就是政府会计报表的要素，它是政府会计报表内容的基本分类。由于政府会计内容的复杂性和政府报告目的多重性导致会计报表设置多样性，各国政府会计提供的报表格式和内容分类都有或多或少的差异，有些差异非常显著。而各国对于收入支出（费用）和资产负债的关注角度不同，导致各国都有重心不同的主要报表。例如，美国联邦政府会计报表就包括了资产负债表，净资产变动表，按项目反映的净成本表和经管活动报表，项目绩效衡量报表、融资报表，以及基于承诺和义务的预算资源报表等并列重要的财务报表，欧洲各国政府有关资产负债的报表中的各个栏目分类、命名和排列存在显著的差异，收支报表也无统一的模式。有的国家资产负债表中有净资产/权益栏目，但资产负债表并无层次清晰的分类（法国），有的（芬兰）根本没有此分类，或是采用将资产和负债分别报表反映（意大利中央政府）；有的国家（芬兰、美国州及地方政府等）收入和支出表上列有赤字或盈余栏目，有的（美国联邦政府）干脆将收入和支出表分离。

可以看出，政府会计报表格式和分类的巨大差异导致国际上对政府会计要素并无权威的划分模式。有的国家甚至没有确定会计要素，如美国联邦会计准则委员会明确表明目前不打算为美国联邦政府会计确定会计要素。相比较下，较为明确地给政府会计要素进行分类的是国际会计师联合会公立部门委员会（以下简称“公立部门委员会”），它在第11号研究报告《政府财务报表》中建议收付实现制下会计要素区分为现金收入、现金支出和现金余额；权责发生制下会计要素则区分为资产、负债、净资产/权益、收入和费用。从各国财务报表栏目分类中，依稀可以看到其主要的类别包括：资产、负债、收入和支出（费用）。

（二）我国目前政府会计要素的分类

我国属于在会计准则或会计制度中明确规定会计要素的国家。我国目前在财政总预算会计制度、行政单位会计制度、事业单位会计准则等当中规定的会计要素是：资产、负债、净资产、收入、支出，其中净资产包括基金和结余。目前我国会计制度或准则中的会计要素，反映了两个特征：一是按不同类型会计主体分别设置，包括财政总预算会计、行政单位会计，事业单位会计、社会保险基金会计、三峡建设基金会计、债款转贷会计、国有建设单位会计等；二是在各个会计主体中，五个会计要素均处于同一会计核算基础层面，即在确认资产、负债与确认相对应的收入、支出时，确认的基础一致。如果不考虑直接引起净资产变动的资产、负债变动，收入减去支出的差额等于净资产的变动数。

（三）本报告确定的政府会计要素分类与命名

在国际上并无统一或主流标准的情况下，借鉴公共部门委员会的研究成果和企业会计要素的分类，结合以前研究中对政府会计报告目的的分析和判断，我们认为，当前形势下我国政府会计报告需要同等重要地反映预算执行情况和反映政府资源状况。为了应对这种现实的需要，我国政府会计报告的主表设置为预算收支表和资产负债表。根据这两张报表的结构，在本研究中，我们将我国政府会计要素分为预算收入、预算支出、预算结余、资产、负债、净资产六项。

1. 关于预算收入、预算支出。本研究所定义的预算收入、预算支出要素内容范围超过我国预算法中规定的财政资金的范围，涵盖政府及构成单位所有纳入预算管理的收入、支出。既包括财政预算各类收入、支出内容，也包括部门预算各类收入、支出内容。之所以没有按照国际惯例使用收入和支出要素名称，我们主要的考虑是：(1) 突出我国政府会计确认预算收支的标准为符合财政预算和部门预算，这与我国政府会计首先服务于预算管理的目标一致；(2) 强调确认基础与预算基础的一致性，在我国编制收付实现制预算的情况下，我国的预算收入和预算支出也需要以收付实现制为主要确认基础；(3) 便于和权责发生制基础的收入、费用会计要素加以区别。

2. 关于预算结余。对于结余要素，不论是在美国的基金会计报告中，还是在公立部门委员会提出的权责发生制会计报告中，都不把政府会计中收入减去支出后的差额视为单独的一个会计要素，甚至并不认为它是主要的报表项目。结余通常是作为计算调整基金余额或现金余额或净资产的一个计算环节，其主要原因在于政府不以盈利或结余为运营的目标，收支余额没有直接的决策意义。但在我们国家，根据实际调研得到的情况，许多政府部门的管理者均将预算结余视为一项重要的决策指标，他们通常需要据此考察本年度预算的完成情况和作为调整预算、安排下年度预算的参考，因此本研究基于实务中对政府会计信息的需要情况，将预算结余作为会计要素提出。

3. 关于净资产。资产负债表上对资产与负债的差额部分是否明确体现为一个会计要素或者专门的项目，各国做法并不一样，即便在报表上体现，该项目或要素的名称在国际上也不一致，公共部门会计在权责发生制会计要素中将其划分命名为净资产/权益要素，美国州和地方政府会计中则按照报告主体的不同使用净资产概念和基金权益概念，法国政府会计中将相应的栏目称为净权益。

对于资产与负债差额部分的处理具有如此大的差异，与各国对这种差异的实质看法存在不一致有关。由于很多政府会计中对资产和负债的确认并不全面，重要的资产和负债因不能满足确认标准并没有在资产负债表中反映。由此，资产与负债的差额并不能直接用于衡量一个政府主体的未来的资源和服务能力。这也可能是导致一些国家并不看重该差额对决策的意义。但是公共会计委员会认为，尽管净资产/权益存在上述的缺陷，这些数据仍然是反映政府财务状况的一个非常重要的指标，有关净资产/权益的确切的信息会帮助政府管理负债水平，并监督其他负债、持有资产相关的债务水平。净资产/权益要素还能够为实施占用政府资源计费系统提供信息。而且通过补充披露在现有或拟定的政策背景下预期未来的交易信息，可以弥补该指标的不足，可能增强净资产/权益数据的决策有用性。

我国政府会计中一直将资产与负债的差额界定为净资产，并且该指标在我国政府的决策中一直发挥着作用。因此本研究仍然使用净资产要素的概念，并认为它应该属于我国政府资产负债表中的重要内容。

二、政府会计要素的层面差异与确认基础

在我们过去的研究中，一般认为以预算收支为核算和反映重点的会计核算体系称为预算会计，而以资产负债表为核算和反映重点的会计核算体系成为财务会计，两种会计报告统称为政府会计报告（公共部门委员会制定政府会计准则时将所有对外提供的用于一般目的的会计报告统称为财务报告，这与本研究所说的政府会计报告的范畴一致）。在这种分类下，本研究中的会计要素显然就分为两个层面，预算收入、预算支出和预算结余属于预算会计层面的会计要素，资产、负债和净资产属于财务会计层面的会计要素。这种不同层面的会计要素同时存在于同一套会计报告体系中是否恰当呢？我们认为，这其实是收入实现制与权责发生制在政府会计对外报告中是否可以并存的问题。

（一）预算层面报表与财务层面报表的差异本质是会计基础差异

在我国企业会计中，通常将对会计主体外部提供会计报告的会计核算称之为财务会计，将对会计主体内部提供会计报告的会计核算称之为管理会计，管理会计包括反映企业预算的执行情况。但是在政府会计领域，反映预算执行情况的报告属于对会计主体外部的报告。如果我们将反映政府预算执行情况的会计核算称为预算会计，那么预算会计和财务会计就仅仅是会计基础的差异。从这种视点看，预算收支表与资产负债表这两张政府会计报告的主要报表在层面上的差异就体现为收付实现制与权责发生制的差异。预算收支表和资产负债表一方面是预算会计和财务会计角度区分的报表种类，其同时还在另一方面说明我们设计的政府会计系统包括收付实现制与权责发生制的双重会计基础。

（二）不同会计基础层面的会计要素可以同时存在于一套会计报表中

我们所说的预算收支表会计要素和资产负债表会计要素的确认并非基于相同的会计基础，其根源在于政府会计中以收付实现制基础报告的会计目标和以权责发生制基础报告的会计目标同时存在。换言之，实务中政府会计业务的确认为了满足不同的会计目标，部分业务采用收付实现制，部分业务使用权责发生制，有些业务则需要使用双重确认标准，分别确认相关的会计要素。因此同一会计系统中的会计要素确认通常基于不同的会计基础。

过去一些学者曾经认为我国的政府会计（也称预算会计）使用的是收付实现制，有些外国的政府会计使用的是权责发生制。但是通过我们以前的课题研究，我们发现不管我国还是外国，都存在既包括按收付实现制确认会计要素、也按照权责发生制确认会计要素的现象。我国目前的政府会计报表中，财政部门和行政单位的收支表与资产负债表上有的项目已经存在同时使用收付实现制和权责发生制的情况，主要的预算收支基于收付实现制确认，而固定资产、政府借款则基于权责发生制确认。

这种并非基于同一会计基础的要素确认在外国政府会计实践中也有应用，在美国州及地方政府的会计实务中，我们可以看到不同基金采用了不同的会计基础，政务基金采用的是流动财务资源计量焦点的修正权责发生制，其具体做法与我国预算收支的确认使用的是类似的确认方法，即购买固定资产和债务收入的资金按照收付实现制作为政务基金的支出和其他资金来源确认，而固定资产和债务则在各自的账户组内按照权责发生制确认为资产、负债。正是由于各个基金内使用不同的确认基础，因此美国州及地方政府的报告本身还分为基金层面的财务报告和政府整体的财务报告，政府整体的财务报告依据权责发生制，基金层面的财务报告则分别依据基金各自使用的会计基础编制，两套报表之间需要通过基金系统编制重新分类分录来来连接。

公立部门委员会也指出，各国政府会计实务通常处于收付实现制和权责发生制两者之间，因此各要素的确认需要根据各自的修正模式决定。

（三）同一确认基础层面会计要素不完整的问题及其解决

从目前我们所掌握的资料看，在能够较为清晰地界定会计要素的国家中，同一确认基础层面的会计要素通常是完整的，特别是权责发生制基础下资产、负债、净资产、收入、费用的界定是全面的。

在本课题设计的会计报表中，基于收付实现制基础的会计要素是完整的，即包括预算收入、预算支出和预算结余；但是基于权责发生制会计基础的会计要素是不完整的，即只有资产、负债和净资产要素，暂时缺少权责发生制下的收入和费用要素。这种设计基于以下几种考虑：

1. 会计要素的缺少并非意味着核算和反映内容的缺少。在以前的课题研究中我们指出，我国政府会计系统中收付实现制和权责发生制的记录通过一套账户体系完成，以双重分录和期末调整分录的记录方式保障了业务同时能够在不同的会计基础下得到核算和反映。

2. 会计要素的确定应依据会计报表设置的需要。根据调查，我国政府会计的使用者目前关注的信息重点一是预算执行情况，二是政府资产和负债状况。基于权责发生制的信息如收入、费用，以及两者之间差额的信息，在政府层面和部门层面尚不能说明政府的绩效。鉴于这种现状，本着政府会计改革成本效益的考虑，提出近期政府会计改革需要推出的报表是预算收支表和资产负债表。因此，权责发生制基础的收入、费用会计要素，需要以后根据政府会计信息需求的发展，随着财务业绩表的推广使用而推出。

3. 不同基础的会计报表可以通过编制调整报表建立钩稽关系。虽然不同会计确认基础层面的会计要素之间不存在直接钩稽关系，但是不同会计确认基础层面的会计报表经过调整是可以建立其之间的联系的，具体做法是编制收支调节表。在收支调节表中，将收付实现制基础的预算收支分项调整为权责发生制基础的收入费用，并计算出收入减去费用的差额，这个差额即等于权责发生制基础的净资产本期变动额。通过编制收支调整表，就可以衔接资产负债表和预算收支表之间的数据，使其建立起间接的钩稽关系。

通过编制收支调节表使权责发生制基础的资产负债表和收付实现制基础的预算收支表建立联系，也是国际上认可的做法。公立部门委员会在其制定的关于预算报告的准则中指出，对于在预算报告中使用的基础和财务报告中使用基础不一样的国家，政府会计应当编制将财务报告收支调整成为与预算收支相同基础的报表，并披露调整的项目等信息。

三、多层次会计主体的会计要素分析

在确定了基本的政府会计要素以后，摆在我们面前一个问题，是按照不同的会计主体分别确定会计要素？还是不分会计主体统一确定会计要素？我们认为，应当统一确定适用于各种政府会计主体的会计要素。

（一）会计要素的定义应当反映会计要素的本质特征

在我国目前的政府会计中，财政总预算会计、行政单位会计、事业单位会计各自界定了收入、支出和资产、负债、净资产的定义，其中特别是收入和支出的定义，分别按照各会计主体收入、支出的具体业务内容进行界定。例如将财政总预算会计的支出定义为

“财政资金的再分配”，将事业单位会计的支出定义为“开展业务活动的资金消耗和损失”。这些不同的定义，主要反映了不同会计主体业务活动的不同内容。

目前外国政府会计准则、包括国际政府会计准则对会计要素定义时，都采用按会计要素本质特征进行定义的方式，我国2006年颁布的企业会计准则中会计要素定义也是如此。根据会计要素的本质特征进行定义与根据会计要素反映的业务内容进行定义相比，更有助于在会计核算中正确地把握对会计要素的理解，正确判断会计要素项目的变化。因此，在对我国政府会计要素进行定义时，也应当把握各种会计主体共有的会计要素的本质特征。

（二）可以避免按不同会计主体确定会计要素带来的制度内容重复

如果按照会计要素的本质特征对会计要素进行定义，并且在各个会计制度中规定会计要素及其定义，那么各个会计制度中规定的会计要素表述就会基本相同，造成不必要的重复规定。如果在政府会计基本准则中对会计要素进行统一界定，而在各个会计制度中不再对会计要素进行规定，而是只规定相应的会计要素项目的确认、计量要求，就既可以体现会计制度对不同会计主体业务核算的针对性，又避免了不必要的重复规定内容。

（三）我国财政会计主体和单位会计主体的整体性要求会计要素定义一致

我国财政会计主体与单位会计主体共同构成了我国政府会计主体。财政部门的资产负债内容与政府单位的资产负债合并就构成了我国政府整体的资产负债，这两部分的资产和负债的内容在界定上并无差异；财政部门的预算收支活动与单位的预算收支活动联合构成我国整个预算资金的产生、分配、使用链条，他们是预算资金流转的不同环节。在合并列报政府整体的预算收支时，对预算单位的拨款形成的财政预算支出中要与单位获得财政资金的预算收入相互抵销。这种整体性要求两者的会计要素具有可比性，只有这样，才能顺利实现报表的合并和报表相关项目必要的抵销。

（四）不同会计主体内会计要素定义的一致并不等同于会计要素具体内容一致

尽管我们认为政府会计要素的定义应该在不同主体间保持一致，但是导致各要素具体内容变化的经济业务在各主体间是不同的。如财政资金分配对总预算会计来说就代表了预算支出，对单位预算会计来说就代表了预算收入。这就要求在要素定义一致的前提下，对于各经济业务引发的要素细化项目进行具体的范围界定，显然需要对这些会计要素细化项目分别界定其特定的概念和具体的确认计量方法。

四、我国政府会计要素设计的整体思路

根据上述理论分析，我们对我国政府会计要素提出以下几条设计上的整体思路：

（一）对会计要素进行统一的定义

对各会计主体的相同会计要素进行统一界定，不再按照财政会计、部门会计或单位会计、基金会计区分不同会计主体的会计要素。会计要素的定义要反映不同会计主体共有的会计要素的本质特征。

（二）会计要素要能够完整反映政府活动涵盖的会计核算对象

预算收入要素和预算支出要素要能够全面反映财政预算、部门预算、基金预算的收入和支出。资产要素要能够全面反映政府拥有和掌控的公共经济资源，负债要素要能够全面反映政府应当承担的各项债务。对于那些限于确认和计量方面的困难不能够在资产负债表中反映，但是属于重要政府会计信息的资产和潜在负债情况，应当在会计报表附注中反映。

（三）会计要素要满足不同基础的会计报表

预算收支表是以收付实现制基础为主的会计报表，预算收入、预算支出的各个项目内容，都要按照收付实现制确认，但对期末的保留下期支出要按照权责发生制确认。资产负债表为权责发生制基础的会计报表，针对这张报表设计的资产、负债、净资产会计要素中各个项目内容，应当按照权责发生制确认。

（四）会计要素的定义要具有普遍适应性

会计要素具有普遍适应性是指：从会计主体角度，会计要素要适应政府单位、各个单个政府基金等不同层面的会计记账主体核算的需要；从经济活动中资金运动的角度，会计要素要适应政府资金执收、收纳、分配、使用各个环节的核算需要；从会计报告角度，会计要素要适应政府单位、政府部门、一级政府总体、各级政府总体等各个层面会计主体报告的需要；从会计要素确认、计量角度，会计要素要适应按收付实现制基础、按权责发生制基础核算的需要。

（五）会计要素定义要与企业会计要素定义相协调

我国政府会计准则和企业会计准则同出于财政部。对政府会计要素定义要考虑与我国企业会计要素定义的协调。对政府会计要素进行定义时，除了要反映政府会计要素不同于企业会计要素的本质特征，也要借鉴我国企业会计准则对会计要素定义的描述或表达方法。

预算收支表会计要素的定义、确认

一、预算收支表会计要素的定义

（一）预算收入的定义

1. 目前我国政府会计法规中对预算收入的规定。政府会计中的预算收入会计要素定义应当与预算法保持一致。但是在我国目前的《预算法》中没有对预算收入给予定义。有关预算收入的定义主要体现在预算会计的规范当中。目前的预算会计的“收入”会计要素相当于本报告所研究的预算收入会计要素。在现行的预算会计规范中，在《财政总预算会计制度》当中对收入的定义是“财政收入是国家为实现其职能，根据法令和法规所取得的非偿还性资金，是一级财政的资金来源；收入包括一级预算收入、基金预算收入、专用基金收入、资金调拨收入和财政周转金收入等。”在《行政单位会计制度》中收入的定义是“收入是指行政单位为开展业务活动，依法取得的非偿还性资金。包括拨入经费、预算外资金收入、其他收入等”。在《事业单位会计准则》中收入的定义是“收入是指事业单位为开展业务活动，依法取得的非偿还性资金，包括财政补助收入、上级补助收入、事业收入、经营收入、附属单位缴款、其他收入和基本建设拨款收入等”。从现行的预算会计规范中可以看出，除了对具体预算收入的内容以外，对预算收入定义中均强调了“国家为实现职能、开展业务，依法取得的非偿还性资金”。

2. 对预算收入定义的研究分析。

（1）是否还使用非偿还资金的概念？

将非偿还资金作为收入的基本特征，主要是考虑到政府的收入大多是非交易性收入，如税收、行政事业性收费、罚款等。其实，预算收入除了政府依据法律强制力取得的非交易性收入以外，还存在着多种交易性收入。这些交易性收入包括：政府转让国有资产取得的产权转让收入，政府通过出售公共经济资源使用权取得的使用权转让收入，政府投资取得的投资净收益，政府举借债务取得的债务收入，政府单位（事业单位）通过提供公益服务和经营服务取得的事业收入和经营收入等等。在这种情况下，如果再将预算收入仅定义为“非偿还”资金，就显得有些局限了，并不能涵盖所有的预算收入。因此，在预算收入定义中，不应当再把“非偿还”资金作为基本特征。

（2）预算收入的客体是否仅指资金？

政府及政府单位获得预算收入的客体主要是资金。在实行国库直接支付情况下，行政事业单位获得财政拨款不是采用实际获得资金的方式，而是采用获得支付权力（要求财政直接支付和获得财政支付授权）的方式，获得预算收入表现为获得支付权力。在财政预算收入和部门预算收入的确认中，都包括既按照收付实现制基础确认、又按照权责发生制基础确认。因此形成预算收入的客体不仅包括会计主体获得的现金，也包括支付权力，还包括会计主体伴随着预算收入实现而产生的非现金资源流入。所以，在预算收入定义中描述的预算收入客体，不能仅限于资金，使用“资源”来描述更加全面。

（3）是否要加上纳入预算管理的限制性条件？

在预算会计实务当中，对预算收入确认的重要条件之一，就是需要纳入具有法律效力的当期政府预算。在预算的收入定义中加上纳入政府预算管理的限制性条件，其意义就在于从定义上给预算收入的确认提供了依据。我国不同地区预算管理情况存在差异，有些地区纳入预算的收入，在另一些地区可能没有纳入预算管理。对应这样的情况，在预算收入的定义中加上“纳入预算管理”的条件，方便各地预算会计据此确认反映本地政府预算的预算收入。

（4）如何将流入会计主体的资源区分为属于预算收入和不属于预算收入的资源？

将流入会计主体的资源中属于预算收入的资源单独定义，以排除不应当确认为预算收入的资源，是预算收入定义中的一个难点。在按照权责发生制确认收入的条件下，可以将收入定义为导致净资产增加的资源流入，在按照收付实现制确认收入的条件下，可以将收入定义为现金流入。但是，我国政府预算既包括财政预算，也包括部门预算。在财政预算和部门预算中，既包括按照收付实现制确认的内容，也包括按照权责发生制确认的内容。而且，并不是所有的现金或者非现金资源流入都给会计主体带来预算收入。比如在财政总预算会计中，由于待结算事项或应收应付事项发生导致的资金流入国库和财政专户。又比如在单位预算会计中，由于单位举借债务导致的没有纳入预算的借款本金流入单位等。而将预算收入定义为导致净资产增加的资源流入，又不能涵盖按照收付实现制确认的预算收入。比如财政预算中的债务本金收入和国有产权转让收入，又如部门预算中的财政拨款收入等。

在没有找到更准确、更精炼的语言描述对属于预算收入的资源进行界定之前，可以在预算收入定义中加上“符合预算收入分类标准”的限制条件。因为按照我国统一的政府收支分类标准编制的财政预算收入，除了预算收入分类以外，还界定了每一分类类别中收入的具体内容。在部门预算中，也有收入分类和各类收入内容的界定标准。因此，加上“符合预算收入分类标准”的界定条件，既可以涵盖所有属于财政预算和部门预算的不同资源流入，也可以在确认预算收入时排除那些不属于预算收入的资源流入。此外，政府预算管理是动态的，在财政管理改革期间尤其是如此。在预算收入定义中加上符合预算分类标准的限制性条件，也避免在预算收入的内容和编制基础发生变化的条件下，作为会计要素的预算收入定义出现与反映的纳入预算管理的收入不相符合的情况。

（5）如何描述获得预算收入的活动？

目前预算会计规范中对获得预算收入的活动描述为“实现国家职能（财政总预算会计）、开展业务活动（行政单位会计和事业单位会计），依法取得”。这样描述主要还是着眼于政府获得的非交易性收入。实际上，政府获得的预算收入还包括交易性收入和捐赠收入。对于交易性收入的获得，不是通过政府及单位行使政府职能的活动，而是通过政府及单位与交易对象的交易活动。而且，对于交易性收入和捐赠收入的获得，也不宜界定为“依法”。因为交易性收入和捐赠收入的获得不具有强制性，不需要通过强制性法律来进行规范。政府获得非交易性收入的活动可以直接定义为“依法征收”和“预算分配”活动，行政事业单位获得非交易性收入的活动可以定义为依照政府预算获得资金分配的活动。综上所述，获得预算收入的活动应当包括：依法征收，预算分配，交易，其他事项。

（6）如何描述预算收入的实现？

在会计要素定义中对预算收入实现的描述，关乎对预算收入的确认。现在的预算会计规范中对收入实现使用“取得”一词来描述。目前国外的政府会计准则和国内的企业会计准则中，对收入实现的描述普遍采用了“流入”一词。“取得”和“流入”两个用词相比，“取得”一词是从获得收入活动的主体行为角度进行描述，没有反映由于收入实现导致会计主体的财务状况变化。而“流入”一词是从获得收入活动的客体结果角度进行描述，体现了会计主体财务状况的变化，符合当今会计理论界在收入确认上流行的资产负债观。因此，使用“流入”来描述预算收入的实现更好一些。

在实行国库直接支付的情况下，政府单位通过第三者（财政部门）支付，导致了会计主体（行政事业单位）在不减少资产或增加负债的条件下的经济利益增加（表现为取得资产、减少负债或者提供服务）。对于这种情况，用经济利益“流入”一词来描述预算收入的实现更加贴切。

3. 预算收入的定义。预算收入可以定义为：“由于政府及政府单位依法征收、预算分配、进行交易以及其他事项导致的，纳入政府预算管理、符合政府预算收入分类标准的资源流入会计主体”。对于预算收入定义的理解，可以包括以下几个方面：

（1）获得预算收入的活动。会计主体获得预算收入活动包括：政府的征收税收和非税收入征缴活动（获得非交易性收入），某级政府和政府单位获得预算拨款的分配活动（获得非交易性收入）；交易活动（获得交易性收入）；其他活动（如获得捐赠收入等）。导致预算收入发生的活动应当是已经发生的活动，不包括尚未发生的活动。

（2）属于预算收入的资源包括：现金、支付权利、非现金资产等。在收付实现制基础上，预算收入包括不会导致会计主体净资产增加，但是能够使得会计主体增加可支付能力的资金流入，如借入资金、出售资产取得的资金。在权责发生制基础上，预算收入仅包括导致会计主体净资产增加的资源流入。

（3）预算收入是指纳入政府预算管理的资源流入。纳入预算管理是指：①预算具有法律效力。预算得到了根据预算法规规定的程序和批准机构通过，批准机构一般是立法机关、得到授权的政府主管部门。②纳入相应期间的预算。当期预算收入包括当期初始预算和当期调整预算，不包括预收下期预算的收入和收到属于上期预算的资金。

（4）预算收入是指符合政府预算收入分类标准界定的资源流入。既包括财政预算各类收入内容，也包括部门预算各类收入内容。不同的预算口径对应不同口径的预算收入，如财政预算收入对应纳入财政预算管理的资金，单位预算收入对应纳入部门预算管理的资金。

（5）预算收入强调“流入”会计主体的资源。流入资源的形式包括：会计主体从外部获得了资源；会计主体因减少负债减少了会计主体以后的资源流出；因第三者为会计主体支付导致了会计主体在不减少资源的条件下提供了服务。“流入”的含义是指：收到，能够为会计主体运用（可用于会计主体支付）。其中能够运用是指：①从支付主体看包括会计主体直接用于支付，第三者代会计主体进行支付，如行政事业单位会计在财政部门（第三者）代会计主体（行政事业单位）进行支付时确认财政拨款收入；②从取得收入的期限上包括本期取得的资金，下期能够随时得到资金或者能够随时用于支付资金的权利，如行政事业单位实行国库直接支付在期末伴随着确认财政应返还额度确认财政拨款收入；③从支付手段上包括现金、要求财政支付的权利和非现金资产，后者如政府及政府单位接受捐赠获得的物资。

（6）预算收入只包括从会计主体外部取得的收入，不包括会计主体内部不同单独记账或报告的资金之间调拨形成的收入。同一会计报告主体内各个记账主体的调拨收入在联合报告时应当与相关调拨支出冲销。例如，财政总预算会计编制各项预算收入联合收支报表时，应当将目前的“调入资金”和“调出资金”相互冲销，不在总收入和总支出当中确认。同一会计报告主体内各个分报告主体的转移性收入在合并报告时应当与相关转移性支冲销。如行政事业单位会计在编制反映部门预算收支的合并会计报表时，应当将“上级补助收入”和“对附属单位补助”、“上缴上级支出”和“附属单位缴款”相互冲销，不在总收入和总支出当中确认。

（7）预算收入不包括会计主体为第三者代收的资源流入。会计主体代第三者收取的资源，还要转给第三者或代第三者支付，应当在确认资产增加的同时确认负债增加，不确认预算收入。如果预算包括托管基金预算，则预算收入包括托管基金收入。

（8）预算收入不包括直接确认为会计主体净资产的资源流入。

例如事业单位收到的、被要求不能支用本金的捐款。

（二）预算支出的定义

1. 目前我国政府会计法规中对预算支出的规定。我国目前的《预算法》中也没有对预算支出给予定义。有关预算支出的定义主要体现在预算会计的规范当中，其“支出”会计要素相当于本报告所研究的预算支出会计要素。在现行的预算会计规范中，《财政总预算会计制度》当中对支出的定义是“财政支出是一级政府为实现其职能，对财政资金的再分配，包括一般预算支出、基金预算支出、专用基金支出、资金调拨支出和财政周转金支出等。”在《行政单位会计制度》中对支出的定义是“支出是指行政单位为开展业务活动所发生的各项资金耗费及损失”。在《事业单位会计准则》中对支出的定义是“支出是指事业单位为开展业务活动和其他活动所发生的各项资金耗费及损失以及用于基本建设项目的开支。包括事业支出、经营支出、对附属单位补助、上缴上级支出、基本建设支出等”。从现行的预算会计规范中可以看出，除了对具体预算支出的内容以外，对政府财政的预算支出定义中强调了“实现政府职能，对财政资金的再分配”，对行政事业单位的预算支出强调了“开展业务活动，资金的耗费及损失”。

2. 预算支出的定义。基于上文对预算收入进行研究分析的同样理由，对预算支出应当重新予以定义。我们认为，预算支出可以定义为：“由于政府及政府单位进行公共资源分配、提供公共服务、交易或者其他事项导致的，纳入预算管理、符合预算支出分类标准的资源流出会计主体”。对预算支出定义的理解，可以包括以下几个方面：

（1）会计主体发生预算支出的活动包括：财政部门依照财政预算进行的财政资金分配，行政事业单位依照部门预算进行的各项资金的分配，提供管理服务、公益服务活动、交易活动、其他活动或者事项。导致预算支出发生的活动应当是已经发生的活动，不包括尚未发生的活动。

（2）属于预算支出的资源包括：现金、非现金资产、支付权力等。在收付实现制基础上，预算支出表现为会计主体的资金流出，包括不会导致会计主体净资产减少、但是能够使得会计主体减少可支付能力的资金，如归还政府借款本金、购买资本性资产付出的资金。在权责发生制基础上，预算支出仅包括导致会计主体净资产减少的资源流出。

（3）预算支出是指纳入政府预算管理的资源流出。纳入预算管理是指：①预算具有法律效力。预算得到根据预算法规规定的程序和批准机构通过，批准机构一般是立法机关、得到授权的政府主管部门。②纳入相应期间的预算，当期预算支出包括当期初始预算和当期调整预算。不包括预付下期预算的支出和支付属于上期预算的资金。

（4）预算支出是指符合政府预算支出分类标准界定的资源流出。既包括财政预算各类支出内容，也包括部门预算各类支出内容。不同的预算口径对应不同口径的预算支出，如财政预算支出对应纳入财政预算管理的资金，单位预算支出对应纳入部门预算管理的资金。

（5）预算支出强调会计主体的资源利益“流出”。“流出”的含义是指：付出，损失。其中付出①从支付方的角度包括会计主体的直接支付与第三者代会计主体进行的支付。②从支付的期限上包括本期的支付，列入本期预算、承诺下期随时可能发生的支付。

（6）预算支出只包括会计主体对外部的支出，不包括会计主体内部不同单独记账或报告的资金之间调拨形成的支出。同一会计报告主体内各个记账主体的调拨支出在联合报表中应当与相关调拨收入冲销；同一会计报告主体内各个分报告主体的转移性收入在合并报告时应当与相关转移性支出冲销。

（7）预算支出不包括会计主体为第三者代付的资源的流出。会计主体代第三者支付的，应当在确认资产减少的同时确认负债的减少，不确认预算支出。如果预算包括托管基金预算，则预算支出包括托管基金支出。

（三）预算结余的定义

1. 对设置预算结余会计要素的分析

(1) 我国目前的预算会计规范中没有对预算结余设置会计要素。预算结余都包括在净资产会计要素当中。实际上，在财政总预算会计制度和行政单位会计制度当中，包括在净资产中的结余是各期预算收支相抵后的累计结余。在事业单位会计准则中，包括在净资产中的结余基本上是当期预算收入减去预算支出后的差额。

(2) 提供预算结余信息是会计信息使用者的要求。从预算会计实务中反映，不少预算会计信息的使用者，特别是各级领导，除了关心预算收支的实际情况以外，也非常关心当期的预算结余情况，作为对本期预算执行情况考察和安排下期预算的参考依据。因此，在反映预算收支执行情况的报表中，应当包括比较预算收入、预算支出、预算结余的会计报表。

(3) 设置预算结余会计要素是完善预算会计报表的需要。在综合反映预算收支情况的会计报表架构中，包括预算收入、预算支出、预算结余三个部分。三者之间的关系是：预算收入 - 预算支出 = 预算结余。由此看来，预算结余是预算会计报表中一个不可缺少的构成部分。因此作为完整体现预算会计报表结构的会计要素，应当按照反映当期预算结余的概念来定义预算结余。

(4) 预算结余应当分为一般（或普通）结余和专项结余。作为安排下期预算重要参考依据的预算结余信息，有必要将下期可以任意安排用途的结余和不能任意安排用途的结余分开。其中下期可以任意安排用途的结余又称一般（或普通）结余。不可以任意安排用途的结余是用于专门项目的预算资金在预算期末收支相抵后的差额。此种结余的形成，往往是由于分期完成的项目中，预算收入提前拨入，而项目进行是按照计划分期进行，项目预算支出落后于项目预算收入，由此在项目未完的预算期末形成的暂时性结余。这种结余不属于实质上的结余，在以后的预算期间内，仍然只限于用在未完成的项目当中，不能挪作他用，所以又称专项结余。预算会计在提供预算结余的会计信息时，应当将专项结余单独报告。

2. 预算结余的定义。可以将预算结余定义为：“当期预算收入减去预算支出后的余额，包括一般（或普通）结余和专项结余”。

对预算支出定义的理解，可以包括以下几个方面：

（1）预算结余是当期预算收支相抵后的余额，不属于当期的预算收支不记入当期预算结余。

（2）预算结余包括一般（或普通）结余和专项结余。其中一般（或普通）结余是非专门项目资金预算收支相抵后的差额，可以转入一般（或普通）的累计结余用于安排下期预算任何方面的支出。专项结余是用于专门项目的预算资金在预算期末收支相抵后的差额，一般在项目未完成之前，只能用于以后预算期间相应的专门项目的支出。

二、财政预算收支表会计要素的分类与确认

各国政府都对预算收支做出相应的分类，以利于反映预算收入的来源和预算支出的用途。我国 2006 年对政府收支进行新的分类，也清晰地反映出我国政府收入的不同来源和政府支出的不同用途。在政府预算按照新的政府收支分类科目进行编制的前提下，作为反映预算执行情况的预算收支表会计要素项目，也应当反映这种分类。但是，对预算收支表会计要素进行分类，还应当与财政预算收支分类有所不同。对预算收支表会计要素分类、划分不同的会计要素项目，还应当着眼于会计记账和编制会计报表的需要。因此，对预算会计要素的分类要体现三个“有利于”：一是要有利于会计要素项目的确认，分类要考虑会计要素项目确认条件的区别；二是要有利于会计核算中账务处理的安排，分类要考虑会计要素项目的不同账务处理方式；三是要有利于与预算口径相衔接，分类要能够使会计要素项目在现有的预算收支分类中找到对应的类别。

根据以上考虑，我们将预算会计要素的分类分为财政预算会计要素分类和部门预算会计要素分类，前者适用于政府总会计，后者适用于政府单位会计。

（一）财政预算收支表会计要素的分类

1. 财政预算收入的分类。

（1）税收收入和普通非税收入，指政府收入分类中的税收收入和非税收入，但不包括非税收入中的政府基金收入和国有资本经营

收入中的产权转让收入。

(2) 政府基金收入，指政府收入分类中非税收入中的政府基金收入。

(3) 财政转移支付收入，指政府收入分类中非税收入中的转移性收入，但不包括其中的调入资金和上年结余。

(4) 国有产权转让收入，指政府收入分类中非税收入中国有资本经营收入中的产权转让收入。

(5) 贷款及转贷款收回本金收入，指政府收入分类中的贷款及转贷款收回本金收入。

(6) 债务收入，指政府收入分类中的债务收入。

(7) 社会保险基金收入，指政府收入分类中的社会保险基金收入。

(8) 政府内资金间调拨收入，指政府收入分类中转移性收入中的调入资金。

2. 财政预算支出的分类。

(1) 一般拨款支出，指财政部门使用一般预算资金、预算外资金的拨款或付款，但不包括以下 (3) ~ (6) 项的支出。

(2) 政府基金拨款支出，指财政部门使用基金预算资金的拨款或付款，但不包括以下 (3) ~ (6) 项的支出。

(3) 财政转移支付支出，指政府支出功能分类中的转移性支出，但是不包括调出资金和年终结余。

(4) 财政国有产权参股支出，指财政部门支付的、政府支出经济分类中贷款转贷及产权参股中的产权参股支出。

(5) 财政贷款及转贷支出，指财政部门支付的、政府支出经济分类中贷款转贷及产权参股中的贷款转贷支出。

(6) 财政债务还本支出，指财政部门支付的、政府支出经济分类中的债务还本支出。

(7) 社会保险基金支出，指财政部门使用社会保险基金的拨款或支付。

(8) 政府内资金间调拨支出，指政府支出功能分类中转移性支出中的调出资金。

3. 财政预算结余的分类。

（1）普通财政资金结余，指各项财政收入减去财政支出后的差额，但是不包括以下（2）~（3）项的内容。

（2）政府基金结余，指政府基金收入和政府基金调入资金减去政府基金支出和政府基金调出资金后的差额。

（3）社会保险基金结余，指社会保险基金收入减去社会保险基金支出后的差额。

（二）财政预算收支表会计要素的确认

1. 财政预算收入的确认。

（1）财政预算收入确认、计量的部门。根据我国预算收入的征收、解缴流程，属于预算收入的资金流入涉及执收单位（税收机关等）、收纳单位（国库和财政专户代理银行）、财政部门。在这个流程中，财政预算收入的计量应当由执收单位和收纳单位进行。其中执收单位计量、确定应当收取的税金和非税收入的金额，收纳单位计量、确定财政收入划分的金额。执收单位对应收的预算收入和应缴的预算收入作为资产和负债确认，收纳单位也对收到的财政预算收入资金采取确认资产和负债的方式确认，都不确认预算收入。预算收入的确认机构为财政部门。对于财政预算收入中的负收入（包括实行“先征后退”政策的退税和国有企业计划亏损补贴），其计量和确认均由财政部门负责。

（2）财政预算收入确认的基础。财政预算收入确认的基础一般是收付实现制，在少数情况下，按照权责发生制确认。按照收付实现制确认的预算收入包括：税收收入和普通非税收入；政府基金收入；预算期间收到的财政转移支付收入；出售、转让国有产权取得的收入；收回借出款的收入；债务本金收入；社会保险基金收入。按照权责发生制确认的财政预算收入包括：期末因上下级财政部门支付困难、尚未收到的财政转移支付收入；随着财政管理改革，在目前按收付实现制确认的财政预算收入中，有必要改为期末按照权责发生制确认的项目，例如在预算期间应当收缴的、在规定延长期内能够收到的应征税金、应收罚款、应收股利等。

（3）财政预算收入确认的条件。

①按照收付实现制确认的财政预算收入，其确认条件包括：流入会计主体的资金属于财政预算收入的内容；收纳机构证明资金已经收到。对于财政预算收入中负收入，其确认的条件包括：流出会计主体的资金属于财政预算收入的内容；具有准予退库的批准；收纳机构证明资金已经付出。

②按照权责发生制确认的财政预算收入，其确认条件包括：可以收到的资金属于本期财政预算收入；取得了获得收入的权力，比如期末与上级财政部门或下级财政部门的结算清单，税收缴款书，到期的行政罚款书或司法判决书等；能够证明资金很有可能收到。

（4）对部分财政预算收入的确认要求。确认转让国有产权取得的收入时，还应当确认国有股权资产的减少。确认贷款转贷款的收入时，还应当确认财政债权资产的减少。确认债务本金收入时，还应当确认政府负债的增加。在编制本级财政各项预算收入的联合报表时，不确认政府内资金调拨收入，即在财政预算收入总额中减去政府内资金调拨收入。在编制本级财政与下级财政预算收入的合并报表时，不确认财政转移支付收入，即在财政预算收入总额中减去财政转移支付收入。

2. 财政预算支出的确认。

（1）财政预算支出确认的基础。财政预算支出确认的基础一般是收付实现制，在少数情况下，按照权责发生制确认。按照收付实现制确认的预算支出包括：预算期间的一般拨款支出，政府基金拨款支出、财政转移支付支出，财政产权参股支出、财政贷款转贷支出，财政债务还本支出，社会保险基金支出。按照权责发生制确认的财政预算支出包括：期末因本级财政部门支付困难、尚未支付的财政转移支付支出；期末由于批准程序尚未完成、尚未申请支付等原因，尚未实际支付的预算支出；随着财政管理改革，在目前按收付实现制确认的财政预算支出中，有必要改为期末按照权责发生制确认的项目，例如应付利息、期末因财政支付困难尚未支付的应付本期一般拨款等。

（2）财政预算支出确认的条件。

①按照收付实现制确认的财政预算支出，其确认条件包括：流出会计主体的资金用途符合财政预算支出的内容；具有批准该支出支付的有效文件；支付资金的数额符合用款计划；收纳机构证明资金已经付出。

②按照权责发生制确认的财政预算支出，其确认条件包括：尚未付出的资金用途符合本期财政预算支出的内容；具有批准该支出支付的有效文件；尚未支付的原因符合有关规定；能够证明资金随时可能被要求付出。

（3）对部分财政预算支出的确认要求。确认产权参股的支出时，还应当确认国有股权资产的增加。确认归还贷款转贷款的支出时，还应当确认财政债权资产的增加。确认归还债务本金支出时，还应当确认政府负债的减少。在编制本级财政各项预算支出的联合报表时，不确认政府内资金调拨支出，即在财政预算支出总额中减去政府内资金调拨支出。在编制本级财政与下级财政预算支出的合并报表时，不确认财政转移支付支出，即在财政预算支出总额中减去财政转移支付支出。

3. 财政预算结余的确认。财政预算结余应当在预算期末进行确认。确认时要符合以下确认条件：计算预算结余金额的预算收入和预算支出应当是当期全部发生额。普通财政资金结余、政府基金结余、社会保险基金结余应当分别确认。普通财政资金结余、政府基金结余当中的专项结余应当在其中单独确认。如果有资金管理上对某类资金结余的详细信息要求，应当按照要求的详细程度对结余的明细项目予以单独确认。

三、部门预算收支表会计要素的分类、确认

部门预算是由单位预算组成的，是该部门所属单位的单位预算的集合。因此，划分部门预算会计要素的分类内容和确认条件，是从单位预算会计的角度说明的。

（一）部门预算收支表会计要素的分类

1. 部门预算收入的分类。

（1）财政拨款收入，指行政事业单位获得的财政拨款或财政支付权力。

（2）非财政转移收入，指行政事业单位从上级或下级单位获得的非财政收入，如事业单位的上级补助收入、附属单位缴款等。

（3）公益服务收入，指事业单位通过提供非营利性服务获得的非财政资金收入。

（4）经营收入，指事业单位通过经营活动获得的收入。

（5）接受捐赠收入，行政事业单位接受捐赠形成的收入。

（6）投资收益，指事业单位通过投资取得的收益。

（7）专用基金收入，指事业单位获得的、纳入专用基金核算收入。

（8）单位内资金调拨收入，指事业单位从业务资金中提取、转入专用基金的收入，这种收入是对获得调入资金的专用基金而言的。相当于目前在事业单位从事业支出、经营支出、结余分配中提取而增加的专用基金。

（9）其他收入，指行政事业单位获得的、不属于以上类别的收入。

2. 部门预算支出的分类。

（1）行政事业经常性支出，指行政事业单位提供管理服务和公益服务所发生的经常性支出。

（2）资本性支出，指行政事业单位支付的政府支出经济分类中的基本建设支出和其他资本性支出。

（3）经营支出，指事业单位从事经营活动所发生的支出。

（4）非财政转移支出，指行政事业单位支付上级或下级单位的非财政支出，如事业单位的上缴上级支出、对附属单位补助等。

（5）专用基金支出，指事业单位使用专用基金的支出。

（6）单位内资金调拨支出，指事业单位从业务资金中提取、转入专用基金的支出，这种支出是对调出资金的、除了专用基金以外的其他资金而言的。相当于目前在事业单位提取专用基金形成的事业支出、经营支出、结余分配。

（7）其他支出，指行政事业单位支付的、不属于以上类别的支出。

3. 部门预算结余的分类。

（1）财政资金结余，指行政事业单位财政拨款收入减去使用财政资金形成的支出后的差额。

（2）其他资金结余，指行政事业单位使用非财政拨款收入减去使用非财政资金形成的支出后的差额，但不包括以下（3）～（4）项的内容。

（3）经营结余，指事业单位经营收入减去经营支出后的差额。

（4）专用基金结余，指事业单位专用基金收入和调入专用基金的资金减去专用基金支出后的差额。

（二）部门预算收支表会计要素的确认

1. 部门预算收入的确认。

（1）财政拨款收入的确认。财政拨款收入的确认基础应当与财政预算支出确认的基础保持一致。这是因为，财政部门对行政事业单位的财政资金分配，既形成了财政预算支出，也同时形成了部门预算收入。二者是不同会计主体对同一经济活动的会计确认。二者相互一致，才能保证财政部门和预算单位对账的需要，也有利于编制包括全部政府收入（既包括财政预算收入，也包括部门预算中的非财政收入）的会计报表。目前财政拨款存在划拨资金和国库直接支付两种方式，其确认也包括这两种方式下的确认条件。

①划拨资金方式。采用资金划拨方式的财政拨款收入确认的条件包括：具有获得财政资金拨款的预算；收到财政资金用途符合预算内容；财政资金已经收到。

②国库直接支付方式。采取国库直接支付方式又分为财政直接支付和财政授权支付。

第一，财政直接支付。预算期间按照收付实现制确认财政拨款收入，其确认条件的条件包括：直接支付的申请获得批准；得到财政直接支付已经付款的通知。年末按照权责发生制确认财政拨款收入，其确认的条件包括：本年预算中尚有未使用完的财政直接支付余额；下期应返还财政拨款余额得到财政部门的确认。

第二，财政授权支付。按照收付实现制确认财政拨款收入，其确认的条件包括：得到财政部门下达的财政授权支付额度；就授权支付额度得到预算单位零余额账户代理银行的确认。

（2）非财政转移收入、公益服务收入、经营收入、接受捐赠收入、投资收益、其他收入的确认。除了经营收入应当采用权责发生制确认以外，目前这些收入的确认采用收付实现制。随着权责发生制改革的推进，这些收入也应当逐步采用权责发生制确认。但是为了保持不同政府单位会计信息的可比性，何种收入采用何种确认基础应当遵循财政部门的统一规定。采用收付实现制确认的条件包括：纳入单位收入预算；资金已经收到；该资金的用途符合预算收入的内容。

这些收入如果采用权责发生制确认，除了要求收入的内容符合单位预算以外，其他确认的条件可以参照我国企业会计收入确认的条件，这里不再赘述。

（3）专用基金收入、单位内资金调拨收入。这两类收入是导致专用基金余额增加的收入，其确认的基础应当采用收付实现制。

专用基金收入确认的条件包括：资金来源符合专用基金设立的规定；从会计主体外部获得的资金已经收到。

单位内资金调拨收入确认的条件包括：计提符合有关规定；计提的金额可以确定。

（4）对部分部门预算收入确认的要求。在编制单位各项预算收入的联合报表时，不确认单位内资金调拨收入，即在单位预算收入总额中减去单位内资金调拨收入。在编制本级单位与下级单位预算收入的合并报表时，不确认转移支付收入，即在部门预算收入总额中减去转移支付收入。

2. 部门预算支出的确认。

（1）资本性支出的确认。行政事业单位的大多数长期资产，是通过财政拨款购建的。为了及时、准确地反映财政资金使用的具体用途，资本性支出按照收付实现制确认。资本性支出确认的条件包括：

支出的资金符合单位预算；资金支出用于资本性资产的构建；资金已经付出，包括会计主体直接支付和通过财政账户支付体系支付。

（2）行政事业经常性支出、经营支出、非财政转移支出、其他支出的确认。除了经营支出应当采用权责发生制确认以外，目前这些支出都采用收付实现制。随着权责发生制改革的推进，这些支出也应当逐步采用权责发生制确认。但是为了保持不同政府单位会计信息的可比性，何种支出采用何种确认基础应当遵循财政部门的统一规定。其中应当注意的是：①在行政事业经常性支出的确认中，属于国库直接支付的，应当按照收付实现制确认。②采用收付实现制确认行政事业经常性支出时，不包括购买库存材料的资金支出。购买库存材料的支出在材料领用时确认。③采用收付实现制确认行政事业经常性支出时，不包括事业单位对外投资的资金支出。因为事业单位对外投资应当按照权责发生制基础确认。④在行政事业经常性支出的确认中，使用财政资金的支出应当在开支内容和开支标准上符合财政资金的管理要求。⑤采用权责发生制确认行政事业经常性支出、经营支出时，不包括固定资产、无形资产的摊销。因为固定资产、无形资产等资产的价值已经在购置期间确认了支出。

（3）专用基金支出、单位内资金调拨支出。这两类支出的确认基础应当采用收付实现制。

专用基金支出确认的条件包括：资金的使用符合专用基金使用的规定；向会计主体外部支付的资金已经付出。

单位内资金调拨支出确认的条件包括：计提符合有关规定；计提的金额可以确定。

（4）对部分部门预算支出确认的要求。在编制单位各项预算支出的联合报表时，不确认单位内资金调拨支出，即在单位预算支出总额中减去单位内资金调拨支出。在编制本级单位与下级单位预算支出的合并报表时，不确认转移支付支出，即在部门预算支出总额中减去转移支付支出。

3. 部门预算结余的确认。部门预算结余应当在预算期末进行确认。确认时要符合以下确认条件：计算预算结余金额的预算收入和预算支出应当是当期全部发生额；对财政资金结余、其他资金结余、经营结余、专用基金结余应当分别确认；对财政资金结余、其他资金结余当中的专项结余应当在其中单独确认；对专用基金结余应当按照各个专用基金分别确认。

资产负债表会计要素的定义、确认和计量

一、国外资产负债表会计要素的内涵及我国的现实做法

由于各国采用的政府会计基础不同（可以简单归纳为现金制、修正的现金制、修正的权责发生和权责发生制四种情况），以及确定的政府会计目标差异，使得各国及国际公立单位会计准则对资产、负债和净资产的界定及范围划分有所差异。新西兰采用了既定的企业财务会计准则的方法，而英国则认为必须在公司已有定义基础上作出必要修改。国际公立单位委员会的第 12 号研究报告也指出，尽管政府管理和控制的一些项目也符合资产定义，但因采用的会计基础不同可能将这些资产列入或不列入资产负债表，也就是说资产负债是否列入资产负债表不能仅仅看是否符合资产定义，还要看采用的会计基础。

我国现行的政府会计制度基本以收付实现制为主，在目前的《财政总预算会计制度》、《行政单位会计制度》、《事业单位会计准则》中，都规定有资产、负债、净资产这三个会计要素。但我国目前政府会计的资产负债表会计要素和依据会计要素编报的资产负债表所反映的内容主要存在以下三个问题：

第一，反映整体政府层面的资产负债表尚不存在。在财政总预算会计编制的资产负债表中，只包括筹集和分配财政资金过程中产生货币资产、金融资产和负债。

第二，就整体而言，包括了财政总预算会计和行政事业单位会

计编制的资产负债表所涵盖的内容不是政府掌控的可以确认计量的全部资产和负债情况。有些符合资产和负债性质的内容并未在会计报表中反映出来（如政府投资形成的基础设施资产，政府对企业投资形成的投资资产，政府及政府单位的一些显性负债等）。

第三，会计要素的计量没有反映准确的资产信息。比如，固定资产在会计报表中反映的是原值，而不是固定资产的真正价值。

这些问题的存在，说明了目前政府会计还不能满足会计信息使用者对政府掌握、利用公共经济资源情况的信息需求，反映政府整体财务状况的资产、负债、净资产会计要素需要重新定义。

2006 年财政部颁布实施《行政单位国有资产管理暂行办法》、《事业单位国有资产管理暂行办法》，明确提出实物资产管理要与价值管理相结合。这也为重新定义政府会计的资产负债表会计要素、使其全面反映政府财务状况提出了要求。

二、资产负债表会计要素的定义

（一）资产的定义

1. 对资产定义的分析。在企业，资产是指过去的交易或事项形成的、由企业拥有或控制的、预期会给企业带来经济利益的资源。与政府拥有资源相比，企业资产的本质特征是：拥有该资源的目的是能给企业带来未来经济利益，经济利益的主要衡量尺度就是现金流量。

政府资产与企业资产在某些方面有共性，但其拥有资产的目的不同。就政府而言，政府拥有经济资源的主要目的不是为了获利，而是为了提供政府对社会的公共服务。提供公共服务是通过政府掌握和使用公共资源而进行的，政府掌握和控制的资源，是政府提供公共服务的能力的物质载体。所以，会计要素定义中资产的本质特征，主要是资产是否能够为会计主体形成提供公共服务的能力。也有些资产被政府和政府单位持有的目的是能够带来经济利益，如政府用于投资的外汇储备、社会保障投资基金，又如事业单位进行经营活动所使用的资产等。

在国际政府会计准则中对资产定义的描述中，对获得资产的方式采用过去的“交易或事项”来描述。这是因为，国外将“交易”定义为包括“交换性交易或互惠性交易”（相当于我国通常所说的交易性活动）和“非交换性交易或非互惠性交易”（相当于我国通常所说的非交易性活动）。如果照搬国际会计准则的定义描述，容易引起歧义。政府及政府单位获得资产的方式主要包括：依法占有（如占有国有公共经济资源），依法征收（如征收税金和非税收入），依照具有法律效力的预算分配（如行政事业单位获得预算拨款），交易（如转让国有资产），其他活动（如接受捐赠）。上述前三项活动都属于政府及政府单位根据法律授权获得资产的活动，所以可以使用“法定授权”一词进行描述，而资产定义中“交易”一词的内涵仍应沿用我国通常的理解，定位于按照等价交换原则进行的交易活动。

在国际政府会计准则中对资产定义的描述中，对服务能力的描述使用的是 service potential 一词，一般翻译为“服务潜能”。按照我国的语言词义，服务“潜能”带有潜在能力的意思，而潜在能力又具有与现实能力相反的意思。应当说，资产所代表的服务能力是指会计主体在会计报表日之后的服务能力，并没有潜在与现实之分。因此在会计要素定义中，不宜用“潜能”来表述。

在我国企业会计准则对资产定义的描述中，将会计主体直接称为“企业”。在政府会计中，会计主体不仅包括政府和政府单位的层面，还包括要求独立核算、独立提供会计报告的基金，如社会保险基金等。对于基金主体来说，直接称之为“政府”就不太贴切了。因此可以用“政府会计主体”一词来代表、涵盖各类政府会计主体。

2. 资产的定义。可以将政府资产定义为：资产指政府会计主体通过过去的法定授权、交易或者其他事项形成的、由政府会计主体拥有或控制的资源，该资源预期能够为会计主体提供未来服务能力或者带来未来经济利益。

对资产定义的理解，可以包括以下几个方面：

（1）拥有资源的政府会计主体包括政府整体、政府部门和政府单位，也包括政府管理的按照基金会计核算的基金。

（2）政府会计主体获得资产的活动包括：依法占有，依法征收，预算分配，交易，其他事项等。这些活动是报告日已经发生的活动，不包括尚未发生的活动。

（3）作为资产的资源的本质特征是能够为会计主体带来服务能力和经济利益。其中服务能力主要是指：提供与政府及政府单位成立目标相一致的服务，如公共管理服务、公益服务等；能够偿还政府及政府单位因进行活动产生的负债。

（4）该资源是为政府会计主体掌握或控制的。掌握或控制是指：会计主体能够利用资源达到其目标或利用资源获得经济利益，并能够防止或监管其他主体利用这些资源得到利益。

（二）负债的定义

1. 对负债定义的分析。在企业，负债是指过去的交易或事项形成的、预期会导致经济利益流出企业的现实义务。企业的负债定义的特征是：负债的偿还会导致经济利益流出企业。在政府组织活动中，承担负债的形式与企业活动是一样的，都是产生了需要承担的现实义务，这种义务需要将来履行。但是在以下两个方面政府与企业有区别：

政府产生负债的形式与企业不同。企业产生负债主要是由于交易活动产生，而政府及政府单位的负债产生的原因很多是因为承担了法定的责任。比如应依照法定预算分配资源而到期尚未给付，应依法发放补贴、救济、各种保障金而到期尚未给付等。所以政府会计主体形成现实义务的原因除了交易活动以外，还主要包括承担法定责任。

政府偿还负债的结果特征与企业不同。由于政府掌握或控制的资源不都是用来取得经济利益，偿还负债的结果虽然也是资源的减少，但是资源的减少不代表“经济利益”流出会计主体。所以，不宜套用企业会计对负债的描述“负债的偿还会导致‘经济利益’流出会计主体”。对政府负债的会计要素进行定义时，使用“资源减少”来描述更加贴切。

2. 负债的定义。可以将政府负债定义为：负债是政府会计主体由于过去承担法定责任、交易活动或者其他事项而承担的现实义务，履行该义务预期会导致会计主体的资源减少。

对负债定义的理解，可以包括以下几个方面：

（1）负债是一种现实义务，未来需要政府会计主体履行该义务。

（2）作为负债的现实义务是由于政府会计主体承担法定责任、进行交易、其他事项而形成的，导致负债形成法定责任、交易活动或者事项是过去发生的，不包括会计主体尚未承担的法定责任、未来的交易活动或者事项。

（3）作为负债的现实义务的承担者是政府会计主体，包括政府整体、政府部门和政府单位，也包括政府管理的按照基金会计核算的基金。

（4）未来会计主体履行义务预期会导致会计主体掌握或控制的资源减少。该资源是能够给政府会计主体带来服务能力或者经济利益的资源。

（三）净资产的定义

1. 对净资产定义的分析。资产扣除负债以后的余额，有时又称为资产净额。在企业会计中，称为所有者权益。在政府会计中，有的将资产净额称之为权益，有的将其称之为净资产。之所以采用与企业会计不同的称谓，主要是因为对政府会计主体的资产净额，出资者无权据以得到经济利益。所以对政府掌握和控制的资产净额，不存在所谓的“所有者权益”。根据我国传统习惯叫法，我们认为以净资产命名比较适宜。因为“权益”称谓在会计理论上也往往指资产的对立面，即通常所说的资产 = 权益。这里“权益”既包括所有者权益，也包括债权人权益。

2. 净资产的定义。可以将净资产定义为：净资产是会计主体的资产扣除负债后的差额。对净资产定义的理解，可以包括以下两个方面：

（1）净资产是会计主体拥有的资源净额，代表了政府可持续提供公共服务的能力。

（2）净资产的数量等于会计主体的资产减去负债后的差额，该差额一般不会出现负数。

三、资产负债表会计要素的一般确认、计量

（一）资产确认的一般条件

1. 符合资产定义。

2. 该资产的价值能可靠计量。资产的价值能够可靠计量包括三种情况，一是通过依法征收获得的现金资产，不存在资产计量问题。二是通过货币性资金支付获得的资产，其资产计量应该是该资产的取得成本。三是通过非交易形式获得的非现金资产。通过非交易形式获得的非现金资产又有两种情况，一是接受捐赠或者罚没获得的资产，其资产计量可以通过市场价值或有关的估值技术进行价值衡量，二是自然资源和文化资产，其资产计量可以通过市场价值估值衡量，或者进行名义价值衡量。

3. 该资产能够获得可靠证据表明其能够提供公共服务能力或带来经济利益。列入资产负债表的资产必须能够提供公共服务，如公共道路、国有企业资本金、基础设施、军事设施、现金、在国际货币基金组织中的权益等。带来经济利益是该资产最终可以为会计主体带来现金资产。

（二）负债确认的一般条件

1. 符合负债定义。

2. 该负债需要以货币、实物或政府服务偿还。负债需要以货币、实物或政府服务偿还，是指作为负债主体的政府，其偿还债务可能是货币（如应付的工资、补贴等），可能是实物（如对贫困家庭的实物补助），也可能直接以某种服务来偿还。

3. 该负债能够可靠计量。负债能够可靠计量是指负债必须能够以货币指标或通过估价方法可靠估计的货币金额进行计量。

（三）净资产的确认

净资产是资产减去负债以后的余额，是可以用来提供公共服务的可用资源净值，是政府接受公众委托可使用且能够计量的资源净

值。净资产不存在单独确认和计量问题，它是对资产、负债确认和计量结果的一个综合反映。

（四）资产负债表会计要素的计量

我国企业会计准则规定的计量属性包括历史成本、重置成本、可变现净值、现值和公允价值 5 种。不同资产负债表负债项目以及附注内容采用不同的计量属性。计量属性的选择依据就是其与决策有用性的相关程度，比如固定资产采用可变现净值与成本孰低等。

在政府会计中，对会计要素项目计量为了满足政府决策有用并反映受托责任履行情况，从会计核算的角度看，会计要素各项目的计量主要体现在资产要素项目上。根据政府会计资产要素的定义，衡量资产数量的目的之一是反映公共服务能力的大小，因此对资产的计量提出了特殊要求。这种特殊要求导致了政府会计计量的特殊性：

其一，对以提供服务为目的、不用于变现或支付的资产，资产价值数量应当与其提供的服务能力大小相联系。

其二，对不能用于交换且没有可靠的市场价格、但可以用价值指标衡量的资产，可以用名义价值计价，以使其列入资产负债表。

其三，对于以实物量度衡量比使用价值量度衡量更能够反映资源服务能力的资产，可以使用实物量度计量，以利于对其进行表外披露。

政府会计计量属性包括以下 7 种：

1. 历史成本。在历史成本计量下，资产按照购置时支付的现金或现金等价物的金额，或者按照购置资产时所付出的对价公允价值计量。负债按照因承担了现实义务而实际收到的款项或者资产的金额，或者承担现实义务的合同金额，或者按照为偿还负债需要支付的现金或现金等价物的金额计量（包括提供服务的价值）。

2. 重置价值。资产按照现在购买相同或者相似资产所需要支付的现金或现金等价物的金额计量（主要用于原尚未入账的资产）。

3. 可变现净值。对于尚未入账以及盘盈且可以在公开市场进行出售的资产，按照其对外销售所能收到的现金或现金等价物的金额扣除该资产达到估计可使用状态发生的支出后的金额计量。

4. 现值。对于可以用于政府公共服务的其他领域的资产，按照预计从在其他领域对其使用和最终处置所产生的未来净现金流量的折现金额计量。负债按照预期期限内偿还的未来净现金流出量的折现金额计量。

5. 公允价值。资产和负债按照公开市场进行资产交换或者债务清偿的金额计量。

6. 名义价值。指对于无法在市场上进行交易的政府资产，以名义价格标定的价值数量。名义价格不是该资产的市场价格的反映，只是为了以价值尺度对资产进行计量，以使其汇入资产负债表。

7. 实物度量。对于没有在市场上进行交易取得的政府资产，需要以实物度量标准在报表附注中进行反映。度量的尺度可以是有助于表达资源情况的实物单位标准（如面积、件数、体积、级别等）。

四、几项特殊资产的确认、计量

政府资产主要包括货币资金、应收款项、政府债权、储备物资、存货、国防资产、股权投资、固定资产、公共基础设施、自然资源（如森林、矿藏）、文化资产等。以下对几项政府资产的确认计量问题进行分析。

（一）政府贷款和转贷款

政府贷款和转贷款属于政府债权资产，应在实际发生时予以确认，确认的金额为贷款的本金。目前我国债权资产尚未按照权责发生制进行再次确认，其账面价值不包括应收利息。按照本研究报告的资产要素定义，应收利息符合政府资产的定义，并且能够可靠地计量，应当将其确认为资产。所以，对政府贷款和转贷款，应当在期末计算应收利息，确认为政府贷款和转贷款资产。

（二）储备物资

储备物资是政府用于预防突发事件、稳定社会生活秩序而采购、持有的物资。储备物资可以多年持有，其使用的数量是不确定的。储备物资符合政府资产的定义，也能够可靠地计量，因此应当作为资产确认。但是，由于政府储备物资的储备形式多种多样，其资产确认亦应当根据实际情况确定。储备物资可以分为两大类：一是政府买断的储备物资；二是政府未买断的储备物资。

政府买断的储备物资又分为三种情况：一是由政府专门储备企业储备管理、登记为企业资产的；二是由非政府储备企业代为储备管理，不登记为企业资产的；三是由事业单位储备管理、登记为事业单位资产的。对于第一种情况储备物资，由于储备物资已经确认为企业资产，政府会计就不再确认储备物资资产，政府会计按照对储备物资管理企业拥有的所有者权益（政府出资购买储备物资会增加国有储备企业的所有者权益），确认国有股权资产。对于第二种情况和第三种情况的储备物资，政府会计应当确认为储备物资资产。

对于政府未买断的储备物资，基于储备物资所有权的风险或收益不由政府承担，因此政府会计不将其确认为政府资产。其中对于政府支付了周转金，用于采购、保管储备物资的，应当将政府支付的周转金确认为应收款项。

（三）国防资产

国防资产是消耗了财政资金购置的资产，其实物状态可以保留多年，因此属于资本性资产的范畴。将其在资产负债表中确认，有利于表明政府的国防服务能力。但是，国防资产存在不确定性，即随时可能用于战争而一次性消耗。所以国防资产不需要计提折旧。国防资产应在达到可使用状态时按照实际总成本计量并确认，国防资产无须计提折旧或摊销。

（四）政府股权

对政府股权（对国有企业的投资）的确认、计量有两种方法选择：一是成本法；二是权益法。从目前情况看，对大多数政府股权资产的确认、计量采用权益法更为有利。这是因为：①有利于反映国有股权的实际价值。国有企业一般由国家长期持有，经过较长的持股期后，由于国有资本的增值，权益法比成本法更能反映国有股权的实际价值。另外，一旦转让国有股权，按权益法确认的股权资产金额也比按成本法确认的股权资产金额更接近给会计主体带来的现金流入。②有利于表现对国家参股企业的国有权益。在国有参股企业，国家对所有者权益的掌握只是部分的，它反映了国家对该企业的控制能力程度。采用权益法比成本法计算的国有股权，更能反映国家对参股企业的控制能力程度。③有利于取得国有股权资产数据。在没有建立起国有资产会计之前，除了对企业的财政拨款数以外，只能通过国有企业的会计报表取得企业所有者权益及国有权益的数值，而财政拨款又并不能准确反映政府取得股权投资的实际成本（因为有时会出现投资损失等）。所以如果按权益法确认、计量国有股权资产，更容易取得数据资料。采用权益法确认、计量国有股权，需要每年再次确认。伴随着国有股权变动产生的变动，亦应当调整政府产权基金。

（五）固定资产

对于政府拥有的固定资产，应在固定资产实际交付使用时按照实际成本计量并予以确认。目前行政事业单位的固定资产不提折旧，会计报表上的固定资产以原值反映，不能准确反映固定资产的实际价值。在政府会计中对固定资产计提折旧，以固定资产净值反映固定资产价值，已经是大多数政府会计研究者的共识。目前固定资产的再次确认、计量问题，主要体现在如何计提折旧问题上。对于企业来说，对固定资产计提折旧是为了正确反映固定资产价值转移到产品成本中的数量，由此准确计算实现的利润，所以往往采用直线折旧或加速折旧法。而对政府会计来说，很多固定资产价值的反映目的是固定资产提供服务的能力及其变化，所以对于固定资产如何折旧要看提供固定资产价值信息的目的。①对于固定资产价值信息为反映服务能力及其变化的，应当按照固定资产服务能力的衰减程度计提折旧。比如有的固定资产服务前期基本保持服务能力不变、后期服务效能会发生较快的衰减，对该类固定资产就可以采用分段折旧（前期折旧率低，后期折旧率高）的方式计提折旧。②对于固定资产价值信息为反映固定资产价值减少，并用以计算服务成本的，应当参照企业计提折旧的方法计提折旧。随着固定资产净值的减少，亦应当调整固定基金。

（六）基础设施

目前，很多基础设施并没有在政府会计核算中作为资产入账。我们认为，政府投资形成的公共基础设施，也应当确认为政府资产。这是因为：①基础设施符合资产的定义。②将基础设施确认资产更能反映财政预算支出的结果。③将基础设施确认资产有利于全面反映政府的服务能力。

基础设施与固定资产有着同样的价值特征：①都是通过一定的投资形成。②都是长期使用并提供服务。③都有一定的服务年限。因此，基础设施的确认和计量，可以比照固定资产的确认和计量进行。

（七）财政应返还额度

财政应返还额度包括行政事业单位本期预算的财政拨款收入中期末尚未得到的部分，还应当包括各级财政部门本期转移性收入中期末尚未从上级或者下级财政部门得到的部分（目前列入了“与上级往来”或“与下级往来”科目）。财政应返还额度属于会计主体拥有的获得未来财政资金流入的权力，符合资产的定义。同时，由于财政应返还额度属于由法定预算执行（决算）产生的资产，应当与其他资产分列，单独划为一类。财政应返还额度的确认条件包括：

（1）属于财政应返还额度的资金属于本期财政预算收入。

（2）报告日尚未收到资金或者尚未得到资金的支付。

（3）证明取得了获得未来资金流入的权利，比如期末与上级财政部门或下级财政部门的结算清单等。

（八）土地、林木资源

政府对土地、林木资源的拥有一般是根据法律规定所占有的。在没有发生交易的情况下，对土地、林木资源等自然资源的估价很难准确。因此，虽然土地、林木资源等自然资源符合政府资产的定义，但由于很难准确地计量，不宜以估价金额确认为资产负债表内的资产。然而，土地和林木资源属于政府拥有的重要公共经济资源，其拥有数量和利用程度在很大程度上反映了提供政府公共服务能力的数量。特别是城市土地，其转让往往会在短期内给政府带来大量财政资金收入。土地和林木资源的增加或减少还说明了政府基于科学发展观的执政结果，是评价一届政府建立和谐社会绩效的重要指标。所以，土地和林木资源信息是政府会计信息使用者迫切需要的信息之一。因此，应当在资产负债表附注中披露政府拥有和控制土地和林木资源的情况。对土地和林木资源信息的披露应当采用相应的实物量计量，如对城市土地资源披露其土地等级、土地面积、转让程度等，对自然林木资源披露林地面积、林木蓄积量等。

五、几项特殊负债的确认计量

目前，我国财政总预算会计和行政事业单位会计记录的负债主要包括：借入款，暂存款，往来款负债，应缴预算款，应缴财政专户款，应付账款，应交税费，应付工资，其他应付款等。目前的这些负债项目，有些不能充分反映该负债项目的内容特征，如暂存款等。并且，有些应当由政府承担的显性债务还没有在资产负债表中确认，如政府单位拖欠的应付工程款、事业活动中发生的采购欠款等。这是因为有些事业活动的支出采用收付实现制核算造成的。因此，有必要对政府负债进行分类的调整。以下从负债确认、计量的角度对现阶段一些主要的政府负债类别进行分析：

（一）借款

借款，指政府和政府单位从金融机构或其他机构获得贷款形成的负债，也包括政府发行国债形成的负债，还包括财政部门由于转贷款形成的负债。目前的借款（包括财政会计记录的“借入款”和事业单位会计记录的“借入款项”等）只反映借款的本金，没有反映应付的借款利息。按照权责发生制确认政府的借款负债，应当在发生借款的以后期间将发生的应付利息确认为负债，增加借款的账面价值。

（二）应付预算款

应付预算款，指处于预算分配方的会计主体对处于接受分配资金一方的会计主体由于分配预算形成的负债，一般指期末记入本期预算支出的应付款项。目前财政总预算会计对有些项目在期末按权责发生制确认预算收支项目时，对其他会计主体形成了负债，分别在“与上级往来”、“与下级往来”、“暂存款”项目反映。这类负债应当单独分类为“应付预算款”。应付预算款还应当包括已经列入本期预算，但由于财政部门资金紧张，期末仍未拨款的款项。应付预算款的确认条件包括：（1）已经列入本期预算。（2）已经达到计划用款期。（3）报告日相关的款项尚未支付。（4）能够证明资金随时可能被要求付出。

（三）交易性负债

交易性负债，指政府或政府单位由于购买商品和劳务形成的负债。包括各种应付账款、应付职工薪酬、应付社会保险金缴费等。对交易性负债的确认关键是要将目前由于按收付实现制核算没有反映的负债纳入负债进行确认。交易性负债的确认条件包括：（1）购入的商品已经收到，购入的劳务已经发生。（2）约定的付款条件已经具备，或者交易对方已经提出付款要求、且该要求符合法定条件或惯例。（3）相关的款项尚未支付。

（四）应付政府补助

应付政府补助，指政府或政府单位由于法定义务应当向某些个人、组织的补助或补贴，如困难补助、失业补助、政策性补贴等。目前的政府补助或补贴支出按照收付实现制确认，因此不存在应付政府补助的负债项目。但这也就掩盖了一些政府由于财政资金紧张、拖欠补助的发放或者低于规定标准发放补助、补贴的问题。这样做的结果是，要么将政府支出的负担向以后推移、乃至推给下届政府，要么不能完全落实政府应当承担的法定责任，失信于民。所以，对政府由于承担法定义务、但尚未支付的各种政府补助、补贴，在报告日应当按照权责发生制确认为政府负债。应付政府补助的确认条件包括：（1）补助或补贴是由明确的法律、法规或规章规定的。（2）致使政府或政府单位承担支付补助、补贴义务的事件已经发生。（3）接受补助、补贴的对象符合规定的对象条件。

(4) 接受补助、补贴的对象已经提出申请，或者虽然接受补助、补贴的对象尚未提出申请，但是已经能够确定接受补助、补贴的对象。(5) 报告日相关的款项尚未支付。

(五) 预计负债

预计负债，指符合负债定义的政府或有负债。目前，政府和政府单位承担了一些或有负债，包括担保协议、担保贷款、赔款或者未决诉讼等。按照目前的会计核算，在政府因或有负债承担的义务已经转为需要承担的支付义务时，只要还没支付，就不作为负债确认。这样就没有把政府需要承担的支付义务信息及时反映，掩盖了政府的未来支付风险。因此，对已经转化为真实负债的或有负债，应当按权责发生制确认为预计负债。预计负债的确认条件可以参照企业会计中预计负债的确认条件。

六、净资产的分类

净资产是资产减去负债以后的余额，不存在单独确认和计量问题。但为了详细反映净资产的构成，需要按照合理的方法对净资产进行分类。净资产按照不同的角度有不同的分类。

(一) 按是否具有限制性要求划分

按是否具有限制性要求，净资产可分为限制性净资产（永久性限制和暂时性限制）和非限制性净资产。一些外国的政府会计通常采用这种分类方法，我国的民间非营利组织会计对净资产分类也采用这种方法。这种分类的目的是区分政府及政府单位的各种基金净资产中有多少是用于限定用途的，有多少是非限定用途的，以反映净资产可动用的程度。

(二) 按净资产构成内容划分

国际政府会计准则要求对按权责发生制编制资产负债表的净资产按照来源予以分类分别反映，其要求的分类包括：投入资本，累积盈余和赤字，所有公积。国际政府会计准则这些规定是参照国际会计准则（企业）写的。比较类似于企业的净资产分类。

美国使用基金会计进行核算，政府单位层面（州和地方政府）的联合资产负债表中的净资产包括：普通基金余额，特种基金余额，偿债基金余额，资本项目基金余额，固定资产来源等。这种净资产分类，可以使会计报表使用者了解不同用途的政府资源的净资产。

（三）我国政府净资产应采用的分类方法

我国没有采用基金会计核算及报告方式。政府层面的资产负债表中净资产包括财政部门编报的资产负债表中的净资产和行政事业单位编报的资产负债表中的净资产。净资产分类可以基本沿用目前的做法，并作一些改进。可以将政府的净资产分为：政务基金（或普通政务基金）、事业基金（或普通基金）、固定基金、储备基金、投资基金、债权基金、专用基金净额等。

政务基金（或普通政务基金）和事业基金（或普通基金），是指政府或政府单位累积的结余。但是这里的结余是指在按权责发生制确认的财务会计层面的收入减去费用后的差额，与预算结余口径不同。对于财务收支结余，需要通过一定的调整才能与预算收支结余进行钩稽。

固定基金、储备基金、投资基金、债权基金，是指某种资产的资金来源。各个基金对应相应的资产。如固定基金对应固定资产，储备基金对应储备物资资产，投资基金对应政府产权资产等。

专用基金净额，是指具有特定来源和用途，需要单独核算、单独报告的资金形成的净资产，包括接受捐赠、要求不得使用本金的留本基金本金。

对于我国政府会计的净资产作出以上分类的主要理由是：

（1）按净资产内容进行分类可以详细反映净资产的全部内容，使会计信息使用者了解不同用途的政府资源的净额。

（2）通过在政务基金、事业基金、专用基金净额等中再划分限定性净资产和非限定性净资产，也可以达到反映净资产可动用程度的作用。

（3）在净资产中设置与资产相对应的基金，符合政府会计核算对部分业务进行双重确认（既确认预算收支，又确认资产负债增减）的要求。

（4）我国预算会计多年的实践都采用按内容进行净资产分类的方法，按净资产内容进行上述分类与政府会计实务传统习惯协调，易于被广大政府会计工作者所接受。

第三部分　政府会计要素确认情况调研报告

从 2007 年 4 月到 2007 年 7 月，本课题组在××市范围内对政府会计主要要素——政府资产、政府负债和政府预算收支进行了全面广泛的调研，针对储备物资、基础设施、国土资源、国有股权、捐赠物资、文化遗产等可能的政府资产以及与这些资产相关的负债、财政收支或产权的确认情况、政府资金收支中特殊内容的确认情况、政府负债中特殊内容的确认情况等几类可能存在确认难点的内容进行了全面调研，涉及单位包括市级和区级财政局、各主管单位、相关事业单位和企业。现有会计制度上规定得较为明确的一般资产和一般财政收支及负债的确认，在此次调查中不作为重点。

基础设施确认情况

本次对基础设施的调查包括水工建筑、交通基础设施（包括道路、桥梁场站、轨道及其他交通设施）、地下管网、其他市政设施（如垃圾转运站、垃圾填埋场等）等由财政投入建设并维护、维持城市正常运转的基础设施。我们对每类基础设施的主要调查问题包括：（1）目前××市基础设施管理单位的性质；（2）基础设施建设、维护与财政资金之间的关系；（3）基础设施是否确认为固定资产；（4）如果确认为固定资产，其确认相关的时点和标准；（5）基础设施是否折旧以及更新改造如何确认等问题。

一、水工建筑资产

（一）水工建筑资产的确认

××市的河道、闸坝、泵站等水工建筑归属水务局下属的各水利工程管理单位（简称水管单位）管理和核算，水管单位是按企业化管理的自收自支事业单位，执行的是类似于企业会计制度的水利工程管理单位财务制度和会计制度。水工建筑在产权上划归这些水管单位，因此核算中列入单位的固定资产。

水工建筑固定资产的形成按照资金来源有三种核算方式：

1. 列入基本建设计划的，建设期按基建会计设账（按照国有建设单位会计制度设置——下同）核算有关收支，项目竣工验收时，转入“固定资产”和“资本公积”科目；

2. 未列入基本建设计划、由财政部门使用政府性基金专款拨入建造的，建设过程中单位在“在建工程”科目核算相关支出，在项目竣工验收后确认为“固定资产”和“资本公积”；

3. 使用单位自筹资金（社会上的投资、单位利润）建造的固定资产，建设期间在“在建工程”科目核算相关支出，项目竣工验收后确认为“固定资产”。

水管单位相关的财务和会计制度中并未明确固定资产的确认时点，在实践中，由于竣工决算通常还需要经历较长期间上报主管单位审核批准的过程，为了能够及时进行核算，水管单位通常在竣工决算时根据决算数据预估固定资产价值入账，当决算审批结果下来时，如果有差异的，再进行固定资产价值的调整。

（二）水工建筑折旧的确认

水工建筑的建设资金主要为以基本建设方式投入的财政资金，在南方还存在非财政资金投资的情况，极少部分为企业用留存利润投资建设。由于南方存在非财政资金投资，以及南方的水工建筑等设置多为经营性目的（供水），由此导致水管单位的会计制度有别于普通事业单位，与企业会计制度接近，全部固定资产均按照规定计提折旧进入期间成本。

在南方经营收入较多的水管单位，固定资产折旧引起的财务问题并不严重，但是北方的水工建筑主要为公益性（防洪、抗旱等），因此使用该制度引发的问题就是大部分水管单位——尤其是北方的水管单位固定资产折旧进入公益支出后，由于财政支付水管单位的公益收入中并不包含弥补折旧的资金，因此水管单位财务报表上形成巨额亏损挂账。

水工建筑计提折旧引发的另外一个会计报表上的问题是，水工建筑等固定资产的建造大部分使用财政资金，因此在建造过程中，水务局的部门决算报表中包括各水管单位固定资产的建造支出；在未来固定资产使用年限内，由于水管单位的固定资产所计提的折旧进入单位支出中，在水务局各年末汇总下属单位报表的时候，这些折旧再次形成了水务局部门报表中的支出项目。由此产生了同一笔支出在前后期汇总会计报表中重复出现的现象。

（三）水工建筑更新改造的确认

根据制度的规定，水工建筑改扩建时，需要按照固定资产原价加上改建、扩建、水毁修复发生的支出，减去改建、扩建、水毁修复过程中发生的固定资产变价收入后的余额计价。但是并不要求从账面上减少拆除部分原始价值。实务中，各水管单位根据固定资产最初入账时分类和计量的详细程度决定是否调整原始价值。如果进行了固定资产的局部拆除，对于无法确切估计其原始价值的，则直接增加其改扩建价值；如果账面上能够区分其价值的，则相应减少拆除部分的原始价值。

二、交通基础设施

××市及区县所属的交通基础设施分为道路（城市轨道）和车辆，经过调查，我们发现车辆全部由企业进行管理和核算，按照企业的会计制度确认固定资产并计提折旧，而道路的管理和核算则十分复杂，因此我们将调查重点放在对道路资产的确认上。

××市的道路分为不收费的公路（指四环以外的道路）、市政道路（指四环以内的道路）以及收费道路（高速公路、城市轨道）。在管理上，××市的道路分为企业管理的道路和事业单位管理的道路两类。在道路是否确认为固定资产以及相应的折旧问题上，存在以下多种情况。

（一）经营性道路的确认——企业固定资产

××市的经营性道路是高速公路和城市轨道，其投资、养护和维修归多家公司管理，这些公司全部使用企业会计制度。其资产和相关资金来源的确认遵循企业会计制度。

高速公路修建的资金包括财政资金、贷款和其他自筹资金。高速公路作为企业的固定资产核算，相应使用的财政资金则作为“实收资本”核算。高速公路每年需计提折旧。高速公路的改扩建都不足以对固定资产性能有实质性影响，因此相关支出均作为企业的费用按企业会计制度进行必要的摊销。

地铁等轨道交通的轨道建设和管理与经营性道路类似，资产在集团或其下属公司中确认并计提折旧，相应的财政资金则作为企业的实收资本确认。财政每年给予企业的政策性经营亏损补贴则确认为企业的补贴收入。

（二）企业管理的非收费道路的确认

管理非收费道路的企业分为两种，一种是真正的企业，主要从社会上产生服务收入，在这类企业中，非经营性道路作为企业的固定资产确认；另一种是尚未完全企业化运作的改制企业，主要行使事业单位的职能，主要收入来自政府对所提供服务的付费，在这类企业中，道路不完全确认为企业的固定资产。

1. 非经营性道路确认为企业的固定资产。由于历史原因，××市的××集团除了自身管理的经营性道路外，还负责管理非经营性道路（×环路）。×环路原本属于收费道路，财政向××集团拨付资本金，但是在资本金到位前，××集团主要通过贷款修建，以后财政每年拨付部分资本金用于替代贷款。后来该道路改为非收费道路，这种拨款还贷的资金供应方式并未改变，同时财政每年向集团拨付×环路的维护费用，这笔资金则成为企业的补贴收入。

在这种情况下，××集团尽管将五环路资产列入了企业资产，但是由于其不产生收入，因此不对×环路未计提折旧。由于巨额不产生收益的资产的存在，集团的资产收益率和股东收益率受到很大的影响。

2. 非经营性道路不完全地确认为企业的固定资产。××公联公司也是企业，但是其主要业务是为市政修建道路，道路完工后移交市政相关部门，同时公联公司还负责四环路的修建、管理和维护。从目前的性质上看，公联公司主要在为××市政府提供服务，这是与普通企业不同的地方。

公联公司成立的时候，××市采取了将已存在的四环路部分（相当于现有四环路的局部）经过评估作为公联公司的资本金用于登记注册。因此在成立公司的时候这部分四环路按评估价格确认为企业固定资产，同时确认相应的实收资本。但是后续四环路建设中，财政拨付的建设资金在道路竣工决算之后全部与工程支出对冲，并未形成企业资本金，也未确认相关的固定资产，已确认为固定资产的四环路部分未计提折旧。

公联公司修建其他道路的过程也在基建会计中核算，其与修路相关的开支均列入道路的工程项目成本，道路修建的资金来自财政拨款。公司修路过程中也存在贷款的情况，这些贷款都由财政拨款逐年偿付。在道路移交之前，在建道路的收支和资产情况由公联公司与其公司其他资产和收支一同合并编制报表，上报国资委的相关处室。但在道路竣工后，道路需移交给市政相关部门，移交时有关财政拨款和工程成本在基建会计账户中对冲，不构成企业的资本金和资产。同时市政管理部门作为行政事业单位，不认为这些道路属于单位资产，因此这些道路在相关的市政管理部门中也未作为固定资产入账。

公联公司使用土地对加油站或停车场投资时，评估的土地价值确认为对外投资，同时确认公司实收资本。

（三）行政事业单位管理的非经营性道路——不确认固定资产

××市路政局是管理××市非经营性道路的行政单位。其所管理的非经营性道路主要由公联公司修建，除此之外，还有房地产开发商建设并移交市政的道路。由于非收费道路被定位为国有基础设施，路政局管理的道路均未作为固定资产在会计账户上进行确认，路政局所管理的其他设施，如涵洞、桥梁等也是如此。但是这些资产都在实务账上进行了登记。

（四）由房地产开发商开发，无偿交付政府管理的非经营性道路

××市有些地块由房地产开发商开放，开发规定中要求建设一

定的公共基础设施，如小区周边的市政道路等。这些市政道路当开发完成后，由开发商无偿交给政府有关部门管理。这部分公共基础设施的开发成本已经由开发商摊入商品房成本中通过销售价格收回。政府从开发商手中无偿获得的公共基础设施相当于政府对开发商收取的实物地租（土地出让金）。目前接受这种公共基础设施尚未在政府有关单位确认收入，接受的市政道路也未确认为固定资产。

三、环卫设施

××市的环卫设施分为两部分，一部分是全市范围的垃圾转运站、垃圾填埋场以及移动厕所，归环卫集团管理；另一部分是各区县负责的垃圾楼、垃圾填埋场、公厕等，这部分环卫设施的管理单位属于事业单位。与道路的管理一样，在环卫设施的管理上××市同样分为企业管理和非企业（事业单位）管理两类。

（一）企业管理的环卫设施的确认

环卫集团2000年改制成为企业时，按照固定资产原有的账面价值确认固定资产，并确认实收资本。这之后形成的环卫设施在确认固定资产的同时确认资本公积金，而非实收资本，其理由是为了免除修改工商登记注册资本金的麻烦。

尽管属于企业，但是环卫集团的大部分服务由财政付费购买，因此固定资产是否折旧取决于其是否属于经营性资产，而这取决于财政确定的相应设施的服务单价内容。对于财政付费中包含固定资产折旧的服务项目，相应使用的固定资产按经营性资产计提折旧；对于财政付费中未包含折旧补偿的，相应使用的固定资产则作为非经营性不计提折旧，即将相应资产作为非经营性资产管理。环卫集团曾经在2006年按照国资委的要求对所有固定资产计提折旧，但引发了巨额亏损，因此暂停这种做法。目前环卫基础设施不提折旧，只有环卫车辆和设备计提折旧。

（二）事业单位管理的环卫设施的确认

区县环卫中心属于事业单位，其建设和管理的环卫设施的确认基本按照事业单位对固定资产核算的要求进行，历史上遗留的环卫设施通常没有被确认为固定资产，近些年随着××市及各区县对环卫事业的投入加大，各区县逐渐确认相关的资产，但是各区县在实际操作中存在较大差异。有的区县由于土地使用权和规划问题竣工决算长期得不到上级批复，因此大量已投入使用的环卫设施长期挂在基建账上没有转出；有的区县则对此作了灵活处理，在竣工决算的时候确认固定资产和固定基金，不计提折旧。但是有的区县的环卫中心正在为转制为企业做准备，因此在测算成本的时候包括环卫车辆的折旧，但是不包括房屋建筑等的折旧。确认为固定资产的环卫设施的计量还存在一个问题，即只要环卫设施不拆除，其改造或大修的费用就计入并增加固定资产原值。由于固定资产不计提折旧，造成环卫设施的固定资产账面价值虚高。

四、地下管网和相关设施

××市的地下管网主要包括排水管网（雨水、污水、中水）、自来水管网和热力管网，与之有关的设施包括污水处理厂、污泥处理设施、自来水厂等。这些管网和设施目前分别由国资委管理的排水集团、自来水集团和热力集团管理并核算。这三家尽管都属于企业，但是由于改制时间长短不同，企业化程度并不一致，并且其提供的服务对象性质也不相同，因此在对固定资产是否折旧的问题上态度不尽相同。

（一）市场化收费，企业化核算

自来水集团和热力集团较早成为企业，并且面向社会收取水费或供暖费，因此在相关资产的确认上遵循企业会计制度，固定资产建造过程在企业的“在建工程”中核算，竣工决算移交使用时确认为固定资产，在使用过程中计提折旧。

（二）非市场化收费，非企业化核算

排水集团尽管属于企业，但是它的服务对象是××市政府，并不面向社会收费，而是根据业务量从财政取得收入，因此在确认资产和折旧上并不完全按照企业会计制度进行。其做法与环卫集团类似。

排水集团于 2002 年成立，这之前的各项设施都没有账面价值，

2006年经过评估后，这部分资产才进入集团的固定资产和实收资本账户。排水集团成立后建造的固定资产均进行了确认，但是，固定资产是否折旧则取决于其与财政对服务单价内容的确定。只有财政付费中包含折旧的固定资产才计提折旧，否则不计提折旧。目前排水管网尚未计提折旧，其他固定设施已计提折旧。

储备物资的确认状况

本次调研的储备物资主要包括防汛物资储备、粮油储备、生活必需品储备、农业救灾物资储备和医药储备五类。由于我国对于不同储备物资的管理办法以及管理储备物资的机构性质设置上存在差异，这些储备物资的确认也存在不同。目前存在的三种不同储备方式，相应的确认方式也分为三种。

一、非买断方式储备物资

非买断方式下，政府并未购买储备资产，而是与企业达成储备的协议，要求企业根据政府对品种和数量的要求，单独管理或与经营性存货一同管理。财政为规定的储备支付日常的储备费用和相应的银行贷款贴息，企业将其列入“财政补贴收入”；当政府动用储备的时候，如果动用储备物资的价格由政府限定，则成本与售价的差价由政府负责，溢价部分上交财政；亏损部分则由财政补贴。采用这类方式储备的资产主要为有效期短的物资。

目前××市非买断式储备资产有农业救灾储备（包括农膜、化肥、农药）、生活必需品储备（肉、糖、盐）、部分防汛物资等。由于储备的实物所有权属于企业，其动用采用的是企业直接投放（出售）市场的方式，或者动用时政府相关部门对企业支付购买款的方式。因此，储备物资的整个运营过程与企业经营过程融合，储备物资产权不属于政府，不形成政府资产。

二、买断方式储备物资资产的确认

（一）粮油储备

××市粮油储备主要由粮食局所属的全额拨款企业——××粮油购销公司（××市粮食局结算中心）通过买断方式对粮油储备进

行管理。××粮油购销公司实为事业单位同时挂牌为企业，其职能是负责××市储备粮的购买和轮换，出于贷款的需要，该单位以企业形式出现，执行企业会计制度，但履行的却是政府职能。

××市的粮油储备基本上采用的是买断的方式，粮食储备在××公司中作为“库存商品——政策性粮油”确认并核算；由于××公司采取的是“见货付款”和“见钱发货”的购销付款方式，现金与粮食实物之间的付款或收款之间的周期一般为14天之内，但是在处理由此产生的应付账款和预收账款的情况，企业采取了以现金收付时点为记账时点的方式，对于存货入库，但是现金未支付的情况，不进行有关资产或负债的确认；如果出现现金已到账，但是存货尚未发出的情况，则确认“预收账款”。

××公司的粮食购销差价全部由财政负责，溢价部分上交财政，亏损部分由财政进行补贴。其日常发生的管理费用也由财政以“补贴收入”的方式弥补。采购粮油的资金主要来自银行贷款，银行贷款在××公司确认为负债。注册建立该公司时，粮食局拨入的资本金已确认为“实收资本”。

（二）防汛储备物资

××市政府的防汛办公室负责防汛物资的采购。防汛办采用事业单位会计制度。防汛办购买防汛物资之后，不一定被直接耗用，而是在一段时间停留在防汛办或水利工程管理单位中。当防汛办采购这类防汛物资时，防汛办作为专项支出开支，材料物资进入防汛办的备查账，但未进行价值反映。发放这些防汛物资时，只有属于固定资产的防汛物资能够在接收单位（通常为水利工程管理单位）的固定资产账面上得到确认和计量，而低值易耗品、材料等接收单位则不进行确认和计量（根据《水利工程管理单位财务制度》的规定，防汛储备物资不能作为水管单位的存货）。可见，这部分储备资产属于政府的未确认资产。

三、周转金方式储备物资的确认

由于医药的有效期短等特点，××市的医药储备采用了“周转金”方式，由药监局等有关部门制定药品储备目录，与药品流通企业签订合同，要求其在必要时提供所需药品器械，这部分储备在企业中属于正常经营储备，并未进行单独核算或管理。财政直接拨付资金到合同企业，作为未来动用医药储备的资金保证，企业则将该笔资金确认为“其他应付款”负债。政府动用医药储备后，企业在“其他应付款”中减少相应价值，动用储备以及每年可能需要增加储备的情况下，财政视必要性向企业拨款进行资金补充，财政部门不再对企业的日常储备费用进行补贴。

尽管这类储备资产从所有权上看并未形成政府资产，但是与之相对应的周转金实际上是政府在企业中拥有的动用储备资产的资金权利，应该确认为政府的资产。但是，目前这笔资金在财政部门作为支出列支，未能形成政府的资产。

其他政府资产的确认

本次调查还涉及政府公房、人民安全防空、文物及文化遗产、捐赠物资、国有土地、国有股权等资产的确认状况。

一、政府公房

××市政府的房管单位多属于事业单位，目前很多正在转制为企业，有个别已经转制为公司。由于房管所的公房都是历史上形成的，没有产权证和价值记录，因此目前只有实物账而没有在会计上进行确认。

二、人防工程

人防工程的管理主要由民防局及下属事业单位管理，因此在固定资产的核算上使用事业单位会计制度，按照制度，相关单位建造的人防设施通过在建工程建造完工后确认为单位的固定资产和相应的固定基金，人防固定资产不计提折旧。但是近年来民防局并未新建人防工程，而是采取“谁开发、谁投资、谁管理”的原则，人防工程多由小区开发商进行建造，这些工程建造后并未移交民防局，或是移交了管理权但未移交产权。所以目前这些人防工程并未确认为民防局及下属单位的固定资产。

三、古建筑和文物

××市拥有大量的古建筑、古树和文物。本着“谁使用谁管理”的原则，使用单位全部按级别、面积或件数在实务账上进行详细的登记。但是，是否能够用价值确认为其为固定资产则视具体情况而定。文物单位的其他固定资产，如设备、办公楼等根据事业单位会计制度进行确认。

（一）古建筑和古树

古建筑和古树以及按照文物定级记录和管理的古建筑遗址均不进行会计确认，即便是在古建筑遗址上进行重修或大型修缮，也不进行古建筑的价值确认，只是进行收支记录和核销。

（二）文物

文物在文物部门的实物账面上也按固定资产进行管理，继承和接受捐赠但未有相应价值的文物不进行会计确认，但是通过购买、征集或通过接受提供了价值凭证的捐赠取得的文物，则在会计上确认固定资产的同时，确认固定基金。

（三）非古建筑的建筑物

公园或文物单位中的非古建筑的建筑物，如新建的仿古建筑或在未列为文物的遗址上的重建建筑均确认为固定资产的同时确认固定基金。对这类建筑物的大型修缮增加原有固定资产的价值，但是并不剥离原有固定资产损毁部分的价值。

（四）公园中的道路、新挖掘的湖泊和绿地

公园中的道路、湖泊和绿地不列入固定资产，在建设完毕后直接核销收支。但是公园绿地在实务账上记录面积，以便计算维护费用预算，种植的树木也在实务账上记录，年终进行盘点。

四、捐赠财物

××市的捐赠财物全部由捐赠中心负责接收和发放。捐赠中心为事业单位，它对捐赠财物独立核算，与本单位业务分离，由于没有针对捐赠财物单独的核算办法，因此捐赠中心使用事业单位会计制度的两组会计科目对其进行核算。但是在年末上报报表时，捐赠财物账户数和捐赠中心自身活动的会计账户数进行汇总上报。

捐赠财物分为现金和物资，其中捐赠的非现金实物不论其种类，一律按照捐赠中心自身制定的折价依据折价后确认为库存材料。现金捐赠在收到的时候，在确认现金或银行存款的同时确认其他收入；物资在收到的时候，在确认库存材料的同时确认为事业基金。这两者的会计处理存在不一致之处。

外国政府赠款项目捐赠的资金均由财政部代表中国政府接受并管理，捐赠资金在中央政府的财政部门确认资产和捐赠收入。地方财政部门只是作为转赠机构受托管理捐赠资金，这些捐赠资金单独建账和设立资金专户管理。

五、国有土地和矿产

××市国土局下属的事业单位土地储备中心负责××市土地储备的运作。从目前的核算状况看，所有已开发、未开发的土地储备量和土地等级基本能够在国土局的统计数据中记录和反映，但是对于土地储备变化量（已出售、未出售）的统计数据正在完善之中。由于土地估价的困难性，尚无有关土地储备量及其变化的价值记录。同样，对于矿产资源，国土局有相关的勘探数据，但是有关管理单位并不进行价值确认。

土地储备中心对于正在开发的土地所耗费的成本费用进行了核算和归集。每个正在开发的土地项目中发生的成本费用以及分摊的相关综合费用在“成本费用”科目（事业单位会计制度）中核算和归集，并在项目结束拍卖后与收到的“银行存款”冲销，不作为收入确认。成本费用与拍卖所得的差额部分上缴财政作为政府土地收益收入。

六、国有股权

××市国资委拥有对国有企业的管理权，但是仅限于行政管理，月末或年底通过所管辖企业上报的报表，国资委可以利用统计的方法得到当年有关国有股权及其变动、国有股权收益或亏损的数据。

财政部门通过基建拨款、其他方式拨款对国有企业的资本性投入基本上都能够在企业的会计账户中形成企业的资本金，通过转制的企业在转制时通过资产评估的方式确认资本金（这类企业确认资本金的时间与转制过程有关，如前述的排水集团）。但是财政部门将这些拨款列支后，财政和国资委均不对这些资金形成的投资进行账面记录。国有产权每年产生的收益只有以现金方式上缴财政的情况下，才能够在财政部门的收入账户中得到确认，对于留存在企业的收益，财政和企业主管部门也没有相应的确认和会计记录。由此形成财政与企业对国家投资记录之间的空白。

财政负债的确认

财政部门对政府和事业单位之外的负债存在以下两种情形：

（一）财政部门交易性负债的确认

财政部门签订长期分期付款采购合同时，由于采购的预算按采购的全部金额编制，因此对于预算年度尚未付清的未来几年应付的采购款，财政部门在预算当年确认支出，相应确认负债，只是这类负债通常以往来款的形式出现。

（二）财政部门或有负债的确认

我国规定财政部门不得出具担保函等，因此从形式上看，财政部门不存在这类或有负债。但是现实中存在尽管政府或财政部门未出具担保函，但是项目一旦发生偿债危机，政府肯定需要动用预算偿还的情况。这类项目如果存在于事业单位，事业单位通常对其借入款项确认负债，因此通过汇总报表可以上报反映。但如果出现在企业，则无法在政府实际支付之前在政府会计中进行确认。特别是存在“政府性企业”，如××集团、公联公司、公交公司、排水集团等，这类企业成立时财政应拨付的注册资本金都不到位，因此在基本建设和购置固定资产的时候企业借入大量银行贷款，这些贷款的归还都需要财政部门每年通过拨付资本金的方式进行归还，这类贷款目前只在企业账面上得到确认，财政部门并未确认负债。

财政收入的确认

对于财政收入确认的调查主要放在搞清楚税收部门、国库、财政部门在组织财政收入过程中的会计确认与记录方面。

一、税务部门的确认

（一）应征税金的确认

依据能够证明纳税人应当交税的凭证确认应征税金。这些凭证包括：纳税人填报的纳税申请表、代扣代缴收款报告等，税务机构开具的预缴税款通知书、税务处罚决定书等，其他相关机构开具的审计决定书、财政监督检查处理决定书、法院判决书等。应征税金税务机构在账面上确认为资金来源科目“应征税收”，相当于收入。目前，到期应缴未缴税金的滞纳金没有在应征税金中确认。

（二）应退税金的确认

应退税金分为因多缴、减免等原因形成的应退税金和实行“先征后退”政策形成的应退税金。其中，因多缴、减免等原因形成的应退税金由税务机构依据有关规定确认，通知国库退税；实行“先征后退”政策形成的应退税金由财政部门确认，通知国库退税。因多缴、减免等原因形成的应退税金税务机构在账面上确认为资金来源类科目“多缴税金”相当于负债。税收会计在确认资金来源类科目“应征税金”、“多缴税金”等金额时，一般同时确认资金运用类科目“待征税金”，相当于资产。

（三）待清理呆账税金的确认

2001 年 5 月 1 日前形成的欠税，确认为待征税金的呆账，通过资金运用类科目“待清理呆账税金”核算，相当于资产。

（四）待处理损失税金的确认

对已经核定应征税金，因纳税人受到税收豁免、纳税人解散、破产等原因造成无法收到，需要上报审批的，确认为待处理损失税金，通过资金运用类科目“待处理损失税金”核算，相当于资产。

（五）损失税金核销的确认

经批准核销的待清理呆账税金和待处理损失税金确认为损失。通过资金运用类科目“损失税金核销”核算，相当于支出。

二、国家金库的确认

国库会计设置资产类账户和负债类账户，还设置一些资产负债共同类账户。各级国库收到的财政收入确认为负债，计入相应的

“中央预算收入”账户（总库专用）和“地方财政库款”、“财政预算专项存款”、“财政预算外存款”等账户。各项收入在收到入库收入款时进行会计确认，确认的依据主要是征收机关或交款单位提交的缴款书。对于收入的退回（负收入）和财政支出，国库会计（除了总库外）通过登记上述负债账户借方进行账务处理，总库会计通过登记资产类科目“中央预算支出”进行账户处理。收入的退回的确认依据是财政部门及其授权机构填制的收入退还书；支出确认的依据是同级财政填制的库款支拨凭证和代理银行填制的申请划款凭证及清单。

三、财政部门的确认

财政部门对财政资金收支的记录遵循收付实现制。

（一）预算资金收入的确认

预算资金收入以国库每日上报的预算收入日报表为依据确认，其中的非税收入，依据预算收入日报表及后附的缴款书进行确认。如果出现预算收入退库，则依据国库提供的收入退还书的回单联和收入退库日报确认负预算收入，即便退还的是上年的预算收入，也依据收付实现制确认为本年的负预算收入。由于预算资金收入确认依据的是国库收纳资金的日报，因此从确认依据的产生角度看，不可能存在权责发生制的情况。

（二）预算外资金收入的确认

预算外资金是由各单位上缴的，上缴时附有银行缴款书（行政事业收费缴款书），上面盖有财政专户代理银行的印章，证明款项已到。财政依据银行缴款书确认预算外资金收入。

（三）转移支付资金收入的确认

日常转移支付的资金收入按照收付实现制确认，但在年末，由于最终确定上下级之间转移支付资金金额的结算会议日期通常在次年，因此财政无法及时确认应解未解支出或应收未收收入的金额。由于这些补助收入或上解支出的权利义务仍旧归属为上一年度，为此在实务中出现了延迟结账的做法。财政部门在 12 月 31 日这天并不封账，直到召开结算会议确认补助收入或上解支出的结算金额后，才在收到上级拨来的结算差额现金时，依据结算会议上形成的结算草表，在上年度的未结账上确认结算差额部分的补助收入，并在上年度账户上记录“在途现金”，同时增加本年度的“现金”，减少“在途现金”。收到正式结算单后，财政根据正式结算单上的数据与草表上的差异进行调整，并根据正式结算单在上年度账上确认“上解支出”和“补助收入”。这种不规范的账务处理既不属于收付实现制，也不属于权责发生制，它只是用于应付结算会议滞后这一不规范的业务现象。

财政支出及企业获得财政拨款的确认

对于收支确认的调查主要集中在财政部门遇到的收支确认的模糊点，确认规定明确的收支项目未在调查之列。

一、财政专用资金收支确认

除政府预算科目中使用的基金预算科目核算的专用基金（粮食风险基金）外，××市各级财政部门都有自行设置的用于专门目的或用途的资金。比如为了还债目的专门预提并存放于商业银行的偿债资金；为应急用途提取的公共卫生安全应急资金；为下属行政单位预提的办公楼维修资金；为调整各年完成预算支出任务而提取的法定增长资金等。

这些专门用途的资金通常从一般预算中列支提取，在会计核算上使用单独的科目核算。实务中，这些专用资金并没有在总预算会计制度中的专用基金核算中规定。因此没有按照有关专用基金的账户核算。因此，目前这些资金并不确认相应专用资金收支，只是在提取的时候增加相关专用资金，使用时减少专用资金。

二、与权责发生制相关的财政资金支出的确认

财政部门日常支出财政资金时，依据财政总预算会计开具的预算拨款凭证和国库拨款后盖章返回的回单确认相关的财政资金支出，实行收付实现制。在月末或年末，则可能出现部分财政支出跨越会计期间的现象，因此存在按何种记账基础确认的问题。实务中存在两种方法：

（一）按收付实现制确认

在集中支付下，月末存在代理银行已垫支、但未与国库进行清算的预算支出。这类支出的确认如按权责发生制就应该以银行支付为确认时点，但在实际中这两个时点之间只相距一两天，因此采用收付实现制，只以国库清算为确认时点。

（二）平时按收付实现制，期末按权责发生制确认

在国库集中支付时，年末可能出现预算与实际支出口径不同的问题，由此形成应支未支的预算支出。财政部门根据预算文件计算出该数据，并根据权责发生制确认本年度预算支出，同时计入“暂存款”。在授权支付下，平时按与代理银行实际结算数确认支出，但是到年末行政事业单位如有尚未使用完的额度，财政按权责发生制确认为支出。同样，在实拨资金方式下，年末财政支出按财政拨款数确认，而非按照行政事业单位报表上的支出数确认。

三、对企业补贴或补助的确认

财政对企业的支出主要有分为国有企业亏损补贴、通过基本建设拨款或拨付偿还银行贷款本金、购买企业服务、日常开支的补助（包括给予企业的银行贷款贴息）四类。

（一）国有企业亏损补贴

××市目前对于企业的政策性亏损，如公交公司、自来水集团的亏损补贴，确认为负收入，因为有看法认为，这类亏损补贴实质上属于国有企业带给财政收入的减少；这类亏损补贴在企业作为补贴收入。

（二）基建拨款或拨付归还银行贷款本金

通过基本建设拨款或财政拨付偿还企业银行贷款的资金在财政部门只确认财政支出，不确认对企业的股权资产；作为接受拨款的企业，这类拨款随着固定资产转入，企业确认为国家资本金（包括实收资本和资本公积）。

（三）对企业服务付费

财政每年支付企业的购买服务的支出（如支付环卫集团、排水集团等的服务费用），财政确认为财政支出。作为接受财政拨款的

企业，有的企业作为主营业务收入确认，如排水集团；有的则作为财政补贴收入确认，如环卫集团。

（四）其他对企业的支出

对于其他给予企业的因各项原由的资金支出，如日常维护经费、银行贴息等，财政确认为财政支出。作为接受财政拨款的企业，一般将日常维护经费确认为补贴收入；而对用于银行贷款贴息的财政拨款，有的企业确认为补贴收入，有的则将贴息拨款直接冲减财务费用。

2008 年《政府财务报告体系建设问题研究》[1]

本研究包括主要政府财务报告体系建设的主要内容归纳、报告全文和××市政府国有资产的会计核算与财务报告研究三大部分。

第一部分　主要内容归纳

政府财务报告是政府会计信息的载体。政府财务报告提供的信息，是科学评价政府提供公共服务能力、偿债能力，以及政府运行绩效的重要基础。如何建立既符合我国公共财政管理需要又与国际惯例相衔接的政府财务报告体系，如何编报和发布公开、透明的政府财务报告，是政府会计改革需要着重解决的问题。对此，我们在调查的基础上，做些分析，提些建议。

政府财务报告的目标

处于统帅地位的政府会计目标，会计理论界又称之为政府财务报告目标或财务报表目标。其内涵有三：一是向谁报告，即对哪些使用者提供政府会计信息；二是报告的内容是什么，也就是提供什

① 本课题由全国预算会计学会、北京市预算会计研究会委托研究小组完成，课题负责人为王彦，执笔人为王彦、赵西卜、王建英。

么样的信息；三是提供这些信息要达到什么目的，起到什么作用。对这些问题，我们从国情出发，借鉴国外经验，在2005年《关于建立政府会计准则概念框架若干问题的研究报告》中作了比较详细的分析论证，提出的主要观点是（详细理由不再重述）：

第一，政府会计信息主要向立法机关、本级政府及政府内部使用单位提供。包括各级人大，各级政府及所属财政、税务、宏观规划部门、统计部门、部门预算（财务）主管部门，中央银行，上级政府和上级财政部门等。

第二，政府财务报告以提供预算收支执行信息为主，同时提供与政府拥有和利用公共经济资源相关的资产负债信息。主要包括：当年政府预算、部门预算执行的信息，评价重大投资项目的绩效信息，反映财政赤字、政府投资和偿债风险信息，政府产权、债权、债务的信息等。

第三，提供政府会计信息，主要供党中央、各级人大常委会、国务院和地方各级政府、财政部门宏观决策参考，为财政（财务）部门加强资金管理、提高资金使用效率和绩效水平服务。

第四，政府会计定位为预算会计功能与财务会计功能相结合。近期目标是完善预算会计，拓展财务会计。远期目标还应建设绩效会计、成本会计等。

上述观点，是我们研究中国政府会计改革问题的出发点和归宿点，也是研究本课题总的原则和要求。

政府财务报告的模式

这里说的“模式”，指编报政府财务报告方式、方法的总框架。为便于分析，我们专列此题，让它“单出头”。

目前，多数市场经济发达的国家均建立了政府财务报告制度，对编报政府财务报告的相关问题作了规定。但是，各国的具体操作模式差异较大。

美国的政府财务报告，称为政府年度综合财务报告（Government Comprehensive Annual Financial Report）。其要点是：（1）政府

财务报告以反映受托责任为主导。（2）联邦政府、州和地方政府分别编制年度综合财务报告，上下级政府的报告没有任何联系。（3）联邦政府综合财务报告明确要反映预算执行情况，州和地方政府没有此项规定。（4）联邦政府提供的预算执行信息，分为对内的预算执行情况报告和对外以公认会计原则（GAAP）编制的预算信息报告。对内报告用于加强预算管理，对外报告用于体现受托责任的履行情况。（5）会计报表以权责发生制编制，其中统一预算与现金余额变动表反映预算与库存现金的关系，反映预算赤字通过融资活动弥补后的库存现金的情况。（6）联邦政府年度综合财务报告由财政部根据部门提交的财务报告合并而成，于每年 3 月 31 日提交国会，然后由审计总署进行审计。

英国的政府财务报告，称政府整体财务报告（Whole of Government Accounts）。具体做法是：（1）政府整体财务报告由财政部合并编制。合并的范围包括：联邦政府所有公共部门（约 1300 个）的财务报告，地方政府的部门财务报告。（2）整体财务报告的内容为政府预算支出信息和资产负债信息，不包括中央政府预算收入。中央政府的预算收入在英格兰银行管理的统一基金（也称统一收入基金）中核算，不执行财政部发布的《财务报告手册》规定。（3）会计报表按权责发生制编制。（4）财务信息分为“特殊目的、一般目的、其他目的”三类，部分公共部门只需编制“一般目的”财务报表。（5）部门财务报告先审计后汇总，再提交议会。

我国的政府财务报告（预算会计制度叫做会计报表），是 1998 年预算会计改革确定的预算会计报告模式。在此基础上，近几年适应财政预算管理制度改革的需要有些改进。现行做法是：（1）财政部门按照《中华人民共和国预算法》（以下简称《预算法》）规定，定期向各级人代会提交政府预算执行情况（草案）和决算报告。中央政府和地方政府分别编报。（2）重点提供当年政府预算（包括一般预算和中央政府性基金预算）收支执行的信息。鉴于《预算法》、《中华人民共和国政府信息公开条例》（以下简称《政府信息公开条例》）等法规中均未明确要提供政府资产负债方面的财务信息，因此财政总预算会计和行政事业单位会计制度中虽然规定要编制资产负债表，但财政部门没有汇总编报。(3) 国务院向全国人大报告的年度收支预算执行情况前后有三次①（另有季报），目的是便于立法机关及时监督。(4) 从1998年起，财政部逐步建立了全国统一的会计决算管理体系。2002年，财政部又颁发了《行政事业单位会计决算报告制度》。据此，财政部每年都汇编了部门决算报表。这个资料，既有收支预算执行信息，又有资产负债信息，主要供财政部门加强管理使用。其中，全国行政事业单位汇总的收支决算和资产负债信息资料，在《中国会计年鉴》上刊出。(5) 政府决算报表（年度预算执行情况报表）与部门决算报表不合并，未向人大提交政府层面的综合财务报告。(6) 政府决算报表的数据，以收付实现制为主编制。(7) 审计部门对政府决算报告和部门决算报告基本不做鉴证性审计，主要是对资金使用进行合规性审计。

同国外政府财务报告模式相比，我国现行预算会计报告模式有优势，也有缺陷。其优势是：充分体现了中国政府高度关注财政预算信息的传统理念，适应中国的管理体制，以及现代化建设管理的实际情况。其缺陷是：政府决算报告中缺少资产负债方面的财务信息（目前只报中央财政国债余额情况表），部门决算报表中的财务状况信息不规范、有缺项，突出的问题是没有编制政府层面的综合财务报告。我们认为，我国政府会计改革应本着"继承、借鉴、创新"的原则，对现行政府财务报告模式进行改进。具体的改进建议是：

1. 按照政府会计双重功能定位的近期目标，完善预算会计，拓展财务会计。在这个基础上，建立既体现国情需要又与国际惯例相衔接的政府财务报告体系。

2. 把现行的政府决算报告与部门决算报告合并成政府层面的综合财务报告。合并的内容包括：政府全口径的预算收支执行信息

---

① 6月报告本年上半年执行情况；次年3月前报告年度预算执行情况草案；次年6月报告预算收支年度决算。

和政府全口径的资产负债信息（受托管理的社保基金和住房公积金单独编报）。合并的理由是：综合财务报告能够全面、完整地反映政府收支的全貌，反映政府拥有或积存的家底，有利于领导层宏观决策参考。政府财务报告模式及内涵与国际惯例衔接，有利于国外了解中国，也有利于中国与国外交流。

3. 合并后的名称改为“政府综合财务报告”。现行向各级人大常委会提交的政府决算报告，已得到社会各界的认同，作用明显，在现阶段仍保持不变，作为政府综合财务报告的一个组成部分。

4. 政府收支信息以收付实现制为基础编制，资产负债信息以权责发生制为基础编制。

5. 综合财务报告由各级政府分别编报，中央政府和地方政府、地方上下级政府不进行合并报告。

政府财务报告主体的界定

会计主体分为记账主体和报告主体，报告主体是政府会计提供财务报告时涵盖范围的界定。合理划分财务报告主体范围是编制政府财务报告的前提。

政府财务报告主体分为综合财务报告主体、部门财务报告主体和单位财务报告主体三个层面。前两个层面报告主体的界定比较明确，对政府财务报告主体的讨论焦点是第三个层面报告主体如何界定。对第三个层面报告主体的界定，国际会计师联合会公立单位委员会提出了四种可供选择的划分方法，即资金授权分配法、控制法、法律主体法、受托责任法。英美国家主要采用控制法，有的国家则自立标准。

我国如何界定第三个层面的报告主体范围，理论界、实务界提出的观点或建议大体上可以归纳为两类。一类观点主张采用单一的标准，即选用国际会计师联合会公立单位委员会提出的其中一个方法（多数学者主张采用单一的控制法）；有的学者从国情出发，提出采用公共功能性质鉴别法，即按履行政府行政职能和社会公共事业服务职能的程度确定报告主体的归属。另一类观点主张采用双重标准，即对同时具备两个标准的单位，才纳入政府财务报告主体范围。

我们认为，从我国实际情况出发，无论是采用何种单一标准，在理论上可以讲得清，但在实践上都难以行得通。例如，按照以控制所有权为核心的控制法执行，我国国有企业和公立的按自收自支管理的事业单位，将成为财务报告的主体之一，对他们的报表都要进行合并。这样做，合并的会计信息没有实际意义和作用，相应还要增加合并报表的工作量，加大报告编制成本。

我们赞成采用双重标准法。比较而言，我们认为采用资金授权分配法与控制法相结合的方法较好。具体说，就是用控制法将接受政府补贴的非公立单位排除在外，用资金授权分配法将所有权受控于国家但在财政上无稳定拨款关系的国有企业和公立自收自支事业单位，也排除在政府报告主体之外。这种做法具有以下优点：(1) 在一定程度上体现了与国际惯例接轨。(2) 能够使报告主体与部门预算主体基本上保持一致。(3) 有利于政府综合财务报告中的会计报表与现行部门决算报表衔接。(4) 按双重标准界定报告主体，既有利于绕开事业单位分类改革对政府财务报告的障碍，又便于与将来进行的事业单位分类改革相衔接。而且，将纳入部门预算审批的单位作为政府财务报告主体的做法，不必等待事业单位分类改革完成，可以率先进行政府财务报告改革。

按照上述观点，我国政府财务报告主体的划分是：政府层面的报告主体为各级政府，部门层面的报告主体为主管的各部门，单位层面的报告主体为独立核算的预算单位和政府基金。我国政府管理的社保基金和住房公积金，是多渠道投入的，财政虽然给了钱，其产权仍属于基金的受益人，属于政府托管性质的基金。对此类基金，政府有责任单独报告，但不能与政府资金合并报告。

政府综合财务报告的会计报表设计

会计报表是编报政府财务报告的基础。会计报表分为政府层面、部门层面、单位层面三个层面报表。这里讲的会计报表设计，专指政府层面会计报表的设计，不涉及部门和单位层面会计报表的设计。

外国政府层面的会计报表设计，无论是报表数量、名称，还是报表的内涵，均不统一。如美国联邦政府年度综合财务报告设置了五张报表，英国中央政府整体财务报告设置了四张报表①。市场经济发达国家设计的政府层面会计报表有两个特点：一是以权责发生制为基础编制，二是主要用于对外提供报告使用。

我国政府综合财务报告的会计报表的设计，应该体现以下几个基本原则：

1. 要体现政府会计按双重功能目标定位的要求。

2. 要与现行的报表体系和部门报表、单位报表衔接。

3. 对报表栏目适当简化，项目名称简明易懂。

根据政府财务报告确立的目标和上述设计报表的原则，我们对政府层面的主要报表设置了三张表，即政府综合收支表、预算执行情况表、政府资产负债表。前两张表用于提供政府收支信息，后一张表用于提供政府财务状况信息。除上述三张主要报表以外，还要根据决算和管理需要，设置某些专门用途的报表；出于政府对托管基金（如社保基金和住房公积金）加强监督的需要，还要单独编制相应的基金预算收支表和基金资产负债表。

政府综合收支表是新设置的报表，其内容囊括政府层面的全部收支（含公共财政预算收支、国有资本经营预算收支、政府基金预算收支、政府间转移性收支及行政事业单位的非财政性收支）。这张表，以完整的政府资金筹集、使用过程为对象，视政府财政与政府行政事业单位为政府整体，以外部资金进入本级政府财政或政府单位为本级政府的收入，以资金在政府单位的最终消耗为支出。财政部门与主管部门之间财政拨款形成的收支、各种资金之间的调入

---

① 美国联邦政府年度综合财务报告的会计报表包括净成本报表、运营活动和净头寸变动表、运营净成本和统一预算赤字调整表、统一预算与现金余额变动表、资产负债表等。英国中央政府整体财务报告的会计报表包括经营成本表、资产负债表、现金流量表和基于部门战略目标的净经营成本表等。

调出等，不再成为该表中本级政府综合收支内容。报表纵向结构按照收入、支出、结余三大部分设计，横向栏目反映实际收支与预算收支的比较情况。从操作上看，这张表基本上由现行政府决算表（年度预算执行情况表）与部门决算报表中的“部门收支决算总表”合并而成。

预算执行情况表是现行《财政总预算会计制度》中规定的会计报表之一，也是现在财政部门向同级人大常委会提交政府预算执行情况（草案）和决算报告的主体报表。继续保留这张表，主要是便于各级人大常委会审批（某种意义上也具有过渡性质）。其内涵不变，格式也基本不变，只是对某些项目作了改进。改进的内容，主要是依据北京市财政部门和部分人大代表的意见，突出反映本级政府可动用的预算内财政资金。其计算公式是：本年财政预算收入 + 转移收入 - 转移支出 + 上年累计结余 = 可动用财力。预算执行情况表列示的收支口径，小于新设置的政府综合收支表收支口径。

政府资产负债表是新设置的报表。其内容包括政府全部的资产、负债、净资产（包括财政总预算、部门、政府性基金的资产、负债和净资产），反映政府整体的存量资源情况，反映政府的财产“家底”和欠债情况。这张表，基本由现行财政总预算会计制度中的资产负债表和部门决算报表中的“行政事业类资产负债简表”合并而成。但是，其内容进行了充实，格式作了调整。

新设置的政府资产负债表结构从目前的五个会计要素①结构改为三个要素结构，包括资产、负债、净资产三部分。其中，资产划分为金融性资产和非金融性资产。将政府的资产分为金融性资产和非金融性资产，主要考虑金融性资产是政府可以用于支付和偿债的资产。相比较企业将资产划分为流动资产和非流动资产而言，将资产划分为金融性资产和非金融性资产，更能反映政府偿债能力，也不妨碍反映政府持续提供服务的能力。负债分为短期负债和长期负债。政府的负债和企业的负债性质相同，主要用货币资产偿还。将

① 即资产、负债、净资产、收入、支出等五个会计要素。

负债划分为短期负债和长期负债，有助于了解哪些政府的负债需要近期安排资金偿还，哪些负债可以在今后较长的时间以后偿还。我国目前各项会计制度中（据调查有 14 个会计制度）规定的资产负债表项目很多，且不统一，因此政府资产负债表项目可以参考《国际公立单位会计准则第 1 号——财务报表列报》的要求，结合我国熟悉的项目名称，参考现行会计制度内容设计。政府资产负债表设计不宜太细，要能够使各个会计制度规定的资产负债表科目找到相对应的科目。

政府综合财务报告中的文字报告

政府综合财务报告由会计报表、报表附注和文字报告三个部分组成，其中文字报告是全面了解收支情况和财务状况的综合性说明，在政府综合财务报告中占有突出的地位。在国外，财务报告的文字说明内容广、篇幅大。因为他们要向议会和社会公众作履行受托责任的交代，方方面面的问题特别是政府承诺的事项，要说清“做了没有、如何做的、有哪些效果”。

我们认为，我国政府综合财务报告中的文字报告不宜照搬照抄西方国家的做法。因为：在财政部门向同级人代会提交政府财务报告前，国务院和地方政府、审计部门、发展规划部门等，已作了《政府工作报告》、《审计报告》、《国民经济和社会发展计划报告》等报告，已经为人大代表和社会各方面理解政府财务报告做好了铺垫。也就是说，政府财务报告中需要说明的宏观决策经济背景、采取的行动、审计报告、未来展望等内容，已作了充分而详细的说明，无需重述。

因此，我国政府综合财务报告中的文字报告，应当着重说明的内容是：（1）对预算执行情况的说明，应按照《全国人民代表大会常务委员会监督法》（以下简称《监督法》）的要求，重点讲清本级政府预算执行情况，以及中央政府国债余额情况和县级以上地方政府对上级财政补助资金的安排和使用情况等。此外，还要说明宏观经济和宏观调控对财政资金的重大影响（主要是中央政府和省级政府)，政府全部收入、支出、结余情况及其变动的原因，人民群众关心的热点问题所涉及的财政资金收支情况（如强农惠农政策的措施及落实情况、教育、科技和医疗卫生经费支出情况、土地储备资金收支情况等)，未达到法定要求的财政资金支出的原因，以及以往检查出的重大财政资金收支违规的改进情况，社会保障资金收支情况等。(2) 对政府资产负债状况的说明，主要是两个部分：一是对整个政府资产、负债总体情况报个家底；二是对主要资产负债情况进行报告，包括重大项目变动的原因，重大支出（或投资）形成的资产情况，资产负债变动对未来收支的影响，固定资产的使用情况，以保值或营利为持有目的的投资资产的盈利情况和风险，政府负债的偿还情况等。

政府综合财务报告中会计报表的编制程序和合并方法

政府综合财务报告中会计报表的编报程序是：

1. 按照“基层会计单位→二级会计单位→主管会计单位”的顺序层层编报，由主管部门汇总编制部门的财务报告。

2. 按照“单项财政资金→总体财政资金”的顺序合并编制全部财政资金的报告。

3. 由财政部门将部门会计报表与财政会计报表合并。对目前尚没有进行会计核算、但是需要采用统计等方法在政府综合财务报告中披露的资产负债信息（如国资委管理的政府对企业的股权、市政主管部门等管理的公共基础设施、土地主管部门管理的土地等)，由相关的主管部门向财政部门报告，并由财政部门并入政府会计报表相关项目内。

政府综合财务报告中会计报表的合并方法是：

1. 部门报表汇总时需要将本部门内部各个单位之间、单位与基金之间的收支和资产负债重复计算项目进行抵销。

2. 财政部门报表合并时需要将财政部门管理的各类财政资金之间的收支和资产负债重复计算项目进行抵销。

3. 政府整体报表合并时需要将各个主管部门报表之间、财政会计报表与部门会计报表之间的收支和资产负债重复计算项目进行抵销。如财政部门的支出（包括预算内外资金）与各主管部门的财政补助收入（预算外资金收入）的抵销，财政部门对各主管部门的预拨经费、暂付款、暂存款与各部门对财政部门的应收应付款、财政应返还额度等抵销。

建立政府财务报告体系的配套措施

建立政府综合财务报告体系是一项系统工程，除精心设计政府综合财务报告内容、程序和方法外，还需要一系列配套措施的跟进。

其一，确立政府综合财务报告的法律地位，为有效实施政府会计改革提供法律支撑及制度保障。为此，我们建议：(1) 适时修订《预算法》、《监督法》等法律，增加报告和监督政府财务状况的相关条款。(2) 制订《政府财务报告条例》，以会计法规的形式对政府综合财务报告主体、报告内容构成、政府综合财务报告编制程序和时间、政府综合财务报告编制各主体的法律责任等内容做出明确规定。(3) 在《政府信息公开条例》中，增加主动公开“政府财务状况和政府全部收支信息”的条款。

其二，完善和修订现行会计制度，为编报政府财务报告提供方法支持。我们建议：(1) 在各个政府组成单位和基金适用的会计制度中，统一规定与编制合并（汇总）报表相关的抵销事项及抵销方法，并规定用于编制合并（汇总）报表的报表抵销项目设置。(2) 规定以权责发生制基础进行政府股权、债权、产权、显性负债的会计处理方法，以便生成相应的资产负债信息。

其三，建立政府合并会计报表的电子信息系统。建议在现有会计信息系统基础上，增加以政府会计报表汇总和合并为主要功能的软件模块，为政府综合财务报告中会计报表的生成、合并、汇总提供技术平台。还要加强财会人员培训，以适应改革需要。

附：政府综合财务报告中三张主要报表的建议格式（见附表 1、附表 2 和附表 3）

附表 1

政府综合收支表参考格式

行次关系		年初预算数	预算调整数	最终预算数	实际发生数	实际数与预算数的比较		上年实际发生数	本年实际数与上年实际数的比较	
						实际比预算（%）	实际比预算（±）		本年比上年（%）	本年比上年（±）
1	政府性收入									
	其中：税收收入（按款级项目列示）									
	非税收入（按款级项目列示）									
	贷款收回本金收入（按款级项目列示）									
	债务收入（按款级项目列示）									
	转移收入									
	其中：来自上级政府转移收入									
	来自下级政府转移收入									
2	事业收入									
3	经营收入									
4	事业单位专用基金收入									
5	其他收入									
6 = 1 + 2 + 3 + 4 + 5	收入合计									

续表

行次关系		年初预算数	预算调整数	最终预算数	实际发生数	实际数与预算数的比较		上年实际发生数	本年实际数与上年实际数的比较	
						实际比预算（%）	实际比预算（±）		本年比上年（%）	本年比上年（±）
7	转移支出									
	其中：对上级政府转移支出									
	对下级政府转移支出									
8	行政事业支出（按功能分类类级科目列示）									
	其中：一般公共事务 外交 …… ……									
9	经营支出									
10	专用基金支出									
11	其他支出									
12 = 7 + 8 + 9 + 10	支出合计									
13 = 6 − 12	本期结余									
	其中：普通结余									

续表

行次关系		年初预算数	预算调整数	最终预算数	实际发生数	实际数与预算数的比较		上年实际发生数	本年实际数与上年实际数的比较	
						实际比预算（%）	实际比预算（±）		本年比上年（%）	本年比上年（±）
	未完项目结存									
	限制性收支结余									
	专用基金结余									
14	期初累计收支结余									
15 = 13 + 14	期末累计收支结余									

注：预算数按照相对应的财政预算或部门预算数填列，对于没有纳入预算管理的预算外财政资金等，不必填列预算数和实际数与预算数的比较。

附表 2

预算收支执行情况表参考格式

行次关系		年初预算数	预算调整数	最终预算数	实际发生数	实际数与预算数的比较		上年实际发生数	本年实际数与上年实际数的比较	
						实际比预算（%）	实际比预算（±）		本年比上年（%）	本年比上年（±）
1	本级财政预算收入									
	其中：税收收入（按款级项目列示）									
	非税收入（按款级项目列示）									
	贷款收回本金收入（按款级项目列示）									
	债务收入（按款级项目列示）									
2	转移收入									
	其中：来自上级政府转移收入									
	来自下级政府转移收入									
3	减：转移支出									
	其中：来自上级政府转移支出									
	来自下级政府转移支出									
4	上年累计结余									
	其中：一般结余									

续表

行次关系		年初预算数	预算调整数	最终预算数	实际发生数	实际数与预算数的比较		上年实际发生数	本年实际数与上年实际数的比较	
						实际比预算（%）	实际比预算（±）		本年比上年（%）	本年比上年（±）
	未完项目结存									
5 = 1 + 2 − 3 + 4	可动用财力合计									
6	本级财政预算支出（按功能分类类级科目列示）									
	其中：一般公共事务 外交 …… ……									
7	支出合计									
8 = 5 − 7	本年累计结余									
	其中：一般结余									
	未完项目结存									

附表3　　政府资产负债表参考格式

资产	负债
金融资产	短期负债
货币资金	短期国债
有价证券投资	短期借入款
转贷款	短期转贷款借款
贷款和借出有偿资金	应付及暂存款
应收及暂付款	应付账款
应收票据和应收账款	应付转赠物资和受托代理负债
其他金融资产	应付职工薪酬和社会保障缴费
非金融资产	预计负债
存货	其他流动负债
转赠物资和受托代理资产	长期负债
长期股权或产权投资	长期国债
固定资产	长期借入款
工程物资和在建工程投资	长期转贷款借款
公益性基础设施	长期应付款
物资储备	其他非流动负债
无形资产	负债合计
其他非金融资产	净资产
	累计普通结余
	累计未完项目结存
	累计限制性收支结余
	各种基金余额
	所有者权益
	净资产合计
资产总计	负债和净资产总计

第二部分　研究报告全文

我国政府会计报告的改进思路

一、政府会计目标对会计报告的要求

本课题组以往的研究认为，我国政府会计报告的主要目标是满足人大表决监督和政府管理决策的需要，要优先提供政府预算执行情况信息，同时提供政府财务状况信息。在我国新的政治经济环境中，要满足我国人大和政府对会计报告信息的使用要求，政府会计提供的政府会计报告至少应该具备以下特征：

（一）报告要能够反映政府的整体情况

随着对政府执政活动中经济行为监督的加强，我国人大代表对政府的监督不再局限于财政预算资金业务的预算符合性，还包括政府全部资金活动的合规性和有效性；政府管理决策过程也需对政府整体资源情况的及时把握。对政府整体情况的反映包括两层含义，一是要求政府会计报告突出政府作为一个整体的概念，使得信息使用者能够迅速、全面地把握需要监督和管理的政府经济资源，防止决策陷入局部，偏离主要目标；二是要求政府会计报告应该覆盖政府全部资源范围，而不仅仅是财政预算资金信息和部分资产负债信息。

（二）报告的内容要具有整分结合的体系

政府会计报告的信息使用者需求具有多样性，他们既需要政府总体的会计信息，也需要各类政府资金、政府各部门、各单位的会计信息，还需要一些重点或专项资金的会计信息。这就要求，政府会计报告在内容上要从总体情况逐步细化到详细情况。政府会计报告中的会计报表要建立良好的统领与附属关系的层级体系，包括顶层的主要报表与下层的附表、明细表等。

（三）报告的表达应当便于理解

人大代表发挥监督作用以及政府有关决策者决策过程的有效进行，依赖于政府会计报告内容的可理解性。这就要求，政府会计报

告的格式和内容名称应该一致和规范，报告的语言应当简明易懂，要有利于人大代表、政府领导等非会计专业人士对政府会计报告的解读。

二、现有政府会计报告需要改进之处

我国目前政府适用的会计制度（或会计核算办法）多达十多个，按照各个会计制度编制多个会计报告。但是，目前的政府会计报告仍然无法满足政府会计信息使用者的要求。目前政府会计报告的主要问题可以归结为“三不”，即：不全面，没有一种会计报告的内容能够覆盖政府掌控的全部经济资源；不完整，有一些相当重要的资产负债（如政府产权、债权及显性负债等）还没有在任何一个会计报告中得到反映；不明晰，“外行看不懂，内行看不明白”成为会计信息使用者对政府会计报告难以理解的突出描写。我国现有的政府会计报告与满足需要的政府报告相比，迫切需要进行以下改进：

（一）建立以政府整体为主体的会计报告

确立政府整体的报告范围，将目前多个会计报告的内容进行整合，设计涵盖政府掌控全部经济资源的会计报表和文字说明等，反映政府整体的预算收支执行情况和资产负债情况。

（二）搭建“金字塔”型会计报表体系

目前会计报告中几十张报表并列构成一个报表组合，结构层级不清晰，缺少主次区别。因此，应当在设计出反映政府整体情况的会计报表主表的基础上，将目前的报表组合进行梳理分类，形成横向反映报告需求者要求的各个口径资金信息、纵向反映各层级受托组织会计信息的报表体系。

（三）填补会计报表的短缺内容

通过建立内容完整的政府资产负债表和预算收支表，增加与政府管理决策相关的一些重大资产负债项目和收支项目，如政府产权、债权、基础设施、储备物资、部分显性负债、债务预算收支信息等。

（四）增加有关政府经济效率和重点公共投资的说明

我国政府管理决策和对政府监督中，迫切需要增加涉及公共服务任务以及服务效率的信息，如政府财政对民生的投入、政府的行政成本等。目前的报告中要么没有这些内容，要么没有从投入产出的角度进行说明。因此，在政府会计报告中，要将涉及重点的公共任务完成情况和能够反映政府资金使用效率的内容纳入报告的说明。

（五）增强会计报告的可读性

打破会计报告只服务于财政部门和部门财务的思维惯性，着重从非财政会计专业的信息使用者角度说明会计报告内容。将分散、详细的政府会计报表项目加以集中，适当简化，并尽量使用统一的概念和口径。报告项目名称尽量符合各类使用者共同的语言习惯，使各类使用者都能方便地理解会计信息。

三、本课题的研究设计

经过本课题的调研，我们认为，我国现有的政府会计系统在技术基础、信息内容甚至一些局部报告上，基本能够提供新型政府会计报告的必要数据，只是需要经过报告结构和内容的重整和补充，得到新型政府会计报告。本研究确立的政府会计报告改进原则是：体察新的要求，尽量汲取已有的经验和做法，解决现有的不足。补充政府会计报告缺失的重大项目问题和政府会计报告的资源范围问题，已经在本课题组以前提交的研究报告中进行了研究①。因此，本课题确定从以下四个方面研究我国政府会计报告的构建问题：

1. 政府会计报告的报告主体的范围问题。研究以何种标准确定哪些单位的会计信息应当在我国政府会计报告中得到披露。

2. 政府会计报告体系的构成问题。研究我国政府会计报告内容结构及组成架构。

3. 政府会计报告的内容问题。研究设计我国政府会计报告中处于主要报表地位的会计报表应当反映的具体内容、表格格式，文字说明和会计报表附注应当包括的主要内容。

---

① 见全国预算会计研究会《政府会计管理模式》的研究报告（2006）和《政府会计要素确认和计量研究报告》的研究报告（2007）。

4. 政府会计报告的程序问题。研究政府会计报告的信息形成路线、汇总方法和时间约束。

政府会计报告范围研究

建立政府整体、全面的会计报告，就要使会计报告的内容覆盖“横到边”。为此对政府会计报告的范围需要明确报告的会计主体（组织）范围。

国际会计师联合会公立单位委员会和美、英等国的政府会计，都将政府会计报告主体的组织范围定位为“控制”①，政府会计报告主体包括政府组织（我国称为行政单位）、公立非营利组织（我国称为事业单位）和政府企业（我国称为国有企业）三大类。界定我国政府会计报告主体面临的问题是：国有企业是否作为政府会计报告主体？事业单位如何纳入政府会计报告主体？

一、我国国有企业不作为政府会计报告的主体，但是要将政府对国有企业的权益作为政府投资资产报告

对我国来说，将国有企业作为政府会计报告主体一是不太可能，二是不必要。

不太可能是说：包括全部国有企业合并报表的政府会计报告，难以在报告需要的时间内完成。相对于英、美等发达市场经济国家，我国由于长期实行公有制的计划经济，国有企业数量众多，分布领域广泛。如果将国有企业作为政府会计报告主体，必将面临政府会计报告编报中的庞大企业报表合并以及各个企业之间的报表项目抵销问题。这个问题，足以使我们难以在要求政府提出报告的时间内完成报告编制。

不必要是说：将国有企业会计报表合并入政府会计报告的报表当中，并不能提供有用的政府会计信息。因为企业日常活动一般不使用财政拨款，因而企业收支不能反映政府预算执行情况；因为企

---

① 国际会计师联合会公立单位委员会的研究中提出界定政府会计报告主体的方法包括四种：公共基金分配法，控制法，法律主体法，政治受托责任法。

业属于自主经营、自负盈亏的营利性经济实体，因而企业的各资产项目情况、负债数量也不能反映政府持续提供公共服务的能力和偿债能力。

不将国有企业作为政府会计报告主体，并不意味着在政府会计报告中不反映属于国有资产的国有企业资产。对此，可以借鉴国际公共部门会计准则的做法[①]，将政府对国有企业的所有者权益作为政府的投资资产在会计报告中反映。

二、对纳入政府会计报告主体的事业单位范围的界定

目前我国公立的非营利组织大致可以包括四类：

1. 由财政拨款解决全部或部分资金来源、纳入预算审批管理的事业单位；

2. 按照企业会计制度（或类似的会计制度）核算和报告，但从事非营利性活动，由财政拨款解决全部或部分资金来源、纳入预算审批管理的单位（实质上是事业单位）；

3. 由财政拨款解决资金来源、纳入预算审批管理、由国家出资形成的民办非企业单位，采用民间非营利组织会计制度核算和报告；

4. 不纳入预算审批管理而纳入自收自支的事业单位，采用事业单位会计制度或者企业会计制度核算和报告。

对上述各类事业单位是否纳入政府会计报告主体，应当进行选择。

近来有的专家提出按单位活动功能将现有的事业单位分为三类：将公共功能较强的单位划归为政府单位；将不以营利为目的、能够通过非政府收费等方式实现收支平衡的单位划归为非营利组织；将属于竞争性领域的经营性单位转为企业[②]。在此基础上，将属于政府单位的事业单位划入政府会计报告主体的范围。

---

① 参见国际公共部门会计准则第 6 号中“控制主体单独财务报表对受控主体的核算”。

② 张通：《中国政府会计改革的进展情况和未来发展设想——2007 年 11 月 27 日在“政府会计最新发展”国际研讨会上的致辞》。

按功能划分进行事业单位分类改革，并在此基础上确定政府会计报告主体的范围，要受到整个政府机构改革进程的制约。试图等待事业单位进行分类改革完成后，再确定政府会计报告主体的范围，将会大大地拖延政府会计报告改革进度。

我们认为，在事业单位分类改革未完成以前，对纳入政府会计报告主体的单位划分可以采用预算管理法（近似于公共基金分配法），即：按部门预算审批管理范围作为将事业单位划入政府会计报告主体的界定范围，将纳入部门预算审批管理的事业单位（包括名义上为企业而实际上是非营利性组织的单位）作为政府会计报告主体，其报表要与其他会计主体进行合并。没有纳入部门预算审批管理的事业单位不作为政府会计报告主体，其报表不进行合并，但是对这些单位（包括登记为民间非营利组织的国有单位）的所有者权益，要作为政府资产（股权或产权）在政府会计报告中反映。这样的做法有几个优点：

1. 有利于对政府会计报告主体界定的操作。在当前的部门预算管理中，纳入部门预算审批管理的事业单位是明确的，而且具有相对的稳定性。将纳入部门预算审批作为划分事业单位列入政府会计报告主体的界限，报告主体的划分简便易行，操作性强。

2. 有利于反映政府预算执行情况。在部门预算管理中，与财政部门有稳定的缴拨款关系的事业单位纳入部门预算管理。将纳入部门预算审批作为划分事业单位列入政府会计报告主体的界限，部门决算编报的单位口径就可以与部门预算编报的单位口径保持一致。

3. 有利于绕开事业单位分类改革对政府会计报告改革的障碍。将纳入部门预算审批管理作为事业单位列入政府会计报告主体的做法，与在事业单位分类改革后将划入政府单位的事业单位列入政府会计报告主体的结果一样。但是这样可以不必等待事业单位分类改革完成，率先进行政府会计报告改革。

三、政府基金会计主体

我国有的政府性基金虽然由具体的单位管理，但是其核算、报告与管理单位自身使用的经济资源是分开的。这些基金具备一套包括完整会计要素项目、自我平衡的会计账户体系（制定有针对该基金的会计制度），对基金全部内容进行单独核算、完整报告，如偿债基金、土地储备资金、社保基金等。国外将此种方式核算的政府基金称为基金会计主体。基金会计主体核算的资源属于政府管理、控制的资源，应当在政府会计报告中反映。因此，基金会计主体和政府单位会计主体一起，成为并列的政府会计报告主体。

政府会计报告体系

一、政府会计报告的内容组成

观察国外的政府会计和我国的企业会计，会计报告至少包括会计报表、报表附注和财务情况文字说明三大部分。有的国家政府会计报告中，还包括政府组织结构说明、审计报告和未来预计等内容。

在我国，尽管尚未形成政府会计报告的称谓，但多年来形成了以报表、报表附注和决算（财务）情况说明为会计报告内容构成的模式。

由于我国的政府管理体制和报告体制要求政府工作报告、发展规划报告、审计报告和财政部门提供的政府会计报告各有分工，因此不能照搬国外的做法。我国政府会计报告组成还应当沿用目前的做法，包括会计报表、会计报表附注、文字说明三大部分内容。

考虑到政府会计报告内容的特点和为了方便各种会计信息使用者的解读，我国政府会计报告构成设计中三个组成部分的内容修改如下：(1) 在现有会计报表的基础上加上本研究设计的会计报表主表，形成会计报表部分的内容；(2) 会计报表附注包括对会计报表项目数字的特殊说明，增加由于计量等原因未在会计报表中列示的项目说明；(3) 在目前决算（财务）情况说明基础上增加内容，形成我国政府会计报告文字说明。我们设计的会计报告内容构成与企业会计或美、英等国政府会计有所不同，主要体现在：(1) 所有的报表包括附表和明细表都列入会计报表部分，不将反映会计报表主表某一项目的明细表作为报表附注；（2）在报表附注中不包括会计政策和会计估计等内容。

二、政府会计报表主表的种类

不同国家的政府会计报告的主要报表数量有所差别，但大多数国家都要编制资产负债表、营运表、现金流量表、财务执行情况表（或预算执行情况表），有的还要求编制成本表（如法国），国际公共部门会计准则还要求编制净资产变动表。

我们认为，我国政府会计报表应当遵循“总体规划，先易后难，重点突破，逐步推进”的总体原则。以建立完善的政府会计核算体系为基础，建立完整的预算执行情况表、资产负债表、营运表、现金流量表为政府会计报告改革的长远规划；以立足于现行政府会计核算体系为基础，完善预算收支报表，初步建立政府资产负债报表，暂时不编制权责发生制基础的运营报表和现金流量报表为政府会计报告改革的近期重点。

目前，用于人大代表表决的财政预算资金决算报表与非用于表决的报表并列提供，混淆了人大代表表决监督的权力范围。考虑到我国各级人大只对本级政府资金中符合《预算法》规定范围的资金收支进行审批和决策，我们建议反映预算收支情况的报表采用双主表形式，即设立以财政预算资金收支为口径的报表和反映政府全部资金收支的报表。

综上所述，下一步改革后政府会计报告包括三个主表：财政预算资金收支表、政府综合资金收支表和政府资产负债表。

此外，对政府托管资金如社保基金、住房公积金单独编制会计报表。

三、会计报表层级构成

考虑到不同信息使用者的需要和各层政府组织的受托责任反映，我国政府会计报告的报表可以分为四个基本层次：第一层次，即本研究报告设计的政府会计报告主表，反映政府整体的资源情况。第二层次，会计报表附表，包括从与主表不同的角度和从局部反映信息的会计报表，如按经济分类的政府支出表，按某类政府资金或专项资金口径编制的会计报表等。第三层次，部门明细表，即对第一层次或第二层次报表按照其中包括的政府主管部门分别编制的报表。第四层次，单位明细表，即在部门明细表基础上，按照其中包括的行政事业等单位分别编制的报表。

政府会计报告的内容设计

一、会计报告主要报表

（一）财政预算资金收支表

1. 报表主体是本级政府通过预算的可动用财力。财政预算资金收支表的核心是体现本级人大审议决策范围内的资金收支情况，反映本级政府按照人大审批的预算的完成情况，因此报表主体是本级政府可动用的预算内财政资金，通常称为可动用财力，包括一般预算资金、基金预算资金等。

在目前财政资金尚未全部纳入财政预算管理的情况下，财政预算资金收支表与政府全部财政资金收支的范围存在差异。随着财政管理体制向全面预算管理的演变，财政预算收支与全部财政资金收支的差异会越来越小，最终合二为一。在此过程中，财政预算资金收支报表包括的资金范围可以随着对财政资金纳入预算管理的范围的改变而改变。

2. 报表反映可动用财力的预算完成情况。人大代表审议表决的主要对象是预算内财政资金收支实际情况和与预算相互比较的差距，以及监督政府活动遵守预算的情况，因此财政预算收支表的主表功能是总括反映本级政府年度内财政预算资金收支的主要内容与其预算符合性。报表设计强调可动用财力的取得、使用、结余的具体情况及其与预算的比较过程。

3. 报表的格式设计。报表纵向结构按照可动用财力的取得、使用、结余三大部分设计。可动用财力的取得包括本年财政预算收入、转移收入（减转移支出）、上年累计结余；可动用财力的使用按照目前的财政预算支出功能分类列示，按照经济用途的分类可在附表中进行列示；可动用财力结余是可动用财力取得与使用的差额，它成为次年可动用财力的一部分。

报表横向栏目设计强调与预算的比较过程。财政预算资金收支表应当设置专门栏目列示年初预算数、预算调整数、最终预算数以及本年实际发生数。除此之外，鉴于人大代表和政府管理决策者对政府财政收支规模变化情况的高度关注，报表中还应设置专栏列示上年度实际发生额。为了方便人大代表直观地观察本年实际预算内财政资金收支与预算的差异和上年实际收支的差异，报表中还可以设置本年与上年实际数的比较数（差额和比例）。

（二）政府综合资金收支表

1. 报表主体是本级政府的全部资金。综合资金收支表以本级政府为主体，涵盖所有纳入预算管理的本级政府单位和部门的全部各类资金活动的收支信息。该报表的综合性体现在两个方面：一是涵盖的资金范围综合了全部财政资金和非财政资金，既包括纳入财政预算管理的财政资金，也包括没有纳入财政预算管理的财政资金，还包括纳入部门预算管理、不属于财政资金的事业收入、经营收入和其他收入及其支出等；二是以完整的政府资金筹集、使用过程的资金收支为对象，视政府财政与政府行政事业单位为政府整体，以外部资金进入本级政府财政或政府单位为本级政府的收入，以资金在政府单位的最终消耗为支出，表中反映的资金支出不再停留在财政分配支出环节，而是体现本级政府资金的实际消耗。财政部门与政府单位之间的财政拨款形成的收支、各种资金之间的调入调出等不再成为该表中本级政府的收支内容。

2. 报表反映政府全部资金的收支活动情况。综合资金收支表突出的是政府全部资金收入来源和全部资金支出按照功能分类反映的活动情况，因此除财政预算资金之外，还包括大量非财政预算资金的收支项目。与目前政府各类收支情况报表中按照资金来源性质分段设置各类资金的收支余的报表格式不同，本综合资金收支表以政府全部资金为主体，报表的平衡等式为：预算收入 - 预算资金支出 = 本年预算结余。

3. 报表的格式设计。报表纵向结构按照预算收入、预算支出、预算结余三大部分设计。预算收入项目包括：财政资金收入（又可称政府性收入），事业收入，经营收入，事业单位专用基金收入，其他收入。预算支出项目包括：行政事业支出（包括财政部门不通过行政事业单位的直接支出，该部分按政府支出功能分类和经济分类分别列示），经营支出，事业单位专用基金支出，其他支出。预算结余项目包括：普通结余，未完项目结存，限制性收支结余，专用基金结余。

报表横向栏目设计可以类同财政预算资金收支表的格式。

（三）政府资产负债表

1. 政府资产负债表的格式。资产负债表结构从目前的五要素结构改为三要素结构，包括资产、负债、净资产三个部分。

（1）资产划分为金融性资产和非金融性资产。资产的分类存在两种方式：一是分为流动资产和非流动资产；二是分为金融资产和非金融资产。将资产划分为流动资产和非流动资产是从资产的变现时间长短角度进行分类，这也是企业资产负债表对资产的分类方式，其主要作用是分别反映企业的偿债能力。政府与企业不一样，企业的全部资产都是用来产生现金收入的，因而可以全部作为偿债资产；而政府则不行，他们不可能通过将公用固定资产、基础设施、储备物资等资产变现后偿还债务。将政府的资产分为金融资产和非金融资产，则主要考虑金融资产是政府可以用于支付和偿债的资产。相比较而言，将资产划分为金融资产和非金融资产更能反映政府偿债能力，也不妨碍反映政府持续提供服务的能力。

（2）负债分为流动负债和非流动负债。政府的负债和企业的负债性质相同，都是主要需要用货币资产偿还。将负债划分为流动负债和非流动负债，有助于了解哪些政府的负债需要下一年偿还，哪些需要以后偿还。

2. 政府资产负债表的栏目内容。国际公立单位会计准则第1号《财务报表的列报》中要求，财务状况表中至少应包括的项目有：不动产；无形资产；金融资产；用权益法核算的投资；存货；从非外汇交易中可收回的金额；外汇交易中的应收项目；现金和现金等价物；税收和应付转让额；外汇交易中的应付项目；准备；非流动负债；少数股权；净资产/权益。

我国目前各项会计制度中规定的资产负债表项目很多，且不统一，因此政府资产负债表项目可以参考国际政府会计准则的要求，结合我国熟悉的项目名称，参考现行会计制度内容设计。政府资产负债表项目要能够使各个会计制度规定的资产、负债、净资产项目找到相对应的项目。政府资产负债表的项目设计不宜太细，更不能为了全面覆盖而将所有会计制度中的会计科目全部照搬进去，否则合并报表将显得非常繁杂，不利于反映政府总体资产负债的分项情况。我们建议的资产负债表项目如下：

（1）资产项目。金融资产项目包括：货币资金，有价证券投资，转贷款，贷款和借出有偿资金，应收及暂付款，应收票据和应收账款。非金融资产项目包括：存货，转赠物资和受托代理资产，长期股权或产权投资，固定资产，在建工程投资，工程物资，公益性基础设施，物资储备，无形资产，其他非金融资产。

（2）负债项目。流动负债项目包括：短期国债，短期借入款，短期转贷款借款，应付及暂存款，应缴代收上级财政专户款，应付账款，应付转赠物资和受托代理负债，应付职工薪酬和社会保障缴费，预计负债，其他流动负债。非流动负债项目包括：长期国债，长期借款，长期转贷款借款，长期应付款，其他非流动负债。

（3）净资产项目。净资产项目包括：累计普通结余，累计未完项目结存，累计限制性收支结余，各种基金余额，所有者权益。

二、政府会计报告中的文字说明

目前，我国政府会计报告文字说明部分与国外通行做法相比，有两个主要特点：一是我国的政府会计报告主要是预算收支报告，文字说明也只是对预算收支情况及影响预算收支的其他情况进行说明，基本不涉及资产负债状况的说明；二是有关经济背景分析、审计报告以及未来展望等情况不作为政府会计报告的内容，而是在专门的政府工作报告、审计报告和国民经济和社会发展计划报告中进行说明。

随着政府会计报告需要进行改革的呼吁日益强烈，有财政部门负责同志早在2004年就提出了政府会计报告文字说明部分应包括宏观经济背景分析、财政经济状况分析以及政府财政管理绩效分析等内容。我们认为，无论将类似于经济背景分析、采取的行动、审计报告、未来展望等内容以会计报告的形式说明，还是以其他形式说明，都不会影响对政府会计报告的理解和使用。现阶段对政府会计报告文字说明部分进行改进，主要是增加有助于理解政府资产负债情况的说明。在人民代表大会上另由有关部门提交审计报告、国民经济和社会发展计划情况报告的情况下，政府会计报告中的文字说明部分应当尽可能避免与这些报告内容相重复。

我国2007年实施的《全国人民代表大会常务委员会监督法》规定，人民代表大会对政府的决算草案和预算执行情况报告重点审查的内容包括：(1)预算收支平衡情况；(2)重点支出的安排和资金到位情况；(3)预算超收收入的安排和使用情况；(4)部门预算制度建立和执行情况；(5)向下级财政转移支付情况；(6)本级人民代表大会关于批准预算的决议的执行情况；(7)中央政府应说明国债余额情况，县级以上地方应说明上级财政补助资金的安排和使用情况。

为了对政府未来预算安排进行审批决策，以及加强对政府活动经济的监督，政府会计报告除了要对《监督法》规定的监督审查内容进行说明外，至少还要对以下内容进行说明：

1. 宏观经济和宏观调控对财政资金的重大影响（主要是中央政府和省级政府）。

2. 政府全部资金收入、支出、结余情况及其变动的原因。

3. 政府资产负债总体情况和数量变化较大项目变动的原因。

4. 对以后收支产生重大影响的资产负债变动，以及预计影响收支的数量。

5. 重大的财政管理和政府财务管理改革情况。

6. 人民群众关心的热点问题所涉及的财政资金情况，如教育社会保障资金情况、教育经费情况、土地储备资金情况等。

7. 未法定要求的财政资金支出的原因。

8. 以往检查出的重大财政资金违规的改进情况。

三、政府会计报表附注

政府的会计报表附注主要包括两方面内容：一方面是对会计报表项目数字的特殊说明，如该数字的口径、编制依据等；另一方面是由于计量等原因尚不能在预算收支表或资产负债表内反映，但是其情况对报表使用者决策和评价政府受托责任又很重要的资产项目，如城市土地、林地、矿产资源，需要偿还负债的到期年限，或有负债数量，财政经费供养职工数量，培养学生人数，医院床位数等。

政府会计报告编报程序设计

编制反映政府整体预算收支情况和财务状况的会计报告，要解决将分散的政府会计信息集中、层层汇总的问题。由于政府单位、政府主管部门、各级政府整体作为报告主体，其会计报告中的财务情况文字说明部分都不相同，不能直接汇总或合并，因此本研究设计的会计信息汇总路线主要是指会计报表内容的汇总路线。

一、报告内容汇总的路线

政府会计报告信息汇总过程的分工应当按照“谁管理、谁核算、谁报告”的原则安排。首先，将报告内容汇总编制过程分为两个部分：各个政府主管部门编制部分；财政部门编制部分。然后，由财政部门合并编制政府整体的会计报告，并且汇总编制本级政府及所辖地区内各级政府的会计报告。

1. 各个政府主管部门编报本部门管辖的各个政府单位和政府基金的报告内容。按照“基层会计单位→二级会计单位→主管会计单位”的路线，进行层层报告，最后由主管部门汇总编制本部门的会计报告。在部门会计报告中，对于反映预算收支情况的报表要包括全部收支、全部财政资金收支和财政预算内资金收支三个口径。

2. 财政部门编报财政部门管理的财政资金的报告内容。按照“各项财政资金→总体财政资金”的路线，进行合并编制全部财政资金的报告。在目前向人民代表大会报告的收支决算尚不能包括全部财政资金的情况下，财政部门还需要编报与财政预算口径一致的收支报表。

3. 财政部门合并编报本级政府的报告内容。按照“各个部门报告＋财政部门报告”的路线，进行合并编制。在编制政府整体的财政资金收支报表时，支出的数据取自各部门编制的财政资金口径的收支表。对一些目前尚没有进行会计核算，但是需要采用统计等方法在政府会计报告中披露的资产负债信息（如国资委管理的政府对企业的股权、市政主管部门管理的市政基础设施、土地主管部门管理的土地等），应当由其主管部门向财政部门报告，由财政部门编入政府会计报告之中。

4. 各级政府财政部门汇总编报本级政府所辖地区各级政府的报告内容。按照“乡级政府会计报表→县级政府汇总会计报表→市级政府汇总会计报表→省级政府汇总会计报表→中央政府汇总会计报表”的路线，进行汇总编制各级政府的全部资金收支表和资产负债表。

二、报表汇总、合并的方法

（一）部门报表的汇总

主管部门编报部门整体的报表时，可以采用先编制联立报表，再编制合并报表的流程。联立报表是指按部门内各单位和部门内管理并单独核算的基金，按各种会计制度报表项目编报的并列收支项目的汇总综合收支表和并列资产、负债、净资产项目的汇总资产负债表[①]。在联立收支报表和资产负债表基础上编制的合并报表是指按适用于各种会计制度的统一项目编列的预算收支表和资产负债表。部门报表汇总时需要将本部门内部各个单位之间、单位与基金之间的收支和资产负债项目进行抵销。

（二）财政部门报表的合并

财政部门需要将按各种会计制度编制的各项财政资金收支表和

① 即目前部门决算中编制的资产负债简表的形式。

资产负债表进行合并，编制合并收支表和合并资产负债表。进行报表合并时，需要将财政部门管理的财政资金在部门及单位之间的收支和资产负债项目间进行抵销。

（三）政府整体报表的合并

财政部门需要将各个主管部门编制的预算收支表和资产负债表进行合并，再将其与财政部门编制的预算收支表和资产负债表进行合并，编制政府整体的财政预算收支表、综合资金收支表和资产负债表。政府整体的报表合并需要将各个其他主管部门报表之间、财政部门报表与其他主管部门报表之间的收支和资产负债项目进行抵销。各个其他主管部门报表之间需要抵销的项目主要包括各个部门之间发生的收支和应收或应付款等。财政部门报表与其他主管部门报表之间需要抵销的收支和资产负债项目主要包括：财政部门的支出（包括预算内外资金）与各主管部门的财政补助收入（预算外资金收入），财政部门对主管部门的预拨经费、暂付款、暂存款与主管部门对财政部门的应收或应付（交）款、财政应返还额度等。

（四）各级政府报表的汇总

各级政府报表的汇总采用自下而上方式汇总。每级政府汇总本级政府报表和所属下级政府报表。在汇总各级政府的收支表时，需要抵销上下级政府之间的转移收支；在汇总各级政府的资产负债表时，需要抵销上下级政府之间的资产负债。

上述各种汇总或合并的抵销项目，不包括政府自有资金与托管资金（社保基金、住房公积金）之间的收支和资产负债。

三、报告时间安排

政府会计报告的时间要求是政府会计报告有用性的保障。外国政府会计报告做得较好的国家都在法律上对政府会计报告的提交时间有限制规定。如英国要求各政府部门在财政年度结束后的 8 个月内提交会计报告，美国要求财政部于每年 3 月底以前提交上一年度的会计报告。

从我国来看，政府会计报告时间安排要确定报告信息汇总过程中各个层次报告完成的时间限制，以保证政府会计信息主要使用者——人民代表大会对政府会计报告的时间需要。我国目前向人大报告的政府会计报告分为两个阶段：第一阶段是向人民代表大会报告的预算执行情况报告；第二阶段是向人大常委会报告的最终决算报告。

（一）预算执行情况报告的时间限制

由于政府会计报告会计信息汇总的数量极为庞大，预算执行情况报告中主要报告财政预算收支表和文字说明。预算执行情况报告编制的时间段为年底（12月31日）至人民代表大会会前（人民代表大会要求的会计报告资料报送期）。在这期间，政府各级会计单位要将会计报告编制完毕，财政部门要将政府整体的会计报告编制完毕，从而，形成基层会计单位、二级会计单位、主管会计单位、财政部门在此时间段内各自编报的顺序时间限制。

（二）决算报告的时间限制

根据《中华人民共和国各级人民代表大会常务委员会监督法》的要求："国务院应当在每年六月，将上一年度的中央决算草案提请全国人民代表大会常务委员会审查和批准。县级以上地方各级人民政府应当在每年六月至九月期间，将上一年度的本级决算草案提请本级人民代表大会常务委员会审查和批准。"为此，各级政府的各个主管部门、财政部门要于监督法规定的时限之前，自下而上地顺序完成政府会计报告全部内容的编制、汇总工作。

政府会计报告改革的配套措施

政府会计报告改革是一项系统工程，除精心设计政府会计报告内容、程序和方法外，方案的实施还需要一系列配套措施的跟进。我们分析后认为，实施这套政府会计报告改革方案，需要的关键性配套措施主要有三个方面。

一、确立政府会计报告的法律地位，为有效实施政府会计改革提供法律支持

为此，我们建议：（1）适时修订《中华人民共和国预算法》、《中华人民共和国各级人民代表大会常务委员会监督法》等法律，

增加“报告政府财务状况信息”的相关条款；（2）制定《政府会计报告条例》，以会计法规的形式对政府会计报告主体、报告内容构成、政府会计报告的编制程序、政府会计报告的编制主体以及法律责任等内容作出明确规定；（3）《中华人民共和国政府信息公开条例》中增加主动公开报告“政府财务状况和政府全部收支信息”的条款。

二、完善和修订现有会计制度，为编报政府会计报告提供方法支持

我们建议：（1）在各个政府组织和基金的会计制度中，统一规定报表格式，以及与编制合并（或汇总）报表相关的抵销事项及抵销方法，以利于合并报表编制；（2）规定以权责发生制基础进行政府债权、产权、显性负债的会计处理方法，以便生成相应的资产负债信息；（3）规定政府股权的会计处理原则和方法，以便提供政府股权性资产信息。

三、完善合并会计信息系统

政府会计报告整体性、及时性、明晰性要求与政府会计信息处理上分散性、多环节特征的矛盾，尤其是政府会计报告信息的层层汇总、抵销、合并等处理的复杂性与报告时间性要求之间的矛盾，必须借助高效的政府会计信息系统才能解决。为此，我们建议在现有会计信息系统基础上，增加以政府会计报表汇总和合并为主要功能的软件模块，为政府会计报告的生成、合并、汇总提供技术支持，并着手开发政府会计专用软件。

关于政府会计报告设计的说明

我国目前提供给人大两会的会计报表只局限于反映预算法中规定的预算内资金收支情况，对于财政和行政事业单位大量存在的预算外资金和其他非财政性资金的收支情况没有反映，更没有反映政府财务状况的报表，这导致代表们无法了解和掌握政府的全面资金和资源情况。我们在两年多的调研和课题成果基础上，设计的政府会计报告的特点和改进是：（1）重新设计了反映本级政府全部收入和全部支出的“本级政府预算收支执行情况总表”；（2）增加了反映本级政府全部财产状况和债务状况的“本级政府资产负债总表”。（3）社保基金属于政府代管的资金，本级政府报表中排除社保基金，为其设置单独的报表体系。

一、预算收支表的改进

（一）全面预算思路

我们认为，代表们应有权利和义务监督政府的全部资金收支活动，这种“全部”既包括范围上的全部——预算内和预算外，也包括环节上的全部——从最初的收入到最终的耗用。因此，我们设计的“本级政府预算收支执行情况总表”借鉴了部门预算的概念，提出全面预算思路，由此编制的决算报表涵盖了政府本级的所有收入和所有支出，即本表中的政府预算收入既包括以往的一般预算收入和基金预算收入，也包括预算外资金等原来没有作为财政预算收支报告的资金，还包括原部门预算中行政事业单位的事业收入、经营收入等；政府的支出也是所有资金的支出，支出按功能分类时，每类支出中既包括各项经费支出，也包括政府单位经营支出；支出按经济分类时，则将经营支出单列一类。

（二）最终消耗概念的支出

本表中的政府预算支出不再只停留在财政分配支出，而是体现本级政府资金的实际消耗——行政事业单位最终消耗的支出。

（三）关注本级政府整体与外界的收入和支出

我们关注的是本级政府作为一个整体的各项活动，因此，本表反映本级政府从外界取得的全部收入和实际消耗的各项支出，对于本级政府内部各单位和部门之间的资金往来就不再反映，如财政一般预算资金与政府基金之间的调入调出、财政拨款支出与部门单位之间的财政补助收入等，都不再在总表上反映，这些内容如果有需要，可以在明细表中查找。

二、增加的资产负债表

（一）资产负债表是什么

资产负债表是反映政府所掌握和控制的各项财产、资源，以及政府财政和部门单位借债、欠款情况的报表。

（二）为什么增加一个资产负债表

目前我国没有向两会代表提供政府资产负债表，代表们无法对政府一些重大活动的后果准确评价，比如政府出售土地或国有产权所得的资金表现为政府收入，但是由此产生的政府所能使用和控制的土地资源和产权资产的减少却没有得到反映；政府每年大量投资产生的产权资产、基础设施等，只在收支表上体现为当年的支出，却没有告知代表们由此政府增加了可以控制获使用的股权和基础设施。我们设计了本级政府的“本级政府资产负债总表”，其目的是使政府能够向代表们提供这方面的有关信息。

（三）资产负债表的主要分类

资产负债表分为资产、负债和净资产三个部分，其中资产和负债是重点。资产反映政府拥有和控制的各项资源，不仅包括政府财政部门掌握的各类银行存款、证券投资、股权、债权的信息，而且包括政府各部门单位掌握、使用、管理的各类债权、消耗品、固定资产、基础设施、储备物资等；负债是政府现在已经存在的需要在未来偿付的义务，包括本级政府财政部门和行政事业单位对外的各类欠款和借款、国债等。净资产反映资产减去负债之后的净额，反映本级政府的“家底”。

附件：

附件一：“本级政府预算收入和预算支出总表”的内容及说明

附件二：本级政府预算收支主要明细表设计

附件三：本级政府预算收支执行情况文字说明

附件四：“本级政府资产负债总表”项目说明

附件五：本级政府资产负债主要明细表设计

附件六：本级政府资产负债情况文字说明

附件一："本级政府预算收入和预算支出总表"的内容及说明，见附表1。

附表1

序号	栏目	说明
1	政府预算收入	
2	全部可使用资金合计	
3	本年财政资金收入小计	财政性资金是指以国家政权为依据由政府参与国民收入的分配而支配的资金。它除了目前的财政预算内资金外还包括财政部门管理的其他财政资金，如预算外资金、财政专用基金（如粮食风险基金）、债务资金等
4	其中：税收收入	
5	非税收入	
6	贷款转贷回收本金收入	财政部门对外国政府发放贷款和对国内下级政府、使用贷款企业等转贷款的本金的收回
7	债务收入	中央财政部门向国内外机构或个人发行债券或借款取得的资金收入，不包括事业单位对外借款取得的资金
8	转移性收入	仅指本级政府取得的来自上级政府的补助收入和来自下级政府的上解收入，不包括同级政府内部财政与各部门、各部门上下级之间或单位内部各基金之间的拨款、调入、调出、计提等活动引起的资金收入
9	本年非财政资金收入小计	非财政性资金是指行政事业单位财政资金之外的服务收入、捐赠收入和其他收入形成的资金
10	其中：事业收入	仅指未纳入财政专户管理的非营利活动取得的收入，如果各部门单位事业收入全部纳入财政专户管理，则该栏目为0
11	经营收入	指事业单位营利活动取得的收入
12	其他收入	行政事业单位的其他资金收入，比如外界捐赠

续表

序号	栏目	说明
13	专用基金收入	排除了行政事业单位从财政资金或其他资金渠道计提的专项资金之外的其他活动取得的专用基金（如修购基金、职工福利基金、医疗基金、住房基金等）收入，比如单位出售公有住房增加住房基金的收入
14	动用上年结余数	本年动用的以前年度结余资金
15	政府预算支出	本级政府所有的部门单位本年度最终消耗的资金
16	支出合计	
17	其中：按功能分类	
18	一般公共服务	其中包括中央财政部门债务本金的偿还支出
19	外交	
20	国防	
21	公共安全	
22	教育	
23	科学技术	
24	文化体育与传媒	
25	社会保障和就业	
26	医疗卫生	
27	环境保护	
28	城乡社区事务	
29	农林水事务	
30	交通运输	
31	工业商业金融等事务	
32	转移性支出	指本级政府对上级政府的上解支出和对下级政府的补助支出，不包括本级政府财政对部门、各部门上下级之间或单位内部各种基金之间的拨款、调出、计提等活动引起的资金支出
33	其他支出	

续表

序号	栏目	说明
34	其中：按经济分类	
35	工资福利支出	
36	商品服务支出	
37	对个人和家庭的补助	
38	对其事业单位的补贴	
39	转移性支出	
40	赠予	
41	债务利息支出	包括中央财政部门所欠国内外债券或贷款的利息支付，以及事业单位借款的利息支出
42	债务还本支出	仅包括中央财政部门归还所发行债券或借款本金的资金支出，不包括事业单位归还借款本金支出
43	基本建设支出	包括行政事业单位基本建设使用的全部资金支出
44	其他资本性支出	
45	贷款转贷及产权参股	财政部门贷款和转贷款、参股的资金支出
46	经营性支出	事业单位经营活动的支出
47	其他支出	
48	本年结余合计	本级政府的结余包括两部分：财政部门的结余和行政事业单位结余
49	财政资金本年结余合计	
50	一般预算资金结余	
51	其中：未完成项目结存	未完成项目的结存需要留待来年继续用于该项目，不可用于其他用途
52	政府性基金结余	
53	其中：未完成项目结存	
54	专用基金结余	财政部门的专用基金（如粮食风险基金）的结余
55	其中：未完成项目结存	
56	预算外资金结余	

续表

序号	栏目	说明
57	其中：未完成项目结存	
58	其他财政资金	
59	小计	本栏目体现财政部门本年度不含债务收支的资金收支结余
60	债务收支差额	中央财政部门本年度债务收入扣除债务还本支出后的差额
61	行政事业单位本年结余合计	
62	一般资金结余	
63	其中：未完成项目结存	
64	专用基金结余	行政事业单位内的专用基金（如住房基金、修购基金、职工福利基金、医疗基金等）结余

附件二：本级政府预算收支主要明细表设计，见附表 2。

附表 2

序号	表格名称	表格内容	说明
1	财政资金收入预算执行情况明细表	税收收入、非税收入、贷款转贷收入、债务收入、转移收入的明细项目	本表按预算分类上的收入分类详细反映财政部门本年度各项收入的取得情况
2	政府基金收支预算（财政）执行情况明细表	政府特种基金、专用基金的名称、上期结余、本期收入、本期支出（财政分配支出）、本期结余	本表反映财政部门各项基金的计提、使用和结余情况
3	非税收入执收情况明细表	非税收入的明细项目、征缴情况	本表反映各项非税收入的征缴情况
4	非财政收入部门预算执行情况明细表	按照事业收入、经营收入、其他收入分别设置表格，表格中列示各项收入及所对应部门的明细项目	本表反映各项非财政收入在各部门中的分布情况
5	政府支出预算执行情况明细表	同时按功能和按经济用途划分的支出明细表	本表按预算分类上的支出分类详细反映本级政府各项功能和经济用途的支出
6	部门预算收入支出明细表	按部门分别设置表格，反映按部门业务特点设计的全部收入来源、全部支出的经济用途、相关成本资料	本表以部门为单位，反映每个部门的收入、支出和结余情况
7	政府重大项目收支执行情况表	项目名称、以前年度结存、本期收入的来源和金额、本期支出金额、本年结余	本表反映政府本年度所有重大项目的收支余情况

续表

序号	表格名称	表格内容	说明
8	政府重大项目支出明细表	按项目分别设置明细表，各表按项目支出的经济用途列示	本表以项目为单位，反映政府各个重大项目本年、累计和预估全部的支出细节
9	政府重大采购支出明细表	采购项目、部门、合同金额、已支付金额	本表反映政府重大采购活动本年、累计和预估的支出细节
10	特殊用途支出情况表	特殊用途的支出项目（如招待费、出国费用、会议、公车支出等）的情况，包括金额、人员、期限等	本表反映政府一些特殊、敏感支出项目的细节

附件三：本级政府预算收支执行情况文字说明

1. 重要概念的文字解释
2. 与预算差异较大的收入项目原因说明
3. 财政超收收入的支出安排情况说明
4. 重大非税收收入项目来源和使用情况说明
5. 重大预算法规、政策及执行情况说明
6. 重大项目本年度完成情况、完成进度情况的说明
7. 重大项目的绩效报告，包括本年投资额、累计投资额、形成资产情况
8. 特殊支出项目增减原因说明，如招待费、出国差旅费、会议费、公车支出等
9. 重大债务和债权收支情况的说明
10. 转移支付的收支情况及变动原因说明
11. 政府资金支出使用绩效说明（应当包括哪些方面的绩效）
12. 往年审计结果及改进说明

附件四："本级政府资产负债总表"项目说明，见附表 3。

附表 3

序号	项目	说明
1	资产	
2	货币资金	包括财政部门、行政事业单位在银行的存款、现金和其他货币资产
3	有价证券投资	
4	其中：在国际市场的金融投资（中央政府）	政府出于保值增值目的，利用外汇储备等购买的外国债券、股票等有价证券
5	在国内的债券投资	事业单位购买的企业债券
6	股权（产权）投资	
7	其中：在国际组织中的股权或基金（中央政府）	我国政府参加国际组织，因交纳的股金或基金享有的股权或基金份额
8	对国内企业的股权投资	在国有独资和参股企业（包括实行企业化管理、核算的事业单位）享有的股权
9	贷款	
10	其中：对国外贷款（中央政府）	以政府名义贷给外国政府、需要收回本金和利息的款项
11	对国内贷款	对国内企业、农村经济组织等，且需要收回的财政有偿放款
12	对下级政府的往来款（债权）	由于与下级政府财政部门往来结算款形成的债权，应当由下级政府归还
13	对上级政府的往来款（债权）	由于与上级政府财政部门往来结算款形成的债权，应当由上级政府归还
14	转贷款	接受外国或国际组织的贷款转贷给下级政府、企业或其他非政府单位、需要收回的款项

续表

序号	项目	说明
15	其中：对下级政府转贷款	转借给下级政府的转贷款，由下级政府负责归还
16	对部门或单位转贷款	由本级财政直接贷放给企业、农村经济组织等的转贷款
17	代付转贷款利息	在接受和使用转贷款的单位或下级政府尚未归还转贷款，由本级政府先行支付、将来需要向转贷款接受者收回的转贷款到期利息
18	应征税金	税务机构确认的当期应当征收、尚未收到的税金并扣除单位或组织多缴税金后的净额
19	应收账款	事业单位等因提供服务、销售商品应当收取的账款
20	预付账款	政府单位因购买商品、劳务和工程建设预付的款项
21	应收票据	因提供服务、销售商品应当收取的未到期商业承兑汇票
22	其他应收及暂付款	除以上应收、预付项目以外的应收或暂付款项，如行政事业单位支付的将来要收回的押金等
23	存货	各行政事业单位购置或生产，暂时尚未使用的各种材料、办公用品、低值易耗品、自制半成品、库存商品等
24	转赠物资	行政事业单位收到、有指定接受单位或对象的转捐赠物资
25	固定资产	行政事业单位管理使用的各类固定资产，如设备、房屋建筑、交通工具等
26	在建工程投资	建造固定资产、基础设施等在建设期间的工程投资成本
27	工程物资	购置的用于工程建造的各种工程材料设备等
28	公共基础设施	由政府拨款投资形成、行政事业单位管理的各项公共基础设施，如道路、桥梁、水利设施、地下管线等

续表

序号	项目	说明
29	物资储备	根据有关政府储备规定，由政府购买并拥有产权的各项重要储备物资，如防汛物资粮食、石油等
30	无形资产	政府持有的各种无形资产，如专利权、商标权等
31	其他政府资产	不属于以上各项的其他政府资产
32	负债	
33	国债	以政府名义发行的国库券、将来需要以财政资金还本付息的政府负债等，但不含地方政府和行政事业单位购买的部分
34	其中：非财政部门和政府单位购买的国债	由社会公众、企业、其他组织购买国债形成的负债
35	社保基金购买的国债	使用社保基金结余购买的国债，将来需要偿还给社保基金
36	借款	政府借入、将来需要还本付息的款项，包括以政府名义的借款和事业单位的借款
37	其中：向外国政府或国际金融组织的借款（中央政府）	以政府名义向外国政府和国际组织的借款
38	向国内银行的借款	包括财政部门和政府单位向国内银行的借款
39	转贷款借款	将本级政府贷得的贷款出借给下级政府或企业等经济组织、将来需要以本级政府名义偿还本息的款项
40	其中：向外国政府或国际金融组织的转贷款借款（中央政府）	贷款来源是外国政府或国际组织的转贷款借款
41	向上级政府的转贷款借款	贷款来源是上级政府的转贷款
42	对上级政府的往来款（债务）	由于与上级政府财政部门往来结算款形成的债务，应当归还上级政府

续表

序号	项目	说明
43	对下级政府的往来款（债务）	由于与下级政府财政部门往来结算款形成的债务，应当归还下级政府
44	应退税金	税务机构已经确认，当期应退而尚未退还的税金，包括出口退税、减免退税等
45	应付账款	应付政府购买商品、服务和工程建设的欠款，包括行政事业单位购买商品、服务和工程建设的欠款
46	预收账款	事业单位因提供服务、销售商品而预先收取的款项
47	应付政府补助	按法律规定应当发放而尚未发放的政府补助、补贴等
48	应付职工薪酬	行政事业单位当期应付未付的本单位职工工资、津贴补贴及其他款项等
49	应付职工社会保障缴费	行政事业单位当期应付未付的为本单位职工承担的社会保障基金缴费
50	应付转赠物资	行政事业单位应当转赠而尚未转赠的由捐赠人指定接受单位或对象的捐赠物资
51	其他应付及暂存款	不属于以上各项的应付和暂存款项，如对个人或单位收取的押金、保证金等
52	负债总计	
53	净资产	
54	财政资金累积结余	以往财政部门积累的各项财政资金结余，可以用于以后的财政资金支出
55	其中：一般预算资金	一般预算资金累积结余（包括预算结余、预算周转金、预算稳定调整基金等）
56	其中：未完项目结存	尚未完成项目的收支差额，以后只能安排用于该项目支出
57	政府性基金	基金预算资金累积结余

续表

序号	项目	说明
58	其中：未完项目结存	尚未完成项目的收支差额，以后只能安排用于该项目支出
59	专用基金	专用基金累积结余
60	其中：未完项目结存	尚未完成项目的收支差额，以后只能安排用于该项目支出
61	预算外资金	预算外资金累积结余
62	其中：未完项目结存	尚未完成项目的收支差额，以后只能安排用于该项目支出
63	其他财政资金	上述资金以外的财政资金累积结余
64	减：累计债务收支差额	由于政府举债形成的债务收入减去债务还本支出后的累计差额
65	财政资金累积净结余	财政资金累积结余减去其中由于举债借入资金后的累积净结余
66	单位资金累积结余	以往行政事业单位积累的自有资金结余，可以用于以后单位的支出
67	其中：一般资金	累积的行政单位收支结余、事业单位事业结余和经营结余等
68	其中：未完项目结存	尚未完成项目的收支差额，以后只能安排用于该项目支出
69	专用基金	行政事业单位修购基金、住房基金、职工福利基金、医疗基金等专用基金累积结余
70	投资基金	对应证券投资、股权投资等的资金来源
71	债权基金	对应国内外贷款债权的资金来源
72	固定基金	对应固定资产的资金来源
73	工程基金	对应在建工程、工程物资的资金来源
74	基础设施基金	对应基础设施的资金来源
75	物资储备基金	对应物资储备的资金来源

续表

序号	项目	说明
76	无形资产基金	对应无形资产的资金来源
77	净资产调整项目	由于按权责发生制确认资产、负债带来的不属于上述基金的净资产调整额，如按权责发生制增加应付利息负债导致的净资产减少额（如需要，可列示详细内容）
78	净资产总计	

附件五：本级政府资产负债主要明细表设计，见附表 4。

附表 4

资产负债明细表种类	说明
货币资金明细表	按资金种类（如银行存款、现金、其他等）和管理部门（如财政、人事、教育、卫生等）列示
有价证券投资明细表	按购买的债券种类和到期年限列示
股权（产权）投资明细表	按被投资企业、组织或持有投资单位所属的管理部门列示
对外贷款明细表	按接受贷款的国家和到期年限列示
财政有偿放款明细表	按接受有偿放款的地区或项目列示
转贷款明细表	按接受贷款的地区或组织列示
存货明细表	按存货的种类（如办公用品、材料等）和部门列示
固定资产明细表	按固定资产的种类（如房屋建筑、设备、交通工具等）和管理部门列示
在建工程投资和工程物资明细表	按在建工程的类别和管理部门列示
基础设施明细表	按基础设施的类别（如道路、水利设施、桥梁等）列示
物资储备明细表	按储备的物资种类（如石油、粮食等）列示
发行国债明细表	按发行国债的到期年限（如至还本期还有 1 年、2 年等）列示
借款明细表	按归还的到期年限（如至还本期还有 1 年、2 年等）和借款单位的管理部门列示
应付账款	按欠款单位所属的部门列示
应付职工薪酬	按欠款单位所属的部门列示
应缴职工社会保障缴费	按欠款单位所属的部门列示

附件六：本级政府资产负债情况文字说明

1. 主要资产项目增减变化的原因。如企业的股权（产权）投资变化主要原因（如增加资本金、减持国有企业股权等）、固定资产增加和减少的主要原因、物资储备增加和减少的主要原因等。

2. 主要负债项目增减变化的原因，如国债、借款增加和减少的主要原因、应付账款增加和减少的主要原因、应付职工薪酬增加和减少的主要原因等。

3. 报表中未能列示的重要资产的情况，如土地资源数量（按土地用途和等级分）及出让情况，林木和城市绿地数量等。

4. 主要资产项目实物数量，如办公用房建筑面积、公务汽车数量、基础设施保有及新增数量、储备物资数量等等。

5. 需要单独报告的重要项目投资形成的资产情况说明，如奥运项目、南水北调项目等。

6. 国债和贷款到期归还本期对下年支出预算的影响。

7. 其他需要说明的问题。

政府会计提供政府财务状况（资产、负债）报告的说明

长期以来，我国财政部门提交“两会”审议的报告主要是说明预算执行情况的。从说明预算执行情况的报告中可以看到政府的收支情况，说明政府依法筹集各种资金、分配使用资金的情况。

从国外对政府进行监督的先进管理理念看，仅仅审视政府的收支情况，已经不能满足全面考察政府在执政过程中对公共资源管理责任履行情况的需要。为此，还应当要求政府行政部门说明政府的财务状况，即资产、负债、净资产情况。

政府的资产即政府管理的各项可以使政府提供公共管理服务和公益服务的经济资源，包括货币资金、固定资产、存货、基础设施、储备物资、股权（产权）投资等。

政府的负债即政府将来需要主要以资金偿还的债务，债务的偿还会减少政府的资产。政府的债务主要包括发行的国债、向银行的借款、购买商品、劳务和进行工程建设的欠款、欠付行政事业单位职工的工资等。

政府的净资产，即政府资产减去负债后的差额，代表了政府的“家底”。

之所以除了要了解政府的收支情况以外，还要了解政府的资产、负债、净资产情况，是因为政府的收支会影响政府的资产负债数量，政府的资产负债情况也会影响政府的收支情况。比如，政府通过举债，一方面增加了政府的债务收入，另一方面增加了政府的负债。又如，政府通过出售持有的国有企业股权（国有股减持），一方面减少了政府的股权资产，另一方面增加了政府的预算收入。

要求政府提供资产、负债、净资产的情况，可以更全面了解、正确地判断政府在执政过程中管理公共资源的情况。比如，政府某一期间动用大量的财政资金建设基础设施。这虽然增加了政府支出，减少了政府的货币资金资产，但同时也增加了基础设施资产，结果资产总额不变，并没有减少政府的“家底”。而在政府不进行基础设施建设的时期，表面上看政府没有发生这方面的支出和减少

货币资产，但实际上使用的基础设施由于老化使得其价值下降，表现为政府的基础设施资产减少，进而减少了政府的“家底”。

政府资产负债情况报告的资产、负债、净资产情况应当是涵盖整个政府的，其中既包括财政部门核算的资产、负债、净资产情况，也包括行政事业单位核算的资产、负债、净资产情况。对于国有企业和实行企业化管理的事业单位，由于其采用企业会计的核算方法，因此在政府的资产负债情况报告中，仅将企业的净资产（所有者权益）用股权（产权）资产列示。各项政府资产、负债、净资产的含义，在资产负债表说明中予以解释，这里不再赘述。

我们这次设计的政府资产、负债、净资产情况报告的架构，拟包括：总报表（资产负债表，见前附件四）、资产负债主要明细报表（见前附件五）和文字说明（见前附件六）。

其中总报表即资产负债表列示的政府的主要资产、负债、净资产项目。主要明细表和文字情况说明仅说明了设计思路。

关于编制政府预算收入和预算支出总表的说明

我国目前提供给人大两会的预算报表只包括预算法中规定的预算内资金收支情况，对于财政和行政事业单位大量存在的预算外资金和其他非财政性资金的收支情况没有反映，这导致对政府收支业务缺乏总体上的考量。

本处提供的政府预算收入和预算支出总表借鉴了部门预算的概念，提出全部预算思路，将政府财政部门和各行政事业单位的全部收入和支出纳入预算管理范畴，由此编制的决算报表涵盖了政府本级的全部收入和全部支出，即本表中的政府预算收入既包括以往的一般预算收入和基金预算收入，也包括预算外资金等原来没有作为财政预算收支报告的资金，还包括原部门预算中行政事业单位的事业收入、经营收入等；本表中的政府预算支出不再是原有的财政分配支出，而是体现为政府实际发生的各项支出，即行政事业单位最终消耗的支出。

新设计的本级政府预算收入和预算支出总表见附件一。

本级政府预算收入和预算支出总表的说明见附件二。

与政府预算收入和预算支出总表配套的其他明细报表内容和格式说明见附件三。

报表的文字说明见附件四。

附件一：本级政府预算收入和预算支出总表，见附表1。

附表1

政府收入	预算数	实际数	政府支出					
			功能分类	预算数	实际数	经济分类	预算数	实际数
财政资金收入			一般公共服务			工资福利支出		
税收收入			外交			商品服务支出		
非税收入			国防			对个人和家庭的补助		
贷款转贷回收本金收入			公共安全			对其事业单位的补贴		
债务收入			教育			转移性支出		
转移性收入			科学技术			赠予		
小计			文化体育与传媒			债务利息支出		
非财政资金收入			社会保障和就业			债务还本支出		
事业收入			医疗卫生			基本建设支出		
经营收入			环境保护			其他资本性支出		
其他收入			城乡社区事务			贷款转贷及产权参股		
专用基金收入			农林水事务			经营性支出		
			交通运输			其他支出		
			工业商业金融等事务					
			转移性支出					
			经营性支出					

续表

政府收入	预算数	实际数	政府支出					
			功能分类	预算数	实际数	经济分类	预算数	实际数
			其他支出					
收入合计			支出合计			支出合计		
结余：								
财政资金结余								
一般预算资金结余								
其中：未完成项目结存								
政府性基金结余								
其中：未完项目结存								
专用基金结余								
其中：未完项目结存								
预算外资金结余								
其中：未完项目结存								
其他财政资金								
财政资金结余小计								

续表

政府收入	预算数	实际数	政府支出					
			功能分类	预算数	实际数	经济分类	预算数	实际数
债务收支差额								
财政资金净结余								
行政事业单位结余								
一般资金结余								
其中：未完成项目结存								
专用基金结余								
行政事业单位结余小计								
本级政府结余合计								

附件二：本级政府预算收入和预算支出总表说明

1. 本表中不包括社会保险基金收入和支出，社会保险基金为政府受托代管的基金，需要编制单独的收支表予以反映。

2. 本级政府财政与各部门、各部门上级与下级、单位内部不同基金之间的拨款、补助、上解、调入调出等活动在编表过程中相互抵销，所以表中不再反映本级政府内部上下级之间以及各项基金之间的资金往来业务。因此，本表中的转移性收入只包括来自上级政府的补助收入和来自下级政府上解的收入；转移性支出只包括对上级政府的上解支出和对下级政府的补助支出。

3. 本级政府的全部收入和全部支出的差额为本级政府全部资金的结余，可区分为财政部门的结余和行政事业单位的结余两个部分。

4. 财政部门和行政事业单位的结余中包括下期可用于普通业务的一般资金结余和只可用于未完成项目的结存。

附件三：本级政府预算收入和预算支出附表，见附表2。

附表2

序号	表格名称	表格内容	格式
1	财政资金收入预算执行情况明细表	税收收入、非税收入、贷款转贷收入、债务收入、转移性收入的明细项目	本期预算数、本期执行数、执行/预算百分比
2	政府基金收支预算（财政）执行情况明细表	政府特种基金、专用基金的名称、上期结余、本期收入、本期支出（财政分配支出）、本期结余	本期预算数、本期执行数、执行/预算百分比
3	非税收入执收情况明细表	非税收入的明细项目、征缴情况	按执收部门列示本期预算数、本期执行数、执行/预算百分比
4	非财政收入部门预算执行情况明细表	按照事业收入、经营收入、其他收入分别设置表格，表格中列示各项收入的明细项目	按部门列示本期预算数、本期执行数、执行/预算百分比
5	政府支出预算执行情况明细表	同时按功能和按经济用途划分的支出明细表	本期预算数、本期执行数、执行/预算百分比
6	部门预算收入支出明细表	按部门分别设置表格，反映按部门业务特点设计的全部收入来源、全部支出的经济用途、相关成本资料	本期预算数、本期执行数、执行/预算百分比
7	政府重大项目收支执行情况表	项目名称、以前年度结存、本期收入的来源和金额、本期支出金额、本年结余	本期预算数、本期执行数、执行/预算百分比
8	政府重大项目支出明细表	按项目分别设置明细表，各表按项目支出的经济用途列示	本期预算数、本期执行数、累计预算数、累计执行数、下期预算数、总预算数、完成百分比

续表

序号	表格名称	表格内容	格式
9	政府重大采购支出明细表	采购项目、部门、合同金额、已支付金额	本期预算数、本期执行数、累计预算数、累计执行数、总预算数、完成百分比
10	特殊用途支出情况表	特殊用途的支出项目（如招待费、出国费用、会议、公车支出等）的情况，包括金额、人员、期限等	本期预算数、本期执行数、执行/预算百分比

附件四：报表的文字说明

1. 重要概念的文字解释

2. 与预算差异较大的收入项目原因说明

3. 财政超收收入的支出安排情况说明

4. 重大非税收入项目来源和使用情况说明

5. 重大预算法规、政策及执行情况说明

6. 重大项目本年度完成情况、完成进度情况的说明

7. 重大项目的绩效报告，包括本年投资额、累计投资额、形成资产情况

8. 特殊支出项目增减原因说明，如招待费、出国差旅费、会议费、公车支出等

9. 重大债务和债权收支情况的说明

10. 转移支付的收支情况及变动原因说明

11. 政府资金支出使用绩效说明（应当包括哪些方面的绩效）

12. 往年审计结果及改进说明

第三部分　××市政府国有资产的会计核算与财务报告研究

前　言

目前，××市通过财政部门拨款投资形成，或者通过其他方式取得的国有资产有一些尚未纳入会计核算，使得这部分资产没有得到反映。有的资产虽然进行了核算，但是由于不同单位的理解不一致，造成同一类型的经济业务，不同的单位其采用的记账方法不一致，从而导致会计信息比较混乱，相互之间不具备可比性。这些情况的产生，是由于现行会计制度设计时未能考虑到这些具体的经济业务类型，或者在会计制度制定时，尚未出现这些情况的经济业务。所以按现行会计制度的规定，无法找到适合当前各种情况下财政拨款形成国有资产的经济业务核算处理方法。本研究旨在通过对××市财政拨款形成的国有资产的情况调查，结合我国政府会计改革的研究设想，提出适合目前财政拨款形成国有资产的会计核算建议，为修改现行会计制度提供参考。

基础设施核算的现状

基础设施由于其使用的社会性，又称公共基础设施，是指由政府财政投入资金为主进行建设及维护，用以维持城市正常运转的基础性设施，主要包括水工建筑、交通基础设施、环卫设施、地下管网等。

一、水工建筑的核算

××市的水工建筑包括河道、闸坝、泵站等人工建筑，归属水务局下属的各水利工程管理单位（简称水管单位）管理和核算。水管单位是按企业化管理的自收自支事业单位，执行的是类似于企业会计制度的水利工程管理单位财务制度和会计制度。水工建筑的产权上划归水管单位，因此核算中列入水管单位的固定资产。

（一）水工建筑资产的初始核算

按照资金来源，水工建筑的初始核算包括三种核算方式：

1. 列入基本建设计划的，建设期按基建会计设账（按照国有建设单位会计制度设置，下同）核算有关收支，项目竣工验收时，转入“固定资产”和“资本公积”科目；

2. 未列入基本建设计划、由财政部门使用政府性基金专款拨入建造的，建设过程中单位在“在建工程”科目核算相关支出，在项目竣工验收后确认为“固定资产”和“资本公积”；

3. 使用单位自筹资金（社会上的投资、单位利润）建造的固定资产，建设期间在“在建工程”科目核算相关支出，项目竣工验收后确认为“固定资产”。

水管单位相关的财务和会计制度中并未明确固定资产的确认时点，在实践中，由于竣工决算通常还需要经历较长期间上报主管单位审核批准的过程，为了能够及时进行核算，水管单位通常在竣工决算时根据决算数据预估固定资产价值入账，当决算审批结果下来时，如果有差异的，再对固定资产价值进行调整。

（二）水工建筑资产折旧的核算

目前水工建筑均按照规定计提折旧，其折旧费用计入水管单位的期间成本。

（三）水工建筑的改扩建核算

目前的会计制度规定，水工建筑改扩建时，需要按照固定资产原价加上改建、扩建、水毁修复发生的支出，减去改建、扩建、水毁修复过程中发生的固定资产变价收入后的余额计价。但是现行制度并没有明确要求从账面上减少拆除部分原始价值。实务中，各水管单位根据固定资产最初入账时分类和计量的详细程度决定是否调整原始价值。如果进行了固定资产的局部拆除，对于无法确切估计其原始价值的，则直接增加其改扩建价值；如果账面上能够区分其价值的，则相应减少拆除部分的原始价值。

二、交通基础设施的核算

××市及区县所属的交通基础设施分为道路（城市轨道）和车辆，其中车辆全部由企业进行管理和核算，按照企业的会计制度确认固定资产并计提折旧，而道路的管理和核算则十分复杂。××市的道路分为不收费的公路（指四环以外的道路）、市政道路（指四环以内的道路）以及收费道路（高速公路、城市轨道）。在管理上，××市的道路分为企业管理的道路和事业单位管理的道路两类。在道路是否确认为固定资产以及相应的折旧问题上，存在以下多种情况。

（一）经营性道路的核算

××市的经营性道路是高速公路和城市轨道，其投资、养护和维修归多家公司管理，这些公司全部使用企业会计制度。其资产和相关资金来源的确认遵循企业会计制度。

高速公路修建的资金包括财政资金、贷款和其他自筹资金。高速公路作为企业的固定资产核算，相应使用的财政资金则作为“实收资本”核算。高速公路每年需计提折旧。高速公路的改扩建都不足以对固定资产性能有实质性影响，因此相关支出均作为企业的费用按企业制度进行必要的摊销。

地铁等轨道交通的轨道建设和管理与经营性道路类似，资产在集团或其下属公司中确认并计提折旧，相应的财政资金则作为企业的实收资本确认。财政每年给予企业的政策性经营亏损补贴则确认为企业的补贴收入。

（二）企业管理的非收费道路的核算

管理非收费道路的企业分为两种：一种是真正的企业，主要从社会上产生服务收入，在这类企业中，非经营性道路作为企业的固定资产确认；另一种是尚未完全企业化运作的改制企业，主要行使事业单位的职能，其主要收入来自政府对所提供服务的付费，在这类企业中，道路不完全确认为企业的固定资产。

1. 非经营性道路确认为企业的固定资产。由于历史原因，××市的××集团除了自身管理的经营性道路外，还负责管理非经营性道路（五环路）。五环路原本属于收费道路，财政向××集团拨付资本金，但是在资本金到位前，××集团主要通过贷款修建，以后财政每年拨付部分资本金用于替代贷款。后来该道路改为非收费道路，这种拨款还贷的资金供应方式并未改变，同时财政每年向集团拨付五环路的维护费用，这笔资金则成为企业的补贴收入。

在这种情况下，××集团尽管将五环路资产列入了企业资产，但是由于其不产生收入，因此不对五环路计提折旧。由于巨额不产生收益的资产的存在，集团的资产收益率和股东收益率受到很大的影响。

2. 非经营性道路不完全地确认为企业的固定资产。××公联公司也是企业，但是其主要业务是为市政修建道路，道路完工后移交市政相关部门，同时公联公司还负责四环路的修建、管理和维护。从目前的性质上看，公联公司主要在为××市政府提供服务，这是与普通企业不同的地方。

公联公司成立的时候，××市采取了将已存在的四环路部分（相当于现有四环路的局部）经过评估作为公联公司的资本金用于登记注册。因此在成立公司的时候这部分四环路按评估价格确认为企业固定资产，同时确认相应的实收资本。但是后续五环路建设中，财政拨付的建设资金在道路竣工决算之后全部与工程支出对冲，并未形成企业资本金，也未确认相关的固定资产，已确认为固定资产的四环路部分未计提折旧。

公联公司修建其他道路的过程也在基建会计中核算，其与修路相关的开支均列入道路的工程项目成本，道路修建的资金来自财政拨款。公司修路过程中也存在贷款的情况，这些贷款都由财政拨款逐年偿付。在道路移交之前，在建道路的收支和资产情况由公联公司与其公司其他资产和收支一同合并编制报表，上报国资委的相关处室。但在道路竣工后，道路需移交给市政相关部门，移交时有关财政拨款和工程成本在基建会计账户中对冲，不构成企业的资本金和资产。

（三）行政事业单位管理的非经营性道路——不确认为固定资产

××市路政局是管理××市非经营性道路的行政单位。其所管理的非经营性道路主要由公联公司修建，除此之外，还有房地产开发商建设并移交市政的道路。由于非收费道路被定位为国有基础设施，路政局管理的道路均未作为固定资产在会计账户上进行确认，路政局所管理的其他设施，如涵洞、桥梁等也是如此。但是这些资产都在实务账上进行了登记。

（四）由房地产开发商开发，无偿交付政府管理的非经营性道路

××市有些地块由房地产开发商开发，开发规定中要求建设一定的公共基础设施，如小区周边的市政道路等。当这些市政道路开发完成后，由开发商无偿交给政府有关部门管理。目前接受这种公共基础设施的政府部门未将该公共基础设施确认为资产。

三、环卫设施的核算

××市的环卫设施包括垃圾转运站、垃圾填埋场以及移动厕所等。××市的环卫设施分为两部分，一部分是全市范围的垃圾转运站、垃圾填埋场以及移动厕所，归环卫集团管理；另一部分是各区县负责的垃圾楼、垃圾填埋场、公厕等，这部分环卫设施的管理单位属于事业单位。与道路的管理一样，在环卫设施的管理上××市同样分为企业管理和非企业（事业单位）管理两类。

（一）企业管理的环卫设施的核算

环卫集团2000年改制成为企业时，按照规定固定资产原有的账面价值确认固定资产，并确认实收资本。这之后形成的环卫设施在确认固定资产的同时确认资本公积金，而非实收资本，其理由是为了免除修改工商登记注册资本金的麻烦。

尽管属于企业，但是环卫集团的大部分服务由财政付费购买，因此固定资产是否折旧取决于其是否属于经营性资产，而这取决于财政确定的相应设施的服务单价内容。对于财政付费中包含固定资产折旧的服务项目，相应使用的固定资产按经营性资产计提折旧；对于财政付费中未包含折旧补偿的，相应使用的固定资产则作为非经营性资产不计提折旧，即将相应资产作为非经营性资产管理。环卫集团曾经在2006年按照国资委的要求对所有固定资产计提折旧，但引发了巨额亏损，因此暂停这种做法。目前环卫基础设施不提折旧，只有环卫车辆和设备计提折旧。

（二）事业单位管理的环卫设施的核算

区县环卫中心属于事业单位，其建设和管理的环卫设施的确认基本按照事业单位对固定资产核算的要求进行，历史上遗留的环卫设施通常没有确认为固定资产，近些年随着××市及各区县对环卫事业的投入加大，各区县逐渐确认相关的资产，但是各区县在实际操作中存在较大差异。有的区县由于土地使用权和规划问题竣工决算长期得不到上级批复，因此大量已投入使用的环卫设施长期挂在基建账上没有转出；有的区县则对此作了灵活处理，在竣工决算的时候确认为固定资产和固定基金，不计提折旧。但是有的区县的环卫中心正在为转制为企业作准备，因此在测算成本的时候包括环卫车辆的折旧，但是不包括房屋建筑等的折旧。

确认为固定资产的环卫设施的计量还存在一个问题，即只要环卫设施不拆除，其改造或大修的费用就计入并增加固定资产原值。由于固定资产不计提折旧，造成环卫设施的固定资产账面价值虚高。

四、地下管网和相关设施的核算

××市的地下管网主要包括排水管网（雨水、污水、中水）、自来水管网和热力管网，与之有关的设施包括污水处理厂、污泥处理设施、自来水厂等。这些管网和设施目前分别由国资委管理的排水集团、自来水集团和热力集团管理并核算。这三家尽管都属于企业，但是由于改制时间长短不同，企业化程度并不一致，并且其提供的服务对象性质也不相同，因此在对固定资产是否计提折旧的问题上态度不尽相同。

（一）市场化收费，企业化核算

自来水集团和热力集团较早成为企业，并且面向社会收取水费或供暖费，因此在相关资产的确认上遵循企业会计制度。固定资产建造过程在企业的“在建工程”中核算，竣工决算移交使用时确认为固定资产，在使用过程中计提折旧。

（二）非市场化收费，非企业化核算

排水集团尽管属于企业，但是它的服务对象是××市政府，并不面向社会收费，而是根据业务量从财政取得收入，因此在确认资产和折旧上并不完全按照企业会计制度进行。其做法与环卫集团类似。

排水集团于2002年成立，这之前的各项设施都没有账面价值，2006年经过评估后，这部分资产才进入集团的“固定资产”和“实收资本”账户。排水集团成立后建造的固定资产均进行了确认，但是，固定资产是否计提折旧则取决于其与财政对服务单价内容的确定。只有财政付费中包含折旧的固定资产才计提折旧，否则不计提折旧。目前排水管网尚未计提折旧，其他固定设施已计提折旧。

基础设施资产核算与报告存在的问题及解决方案

一、基础设施资产核算与报告存在的问题

（一）部分非经营性基础设施资产没有入账

目前，公联公司管理的四环路的一部分、路政局管理的道路、涵洞、桥梁等资产，没有在正式的会计账簿中记录，也不在资产负债表中反映。由此造成这部分国有资产得不到反映，虚减了政府的资产总额。另外，同样是公益性基础设施，有的入账，有的不入账，也造成了会计处理不统一，会计信息不可比。

（二）部分基础设施不计提折旧

目前对已经入账的公益性基础设施，除了财政对基础设施经营费用拨款中包括给予折旧补偿的以外，均不计提折旧。由此形成公益性基础设施的账面价值以原值反映，而没有反映这些资产的净值，造成了这部分国有资产账面价值的虚增（目前固定资产核算中也存在同样的问题）。此外，有的基础设施计提折旧，其账面价值为资产净值；而有的基础设施不计提折旧，其账面价值为资产原值。这造成会计信息不可比。

（三）企业化管理的基础设施折旧费用与补偿不配比

企业或企业化管理单位管理的公益性基础设施要体现服务的公益性，其折旧费用不能通过经营收入收回，只能列入公益性支出。而在财政部门拨付给管理单位的资金中，并不包含弥补折旧的部

分。在这种情况下，由于管理单位的公益性支出（包含折旧费）和公益性收入（不包含折旧费补偿）不匹配，导致管理单位财务报表上形成巨额亏损挂账。这显然不利于对企业或企业化管理单位的经营绩效作出正确评价。这也是有的企业或企业化管理单位不对固定资产计提折旧的主要原因。

（四）基础设施更新改造中拆除部分未从账面价值中扣除

有些管理单位在对基础设施进行更新改造时，部分项目由于水工建筑初始入账资料不详细，不能在账面上区分拆除部分的成本，因此对拆除部分的成本没有从基础设施账面成本中扣除。这就造成基础设施账面成本虚高的问题。

（五）基础设施资产项目名称

在管理单位列入部门预算管理的情况下，管理单位的资产负债表要和其他部门的资产负债表进行汇总，将基础设施列为“固定资产”项目，造成这两种不同属性的资产同在“固定资产”项目中反映。这造成了会计信息不明晰。

（六）纳入部门预算管理的基础设施支出的双重列报

基础设施的建造大部分使用财政资金，因此在建造过程中，管理单位的部门决算报表中包括各管理单位基础设施的建造支出；在未来基础设施使用年限内，管理单位对基础设施所计提的折旧计入单位支出中。因此在主管部门各年末汇总下属单位报表的时候，这些折旧再次形成了部门报表中的支出项目。由此产生了同一笔支出在前后期汇总会计报表中重复出现的现象，造成基础设施支出在部门决算报表中的双重列报。

二、对基础设施资产核算与报告的建议

（一）对基础设施核算与报告的总原则

1. 非经营性基础设施要确认为资产。我们认为，政府投资形成的非经营性基础设施是政府提供公共服务的物质基础，可以为政府带来提供公共服务的能力。非经营性基础设施这种性质，符合国际公认的政府资产定义。而且，以财政资金投资为主的非经营性基础设施，都有建造成本资料，符合政府资产可计量性的确认要求。

所以，非经营性基础设施与营利性基础设施一样，在会计技术上能够被确认为政府资产。将非经营性基础设施确认为资产，从政府财务管理和反映政府受托责任的角度看，有其必要性。这是因为：①将基础设施确认为资产更能反映财政预算支出的结果；②将基础设施确认为资产有利于全面反映政府的服务能力。

对非经营性基础设施，应当在非经营性基础设施建造完成、达到预计使用能力时，确认为资产。这样可以避免因其他原因迟迟未作工程决算，而造成非经营性基础设施资产确认不及时。对于以往在账面上没有反映的非经营性基础设施，可以根据历史资料或评估重置价值对其入账。

2. 基础设施要作为单独项目报告。基础设施的使用对象是全社会。相关管理单位对基础设施只是受托进行管理，其属性与管理单位自身使用的固定资产（如办公楼、计算机设备、交通工具等）不同。将基础设施列入固定资产项目，使人难以与单位使用的固定资产相区别。在对政府资产使用效率进行分析时，对社会使用的基础设施和政府单位自己使用的固定资产，绩效评价指标应当是不一样的。而将基础设施混同于单位自己使用的固定资产，显然不利于对政府单位进行资产管理的绩效评价。

我们认为，在政府会计报告中，应当将基础设施单独列报。将基础设施作为单独项目列报，我们建议使用“公益性基础设施”称谓。因为，在基础设施中，经营性基础设施都是由国有企业管理，按照企业会计准则核算和报告。在政府会计报告中，对国有企业的报告应当以企业股权资产的项目列报。所以作为单独项目报告的基础设施不包括经营性基础设施，只包括非经营性基础设施。而对非经营性基础设施称为“公益性基础设施”（以下同），从名称上更能反映出这类基础设施的服务本质。

3. 对公益性基础设施要计提折旧，在资产负债表中以净值列报。在报告公益性基础设施资产金额时，用净值报告显然更符合资产的实际价值。用净值列报公益性基础设施需要在核算中计提折旧。对公益性基础设施计提折旧在会计技术方面不存在问题，需要选择的是采用何种折旧方法。我们认为，对公益性基础设施计提折旧的目的是反映净值，而不是为了收回基础设施的投资成本。因此，对公益性基础设施应当采用直线法计提折旧。

4. 公益性基础设施更新改造拆除部分的成本要予以扣除。能够根据公益性基础设施最初入账时分类和计量的详细程度确定拆除部分的净值的，按照拆除部分的净值扣减公益性基础设施净值；如果账面资料不能反映拆除部分净值，拆除部分净值的估计金额占总净值比例又达到规定标准的，应当对拆除部分的净值进行评估，按照评估确定的金额扣减公益性基础设施净值。

（二）对各种情况下基础设施核算与报告的建议

1. 企业管理的经营性基础设施。属于经营性的基础设施由企业经营，作为企业的固定资产核算，在会计期间计提折旧，在期末计提减值准备，折旧费用和计提的减值准备计入企业当期损益。

2. 企业经营性管理的公益性基础设施。由企业管理的公益性基础设施中，如果财政部门给予的运营费用补偿中包括折旧的内容，那么对于管理企业来说，对公益性基础设施的管理属于经营性管理。企业将公益性基础设施当作企业经营中用于盈利的资产，负有资产保值增值的责任。因此，属于经营性管理的公益性基础设施应当属于企业的自有资产。对政府来说，由企业提供基于基础设施的经营服务，政府代基础设施的使用者向企业支付购买基础设施使用（类似于对经营性基础设施使用的交费，如高速公路交费）的价格。企业经营性管理的公益性基础设施，在企业的会计核算中，应当按照固定资产入账，并按期计提折旧，将折旧费用计入企业当期损益。

3. 企业非经营性管理的公益性基础设施。由企业管理的公益性基础设施中，如果财政部门给予的运营费用补偿中不包括折旧的内容，那么对于管理企业来说，对公益性基础设施的管理属于非经营性管理。企业不将公益性基础设施当作企业经营中用于盈利的资产，不负有资产保值增值的责任。因此，属于非经营性管理的公益性基础设施应当属于企业的代管资产。对政府来说，即将公益性基础设施交给企业代管，由企业提供维护服务，政府向企业支付购买基础设施维护服务的价格。

企业非经营性管理的公益性基础设施，在企业的会计核算中可以有三种方式：（1）不登记正式会计账，只在备查账中进行记录，期末提供的会计报表中也不反映。（2）将公益性基础设施作为代管资产记账，设立“代管公益性基础设施”账户，在该账户的借方反映，同时设立一个对应的负债账户，按相同的金额登记在该负债账户的贷方。期末“代管公益性基础设施”账户借方余额和与其相对应的负债账户贷方余额均不在会计报表中反映。（3）将代管的公益性基础设施作为一个单独的记账主体，设置资产类账户“公益性基础设施”，净资产类账户“公益性基础设施基金”。企业增加代为管理的公益性基础设施时，按增加的金额同时登记“公益性基础设施”账户的借方和“公益性基础设施基金”账户的贷方。对公益性基础设施按期计提折旧并冲减公益性基础设施基金，设置“公益性基础设施累计折旧”账户（“公益性基础设施”账户的抵减账户），按计算的折旧额登记“公益性基础设施基金”账户的借方与“公益性基础设施累计折旧”账户的贷方。期末，对公益性基础设施单独编制资产负债表，反映期末公益性基础设施的净值（公益性基础设施按净值列报可以与固定资产按净值列报的改革同步进行，下同）和公益性基础设施基金的余额。

我们认为，采用第三种方式效果最好。因为，在政府投资公益性基础设施并且将其交给企业管理后，政府会计核算中（财政部门或者主管部门）对这些资产不记账（或不再记账）。由企业将公益性基础设施登记入正式会计账簿，使这部分资产价值及其变动能够在企业账面上反映。另外，通过对企业提供的公益性基础设施报表的合并，可以将公益性基础设施反映到政府会计编报的资产负债表中。

4. 由行政事业单位管理的公益性基础设施。行政事业单位为了核算其管理的公益性基础设施，应当设置资产类账户“公益性基础设施”、净资产类账户“公益性基础设施基金”，并设置用于核算折旧的“公益性基础设施累计折旧”账户（“公益性基础设施”账户的抵减账户）。对公益性基础设施的核算比照企业对非经营性管理的公益性基础设施的核算。期末将公益性基础设施净值列报在资产负债表的资产部分，将公益性基础设施基金列报在净资产部分。

5. 纳入部门预算管理的公共基础设施管理企业（或企业化管理的单位）编报部门决算。这些企业在编报部门决算时会有两种财政资金的支出：用财政拨款在基础设施投资时发生的支出；通过财政资金补偿的基础设施折旧费支出。一般后者发生在经营性管理公益性基础设施的企业。现行的部门决算报表与财政资金决算报表有一定的关系，部门决算报表应当反映财政资金的最终使用情况（特别是在要求按照财政资金的经济分类列报支出情况下），以使部门决算报表信息对财政资金决算报表的编制提供依据。因此，对管理基础设施的企业，如果其基础设施投资发生的支出主要为财政资金来源，则投资支出应当列入部门决算报表的基本建设项目类支出栏目，而对其列入部门决算报表中（经营支出栏目）的企业当期费用，应当将基础设施的折旧费扣除。对经营性管理公益性基础设施的企业，应当将其可以通过财政拨款补偿的基础设施折旧费用，列入部门决算报表的经营支出栏目。对非经营性管理公益性基础设施的企业，只将公益性基础设施投资支出列入部门决算报表的基本建设项目类支出栏目。

6. 接受房地产开发商无偿移交的公益性基础设施。这部分基础设施的开发成本已经由开发商摊入商品房成本中，通过销售价格收回。开发商按规定将建成的公益性基础设施移交政府有关部门管理，移交时开发商不再向政府收取费用。政府接受开发商无偿移交的公益性基础设施，一方面使得政府增加了资产，另一方面使政府增加了收入，但是政府没有现金流入，所以政府从开发商手中无偿接收的公益性基础设施相当于政府对开发商收取的实物地租（类似于土地出让金）。由于目前政府收支预算编制采用权责发生制，因此对这种收入在会计上不能予以确认（否则收入的会计核算与预算口径不同，导致决算无法反映预算执行情况）。但是对政府接受的公益性基础设施，应当在会计上进行资产的核算。政府接收单位应当在接受移交时，同时确认公益性基础设施资产（资产）和公益性基础设施基金（净资产）。

7. 企业（或企业化管理的单位）代建的基础设施（建完后移交给其他管理单位）。在这种情况下，单位管理的基础设施属于代建的项目，不应当在企业（或企业化管理的单位）反映本单位财务状况的报表中反映。在基础设施建造过程中，应当按代建项目管理和核算。目前仍旧按国有建设单位会计制度单独设账核算，并编制会计报表。

物资储备核算的现状

目前××市政府的物资储备主要包括防汛物资储备、粮油储备、生活必需品储备、农业救灾物资储备和医药物资储备五类。由于我国对于不同储备物资的管理办法以及管理储备物资的机构性质设置上存在差异，对这些储备物资的核算也不同。

一、农业救灾物资储备（包括农膜、化肥、农药）和生活必需品储备（肉、糖、盐）

这些储备采用政府与储备企业达成储备的协议，要求企业根据政府对品种和数量的要求，单独管理或与经营性存货一同管理。财政为规定的储备支付日常的储备费用和相应的银行贷款贴息，企业将其列入“财政补贴收入”。当政府动用储备的时候，采用两种方式：（1）要求企业直接投放（出售）市场，按市价或政府规定的价格向市场销售。其中按政府规定价格销售的，成本与售价的差价由政府负责，溢价部分上交财政，亏损部分则由财政补贴。（2）政府相关部门向储备企业购买，成本与购买价的差价由政府负责，溢价部分上交财政，亏损部分则由财政补贴。

二、粮油储备

××市粮油储备主要由粮食局所属的全额拨款企业——××粮油购销公司进行管理。××粮油购销公司实为事业单位同时挂牌为企业，其职能是负责××市储备粮的购买和轮换，出于贷款的需要，该单位以企业形式出现，执行企业会计制度，但履行的却是政府职能。

××市的粮油储备基本上采用的是买断的方式，粮食储备在××公司中作为“库存商品——政策性粮油”确认并核算；由于××公司采取的是“见货付款”和“见钱发货”的购销付款方式，现金与粮食实物之间的付款或收款之间的周期一般为 14 天之内，但是在处理由此产生的应付账款和预收账款的情况时，企业采取了以现金收付时点为记账时点的方式，对于存货入库但现金未支付的情况，不进行有关资产或负债的确认；如果出现现金已到账但存货尚未发出的情况，则确认“预收账款”。

××公司的粮食购销差价全部由财政负责，溢价部分上交财政，亏损部分由财政进行补贴。其日常发生的管理费用也由财政以“补贴收入”的方式弥补。

采购粮油的资金主要来自由政府担保的银行贷款，银行贷款在××公司确认为负债。注册建立该公司时，粮食局拨入的资本金已确认为“实收资本”。

三、防汛物资储备

××市政府的防汛办公室（以下简称防汛办）负责防汛物资的采购。防汛办采用事业单位会计制度。防汛办购买防汛物资之后不一定被直接耗用，而是在防汛办或水利工程管理单位中停留一段时间。当防汛办采购这类防汛物资时，防汛办作为专项支出开支，材料物资进入防汛办的备查账，但未进行价值反映。发放这些防汛物资时，只有属于固定资产的防汛物资能够在接收单位（通常为水利工程管理单位）的固定资产账面上得到确认和计量，而低值易耗品、材料等则不在接收单位账簿上进行确认和计量（根据《水利工程管理单位财务制度》的规定，防汛储备物资不能作为水管单位的存货）。

四、医药物资储备

由于医药的有效期短等特点，××市的医药储备采用了“周转金”方式，由药监局等有关部门制定药品储备目录，与药品流通企业签订合同，要求其在必要时提供所需药品器械，这部分储备在企业中属于正常经营储备，并未进行单独核算或管理。财政直接拨付资金到合同企业，作为未来动用医药储备的资金保证，企业则将该笔资金确认为“其他应付款”负债。政府动用医药储备后，企业在“其他应付款”中减少相应价值。动用储备以及每年可能需要增加储备的情况下，财政视必要性向企业拨款进行资金补充，财政部门不再对企业的日常储备费用进行补贴。目前财政部门拨付给医药企业的这种资金在财政部门作为支出列支。

物资储备资产核算与报告存在的问题及解决方案

一、物资储备资产核算与报告存在的问题

（一）物资储备在政府会计中没有单独列项

目前在行政事业单位会计中，资产类里没有物资储备这一项目，如果要进行物资储备的核算与报告，没有适用的会计科目和报表栏目。由于物资储备与单位自身消耗的材料性质不同，所以如果使用现行会计制度中的“材料”（或“库存材料”）科目核算与报告，又会造成会计信息的混淆，不利于对物资储备单位的绩效评价。

（二）物资储备没有全部进行核算

如上所述，目前有的物资储备没有得到核算，没有在单位的资产负债表中反映，造成政府会计报告对政府资产的反映不全面。

（三）各种不同情况的物资储备核算没有统一规范

物资储备的情况比较复杂。从物资储备管理单位性质看，有由企业进行储备的，有由行政事业单位进行储备的，也有由形式为企业、实质是事业单位的单位储备的。从政府准备物资储备的方式看，有不买断储备物资的，有买断储备物资的，有向储备企业支付周转金的。目前的会计制度并没有对各种情况下的物资储备业务作出通盘的设计，制定各种情况下物资储备业务的会计核算规定。目前只是由各个单位根据自己的理解进行会计核算，从而造成储备物

资核算与报告的不规范。

二、对物资储备资产核算与报告的建议

（一）设立物资储备的资产项目

首先，物资储备是政府用于预防突发事件、稳定社会生活秩序而采购、持有的物资，物资储备可以多年持有，应当属于资本性资产。其次，物资储备是管理单位受托代为保管的物资，其使用与保管单位无关，也不构成管理单位自身的支出。从物资储备的这两种属性看，现有制度中的资产类项目尚没有与其相适应的。因此，在行政事业单位会计核算和报告中，应当将物资储备单独设立项目，进行核算与报告。

（二）对各种不同情况下物资储备的核算设计

直接保管储备物资的行政事业单位，都应当对储备物资进行核算。行政事业单位会计应当设立“物资储备”资产类科目和“物资储备基金”净资产类科目，比照固定资产增加和减少的账务处理方法进行核算。在资产负债表中，资产部类增加物资储备栏目，在该栏目中反映单位管理的储备物资总金额；在负债部类的净资产部分增加物资储备基金栏目，在该栏目中反映单位管理的储备物资的资金来源数量。

对企业管理储备物资的，要按照政府对物资的储备方式分别规定核算与报告要求。

1. 由经营性企业管理的政府没有买断所有权的储备物资。这类储备物资，在储备时政府并没有进行购买，物资的所有权属于企业而不属于政府。因此，储备物资是属于企业的资产。企业对储备物资的核算与其他的企业存货核算一样。在政府会计的报告中，不将这些储备物资作为政府的物资储备资产进行报告。

2. 由经营性企业管理的政府买断所有权的储备物资。这类储备物资，在储备时政府已经进行了购买，物资的所有权属于政府而不属于企业。因此，储备物资是属于政府的资产。对于这类储备物资，要本着“谁出钱，谁核算”的原则，由直接管理的主管部门会计（这里所说的直接管理部门是指编报采购物资预算的行政事业单

位）进行核算。保管这类储备物资的企业，对代为保管的储备物资不在正式账簿中登记，只在备查账中进行保管的登记，通过备查账定期与负责物资储备核算的行政事业单位进行核对。对这类储备物资进行核算与报告的行政事业单位，其核算与报告方法比照直接保管储备物资的行政事业单位。

3. 由形式为企业而实质上是事业单位的单位买断并管理的储备物资。由于历史原因，我国存在着一些形式为企业而实质上为事业单位的单位。这类单位，虽然按照企业会计制度核算，但是不能自负盈亏，也不以营利为主要目标，其运行主要靠财政拨款维持。这种性质的单位，实质上和事业单位一样，属于政府单位，是政府会计主体，其会计报表要与其他行政事业单位的会计报表进行汇总，编报汇总的政府会计报表。因此，由形式为企业而实质为事业单位的单位买断并管理的储备物资，既是企业的资产，也是政府的资产。在企业核算储备物资时，作为本企业的存货核算；在企业编制财务报告时，要将储备物资在资产负债表中单列栏目（物资储备）反映。主管部门会计在汇总反映所属各单位的物资储备资产时，要将这类企业报表中的物资储备和其他行政事业单位报表中的物资储备进行汇总计算。

4. 以周转金方式储备的物资。以周转金方式储备的物资，政府并没有买断物资的所有权，物资仍然属于管理的企业。因此，这类物资属于企业资产而不是政府资产。在政府会计报告中，不将这些储备物资作为政府的物资储备资产进行报告。但是，政府支付的周转金的所有权仍然属于政府，因此政府出资单位（行政事业单位或财政部门）会计应当将支付给物资储备企业的周转金确认为债权性资产。目前，在支付这类周转金时，应当通过“暂付款”或“其他应收款”科目进行核算，而不能列入当期支出。

其他政府资产核算的问题及解决方案

一、代管接受捐赠的物资

××市的捐赠财物全部由捐赠中心负责接收和发放。捐赠中心为事业单位，它对捐赠财物独立核算，与本单位业务分离。由于没有针对捐赠财物单独的核算科目，因此捐赠中心使用事业单位会计制度的两组会计科目对其进行核算。收到货币捐赠时，在确认现金或银行存款的同时，确认其他收入；收到实物捐赠时，在确认库存材料的同时，确认事业基金。在年末编制报表时，将捐赠财物的账户数和捐赠中心自身活动财物的账户数进行汇总报告。

这种会计核算存在的问题有：(1) 货币捐赠作收支处理，虚增了反映在收支报表的单位自身收支；(2) 同属于代管捐赠财物的货币捐赠和实物捐赠的会计处理不一致；(3) 模糊了代管财物和单位自身财物的界限，混淆了会计信息。

对于管理单位来说，并不具有接受捐赠物资的最终使用权，因此管理的捐赠物资应当定性为单位的代管财产。管理单位不能将接受捐赠的财物作为本单位自有财物进行核算，其取得和拨付也不能作为本单位的收入和支出。对捐赠物资核算应当单独设置会计账户核算，并单列项目报告。建议设置“接受捐赠物资”资产类科目和“应付捐赠财物”负债类科目，并在“银行存款”和“现金”总账科目下设置“接受捐赠款”明细科目。接受和转拨货币捐赠时，通过“接受捐赠款”和“应付捐赠财物”科目核算；接受和转拨实物捐赠时，通过“接受捐赠物资”和“应付捐赠财物”科目核算。在资产负债表中，资产部类增加“接受捐赠财物”栏目，在该栏目中反映单位管理的接受捐赠货币和实物的总金额（在“现金”和“银行存款”栏目中扣除接受捐赠款）；在负债部类的负债部分增加“应付捐赠财物”栏目，在该栏目中反映单位管理的应转拨出的捐赠财物数量。

二、政府公房和人防工程

××市政府的公房由房管单位管理，又称直管公房。房管单位多属于事业单位，目前很多正在转制为企业，有个别已经转制为公司。由于房管单位管理的公房都是历史上形成的，没有产权证和价值记录，因此目前只有实物账而没有在会计上进行确认。

房管单位管理的公房属于固定资产，应当在会计账面上予以确认，在会计报表中予以反映。有关部门应当结合国有资产清查，组织对公房的价格评估，对没有上账的公房进行会计确认。

××市的人防工程主要由民防局及其下属事业单位管理，因此在固定资产的核算上使用事业单位会计制度。按照相关制度，相关单位建造的人防设施通过在建工程建造完工后确认为单位的固定资产和相应的固定基金，人防固定资产不计提折旧。近年来民防局并未新建人防工程，而是采取“谁开发、谁投资、谁管理”的原则，人防工程多由小区开发商进行建造，这些工程建造后并未移交民防局，或是移交了管理权但未移交产权。所以目前这些人防工程并未确认为民防局及其下属单位的固定资产。

人防局管理的人防工程也属于固定资产。其中由小区开发商投资建造的人防工程，应当属于政府提供公共国防服务的设施。对于小区的人防工程，要根据产权界定判断是否应当确认为政府的资产。由小区开发商投资建造的人防工程，在开发商完成小区建设并出售给使用者前，产权属于开发商。当开发商将其开发的小区销售以后，亦应移交人防工程产权，移交产权后就没有义务再管理了。对于开发商移交的人防工程产权，应当根据人防工程的用途予以界定：如果人防工程属于日常使用与人防共用（如按人防要求建造的地下车库），则产权应当归属于购买商品房的业主共有；如果人防工程主要是用于人防，那么这类人防工程类似于前文所提到的房地产开发商无偿移交政府的公益性基础设施，实质上属于房地产商向政府缴纳的实物地租，其产权应当属于政府所有。对产权属于政府的人防工程，人防局等管理单位应当作为固定资产核算与报告。

三、政府对企业的股权

目前除了事业单位对企业的投资已经进行会计核算以外，政府直接进行的企业投资尚未在政府会计方面进行股权资产的核算与报告。××市国资委属于国有企业（主要部分）的主管部门，拥有对国有企业的管理权。但是××市国资委对所属企业仅限于行政管理，月末或年底通过所管辖企业上报的报表，利用统计的方法得到当年有关国有股权及其变动、国有股权收益或亏损的数据。

目前的核算存在以下问题：(1) 财政部门通过基建拨款、其他方式拨款对国有企业的资本性投入基本上都能够在企业的会计账户中形成企业的资本金。但是财政部门将这些拨款列支后，财政和国资委均不对这些资金形成的投资进行账面记录，缺少了这部分政府的资产记录。(2) 转制的企业通过对原管理的固定资产等资产确认的企业资本金，相当于政府使用实物资产对企业进行的投资。但是企业转制后，原有的固定资产等国有资产并没有在国资委或财政部门会计账面上转为国有股权，从而使这部分资产从政府会计的报告中消失。(3) 政府对企业的投资产生的收益只有在以现金方式上缴财政的情况下，才能够在财政部门会计记录的收入中得到反映，对于留存在企业的收益，虽然属于政府，但是政府相关主管部门也没有相应的会计记录。由此看出，政府对企业的股权不加以核算和报告，使政府会计报告中的政府资产少了一个部分，造成政府会计信息的缺失。因此，政府股权应当在政府会计中予以确认，并在政府会计报告中加以反映。

从我国的会计制度体系设计看，接受政府投资的企业执行企业会计制度，不属于政府会计主体，所以企业不可以成为政府股权的核算与报告主体。财政部门可以核算对企业的财政资金投资支出，但却很难进行政府股权的核算。这一是因为财政资金的投资支出往往由于要经过基本建设过程，财政资金支出数与形成的企业资本金往往不一致；二是因为随着企业的运营，国有股权的数量（企业所有者权益数乘以国有股比例）往往大大超过财政资金的初始投入。因此，由财政部门核算国有股权也不适宜。

从目前情况看，我国的政府会计制度体系中缺少国有资本金会计。因此我们建议，尽快研究建立国有资本金会计。通过国有资本金会计核算，填补财政资金投资到国有股权形成之间的会计核算空白，并持续核算国有股权变动情况及国有股权收益。国有资本金会计核算主体，应当是国有企业的投资主管部门——国资委等。

对会计规范改进的建议

××市政府国有资产的会计核算与财务报告的改进，需要制定或修改会计制度。我国政府会计实行全国统一的会计制度，××市政府会计主管部门需要通过向财政部提出建议，才能解决好目前××市政府资产会计核算中产生的问题。对财政部提出制定或修改会计制度的建议包括以下几个方面：

1. 研究、建立国有资本金会计核算制度，设置核算国有股权的会计科目和会计报表。

2. 修补行政单位会计制度和事业单位会计制度。在行政单位会计制度和事业单位会计制度中，增加资产类会计科目“公益性基础设施”、“物资储备”、“接受捐赠物资”，增加负债类会计科目“应付捐赠财物”科目，增加净资产类会计科目“公益性基础设施基金”、“物资储备基金”；增加对公益性基础设施、储备物资、接受捐赠物资的账务处理方法规定；在资产负债表中增加“公益性基础设施”、“物资储备”、“接受捐赠财物”、“应付捐赠财物”、“公益性基础设施基金”、“物资储备基金”栏目。

3. 增加非营利性企业（属于政府会计主体）会计对基础设施、物资储备的核算规定。规定这类企业会计按照其管理的公益性基础设施或物资储备，分别设置“公益性基础设施”、“公益性基础设施基金”或“物资储备”、“物资储备基金”等科目，对公益性基础设施和物资储备进行单独核算，单列项目报告。

2009年《政府会计规范模式及相关内容设计》[①]

政府会计规范模式的设计

政府会计规范的模式，国外主要有两种：一是准则模式，二是制度模式。各国均是依据自己的国情和需要选定的。在我国，随着政府公共财政管理的进步，政府会计由单功能会计（预算会计）向"双重功能"会计（预算会计与财务会计）转变，而目前的我国政府会计规范使得政府会计应有的预算会计功能和财务会计功能都难以有效发挥。因此，我们认为，当前改革我国政府会计规范模式的主要任务是：完善预算会计，建设财务会计。采用"以准则为统领，以制度为主体"的政府会计规范模式，更加适应我国国情和我国政府会计改革的需要。

一、会计制度与具体会计准则之间没有性质和功能的不同，只有规范形式的不同

我国的会计制度和会计准则都属于强制性会计规范。具体会计准则和会计制度的主要不同是：会计制度是以会计主体为指向，规范会计主体涉及的所有经济活动和会计事项的确认、计量、记录和

---

① 本课题由全国预算会计学会、北京市预算会计研究会委托研究小组完成，课题负责人为王彦，执笔人为王彦、赵西卜、王建英。本报告由北京市预算会计研究会"政府会计课题组"完成。

报告；具体会计准则主要是以经济业务或会计要素项目为指向，规范会计主体对该经济业务或会计要素项目的会计确认、计量、记录和报告。政府会计规范形式是选择采用会计制度还是具体会计准则，主要看哪种会计规范更适合政府会计规范的制定和执行。

二、政府会计主体的多元性，要求会计规范适宜采用制度形式

我国属于集权式的行政管理体制，整个政府就是一个大会计主体，其中又包括多层次、多元的小会计主体。这与企业会计主体都是相互独立、自主经营、资金独立运转的经济组织不同。各层次政府会计主体在业务活动上存在很大差别，以经济业务为指向制定会计规范很难适应多层面会计主体的不同核算需要。而以主体为指向制定会计规范，则更能满足不同层次政府会计主体的核算需要。

三、采用一项会计准则、一套制度的规范模式，便于会计规范的相互衔接

“以准则为统领，以制度为主体”的模式包括一项会计准则和一套会计制度。一项会计准则是指一项基本会计准则；一套会计制度是指以政府会计多层次主体为主制定规范的政府会计核算的一系列制度。

政府会计基本准则是一系列会计制度的统领。一方面，该准则的内容是政府会计原则性的框架，是制定会计制度的依据，可以保持会计规范的整体统一，避免各个会计制度内容的不协调；另一方面，会计准则规定的原则内容诸如会计假设、会计信息质量要求、会计确认和计量的一般原则要求等，就不再在会计制度中规定，可以避免会计制度中内容的重复。

政府会计制度是政府会计基本准则的具体化。政府会计制度中，着重规定具体会计业务的确认、计量、记录和报表编制。会计制度要根据政府及政府单位各种经济业务会计核算的客观需要制定。对于经济业务内容有相似特征的会计主体，要制定、适用同一会计制度；对于经济业务内容迥异的政府会计主体，要制定不同的会计制度。

四、采用会计制度作为政府会计核算的规范，实用性强

采用会计制度体系为核算规范的设计，可以在我国现有的预算会计制度体系基础上进行适当改进，形成新的会计制度体系。这样既可以降低政府会计规范的制定、执行成本，又能照顾到我国政府会计工作者的传统操作习惯，实用性强。会计人员遇到业务上的疑点，可以在执行的制度中“对号入座”找到答案。我们在北京市的问卷调查显示，实际工作者特别是基层财会人员，普遍要求保留制度规范模式。

政府会计基本准则设计

作为指导各项会计制度的统领性规范，政府会计基本准则应当强调以下主要内容：

一、关于政府会计适用范围和政府会计主体

政府会计的适用范围问题同时也是政府会计主体的界定问题。政府会计主体范围决定了政府会计规范适用的边界，也决定了政府会计报告的责任边界和涵盖内容范围边界。目前我国政府会计规范的适用范围非常不清晰，特别是在部分事业单位、国有企业、某些社会团体的规范归属上存在相当大的争议。

本研究认为，我国政府会计的适用范围既不能根据单位法人登记的职能性质，也不能根据某个单一的标准进行界定。政府会计准则应该通过明确政府会计主体的判断标准，并辅之以必要的列举或排除，明确政府会计的适用范围。我国政府会计的适用范围应该包括所有的国有或政府控制的非营利性组织，如政府组织、国有的非营利性的事业单位、国有的非营利性的政府企业、各党派、各社会团体和军队等。这样的划分，排除了营利性的企业、民间非营利组织，可以有效配合我国会计划分为企业会计、政府会计、民间非营利组织会计的“三足鼎立”定位。

政府会计主体具有层次性。各政府单位、部门和各级政府，作为管理和使用社会公共资源的责任承担者，都是政府会计报告的主体，它们形成各政府单位会计主体、各政府主管部门会计主体、各级政府会计主体等多层次会计主体；同时，具备单独设立自我平衡的账户体系，实现以基金活动为范围的会计核算和会计报告的各项

由各政府单位管理的政府基金以及政府受托管理的托管基金（如社会保险基金、住房公积金），也是政府会计主体。

二、关于政府会计目标

政府会计目标的描述应当包括三个方面的内容：①政府会计提供的会计信息的目的；②政府会计向谁提供会计信息；③政府会计应当提供何种会计信息。我国政府会计目标可以描述如下：

（1）政府会计信息主要是为政府各级领导决策服务，为政府进行财务管理服务，还要为人大和社会公众对政府财务活动的监督服务。

（2）会计信息的使用者包括人大，政府及所属各部门、单位的决策者和管理者，上级政府和财政部门，以及社会上关心政府会计信息的人士等。

（3）政府会计提供的信息应当包括：政府管理和使用的公共经济资源的预算收支执行信息、财务状况信息、成本信息、绩效评价所需的会计信息。

具体而言，我国政府会计报告的使用者应主要定位于人大代表、政府财务决策及管理者；会计报告的内容主要定位于政府收支预算执行情况和政府资产负债状况。

三、关于政府会计对象的范围

根据我国政府会计的目标，现阶段我国政府会计核算对象应当包括：（1）全口径政府预算收支，包括财政预算收支、部门预算收支；（2）财政支出形成的国家资本金；（3）政府债务（只限显性债务）；（4）政府债权；（5）预算单位全部的资产负债；（6）税收征缴、国库支拨环节形成的政府资产、负债；（7）政府代管的社会保障基金和住房公积金；（8）政府及政府单位掌控、管理和使用的各种公共资源。

四、关于会计信息质量要求

政府会计信息的质量要求取决于政府会计的目标要求。为了满足政府会计目标的要求，政府会计信息首要层次的质量要求是合规性、可靠性、相关性、明晰性。此外，还需要提出一些次级层次的质量要求，包括可比性、实质重于形式、及时性、限制性、重要性和全面性要求等。

五、关于会计基础

从政府会计报告内容要求看，提供预算执行情况的数据大多要基于收付实现制基础确认核算，提供财务状况的数据往往要基于权责发生制基础确认核算。根据我国政府会计预算会计和财务会计双重功能的定位，以及相应的政府会计报告的内容要求，在现阶段政府会计应当实行“二元结构”的会计基础，即以收付实现制为主确认预算收支的相关业务，以权责发生制为补充确认资产负债的相关业务，必要时部分同时涉及预算收支和资产负债的业务使用收付实现制和权责发生制进行双重确认。

六、关于政府单位的内部成本核算

出于制定收费标准或进行绩效考核等需要，某些政府单位需要进行成本核算。政府单位核算的成本应当成为社会监督内容的重要组成部分，而不能像企业的成本那样成为不予公开的商业秘密。因此，政府单位的成本核算，应当作为基本准则的内容予以原则性规范，对成本核算的适用范围和成本核算的基本方法等作出原则性规范。

七、关于会计报表要素

政府会计准则中应统一定义会计要素。为满足我国政府会计信息使用者对预算会计信息和财务会计信息的双重需要，我国政府会计报表要素应当包括预算收支执行报表要素和财务状况报表要素两类。根据“二元结构”会计基础的设计，预算收支表会计要素以收付实现制为主要基础，反映收支预算执行情况；资产负债表会计要素以权责发生制为主要基础，反映财务状况。

1. 预算收支执行报表要素包括预算收入、预算支出、预算结余。这三个会计要素的数量关系为：预算收入 - 预算支出 = 预算结余。

2. 财务状况报表要素包括资产、负债、净资产。这三个会计要素的数量关系为：资产 = 负债 + 净资产。

理论上，政府财务会计的报表还应包括基于权责发生制基础编制的运营收支表，完整的政府财务会计报表要素除了资产、负债、净资产以外，还应有收入、费用两个要素。但是我国目前客观上要求按照权责发生制提供政府会计信息的范围不大，权责发生制基础上的财务收支可以不进行记录和反映，因此目前可以不设置基于权责发生制基础的收入、费用要素。

八、关于会计计量属性

政府会计的会计计量属性应包括：历史成本、重置成本、可变现净值、现值、公允价值等，但应当以历史成本为主。在历史成本不能反映计量对象实际价值情况下，可以使用其他计量属性。应当对固定资产计算折旧，确认、反映固定资产的净值，以利于政府资产价值的正确反映，利于对政府单位进行绩效评价。

九、关于政府会计报告

政府会计报告是多层次报告体系，各个层次报告需要反映不同报告主体提供的信息。因此，应当对政府会计报告内容按照单位（政府基金）会计报告、部门会计报告、政府会计报告层面分别规定不同的要求。政府托管基金应当单独提供会计报告。

政府会计报告由报告文字说明、会计报表、报表附注组成，其中以预算收支执行表和资产负债表为主要会计报表。

政府会计报告体系呈现“金字塔”的形式。各政府单位的会计报告是政府部门会计报告的合并基础，下级政府的会计报告是上级政府的会计报告的汇总基础。政府会计准则应当就政府会计报告合并和汇总涉及的报告主体、报告主体的报告责任、自下而上的报告合并、汇总程序等作出原则性规范。

政府会计制度体系设计

一、政府会计制度体系设计的基本要求

我国现行的会计制度体系不是刻意设计的，而是在我国经济体制从计划经济向市场经济过渡过程中，为了满足财政管理制度改革的需要自然形成的。目前会计制度体系的一个主要问题是：各种会计制度之间缺乏统一衔接，依照不同会计制度核算形成的会计信息不易汇总，难以形成反映政府整体预算执行情况和财务状况的报告。因此，未来会计制度体系的设计，应当满足三个基本要求：

1. 会计制度体系应涵盖所有政府会计核算应当包含的内容，不遗漏。

2. 各会计制度分别对政府会计核算内容进行规范，不重复、不矛盾。

3. 依照各种会计制度生成的会计信息，既便于分类汇总，又便于各层面政府报告汇总。

二、政府会计制度体系设计应遵循的原则

（一）以政府资金运动环节为主设置会计制度

政府资金运动的环节，主要包括税收、海关、财政等部门对财政收入的征缴、国家金库对财政资金的收纳和支拨、财政部门对财政资金的分配、行政事业单位对财政资金和其他资金或资源的使用等。按照政府资金运动环节设计会计制度，就是按照政府资金的征缴、收纳和支拨、分配、使用环节分别制定会计制度。这种设计方法的优势是：

1. 能够做到政府会计核算覆盖政府活动的全部内容。政府资金运动的全过程，贯穿于政府及政府单位的全部经济活动。按照政府资金运动的环节设计会计制度，可以将整个政府会计核算对象全部涵盖。

2. 有助于会计制度及其核算结果的统一。在按政府资金运动环节设计的会计制度体系中，处于不同环节的政府单位执行不同的会计制度；处于相同环节的政府单位，执行同一会计制度。执行政府总会计制度的财政部门，通过对相同环节会计信息的横向汇总、上下连贯环节的会计信息的纵向合并，可以生成反映政府总体财务情况的信息。

3. 适应预算管理的需要。目前我国政府及政府单位的预算包括三种口径：政府层面的财政预算，主管部门层面的部门预算，政府单位层面的单位预算。部门预算是单位预算的汇总。财政预算处于政府的财政资金分配环节，单位预算处于行政事业单位对财政资金和其他资金的使用环节。如果按政府资金运动环节设置会计制度，使会计核算主体与预算编报主体一致，会计核算与预算管理紧密结合，则有利于解决长期存在的会计核算与预算管理脱节的问题。

（二）对特殊业务涉及的基金单独设置会计制度

在财政资金中，有的资金在管理上有特殊要求（如国际金融组织贷款转贷资金），有的属于资金项目，只持续有限的时期且数量巨大（如三峡建设资金）。这些财政资金由于管理要求，需要独立核算和报告，形成的各政府基金在核算内容、报表格式上与政府单位其他资金的核算差异较大且内容复杂，其会计规范难以在政府总会计制度或政府单位会计制度中详细说明，单独制定相应的会计制度更有利于制度内容的设计和实务中的会计处理。

（三）对政府托管基金单独设置会计制度

我国目前属于政府托管基金的资金主要是社会保障基金和住房公积金。政府托管基金性质要求各项基金单独核算、单独管理、单独报告，因此需要单独设置社会保障基金会计制度。

三、政府会计制度体系的设计

现行的预算会计制度，在政府各类资金管理中一直发挥着重要作用，但仍不能适应目前形势和改革的需要。建立政府会计制度体系，既要保留原来行之有效的做法，又要改革与现行财政管理不相适应的内容。应以现有会计制度为基础，通过整合、归并、补充、完善，形成新的政府会计制度体系。具体来说，就是形成下列五种会计制度：政府总会计制度、政府单位会计制度、税收征缴会计制度、国家金库会计制度、特殊业务（政府基金）或政府托管基金会计制度。

政府会计账户设计

我国政府会计具备预算会计和财务会计的双重功能，它所提供的预算收支执行情况表和资产负债表分别采用了收付实现制和权责发生制的二元会计基础。在日常的会计核算中，既要满足政府预算执行情况表编报的需要，又要满足政府资产负债表编报的需要。这就需要解决采用什么样的会计核算系统、设置哪些账户才能同时满足基于不同基础编制的预算报告和财务报告的问题。

借鉴国外经验并结合我国实际，本文认为，我国现阶段政府会计应当采用“以预算收支会计账户为主，融入部分反映资产负债账户的一套会计系统”。在这个系统中，需要设置一套预算收支会计账户，并设置若干权责发生制核算基础的资产负债账户，分别满足预算收支执行情况表和资产负债表的需要。采用这种核算系统的理由是：

一、适应我国国情

目前我国政府会计核算基础正处在演进过程中，国外情况也不明朗，需要慎重引入权责发生制，现在要求政府会计提供的信息当中，需要采用权责发生制基础的并不多。如果政府会计采用两套相互独立的系统，会造成大多数会计事项需要在两个系统中分别记录，必然大量重复，增加会计处理成本。

二、有利于充分提供预算会计信息

我国目前要求政府会计应当以提供预算会计信息为主。新的政府收支分类大大细化，科目划分多达 2000 余个。在这种情况下，要求设置同样细化的账户进行反映，可以满足预算会计对账户细分并反映预算执行情况的需要。

三、能够满足当前财务会计信息的需要

目前需要按照权责发生制核算的财务会计信息，主要是资产和负债，其核算细化的要求远不及预算收支。在设置预算会计账户的同时，设置若干按权责发生制基础核算的资产负债账户，就可以满足资产负债表对会计账户的要求。对于少量的既影响预算收支，又影响资产负债的事项，采用“双分录”[①] 记账的方法完全可以解决

① “双分录”记账指对一项业务同时进行预算收入（或支出）的复式记账和进行资产（或负债）的复式记账，如对购买固定资产业务，既进行借记“××支出”、贷记“银行存款”的复式记账，又进行借记“固定资产”、贷记“固定基金”的复式记账。

预算收支信息和资产负债信息的需要。

四、便于政府会计人员掌握核算技术

“以预算会计为主，融入部分资产负债账户的一套会计核算系统”的账户设置，以及采用“双分录”的核算技术，都是以往预算会计核算中已有的，容易为会计实务工作者所接受。

政府会计报告模式设计

我国当前的政府会计报表以预算报表为主，没有完整的财务报表。政府单位、政府基金和部门决算报表中的财务状况信息不规范、有缺项，没有编制政府层面的综合财务报告。

我们认为，我国政府会计改革应本着“继承、借鉴、创新”的原则，对现行政府会计报告模式进行改进。具体的改进建议是：

一、合并编制政府层面的综合财务报告

在已有的政府单位（政府基金）会计报告和政府部门会计报告基础上，把现行的政府决算报告与部门决算报告合并成政府层面的综合财务报告，形成政府单位（政府基金）、部门、政府三个层次的报告体系。政府层面综合财务报告合并的内容包括：政府全口径的预算收支执行信息和政府全口径的资产负债信息（受托管理的社保基金和住房公积金单独编报）。合并的理由是：综合财务报告能够全面、完整地反映政府收支的全貌，反映政府拥有或积存的家底，有利于领导层宏观决策参考。政府财务报告模式及内涵与国际惯例衔接，有利于国外了解中国，也有利于中国与国外交流。

二、政府层面合并报告改称“政府综合财务报告”

现行向各级人大常委会提交的政府决算报告，已得到社会各界的认同，作用明显，在现阶段仍保持不变，作为政府综合财务报告的一个组成部分。

三、建立二元结构会计基础的政府财务报告

政府预算收支信息以收付实现制为基础编制，资产负债信息以权责发生制为基础编制。

四、政府间不进行合并报告

综合财务报告由各级政府分别编报，中央政府和地方政府、地方上下级政府不进行合并报告。因为这样做没有实际意义，也与我国政府分级管理的原则相悖。

实施步骤和主要配套工作

要建立和落实以上政府会计规范及相关内容，近期内应做好以下工作：

一、调整预算收支报表项目

2007 年预算已按新的政府收支分类科目进行编制，在会计核算制度来不及修订的情况下，急需调整报表项目，以适应政府收支分类改革的需要，满足政府决策信息的需求。

二、优先制定政府会计准则

规范政府会计管理，必须先从起统领作用的会计准则入手，才能为制定各项政府会计制度提供依据。目前，制定政府会计准则的条件已经基本具备。我国预算会计工作多年的经验和近几年各方面开展的政府会计改革研究，为会计准则的制定打下了扎实的基础。同时企业会计改革也从实践方面提供了宝贵经验。

三、整合建立政府总会计制度和政府单位会计制度

政府总会计制度和政府单位会计制度，是新政府会计制度的核心。制定和实施这两个会计制度可以满足政府会计报告对主要数据的要求，初步构建政府会计。

四、建立包括预算收支执行和财务状况在内的政府会计报告

根据信息使用者需求的迫切程度，可以采用“先完善预算收支报告、后建设财务状况报告”的步骤，建立政府会计报告。完善预算收支报告，重点是解决财政决算和部门决算的衔接问题。建立财务状况报告，主要是建立政府层面的资产负债表。

五、逐步完善政府会计规范体系

在制定政府会计准则、整合核心会计制度的基础上，结合财政管理的改革需要，完善其他会计制度和相应的规范。

总之，建立我国政府会计规范管理模式，要遵循“理论先行、由简到繁、单项突破、不断完善、逐步到位”的原则。

2009年

《政府会计中的权责发生制改革研究》①

前言

随着政府执政理念的转变和执政水平的提高，公共财政体系不断完善，社会公众对政府会计反映公共服务能力、反映公共资源及其利用效果，以及反映受托责任的程度和提供管理决策信息的要求也不断提高。在政府会计改革的众多措施中，权责发生制和政府财务报告是最重要的两项改革内容。

在广泛借鉴吸收国外政府会计实施权责发生制的经验基础上，国内也普遍认为应不断引入权责发生制基础，建立能反映政府受托责任和公共资源状况的财务会计报告。可以说，逐步引入权责发生制基础，不断完善政府财务会计体系，已是界内共识。

本研究主要针对政府会计改革中的权责发生制在我国的具体运用提出我们的一些看法，供有关部门参考。续承我们以往的研究，本研究基于以下思想：

1. 完善预算收支表，建立资产负债表；
2. 政府层面的预算（执行）收支情况表和资产负债表均为合

---

① 本课题由北京市财政局、北京市预算会计研究会委托研究小组完成，项目负责人为王彦，执笔人为赵西卜、王建英、王彦。

并意义上的报表；

3. 各级政府合并报表的合并范围包括本级政府及所属下级政府和部门；

4. 政府会计中的收支应分为预算收支和财务收支，两者基于不同的核算基础，因产生的基础不同，使得资产负债表与预算收支表不存在直观的钩稽关系。

应用权责发生制基础的国际基本情况

目前，在经合组织（OECD）中的30个国家中，有超过一半的国家不同程度地应用了权责发生制基础，其中新西兰、英国、澳大利亚在全面引入权责发生制会计基础的同时，还将传统的现金制预算改造成了权责发生制预算。很多国家开始转向或准备转向权责发生制基础。

尽管全面实施权责发制会计乃至实施权责发生制预算遭到了很多质疑，甚至在有些国家以权责发生制为基础的政府财务会计报告多年未得到审计部门的认可而拒绝表示审计意见（如英国）；但不得不承认，权责发生制会计所提供的会计信息对于加强政府财务和预算的透明度，促进公共部门提高运行效率，提高政府执政能力的持续性，都具有不可替代的作用。这正是越来越多的国家积极推进政府权责发生制会计的原因所在。

各国推进政府会计权责发生制的方式和步骤各不相同，但从已经实施了政府会计权责发生制的国家看，大体上可以归为三种类型。

一、会计和预算编制均一步同时到位

在预算编制、会计核算、会计报告各环节均采用权责发生制。其代表国家主要有新西兰、澳大利亚和英国。表面看实施是一步到位，但为此所作的准备都超过十年，实施全面的权责发生制有着充分的理论和经验准备。他们全面采用权责发生制主要是迫于这些国家经济和财政状况恶化的压力，民众及议会要求政府提供有助于判断财政持续能力的信息，而不仅仅是当年资金收支。

二、会计一步到位但预算编制上分步推进

其实施目标仍然是全面的权责发生制，只不过在实施方式上采用了分步实施的做法，在会计核算和会计报告上先全面采用了权责发生制，然后在预算编制上部分采用权责发生制。其代表性国家主要有美国、加拿大、丹麦、芬兰、冰岛和意大利等。到目前为止，这些国家是不是要努力做到编制全面权责发生制的预算并不断创造条件全面实施权责发生制预算，尚不明朗。

三、会计分步实施

在会计核算和会计报告方面先对一些重要的事项或项目采用权责发生制，然后再扩展到其他会计业务上，但在政府预算编制上未采用权责发生制。其代表国家主要有爱尔兰、荷兰、葡萄牙、瑞士、德国、匈牙利等。目前这些国家正在根据各国需要不同程度地扩大权责发生制会计核算和报告的范围。

综观国外尤其是发达国家政府会计应用权责发生制的基本情况不难看出，各国应用权责发生制基础的政府会计的共性有四项：一是早期的政府会计都是现金制基础，随着对未来责任的考虑和关注，才逐步引入权责发生制基础；二是运用权责发生制的最直接目的是为了反映政府资产和负债的真实情况；三是权责发生制的应用程度取决于报告目标和要求；四是政府预算大都以收付制为基础编制。这些共性实质上构成权责发生制在政府会计中应用的规律。

目前我国预算会计中应用权责发生制的现状

政府会计是以政府整体为对象，以提供政府活动及其结果的会计信息为主要目的的专门会计。就我国目前看，完整意义上的中国政府会计尚不存在，但构成政府会计整体的各组成部分可谓完整无缺。建立中国的政府会计，实际上就是把构成政府会计整体的财政总预算会计、行政单位会计和事业单位会计有机组合起来，或者说把政府会计主体范围内的一切事项按照主体归属分别纳入各自的会计业务内，然后通过合并方式形成政府整体的会计。

本文所称的预算会计是财政总预算会计、行政单位会计和事业单位会计的总称，实际上由三类主体构成；而政府会计是将三套会计有机结合形成的以反映政府整体会计信息为报告目标的一种合并会计，是以整个政府为会计主体的。从政府会计层面看，可将财政总预算会计、行政单位会计和事业单位会计视为政府会计中的内部核算单位（关于政府主体的研究详见专门的研究报告）。

目前，财政总预算会计、行政单位会计和事业单位会计分别由三套会计制度进行规范。其中，财政总预算会计中，按照财政部有关规定，除下列五项内容外均不得采用权责发生制：(1) 预算已经安排，由于政策性因素，当年未能实现的支出；(2) 预算已经安排，由于用款进度等原因，当年未能实现的支出；(3) 动支预备费安排，因审批较晚，当年未能及时拨付的支出；(4) 为平衡预算需要，当年未能实现的支出；(5) 其他。

在行政单位会计和事业单位会计中，除下列事项外，所有收支业务一般按收付实现制原则进行会计处理：(1) 行政事业单位当年已经落实但尚未收到的应收预算资金收入；(2) 行政事业单位当年已经安排但尚未实际支付的应付预算资金支出；(3) 行政事业单位的资产购置支出（包括行政事业单位购置的大宗材料等）；(4) 事业单位的经营业务收支；(5) 行政事业单位应缴预算款等债务。

这种处理方法基本上能够反映各级政府、各政府部门和单位当年的实际收支情况，也便于下年度预算安排，但仍存在三个问题：

1. 虽然预算收支的反映比较真实，能与预算口径一致，但未全面反映资产负债情况，对于关系国计民生的重要资产和负债，以及对未来预算安排有重要影响的资产负债的反映不完整（政府担保债务或实际上构成政府负债的债务，如政府担保贷款、学校贷款等）。

2. 政府整体收支情况未能合并反映，尤其是各级政府提供的会计报告（决算报告）仍局限于本级政府预算收支，未反映本级政府整体（包括本级政府和下级政府）的预算收支和资产负债情况。

3. 各级政府对于政府承诺以及实质上已经形成政府现实义务的政府担保、应偿还政府利息等基本没有反映出来。可喜的是，我们从 2009 年 8 月 12 日财政部印发的《高等学校会计制度》和《医院会计制度》这两个征求意见稿中，看到了全面实施事业单位权责发生制改革的趋势，尽管其中还有这样或那样的问题，但权责发生制的应用程度与现行规范相比，有了实质性改变。

目前，理论界和实务界对我国预算会计尤其是预算会计报告存在的问题有很多的批评，很多人认为收支反映不完整、不全面，资产负债反映不真实是其中最主要的问题。我们认为，产生这些问题的原因是多方面的，但未能很好地应用权责发生制是其中的重要原因之一。因此，无论从政府会计发展方向上看，还是从目前政府会计存在问题的解决途径上看，不断深化权责发生制在政府会计领域中的应用已势在必行。问题在于权责发生制的应用应如何循序渐进？哪些项目先行应用，哪些项目继后应用？应用权责发生制后预算报告和预算编制该如何衔接？诸如此类问题，理论界并未达成共识。

按照我们对政府会计报告设计的思路，近期内首先要完善预算收支报告，按照全口径收支全面反映预算收支情况，建立政府整体收支的理念，并初步建立政府资产和负债的观点，我们建议，近期内应本着有利于准确编制合并预算收支表、初步构建合并资产负债表的原则有效实施权责发生制。长远看，还要树立反映政府执政绩效的财务收支的观点，不仅要准确反映预算收支的情况，还应准确反映政府财务收支和财务状况等情况。

我国政府会计权责发生制改革的重点和难点

国际经验告诉我们，政府会计权责发生制改革重点和难点主要是两个：一个是改革方式选择，一次到位还是逐步实施；另一个是实施权责发生制项目的选择，即哪些事项先实施，如何实施。

一、关于改革方式的选择

无论从国外政府会计权责发生制改革的经验看，还是从我国预算会计十多年发展进程看，不同国家的改革进程和程度各不相同，但并不影响政府会计应用权责发生制的趋势。从实施权责发生制的进程上看，少数国家采用了会计上一次到位甚至预算编制也一次到位的做法，多数国家遵循的还是会计上逐步扩展应用范围的循序渐进性的改革路径。我们认为，我国政府会计中的权责发生制改革也应采取渐进性的改革，主要理由是：

1. 国际上政府会计一步到位的权责发生制改革并不是很成功。实施彻底的（可称之为激进式）权责发生制改革的国家，虽然改革前有了长达数年甚至十多年的精心准备，但还是付出了巨大的改革成本，且改革效果并不理想，有的甚至连续几年都未能获得审计机关的通过。我国以往尚未进行全面实施权责发生制的准备，没有一次性全面实施权责发生制的基础。

2. 就目前我国政府会计信息需求看，报告完全权责发生制基础的收支（财务收支）暂无太大必要，但资产负债信息需求已迫在眉睫。因此，一次性全方位实施权责发生制会计并不迫切。

二、关于权责发生制的应用范围的选定

权责发生制的应用范围和应用程度取决于政府会计报告的目的。新西兰、澳大利亚和英国，以及美国、加拿大、瑞典和芬兰，需要向社会公众提供有助于分析评价政府可持续性和财务绩效的相关信息，因此在财务会计上全面实施了权责发生制，而大部分国家都是根据报告要求部分采用了权责发生制。我们对政府会计报告改革的研究发现，我国目前尚无全面提供政府财务收支和全面资产负债信息的迫切需要，但如实反映政府整体的预算执行情况，提供有助于安排未来政府预算的信息，全面反映政府现实财务状况的要求日益高涨，到了不得不提供这些信息的地步。而在现有基础和水平条件下难以全面实施全面权责发生制会计的情况下，比较理性的选择是：直接影响下年度预算安排的项目（如年末未能支付的确定性预算支出，下年度乃至未来年度需要支付的债务利息等）应先行实施权责发生制，对于关系国计民生形成的债务（如应付的“三农”政策补贴资金）或对国计民生有重要影响的基础性投资项目等应按权责发生制进行反映。这些原则性项目不仅直接影响人民代表大会对当年预算执行的有效监督，而且影响对未来预算尤其是下年度预

算的安排；不仅是直接反映政府执政为民方略的最核心内容，而且是民众最关心的内容。

有些项目的列报能够为政府有效执政提供积极的帮助，但有些项目的列报可能会有消极作用，甚至会引起社会动荡，需要在满足需求和维护社会稳定中权衡。因此项目的选择成为实施权责发生制的难点。

改革设计

现有财政总预算会计、行政单位会计和事业单位会计都不同程度地应用了权责发生制，只不过应用的范围过窄，应用的程度还欠深入，我们不妨称其为修正的现金收付制。国际经验告诉我们，政府会计权责发生制的改革需要循序渐进，不可一蹴而就。按照我们提出的政府会计报告改革的设想，现阶段主要是完善预算收支表、初步建立资产负债表，并建立政府整体角度的合并报表。因此考虑权责发生制的应用主要是两个方面，一是预算收支项目如何采用权责发生制，二是资产负债表项目如何采用权责发生制。下面从设计原则、设计思路、政策建议三个方面进行讨论。

一、设计原则

权责发生制的应用范围和应用程度取决于政府会计报告的目标或政府会计的目标。在会计目标问题上，我们以往研究得出的基本结论是：(1) 近期目标以反映预算收支为主，同时提供重要的资产负债信息。既要反映政府机构、部门和单位预算执行情况和主要的财务状况信息，又要反映政府整体的预算收支情况和财务状况。(2) 远期目标是以反映政府整体资源状况、财务收支情况、预算执行情况为主，同时反映有助于对政府绩效进行评价的财务信息。

根据政府会计目标的安排，我们认为近期内适宜在个别事项上采用权责发生制，待使用权责发生制有了足够的经验（包括阅读和理解会计信息）、有足够的信息使用需求时，再全面实施。根据国外的经验，从开始较大范围地推行权责发生制到全面实施权责发生制，至少要经过十年的时间。

近期内应用权责发生制应以长远目标为导向，合理选择实施权责发生制的具体项目。在决定项目的取舍上，应按照既要解决好现实问题又要与未来全面实施权责发生制相衔接，既要满足现实信息需要又不影响社会稳定，既要有利于单位会计核算又要有利于合并报表编制的设计思想，合理选择实施权责发生制的预算收支项目和资产负债项目。由此，我们提出如下设计原则：

（一）预算支出的核算应优先采用权责发生制

为了有效地管理和监督财政资金的使用情况，使得支出和收入相匹配，提高会计信息的有效性和准确性，政府财政支出预算应按权责发生制确定的支出预算数额和支出范围，在应归属的会计期间分别确认。对预算单位的年终结余资金及其他应付未付款项运用权责发生制进行处理，以解决财政结余不实的问题。这样处理能够准确、清晰地反映实际发生的预算支出，将资金结余与预算收支结余分开反映，避免年末为完成预算而突击付款的现象发生，同时便于下年度预算资金的安排和使用。财政总预算会计对于当年预算已经安排但由于审批或预算进度等原因尚未支付的支出已按照权责发生制进行处理了，现阶段主要应在行政单位和事业单位的预算支出项目中按照与财政总预算会计相同的原则进行预算支出核算，对于当年已经安排但尚未实际支付的应付预算资金支出按照权责发生制原则入账处理，这些项目主要包括行政事业单位的劳务性支出、资产购置性支出等。

（二）对安排未来预算有重要影响的资产负债项目应优先采用权责发生制

进行预算安排和审核一般应顺序考虑四大问题：根据需要准备做什么？现有哪些资源可以利用？缺口资金如何解决？下年度如何安排支付？在这四大问题中，已经确定的预算项目在安排预算时，其直接影响因素就是现有资源情况和即将到期债务。因此，对于直接影响预算安排和预算审核的资产负债项目尤其是影响下年度预算安排和预算审核的资产负债项目，应优先采用权责发生制进行处理。这些项目主要包括现有资产（不包括土地、森林等非交易获得或非消耗性资产等）、即将到期或需要在下年度兑付、偿还的债务等。如购置的资产、出资形成的产权、购买的国外债权、到期债务及利息等，对下年度预算安排有直接影响的项目应按照权责发生制原则进行会计处理。但对于社会保障资金缺口形成的长期性债务（据估计，我国社会保障基金缺口可能在 4 万亿元以上）无须反映在报表上。

（三）社会公众重点关注的事项，应优先采用权责发生制处理

社会公众急切关注的项目也是政府最关心的项目。对于这类项目，无论其金额大小，都应作为重要项目予以反映，并按照权责发生制原则进行处理。比如政府承诺的下年度要支付的物价补贴或生活补贴等，尽管并不影响承诺年度的预算支出，但属于社会公众和政府都重点关注的项目，可谓意义重大，因此应在承诺年度将下年度的类似承诺性支付按照权责发生制进行会计处理，以便安排下年度预算。而对于那些非重大事项，比如政府担保债务、自然灾害预计负债等，并不一定直接影响下期预算安排，社会公众对其关注程度也不是很高，按照权责发生进行报告的必要性并不是很大，可待有足够的信息需求时再考虑采用按权责发生制核算和报告。

（四）显性负债优先采用权责发生制

资产负债信息直接影响未来预算的安排，因此在提供资产负债信息时，应尽可能全面反映各项资产和负债。但因多年形成的资产负债反映不完整、核实现有资产负债工作量巨大等原因，资产负债报告难以在短期内高质量完成。在众多的政府负债中，各项显性债务（主要指依法形成的债务，如发行的国债、国家主权外债以及应付利息等）应完整反映；各项隐性债务（主要指不以法律规定为基础的债务，如银行不良资产、国有企业经营亏损挂账、政策性银行债务、政府担保等）在国民经济正常运行的情况下，即使不按权责发生制进行处理也并不影响对政府会计报告的理解和使用，因此可以适当拖后采用权责发生制基础。

二、设计思路

按照权责发生制会计设计的原则，我们就财政总预算会计和行

政事业单位会计分别提出如下思路，以供讨论。

（一）财政总预算会计部分

现行的财政决算报告仅仅报告了关于预算收支的执行情况，其中，属于规定的五类支出已经按权责发生制反映，但对未来预算有重要影响的显性负债，尤其是具有短期偿债性质的显性负债并未反映。这些负债是影响未来预算支出安排的重要事项，主要包括即将到期的财政性国债、长期建设国债、特种国债、政府主权性外债、欠发财政供养人员的工资、义务教育经费缺口、乡镇财政赤字（或负债）、应弥补亏损挂账等。对于这类债务，尽管不属于报告年度的预算支出范围，但对未来预算安排影响很大，应按权责发生制原则如实反映。

财政总预算会计中，实际发生的支出按照权责发生制进行会计处理，但预算收入并不适宜按权责发生制处理。理由是：支出是实际已经发生的，有确切的确认条件，但收入一般难以合理预计，即使很有可能收到，也可能会因为政策等原因而无法收到。出于稳健性考虑，财政总预算会计的收入不适宜按权责发生制处理，但支出应在实际发生时按权责发生制处理。因此，我们认为对负债按照权责发生制进行会计处理是财政总预算会计实施权责发生制的核心。在此问题上，我们建议尚未编报完整资产负债的情况下，以简易方式列报与该类负债相关的简易报表意义重大。具体事项如下：

1. 债务发行。发行内债及外债时，同时反映债务收入和负债情况；债务存续期间按照承诺利率确认未来利息支出（财务收支）和利息债务；在归还债务及其利息时，既要反映债务本金及利息支出（预算支出）也要反映债务的偿还。

列报简易资产负债表时，应将未来还债本金、已发生的未来债务利息视为资产项目列示，同时将债务总额（包括债务本金和利息）作为负债项目列示，并特别提示下年度即将到期的债务本金和利息（可作为流动负债列示），以便安排下年度预算。

2. 政府债权和股权。政府出资形成的企业权益以及政府借出款，应同时反映预算支出和政府股权、债权；债权存续期间按照约定利率确认未来利息收入（财务收支）和利息债权；在收回债权及利息时，既要反映债权本金及收入（预算收入），也要反映债权的收回。

列报简易资产负债表时，应将未来收回的本金、已发生的未来债权利息视为资产项目，同时将债权、股权资产作为资产负债项目列示。

3. 当年的义务教育经费缺口、财政赤字（或负债）以及应弥补亏损挂账等负债。发生当年义务教育经费缺口、财政赤字（或负债）以及应弥补亏损挂账等负债时，并未实际形成当年的预算支出，但从实际发生额看，应作为当期的支出（财务支出）处理。会计上可以作为待支付预算支出（在实际支付时作为支付期的预算支出），并反映相关的负债；待实际支付时再将待支付预算支出转为实际预算支出。在尚未编报财务收支报表时，可将发生的待支付预算支出视为资产项目，列报在简易资产负债表中。

建议资产负债表参考格式如表 1 所示。

表 1　　　　资产负债表

资产项目	负债项目
发行债券或借款	
待收回债券	应付本金
待转预算支出	应付利息
购买债券或借出款	
应收本金	待付本金
应收利息	待收利息收入
股权	
股权投资	待收回投资
应收收益	待转预算收入
待支付预算支出	应付预算资金
教育费资金缺口	应付教育费
财政赤字	应付财政赤字款
亏损挂账	应付亏损弥补
……	……

按照增补简易资产负债表的方法进行处理，有以下好处：

（1）资产负债表反映了会计期末各项资产负债的期末金额，而现阶段编制完整意义的资产负债表难度很大，尤其原来未入账的各项资产负债，如果一次性全部补记入账，不仅工作量过大，而且容易出错。用简易资产负债表可以基本反映出新发生的债务情况，并为未来预算安排提供重要依据和参考。

（2）按照简易资产负债表方式增补会计报告，不仅可以为未来全面实施资产负债报告做好准备，减轻未来补账、调账的工作量，而且还能在一定程度上解决报告需求的问题，进一步提高信息公开的质量。同时也能为未来编制财务收支报表奠定基础。

（二）行政和事业单位会计部分

现行的行政和事业单位会计除以下三类业务采用权责发生制进行会计处理外，其他收支一般实行收付实现制：与财政总预算会计以权责发生制核算的预算支出相对应的财政补助收入；行政事业单位发生的资产性购置等；事业单位的经营业务收支。

从政府整体角度看，行政单位的行政性支出和事业单位的事业性支出是政府活动发生的实际支出的主要构成部分。因此从某种意义上讲，行政事业单位支出核算的权责发生制程度决定了政府会计权责发生制改革的成败。在行政事业单位权责发生制问题上，我们建议如下：

1. 比照财政总预算会计的债务核算方法对行政事业单位的债务进行核算，举债既作为债务收入又作为负债，持有期间的利息按权责发生制确认债务和财务支出，偿还本息作为预算支出，同时减少债务。

2. 行政事业单位的各项资产消耗按权责发生制处理（文物文化资产除外），其中固定资产应计提折旧，无形资产应计提摊销。但由于各项资产主要用于提供服务而非以增值或经营目的持有，因而无须计提资产减值。即使属于经营性的资产，因行政事业单位整体目的不存在保值增值问题，也无须计提减值准备。折旧和摊销价值以财务收支反映，在不编制财务收支表的情况下，可以列入简易资产负债表，并以折旧支出（摊销支出）和累计折旧（摊销）分别列示于资产和负债项目。

3. 行政事业单位的支出按照权责发生制原则确认，但行政事业单位的收入（确切的应收财政补助收入和事业单位的经营性业务收入除外）不应按权责发生制确认。理由有两点：一是反映预算收支的目的在于对预算进行控制，预算收入按照权责发生制反映并不利于预算控制，相反，预计了预算收入可能会导致预算支出超额的发生，不利于预算管理；二是预算支出的合理预计不仅能够有效反映实际发生的支出，还可以提供各项服务活动成本的信息，有利于为政府绩效评价提供相关信息。实际上这也符合稳健性原则，即不能高估收入和资产，但不得低估支出和负债。

三、政策建议

政府会计权责发生制改革是牵一发而动全身的改革，应在不影响财政稳定、不影响现行预算执行报告模式的情况下，稳步推进。为此，我们提出如下建议：

1. 先模拟操作，后个别试点；

2. 针对权责发生制基础的模拟报表及模拟合并报表向主要用户征求意见；

3. 制定重要项目在权责发生制基础上确认计量的规定，以利整体划一；

4. 着手研究政府会计合并报表编制规则。

以上观点，以供参考。

2009年《政府会计主体范围研究》[1]

前　言

在建设政府会计管理体系这一系统工程中，首先要解决政府会计主体范围问题。这是因为，政府会计主体范围决定了政府会计管理的边界。首先，明确了政府会计主体范围，才能明确对哪些单位、资金核算采用政府会计的规范，对哪些单位、资金核算不采用政府会计的规范，做到在政府会计管理中既不“缺位”又不“越位”。其次，只有确定了政府会计主体的范围，把属于政府的单位、资金的全部活动纳入政府会计核算、报告，同时又将不属于政府的单位、资金的活动排除在政府会计报告之外，才能为“全面、完整、准确反映政府财政财务状况、资金运行情况，以及政府受托责任”奠定基础。

政府会计主体范围确定的难点

一、政府会计主体范围研究为什么要放在基本会计主体层次

根据我们以往的研究，政府会计报告主体分为三个层次，即：

① 本课题由北京市财政局、北京市预算会计研究会委托研究小组完成，课题负责人为王彦，执笔人为王彦、王建英、赵西卜。

政府整体，政府部门，政府单位。在这三个层次中，政府单位属于最基层的会计主体，是会计主体划分的最基本单元，也可以称为基本会计主体。

从我国政府的管理体制看，呈现正“金字塔”形式：一级政府由若干政府职能部门组成；每个职能部门（又称主管部门）管理着所属的各种单位。从政府会计报告信息内容范围看，呈现倒“金字塔”形式：某政府部门所属的政府单位的会计信息汇总（通过会计报表合并），就构成了该政府部门的会计报告全部内容；政府各个部门的会计信息汇总，就构成了政府整体的会计报告全部内容。因此，如果将政府单位及其范围搞清楚，明确哪些单位属于政府会计主体，哪些单位不属于政府会计主体，就可以同时确定政府部门层次会计报告的内容范围以及政府整体层次会计报告的内容范围。

鉴于基本政府会计主体报告的信息内容是形成政府部门、政府整体会计报告的基础，基本政府会计主体的范围决定了政府部门、政府整体会计报告的内容范围，因此本研究定位于基本会计主体的范围。为了简便起见，以下所称的政府会计主体，即指政府单位层次的会计主体。

二、研究会计主体范围的难点

划分我国政府会计主体范围的难点在于：一是目前还没有可以依据的统一、明确规定；二是没有国外现成的做法可以照搬；三是国内学者对此还没有学术上的定论。

（一）我国现行的相关制度中，还没有对政府会计主体及其范围作出统一、明确的规定

首先，我国预算法和会计制度规定的政府会计主体范围不一致。预算法规定预算单位（会计主体）除了包括与财政部门有缴拨款关系的国家机关、军队、政党组织、事业单位以外，还包括与财政部门有缴拨款关系的社会团体和企业。而在会计制度规定中，除了适用行政单位会计制度和事业单位会计制度的行政事业单位以外，社会团体适用民间非营利组织会计制度，国有企业适用企业会计准则，后两者一般被排除在政府会计管理的范围之外。比如，有

的使用财政经费拨款的社会团体，既要按照预算管理要求编报属于政府的预算执行报告，又要按照会计制度要求编报民间非营利组织的财务报告，搞不清楚其到底是否属于政府会计主体。

其次，目前预算法及部门预算的有关规定虽然都将预算执行报告单位（预算单位）的范围界定为主管部门的“所属”单位。但这“所属”的含义并不清晰，“所属”到底是拨款关系的“所属”，还是行政管理权下的“所属”，还是财产所有权意义上的“所属”，在有关规定中并没有明确。在实务中，各地方对政府会计主体范围的认识经常出现不统一的情况。比如，有的地方政府将汇编部门决算报告范围的单位界定为“有稳定或经常的缴拨款关系”，而有的地方政府则规定自收自支的事业单位纳入汇编部门决算报告的范围。

（二）国外划分政府会计主体范围的做法难以适应中国国情

1. 国外对政府会计主体及范围划分的做法。美国财务会计准则委员会和政府会计准则委员会在默认的美国注册会计师协会的审计和会计指南上指出：公众社团、团体机关及党派属于政府组织。其他组织如具有下列一项或几项特征，则可被认定为政府组织：（1）官员经大选产生，该组织领导机构成员中的执政者由一个或一个以上的州或地方政府官员任命；（2）政府有权单方面使其解散，解散后的净资产收归政府所有；（3）该组织拥有制定和实施征税的权力。

国际货币基金组织将主要履行政府职能的实体组织称之为政府构成单位。政府构成单位的职能包括：（1）它们对一定区域内的企业机构单位具有立法、司法或行政权力；（2）它们承担向整个社会或各个住户按非市场条件提供商品和服务的责任；（3）它们进行转移支付，以便对收入和财富进行再分配；（4）它们主要通过税收和来自其他部门单位的其他强行转移来直接或间接地为其活动筹集资金。

国际货币基金组织认为公共公司（相当于我国的国有企业）不是政府的一部分。在对各类公立机构的界定中，强调是否被划分为公共公司，关键不是看其法律地位，而是看其是否具有为市场生产商品和提供服务并作为收入来源的特点。也就是说，即便一些公立单位具有公司的法律地位，但是如果它们不为市场进行生产，也不被看作是公共公司，而是被看作政府构成单位；而一些法律上没有被称为公司的公立单位实体，如果其为市场生产商品和提供服务并以此作为获得收益的来源，则被视为公共公司，排除在政府构成单位范围之外。

国际会计师联合会公共部门委员会在它的第1号研究报告（国家政府的财务报告）中指出：政府需通过不同形式组织单位执行政策和提供服务，政府单位包括众多形式的政府部门或附属组织，诸如特殊基金、机构、监管机构、法定权力机构和占多数股权的公司。在政府的财务报告中，政府企业如果作为被控制单位，则需要进行合并反映。

考察国外的情况，我们发现它们纳入政府会计主体范围的单位既包括政府管理机构（包括立法、司法、行政机构等），也包括履行政府职能的其他形式组织，如公众社团、公立非营利组织（相当于我们的事业单位）、公共公司①等。国际货币基金组织和国际会计师联合会公共部门委员会对政府单位或政府会计主体的规定也大体如此，但是对公共公司的做法有所不同②。对于除了政府权力机构以外的各种形式的政府组织，国外大都采用了“控制法”——即以是否被政府所“控制”作为区分其是否属于政府会计主体的方法。

2. 国外对政府会计主体划分的做法难以适应我国国情。我们认为，如果照搬国外划分政府会计主体的做法，很可能会造成这些方法在中国适用的“夹生”。这是因为，与政府会计管理体系建设

---

① 以私有制为主的市场经济国家中只有少数不以盈利为目的设立的公共公司，这些公共公司作为政府的组成部分，履行政府职能，一般负责提供公用事业服务或提供政策性金融服务。

② 国际货币基金组织将公共公司排除在政府构成单位范围之外，国际会计师联合会公立单位委员会认为公共公司属于政府单位，但却认为它应该采用企业会计准则。

比较成功的国家（主要是发达的市场经济国家，下同）相比，我国国情差距较大，主要表现在：

（1）国外属于政府会计主体的公共公司提供应当由政府提供的公共服务，公司活动一般具有非营利性；我国存在大量的经营性国有企业。我国的国有企业虽然由政府享有控制权（控股权），但其中绝大多数属于营利性组织，不提供公共服务，不履行政府职能，因此不宜按照国外的做法将所有国有企业纳入政府会计主体范围。

（2）国外的公立非营利组织范围较窄，从形式到实质都属于非营利组织；我国事业单位分布的领域很广，其中有一部分实质上已经不属于非营利组织。过去我国政府几乎包办所有社会事业，而随着社会事业供给体制的改革，政府退出了一些能够由市场提供服务的领域。部分行业（如出版、影视、文化演出等）改为由市场提供服务，提供相应服务的事业单位转制为营利性组织，不再履行政府职能。因此，在事业单位分类体制改革没有完成以前，不宜套用国外的做法将所有事业单位纳入政府会计主体范围。

（三）国内学者对会计主体范围众说纷纭

近年来，国内学者对政府会计主体也多有研究，但是在对如何界定政府会计主体及其范围问题上，观点差异较大。主要的代表观点包括：

1. 叶龙、冯兆大认为，机关单位（包括立法、司法、行政、政党机关）和接受全额拨款的纯粹公立型的事业单位应当纳入政府会计体系当中，国有企业在现阶段应当全部排除在政府会计体系之外。

2. 常丽认为，我国政府财务报告主体的界定应该采用双重标准，即组织论和控制论并用，并提出界定政府会计主体的三条标准：（1）该组织（单位）从事的活动具有非市场性，目的在于履行政府财政性（包括准财政性）受托责任。（2）该组织（单位）的财务资源直接或间接来源于强制征收。（3）政府需要对该组织（单位）的财务后果负责。根据这些标准，政府会计的组织主体目前包括各级政府（部门）、行政事业单位、民主党派、人民团体，拓展后应当还包括大型公益性国有企业，但是不应当包括已经转制为企业化经营的事业单位。

3. 李详锋认为，我国政府财务报告主体应当根据公共基金分配和控制的双重标准界定，政府会计主体应当包括：（1）中央和地方各级政府。（2）各级政府行政部门。（3）政府非行政职能部门。（4）国有事业单位。

4. 刘笑霞认为，应当采用控制或所有权标准对政府会计报告主体进行界定，应当将政府机构、国有独资和控股企业、政府公益事业单位和所有的各种社会保障基金纳入政府财务报告。

…………

国内学者对会计主体范围的讨论虽然观点众多，但也主要集中在两点，即：

1. 对事业单位如何划分政府会计主体；

2. 对国有企业如何划分政府会计主体。

此外，国内学者的讨论都没有涉及对公立性质的社会团体如何划分政府会计主体的问题，也鲜见对国内存在的非营利性国有企业如何划分政府会计主体的讨论。

我国政府会计主体形式的定位

划分政府会计主体范围，确定政府会计主体判断标准，首先要定位基于何种会计主体形式，是立足于单位会计主体，还是立足于基金会计主体，对不同形式的政府会计主体来说，判断的标准不尽相同。

一、政府会计主体的形式

（一）单位会计主体

单位会计主体是指以一个独立核算的组织作为会计主体。政府单位作为组织占有独立的资产，并能够以资产承担相应的债务，有权以自己的名义从事本级政府或民众赋予的某一项或某几项政府职责或公共职能。政府整体承担的受托责任需要分解后由各个具体的政府单位承担。因此，政府单位是天然的政府会计主体，称为单位会计主体。以单位为会计主体强调了政府单位对其所管理的全部公共经济资源所承担的受托责任。我国目前各个行政事业单位就属于单位会计主体。

（二）基金会计主体

基金会计主体是指以一种单独核算的资金作为会计主体。如果一项资源由于供给者对使用目标的限定性要求，它形成的资产只能用于该限定用途，它产生的负债必须由该资源形成的资产偿还，那么它就构成一个相对于其他资源而具有独立受托责任的主体，会计上称为基金会计主体。基金会计主体的主要特征是需要为基金单独设立自我平衡的账户体系①，实现以基金活动为范围的会计核算和会计报告。以基金为政府会计主体强调了政府单位对管理的某种特定使用目标的经济资源的受托责任。

需要说明的是，在我国政府会计实务中，有些被称为“基金”的，实际上并不是基金会计主体，有些称为“资金”的，倒是具有基金会计主体的形式。

我国有些限定性资金仅要求在资金来源和使用上与其他资源分开，保障该资金收、支、余的平衡，不要求该资源形成独立拥有的资产及由该项资源独立承担相关负债，那么在政府单位的会计账户中只需单独设置该项限定性资源的收支账户进行反映，并不单独设置独立的资产负债账户。这种情况下，该限定性资金的会计核算并不独立于政府单位，不构成独立的会计主体。我国财政总预算会计中基金预算资金的核算就属于这种情况。我国行政事业单位会计中还将限定用途的资金来源称为“基金”，如固定基金，显然这也不是基金会计主体。

目前我国也有基金会计主体。如我国的国际金融组织贷款转贷资金、三峡建设资金、社会保险基金等，就具有基金会计主体的形式。它们都设有全套的自我平衡的会计账户，提供独立的资产负债表和收支表。

---

① 一般包括基金收入、基金支出、基金资产、基金负债、基金余额（权益）。

二、政府会计主体模式

根据会计主体形式的组合，可以有三种会计主体模式：

（一）全部采用基金会计主体形式

这种模式是将政府全部资源纳入各种政府基金，采用基金会计核算。美国的州和地方政府会计就是典型的基金会计主体模式。它的政府会计根据政府所拥有或管理的资源受到法律限定的不同，将全部资源分为：政府基金、权益基金和受托基金，其中政府基金又分为普通政务基金、特别岁入基金、资本项目基金和偿债基金，同时设置了固定资产账群和长期负债账群。这种模式强调对各种不同使用目的资源的不同受托责任，对政府各种资金使用范围有严格的法律限定。

（二）全部采用单位会计主体形式

这种模式是将政府全部资源按照各个具体管理资源的政府单位进行核算、报告。我国改革开放以前，就是采用这种会计主体模式。这种模式强调政府单位的管理责任，对政府资金使用目的限定比较宽松。

（三）单位会计主体与基金会计主体共存模式

在这种模式下，政府单位对于除设定的基金之外的资金以单位为主体进行核算和报告；对于基金，则以基金为主体进行核算和报告。这种复合模式适用于政府单位对资源的运用存在较大自主权的情况以及某些资源被法定限制用途的情况。英国和我国当前都使用的是单位主体与基金主体共存的复合模式。

三、我国政府会计主体模式的选择

选择哪种会计主体模式在国际上并没有比较统一的惯例。模式的选择取决于各国政府的财政管理体制、政府机构设置、法律对政府经济受托责任的要求等。

很多学者提出，应当学习美国的做法，对我国基本会计主体全部采用基金会计主体形式。以往的实践也证明，由于政府管理资源的多样化（如出现了社保基金、专门的偿债资金）、资源使用目标异化，基本会计主体全部采用单位会计主体形式已经不再适应。因此，会计主体形式的选择，集中在是否全部采用基金会计主体上。

我们认为，我国现阶段如果全部采用基金会计主体形式会出现以下问题：

（一）不符合当前的预算管理要求

我国目前及未来一段时间的预算管理要求，一是强调全面覆盖（财政预算要求包括全部财政资金收支，部门预算要求包括政府单位全部收支），二是强调分清各种收入来源和支出的方向及用途。对于不同用途的资金，如政府基本运营使用的资金和建设使用的资金，分别采用基本预算和项目预算管理方式。目前政府尚无打算按照运营资金、投资资金、偿债资金等分别制定预算的要求。如果对政府单位全部采用基金会计主体核算，势必与这种预算管理方式相左，使会计核算与预算管理难以衔接。

（二）不符合单位财务管理体制的现状

我国的政府单位特别是事业单位，很多有财政资金以外的不同来源收入，单位对多元化收入的运用具有一定的自主权，不同收入可以打通使用。如果对单位的资金全部采用基金管理，如将单位资金分成行政事业活动基金、固定资产投资基金、偿债基金、经营基金等，并将各种基金的收入、支出、资产、负债、净资产全部分开，将会给单位财务管理和会计核算带来极大困难。

（三）不符合对政府及单位受托责任反映的要求

目前有关法律及人大对政府反映受托责任履行情况的要求，除了看预算执行情况以外，主要还是看政府或单位整体的财务状况。重点是看家底有多少，财务风险有多大。除了部分有专门限定的资金以外，对不同用途的资金形成的资产、负债、净资产并没有要求分别反映。因此，全部采用基金会计主体核算，分别反映不同用途的资金形成的收入、支出、资产、负债、净资产，对政府会计信息提供者来说，任务太“超前”了。

综上所述，从会计信息供给成本和效益的角度看，目前全部采用基金会计主体形式，得不偿失。因此我们认为，在目前阶段，我国政府会计主体还是应当采取单位会计主体和基金会计主体并存的模式。

界定政府单位会计主体的方法和标准

一、国外的标准和我国目前的做法

（一）国外划分政府会计主体的方法

国际会计师联合会公共部门委员会的 11 号研究报告（政府财务报告：会计问题与实务）介绍了四种政府会计报告主体范围划分方法。即：基金授权分配法，控制法，法律主体法，政治性受托责任法。

1. 基金授权分配法。这种方法是将所有全部或主要使用、获得、分配政府预算资金的单位主体划入政府会计主体范围。这种方法对政府单位会计主体的界定与预算单位相一致。

2. 控制法。这种方法是在明确基本政府单位基础上，将所有政府能控制的单位划入政府会计主体范围。使用控制法需要对控制提出判断标准，其中主要指对所有权的控制。在国际上，使用控制法确定政府会计报告主体范围的各国都对控制提出了各自不同的判断标准。

3. 法律主体法。这种方法是指根据法律的规定来决定哪些或者哪类单位属于政府会计主体。按照法律主体法划分政府会计主体时，仍需要明确政府单位的概念，作为法律规定政府会计主体的依据。

4. 政治性受托责任法。这种方法是根据被选举或任命的管理者具有的受托责任来决定单位是否属于政府会计主体。由于最终的责任通常取决于政治性选举所产生的管制机构，所以称为政治性受托责任。和控制法中的控制一样，对政治性受托责任的界定也是一个难题，在实务中需要制定一套判断标准。

国际会计师联合会公共部门委员会所提出的方法都是在各国实践中使用的，尽管国际会计师联合会公共部门委员会推崇使用控制法，在它的许多准则中都应用控制法进行有关的阐述，但是事实上，每种方法都有国家在使用，每种方法也都具有一定的局限性。

（二）我国目前政府单位会计主体界定的做法

按照我国目前的规定，政府会计主体有两种划分方法：一是目前预算法的规定，按照是否存在财政缴拨款关系划分政府会计主体，这种方法实际上就类似于国外的基金授权分配法。二是目前会计制度的规定，按照单位的法人职能划分政府会计主体，如将行政事业单位划入政府会计主体，将社会团体划入民间非营利组织会计主体，将国有企业划入企业会计主体。

二、我国不宜采用单一的政府单位会计主体划分标准

使用任何单一的方法及划分标准，都难以准确地解决我国政府会计主体范围的划分问题。

（一）按照基金授权分配法划分

如果是按照我国财政预算分配口径，则不能包括自收自支的非经营性事业单位、公立社会团体等；如果按照我国部门预算口径，仍然无法判断什么样的单位应当作为政府单位纳入部门预算管理范围。

（二）按照控制法划分

按控制法划分，会将经营性国有企业和转制为以经营性活动为主的事业单位划入政府会计主体范围。

（三）按照单位法人职能划分

由于我国法人单位实际职能和法人名义职能的偏差（如有的事业单位主要从事经营活动，有的企业履行政府职能等），也无法准确划分政府会计主体。

（四）按照法律主体法划分

这种划分方法下，难以按照目前法律框架解决政府会计主体的划分依据问题。

（五）按照受托责任法划分

这种方法也没有解决按照什么判断标准界定受托责任。

我们认为，鉴于我国目前各种可能涉及政府会计主体的单位的复杂情况，如果要准确判断哪些单位属于政府会计主体，就必须根据具体情况制定多条判断标准。

三、我们建议采用的政府单位会计主体划分标准

（一）设置划分政府单位会计主体标准的原则

1. 符合我国政府会计目标要求。政府会计报告的目标之一是反映政府履行经济受托责任的情况。因此，按照政府会计单位主体划分标准界定的政府单位会计主体要能够满足对政府受托责任的反映要求。

2. 能够做到划分的政府会计主体“不漏、不多”。政府单位会计主体划分标准决定了政府会计主体的范围，因此要做到根据划分标准，能够涵盖全部应当属于政府会计主体的单位，同时排除所有不应当属于政府会计主体的组织。

3. 能够清晰判断。划分政府单位会计主体的标准，是会计实务中对政府单位会计主体的判断依据。这些依据应当可以在实务中找到准确的根据。比如，法规可以进行操作性的规定，根据规定可以作出客观的判断等。此外，对标准的表述应当明确易懂，以满足广大政府会计人员掌握和应用标准的需要。

4. 能够在近期采用。随着我国的改革进入攻坚阶段，各种管理体制改革正在深入。有些体制改革尚未到位，会对政府会计改革形成制约。划分政府会计主体是政府会计改革首先要解决的问题，所以政府会计主体划分标准要能够在目前或近期条件下实施，才不至于拖政府会计改革的后腿。

（二）政府单位会计主体划分标准

1. 属于国有单位，是指作为政府会计主体的单位首先应当是国有的。对于什么是国有单位，应当从财产所有权角度界定。凡是单位财产所有权属于国有的，都属于国有单位。

2. 属于非营利组织[①]，是指作为政府会计主体的公立单位必须是非营利组织。对于非营利组织的界定，我们给出两个判断依据：一是不以营利为目的成立；二是全部或大部分服务免费提供或低于成本收费。只要某个单位同时符合这两个判断依据，就属于非营利

---

① 这里所说的非营利组织指广义的非营利组织，包括政府组织。

组织。

3. 政府控制所有权，是指对于政府与社会共同出资举办的非营利组织（本文称为混合所有非营利组织，下同），按照政府享有的所有权是否达到控制标准来判断该组织是否属于政府会计主体。达到政府控制所有权的混合所有非营利组织，就属于政府会计主体。

对于国家拥有全部财产所有权的组织，按照第 1 条、第 2 条标准就可以划分政府会计主体。对于混合所有非营利组织，需要按照第 2 条、第 3 条标准划分政府会计主体。

我们提出以上三条划分政府会计主体标准的理由是：

1. 符合政府会计报告反映政府受托责任的要求。公共财政理论认为，通过公权力获取、分配及使用公共经济资源，提供公共服务，是政府的基本职能。政府在行使其职能过程中的经济受托责任，就是政府在提供公共服务中对公共经济资源筹集、分配、使用的责任，在政府会计报告中要反映这种受托责任。将政府会计主体定位于国有单位，是因为国有单位最直接地体现了政府对公共经济资源的占有、管理、使用，并对其负有受托责任；将政府会计主体定位于非营利组织，是因为政府提供公共服务均具有非营利性质，服务的非市场供给（免费或低于成本收费）能够体现政府提供公共服务的非营利属性。因此，按照本研究提出的政府会计主体划分方法，能够为政府在会计报告中反映受托责任提供准确的定位。

2. 能够排除所有不应当属于政府会计主体的组织，同时涵盖全部属于政府会计主体的单位。与国有单位对应的，是非国有单位，包括民间组织或外国组织，后两者显然不是我国政府会计主体，采用第 1 条标准（属于国有单位），就可以将不属于政府会计主体的民间组织或外国组织排除在外。

由于国有单位中包括经营性的单位，因此仅靠第 1 条标准仍不能将不属于政府会计主体的组织全部排除在外。采用第 2 条标准（属于非营利组织），就可以将属于国有单位的经营性国有企业和经营性事业单位排除在外。

由于存在混合所有的非营利组织，所以仅靠第 1 条、第 2 条标准仍不能确定混合所有非营利组织的划分问题。补充了第 3 条标准（政府控制所有权），就可以划分哪些混合所有非营利组织应当划入政府会计主体范围，哪些混合所有非营利组织不属于政府会计主体。

有了以上三条标准，可以将不属于政府、不履行政府职能的单位全部排除在政府会计主体范围之外。同时，由于这三条标准都采用了两分法，即“非此即彼”，所以在排除所有不应当属于政府会计主体单位的同时，也就将所有属于政府会计主体的单位涵盖其中了。

3. 易于依据标准进行明确的判断。

（1）对国有单位标准可以明确的判断。国有单位有明确的所有权依据。在政府单位的属性特征中，相比于承担的政府职能、收入来源等，财产所有权最容易确定，最简单明晰，易于对单位划分进行判断。

（2）对非营利组织标准可以明确的判断。大多数组织的章程或法人登记规定都可以明确组织成立和运营目的，据此就可以判断该组织成立的目的。对于特殊情况的非营利组织（如政府为筹资成立的公司），也可以对其的非营利性作出客观判断。由于是否收费是客观的，成本水平及收费标准也是客观的，所以对于是否提供免费服务或低于成本收费也就容易明确判断。

（3）对政府控制的混合所有非营利组织标准可以明确判断。虽然在各种各样的混合所有非营利组织中，政府享有的所有权比例都可能不一样，但是通过规定政府控制所有权的比例，就可以做到明确判断混合所有非营利组织是否为政府所控制。对政府享有所有权的控制标准，可以借鉴企业会计中长期股权投资核算中对控制判断的方法，规定一个适当的国家所有权比例。

4. 能够排除事业单位体制改革对政府会计改革带来的阻碍。我国很多事业单位与其应有的职能不相符合，国家已经决定对事业单位进行分类改革。但是事业单位分类改革涉及行政管理体制、财政管理体制、事业单位管理体制、社会保障体制等多重改革，特别是涉及政府财政、单位、个人的利益，改革推广起来难度很大，甚至可能会出现反复。因此，如果等待事业单位分类改革全部完成以后，再确定哪些事业单位属于政府会计主体，很可能会耽误政府会计改革进程。按照本研究提出的标准，就可以绕开事业单位分类，先于事业单位分类改革进行政府会计改革。

5. 能够消除法人登记制度对政府会计改革带来的影响。目前的会计制度主要按照单位法人制度分类确定适用范围。我国法人登记制度当中，对单位法人按照机关、社会团体、事业单位、企业、民办非企业单位进行分类，这与政府会计对会计主体划分的要求不一致。因为，存在公立和民间的社会团体、以营利为目的和不以营利为目的的国有企业等。如果按照单位的法人属性确定政府会计主体，显然不能达到很好的效果。按照本研究提出的标准，就可以避免法人登记制度对政府会计主体划分的影响，直接确定政府会计主体，为制定新的政府会计规范、确定政府会计规范适用范围奠定基础。

四、对一些组织是否为政府会计主体的判断

（一）自收自支的事业单位

自收自支事业单位又可以分为两种情况：(1) 其活动不属于营利性经营活动，政府主管部门仍旧对其运营活动（包括人员编制、服务任务、资产配置等）进行干预；(2) 已经实行企业化管理，其经营活动为营利性活动，政府主管部门不再对其经营活动进行干预。

对于第一种情况的自收自支事业单位，由于其满足了政府会计主体的判断标准，应当认定为政府会计主体。对于第二种情况的自收自支事业单位，由于其已经不属于非营利组织，没有满足政府会计主体的判断标准，应当认定为非政府会计主体。

（二）非营利性国有企业

目前，我国存在一些不以营利为目的的国有企业，本文将其称为非营利性国有企业。这类企业包括政策性国有金融机构、为政府

融资成立的公司、执行政府储备任务的非营利性公司等。非营利性国有企业虽然登记为企业法人，目前使用企业会计制度，但是非营利性国有企业都属于不以营利为目的而成立的，其活动或者是代为政府筹资，或者是为落实政府的经济政策，或者是政府管理活动的延伸。在企业的经营上，政府也进行干预，同时负有对其筹措资金的责任，包括为其偿还贷款。因此，非营利性国有企业应当认定为政府会计主体。

（三）公用事业领域的国有企业

我国对属于公用事业领域的产品提供，如供水、供电、煤气、城市公交等，采取企业化经营方式，从事公用事业领域活动的组织大都是国有企业。问题是这些国有企业的价格往往受到政府管制而低于正常的市场价格水平。这些企业是否属于非营利性国有企业，可能由此产生模糊认识。我们认为，这类企业采用企业化运营方式，自主经营、盈利性仍是这类企业的基本特征。政府对这些国有企业的价格管制缘于该类企业经营的自然垄断性，不属于干预其经营活动。如果经营公用事业的企业是非国有企业，政府也要对其价格进行管制。政府对有些企业（如北京公交公司）予以补贴是因为政府要求企业实行政策性低价而给予的补偿，其中也应当包括对企业利润损失的补偿。所以，即使是按照政府规定的低价提供服务的公用事业领域的国有企业，也仍然属于营利性组织，不符合政府会计主体的判断标准，不能将其认定为政府会计主体。

（四）政府出资的社会团体

目前有一些社会团体（包括各种协会、研究会等）的全部资产和部分资产属于国有资产，本文将其称为政府出资的社会团体。这些社会团体首先属于非营利组织，其次这些团体的资产由国有资产出资形成，财产所有权属于公有。因此，国家出资的社会团体符合政府会计主体的判断标准，应当将其认定为政府会计主体。其中国有资产和团体自有资产能够明晰分开的，应当按照规定的政府所有权控制标准确定其是否属于政府会计主体。

政府基金会计主体的界定标准

一、政府基金及政府基金会计主体形成的原因

改革开放以来，我国出现了一些有严格限定资源用途的资金。对这些资金用途的限制，不仅导致要求资金自行收支平衡，还要求资金活动形成的资产只能用于该资金活动，活动形成的负债由该资金承担，从而使得按照这类资源的限定用途进行使用成为政府单位一项重要的受托责任。为了监督这类资源的使用是否符合限定用途，还要求管理这类资源的政府单位提供与其他资源信息分离的这类资源的会计信息。当政府资源的供给者对这类资源的限定性要求达到基金的标准时，这类政府资源就称为政府基金，它同时也成为一种政府会计主体。

二、我国政府基金会计主体的界定标准

根据我们前面的分析，目前我国政府会计主体应当采用单位 + 基金的模式。那么在政府管理的资源中哪些应当作为基金会计主体，应当给出判断标准。我们认为，我国目前设立基金会计主体应当有以下标准：

1. 资金的产权属于国有。对基金产权是否属于国有可以通过两点判断：一是其设立的资金来源及其主要活动的资金来源由政府财政提供；二是基金净资产的所有权最终属于国有。

2. 由政府单位进行管理。

3. 对资金有限定性用途。提供资源的政府财政或法律对该资源的用途有专门限定。

4. 具有独立的财产权力和负债责任。提供资源的政府财政或法律要求该限定性资源形成的资产由该项资源独立拥有，负债由该资源的资产偿还。

5. 单独编制预算。要求按照该资源编制政府预算。

6. 独立核算。要求管理该项资源的政府单位设立和提供区别于单位其他资源的自我平衡的资产负债表和收支表。

以上前 2 条标准，体现了政府基金与非政府基金的区别；后 4

条标准，是在政府管理的资源中有特定要求的资源形成基金会计主体的条件。

如果某种政府资金同时符合以上6条标准，就应当将其设立为基金会计主体，按照基金会计核算。

三、政府受托基金会计主体的界定

政府受托基金的资源的供给者除政府以外，主要由政府以外的其他供给者提供，基金通常有明确的非政府的受益人及所有权人。对这类资源，政府单位只是行使受托代管职能，不享有资源的受益权和最终处置权。目前我国政府受托基金包括社保基金、住房公积金等。由于政府受托基金也由政府单位管理，所以它也属于政府会计主体的范畴。除了符合基金主体的标准之外（对资金有限定性用途，具有独立的财产权力和负债责任，单独编制预算，独立核算），它还应该同时符合以下标准：

1. 由政府单位管理。
2. 全部或大部分资金由政府以外的非政府的单位或个人出资。
3. 基金有明确的受益人，受益人是非政府的单位或个人。
4. 基金的所有权不属于国有。

有关政府会计主体的几个问题

在国内学者的讨论中，对有些政府会计主体相关的概念有不同的说法，包括会计核算主体、会计报告主体、预算责任主体、会计制度适用主体、政府托管基金会计主体。对这些概念的认识，涉及政府财政管理和会计管理中对会计主体的定位。以下根据本研究对政府会计主体划分的观点，阐述一下对这些概念的认识。

一、会计记账主体与会计报告主体

会计记账主体是从会计记账的角度界定的会计主体，限定主体经济业务核算及确认入账的范围。会计报告主体是从会计报告的角度界定的会计主体，限定主体会计报告内容的范围。

由于公共经济资源管理者与提供者的分离，资源的提供者要求资源的管理者提供与这部分资源有关的履行受托责任和制定决策有用的信息，因此政府单位必须对本单位管理的资源设置自我平衡的会计账户，与其他主体相区别，单独进行有关事项的会计确认、计量、记录和报告，从而形成记账和报告的会计主体。按照会计主体单独记账的目的就是为了按照主体活动范围进行报告，所以对于基本会计主体层次来说，会计记账主体就等于会计报告主体。我国政府单位会计主体或基金会计主体就属于这样的会计主体。

较高层级的政府会计主体不必通过设置完整的会计账户和主体统一核算形成本级主体的财务报告，它可以通过合并有关下属层次的会计主体的财务报告形成更大范围主体的财务报告。由于这样的会计主体在报告范围内并不统一核算，因此只属于会计报告主体，不属于会计记账主体。我国政府部门会计主体和政府整体会计主体就是会计报告主体而非会计记账主体。

二、预算责任主体

预算责任主体又可以称为预算责任承担主体，是指按照预算法的规定，承担预算编制、预算执行、决算报告责任的主体。显然，能够承担这种责任的只能是人格化、组织形式的政府会计主体，即政府单位会计主体。我国目前的财政预算是指需要人大审议表决的财政资金预算，因此只有参与财政预算执行的政府单位会计主体才属于财政预算责任主体，自收自支的政府单位会计主体不属于财政预算责任主体。我国的部门预算应当包括各个部门所属的全部政府单位的预算，因此所有的政府单位会计主体都属于部门预算的责任主体。

三、政府会计规范适用主体

根据我们以前的研究，我国政府会计规范应当采取基本准则加一套会计制度的模式。其中，政府单位会计制度和政府基金会计制度是基本会计主体进行账务处理和报表编制的依据。如果政府会计制度的适用范围与政府会计主体范围不一致，就会出现属于政府的活动没有按照政府会计制度进行核算、报告，以及非政府活动要按照政府会计制度进行核算、报告。这会使对政府活动的反映偏离政府会计报告的要求，或者是使政府部门、政府整体会计报表的编报汇总更加复杂及难以理解。目前按照法人属性和组织形式为主确定会计制度适用主体范围的做法，已经带来这些困惑。

我们认为，政府会计制度的适用范围应当与政府会计主体的范围一致。新的政府单位会计制度的适用范围应当包括多种组织形式的所有政府单位会计主体。对于与行政事业单位不同组织形式的政府会计主体，如公立社会团体、非营利性国有企业、政府控制的混合所有非营利组织等，政府单位会计制度应当结合考虑其经济业务特点以及政府会计统一报告的要求，作出其账务处理及会计报表编制的规定，以使它们涵盖在政府会计制度适用范围之中。

四、政府受托基金会计主体

政府受托基金主要有三个特征；①基金的所有权不属于政府而属于基金所有人。②基金由政府单位进行管理。③基金的财产权力与相关负债责任与政府资金严格分开。正是由于政府受托基金的这些特征，导致其成为特殊的政府会计主体。对政府受托基金会计主体的核算要求包括：

1. 受托基金会计主体仍然属于政府会计管理范围。由于受托基金都要由政府单位进行管理，政府有责任对受托管理的资金进行会计核算和报告。

2. 受托基金会计主体需要与政府资金分开核算、报告。只有将受托基金与政府自有资金分开核算、报告，才能明确反映政府对基金的受托管理责任。这就要求，即便是专门管理受托基金的政府单位，也要将管理的受托基金与本单位自有资金分开核算、报告。

3. 对不同的受托基金要单独核算、报告。不同的受托基金有着不同的所有者人群，政府分别对他们承担相应基金的受托责任。因此只有对各个基金分别核算、报告，才能反映各个受托基金单独的财产权力及相关负债责任，分清政府对不同受托基金的管理责任。

2010年
《政府预算会计与财务会计结合问题研究》[①]

前　言

我国政府会计具有双重功能，即：一要为政府预算管理服务，提供预算收支信息，反映资金使用的合规性；二要为政府财务管理服务，提供财务状况信息，反映政府“家底”和“调控经济、公共服务”持续运行的能力。实现政府会计这两个功能，有赖于政府预算会计与财务会计在实务层面的有机结合。本研究针对如何在我国政府会计中实现预算会计和财务会计的结合作了一些研究，以期对此提出建议，供决策参考。

外国政府预算会计与财务会计结合的借鉴

一、国外政府预算会计与财务会计的关联情况

我们以前年度的研究成果表明，政府预算会计与财务会计在大多数国家是并存的。国外采用的政府会计核算系统大体分为以下几种类型：

（一）预算系统和会计系统相互联系

这种模式下，预算信息在单独的报表中呈报，会计标准不受预

---

① 本课题由北京市财政局、北京市预算会计研究会委托研究小组完成，课题负责人为王彦，执笔人为王彦、赵西卜、王建英。

算标准的影响，预算会计与财务会计虽然设有两套系统和两套会计账户，但它们之间存在着逻辑上的内在联系。采取这种方案的国家有美国、意大利、法国、波兰和西班牙等。

（二）建立一套预算会计账户，并设置若干财务会计账户，以满足财务报表的要求

德国采用这种方式。这种方式的会计系统仅限于反映预算执行情况、部分资产负债项目，因此这种方式的政府财务会计主要就是预算会计。德国政府会计提供的财务报告包括现金状况表、预算报表、固定资产表、货币账户表、负债报表、管理报告等。

（三）预算系统和财务会计系统相互独立

这种方式通过设置两套账户，各自满足预算会计和财务会计的要求，并统一采取权责发生制会计基础；在财务报告方面，既要编制财务报告中的会计报表，又要编制预算报表以满足法律要求；会计系统与相应的预算系统相分离，预算的监督不属于财务会计系统的目标。选用这种方式的国家有澳大利亚、新西兰、英国和加拿大等。

二、外国做法对我国政府会计改革的启示

（一）政府预算会计与财务会计的结合应当是全面结合

外国政府的预算会计与财务会计功能，都是在设置会计账户、编制会计报表、提供会计报告的会计核算全过程中实现。

（二）会计核算中预算会计与财务会计结合的方式可以多种多样

会计核算中预算会计与财务会计的结合方式不只有一种。外国政府预算会计与财务会计有的是预算会计和财务会计合并的一套核算系统，也有相分离的两套核算系统。在分别核算的两套会计系统中，既有保持系统之间联系的，也有不建立两套系统之间联系的。在反映财务状况方面，有全面反映资产负债的，也有只反映部分资产负债的。

（三）政府预算会计与财务会计结合的做法取决于本国国情

各国政府预算会计与财务会计核算方式的多样性，来源于各国

的法律体系、公共部门的组织方式、公共财务报告的特定目标等方面的差异。概括地讲，对于预算和法律控制更为重视的国家，会计信息服务对象定位偏重于立法和行政权力机构，偏重于提供预算会计信息，对财务状况信息提供较为粗略；而在另外一些国家，对选民和公众的信息需求更为看重，并会优先考虑公共资源运营方面的受托责任履行情况的披露，则偏重于提供财务会计信息，对财务状况信息提供较为详细。

我国政府预算会计与财务会计的结合形式选择

目前我国政府会计报告的主要缺陷是缺乏对政府财务状况的反映，需要补充完善政府财务状况的信息内容。而现有的会计制度，尚不能做到提供会计报告需要的政府财务状况信息。政府预算会计与财务会计的结合，实际上就是在现有报告预算执行情况的基础上，满足政府会计报告反映财务状况的需要。在这方面，对会计信息形成的做法不同，会产生不同的预算会计与财务会计结合形式。

一、政府预算会计与财务会计结合的方法

（一）编制统计表

具体做法是：总会计和各个单位会计根据正式会计账户以外的备查账或其他资料，编报统计报表，对会计报表不能提供的资产、负债进行统计。然后将汇总的政府资产、负债统计数据与会计报表中已经反映的资产、负债数据加总，形成会计报告需要反映的政府的资产、负债信息。

编制统计表做法的好处是在不改变现行会计制度以及会计核算的前提下，增加现有会计报告文字说明中反映的政府资产、负债情况，特别是有利于增加对某种资产、负债的专项情况说明。

这种做法的不利之处主要表现为：（1）增加的统计工作量较大，而且统计数据结果往往是一次性的，不能重复使用。（2）受到统计工作量限制，能够提供的资产、负债项目较少，比较粗略。（3）受到统计方法的限制，不能提供政府的净资产、收入、费用信息，不能反映有对应关系的政府资产、负债、净资产、收入、

费用。

（二）编制调整会计报表

具体做法是：总会计或各个单位会计根据现有报表中某些收入、支出账户的明细记录，以及备查账或其他资料，经过分析计算，将现有的资产负债表调整成比较全面的权责发生制资产负债表，并建立权责发生制基础的收入费用表。在政府会计报告中按照预算收支表反映的信息报告政府预算执行情况，按照调整后的资产负债表和收入费用表反映的信息报告政府的财务状况。

编制调整会计报表做法的好处是在不改变现行会计制度的前提下，建立包括预算会计和财务会计内容的完整会计报表体系，可以在政府会计报告的会计报表和文字说明两部分中反映政府财务状况。而且通过规定报表调整规则，能够连续编报财务会计报表，对财务状况信息进行动态反映。

这种做法的不利之处主要表现为：（1）受到已有账户资料和备查账资料的限制，有些资产、负债项目还是无法反映。（2）对部门报表，如果不要求所有单位报送表外资料，总会计根据部门决算报表能够直接调整出的原表外资产、负债项目很少，调整出来的收入费用表也与预算收支表（收入支出表）差距不大；如果要求所有单位报送表外资料，或者在单位会计层面直接编制调整会计报表并汇总报送，则会大大增加整体上编制调整报表的工作量。

（三）设置会计账户

具体做法是：分别设置预算收、支、余预算会计类账户和资产、负债、净资产、收入、费用财务会计类账户（根据情况，也可以不设置收入、费用类会计账户）。对预算收、支、余主要按照收付实现制通过预算会计账户核算，对资产、负债、净资产、收入、费用按照权责发生制通过财务会计账户核算。期末按照预算会计账户数据编制预算收支表，根据财务会计账户编制资产负债表和收入费用表（可以根据预算收支账户调整出收入费用，编制收入费用表）。

设置会计账户做法的好处包括：（1）建立了同时具备预算会计

与财务会计核算的账户体系和会计报表体系。(2) 能够详细反映政府全部财务状况。(3) 符合会计核算基本规律(会计信息按照会计凭证→会计账簿→会计报表→会计报告的路线生成)。

这种做法的不利之处就是要以大幅度改变现行会计制度为前提，需要制定及实施新的会计制度，并为此进行准备工作及会计制度转换工作，转换期间工作量较大，可能实施的时间也比前两种方法要迟一些。

二、对预算会计与财务会计结合形式的选择

对于预算会计与财务会计的结合，以上三种做法体现的结合层次不一样：

编制统计表做法属于最浅层次的结合，仅在会计报告的文字说明部分增加财务状况信息，而且对财务状况的反映有限。另外，这种做法采用统计手段而非会计手段，没有改变会计核算，显然不是政府会计改革期望的结合形式。如果采用，也仅仅是一种应急的做法。

编制调整会计报表做法属于中层次的结合，能够在没改变会计制度之前，较大幅度地改变政府会计报表体系，在政府会计报告中增加很多对财务状况的反映内容。但是，这种做法对政府财务状况的反映还是不够全面。比如有些资产负债项目还不能反映，也不能反映单位的服务成本等。另外，由于没有在会计工作基础环节——核算环节实现预算会计与财务会计的结合，它显然也不是政府会计改革的最终目标。综合来看，采用编制调整会计报表做法只能是政府会计根本改革前的权宜之计，可以作为谋求预算会计与财务会计结合过程的阶段性工作。

设置会计账户做法属于深层次的结合，又可以称为全面结合。它做到了在会计凭证、会计账户、会计报表、会计报告的会计核算全过程实现预算会计与财务会计的结合，符合我国政府会计改革的发展方向。但是对采用这种做法，大幅度地改变会计核算方式、建立新的会计制度，是一道迈不过去的“坎”。从目前政府会计改革的研究准备来看，需要做的是新会计制度的制定和实施准备。所

以，建议积极开展新会计制度的制定和实施准备，尽早地实现预算会计与财务会计的全面结合。

我国政府预算会计与财务会计结合采用的会计核算方式

通过设置会计账户，做到预算会计与财务会计在核算环节的结合，是预算会计与财务会计实现全面结合的关键。从会计核算技术角度看，核算环节的结合没有技术障碍，有多种核算方式都可以达到预算会计与财务会计结合的目的。但是采用哪种核算方式才能做到会计核算的投入产出效果最大，则需要加以论证。

一、三种核算方式①

（一）“八要素”核算方式

1．“八要素”方式的做法。

（1）设置预算收入类、预算支出类、预算结余类（其中又包括本年预算结余账户和累计预算结余账户）会计账户，核算时在这三类账户之间进行借贷记账。记账基础采用收付实现制。当获得预算收入时，记预算收入增加（记贷方）和本年预算结余增加（记借方）。当发生预算支出时，记预算支出增加（记借方）和本年预算结余减少（记贷方）。平时或期末，本年预算结余账户余额等于平时或本期最终预算结余数。

期末将本年预算结余账户余额转入累计预算结余账户。预算收入类和预算支出类账户期末余额不作结转，但是不计入该账户下年期初余额。当发生调减单位财政资金预算结余时，直接冲销累计预算结余账户余额（单式记账法）。

（2）设置资产类、负债类、净资产类、收入类、费用类财务会计账户，在这五类账户之间进行借贷记账。记账基础采用权责发生制，记账方式类似于企业记账。在进行财务会计账户记账的同时，如果属于预算收支业务的，也同时在预算会计账户记账。例如，单

① 这里按照每种核算方式需要设置的会计要素科目类的数量分别称为“八要素”、“六要素”、“十要素”方式。

位购买固定资产时，单位会计记固定资产增加和银行存款减少，同时记预算支出增加和预算结余减少。又如单位提取固定资产折旧时，记费用增加和累计折旧增加，但不进行预算会计账户的账务处理。

（3）到会计期末，按照预算会计账户数据编制预算收支表，按照财务会计账户数据编制资产负债表和收入费用表。

2. 对“八要素”方式的评价。“八要素”方式的主要特征是将预算会计账户和财务会计账户分别设置，采用不同的核算基础，各自平衡核算。

“八要素”方式的优点：一是直接根据相应的账户数据产生报表数据，符合一般的会计核算及编表方法；二是适应政府会计中预算会计报表和财务会计报表不同基础的要求，避免预算会计核算和财务会计核算因核算基础不同而产生的相互干扰。

“八要素”方式的缺点：一是期末预算结余核算的方法不太符合会计核算及报表编制的常规，如预算收支期末不作结转而导致的预算收支账户期初与上年期末金额不符，对预算结余调减核算采用单式记账法等；二是预算收支核算不能反映经济业务之间的钩稽关系；三是由于预算收支核算脱离了资产负债核算，加大对预算收支确认时点的判断难度，实务中容易发生记录错误；四是如果会计主体的预算收支与收入费用的内容重合很多时，会产生大量的重复记账。

（二）“六要素”核算方式

1. “六要素”方式的做法。设置收入（预算收入）类、支出（预算支出）类、结余（预算结余）类账户，这三类账户核算主要以收付实现制为记账基础；设置资产类、负债类、净资产类账户，这三类账户主要以权责发生制为记账基础。核算时在这六类账户之间进行借贷记账。

为了解决六类会计账户之间核算基础不同引起的记账矛盾，在净资产账户中设置净资产调整类账户。对既发生预算收支、又引起现金（或现金等价物，如零余额账户用款额度等）以外的资产负债变化的业务，在登记预算收入（支出）账户和现金账户的同时，登记相应的资产（负债）账户和净资产调整类账户，进行“双分录”核算。如政府发行债券的业务，总会计在取得债务收入时，记债务收入增加和国库存款增加，同时记“盈余调整”[①] 减少（记借方）和借入款（本金）增加；期末按照权责发生制登记政府债券应付利息时，登记“盈余调整”减少（记借方）和借入款（利息）增加。又如单位会计在购买固定资产时，记“预算支出”增加和“银行存款”减少，同时记“固定资产”增加和“固定基金”[②] 增加；计提固定资产折旧时，记“累计折旧”增加和“固定基金”减少。

除了需要采用“双分录”的方法登记账户的业务以外，对其他业务则仍旧采用目前的方法核算。

期末，根据预算收入、预算支出、预算结余账户数据直接编制预算收支表；根据预算收支账户数据和净资产调整类账户明细账数据编制收入调整表和费用调整表，在此基础上编制收入费用表；根据资产、负债账户数据填列资产负债表的资产、负债栏目，根据预算结余账户年末余额和盈余调整账户年末余额，填列资产负债表的净资产项目金额。

2. 对“六要素”方式的评价。“六要素”方式的主要特征是以预算收支为核心，兼顾资产负债信息的完整性。其主要优点在于：(1) 基本上不改变目前会计核算的方式，只是增加了净资产调整账户及其核算的工作。(2) 政府会计实务工作者对设置净资产调整账户和双分录的做法并不陌生，容易接受；(3) 预算收支业务与资产负债业务的核算钩稽关系清晰，便于理解；(4) 通过调整编制收入费用表，减少了会计科目设置数量。

“六要素”方式的主要问题在于：如果采用“双分录”登记的资产负债项目和不属于预算收支的收入费用项目较多，这种方式就会加大期末调整及编表的工作量。

---

① 总会计设置的净资产的调整账户。

② 单位会计设置的净资产的调整账户。

（三）“十要素”核算方式

1. “十要素”方式的做法。

（1）基本保留目前以收付实现制为主的完整会计核算账套（包括资产类、负债类、净资产类、预算收入类、预算支出类账户）及核算方法。同时，建立完整的以权责发生制为核算基础的会计核算账套（包括资产类、负债类、净资产类、收入类、费用类账户），对经济业务进行权责发生制核算。在经济业务发生时，同时在两个账套中各自进行借贷记账。如单位购买固定资产，在收付实现制账套中记预算支出的增加和银行存款的减少；同时在权责发生制账套中记固定资产的增加和银行存款的减少。在提取固定资产折旧时，只在权责发生制账套中记费用的增加和累计折旧的增加。

（2）到会计期末，按照收付实现制账套数据编制以收付实现制为基础的预算收支表和资产负债表；同时，按照权责发生制账套数据编制以权责发生制为基础的收入费用表和资产负债表。提供会计报告时，除了报告预算收支表和收入费用表以外，可以只报告权责发生制基础的资产负债表，也可以同时报告收付实现制基础和权责发生制基础的两张资产负债表。

2. 对“十要素”方式的评价。“十要素”方式的主要特征是在保留目前会计核算账套和报表的同时，建立新的财务会计核算账户体系，形成两套账及报表。有利的方面是，不改变原有会计核算做法，避免如果会计改革出现不顺利的情况而影响日常会计核算工作。不利的方面是：（1）预算会计账套编制的资产负债表信息与财务会计账套编制的资产负债表信息有一部分是重叠一致的，如货币资金、金融资产；有一部分是预算会计所没有的，如固定资产、应计资产负债等，这种差异很难为使用者所理解。（2）相比财务会计的资产负债表提供的更为全面的信息，信息量少的预算会计资产负债表项目的确认和编制是一种人力和物力的浪费。（3）大多数业务都要进行双重的会计核算，增加很多会计核算工作量。

（四）三种核算方式的对比

上述三种核算方式，各有利弊。

按照会计核算的工作量比较："六要素"方式最小，"八要素"方式工作量次之，"十要素"方式工作量最大。

按照对现行会计核算的变化程度比较："六要素"方式变化最小，"十要素"方式变化次之，"八要素"方式变化最大。

"十要素"方式强调在保持现有会计核算方式不变的基础上解决财务会计核算问题，从而采用双重账套核算，并导致产生重复的资产负债表。从政府会计改革的前瞻角度看，保持现有会计核算方式不是一个必要前提，应当尽量提高会计核算的科学性，降低核算成本。所以，除了为政府会计改革探索而在试点单位试点时可以采用"十要素"方式，在政府会计改革后普遍执行的政府会计制度中，不应当采用"十要素"方式。

在"六要素"方式和"八要素"方式之间，到底选择采用哪种，要根据总会计和单位会计的核算业务作具体分析。

二、总会计采用核算方式的选择

总会计的核算对象是财政部门管理的财政资金。财政部门处于政府资金的筹集、分配环节。因此，总会计核算的资产都是在筹集、分配资金过程中形成的金融资产和往来款资产，总会计核算的负债都是借款类负债和往来款负债。如果采用"六要素"方式，在总会计核算的资产负债中，需要进行"双分录"记账的资产负债项目不多，只包括财政部门的借出款、转贷款、借入款等。在总会计核算中，不属于预算收支但属于收入费用的项目也很少，主要是财政资金需要按照权责发生制确认的利息收入和利息费用，以及少量的财政资金的损失和利得。[①] 如果采用"八要素"方式，预算收支与收入费用之间重复核算的工作量比例很大。

由此看来，在财政部门总会计核算中，采用"六要素"方式比采用"八要素"方式核算的工作量要大大减少。因此，我们建议在总会计核算中，采用"六要素"的核算方式。

---

① 越是下级地方财政，这些项目越少。

三、单位会计采用核算方式的选择

对于单位会计，“六要素”和“八要素”方式之间的工作量差异取决于预算收支和资产负债的确认基础中有差异业务的数量。政府单位存在这种确认基础差异的业务可能出现在三个方面：(1) 长期资产和长期负债的增减变化，包括折旧和长期债务利息的计提等；(2) 需要采用收付实现制确认的预算收支与需要采用权责发生制确认的非现金（及现金等价物）流动资产和流动负债的增减变化；(3) 需要进行跨期成本核算的产品或项目。

第一方面的业务仅限于长期资产和长期负债项目。这些业务需要同时采用收付实现制确认预算收支和权责发生制确认资产负债变动，设置净资产调整类账户和双分录记账必不可少，这部分是“六要素”方式关键的业务。对一般单位来说，这类业务的金额虽大，但笔数较少。

第二方面业务的多少则取决于预算收支是否采用完全的收付实现制，如果是，则这类业务会非常多，引起设置净资产调整类账户（或明细账户）数量和相应的双分录业务将非常之多，“六要素”的方式将变得格外复杂难行，“八要素”方式就显得更为可行；反之，“六要素”方式就显得更具优势。对单位非现金（及现金等价物）流动资产和流动负债的增减变化完全采用收付实现制核算并不必要，因为政府单位的库存材料、应收应付款、暂存暂付款、短期投资和短期债务等，通常在短期内即可收回或支付，如果采用完全的收付实现制核算，不仅会加大会计核算工作量，而且与不采用收付实现制相比，报告的预算收支没有多少差别。在“六要素”方式下，无须为流动资产和流动负债设置净资产调整类账户，也无须双分录记录，不会增加工作量；而在“八要素”方式下，这些业务会出现大量的重复记账。

第三方面的业务只存在于较少的事业单位中。有些事业单位需要进行实物产品的成本归集和跨期结转完工产品成本，对于这些单位，需要为它们的“在产品”设置相应的净资产调整类账户并进行双分录记账，记录预算收支与在产品价值的增加。由于这类单位在政府单位中所占比重不大，并且在产品生产通常只占业务的少数比重，因此“六要素”方式依旧具有可行性。

综合以上分析以及我们对两种核算方法在试点单位的应用实验比较，我们倾向于建议政府单位采用“六要素”的核算方法。

预算会计与财务会计结合的会计制度

一、会计制度安排

（一）设置一个包含预算会计和财务会计的会计制度，还是对预算会计和财务会计分别设置会计制度?

从核算方式上看，只有“十要素”方式才可以对预算会计和财务会计分别设置会计制度。“八要素”和“六要素”方式都不可能对预算会计和财务会计分别设置会计制度。由于我们建议采用“六要素”方式，所以在会计制度安排上，确定将预算会计和财务会计核算内容都涵盖在一个会计制度中。

（二）设置一个包含总会计和单位会计的会计制度，还是对总会计和单位会计分别设置会计制度?

对总会计和单位会计的会计制度是设置一个会计制度还是分别设置会计制度，要看在以下几方面两者做法的优劣对比：（1）是否有利于总会计和单位会计核算的衔接；（2）是否有利于反映政府整体的预算执行情况和财务状况；（3）是否有利于适应总会计和单位会计业务活动差异的核算要求。我们认为，只设置一个会计制度比分别设置会计制度的优越性更大，理由是：

1. 有利于总会计和单位会计核算的衔接。总会计核算和单位会计核算，两者之间既有分工，又存在大量衔接。如总会计核算的拨款支出是单位会计核算的财政拨款收入，有些总会计的负债又是单位会计的债权。这就导致，无论是总会计还是单位会计，部分经济业务核算的改变往往涉及对方的核算要相应进行改变，才能保持总会计和单位会计对同一业务核算的一致性。设置包括总会计核算和单位会计核算内容的统一会计制度（以下称《政府会计制度》），有利于会计制度内容的统一设计和调整。

2. 有利于反映政府整体的预算执行情况和财务状况。政府会计报告首先要反映政府整体的预算执行情况[①]和财务状况。作为实现预算会计与财务会计结合的会计制度，要能够生成政府整体的预算收支表、资产负债表和收入费用表。设置《政府会计制度》，既能够在会计制度中设置政府整体的报表，也有利于设置与政府整体会计报表对应衔接的总会计和单位会计各类报表及会计科目，从而反映政府整体的预算执行情况和财务状况。

3. 可以适应有差异的总会计和单位会计业务活动核算。设置《政府会计制度》，并不意味着混同总会计和单位会计的核算内容，在《政府会计制度》中，对总会计和单位会计的大多数会计核算要分别进行规定，通过在《政府会计制度》中分别设置总会计和单位会计使用的会计科目以及账务处理要求，来适应总会计和单位会计的不同业务核算。

二、会计报表设置

（一）总会计和单位会计是否需要分别编制不同的报表

《政府会计制度》中的报表设置可以有两种做法：一是设置总会计和单位会计同样适用的相同内容的会计报表；二是分别对总会计和单位会计设置内容不同的会计报表。在政府会计核算中，总会计和单位会计核算的业务内容极不相同，填报的报表内容差异很大。如果对总会计和单位会计设置内容相同的会计报表，会导致报表栏目很多（需要包括总会计和单位会计都要填列的栏目），报表很长，以及相当部分报表栏目闲置（总会计不填列只适宜单位会计的部分，单位会计不填列只适宜总会计的部分）。因此，在《政府会计制度》中，建议分别规定总会计和单位会计编制的会计报表。

（二）需要设置的会计报表

在《政府会计制度》中，至少要设置三大类报表，即反映预算

① 中国政府预算管理的下一步目标，应当是建立集政府所有资金筹集、分配、使用于一体的政府整体预算管理，实现财政预算管理和部门预算管理的无缝衔接。所以需要政府会计反映政府整体的预算执行情况。

收支情况表的预算收支表，反映静态和动态财务状况的资产负债表和收入费用表。这三类报表又要分为财政部门报表、单位报表、各主管部门报表、政府整体报表。其中各主管部门报表由各部门所属单位报表汇总而成；政府整体报表由各主管部门报表和财政部门报表合并而成。

我国预算会计与财务会计在会计报表上的结合，主要是在已有预算收支表基础上，对目前财政部门和单位的资产负债表的改变，以及建立财政部门和单位的收入费用表。

1. 财政部门反映财务状况的报表。

(1) 资产负债表。与目前财政部门资产负债表相比的主要变化包括：资产栏目应当加上借出款、转贷款、股权产权（对国际组织）等；负债栏目应当加上应付政府债券、应付财政拨款、应付转贷款、预计负债等；净资产栏目应当将目前的各项财政资金的预算结余（预算收入减去预算支出的累计差额）改为累计盈余（收入减去费用的累计差额）。

(2) 收入费用表。财政部门的收入费用表按照预算收支和盈余调整账户数据调整编制。与目前财政部门预算收支表相比的主要不同包括：收入费用表的收入栏目减少了债务收入、债务转贷收入、贷款转贷收回本金收入，增加了利息收入（按照权责发生制确认）和财政资金的利得；费用栏目减少了财政借出款、股权产权、转贷款形成的支出，以及归还借入款、转贷款本金形成的支出，增加了利息费用（按照权责发生制确认）和财政资金的损失。

2. 单位反映财务状况的报表。

(1) 资产负债表。与目前行政事业单位资产负债表相比的主要变化包括：资产栏目至少应当包括应收账款、固定资产、对外投资、在建工程、土地开发资产、公益性基础设施、政府物资储备、文物文化资产等，其中债券投资中应当加上应收利息，固定资产、无形资产、公益性基础设施应当反映净值；负债栏目至少应当包括借款、其他应付款、应缴财政非税收入、应交税费、应付职工薪酬、应付政府补贴、预计负债等，其中借款中应当加上应付利息；

净资产栏目应当加上各种调节净资产的基金和准备。

(2) 收入费用表。单位的收入费用表按照预算收支和净资产调整账户数据调整编制。与目前单位的收入支出表（预算收支表）相比的主要不同包括：收入费用表的收入栏目减少了出售无形资产等资产的收入，增加了债券投资的利息收入（按照权责发生制确认）和单位的利得；费用栏目减少了购置固定资产等形成的支出，增加了利息费用（按照权责发生制确认）和单位的损失。

三、会计科目设置

为了采用“六要素”核算方式来做到预算会计与财务会计的结合，在《政府会计制度》中，重点需要增加用于净资产调整的核算科目，进行双分录记账，以及期末根据预算收支账户记录和净资产调整科目记录调整编制收入费用表。

（一）总会计需要增加的净资产调整科目、账务处理及编制报表

总会计需要设置净资产的调整科目“盈余调整”，进行产权、债权、债务的双分录记账。期末根据预算收支账户及“盈余调整”账户的明细账记录，调整财政资金的收入和费用，编制财政部门的收入费用表。

（二）单位会计需要增加的净资产调整科目、账务处理及编制报表

单位会计需要设置净资产的调整科目包括：“在产品基金”、“固定资产基金”、“无形资产基金”、“工程基金”、“文物文化资产基金”、“公益性基础设施基金”、“对外投资基金”、“政府物资储备基金”、“留本准备”、“债务准备”等，并对单位长期资产和长期负债项目进行双分录记账。期末根据预算收支账户及各个净资产调整账户的明细账记录，调整单位的收入和费用，编制单位的收入费用表。具体做法见下一节内容。

三种会计账户设置及账务处理方法

为了同时满足政府会计预算收支表、资产负债表、收入费用表

的编制要求，会计账户体系的设置及账务处理有三种方法：

一、采用预算收入、预算支出、预算结余三要素平衡的会计账户体系（收付实现制）和资产、负债、净资产、收入、费用五要素平衡的会计账户体系（权责发生制）

（一）这种方法的做法

1. 设置预算收入类、预算支出类、预算结余类预算会计账户，其中预算结余类账户包括本年预算结余账户和累计预算结余账户，核算时在这三类账户之间进行借贷记账。记账基础采用收付实现制。当获得预算收入时，记预算收入增加（记贷方）和本年预算结余增加（记借方）。当发生预算支出时，记预算支出增加（记借方）和本年预算结余减少（记贷方）。本年预算结余账户期末余额等于本期预算结余数。如果是借方余额为正结余，如果是贷方余额为负结余（赤字）。

预算会计账户期末转账有两种方法：

一是将本年预算结余账户余额转入累计预算结余账户。预算收入类和预算支出类账户期末余额不结转，但是不计入该账户下年期初余额。当发生调减单位预算结余时，直接冲销累计预算结余账户余额（单式记账法）。

二是将预算收入账户余额（贷方）、预算支出账户余额（借方）和本年预算结余账户余额（借方或贷方）进行冲销，同时按照期末预算结余数借记累计预算结余准备账户①，贷记累计预算结余账户。预算收入账户、预算支出账户和本年预算结余账户期末结转后没有余额。当发生调减单位预算结余时，借记累计预算结余账户，贷记累计预算结余准备账户。

2. 设置资产类、负债类、净资产类、收入类、费用类财务会计账户，在这五类账户之间进行借贷记账。记账基础采用权责发生制，记账方式类似于企业记账。

---

① 为了保持使用借贷记账法，设置累计预算结余准备账户，作为累计预算结余的对应账户。该账户余额不在报表中反映。

在进行财务会计账户记账的同时，如果属于预算收支业务的，也同时在预算会计账户记账。例如，单位收到服务收入（不属于财政资金）时，单位会计在财务会计账户中记银行存款增加和事业收入增加，同时在预算会计账户中记预算收入（属于部门预算）增加和预算结余（属于部门预算）增加。又如单位购买固定资产时，单位会计记固定资产增加和银行存款减少，同时记预算支出增加和预算结余减少。又如单位提取固定资产折旧时，记费用增加（借记费用账户）和累计折旧增加（记贷方），不进行预算会计账户的账务处理。又如财政部门发行政府债时，记债务收入增加和预算结余增加；同时记国库存款增加和借入款增加。

采用这种做法时还有一种可能减少核算工作量的方法。即不根据每一笔经济业务登记预算收支账户，而是每隔一段时间（比如按旬或按月），根据收入费用账户有关记录汇总登记预算收支账户。

3. 到会计期末，按照预算会计账户数据编制预算收支表，按照财务会计账户数据编制资产负债表和收入费用表。

（二）对这种方法的评价

这种方法将预算会计账户和财务会计账户分别设置，采用不同的核算基础，各自平衡核算。

这种做法的优点：一是直接根据相应的账户数据产生报表数据，符合一般的会计核算及编表方法；二是适应政府会计中预算会计报表和财务会计报表不同基础的要求，避免预算会计核算和财务会计核算因核算基础不同而产生的相互干扰。

这种方法的缺点：一是期末预算结余核算的方法不太符合会计核算及报表编制的常规，如预算收支期末不结转而导致的预算收支账户期初与上年期末金额不符，对预算结余调减核算采用单式记账法等。二是如果会计主体的预算收支与收入费用的内容重合很多时，会产生大量的重复记账，加大了会计核算工作量。如果采用每隔一段时间根据收入费用账户有关记录汇总登记预算收支账户的做法，又会加大对收入费用的明细核算难度。因为这要求登记收入费用时，要满足预算收支账户登记的明细要求，采用与预算收支相同的明细账。然而，对费用按照预算支出的明细划分进行核算本身就有难度（如对使用不同来源资金购置的固定资产折旧费用的核算），而且对需要进行成本核算的单位来说，就更增加了成本核算和费用划分的难度。

二、采用收入（预算收入）、支出（预算支出）、结余（预算结余）、资产、负债、净资产六要素平衡的会计账户体系

（一）这种方法的做法

设置收入（预算收入）类、支出（预算支出）类、结余（预算结余）类账户，这三类账户核算主要以收付实现制为记账基础；设置资产类、负债类、净资产类账户，这三类账户主要以权责发生制为记账基础。核算时在这六类账户之间进行借贷记账。

为了解决六类会计账户之间因核算基础不同引起的记账矛盾，在净资产类账户中设置“盈余调整”账户。对既发生预算收支又引起资产负债（产权、债权、负债）变化的业务，在登记预算收入（支出）账户和存款账户的同时，登记相应的资产（负债）账户和“盈余调整”账户，进行“双分录”核算。如政府发行债券的业务，总会计在取得债务收入时，记债务收入增加和国库存款增加，同时记盈余调整减少（记贷方）和借款（本金）增加。期末按照权责发生制登记政府债应付利息时，总会计登记盈余调整减少（记贷方）和借款（利息）增加。归还政府债本息时，总会计按照付出的本金借记债务还本支出，按照付出的利息借记一般预算支出，按照付出的本息贷记国库存款；同时按照付出的本息借记借入款账户，贷记盈余调整账户。又如政府向国外贷款的业务，总会计在付出贷款本金时，记贷款支出增加和国库存款减少，同时记贷款（本金）增加和盈余调整增加（记贷方）。期末按照权责发生制登记政府贷款应收利息时，总会计登记贷款（利息）增加和盈余调整增加（记贷方）。收回政府贷款本息时，总会计按照收回的本息借记国库存款，按照收回的本金贷记贷款收回本金收入，按照收回的利息贷记一般预算收入，同时按照收回的本息借记盈余调整账户，贷记贷款账户。

除了对既发生预算收支又引起资产负债（产权、债权、负债）变化的业务，采用“双分录”的方法登记账户以外，对其他业务，则仍旧采用目前的方法核算。如政府收到一笔税收，总会计登记一般预算收入增加和国库存款增加。又如总会计期末对个别事项采用权责发生制确认预算支出，借记预算支出账户，贷记暂存款账户；下期对该项目付款时，借记暂存款账户，贷记国库存款账户。

期末，根据预算收入、预算支出、预算结余账户数据直接编制预算收支表；根据预算收支账户数据和盈余调整账户数据编制收入调整表和费用调整表，在此基础上编制收入费用表；根据资产、负债账户数据填列资产负债表的资产、负债栏目，根据本年预算结余账户数据和收入费用表账户本年盈余数据填列资产负债表的净资产栏目。

（二）对这种方法的评价

这种方法基本上不改变目前会计核算的方式，只是增加了“盈余调整”这一净资产账户及其核算的工作，增加的核算工作量较少。而且，由于编制收入费用表之前需要编制收入调整表和费用调整表，可以直接产生余额调整表，减少了单独编制余额调整表的工作。但是，由于这种方法对所有既发生预算收支又产生资产负债变动的业务，都要采用“双分录”的登记方法，而且期末要根据“盈余调整”账户明细账逐一调整收入和费用。所以，如果核算中资产负债项目和不属于预算收支的收入费用项目较少，这种方法增加的工作量较少。如果反之，就会加大期末调整及编表的工作量。此外，由于调整收入和费用是在期末进行，因此不能在期中核算成本费用。

三、采用预算收入、预算支出、资产、负债、净资产五要素平衡的会计账户体系（以收付实现制核算为主）和资产、负债、净资产、收入、费用五要素平衡的会计账户体系（以权责发生制核算为主）

（一）这种方法的做法

1. 基本保留目前收付实现制的完整会计核算账套［包括资产类、负债类、净资产类、预算收入（收入）类、预算支出（支出）类账户］及核算方法。同时，建立完整的以权责发生制为核算基础的会计核算账套（包括资产类、负债类、净资产类、收入类、费用类账户），对经济业务进行完全的权责发生制核算。在经济业务发生时，同时在两个账套中各自进行借贷记账。如单位收到不属于财政资金的服务收入时，单位会计在收付实现制账套中记银行存款增加和预算收入（属于部门预算）增加，同时在权责发生制账套中记银行存款增加和事业收入增加。又如单位购买固定资产，在收付实现制账套中记预算支出的增加和银行存款的减少；同时在权责发生制账套中记固定资产的增加和银行存款的减少。在提取固定资产折旧时，只在权责发生制账套中记费用的增加和累计折旧的增加。又如财政部门发行国债，在收付实现制账套中记国库存款增加和债务收入增加；同时在权责发生制账套中记国库存款增加和借款增加。

2. 到会计期末，按照收付实现制账套数据编制以收付实现制为基础的预算收支表和资产负债表；同时，按照权责发生制账套数据编制以权责发生制为基础的收入费用表和资产负债表。提供会计报告时，除了报告预算收支表和收入费用表以外，可以只报告权责发生制基础的资产负债表，也可以同时报告收付实现制基础和权责发生制基础的两张资产负债表。

（二）对这种方法的评价

这种方法在不改变目前会计核算做法的同时，建立新的会计核算体系。有利的方面是，保持原有会计核算做法，避免如果会计改革出现不顺利的情况而影响日常会计核算工作。不利的方面是，所有业务都要进行双重的会计核算，增加很多会计核算工作量。此外，如果按照收付实现制核算账套数据编制的资产负债表不予披露，则形成了会计工作成果的浪费；如果按照收付实现制核算账套数据编制的资产负债表也予以披露，对非会计专家的报表使用者来说，很难对其解释按照收付实现制核算账套数据编制的资产负债表和按照权责发生制核算账套数据编制的资产负债表的含义差别，不利于其对资产负债表的理解。此外，这种方法产生的会计报表为各自独立的两套报表，而且包括两张资产负债表，不能使政府会计制度规定的报表形成有机的整体。

附件：

总会计双分录核算业务（债权、产权、负债）示例

设置“盈余调整”净资产类账户。该账户核算应当在收入费用表中抵销的预算收支和应当在收入费用表中反映的除预算收支以外的收入费用。

资料：期初“国库存款”账户为借方余额 1000 亿元；“借款”账户为贷方余额 63 亿元；“盈余调整”账户为借方余额 63 亿元，其中“债务收入调整”明细账户为借方余额 60 亿元，“借款应付利息费用”明细账户为借方余额 3 亿元；资产负债表“累计盈余”栏目为 937 亿元（以下分录单位均为亿元）。

业务一：2010 年初发行 100 亿元面值的政府债（注：政府债包括国债和地方政府债），发行折价 1 亿元，政府债获得款项入库 99 亿元，该政府债年利率为 3%，每年生成 3 亿元利息，三年后归还本息 109 亿元。

2010 年初发行政府债时：

借：国库存款　99

　　贷：债务收入　99

借：盈余调整——债务收入调整　99

　　　　　　——政府债折价费用　1

　　贷：应付政府债——本金　100

每年年末计息时：

借：盈余调整——政府债应付利息费用　3

　　贷：应付政府债——利息　3

2013 年初还本付息时：

借：一般预算支出　9

　　债务还本支出　100

　　贷：国库存款　109

借：应付政府债——本金　100

　　　　　　　——利息　9

贷：盈余调整——归还政府债本金支出调整 100

——归还政府债利息支出调整 9

对已归还政府债进行盈余调整账户的明细账户冲销：

借：盈余调整——归还政府债本金支出调整 100

——归还政府债利息支出调整 9

贷：盈余调整——债务收入调整 99

——政府债折价费用 1

——政府债应付利息费用 9

业务二：2010 年初贷出 200 亿元贷款，该贷款年利率为 3%，每年生成 6 亿元利息，三年后收回本息 118 亿元。

贷出时：

借：贷款支出 200

贷：国库存款 200

借：贷款——本金 200

贷：盈余调整——贷款支出调整 200

每年年末计息时：

借：贷款——利息 6

贷：盈余调整——贷款利息收入 6

2013 年初收回贷款本息时：

借：国库存款 218

贷：一般预算收入——利息收入 18

贷款收回本金收入 200

借：盈余调整——收回贷款本金收入调整 200

——收回贷款利息收入调整 18

贷：贷款——本金 200

——利息 18

对已收回贷款进行盈余调整账户的明细账户冲销：

借：盈余调整——贷款支出调整 200

盈余调整——贷款利息收入 18

贷：盈余调整——收回贷款本金收入调整 200

——收回贷款利息收入调整　　　18

业务三：2010 年初借入转贷款 300 亿元，该转贷款年利率为 3%，每年生成 9 亿元利息，三年后归还借入转贷款本息 327 亿元；将该转贷款向用款单位贷出 100 亿元，向下级财政部门贷出 200 亿元，三年后向用款单位收回转贷款本息 109 亿元，向下级财政部门收回转贷款本息 218 亿元。（注：向下级财政部门的转贷款收回并归还本息时不记本级总会计的债务预算收支，对下级财政部门的转贷款应收及应付利息不确认为本级总会计的利息收入和利息费用）

2010 年初收到借入转贷款时：

借：国库存款　　　300

　　贷：债务转贷收入　　　300

借：盈余调整——债务转贷收入调整　　　300

　　贷：转贷款借款——本金　　　300

2010 年初贷出转贷款时：

借：转贷款支出　　　300

　　贷：国库存款　　　300

借：转贷款——用款单位——本金　　　100

　　　　——下级财政——本金　　　200

　　贷：盈余调整——转贷款支出调整　　　300

对转贷给下级财政部门的转贷款本金进行盈余调整账户的明细账户冲销：

借：盈余调整——转贷款支出调整　　　200

　　贷：盈余调整——债务转贷收入调整　　　200

每年年末对向用款单位的转贷款计息时：

借：盈余调整——借入转贷款利息费用　　　3

　　贷：转贷款借款——利息　　　3

借：转贷款——用款单位——利息　　　3

　　贷：盈余调整——转贷款利息收入　　　3

每年年末对向下级财政部门的转贷款计息时：

借：转贷款——下级财政——利息　　　6

贷：转贷款借款——利息　　6

2013 年初向用款单位收回转贷款本息时：

借：国库存款　　109

　贷：转贷款收回本金收入　　100

　　一般预算收入　　9

借：盈余调整——收回转贷款本金收入调整　　100

　——收回转贷款利息收入调整　　9

　贷：转贷款——用款单位——本金　　100

　　——用款单位——利息　　9

对向用款单位收回转贷款进行盈余调整账户的明细账户冲销：

借：盈余调整——转贷款支出调整　　100

　——转贷款利息收入　　9

　贷：盈余调整——收回转贷款本金收入调整　　100

　　——收回转贷款利息收入调整　　9

2013 年初向下级财政部门收回转贷款本息时：

借：国库存款　　218

　贷：转贷款——下级财政——本金　　200

　　——下级财政——利息　　18

2013 年初用用款单位的还款归还借入转贷款时：

借：债务转贷还本支出　　100

　一般预算支出　　9

　贷：国库存款　　109

借：转贷款借款——本金　　100

　——利息　　9

　贷：盈余调整——归还转贷款本金支出调整　　100

　　——归还转贷款利息支出调整　　9

对已归还转贷款进行盈余调整账户的明细账户冲销：

借：盈余调整——归还转贷款本金支出调整　　100

　——归还转贷款利息支出调整　　9

　贷：盈余调整——债务转贷收入调整　　100

——借入转贷款利息费用 9

2013 年初用下级财政部门的还款归还借入转贷款时：

借：转贷款借款——本金 200

——利息 18

贷：国库存款 218

业务四：2010 年收到税收 1000 亿元。

收到时：

借：国库存款 1000

贷：一般预算收入 1000

业务五：2010 年向预算单位拨款 800 亿元。

拨出时：

借：一般预算拨款 800

贷：国库存款 800

业务六：2010 年末到期归还借款本金 60 亿元，利息 3 亿元。

借：债务还本支出 60

一般预算支出 3

贷：国库存款 63

借：借款——本金 60

——利息 3

贷：盈余调整——归还借款本金支出调整 60

——归还借款利息支出调整 3

对已归还借款进行盈余调整账户的明细账户冲销：

借：盈余调整——归还借款本金支出调整 60

——归还借款利息支出调整 3

贷：盈余调整——债务收入调整 60

——借款应付利息费用 3

业务七：2010 年按章程向某国际金融组织出资 50 亿元，作为我国政府股权。

付出款项时：

借：股权支出 50

贷：国库存款 50

借：股权 50

贷：盈余调整——股权支出调整 50

业务八：2010 年末收支转账。

预算收支转账时：

借：一般预算收入 1000

债务收入 99

债务转贷收入 300

贷：预算结余 1399

借：预算结余 1413

贷：一般预算支出 803

贷款支出 200

转贷款支出 300

债务还本支出 60

股权支出 50

业务九：编制 2010 年预算收支表如表 1 所示。

表 1 **预算收支表** 单位：亿元

预算收入	金额	预算支出	金额	预算结余	金额
一般预算收入	1000	一般预算拨款	800		
债务收入	99	一般预算支出	3		
债务转贷收入	300	贷款支出	200		
		转贷款支出	300		
		债务还本支出	60		
		股权支出	50		
合计	1399	合计	1413		-14

业务十：编制 2010 年收入费用表。

1. 根据预算收支账户和盈余调整账户明细账记录（冲销前）编制收入调整表和费用调整表如表 2 和表 3 所示。

表 2　　收入调整表　　单位：亿元

预算收入（贷方）		盈余调整			收入（贷方）	
科目	金额	明细科目	借方	贷方	栏目	金额
一般预算收入	1000				一般预算收入	1000
债务收入	99	债务收入调整	99			0
债务转贷收入	300	债务转贷收入调整	300			0
		贷款利息收入		6	贷款利息收入	6
		转贷款利息收入		3	转贷款利息收入	3
合计	1399	合计	399	9	合计	1009

表 3　　费用调整表　　单位：亿元

预算支出（借方）		盈余调整			费用（借方）	
科目	金额	明细科目	借方	贷方	栏目	金额
一般预算拨款	800				一般预算拨款	800
一般预算支出	3	归还借款利息调整		3		
股权支出	50	股权支出调整		50		0
贷款支出	200	贷款支出调整		200		0
转贷款支出	300	转贷款支出调整		300		0
债务还本支出	60	归还借款本金调整		60		0
		债务利息费用	3		债务利息费用	3
		借入转贷款利息费用	3		借入转贷款利息费用	3
		政府债折价费用	1		政府债折价费用	1
合计	1413	合计	7	613	合计	807

2. 根据收入调整表、费用调整表编制收入费用表如表 4 所示。

表 4　　收入费用表　　单位：亿元

收入	金额	费用	金额	盈余	金额
一般预算收入	1000	一般预算拨款	800		

续表

收入	金额	费用	金额	盈余	金额
贷款利息收入	6	债务利息费用	3		
转贷款利息收入	3	借入转贷款利息费用	3		
		政府债折价费用	1		
合计	1009	合计	807		202 *

* 等于本年预算结余加上盈余调整账户本年净变动额。

业务十一： 编制 2010 年资产负债表如表 5 所示。

表 5　资产负债表　单位：亿元

资产	期初	期末	负债	期初	期末
国库存款	1000	986	应付政府债	0	103
贷款	0	206	借款	63	0
转贷款	0	309	转贷款借款	0	309
股权	0	50	负债合计	63	412
			净资产		
			累计盈余	937	1139
资产总计	1000	1551	负债和净资产总计	1000	1551

2010年
《政府综合会计报告中的国有资本信息披露研究》[1]

本研究包括主要观点归纳、研究报告两大部分。

第一部分　主要观点归纳

国有资本纳入政府综合会计报告的必要性

一、政府综合会计报告及其作用的概念

各级政府编制政府整体层面的政府综合会计报告是我国当前政府会计改革的一项重要工作。随着预算管理各项改革措施的实施以及政府机构改革和政府职能的转变，尤其是国家行政民主化进程的加快，我国人大代表对政府监督不再局限于财政预算资金业务的预算符合性，而且包括政府全部资金活动的合规性和有效性；政府管理决策过程也需对政府整体资源情况的及时把握。因此原有分散的、缺乏体系、缺乏披露规范的各项资金决算报表和统计数据受到了人大代表和政府决策部门的诟病，他们急需反映政府整体情况的、具有统一格式和规范披露方式的政府综合会计报告，这种会计

① 本课题由北京市财政局、北京市预算会计研究会委托研究小组完成，课题负责人为王彦，执笔人为王彦、赵西卜、王建英。

报告即包括主要会计报表，也包括相关的文字说明和附表。

政府综合会计报告包括两层含义：一是政府综合会计报告突出政府作为一个整体的概念，使得信息使用者能够迅速、全面把握监督和管理的政府经济资源，防止决策陷入局部，偏离主要目标。二是根据我国政府综合会计报告满足人大表决监督需要和政府管理决策需要的双重目标，一方面提供政府预算执行情况信息，即提供财政预算和部门预算资金收支的信息；另一方面提供政府财务状况信息，包括政府全部资源的相关信息，即反映政府资产负债等资源状况的信息，以及与资源运用效率有关的收入费用信息。

二、国有资本信息纳入政府综合会计报告的必要性

本文中使用的“国有资本”一词，与我国《中华人民共和国企业国有资产法》中的国有资产概念一致，指国家对企业各种形式的出资所形成的权益。国有资本信息纳入政府综合会计报告，是指将我国政府在企业中的权益及其相关的收支和变化的货币化信息在政府综合会计报告的会计报表中反映，将不能货币化或不纳入会计报表的重要信息在政府综合会计报告的文字说明和附表部分进行反映。本文着重讨论国有资本信息纳入政府综合会计报告中的会计报表部分的问题。

（一）国有资本信息纳入政府综合会计报告是加强国有资本监督决策的重要手段

目前，我国部分国有资本已编制国有资本经营预算，作为政府预算的一部分，政府对国有资本经营预算的执行情况必须进行相应的报告，这就是国有资本经营决算。目前，国有资本经营预算的决算报告已经向人大披露，构成政府综合会计报告中财政收支决算报表的组成部分。但是，有关国有资本存量和经营损益的信息目前尚未形成具体形式的会计报告，将这些信息纳入政府综合会计报告，按照统一规范的格式和程序向人大披露，是加强国有资本监督决策的重要手段。

长期以来，我国国有企业从财政不断获得各类补贴和投入。国有企业特别是大型垄断性国有企业的国有资本因经济发展、国家政

策、管理改进等各种因素的促进得到增值，使得国有资本价值远远超过其最初的投资额。在这种情况下，作为国有资本最终所有者的社会公众及其代表急需获得受到制度保障、按时提供的、统一规范约束的相关信息，满足国有资本宏观投资决策，监督和考核政府保全国有资本和有效运营国有资本的责任履行情况的相关信息，其中既应包括国有资本的存量信息，也应包括国有资本经营的损益成果。

但在现实中，尽管国有资本管理的主管部门每年向财政部门提供的国有资本存量和经营损益的统计数据十分详尽、具体，但是却不构成对人大的正式报告内容，更不对公众披露。社会公众和人大代表在缺乏存量和损益信息的情况下，难以参与和监督国有资本及其收益分配、投向和对社会经济结构改进的决策及其落实，难以评价作为受托责任承担者的政府对国有资本管理责任的履行状况。要满足人大代表和社会公众对国有资本经营进行监督决策的信息要求，必须加强国有资本存量和损益信息的披露，政府综合会计报告是重要的披露手段之一。

（二）政府综合会计报告中包括国有资本相关信息已是世界范围政府会计的惯例

从目前普遍的研究观点看，政府综合会计报告中除了对传统上的预算资金及其使用状况的强调之外，更多地强调政府作为公共资源的受托管理者对所控制经济资源的全面报告和反映。如国际会计师联合会公共部门委员会的第 8 号研究报告《政府财务报告实体》中，罗列出包括美国、英国、加拿大、澳大利亚、中国台湾等很多国家和地区将国有资本纳入政府报告的不同方式实践，很多国家的政府会计报告中都包含了有关政府在国有企业中资本投资的信息。国有企业（他们称为政府企业或公共公司）作为政府以所有权控制的实体，在政府会计报告中进行必要的信息披露已是共识。

（三）政府综合会计报告中披露国有资本信息是中国走向世界舞台的必然要求

随着中国更加积极加入各类国际组织，发挥中国作为负责任的大国在国际社会中的作用，以及中国政府越来越多地参与国际金融市场，在国际金融市场发行国家债券，国际社会对于政府透明度的要求必然影响我国政府会计报告的格式和内容。以国际货币基金组织为例，它所发布的《政府财政统计手册》和《财政透明度手册》中都要求将政府持有的公共公司权益作为政府的非金融资产进行公开披露，我国作为国际货币基金组织的第三大成员国，遵循国际货币基金组织的要求，在政府会计报告中采用适当的方式披露国有资本的相关信息，是我国政府在组织中发挥积极作用、应对国际社会要求的必要手段。

我国国有资本的形式与会计信息披露的现状

一、我国国有资本的形式

国有资本是政府或其代理机构在企业中持有的股权或所有者权益份额。根据这些企业的目标，可以把目前的国有资本分为以下几种类型，它们的形成过程各有特点。

（一）在营利性国有企业[①]中的国有资本

我国政府在这类国有企业中持有大量的股权或资本。这类国有企业以盈利为目的，通过对社会提供商品或劳务取得收入，并以此作为维持企业日常运营、偿还债务以及支付资金成本的资金来源。我国公用事业领域的国有企业，如供水、供电、煤气、城市公交等公司，尽管其产品价格往往受到政府管制而低于正常的市场价格水平，但是自主经营、营利性仍是这类企业的基本特征，仍然属于营利目的企业。政府对这些国有企业的投资列入财政预算或国有资本经营预算进行管理。

（二）在非营利性国有企业中的国有资本

目前，我国存在一些不以营利为目的的国有企业，本文将其称为非营利性国有企业。这类企业包括：政策性国有金融机构，为政

---

① 根据《中华人民共和国企业国有资产法》中的定义，国家出资的国有独资企业，以及国有资本控股公司、国有资本参股公司统称为国家出资企业，为了读者阅读理解的方便，本文仍旧使用传统的称谓“国有企业”表达国有出资企业的概念。

府融资成立的公司，执行政府储备任务的非营利性公司等。非营利性国有企业虽然登记为企业法人，使用企业会计制度，但是它们都因非营利目的而成立，其活动多是政府行政管理活动的延伸。在企业的经营上政府进行干预，尤其是政府负有为其筹措资金的责任，包括为其偿还贷款和利息。政府对这类企业通常采用全资控制。政府对这些国有企业的投资也列入财政预算或国有资本经营预算进行管理。

（三）在企业化管理的事业单位中的国有资本

企业化管理的事业单位主要从事营利性活动。尽管在其法人注册登记中仍然登记为事业单位法人，但是其政府主管部门基本不再对单位活动提供拨款，单位自主经营、自负盈亏。它们使用的是企业会计准则，在它们的会计账户和会计报告中，国家投入的资本体现为实收资本，因此本文将这类企业化管理的事业单位归类为企业，政府在其中的产权则为国有资本。这类事业单位的净资产最初来源于政府财政拨款，但是成为企业化管理的事业单位目前多数与财政没有持续的资金往来业务。

（四）在事业单位对外投资中的国有资本

上述的几种国有资本初始通常由财政部门直接投资或拨款形成，但是，还有一类国有资本其最初是由事业单位使用结余资金或其他资产投资企业形成，那就是事业单位附属企业中的国有资本。与前面的财政部门直接投资形成的国有资本不同，这类国有企业的资金收支不列入政府财政预算或国有资本经营预算，因此本文将其单列为一种。为了区别于财政部门直接拨款形成的国有资本，我们可以将其称为“单位持有国有资本”。

二、国有资本相关的业务

由于政府或政府单位与国有企业之间的产权关系，因此国有资本相关的资金业务最终会对政府的财政预算收支或政府国有资本投资价值产生影响，这些业务包括：

（一）财政与国有企业之间的国有资本经营预算收支业务

一直以来，财政部门根据财政预算中对国有企业基本建设投资、其他资本性支出等预算项目，通过财政部门直接向国有企业拨付财政预算资金，构成财政部门的预算支出。国有企业向财政缴纳的利润、国有资本转让款项等，构成财政部门的预算收入。2010年后，我国试行财政公共预算与国有资本经营预算分离的复式预算编制方法，财政部门与国有企业之间的这些资金收拨，按照国有资本经营预算的收支项目分类，构成财政部门的国有资本经营预算收支业务。

（二）引起国有资本价值变动的业务

政府财政向国有企业的拨款形成的国有资本，还会因为政府对国有资本的运营和国有资本所在的国有企业的经营业务而发生价值变动。如因政府出售国有资本而减少国有资本；因国有企业的日常经营而产生国有资本增值或贬值。当国有企业因日常经营产生盈利或亏损时，相应地，政府在其中的权益也随之增加或减少；因其他原因获得或转出的国有资本投资，如与本级政府之外的其他政府转拨国有企业而增加或减少国有资本。

由于我国政府并不直接持有上市公司的股权，而是通过非上市的控股公司间接持有上市公司股份，因此不会出现国有资本投资因市场价格改变而发生价值改变的情况。

（三）引起国有资本投资活动产生损益的业务

当需要对政府履行国有资本管理活动的业绩进行评价时，上述提到的国有资本经营预算收支业务、国有资本价值变动的业务发生的同时，都有可能导致产生国有资本投资损益。具体而言，这些导致国有资本投资活动产生损益的业务包括：

1. 政府对国有企业费用性支出产生的损失。比如政府向国有企业拨付的未能形成企业资本金而注销的拨款、政府对破产企业拨付的职工安置资金等。

2. 因国有企业日常经营结果而产生的利润或亏损。国有企业经营产生利润或亏损时，如果依据企业中国有资本所占的比重分担这些利润或损失，则产生相应的国有资本投资损益。

3. 因出售国有资本而产生的投资损益。出售国有资本产生的收到的现金与国有资本账面价值之间的差异构成国有资本投资损益。

4. 因其他原因而产生的投资损益。例如不同政府间无偿调拨国有资本引起的调入调出政府的国有资本投资损益。

三、我国国有资本会计信息披露的现状

根据会计信息披露的要求，上述所有涉及国有资本的资金业务本应在政府综合会计报告中进行披露，但是目前政府并未实现必要的国有资本信息披露。

（一）国有资本经营预算收支信息披露现状

2010 年试编中央国有资本经营预算后，大部分中央企业与财政之间发生的国有资本相关的缴拨业务，如每年财政向国有企业拨付的资本金拨款、国有企业上缴财政的利润、国有资本转让收入等，都已集中纳入单独的国有资本经营预算之中，成为该预算的收支项目，报全国人大进行审核。该预算的执行情况，即中央政府的国有资本经营预算收支的决算报表，也将成为人大代表审议的对象，因此这部分国有资本信息将向人大代表公开披露。

但是，目前试行的国有资本经营预算仅包括归国资委管理的中央企业的国有资本，未纳入国有资本经营预算的、由中央其他部门管理的中央国有企业的国有资本，以及未编制国有资本经营预算的各级地方政府的国有资本财政预算收支信息仍旧分散在财政部门决算报表的相应支出项目中，如一般预算资金或基金预算资金决算报表中。我们认为，随着国有资本经营预算的推进，各级政府的国有资本经营预算应该逐渐涵盖所有与本级政府财政直接发生国有资本有关缴拨业务的国有企业，既包括各级国资部门管理的国有企业，也包括各级业务主管部门管理的国有企业。由此，这些涉及国有资本的财政预算收支将会通过各级政府国有资本管理部门的国有资本经营决算报表汇总到各级政府的综合会计报告中进而得到全面的披露。

（二）国有资本存量信息披露现状

目前，我国各级政府都在单位和部门层面编制并上报的会计报表中包含有关事业单位附属企业或企业化管理的事业单位的国有资本存量信息。

1. 政府单位持有的对外投资。我国一些事业单位通过“对外投资”科目核算的对企业的资本投入，在这些事业单位的资产负债表中以“对外投资”栏目列示投资成本，并通过政府单位主管部门汇总合并事业单位报表，最终列示于部门资产负债表事业单位的“对外投资”栏目中。

2. 各部门实行企业化管理的事业单位的权益。在各级政府的部门预算和决算报表中，与行政单位、事业单位、民间非营利组织并列列示的是企业化管理的事业单位。由于目前没有确定的规范和标准，这类企业的收入费用是否列入部门决算报表，以及这些企业的资产负债情况是否列入部门的资产负债表没有一致的做法。列入部门决算和部门资产负债表的企业化管理的事业单位，其国有资本信息最终能够通过部门会计报表汇总到政府综合会计报告中；没有列入部门决算和部门资产负债表的企业化管理的事业单位，则没有任何政府报表披露它们的国有资本信息。

除了上面提到的这些国有资本，我国财政直接拨款形成的、大部分的营利性国有企业和非营利性国有企业中的国有资本尽管有充足的统计数据和统计报表，但却未在任何层面的政府会计报告中反映。

（三）国有资本在企业中增值情况和国有资本经营损益信息披露现状

由于我国大多数的国有资本存量没有在政府任何层面进行会计报告，因此更谈不上存量变化的信息披露。

与国有资本经营损益相关的所有业务中，涉及国有资本经营预算收支或财政预算收支的现金业务，其信息在国有资本经营决算或财政预算收支报表上得到披露，如我国国有企业如果向财政上缴现金红利，则财政部门或其业务主管部门的决算报告中就有这些国有资本的预算收入；当财政对国有企业发生破产支付时，则决算报告中就反映预算支出。但是，对于这些业务引起的损益，如果国有企业亏损导致国有资本经营损失、出售国有产权价格高于账面价值的收益，以及不涉及现金收支的国有资本转让等引起的国有资本损益，还没有任何形式的披露。

我国国有资本会计信息披露模式选择

我国国有资本会计信息披露模式研究的主要问题是，国有资本存量及其变动如何在政府综合会计报告中披露，特别是其数据如何纳入政府会计报表之中。

目前，国际上对国有资本进行信息披露的国家，各自的做法并不相同，主要包括三种：（1）采用将国有企业作为一个政府实体，国有企业的报表全部合并到政府会计报表中；（2）将国有企业视为政府外的主体，将政府在其中的权益作为政府的投资资产披露；（3）只将国有企业的财务报表作为政府报告的附件进行报告。可见，各国的国有企业与政府的关系、经营方式和经营性质、业务职能等都是不同的，即便是在同一个国家政府，国有企业的特点也可能介于营利性私人企业与政府行政机构之间的任何一点，因此各国甚至一个国家的政府，对在这些国有企业中的国有资本都需要采用更能反映国有企业与该国政府关系的信息披露方式。

我国的国有资本规模庞大，并且国有企业存在性质上的重大差异，这些资产信息采用何种方式在政府会计报表中进行披露则是我们需要分析和研究的。

一、将国有企业作为政府单位，其数据合并或联立到政府会计报表中

由于目前国有企业采用的是企业会计准则，报表栏目与政府会计报表的栏目可能存在一些差异，因此纳入政府会计报表的方法有两种：一种是合并的方式，把国有企业的全部资产、负债、收入、费用与其他政府实体的可找到的相应栏目的数据相加（可抵销内部业务），或者合并一些项目使之与政府会计报表的栏目一致；对于没有对应栏目，又较难合并的项目在政府会计报表上增加单独的列报栏目进行反映。另一种是联立的方式，将国有企业汇总报表与其

他政府单位汇总报表平行列示在同一张政府会计报表中，但两类数据并不进行合并。具体使用哪种合并方式要根据政府会计改革的进展而定。从政府会计报表的整体性出发，第一种方式应该更值得考虑。

不论是合并还是联合的方式，国有企业的会计信息都在政府正式的会计报表中反映，国有企业的资产将成为政府资产，国有企业的负债将成为政府负债，而国有企业的收入、费用将成为政府的收入、费用。这样做的前提假设是该国有企业是政府单位，即

1. 政府能够因所有权而控制该国有企业；

2. 国有企业具有政府职能，因此其资产是能够带来政府未来服务潜力的资源，需纳入政府会计报表；

3. 作为政府单位，这类国有企业的债务最终需要政府承担；

4. 国有企业的收入和支出（费用）是政府为履行政府职能而产生的，因此属于政府收支（费用）；

5. 由于这些国有企业的报表需要与其他政府单位的报表合并或联立，因此最好使用相同的记账基础。

我国的非营利目的的国有企业具备以上前提。因此，本研究认为，非营利目的国有企业应当采用合并或联立于政府会计报表的模式。

二、将国有企业视为政府外的主体，将政府在其中的权益作为政府的投资资产披露

这种做法下，国有企业被视为政府之外的主体，政府享有对国有企业的产权，并将对国有企业的产权以投资资产的形式列报于政府的资产负债表中。采用这种方式报告国有资本，是因为国有企业具有区别于政府单位之外的特点：

1. 以营利为主要目的，不履行政府职能；

2. 国有企业独立经营，对自身的债务负偿还和付息责任。

我国的营利性国有企业和企业化管理的事业单位具备以上两个特点。因此本研究认为，营利性国有企业和企业化管理的事业单位应当采用将政府在其中的权益作为政府的投资资产在政府资产负债

表中列报的方式。

根据政府在国有企业的所有权程度，这类企业中国有资本的列报方式还可进一步分成成本法披露和权益法披露。

权益法是在政府会计报表中按变动了的国有资本账面价值将国有资本作为一项投资资产披露，每年企业的利润（亏损）按照权益比例计算并列入政府收入费用表，并增加（减少）国有资本的账面价值；企业向政府支付现金利润时作为国有资本账面价值的减少。这种方式与企业中对股权投资的权益法核算基本类似。

成本法是在政府报表中按原始成本将国有资本作为一项投资资产进行披露。国有企业经营的利润或亏损不改变国有资本的账面价值和收益，仅当企业分配现金红利时，政府才确认国有资本的投资收益。

我国政府事业单位对外投资的企业，在单位会计上具有完整的原始投资成本记录，具备成本法披露的技术条件。考虑到事业单位对外投资企业中的不同所有者介入较多，各投资企业中事业单位产权比例悬殊很大，因此，建议采用控制程度作为对国有资本存量变化和损益确认的判断标准，达到控制程度的，采用权益法披露国有资本存量和损益；对于未能达到控制程度的，则采用成本法披露国有资本存量和损益。

一方面，我国大多数国有企业是国家财政几十年来陆续直接投资形成的，没有相应的国有资本的原始投资成本的记录，因此采用成本法缺乏数据支持；另一方面，由于我国对国有企业的投资管理方式特点，这些国有企业股权相对比较单一，国有资本比重较大，比较符合权益法的使用条件。因此，建议对政府部门管理的国有资本采用权益法进行资产和损益的披露。

三、将国有企业作为政府单位，但是其报表作为政府报告的附表

这种做法考虑到：

1. 国有企业使用与政府单位不同的会计基础；

2. 国有企业的业务与政府其他单位的业务具有较大的差异，比如中央银行的业务。

这种方式下，国有企业的信息体现在政府的报表之外，不能很好地揭示国有企业与政府其他机构之间的关系，不利于引起信息使用者对这类国有资本资产信息的重视。因此本报告不推荐这种做法。

政府综合会计报告中国有资本的数据生成

根据前面的分析，我们知道，在政府综合会计报告中全面披露政府在国有资本经营过程中的所有相关信息，这些在政府综合会计报告上披露的货币化的信息，我们称为国有资本相关的会计信息。其中主要包括：国有资本经营预算收支信息、国有资本存量信息和国有资本经营损益信息。但是，具体到政府综合会计报表上的这些数据从何而来，如何生成，则是下面需要研究的内容。

一、国有资本会计信息提供的主体

（一）国有资本经营预算收支信息的提供主体——财政部门

财政部门的职责是根据预算对财政资金进行收取分配，并进行相关的预算收支核算。根据我国目前的国有资本经营预算管理模式，财政部门承担了有关国有资本相关的财政总预算资金收取和分配，因此它需要而且已经承担了这部分业务的会计核算职责，已经开始提供财政国有资本经营预算执行情况的会计信息。

根据目前我国政府对预算资金的管理体制，在不完全采用国库直接支付的情况下，财政部门只负责财政资金的分配，对财政分配环节的资金收支进行核算和报告；政府各职能部门负责财政资金的管理和使用，对使用环节的资金收支进行核算和报告。如果依据这种体制，这些投向国有企业的财政资金在国有企业形成国有资本以及国有资本因企业经营发生变化的过程，已经脱离了财政资金收取和分配过程，进入财政资金的管理使用环节，本不应该由财政部门进行核算。但是，与传统上的其他预算资金不同，这些国有资本预算资金全部业务采用了国库直接支付，财政部门可以直接获取财政资金分配和使用环节的原始凭证，因此由财政部门核算和报告，可以大大缩减政府会计数据产生的环节，避免这部分会计工作的重复。

（二）国有资本存量和损益信息的提供主体——履行出资人职责的机构

尽管财政部门对国有资本预算收支的收拨可实现全过程的会计核算和报告，但是，国有资本的资产管理按照我国政府部门职责分工，由国有资本的业务管理部门，通常为国资委或其他业务主管部门负责，在《中华人民共和国企业国有资产法》中，称其为“履行出资人职责的机构”。这些政府机构或部门依照法律和人大赋予的职责，对国有资本的使用承担管理职能，依照《中华人民共和国企业国有资产法》授权，这些“履行出资人职责的机构应当按照国家有关规定，定期向本级人民政府报告有关国有资产总量、结构、变动、收益等汇总分析的情况”。

（三）事业单位对外投资信息的提供主体——事业单位

事业单位对外投资产生的国有资本（单位持有国有资本）由事业单位履行出资人职责，投资收益也归事业单位掌握和使用。目前，事业单位管理的国有资本也已经在事业单位的资产负债表和收入支出表中体现，最终通过汇总进入部门决算和部门资产负债表、部门收支表，并最终进入政府综合会计报告。因此，事业单位是其对外投资中国有资本会计信息的提供主体。

二、国有资本会计信息的生成

鉴于事业单位对外投资中的国有资本信息的生成已经比较完善，因此本文对国有资本会计信息生成的研究仅限于财政部门拨款形成的国有资本范围。

政府综合会计报告中的主要会计报表包括政府财政预算资金收支表、政府综合预算资金收支表、政府资产负债表，必要时还需要包含政府运营表，体现政府运营活动的收入费用情况。在这些主要报表中，需要披露三类国有资本信息——国有资本经营预算收支情况信息、国有资本存量信息、国有资本经营损益信息，其中国有资本经营预算收支情况信息纳入政府财政预算资金收支表和政府综合预算收支表；国有资本存量信息纳入政府资产负债表；国有资本经营损益信息纳入政府运营表。即便在短期内，可能并不需要编制政府运营表，但是鉴于国有资本经营损益对于人大监督评价政府国有资本经营绩效的重要意义，可以暂时只编制政府国有资本经营损益表。

政府综合会计报告中所需要的国有资本会计信息必须先由各部门按照一定的格式生成，最后经过财政部门的汇总合并，编制整个政府综合会计报告。

（一）国有资本经营预算收支情况会计信息的生成

1. 国有资本经营预算收支会计信息的生成方式。从目前来看，与财政部门有关的国有资本经营预算收支信息（或国有资本的财政预算收支信息）已经在财政部门进行会计核算，并形成财政部门的国有资本经营决算报表。因此，国有资本经营预算收支信息采用会计核算生成的方式。

目前通过会计核算生成的国有资本经营预算收支信息包括：(1) 财政部门收拨的、纳入国有资本经营预算的国有资本经营预算收支信息，由财政部门编制国有资本经营决算提供；(2) 财政部门收拨的、在财政总体预算内，但没纳入国有资本经营预算有关国有资本的收支信息，由财政部门编制的财政预算收支决算提供。

目前受到国有资本经营预算编制范围的限制，仍旧有许多国有企业的预算收支没有纳入该预算，随着国有资本经营预算的完善，纳入政府综合会计报告中的国有资本经营预算收支信息将更加全面和合理。

2. 国有资本经营预算收支会计信息的生成格式。政府综合会计报告中的政府财政预算收支表及政府综合预算收支表，与财政部门提供的国有资本经营决算表，对于国有资本经营预算收支的披露格式都要与预算收支项目一致，因此，这几张表上对国有资本经营预算收支的披露格式一致；并且，由于国有资本经营预算与财政公共预算分离，在政府财政预算收支表和政府综合预算收支表上，也应该将这两部分分列披露。因此本文只研究这部分国有资本经营预算收支情况的信息生成格式。它可采用财政部门编制的国有资本经营决算报表格式列报。国有资本经营决算表格式如表 1 所示。

表1　国有资本经营决算表

栏目名称	预算数	预算调整数	最终预算数	实际发生数	实际与预算比较数
预算收入：					
利润收入					
股利、股息收入					
股权产权转让收入					
清算收入					
其他国有资本经营收入					
上年结转收入					
预算收入合计					
预算支出：					
资本性支出					
费用性支出					
国有资本其他支出					
预算支出合计					
预算结余					

（二）国有资本存量和损益会计信息的生成

1. 国有资本存量和损益会计信息的生成方式。传统上，会计报表上所需要的信息都是由会计系统提供。但是，除政府事业单位通过会计核算和单位会计报表提供了所投资企业的国有资本原始成本和投资损益信息外，其他财政投资的国有资本（包括企业化管理的事业单位）目前尚无相关部门或单位对国有资本存量和损益进行会计核算。这些财政投资的国有资本的存量和损益信息，根据我国的现实情况可以有两种方式生成：会计核算生成；统计生成。

（1）会计核算生成方式。会计核算生成是指由履行出资人职责的机构，包括国资委或其他业务主管部门，根据财政部门对国有企业的收拨款业务凭证、下属国有企业上报企业会计报表和有关国有资本变动的附表等，制作业务凭证，进行国有资本存量及其变动的会计核算。

会计核算生成国有资本会计报表信息的方法，因记录财政与企业之间发生的收拨款对国有资本存量和运营的影响，能在财政和企业之间形成一道资金跟踪控制过程，如果存在收拨资金在财政和企业之外的滞留，这种核算能够及时跟踪这些滞留资金，反映国有资本的全貌，保证国有资本收拨运营过程的资金安全。

但是，由于我国财政与企业之间实行的是全面的国库直接收拨方式，不会出现在履行出资人职责机构滞留形成财政与企业之外的部门资产或负债的情况；并且我国的国有企业已经按照《企业会计准则》要求对国有资本存量和存量变化的所有业务进行了全面的会计核算，并且经过严格的外部审计，因此，履行出资人职责机构的这种会计核算的控制作用就显得不那么重要。而履行出资人职责单位的会计核算与财政、企业的会计核算在内容上出现大量重叠，可能造成不必要的重复工作。

所以，从我国国有资本资金收拨机制和国有资本会计信息的整体形成机制看，履行出资人职责机构使用会计核算生成国有资本会计报表的做法并非唯一选择。

（2）统计生成方式。统计生成是指履行出资人职责的机构，包括国资委，根据下属国有企业上报企业报表和有关国有资本变动的附表等，按照政府会计报表的格式和项目内容要求，采取统计方式生成政府国有资本会计报表。

统计生成国有资本会计报表信息的方法，在我国具有较现实的实施环境。由于国资委或其他业务主管部门所管理的被投资国有企业已按照企业会计准则严格确认和计量了国有资本在企业中的存量、与财政的缴拨、企业各期收益情况等，因此国资委或其他业务主管部门依据所属国有企业已有的定时编报的企业会计报表以及企业上报的《国有资产变动情况统计表》，以及财政部门当年与国有资本变动相关资金收拨的会计信息，在会计报告的各个生成时点上都可以整理编制国有相关资本存量和损益的会计数据统计表。这样做，避免了重复的会计核算工作。

但是，这些国有资本存量和损益信息由统计生成后，必须按照政府综合会计报告的要求，以会计报表的格式提供给财政部门用于汇总或合并。因此，国资委或其他业务主管部门必须根据会计报表格式生成统计上来的国有资本存量和损益数据。

2. 国有资本经营损益会计信息的生成格式。尽管未来的政府运营表上有可能只以一个栏目——“国有资本经营损益”反映国有资本经营的业绩，但是在政府综合会计报告的附表中，一定需要有各部门有关国有资本经营损益的具体项目披露。因此，国资委和各业务主管部门应该按照政府运营表的格式统计生成向财政部门提供的国有资本经营损益表。该表内所需要的金额由国有企业在上报履行出资人职责机构的《国有资产变动表》中按项目和要求提供，个别项目可由财政部门的国有资本经营决算表提供。为了能够生成国有资本经营损益，目前的《国有资产变动表》需要补充一些必要的栏目。履行出资人职责机构的《国有资本经营损益表》建议格式以及它与国有企业上报的《国有资本变动表》各栏目间的关系如表 2 所示。

表 2　《国有资本经营损益表》与《国有资产变动表》各栏目对应关系

项目	《国有资产变动表》的对应项
经营收入：	
利润收益	经营积累（含税收返还 + 减值准备转回）－企业按规定上缴利润
产权转让收益	无偿划入；有偿转让产权账面价值及转让金额项目*，按账面价值小于转让金额的差额填列
清算收益	财政部门国有资本经营决算提供清算收入金额大于清算企业国有资本期初账面金额的差额*

续表

项目	《国有资产变动表》的对应项
国有资本有关的其他收益	会计调整、资产评估增加、清产核资增加、产权界定增加、资本（股票）溢价、接受捐赠等
经营收入合计	
经营费用	
费用性支出	经国家专项批准核销
亏损损失	经营减值（含因自然灾害等不可抗拒因素减少）
产权转让损失	无偿划出；有偿转让产权账面价值及转让金额项目*，按账面价值大于转让金额的差额填列
清算损失	财政部门国有资本经营决算提供的清算收入金额小于清算企业国有资本期初账面金额的差额*
国有资本有关的其他费用或损失	资产评估减少、清产核资减少、产权界定减少、消化以前年度潜亏和挂账而减少、资本折价
费用合计	
当期经营损益	
年初国有资本总量	年初国有资本及权益总额
年末国有资本总量	年末合并国有资本总量

注：*为目前《国有资产变动表》上没有，需要增加补充的项目。

事业单位的对外投资运营表由事业单位根据现有的会计核算和报表编制方式生成，这里不再进行研究。

3. 国有资本存量会计信息的生成格式。政府资产负债表上可在资产方设置“国有资本”栏目反映财政投资的国有资本的存量，该数据只包括国资委或其他管理国有资本的业务部门所属的国有企业中的国有资本存量构成，不包括事业单位对外投资形成的国有资本（事业单位对外投资形成的国有资本在“长期股权投资”栏目中单独反映）。

由于国有资本存量仅需一个栏目反映，所以不进行国有资本会计核算的国资委或其他业务主管部门可将其与国有资本经营损益信息一并统计提供，不必再单独编制报表。政府财政部门填列“国有资本”数据时，需要将各主管部门汇总合并编制的部门资产负债表中反映事业单位附属企业国有资本金额的“对外投资”栏目金额，以及国资委或其他业务管理部门统计上报的国有资产总量金额加总，才能得到本级政府全部的国有资本存量。

（三）国有资本会计报告的文字说明和附注

政府综合会计报告中除了主要会计报表之外，还包括文字说明、会计报表附注等重要内容。作为国有资本的会计信息的补充，在政府综合报告的文字说明中，除《全国人民代表大会常务委员会监督法》规定的有关人民代表大会对政府的决算草案和预算执行情况报告重点审查的内容外，为便于人民代表大会对国有资本经营预算执行情况和未来预算安排进行的监督，至少还应该对以下有关国有资本的内容进行说明：

1. 本期落实的重大国有资本投资政策；

2. 政府国有资本资金收入、支出、结余情况及其变动的原因；

3. 政府国有资本存量及较大变动的原因；

4. 对以后国有资本经营预算收支产生重大影响的国有资本存量变动，以及预计影响收支的数量；

5. 对国有资本投资决策和评价国有资本投资政策落实情况的重要非货币化信息，如国有资本所投资企业的行业分布、职工人数、行业排名等；

6. 重大的国有资本管理及收益管理改革情况。

对于政府综合会计报表上国有资本相关数据的形成程序、遵循的会计政策或使用的统计技术、会计政策变动或会计估计变动及其影响、资产负债表日后事项等则应在报表附注中进行进一步的说明。

第二部分　研究报告全文

我国国有资本存在的形式与会计信息的现状

一、我国国有资本存在的形式

国有资本是政府或其代理机构在企业中持有的股权或所有者权

益份额。根据这些企业的目标，可以把目前的国有资本分为以下几种类型：

（一）在营利性国有企业中的国有资本

我国政府在这类国有企业中持有大量的股权或资本。这类国有企业以营利为目的，通过对社会提供商品或劳务取得收入，并以此作为维持企业日常运营、偿还债务以及支付资金成本的资金来源。我国公用事业领域的国有企业，如供水、供电、煤气、城市公交等公司，尽管其产品价格往往受到政府管制而低于正常的市场价格水平，但是自主经营、营利性仍是这类企业的基本特征，仍然属于营利目的的企业。

（二）在非营利性国有企业[①]中的国有资本

目前，我国存在一些不以营利为目的的国有企业，本文将其称为非营利性国有企业。这类企业包括：政策性国有金融机构，为政府融资成立的公司，执行政府储备任务的非营利性公司等。非营利性国有企业虽然登记为企业法人，使用企业会计制度，但是它们都因非营利目的而成立，其活动多是政府行政管理活动的延伸。政府在企业的经营上进行干预，尤其是政府负有为其筹措资金的责任，包括为其偿还贷款和利息。政府对这类企业通常采用全资控制。

（三）在企业化管理的事业单位中的国有资本

尽管企业化管理的事业单位在法人注册登记时是事业单位，但是其从事的主要是营利性活动，政府主管部门不再对其经营活动进行干预。它们使用的是企业会计准则，在它们的会计账户和会计报告中，国家投入的资本体现为实收资本，因此本文将这类企业化管理的事业单位归类为企业，政府在其中的产权则为国有资本。

二、我国国有资本会计信息的现状

不论哪类性质的国有企业，其共同的特点是采用企业会计准则

① 根据《中华人民共和国企业国有资产法》中的定义，国家出资的国有独资企业、国有独资公司，以及国有资本控股公司、国有资本参股公司统称为国家出资企业，为了读者阅读理解的方便，本文仍旧使用传统的称谓“国有企业”表达国有出资企业的概念。

或会计制度，将政府投入的国有资本列入企业的所有者权益，其中有的列为股本或实收资本，有的可能列为资本公积。但是，在这些产权的所有者——政府方面，对这些国有资本的核算和披露情况并没有明确统一的规范。

（一）目前反映在政府会计账户或报表中的国有资本相关的信息

1. 政府单位持有的对外投资。我国一些事业单位通过“对外投资”科目核算它们对企业的资本投入。这类对外投资在政府单位的资产负债表中以“对外投资”栏目列示，并通过政府单位主管部门汇总合并事业单位报表，最终列示于部门资产负债表事业单位的“对外投资”栏目中。

2. 各部门实行企业化管理的事业单位的权益。在各级政府的部门预算和决算中，与行政单位、事业单位、民间非营利组织并列列示的是企业化管理的事业单位。这类企业是否列入部门预决算的报表，取决于其是否得到该部门拨付的预算资金（有的地方将不获得财政预算拨款的企业化管理事业单位也列入部门决算）。但是，对于能够列入部门预算的企业化管理的事业单位的标准，比如国有产权的比例、得到预算资金支持的频率等，却没有规定统一的判断标准，因此导致不同年度、不同地方政府可能采用不一样的标准。

3. 每年财政向企业拨付的资本金拨款。这些年度投入的信息分散在财政部门决算报表的相应支出项目中，通常在一般预算资金或基金预算资金决算报表中分散体现。

4. 国有企业上交财政的利润和国有资本转让收入。国有企业如果分红，或者根据国家相关规定（如各级政府制定的国有资本收益收缴暂行办法等）向财政上缴利润，在财政部门的决算报表中列示为相应的预算收入。

总体来看，除了少数政府单位持有的对属于国家资本的投资在政府会计体系内具备较为完整的会计记录和报告外，在政府会计报表中缺少了国有资本相关的大量信息。

（二）目前政府会计报表中缺乏的国有资本信息

1. 政府会计报告缺失了相当部分的资产信息，国有资本资产存量在政府会计中没有任何形式的反映，使政府的财产“家底”缺少了一大块。例如，截至2010年6月30日，仅国资委监管的125户中央企业共计占有国有资本总额20133.94亿元，相应形成的政府在国有企业的投资却未能在政府的会计记录和报告中形成资产。

2. 政府会计报告缺失对国有资本在企业中增值过程的反映。如果国有企业不向财政上交现金红利，则政府会计报告中就没有关于这些国有资本投资的收益或损失情况，更没有国有资本伴随企业经营而发生增值或贬值的信息，无法反映政府对这部分重要资产的经管责任履行情况。

各国国有资本在政府会计中的报告实践

政府会计报告中是否应该包括国有企业的相关信息，这个问题的提出与政府会计报告的目标息息相关。从目前的研究观点来看，政府会计报告中除了传统上对预算资源及其使用状况的强调之外，更多地强调政府作为公共资源的受托管理者对所控制资源的全面报告和反映。正如国际会计师联合会公共部门委员会的第8号研究报告《政府财务报告实体》中，对基金分配法确定政府会计报告实体所提供的信息的局限性提出意见，认为如果要实现报告中要求的对经管责任和决策有用性的同时满足，仅采用基金分配法反映预算单位的信息是不可能达到的。该报告罗列出很多国家的实践经验——他们中的多数已经开始采用控制法确定政府报告所包括的实体信息，并对这类实体信息的披露手段进行了汇总分析。国有企业（他们称为政府企业或政府公司）作为政府以明确的所有权控制的实体，在政府报告中进行必要的信息披露已是共识。尽管也有一些国家只将国有企业的净利润或净亏损列入政府财务报表，但是更多国家的政府报告中包含了有关政府在国有企业中资本投入的信息。

这些进行信息披露的国家，各自的做法并不相同。总结归纳公共部门委员会所统计的各国的做法，分为以下几种：

一、作为一个政府实体合并到政府报告中

这种方式是把政府企业的报表与政府其他实体的报表行对行合并（有时也对内部交易进行抵销）；如美国联邦政府的政府企业，加拿大对于需要纳税人支持、并且政府股权在50%以上的政府企业，采用这种合并方法；台湾地区则将政府企业的资产负债表全部采用这种方式合并，但将政府企业的净利润或净损失在政府收入费用表中列作收入或费用。

二、按照权益法反映国有资本的投资和损益

这种方法是在政府报告中将国有资本作为一项投资资产进行反映，每年企业的利润（亏损）按照权益比例计算并列入政府收入费用表，并增加（减少）投资资产的账面价值；企业向政府支付现金利润时作为投资资产账面价值的减少。这种方式与企业中对股权投资的权益法核算基本类似。加拿大对于政府股权在50%以上的自我运营的国有企业采用这种方法核算和披露；澳大利亚、新西兰也都采用这种方法进行国有产权和收益的核算和反映。

三、按照成本法反映国有资本的投资和损益

这种方法是在政府报告中将国有资产作为一项投资资产进行反映。国有企业经营的利润或亏损不改变国有资产的账面价值和收益，仅当企业分配现金红利时，政府才确认国有资本的投资收益。这种方法与目前我国事业单位的对外投资核算和反映方法一样。加拿大对政府投资在20%份额以下的国有企业采用成本法。

四、财务报表作为政府报告的附件进行报告

德国的公共企业和国有企业的财务报表仅作为各层次政府的总预算报告的附件；意大利各部所拥有的公司报表则附在国家报表之后（未来的改革意图是合并这些报表）；英国地方政府在报表附注中披露合并的辅助机构和关联公司的报表。还有一些国家将中央银行的报表作为政府报告的附件披露。

可见，控制法的核心是对政府单位所控制实体的信息作恰当反映，并非一定就是将所控制实体当作政府单位而将其全部报表信息纳入政府会计，尤其是对国有企业，它们与政府的关系、经营方式

和经营性质、业务职能等特点在各个国家都是不同的，即便是在同一个国家政府，国有企业的特点也可能介于营利性私人企业与政府行政机构之间的任何一点，因此各国，甚至一个国家的政府，对在这些国有企业中的国有资本都需要采用更能反映国有企业与该国政府关系的信息披露方式。

我国国有资本会计信息报告模式选择

我国的国有资本规模庞大，并且国有企业存在性质上的重大差异，从政府会计的双重目标出发，这些国有资本资产无疑需要在政府会计报表中进行恰当的反映。但是，这些资产信息采用何种方式进入政府会计报表则是我们需要分析和研究的。

一、将国有企业作为政府单位，合并或联立到政府会计报表中

由于目前国有企业采用的是企业会计准则，报表栏目与政府会计报表的栏目可能存在一些差异，因此纳入政府会计报表的方法有两种，一种是合并的方式，把国有企业的全部资产、负债、收入、费用与其他政府实体可找到的相应栏目的数据相加（可抵销内部业务），或者合并一些项目使之与政府会计报表的栏目一致；对于没有对应栏目，又较难合并的项目则在政府会计报表上增加单独的列报栏目进行反映；另一种是联立的方式，将国有企业汇总报表与其他政府单位汇总报表平行列示在同一张政府会计报表中，但两类数据并不进行合并。具体使用哪种合并方式要根据政府会计改革的进展而定。从政府会计报表的整体性出发，第一种方式更值得考虑。

不论是合并的方式，还是联合的方式，国有企业的会计信息都在政府正式的会计报表中反映，国有企业的资产将成为政府资产，国有企业的负债将成为政府负债，而国有企业的收入、费用将成为政府的收入、费用。这样做的前提是假设该国有企业是政府单位，即：

1. 政府能够因所有权而控制该国有企业；

2. 国有企业具有政府职能，因此其资产是能够带来政府未来服务潜力的资源，需纳入政府会计报表；

3. 作为由政府单位，这类国有企业的债务最终需要由政府承担；

4. 国有企业的收入和支出（费用）是政府为履行政府职能而产生的，因此属于政府收支（费用）；

5. 由于这些国有企业的报表需要与其他政府单位的报表合并或联立，因此最好使用相同的记账基础。

根据这样的前提，我国能够全面合并或联立纳入政府会计报告的国有企业并不多，从前面的分类看，我国的非营利目的国有企业具备这些前提，适用于这种报告模式。

二、将国有企业视为政府外的主体，将政府在其中的权益作为政府的投资资产报告

这种做法下，国有企业被视为政府之外的主体，国有企业具有区别于政府单位之外的特点：

1. 以营利为主要目的，不履行政府职能；

2. 国有企业独立经营，对自身的债务负偿还和付息责任。

根据这样的前提，我国可以采用这种报告方式的国有企业包括营利性国有企业和因营利性而成为企业化管理的事业单位。

根据政府在国有企业的所有权程度，这类企业中国有资本的报告还可进一步分成成本法披露和权益法披露两种方式。对于成本法和权益法披露的适用范围，可仿照企业会计准则的做法，对政府控制的程度进行进一步确定。

三、将国有企业作为政府单位，但是其报表作为政府报告的附表

采用这种做法的考虑是：

1. 国有企业使用与政府单位不同的会计基础；

2. 国有企业的业务与政府其他单位的业务具有较大的差异，比如中央银行的业务。

这种方式下，国有企业的信息体现在政府的报表之外，不能很好地揭示国有企业与政府其他机构之间的关系，不利于信息使用者对这类国有资本资产信息的重视。因此本报告不推荐这种做法。

建立国有资本会计信息核算体制的必要性

根据我国财政管理体制改革的要求，这些政府之外的国有企业的国有资本及其变化都纳入国有资本经营预算管理。在这种要求下，与政府会计的双目标相关，有关国有资本业务的政府会计报告中的信息应包括两项内容：

其一，国有资本经营预算执行情况的信息，包括财政部门对财政总预算层面的国有资本经营预算（简称财政国有资本经营预算）执行情况的信息，以及国有资本经营预算部门或单位层面的国有资本经营预算［简称部门（单位）国有资本经营预算］执行情况的信息。

其二，国有资本财务状况和财务业绩的信息，包括国有资本存量和相关资金来源的信息，以及国有资本运营取得的财务业绩的信息。

但是，我国目前除了财政部门对财政国有资本经营预算的执行情况采用会计核算方式提供信息，其他有关部门（单位）国有资本经营预算的信息，以及大多数营利性国有企业和企业化管理的事业单位中的国有资本及其变动情况信息，都依靠每年相关管理部门的统计提供，这种依靠统计而非会计的方法产生的信息存在以下缺陷：

1. 统计活动是非连续的，统计数据只能是一年中几个时点上的数据，难以实时跟踪记录有关国有资本变化的过程；

2. 统计数据间没有理论上稳定的逻辑关系维系，导致统计数据无法反映国有资本变化的前因后果，难以满足会计报表中对各会计要素数据间钩稽关系的要求。

我国政府会计的目标提出了对政府所控制资产全面反映的需求，只要要求国有资本的相关信息在会计报表中进行披露，就需要有相应的会计核算提供报表项目的基础数据。在前面提到的三种会计信息披露模式中，除了非营利国有企业可被视为政府单位，在现有的会计核算方式下就可以将它的报表合并或联立在政府会计报表之内，其他的营利性国有企业和企业化管理的事业单位的国有资本及其变化的情况信息都需要依赖政府会计中建立的国有资本会计核算体系提供。因此，以下的讨论将集中在政府对营利性国有企业和企业化管理的事业单位的国有资本的核算问题上。

国有资本会计责任单位的选择

我国国有资本的相关会计业务还仅限于财政部门对财政国有资本经营预算的核算和报告，没有有关部门（单位）国有资本经营预算执行情况的核算和报告，也没有有关国有资本财务状况和财务业绩的核算和报告。本文认为，对这两部分会计信息的核算和报告，其责任主体应该进一步落实。

一、国有资本管理主体现状

我国政府管理国有资本的机构以国资委为主，同时也存在其他政府部门或单位。对于庞大的国有资本，我国政府通常采用以下三种方式进行管理：

第一种，财政部门拨付资本金形成政府持有的控股公司股份，并委托国资委进行管理，控股公司进一步对下属各被投资企业持有不同程度股份，形成政府在各国有企业中的间接持股投资。

第二种，财政部门或主管部门拨出经费给事业单位，这些事业单位后转为企业化管理的事业单位或者企业，由此形成政府持有这些企业全部或部分权益，并委托国资委或之外的其他相关主管部门进行管理。

第三种，事业单位使用单位积累的资金投资企业并由事业单位管理单位投资资本。

二、国有资本会计责任主体现状

除事业单位投资的企业资本在事业单位核算之外，国资委和其他相关主管部门都不对所管理的国有资本进行会计核算，分析其原因：

1. 过去从未对国有资本提出会计信息报告要求。

2. 作为最大的国有资本管理部门，国资委并不经手所管理国有企业的资本投资资金，而是由财政部门向企业直接拨付或收缴。在没有资金经手的情况下，国资委对于国有企业资本的核算存在程序上的疑问。

3. 各部门所管理的企业化管理的事业单位中的产权，在历史上并非是产权拨款，而是部门主管单位转拨给事业单位的各项经费结余；在企业化管理之后，事业单位按照企业会计将这些结余构成的净资产转为权益，但是并没有相应规定要求主管单位重新将以往的这类拨款累计结余确认为投资。

4. 在2008年《中华人民共和国企业国有资产法》颁布之前，没有法律明确履行出资人职责的机构，因此国有资本会计核算也就缺少了实施的主体。

明确国有资本会计信息核算责任单位，是进一步建立会计核算体系的组织保证。由于事业单位对所投资企业的国有资本的会计核算责任已经落实，会计核算和报告在事业单位会计中已经有了规范，因此本文不再探讨。本文后面将主要探讨前两种管理方式下的国有资本的会计核算和报告问题。

三、国有资本会计核算的责任主体选择

我国政府通过主管部门或单位对国有企业履行管理职能，他们与企业之间发生的资金业务在国库集中支付的情况下，均可能不通过职能部门，而是由财政直接拨付企业或从企业收缴，但这并不妨碍各部门承担管理职责。通过财政部门与职能部门之间必要的单据传递，职能部门可以在不接触资金的情况下，得到相应业务的原始单据并据以入账核算，成为国有资本会计核算的责任主体。

（一）财政国有资本经营预算的会计责任主体——财政部门

财政部门的职责是根据预算对财政资金进行收取分配，并进行相关的预算收支核算。根据我国目前的国有资本经营预算管理模式，财政部门承担了有关国有资本相关的财政总预算资金收取和分配，因此它需要而且已经承担了这部分业务的会计核算职责，已经开始提供财政国有资本经营预算执行情况的会计信息。

但是，这些财政资金在国有企业形成国有资本以及国有资本因企业经营发生变化的过程，已经脱离了财政资金收取和分配过程，进入财政资金的管理使用环节。根据目前我国政府对预算资金的管理体制，财政部门对进入具体使用环节的财政资金不再进行核算，

对于预算资金在各部门或单位形成的具体资产、负债，在目前的会计和实物管理上也是部门或单位负责，不在财政部门的职责范围之内。国有资本的这部分会计核算和报告需要另外的会计责任主体完成。

（二）部门（单位）国有资本经营预算的会计责任主体——履行出资人职责的机构

财政部门与职能部门在财政资金分配和使用环节上的管理和会计核算职责的分工一直以来都非常明确。在我国目前的政府管理体系中，政府除财政职能以外各类具体职能的负责机构是各个相应职能部门，而非财政部门。各职能部门负责相关业务的管理，并负责部门预算的编制、落实和监督，以及部门预算和决算报表的编制报告。对于部门（单位）国有资本经营预算而言，职能部门负责预算在具体企业的落实以及相应的预算执行情况的核算和报告，符合我国目前职能分工的要求。

根据《国务院关于试行国有资本经营预算的意见》中的规定，各级财政部门为国有资本经营预算的主管部门，各级国有资产监管机构以及其他有国有企业监管职能的部门和单位（即《中华人民共和国企业国有资产法》中的履行出资人职责的机构），为国有资本经营预算单位。该意见对预算单位有关预算业务的职责要求是：提出本单位年度国有资本经营预算建议草案；组织和监督本单位国有资本经营预算的执行；编报本单位年度国有资本经营决算草案。根据该意见的这些要求，可以认为，在需要使用会计数据取代统计数据的情况下，只有履行出资人职责的机构成为部门国有资本经营预算会计核算的直接责任单位，才能更好地完成本单位国有资本经营预算和决算草案的编报工作。

（三）国有资本财务会计信息的会计责任主体——履行出资人职责的机构

《中华人民共和国企业国有资产法》规定，“履行出资人职责的机构应当按照国家有关规定，定期向本级人民政府报告有关国有资产总量、结构、变动、收益等汇总分析的情况”，尽管该条文并未说明报告的形式和生成报告的过程，但是，既然法律要求这些履行出资人职责的机构必须提供有关国有资产的存量、变量、收益等信息，让这些部门和单位成为国有资本财务会计信息的责任主体，赋予这些部门和单位运用会计手段记录和报告国有资本的职能和义务，应该是必然的选择。

国有资本投资基金会计主体的设置

一、建立国有资本投资基金会计主体的必要性

国有资本会计责任主体是国有资本会计核算报告的组织主体，负责国有资本会计核算和报告的组织和执行工作，但是，它并非一定就是国有资本会计主体。对于履行出资人职责的机构所管理的国有资本及其相关业务的核算和报告最好以独立于该组织主体自身业务之外的基金会计主体的形式进行，即设置“国有资本投资基金会计主体”，与其他政府会计主体一样，该基金主体同时也是一个预算主体。通过编制基金预算，管理和落实政府通过财政部门对国有企业的投资业务拨款和资金收回，同时将这些业务在基金中作为该主体的预算收入和预算支出进行核算；而政府投资所形成的国有资本则作为该主体的投资资产，其对应的资金来源为净资产，必要时该基金主体还可进行收入和费用的核算和报告。由于我国国有资本业务不存在负债问题，因此该主体无负债业务，如果未来产生与政府对国有企业投资有关的负债，亦可将负债纳入该会计主体之中。

将国有资本及其相关业务设置为独立的政府会计主体，而不是将其纳入履行出资人职责的组织主体的业务之中，主要是从以下几点进行考虑：

1. 履行出资人职责的机构对国有资本的管理属于代理活动，国有资本及其相关的业务并非该机构自身的资产和业务。以会计主体的方式独立核算国有资本及其相关业务，能够清楚地体现这种代理关系，区别国有资本业务与代理人业务，准确完整地核算和反映国有资本的经营状况。

2. 基金会计主体是指以一种单独核算的资金作为会计主体。

如果一项资源由于供给者对使用目标的限定性要求，它形成的资产只能用于该限定用途，它产生的负债必须由该资源形成的资产偿还，那么它就构成一个相对于其他资源而具有独立受托责任的主体，会计上称为基金会计主体。基金会计主体的主要特征是需要为基金单独设立自我平衡的账户体系①，实现以基金活动为范围的会计核算和会计报告。以基金为政府会计主体强调了政府单位对管理的某种特定使用目标的经济资源的受托责任。

履行出资人职责的机构所管理的国有资本具备了基金会计主体所应具备的这些特点，根据国有资本经营预算的要求，国有资本预算收入与预算支出自我平衡；国有资本预算独立于政府的其他预算；拨款形成的国有资本资产、产生自身的损益，与履行出资人职责机构的资产和收支必须严格区别。采用基金会计主体的核算模式有利于体现国有资本资金运用上的这种独立性。

3. 国有资本的业务复杂，既包括政府对国有资企业的资本性投入、从国有资本上获取现金股利等收支过程，也包括国有资本投资企业产权相关的非资本性投入、国有资本伴随政府投资以及国有企业经营而发生的资产存量增长变化过程。采取会计主体的方式，相关业务在一个完整的平衡账户体系中记录和报告，有利于保持国有资本运营过程反映的完整性。

二、政府角色与国有资本投资基金核算内容的确定

政府对国有企业扮演着双重管理角色，一方面是政府作为社会管理者，依据国家权力制定税收、企业补贴等政策，从国有企业收取各项税金或向国有企业发放补贴，以支持国有企业在社会中发挥政府期望的职能；另一方面，则是政府作为所有者，依据《公司法》履行所有者的权利和义务，与国有企业发生各项与所有权相关的资金业务，如向国有企业拨付资本金、获取国有资本经营收益的分配，或在国有企业成立、解散等过程中的资金安排进行决策和管理。

① 一般包括：基金收入、基金支出、基金资产、基金负债、基金余额（权益）。

政府在国有资本管理中的这种双重角色引起不同性质的资金业务，这些业务是否都应成为国有资本投资基金的核算内容呢？本文认为，国有资本投资基金应该只核算与履行所有者职能相关的资金收支。其原因有二：

一是政府税收、企业补贴等资金业务应该而且已经纳入了政府基于社会管理者角色的一般预算或政府基金预算，从预算管理的角度，这部分业务的相关会计核算应该由履行政府社会管理者角色的业务主管部门完成；而非履行出资人职责机构的业务范围。

二是从职责定位上，国有资本投资基金是履行出资人职责的机构对政府委托的国有资本的核算主体，核算内容应该是政府所有者角色所涉及的资金业务，政府作为社会管理者与国有企业之间发生的资金活动不应由负责所有者业务的机构和基金记录。

三、国有资本投资基金会计主体核算的内容

（一）部门（单位）国有资本预算收支

履行出资人职责的机构作为政府国有资本管理的预算单位，需要对本单位国有资本投资基金会计主体内所有预算资金编制预算并进行核算，即不仅应对基金主体与财政部门发生的预算资金拨款和缴纳业务进行会计核算，而且应对基金主体与所管理的国有企业之间所有纳入预算管理的国有资本收入和支出编制预算，并进行预算收入和支出的确认计量。具体而言，包括：

1. 因财政部门对国有企业拨款和拨款使用而发生的预算收支。当国有资本投资基金作为国有资本的会计核算主体时，财政部门直接支付国有企业的与产权业务相关的资金，构成该基金的财政资金拨款收入，比如财政部门直接向国有企业进行资本金拨款、基本建设拨款、费用性拨款时，构成该基金的财政拨款预算收入；同时，履行出资人职责的机构将财政部门拨付的这类款项用于国有企业的资本金追加、费用性消耗时，构成该基金的业务预算支出。这类财政拨款收入和支出因财政部门对国有企业的直接支付而需要同时确认（类似于财政部门对政府单位的职工、供应商等的直接支付同时构成单位的预算资金收支）。

2. 因所管理的国有企业代缴预算资金而发生的预算收支。履行出资人职责的机构将所管理的国有企业的国有资本变卖收回或者因为所管理的国有企业盈利或分红而取得现金，都会形成国有资本投资基金的业务预算收入；同时由于管理模式的要求，这些变卖或分红款项由国有企业直接代为上缴，构成基金对财政部门的上缴预算支出。

（二）国有资本投资资产及其价值的变动

国有资本投资基金的核算不仅要满足预算管理上对政府与国有资本经营相关收支的信息需求，还要满足资产管理上对政府在国有企业产权投资及其变动的信息要求。有关业务信息包括：

1. 因财政部门直接投入资本金而增加国有资本投资。

2. 因履行出资人职责的机构履行职责而出售减少国有资本投资。

3. 因国有企业的日常经营而产生国有资本增值或贬值。但是这种由于利润或亏损而引起的国有资本价值的改变是否需要确认，还需要依据政府在企业中的所有权控制程度进行判断。当政府仅仅是参股的情况下，采用成本法核算国有资本投资，不确认投资资产因企业利润或亏损而产生的价值改变；当政府持股比例达到控制企业的程度时，采用权益法核算国有资本投资，此时需要按照持股比例确认因企业利润或亏损对国有资本产生的价值改变。

4. 因其他原因获得或转出的国有资本投资，如与其他履行出资人职责的机构之间转拨国有企业而增加或减少的国有资本投资。

由于我国政府并不直接持有上市公司的股权，而是通过非上市的控股公司间接持有上市公司股份，因此不会出现国有资本投资因市场价格改变而发生价值改变的情况。因此无须考虑市价法进行国有资本投资资产的二次计量问题。

（三）国有资本投资产生的损益

从评价履行出资人职责的机构职责完成情况以及政府在国有企业投资的业绩角度出发，国有资本投资基金还需要提供政府对国有企业投资时发生的收益或者损失信息。这些信息包括：

1. 政府对国有企业费用性支出产生的损失。比如政府向国有企业拨付的未能形成企业资本金而注销的拨款、政府对破产企业拨付的职工安置资金等。

2. 因国有企业日常经营结果而产生的利润或亏损。国有企业经营产生利润或亏损时，基金是否确认为利润或亏损取决于政府对国有企业的控制程度以及会计基础。在不存在控制的情况下，依据成本法，只在实际分配现金红利时确认利润；当存在控制的情况下，权责发生制下则需要按照国有资本在企业所有者权益中的份额计算相应应承担的利润或亏损金额，确认基金的利润或亏损；收付实现制下仍旧按照收取现金红利的金额确认利润而不确认损失。

3. 因出售国有资本而产生的投资损益。在权责发生之下，出售国有资本产生的收到的现金与国有资本账面价值之间的差异构成基金的投资损益。

4. 因其他原因而产生的利得或损失。例如，在权责发生制之下，履行出资人职责的机构间无偿调拨国有资本引起的利得或损失等。

国有资本投资基金会计主体的会计核算与报表设计

为了满足国有资本经营预算执行和管理的信息需要，国有资本投资基金需为国有资本经营预算设置与预算科目对应的收付实现制下的预算收入和预算支出要素；为了国有资本投资资产管理的需要，国有资本投资基金还需为国有资本投资资产及其变动设置必要的权责发生制下的资产、负债、净资产要素，甚至收入和费用要素。这两类不同记账基础的会计要素在一套会计系统中有两种可供选择的共存方式，具体使用哪种共存方式的核算体系，需要根据政府会计改革的进一步要求确定：

一、六要素的核算体系

该核算体系下，只设置收付实现制预算收支与会计要素和权责发生制的资产、负债、净资产会计要素，不设置权责发生制的收入费用会计要素。

在该核算体系下，涉及预算资金收支的业务直接确认为预算收支，如果同时涉及国有资本投资资产价值的变化，则只确认资产价值改变，但不确认权责发生制下的收入或费用。收入费用表的编制需要从预算收支表项目调整取得数据。

由于资产负债表要素的记账基础与预算收支表记账基础不同，根据会计复式记账原理，需要有一个平衡科目记录解决两类问题：(1) 两种会计基础差异引起的资本性收支与预算收支同步发生时的确认问题。例如，当履行出资人职责的机构收到财政向国有企业进行资本金拨款的通知时，国有资本投资基金中就需要使用平衡科目，记录两笔业务：一是取得财政拨款收入，同时进行国有资本投资支出，借：国有资本投资支出 贷：经费收入；二是这些支出资本化形成国有资本投资资产，借：国有资本 贷：国有资本投资基金。(2) 资产增减与预算收支无关时的科目平衡问题。例如，当国有企业年末上报利润表后，履行出资人职责的机构根据权益法确认国有资本投资的增值，借：国有资本 贷：国有资本投资基金。

此处的“国有资本投资基金”既是一个平衡科目，同时也是从收付实现制预算收支调整获得权责发生制收入费用数据的一个调整科目。在从收付实现制的预算收支表数据调整编制权责发生制的损益表时，“国有资本投资基金”既是预算收支表中国有资本预算支出栏目的调整项目，抵销后会计主体不会因为资本性支出业务而产生费用；也是国有资本预算收入栏目的调整项目，增加因权责发生制而应确认的非现金收入，或抵销因收回投资而产生的预算收入，使之不再产生收入。

这种体系与我国目前政府会计中使用的体系类似，避免了预算收支与收入费用同时发生时的重复记录。但是，收入费用表缺乏核算资料的直接支持，依赖平衡科目的明细账账户补充调整，在国有资本投资基金中存在大量与国有资本投资资产及其价值变化的、需要使用权责发生制确认的资产和影响收入费用的业务时，相关平衡科目的明细账记录工作量较大，报表编制过程中的调整工作也显得复杂。

本核算体系下，国有资本投资基金的会计科目表设计如表 3 所示。

表 3　六要素下的会计科目表

科目名称	核算内容	科目名称	核算内容
预算收入类科目		**预算支出类科目**	
经费收入	核算因财政部门对国有企业的资本性和费用性拨款而取得的现金收入	国有资本投资支出	核算因财政部门对国有企业的资本金拨款而形成的现金支出
国有资本利润收入	核算因国有企业上缴现金利润而产生的预算收入	国有资本费用支出	核算因财政部门对国有企业的费用性拨款而形成的现金支出
国有资本转让收入	核算因国有企业上缴国有资本转让所得现金而产生的预算收入	国有资本待分摊支出	核算财政部门拨付国有企业的尚未明确资本与费用比例的拨款。从管理角度出发，最好年末确定比例并转入相应支出科目
国有资本清算收入	核算因国有企业上缴国有资本清算所得现金而产生的预算收入	国有资本其他支出	核算因其他业务导致的对国有企业的现金支出
国有资本其他收入	核算因国有企业上缴国有资本相关的其他收入而产生的预算收入	国有资本利润缴款	核算因上缴国有资本分配现金利润或现金红利而形成的费用
		国有资本转让缴款	核算因上缴国有资本转让取得的现金而形成的费用
		国有资本清算缴款	核算因上缴国有企业结算或破产取得的现金而形成的费用

续表

科目名称	核算内容	科目名称	核算内容
		国有资本其他收入缴款	核算因上缴国有资本其他收入而形成的费用
		预算结余科目	
资产类科目		预算结余	预算收支余额计算过程科目，期末预算收入与预算支出转入该科目。因国有资本相关的各类资金均通过财政直接支付和企业直接上缴管理，因此国有资本投资基金中并不会形成资金的结余
国有资本	核算政府在国有企业中的产权	**负债类科目**	无
待确定国有资本	核算尚未确定为资本化比例的国有资本。从管理角度，最好每年年末予以确定	**净资产类科目**	
		国有资本投资基金	国有资本和待确定国有资本的平衡科目

二、八要素的核算体系

该核算体系下，不仅设置收付实现制下的预算收支与会计要素，而且设置权责发生制下的资产、负债、净资产、收入、费用要素。

这种做法实际上是两套记账基础全面并行。设置国有资本预算收支科目的同时，设置国有资本的资产负债表科目和收入费用表科目。例如，当履行出资人职责的机构收到财政向国有企业进行资本金拨款的通知时，国有资本投资基金记录的业务分别是：权责发生制下确认资产增加和收入增加，借：国有资本，贷：经费收入（权责发生制下的科目）；收付实现制下确认预算收入和预算支出，借：国有资本投资支出，贷：经费收入（收付实现制下的科目）。国有企业年末上报利润表后，履行出资人职责的机构根据权益法确认国有资本投资的增值，依据权责发生制，借：国有资本　贷：国有资本利润收益；在收付实现制下不进行收入的确认。期末预算收支表、资产负债表、收入费用表各自直接从会计科目中取得数据填列。

该核算体系在涉及预算收支与收入费用同时确认的情况下会产生重复记录的问题，但是这类业务在该会计主体中所占比例相对较小，因此重复工作量不会太大。而权责发生制和收付实现制的会计体系分别独立，会计报表项目能够直接从日常核算记录中得到数据，编制报表的工作更加清晰容易。这些特点使得该核算体系对于国有资本投资基金而言更显优势。

该体系下的预算收支科目设置与前一体系相同，此处只列示资产负债科目和收入费用会计科目表如表4所示。

表4　　权责发生制会计科目表

科目名称	核算内容	科目名称	核算内容
资产类科目		**负债类科目**	无
国有资本	核算政府在国有企业中的产权	**净资产类科目**	
待确定国有资本	核算尚未确定为资本化比例的国有资本	累积盈余	核算国有资本收入费用抵销后的累积余额
		本年盈余	核算本年度收入费用抵销后的盈余。年末转入累积盈余科目后余额为0
收入类科目		**费用类科目**	

续表

科目名称	核算内容	科目名称	核算内容
经费收入	核算因财政部门对国有企业的资本性和费用性拨款而取得的现金收入	国有资本利润缴款	核算因上缴国有资本分配现金利润或现金红利而形成的费用
国有资本利润收益	在成本法下，核算因国有企业分配现金利润或现金股利而形成的国有资本收益；在权益法下，核算因国有企业实现利润而形成的国有资本增值	国有资本转让缴款	核算因上缴国有资本转让取得的现金而形成的费用
国有资本转让收益	核算因转让国有资本获得的现金收入与国有资本成本之间正向的差额，即转让发生的盈利	国有资本清算缴款	核算因上缴国有企业结算或破产取得的现金而形成的费用
国有资本清算收益	核算因国有企业解散或破产清算获得现金超过现金支出和国有资本成本而形成的收益	国有资本其他收入缴款	核算因上缴国有资本其他收入而形成的费用
国有资本其他收益	核算因其他业务获得现金或其他资产而形成的国有资本收益	国有资本费用支出	核算因财政部门对国有企业的费用性拨款而形成的现金支出
		国有资本亏损损失	在权益法下，核算因国有企业发生亏损而形成的国有资本减值
		国有资本转让损失	核算因转让国有资本获得的现金收入与国有资本成本之间负向的差额，即转让发生的亏损

续表

科目名称	核算内容	科目名称	核算内容
		国有资本清算损失	核算因国有企业结案或破产清算而发生的现金收入低于现金支出或低于国有资本成本而形成的亏损
		国有资本其他费用或损失	核算因其他业务导致的对国有企业发生的费用或损失

三、预算收支表、资产负债表和收入费用表的编制

国有资本投资基金与其他政府单位一样属于政府会计主体，因此应在各会计要素的定义和确认计量等方面遵循统一的政府会计准则或制度，其会计报表的格式和栏目名称应尽量与政府单位会计报表的统一格式保持一致，以方便合并报表的需要。据此，本文对国有资本投资基金的会计报表的栏目设置和说明（见表5、表6、表7、表8）分别如下：

表5　　预算收支表

项目	金额	项目	金额
经费收入	经费收入科目的发生额	经费支出	以下四项的合计
		国有资本投资支出	国有资本投资支出科目的发生额
		国有资本费用支出	国有资本费用支出科目的发生额
		国有资本其他支出	国有资本其他支出的发生额

续表

项目	金额	项目	金额
		国有资本待分摊支出	国有资本待分摊支出的发生额，如果年末能够确定，该栏目无余额
经营收入		经营支出	
国有资本利润收入	国有资本利润收入科目的发生额	国有资本利润缴款	国有资本利润缴款科目的发生额
国有资本转让收入	国有资本转让收入科目的发生额	国有资本转让缴款	国有资本转让缴款科目的发生额
国有资本清算收入	国有资本清算收入科目的发生额	国有资本清算缴款	国有资本清算缴款科目的发生额
国有资本其他收入	国有资本其他收入科目的发生额	国有资本其他收入缴款	国有资本其他收入缴款科目的发生额
		预算结余	0

表 6　　资产负债表（六要素）

项目	金额	项目	金额
资产类科目		**负债和净资产类科目**	无
国有资本	国有资本科目的余额	国有资本投资基金	六要素法下填列国有资本投资基金的余额；八要素法下填列累积盈余科目的余额
待确定国有资本	待确认国有资本科目的余额。若年末能够确定资本化的比例，该栏目应无余额		

表 7　　资产负债表（八要素）

项目	金额	项目	金额
资产类科目		**负债和净资产类科目**	无
国有资本	国有资本科目的余额	累积盈余	六要素法下填列国有资本投资基金的余额；八要素法下填列累积盈余科目的余额
待确定国有资本	待确认国有资本科目的余额。若年末能够确定资本化的比例，该栏目应无余额		

表 8　　收入费用表

项目	金额	项目	金额
收入		费用	
经费收入	经费收入科目的发生额	业务费用：	
经营收入：		国有资本利润缴款	国有资本利润缴款科目的发生额
国有资本利润收益	六要素法下，国有资本投资基金的明细科目中有关国有资本利润收益的调整发生额；八要素下国有资本利润收益科目的发生额	国有资本转让缴款	国有资本转让缴款科目的发生额
国有资本转让收益	六要素法下，国有资本投资基金的明细科目中有关国有资本转让收益的调整发生额；八要素下国有资本转让收益科目的发生额	国有资本清算缴款	国有资本清算缴款科目的发生额

续表

项目	金额	项目	金额
国有资本清算收益	六要素法下，国有资本投资基金的明细科目中有关国有资本清算收益的调整发生额；八要素下国有资本清算收益科目的发生额	国有资本其他缴款	国有资本其他缴款科目的发生额
国有资本其他收益	六要素法下，国有资本投资基金的明细科目中有关国有资本其他收益的调整发生额；八要素下国有资本其他利润收益科目的发生额	国有资本费用支出	国有资本费用支出科目的发生额
		国有资本亏损损失	六要素法下，国有资本投资基金的明细科目中有关国有资本亏损损失的调整发生额；八要素下国有资本亏损损失科目的发生额
		国有资本转让损失	六要素法下，国有资本投资基金的明细科目中有关国有资本转让损失的调整发生额；八要素下国有资本转让损失科目的发生额
		国有资本清算损失	六要素法下，国有资本投资基金的明细科目中有关国有资本清算损失的调整发生额；八要素下国有资本清算收益科目的发生额

续表

项目	金额	项目	金额
		国有资本其他费用或损失	六要素法下，国有资本投资基金的明细科目中有关国有资本其他费用或损失的调整发生额；八要素下国有资本其他费用或损失科目的发生额
收入合计	前面各项的合计额	费用合计	前面各项的合计额
		当期盈余	收入与支出科目合计数的差额

附：国有资本核算和报表编制举例

某国有资本投资基金六要素法下年初资产负债表如附表 1 所示。

附表 1　　　　国有资本投资基金资产负债表

20××年 1 月 1 日　　　　单位：万元

资产	金额	负债和净资产	金额
国有资本	12000	国有资本投资基金	12000

八要素法下年初资产负债表如附表 2 所示。

附表 2　　　　国有资本投资基金资产负债表

20××年 1 月 1 日　　　　单位：万元

资产	金额	负债和净资产	金额
国有资本	12000 万	累计盈余	12000 万

本年度该国有资本投资基金发生的业务和分录如附表 3 所示。

附表 3

国有资本投资基金业务和分录举例

业务举例	六要素下的核算分录（单位：万元）	八要素下权责发生制核算分录（单位：万元）	八要素下收付实现制核算分录（单位：万元）
1. 国有资产管理部门收到财政对企业拨付资本金拨款500万元的通知单	借：国有资本 500 贷：国有资本投资基金——抵销国有资本投资支出 500 借：国有资本投资支出 500 贷：经费收入 500	借：国有资本 500 贷：经费收入 500	借：国有资本投资支出 500 贷：经费收入 500
2. 收到财政部门向企业拨付基本建设拨款150万元的通知单，尚未确定资本金和费用的比例金额	借：待确定国有资本 150 贷：国有资本投资基金——抵销国有资本待分摊支出 150 借：国有资本待分摊支出 150 贷：经费收入 150	借：待确定国有资本 150 贷：经费收入 150	借：国有资本待分摊支出 150 贷：经费收入 150
3. 收到财政部门通知单，对企业的基本建设拨款中已确定为资本金的金额为100万元，其他50万元核销	借：国有资本投资基金——抵销国有资本待分摊支出贷项 150 贷：待确定国有资本 150 借：国有资本 100 贷：国有资本投资基金——抵销国有资本投资支出 100 借：国有资本费用支出 50 国有资本投资支出 100 贷：国有资本待分摊支出 150	借：国有资本费用支出 50 国有资本 100 贷：待确定国有资本 150	借：国有资本费用支出 50 国有资本投资支出 100 贷：国有资本待分摊支出 150

续表

业务举例	六要素下的核算分录（单位：万元）	八要素下权责发生制核算分录（单位：万元）	八要素下收付实现制核算分录（单位：万元）
4. 收到企业年度利润报告，国有企业本年实现利润中归属国有产权的利润 300 万元。该产权按权益法核算	借：国有资本 300 贷：国有资本投资基金——增加国有资本利润收益 300	借：国有资本 300 贷：国有资本利润收益 300	无
5. 收到财政部门通知单，权益法核算产权的国有企业上缴利润 60 万元	借：国有资本投资基金——抵销国有资本利润收入 60 贷：国有资本 60 借：国有资本利润缴款 60 贷：国有资本利润收入 60	借：国有资本利润缴款 60 贷：国有资本 60	借：国有资本利润缴款 60 贷：国有资本利润收入 60
6. 收到财政部门通知单，成本法核算产权的国有企业本年度上缴利润 10 万元	借：国有资本利润缴款 10 贷：国有资本利润收入 10	借：国有资本利润缴款 10 贷：国有资本利润收益 10	借：国有资本利润缴款 10 贷：国有资本利润收入 10
7. 收到企业产权变动报告，企业将 560 万元未分配利润转入实收资本	借：国有资本 560 贷：国有资本 560	借：国有资本金 560 贷：国有资本 560	无

续表

业务举例	六要素下的核算分录（单位：万元）	八要素下权责发生制核算分录（单位：万元）	八要素下收付实现制核算分录（单位：万元）
8. 收到财政部门通知单，支付破产国有企业职工安置费650万元	借：国有资本其他支出　650 贷：经费收入　650	借：国有资本其他费用和损失　650 贷：经费收入　650	借：国有资本其他支出　650 贷：经费收入　650
9. 收到财政部门通知单，出售国有企业产权款580万已收到国库。注销原国有产权400万元	借：国有资本投资基金——抵销国有资本转让收入　400 贷：国有资本　400 借：国有资本转让缴款　580 贷：国有资本转让收入　580	借：国有资本转让缴款　580 贷：国有资本　400 国有资本转让收益　180	借：国有资本转让缴款　580 贷：国有资本转让收入　580
10. 收到财政部门通知单，从同级的其他部门划拨国有产权200万元到本单位	借：国有资本　200 贷：国有资本投资基金——增加国有资本其他收益　200	借：国有资本　200 贷：国有资本其他收益　200	无

续表

业务举例	六要素下的核算分录（单位：万元）	八要素下权责发生制核算分录（单位：万元）	八要素下收付实现制核算分录（单位：万元）
11. 收到财政部门通知单，向同级的其他部门划拨国有产权 60 万元	借：国有资本投资基金——增加国有资本其他费用和损失 60 贷：国有资本 60	借：国有资本其他费用和损失 60 贷：国有资本 60	无
12. 年末，结转国有资本业务会计主体的收入支出或收入费用账户	借：经费收入 1300 国有资本利润收入 70 国有资本转让收入 580 贷：国有资本经营结余 1950 借：国有资本经营结余 1950 贷：国有资本投资支出 650 国有资本费用支出 50 国有资本其他支出 650 国有资本利润缴款 70 国有资本转让缴款 580	借：经费收入 1300 国有资本利润收益 310 国有资本其他收益 200 国有资本转让盈余 180 贷：当期盈余 1990 借：当期盈余 1410 贷：国有资本费用支出 50 国有资本利润缴款 70 国有资本转让缴款 580 国有资本其他费用和损失 710 借：当期盈余 580 贷：累计盈余 580	借：经费收入 1300 国有资本利润收入 70 国有资本转让收入 580 贷：国有资本经营结余 1950 借：国有资本经营结余 1950 贷：国有资本投资支出 650 国有资本费用支出 50 国有资本其他支出 650 国有资本利润缴款 70 国有资本转让缴款 580

年末该国有资本投资基金预算收支表如附表 4 所示。

附表 4 **国有投资基金预算收支表**

20××年度 单位：万元

栏目名称	金额	栏目名称	金额
经费收入	1300	经费支出：	
		国有资本投资支出	600
		国有资本费用支出	50
		国有资本其他支出	650
		国有资本待分摊支出	
经营收入：		经营支出：	
国有资本利润收入	70	国有资本利润缴款	70
国有资本转让收入	580	国有资本转让缴款	580
国有资本清算收入		国有资本清算缴款	
国有资本其他收入		国有资本其他收入缴款	
收入合计	1950	支出合计	1950
		预算结余	0

年末该国有资本投资基金资产负债表如附表 5、附表 6 所示。

附表 5 **国有资本投资基金资产负债表（六要素）**

20××年 12 月 31 日 单位：万元

资产	年初金额	年末金额	负债和净资产	金额	年末金额
国有资本	12000	12580	国有资本投资基金	12000	12580

附表 6 **国有资本投资基金资产负债表（八要素）**

20××年 12 月 31 日 单位：万元

资产	年初金额	年末金额	负债和净资产	金额	年末金额
国有资本	12000	12580	累计盈余	12000	12580

年末该国有资本投资基金收入费用表如附表 7 所示。

附表 7　　国有资本投资基金收入费用表

20××年度　　单位：万元

项目	金额	项目	金额
收入		费用	
经费收入	1300	业务费用：	
经营收入：		国有资本利润缴款	70
国有资本利润收益	310	国有资本转让缴款	580
国有资本转让收益	180	国有资本清算缴款	
国有资本清算收益		国有资本其他缴款	
国有资本其他收益	200	国有资本费用支出	50
		国有资本亏损损失	
		国有资本转让损失	
		国有资本清算损失	
		国有资本其他费用或损失	710
收入合计	1990	费用合计	1410
		当期盈余	580

年末六要素下国有资本投资基金预算收支表调整收入费用表的过程如附表 8 所示。

附表 8　　预算收支与收入费用调整表

20××年度　　单位：万元

预算收入	金额	调整国有资本投资基金中的明细项目	收入	金额
经费收入	1300		经费收入	1300
经营收入：				
国有资本利润收入	70	（300－60＝）240	国有资本利润（收益）	310

续表

预算收入	金额	调整国有资本投资基金中的明细项目	收入	金额
国有资本转让收入	580	-400	国有资本转让收益	180
国有资本清算收入			国有资本清算收益	
国有资本其他收入		200	国有资本其他收益	200
预算收入合计	1950	-160	收入合计	1990
预算支出			业务费用：	
经费支出：				
国有资本投资支出	600	-600 (-500 -100)		
国有资本费用支出	50		国有资本费用支出	50
国有资本其他支出	650	60	国有资本其他费用或损失	710
国有资本待分摊支出				
经营支出：				
国有资本利润缴款	70		国有资本利润缴款	70
国有资本转让缴款	580		国有资本转让缴款	580
国有资本清算缴款			国有资本清算缴款	
国有资本其他收入缴款			国有资本其他缴款	
支出合计	1950	-540	费用合计	1410
预算结余	0		当期盈余	580

2011年《政府财务报告编制的研究》[①]

本研究包括研究报告全文和基于调研基础的××市政府性非营利企业的划分标准两大部分。

第一部分　研究报告全文

本报告旨在研究根据目前会计报告调整编制权责发生制基础的政府综合财务报告（以下简称政府综合财务报告）的试编方法，为试编政府综合财务报告提供帮助。

试编报告的工作原则

本次试编政府综合财务报告主要是依据财政部国库司《2010年度政府综合财务报告试编办法》（以下简称《试编办法》）和《权责发生制政府综合财务报告试编指南》（以下简称《试编指南》）进行。由于这次试编政府综合财务报告采用在不改变会计核算的前提下，通过对现有报表进行调整的方法进行，因此，对综合财务报告的编制应当不在政府单位层面进行。否则，如果各单位都

① 本课题由北京市财政局、北京市预算会计研究会委托研究小组完成，课题负责人为王彦，执笔人为王彦、赵西卜、王建英。

需要对现行报表进行调整形成与现行报告并列的会计报告，又要通过层层汇总合并，形成一套与现行报告平行的会计报告及报告编报体系，就会大大增加编制政府综合财务报告的工作量。

所以在试编中应当坚持这样几个原则：

1. 单位和部门的权责发生制财务报告数据由财政部门根据部门决算报告直接调整编制，不宜采用单位和主管部门先行编制后进行汇总的方式；

2. 以现有各类报表和财政部门掌握的相关资料为主要依据；

3. 必要时可以向主管部门收集部分表外资料，但直接不向单位收集资料。

编制政府综合财务报告的方法

根据现有报表调整编制政府综合财务报告中的报表过程中，需要合并填列、冲销项目、调整项目繁多，其中又涉及资产负债表和收入费用表之间的关系。为了保证编成报表数据的正确，可以采用全列全调的方法进行报表编制。具体的做法是：

1. 根据指南，将现有各资产负债表数据中，能直接填列到期末资产、负债项目的填列到资产负债表的相应栏目中；根据指南，现有报表中属于内部往来，最后应被全部抵销的资产、负债项目也分别列示在资产和负债的专门栏目中。同时，将现有资产负债表数据中的期末净资产直接列在净资产栏目的现有期末净资产栏目中。由此，现有报表数据下的期末资产负债表应该是平衡的，否则，说明存在错误。

2. 根据指南，将现有收入支出表数据中，能直接填列到收入费用表的项目直接填列到收入费用表中，将现有报表中属于内部往来而最后应被全部抵销的项目，以及不属于财务收入费用的收支项目，也分别全部填列在收入和费用表的下方单独栏目中。现有收支表的结余也新设栏目，填入当期盈余的计算表中。由此，此时收入费用表实际是收入支出表。收入支出表的收入支出差额应该正好等于现有报表上的结余，否则，说明存在错误。

3. 编制所有抵销分录、调整分录。

4. 根据原有数据、调整抵销数据，得出最终的财务报表相应栏目数据。由于采用借贷记账法，期末财务资产负债报表数据最终应该全部平衡，收入费用表的当期盈余也应该等于当期结余调整收支抵销调整项后的金额。调整当期盈余后，可得到期初资产负债表中的净资产数据。

采用全列全调试编报表的好处是：第一，避免数据填列错误的发生，由于要将现有报表全部填入工作表，因此在调整之前，就可知道原始数据填列是否正确；可及时发现基本的数据填列错误；第二，由于所有非权责发生制的收支项目都在表上进行了调整，因此，当期盈余与现有结余之间存在数据间的调整关系，可以核对调整结果的正确性（当期盈余 = 现有结余 + 收入调整 - 支出调整）；第三，由于资产负债表与收入费用表同时进行所有相关调整，因此，资产负债表自身最终也应该能够平衡，调整后的资产 - 负债 = 净资产，可用这种平衡关系最终是否存在检验调整的正确性；第四，所有的抵销和调整分录均列出，有利于实务工作者正确理解抵销的基本原理和过程，起到普及权责发生制基本原理知识的作用，也避免了抵销过程中出现归类错误，或者只抵销一方，另一方没有抵销的错误。

对政府综合财务报告中几个编报项目的研究

一、对国有企业投资的编列

对国有企业投资的列报，《试编办法》主要考虑了国有产权投资的价值按权益法填入政府综合财务报表对外投资项目。《试编办法》第二十一条规定，对外投资按照相关国有企业财务报表中的国有资本及权益项目扣除应上缴利润、股利和股息后的差额分析填列。《试编指南》对新增投资收益的填入方法规定：对国有企业的投资收益按照国有企业国有权益当年增加额（国有权益年末数——国有权益年初数）填列。[试编指南二、三（21）]

我们认为，对国有企业的投资核算，除了要考虑对外投资的价值外，还要考虑报告年度国有产权投资按权益法应确认的投资收益，并将其计入收入费用表的投资收益项目内。对投资收益也不能简单地按照国有权益年末数减去国有权益年初数后的差额确定。

（一）长期股权投资和股权投资收益的调整列报

调整编制政府综合财务报告中资产负债表的长期股权投资栏目数应当考虑报告年初国有资本及权益和报告年度内国有资本及权益数的变动因素。国有资本及权益年初至年末的差额至少有四种情况可引起，一是追加投资或撤回投资；二是国有资本经营损益；三是分配现金股利或利润；四是其他因素导致的国有资本及权益变动（如评估增值或减值、其他原因的调整等）。为反映国有资本、权益及国有资本营运绩效，应分别按导致国有资本及权益变动的具体原因进行相应调整编报处理。

1. 属于报告期以前年度的投资部分，在调整增加长期股权投资的同时增加以前年度的累计净资产。编制调整分录时，按照以前年度的国有产权价值，编制调整分录如下：

借：长期股权投资

贷：累计净资产——以前年度净资产

2. 增加国有股权资本分为两种情况：一是属于当年因财政拨款投资增加国有股权资本；二是因其他原因投资增加国有股权资本，如无偿划入企业资产、债转股等。由于财政拨款投资已经计入国有资本经营预算支出和国有资本经营预算结余，要是将当年财政部门拨给企业投资形成的国有资本经营预算支出（资本性支出）记入收入费用表，不仅会虚增当年权责发生制的费用，还会造成少记净资产。因此，对于财政拨款出资增加的国有股权资本，应当在增加长期股权投资的同时，冲减国有资本经营预算支出。如果财政拨款的资本性支出与因此增加的国有产权价值不等，将两者之间的差额作调整当期净资产处理。编制调整分录如下：

借：长期股权投资（按照因财政拨款投资增加的国有产权价值）

贷：国有资本经营预算支出（按照国有资本经营预算支出

中的资本性支出）

贷（或借）：累计净资产——当年净资产（按照两者之间的差额）

对于因其他原因增加国有股权资本，在增加长期股权投资的同时作增加当年的净资产处理。按照因其他原因投资增加的国有产权价值，编制调整分录如下：

借：长期股权投资

贷：累计净资产——当年净资产

3. 处置国有产权投资包括两种情况；一是通过有偿转让处置投资；二是通过无偿划出处置投资。对于有偿转让处置投资的，由于处置投资取得并交给财政部门的现金已经计入国有资本经营预算收入和国有资本经营预算结余，如果将当年收到的国有资本经营预算收入（股权转让收入）记入收入费用表，不仅会对当年权责发生制的投资收益产生重复计算，还会造成多记净资产。为此，在减少长期股权投资的同时，要冲减国有资本经营预算收入。如果减少的投资资产和收到国有股权转让收入之间存在差额，作为当期投资收益处理。编制调整分录如下：

借：国有资本经营预算收入（按照收到有偿转让国有产权取得的现金收入）

贷：长期股权投资（按照因有偿转让而减少的国有产权价值）

借（或贷）：投资收益（按照两者之间的差额）

对于无偿划出处置投资，在减少长期股权投资的同时作减少累计净资产的处理。按照因处置国有产权减少的国有产权价值，编制调整分录如下：

借：长期股权投资

贷：累计净资产——当年净资产

4. 属于国有资本当年经营损益的部分应作为报告年度的投资收益，在增加或减少长期股权投资的同时增加或减少投资收益。经营盈余的，按照经营盈余的金额编制调整分录如下：

借：长期股权投资

　　贷：投资收益

经营亏损的，按照经营亏损的金额编制调整分录如下：

借：投资收益

　　贷：长期股权投资

5. 上缴分配利润减少产权的部分，由于对国有产权的投资收益是按照当年经营利润确定的，因为分配利润减少了年末的未分配利润并从而导致减少所有者权益，所以要减少长期股权投资。同时由于上缴利润已经计入国有资本经营预算收入和国有资本经营预算结余，要是将当年收到的国有资本经营预算收入（利润、股利或利息）记入收入费用表，不仅会对当年权责发生制的投资收益产生重复计算，还会造成多记净资产。因此在减少长期股权投资的同时也冲销记入国有资本经营预算收入的上缴利润。按照因上缴利润减少的产权价值，编制调整分录如下：

借：国有资本经营预算收入

　　贷：长期股权投资

企业有时会欠交应当上缴给财政部门的利润。这部分利润，企业按照会计准则应当已经在企业会计报表的期末数中确认为应付股利。对于这部分应交未交的利润，在权责发生制资产负债表中应当作为应收股利处理，同时作增加以前年度累计净资产处理。编制调整分录时，按照报告期末企业欠缴的应缴利润，编制调整分录如下：

借：应收股利

　　贷：累计净资产——以前年度净资产

6. 属于其他原因导致的国有产权变化的部分，应作为其他净资产处理（其他净资产相当于企业中的资本公积性质，不是由投资形成，也不是由经营损益形成的权益变动），在增加或减少长期股权投资的同时增加或减少其他净资产。编制调整分录时，按照其他原因引起的产权价值变动的金额，增加产权的：

借：长期股权投资

贷：其他净资产

减少产权的：

借：其他净资产

贷：长期股权投资

（二）长期股权投资各项数据的获取方法

为进行以上各项调整处理，在作为调整编制依据的报表中应反映如下会计信息：

（1）以前年度的国有产权价值；

（2）因新增投资增加的国有产权价值；

（3）因处置国有产权减少的国有产权价值；

（4）因本年盈利或亏损增加或减少的国有产权价值；

（5）因本年上缴利润减少的国有产权价值；

（6）其他原因引起的国有产权价值变动；

（7）期末国有产权价值。

目前的《国有资产变动情况表》详细反映了国有资产产权变动的具体内容，对于分析国有产权变动的原因具有重要意义。但为便于将其综合结果纳入政府综合财务报告，可以在现有《国有资产变动情况表》基础上重新整理，编制《国有产权变动分析项目表》，为调整编列长期股权投资和投资收益提供直接依据。《国有产权变动分析项目表》与《国有资产变动情况表》的项目对照如表 1 所示。

表 1　《国有产权变动分析表》项目与《国有资产变动情况表》项目调整对照

《国有产权变动分析表》项目	行次	对应的《国有资产变动情况表》数据行
一、以前年度的国有产权价值	1	1
二、因本年新增投资增加的产权价值 其中：财政拨款投资 其他原因	2	3 + 4 + 10 + 12 3 + 12 4 + 10

续表

《国有产权变动分析表》项目	行次	对应的《国有资产变动情况表》数据行
三、因处置产权减少的产权价值 其中：有偿转让的产权 无偿划出的产权	3	18+19 18 19
四、因本年盈利或亏损增加或减少的产权价值	4	16+13+14+9-29-24
五、因上缴利润减少的产权价值	5	26
六、因其他原因增加或减少的产权价值	6	5+6+7+8+11+15-20-21-22-23-25-27-28
七、年末国有产权价值	7	30

二、关于非营利性国有企业的列报

少数国有企业实质上履行政府的职能，其运营活动不以营利为目的，可以将这类企业称为非营利性企业。非营利性企业的特征主要包括：（1）部分或全部履行政府职能；（2）不以营利为运营活动主要目的；（3）企业的运营费用和债务偿还全部或部分需要以财政拨款为资金来源。

如果将非营利性企业也同营利性国有企业一样在政府会计报告中按照投资资产列报，最大的问题是会隐蔽非营利性企业中政府应当承担的负债，掩盖或缩小政府的偿债风险。如果仅将非营利性企业的负债作为政府的负债列入政府综合财务报告，又会导致虚减政府的资产①。因此，应当将非营利性企业与营利性国有企业区别开来，在政府综合财务报告中对其采用不同的列报方式。

（一）非营利性企业的划分标准

将非营利性企业与营利性国有企业分别列报，首先要选定哪些

① 如果将政府对非营利性企业所有者权益的所有权作为政府投资资产，这已经考虑了企业的负债，再将企业负债作为政府负债，就使得政府对非营利性企业的投资资产虚低。

企业属于非营利性企业。有些非营利性企业也部分地进行营利性活动，从市场取得部分收入；有些营利性国有企业也需要执行政府的价格政策，并因此从政府得到财政补贴。如何区分非营利性企业和营利性国有企业，需要根据非营利性企业的经济特征来把握。在选择非营利性企业时要把握两点：一是选定企业的类型；二是财政拨款占企业收入和偿还负债资金的主要比重。

履行政府职能的非营利性企业不能过多，可以根据目前实际情况选定下列企业为非营利性企业，分别是政策性银行、专职政府物资储备企业、政府融资平台企业。

在选定的上述非营利性企业中，如何将专职政府物资储备企业和部分执行公共物资储备任务的商业储备企业分开，将政府融资平台企业和部分为政府融资的营利性企业分开，需要另一个判断标准，即财政拨款占企业收入和偿债资金的主要比重。

企业收入和偿还负债的经济来源来自政府，是企业主要履行政府职能的经济后果。因此，理论上企业财政拨款要占到企业收入和偿债资金的主要部分，才证明企业主要在履行政府职能。在实践操作中，需要人为地设定一个标准，才能进行划定非营利性企业的操作。建议将这一标准设定为：（1）企业收入的80%来源于政府财政部门出资；（2）企业的负债60%由政府财政拨款偿还。这两个条件满足其中一个或同时满足，就可以认定为财政拨款占企业收入和偿还负债资金的主要比重。非营利性企业一旦划定，除了新增或撤销，一般不再变更。

（二）非营利性企业会计的列报方法

对非营利性企业在政府综合财务报告中列报可以有两种方法：一是将非营利性企业的会计报表与其他政府会计报告主体的报表进行行对行的合并（简称“行对行合并”）；二是将非营利性企业的会计报表作为政府报表的独立附表（简称“独立附表”）。我们认为，对非营利性企业采用“行对行合并”的方式列报更具有优越性，原因如下：（1）调整编制的政府综合财务报告采用权责发生制基础，与目前非营利性企业报表编制基础一致；（2）经过适当调整，综合财务报告的报表项目可以和非营利性企业会计报表项目衔接对应；（3）将非营利性企业会计报表与政府综合财务报告会计报表进行“行对行合并”，更有利于政府会计报表项目的整体性，便于会计报表使用者理解。

因为非营利性企业的会计报表栏目与政府综合财务报告的报表栏目并不完全一致，因此对两者进行合并时，要有一定的项目衔接。非营利性企业会计报表与政府会计报表项目衔接的方式见表 2。

表 2　非营利性企业报表栏目与政府综合财务报告报表栏目衔接

政府综合财务报告报表项目	企业会计报表项目	备注
一、资产类		
货币资金	货币资金 结算备付金	 金融企业专用项目
应收利息	应收利息	
应收股利		
应收款项	应收票据 应收账款 预付款项 其他应收款	
应收税款		
应收非税款		
借出款项	拆出资金 买入返售金融资产 发放贷款及垫款	金融企业专用项目 金融企业专用项目 金融企业专用项目
债券投资	持有至到期投资	
其他现金产出资产	交易性金融资产 投资性房地产	
1 年内到期现金产出资产	一年内到期的非流动资产 其他流动资产 可供出售金融资产	

续表

政府综合财务报告报表项目	企业会计报表项目	备注
存货	存货 特准储备物资	
其中：公共储备物资	特准储备物资	
长期股权投资	长期股权投资	
其中：政府主权投资		
固定资产	固定资产净额	
其中：公共基础设施		
在建工程	在建工程 工程物资	
无形资产	商誉	
其他资产	固定资产清理 长期待摊费用 递延所得税资产 其他非流动资产 减：特准储备物资	
二、负债类		
短期借入款	短期借款 向中央银行借款 吸收存款及同业存放 拆入资金 卖出回购金融资产款	 金融企业专用项目 金融企业专用项目 金融企业专用项目 金融企业专用项目
应付利息	应付利息	
应付款项		
应退税款		
应退非税款		
应付薪酬	应付职工薪酬	

续表

政府综合财务报告报表项目	企业会计报表项目	备注
应付政府补助		
其他短期负债	应付票据 应付账款 预收款项 应付手续费及佣金 交易性金融负债 其他应付款 其他流动负债 一年内到期的非流动负债	金融企业专用项目
应付政府债券	应付债券	
其他长期负债	长期借款 长期应付款 预计负债 递延所得税负债 其他非流动负债 其中：特准储备基金 专项应付款	
三、净资产类		
当期盈余	未分配利润（本年净利润部分）	
其他净资产		
累计净资产	实收资本（股本） 资本公积 减：库存股 专项储备 盈余公积 一般风险准备 未分配利润 减：本年净利润 外币报表折算差额	金融企业专用项目

续表

政府综合财务报告报表项目	企业会计报表项目	备注
四、收入类		
税收收入		
非税收入		
事业收入		
经营收入	营业收入	
投资收益	投资收益	
其中：国有资本经营收益		
政府间转移性收入		
其他收入	公允价值变动收益 汇兑收益 营业外收入	
五、费用类		
工资福利支出		
商品和服务支出		
对个人和家庭的补助		
对企事业单位的补贴		
政府间转移性支出		
捐赠支出		
折旧费用		
财务费用	财务费用	
经营支出	营业成本 利息支出 手续费及佣金支出 销售费用 管理费用	

续表

政府综合财务报告报表项目	企业会计报表项目	备注
其他费用	资产减值损失 营业外支出 其他	

注：在非营利性企业的会计报表中，企业资产负债表中的“应交税费”属于对政府发生的负债，在合并报表时，属于政府内部的资产负债，应当与政府的相关资产抵销。企业利润表中的“政府补助”、“营业税金及附加”、“所得税费用”都是和政府发生收支，在合并报表时，属于政府内部的收支，应当与政府的相关收支抵销。

三、关于土地储备资金会计报表的调整编列

按照目前的要求，对土地储备资金财务报表中的净资产作为固定资产列报［编报指南四、（一）7］。在土地储备资金报表中，包括了货币资金、有价证券等资产，还包括短期借款和长期借款等负债，如果只以净资产作为固定资产列报，就会虚减政府的货币资产和负债。特别是当前房地产一线、二线城市，土地储备资金（包括其中的负债）量很大，如果只按照其净资产列报，对政府综合财务报告中的负债影响更大，很可能影响到对政府偿债风险的评估。因此，应当将土地储备资金的相关报表项目采用行对行的方式分项在政府财务报表中列报。另外，政府开发的土地投资作为固定资产不如作为在建工程和土地储备更好一些（从核算科目“收储项目”和“待摊支出”核算内容可以反映出这点）。

四、关于“政府财政经济状况分析”中的运营能力分析和债务风险分析

（一）运营能力分析

政府组织的运营活动主要是向社会提供免费和低收费的公共服务。筹措的资金能够满足政府组织提供公共服务的资金需求的程度，就成为衡量政府财务运营能力的标尺。为此，可以采用现金结余率和现金支付能力作为政府运营能力的分析指标。

现金结余率等于年度现金结余与现金支出的比值，用公式表示

为：（现金收入－现金支出）÷现金支出×100%。在目前收入支出基本上采用收付实现制确认的条件下，可以用结余率替代现金结余率。结余率用公式表示为：结余率＝（收入－支出）÷支出×100%＝结余÷支出×100%。结余率越高，说明筹集资金满足活动支出需求的程度越高，运营能力越强。

现金支付能力等于现金资产与运营所需现金支出的比值，用公式表示为：现金资产÷行政事业支出（含购置固定资产支出）÷12。现金支付能力反映了在不考虑收入的情况下，仅靠现金资产能够维持运营活动的时间。现金支付能力反映的数值（以月为单位）越高，说明政府对季节性收支不平衡的抗衡能力越强，运营活动越有保障。现金支付能力不仅可以反映运营能力，还可以起到对政府活动财务运营能力预警的效果。比如说对政府的现金支付能力设定黄灯区（如大于1个月小于2个月）和红灯区（如小于1个月），政府现金支付能力如果进入黄灯区，就要注意资金可能会对正常运营产生影响；政府现金支付能力如果进入红灯区，则由于资金问题就很可能对运营产生影响，甚至导致正常活动无法开展。

此外，政府有很多资金用于采购固定资产、公共基础设施等，形成资本性支出。这部分支出为政府以后提供公共服务储备了物质基础，这种基础的强弱，可以通过政府的净资产增加程度进行反映①。所以，在进行运营能力分析时，可以把净资产增加率作为一个辅助指标。净资产增加率用公式表示为：（期末净资产－期初净资产）÷期初净资产×100%。净资产增加率越高，说明政府为支撑以后运营而储备的物质基础越强。

（二）债务风险分析

分析政府的债务风险，首先要分析政府的总负债水平，其次要分析政府的偿债能力。

1. 总负债水平。国际上一般对政府举债程度通常采用总负债

① 使用净资产增加率指标的前提是全面反映资产与负债，或者大体达到资产与负债的配比。

率或总债务率来表示。政府总负债率是指政府发行的国债总额与GDP的比重，用公式表示为：总负债率 = 国债总额 ÷ GDP 总额 × 100%；政府总债务率是指政府总负债占全年总财力的比重，用公式表示为：总债务率 = 政府负债总额 ÷ 全年财力总额 × 100%。为了衡量一个政府负债总水平是否过高，国际上一般根据经验数据设定了一个预警值，即总负债水平的警戒线。如欧盟将成员国的政府总负债率警戒线定为 100%。

我国地方政府的总负债水平度量也可以使用这两个指标，但是有三点需要修正：一是我国地方政府一般不发行政府债券，因此应当将地方政府债券（如果有的话）、上级政府给予的转贷款（由本级政府承担偿还责任）和政府直接或间接从金融机构借入的贷款都纳入政府总负债的范围；二是在获取计算总负债率使用的 GDP 数值时，要将本级政府所辖地区的 GDP 中属于上级政府和下级政府的扣除；三是由于存在不同层级政府之间的转移支付，因此在确定本级政府总财力时，应当以本级政府可支配财力为范围。

衡量政府总负债水平的警戒线，一般地方政府都没有根据经验数据确定的具体数值，可以暂时套用国际上的一般标准或国内认可的平均标准。在对政府综合财务报告进行分析时，可以将政府总负债率的警戒线定为 100%，将政府总债务率的警戒线定为 60%。

2. 短期偿债风险分析。分析政府的短期偿债风险可以使用偿债率指标和流动比率指标。

偿债率是指当年还本付息总额与当年总收入之比，用公式表示为：偿债率 = 还本付息额 ÷ 总收入。偿债率越高，说明政府短期偿债的压力越大，偿债风险越高。可以将 20% 作为偿债率分析的预警值，偿债率超过 20%，就可能由于偿债而影响政府的正常活动。

流动比率用公式表示为：短期金融资产 ÷ 短期负债。流动比率代表在不依靠收入偿债的条件下，用政府可支付资产偿还负债的能力。政府或政府单位的流动比率一般要大于一定的比值（如大于 0.8），否则政府的短期偿债就会出现问题。政府会计的流动比率指标与企业会计的流动比率指标的区别在于政府会计中属于实物资产的存货被排除在可以用于偿还负债的资产之外。因为政府组织提供公共服务不收费或低于成本收费，各种非金融资产均不被视为能够用于偿债的资产。

3. 中长期偿债风险分析。分析中长期偿债风险，首先要预测今后各年偿债数额，其次要分析可偿债资金的来源及其持续性。

今后各年偿债数额可以通过对报告年末的长期负债进行统计并计算得出（见表3）。

可偿债资金的来源及其持续性分析主要包括：用于偿债的主要资金类别，包括一般财政收入、土地收入、举借新债等；各类偿债资金的可持续性，包括预测可用于偿债的一般财政资金结余、土地收入的可持续性、举借新债的可能性，其他可能开辟的偿债资金来源等。

试编报告中遇到的问题

一、固定资产项目填列存在的问题

目前除了部分实行计提固定资产折旧的会计制度（如企业会计制度、水利工程管理单位会计制度等）的单位以外，其他单位都无法在短期内提供固定资产折旧（包括2010年折旧和累计折旧）和固定资产净值的数据，主管部门也就无法提供这些数据。固定资产折旧测算面临的难点是不知道固定资产的已经使用年限，因此不能确定累计折旧额。如果仅仅是靠估计确认，由于“以本级政府同类固定资产平均使用年限近似”数值没有可靠的依据，对其进行估计的主观性太强，恐怕会影响固定资产累计折旧和净值的准确性。

二、公共基础设施项目和政府储备物资填列存在的问题

目前对公共基础设施和政府储备物资列报的范围仍有缺失，其原因是一些行业的单位，如市政部门主管的单位等，由于没有对公共基础设施进行日常的会计核算，就无法提供公共基础设施的资料。此外，产权不清、对公共基础设施确认的具体范围不明确，也是导致无法列报公共基础设施的原因。

三、投资收益存在的问题

在编列的投资收益中（除了对国有企业投资形成的投资收益），

表 3　　偿债资料报表

项目	2011 年年末借款总额		2012 年应偿还本息	2013 年应偿还本息	2014 年应偿还本息	2015 年应偿还本息	2016 年应偿还本息
	本金	应付利息					
银行借款 其中：政府融资平台企业借入 行政事业单位借入 财政部门借入							
政府债券							
转贷款 其中：财政部门借入 行政事业单位借入							
其他 其中：政府融资平台企业借入 行政事业单位借入 财政部门借入							
合计							
政府或政府单位担保的借款							

说明：

（1）本表填列的借款是指有还本付息要求的借入款项。

（2）转贷款只包括本级政府使用的转贷款，不包括借入后又转贷给下级政府的转贷款。

存在着三个问题：(1) 按照一般预算会计报表非税收入中的有价证券利息收入编列的投资收益［试编指南四、(一) 21)］是按照收付实现制确认的，不一定属于报告当年的投资收益；(2) 除了总会计掌握的有价证券中的应付利息资料，其他有价证券的应付利息资料不易找到（如单位基建报表中的有价证券、行政单位报表中的有价证券、事业单位对外投资中的债券投资等）；(3) 单位的股权投资产生的投资收益资料不易找到（目前包含在部门决算报告收支决算表的其他收入里）。

四、财务费用的问题

目前收入费用表的财务费用是按照现有会计报表中的各项利息支出填列的［试编指南四、(一) 31)］，这些利息支出属于收付实现制的利息支出，既包括报告当年应当负担的费用，也包括以前年度应当负担的费用。因此，目前收入费用表填报的财务费用还不是按照权责发生制编报的财务费用。

对完善编制权责发生制财务报告的设想及建议

一、通过固定资产动态管理系统，生成固定资产折旧和净值数据

目前财政局的固定资产动态管理系统中，已经有了所有政府单位每一单个固定资产的名称、原值和启用年限。有了这些原始数据，如果再制定出固定资产分类和固定资产分类使用年限，就可以根据固定资产的名称将其归入某类固定资产，再根据该类固定资产的预计使用年限和已经使用年限（固定资产启用年度至报告年度的时间段），计算出各个固定资产的成新率，进而计算出各个固定资产的累计折旧及净值，还可以计算出各个固定资产报告年度的折旧额。采用这种方法的难点在于财政部门工作量大（但是与各单位各自计算固定资产折旧并编报固定资产折旧资料、由主管部门汇总相比，工作量相对较小），需要编制一个能够与固定资产动态管理系统数据库接口的固定资产折旧和净值的计算程序。如果能够与计算机程序人员结合，开发出这个程序，就可以解决目前固定资产折旧和净值数据不易取得的问题。

二、明确公共基础设施的确认标准

建议对公共基础设施的确认应当给出一些原则性的标准。应当规定哪些属于管理单位管理、用于社会公共服务的公共基础设施，哪些属于公共基础设施管理单位自用的固定资产。还应当规定对公共基础设施的支出计入公共基础设施原值的条件标准，如大修理支出在何种条件下计入公共基础设施原值等。

三、对会计报表某些栏目的修改

（一）资产负债表中对外投资项目的修改

在编报方法规定编报政府综合财务报告的资产负债表中，股权投资和债权投资都放在“对外投资”一个栏目中。在政府会计中，对于政府投资资产来说，股权投资属于非金融资产（国际上称“非现金产出资产”），债券投资属于金融资产（国际上称“现金产出资产”）。债券投资属于在政府持续运营条件下能够收回现金的资产，最终能够用于偿债或进行支付。将债券投资在综合财务报告的资产负债表中单独列出，可以根据报表产生财务状况分析指标，如支付能力、偿债能力等。另外，根据分析短期偿债能力的需要，还需要将一年内到期债券的债券投资（包括其他债权资产和负债）单独列示。因此，建议将政府综合财务报告中资产负债表的股权投资栏目作如下修改（见表4）：

表 4　　对股权投资列报栏目的修改

原报表项目	修改后项目
对外投资	股权投资
其中：政府主权投资	其中：政府主权投资
	债券投资
	其中：一年内到期的债券

（二）资产负债表中净资产项目的修改

为了反映除了当年盈余以外的净资产变动的金额，如当年评估资产变动、财产损失等资产利得或损失因素导致的净资产变动额，需要在资产负债表中的净资产部分设置其他净资产栏目。其他净资产代表不在收入费用表中反映、属于当年利得或损失的净资产。

1. 在报表附注中增加披露公共基础设施、政府储备物资内容。无论是采用历史成本法还是重置成本法，公共基础设施计量的工作量都很大。为了降低难度，对难以取得价值的公共基础设施暂时可以按照实物量计量的方式，在报表附注中披露（香港特区政府就是这样做的）。另外，由国有企业拥有或控制的公共基础设施、政府储备物资，是政府提供公共服务的物质基础的重要组成部分，这部分资产信息虽然不能在政府财务报表的表内反映，但也应当在财务报告中进行披露。因此，建议在会计报表附注中增加披露国有企业拥有或控制的公共基础设施、政府储备物资的内容。

2. 设计相关补充资料报表。调整编制财务报表所需的部分资料应当来源于单位，由于不动用单位会计报告资料而是由主管部门提供，有些资料主管部门没有，以至于财务报表有些项目不得不采用收付实现制的编制基础，在一定程度上影响了报表的质量。为了做好财务报表的编制工作，建议将一些必须由单位提供的辅助账或明细账资料通过编制单位补充报表的方式，由单位随同决算报表报送，并由主管部门汇总。这些报表内容包括：单位管理的非经营性公共基础设施的原值及折旧；单位管理的政府储备物资；有价证券的应收利息；借入款的应付利息；单位负责发放但尚未发放的应付政府补贴；单位未在基建工程账和在建工程账户上反映的在建工程；其他在编报中需要但目前报表中没有的明细资料等（见表 5 至表 10）。

3. 增加试编前后资产负债的对比说明。通过试编权责发生制的政府综合财务报告与按照收付实现制编报的现行报告对比，可以反映按照两种不同基础确认的资产负债的差异。这些差异，一是能够说明目前没有报告的资产负债主要有哪些，数量有多大，以突显政府会计核算需要改革的重要性；二是能够说明目前需要通过会计改革、完善政府财务会计核算的主要项目有哪些，为分步实施政府会计核算改革指明方向。因此，建议在试编的政府综合财务报告文字说明中，要包括试编前后的资产负债对比分析内容。

表 5　　非经营性公共基础设施资料报表

分类项目		公共基础设施原值		折旧额				公共基础设施净值		
		已经在固定资产账上的公共基础设施原值	尚未入账的公共基础设施的原值	累计折旧		2011 年折旧额		已经在固定资产账上的公共基础设施净值		尚未入账的公共基础设施的净值
				已经在账面反映的累计折旧额	未在账面反映的累计折旧额	已经在账面计提的折旧额	未在账面计提的折旧额	已经在账上反映的净值	根据累计折旧额计算的净值	
		①	②	③	④	⑤	⑥	⑦	⑧	⑨
公路										
铁路										
水利										
港口码头										
机场										
电力										
市政公共基础设施工程	道路									
	桥梁									
	隧道									
	广场									
	公交									
	排水									
	供水									

续表

分类项目		公共基础设施原值		折旧额				公共基础设施净值		
		已经在固定资产账上的公共基础设施原值	尚未入账的公共基础设施的原值	累计折旧		2011 年折旧额		已经在固定资产账上的公共基础设施净值		尚未入账的公共基础设施的净值
				已经在账面反映的累计折旧额	未在账面反映的累计折旧额	已经在账面计提的折旧额	未在账面计提的折旧额	已经在账上反映的净值	根据累计折旧额计算的净值	
		①	②	③	④	⑤	⑥	⑦	⑧	⑨
市政公共基础设施工程	供气									
	供热									
	污水处理									
	垃圾处理									
	其他									
其他公共基础设施										
合计										

填报说明：

（1）本报表填列属于部门预算单位管理的公共基础设施，不包括由国有企业管理的经营性公共基础设施。

（2）2011 年折旧额：已经在账上反映的，按照账面数填列；未在账上反映的，按照计算数填列。2011 年折旧额包括 2011 年年内减少（年初有但到年末已经没有或已经折旧完毕）的公共基础设施的折旧额。

（3）累计折旧额：已经在账上反映的，按照账面数填列；未在账上反映的，按照计算数填列。

（4）按照重置成本（根据现有公共基础设施的新建成本乘以设置的成新率计算）估算的公共基础设施以重置成本作为原值，其累计折旧额为零。

表 6　　　　公共储备物资资料报表

<table>
<tr><td rowspan="3">项目</td><td colspan="4">由部门预算单位管理的公共储备物资
（不含本表中④列中的数）</td><td>由国有企业管理的
公共储备物资</td><td>合计</td></tr>
<tr><td colspan="2">已经在账面反映</td><td>尚未记账</td><td>小计</td><td rowspan="2">④</td><td rowspan="2">⑤ = ③ + ④</td></tr>
<tr><td>①</td><td>目前记账科目</td><td>②</td><td>③ = ① + ②</td></tr>
<tr><td>1.</td><td></td><td></td><td></td><td></td><td></td><td></td></tr>
<tr><td>2.</td><td></td><td></td><td></td><td></td><td></td><td></td></tr>
<tr><td>3.</td><td></td><td></td><td></td><td></td><td></td><td></td></tr>
<tr><td></td><td></td><td></td><td></td><td></td><td></td><td></td></tr>
<tr><td>合计</td><td></td><td></td><td></td><td></td><td></td><td></td></tr>
</table>

填报说明：

（1）由部门预算单位管理的公共储备物资是指政府已经购买的物资，其中包括政府已经购买、由企业代为保管的公共储备物资。

（2）由国有企业管理的公共储备物资是指产权属于国有企业、包含在国有企业财务报表中的资产内的公共储备物资。

表 7　　未在“在建工程”账上反映的在建工程资料报表

<table>
<tr><td rowspan="3">分类
项目</td><td colspan="2">在其他科目中反映的在建工程成本</td><td rowspan="2">尚未在账面上
反映的在建工程成本</td><td rowspan="2">合计</td></tr>
<tr><td>金额</td><td>目前记账科目</td></tr>
<tr><td>①</td><td></td><td>②</td><td>③ = ① + ②</td></tr>
<tr><td>1.</td><td></td><td></td><td></td><td></td></tr>
<tr><td>2.</td><td></td><td></td><td></td><td></td></tr>
<tr><td>3.</td><td></td><td></td><td></td><td></td></tr>
<tr><td></td><td></td><td></td><td></td><td></td></tr>
<tr><td>合计</td><td></td><td></td><td></td><td></td></tr>
</table>

填报说明：本表填列行政事业单位未在基建报表中反映，也未在“在建工程”账户中反映的在建固定资产建造成本。

表 8　　债券投资补充资料报表

编报单位（部门）	债券本金（成本）	报告年以前应计利息	报告年发生应计利息	年末债券本息合计	1 年内到期的债券本金和利息
1.					
2.					
3.					
4.					
5.					
……					
合计					

填报说明：

（1）应计利息 = 计息债券面值 × 计息期 × 利息率，到期一次还本付息的计息期等于起息日到报告年末，分期付息的计息期等于上一次付息日到报告年末。

（2）1 年内到期的债券本金和利息包括分期付息债券预计在报告年后 1 年内到期收回的利息。

表 9　　应付政府补贴款资料报表

项目	应付政府补贴款		
	2011 年以前年度	2011 年度	合计
1.			
2.			
3.			
……			
合计			

说明：应付政府补贴款是指已经核定补贴对象和金额但是尚未支付现金，按照权责发生制应当确认但尚未在账面上反映的应付政府补贴款负债。

表 10

借入款资料表报表

分类项目	全部借入本金			全部应付利息			2011 年应付利息		
	已经在账面反映		未记账	已经在账面反映		未记账	已经在账面反映		未记账
	金额	目前记账科目		金额	目前记账科目		金额	目前记账科目	
银行借款									
借入财政转贷款									
其他有偿借款									
合计									

说明：

1. 本表填列的借款是指有还本付息要求的借入款项。
2. 行政事业单位借入转贷款只包括本单位使用、由本单位偿还的转贷款，不包括借入后又转贷给下级单位、最终由下级单位偿还的转贷款。
3. 全部应付利息 = 计息负债面值 × 计息期 × 利息率，计息负债包括各种有付息要求的借入款本金，到期一次还本付息的计息期等于起息日到 2011 年年末，分期付息的计息期等于上一次付息日到 2011 年年末。
4. 2011 年应付利息包括 2011 年年内减少（年初有但到年末已经归还）的债权性负债的 2011 年应付利息。

附件：

政府财务报表汇总工作表抵销和调整说明

一、思路

1. 根据指南将现有各资产负债表数据中能直接填列期末资产、负债的项目填列到资产负债表的相应栏目中；根据指南，现有报表中属于内部往来，最后应被全部抵销的资产负债项目也分别列示在资产和负债的专门栏目中。同时，将现有资产负债表数据中的期末净资产直接列在净资产栏目的现有期末净资产栏目中。由此，现有报表数据下的期末资产负债表应该是平衡的。如果不平衡，说明存在错误。

2. 根据指南将现有收入支出表数据中能直接填列到收入费用表的项目，直接填列到收入费用表，将现有报表中属于内部往来，最后应被全部抵销的项目，以及不属于财务收入费用的收支项目，也分别填列在收入和费用表的下方单独栏目中。现有收支表的结余也新设栏目，填入当期盈余的计算表中。由此，收入费用表在此时实际是收入支出表。收入支出表的收入支出差额应该正好等于现有报表上的结余，否则，说明存在错误。

3. 编制所有抵销分录、调整分录。

4. 根据原有数据、调整抵销数据，得出最终的财务报表相应栏目数据。由于采用借贷记账法，期末财务资产负债报表数据最终应该全部平衡，收入费用表的当期盈余也应该等于当期结余调整收支抵销调整项后的金额。调整当期盈余后，可得到期初资产负债表中的净资产数据。由于本方法是先填列期末全部净资产，然后在此基础上调整，因此将原来指南上的“以前年度累计净资产”栏目改为“期末净资产”，以便更准确地说明净资产的情况。期初净资产是根据期末净资产减去当期损益倒挤出来的。

二、此种编制方式的好处

1. 避免数据填列错误的发生，由于要将现有报表全部填入工作表，因此，在调整之前，就可知道原始数据填列是否正确；可及时发现基本的数据填列错误。

2. 由于所有非权责发生制的收支项目都在表上进行了调整，因此，当期盈余与现有结余之间存在数据间的调整关系，可以核对调整结果的正确性。当期盈余 = 现有结余 + 收入调整 − 支出调整。

3. 由于资产负债表与收入费用表同时进行了相关调整，因此，最终资产负债表自身也应该能够平衡，调整后的资产 − 负债 = 净资产。最终可用这种平衡关系检验调整是否正确。

4. 所有的抵销和调整分录均列出，有利于实务工作者正确理解抵销的基本原理和过程，起到普及权责发生制基本原理的作用，也避免抵销过程中出现归类错误，或者只抵销一方，另一方没有抵销的错误。

例 1：债务收入业务原本需要处理的抵销分录：

借：债务收入

　　贷：政府债券

但是，现有方式下，由于债务收入不作处理，因此就需要改变分录：

借：政府债券

　　贷：净资产

这样改变的结果是，当期盈余没有得到调整，而是直接进入净资产。

例 2：部门的应缴预算款和应缴预算专户款属于与财政部门的内部债权债务，对应财政的应收款项，应该抵销。

借：应缴预算款

　　贷：应收款项

但是，目前采用应缴预算款不填列的方法，如果这些账户期末有余额，财政相应的债权却没有减少，造成漏抵。

三、相关抵销和调整分录说明

相关抵销和调整分录说明如附表 1 所示。

附表 1

序号	工作表上的事项	分录	备注
抵销业务			
1*	财政一般预算与基金预算、国有资本经营预算、预算外资金中的调入、调出资金项目内部抵销	借：调入资金 贷：政府调剂支出 调出资金	财政一般预算和预算外资金报表 原来不填
2*	综合农业开发会计中的拨入本级财政资金与财政一般预算、基金预算等拨出经费抵销	借：拨入本级财政资金 贷：拨出经费	农业综合开发财政专户会计 原来不填
3*	单位与财政相关科目抵销财政应返还额度，财政部门当初计入暂收款项？目前应在应付款项？	借：财政应返还额度 贷：应付款项	部门报表 原来不填
4*	单位的应缴预算款和应缴财政专户款与财政的应收非税收入等抵销	借：应缴预算款 应缴财政专户款 贷：应收款项	部门报表 原来不填
5*	单位的应交税金与财政应收税款抵销	借：应交税金 贷：应收税款	部门报表 如果从政府内部看，债权债务应该抵销，但是，如果考虑税收收入的全民性，也可以不进行抵销，原来不作抵销
6*	部门财政拨款与财政拨出经费抵销	借：财政拨款 贷：拨出经费	部门报表 原来不填

续表

序号	工作表上的事项	分录	备注
7*	基本建设支出、其他资本支出与基建会计的本年拨款——部门自筹是部门或单位内部的资金往来，应抵销	借：本年拨款 贷：基本建设支出 其他资本支出	部门报表 原来不填
8*	如果基建支出大于本年拨款，说明使用了以前年度拨款，应进一步冲减净资产	借：净资产 贷：基本建设支出	部门报表 原来不填
9*	基本建设账户中本年拨款的来自财政拨款的部分，应与财政的拨出经费抵销	借：本年拨款 贷：拨出经费	基本建设报表 原来不填
10*	基本建设账户中的下年度财政资金拨款冲销应收款项	借：预收下年度财政资金拨款 贷：应收款项	基本建设报表 原来将预收下年度财政资金拨款作为应付账款，不作冲销。（其中自筹部分不填）
11*	交付使用资产实际已转移单位，应与净资产相抵销	借：净资产 贷：交付使用资产	基本建设报表 原来与待冲基建支出抵销，是错误的，交付使用资产与待冲基建支出无关
12*	应收生产单位投资借款与待冲基建支出抵销属于部门内部临时账户，应抵销	借：待冲基建支出 贷：应收生产单位投资借款	基本建设报表 原来待冲基建支出冲销是错误的，营收生产单位投资借款不填，也是错误的。这两者的产生互为因果，应抵销

续表

序号	工作表上的事项	分录	备注
13*	未交基建收入和其他未交款与财政应收款项相抵销	借：未交基建收入 其他未交款 贷：应收账款	基本建设报表 原来不抵销，会出现债权债务的重复计算
14*	本年交回结余资金在表中以红字表示收入减少，因此红字借方冲销，对应上交上级的，列入了转移性收入（红字）；这里列示的是交同级财政或部门的，红字冲其他收入	借：本年交回结余资金（红字） 贷：其他收入（红字）	基本建设报表 原来有抵销，但没有看到如何编制抵销分录
指南例 27	政府内部借入借出事项抵销	借：借入款项 贷：借出款项	
指南例 28、例 29	抵销政府内部应收应付事项	借：应付款项 贷：应收款项	
调整业务			
15*	债务收入不作收入，转为政府负债	借：债务收入 贷：政府债券	财政报表 原来不填债务收入，指南例 45 分录： 借：净资产 贷：政府债券

续表

序号	工作表上的事项	分录	备注
16*	债务转贷收入实际是对上级的负债	借：债务转贷收入 贷：借入款项	财政报表 原来不填债务转贷收入，未见相应调整分录
17*	债务还本支出实际为债务减少	借：政府债券 贷：债务还本支出	财政报表 不填债务还本支出，未见相应调整分录
18*	贷款转贷支出实际形成债权	借：应收款项 贷：贷款转贷支出	财政报表 不填贷款转贷支出，未见相应调整分录
19*	金融资产全部的应收利息减去本年应收利息，得到以往的应收利息，以往的应收利息，增加净资产；本年的应收利息，增加了本年的收入	借：应收利息 贷：净资产 投资收益	
指南例 30	根据抵销后借出款项计提应收利息，当年入非税收入，以前年度的调整净资产	借：应收利息 贷：非税收入 净资产	
指南例 31	根据财政性存款计提应收利息，当年的计入非税收入，往年的计入净资产	借：应收利息 贷：非税收入 净资产	

续表

序号	工作表上的事项	分录	备注
20	未确认过的应收税款确认，增加当期收入	借：应收税款 贷：税收收入	指南例 34
21	未确认过的应收非税款，增加当期收入	借：应收非税款 贷：非税收入	指南例 35
22	未确认过的存货，增加净资产	借：存货 贷：净资产	指南例 36
23	未确认过的固定资产，增加净资产	借：固定资产 贷：净资产	指南例 38
24	补提所有固定资产的累计折旧，本年度的计入折旧费用，全部折旧减去本年度折旧的金额减少净资产（现要进行固定资产确认工作后才能补提折旧）	借：折旧费用 净资产 贷：累计折旧	指南例 39
25	确认未确认的应付利息，当年的进财务费用，往年的进净资产	借：净资产 财务费用 贷：应付利息	指南例 40
26	确认未确认的应退税款，当期的冲减当期税收收入，往年的冲减净资产	借：税收收入 净资产 贷：应退税款	指南例 41

续表

序号	工作表上的事项	分录	备注
27	确认未确认的应退非税款，冲减当期非税收入	借：非税收入 　贷：应退非税款	指南例 42
28	确认未确认的应付薪酬，往年的减少净资产，当年发生的增加费用	借：净资产 　工资福利支出 　贷：应付薪酬	指南例 43
29	确认未确认的应付政府补助，往年的减少净资产，当年发生的增加费用	借：净资产 　对个人和家庭的补助 　贷：应付政府补助	指南例 44
30*	确认的所有未确认负债（不包括本年曾列入债务收入的政府债券），为以往年度未确认负债，减少净资产	借：净资产 　贷：应付款项	
31	确认未确认的其他负债，这些负债未被核算为政府债务收入的情况下，直接确认并减少净资产	借：净资产 　贷：其他负债	
国有资本经营预算会计报表调整和抵销			
指南例 32、例 33、例 37	新增国企应收股利、对外投资	全部按照下面新的分录进行	
32*	确认未确认的国有资本权益总额	借：对外投资 　贷：净资产	

续表

序号	工作表上的事项	分录	备注
33	确认当年国有企业实现利润中属于国有资本份额的利润	借：对外投资 贷：投资收益	
34	企业上缴利润，不应重复确认为财务收入，所以进行抵销	借：投资收益 贷：对外投资	国有资本经营预算和收入已全部填入投资收益，所以此处抵销的是部分投资收益代表的国有资本经营预算收入
35*	确认除直接投资、利润导致的国有资本投资的增加	借：对外投资 贷：净资产	
36*	产权转让不属于财务收入，应抵销，同时增加净资产（因为这些被转让的产权在编报表的时候没有计入对外投资，所以实际少计一部分净资产）	借：投资收益 贷：净资产	国有资本经营预算和收入已全部填入投资收益，所以此处抵销的是部分投资收益代表的产权转让引起的国有资本经营收入
37*	国有资本支出中的资本性支出不是费用，应抵销	借：净资产 贷：经营支出	国有资本经营预算支出已全部填入经营支出，所以此处抵销资本性支出时，减少经营支出
土地储备资金会计调整			
38	与财政抵销财政应返还额度	借：应付款项 贷：财政应返还额度	分录同事项3

续表

序号	工作表上的事项	分录	备注
39	与财政抵销财政拨款收入	借：财政拨款收入 　贷：拨出经费	分录同事项 6
40*	交付项目支出不是费用，应抵销	借：净资产 　贷：交付项目支出	

*栏目为本工作表与指南存在差异的栏目。

第二部分　基于调研基础的××市政府性非营利企业的划分标准

政府性非营利企业的划分标准

政府性非营利性企业（也有称“公益性企业”）是指主要履行政府职能，向社会提供公益性服务的企业法人组织。

××市政府性非营利性企业的运营模式主要有两种：

一、完全承担政府任务，不承担盈亏责任

企业发生的亏损，全部由政府财政出资补偿；企业获得的利润，全部上交政府财政。这种企业，虽然名为企业，但实际上履行的是政府职能，因此属于政府性非营利性企业。

二、企业主要提供公益性服务，因承担公益性服务所发生的亏损由政府补助

这种企业提供公益服务时，要向服务的使用方收费，因此有营业收入。但由于企业以提供公益性服务为主，收费不能完全补偿成本，维持企业长久运营，所以需要政府补助才能维持企业运营（包括负债经营）。企业的公益程度可以通过政府补贴弥补成本费用的程度来判断。当政府补助收入占营业成本一定比例（如20%）以上的企业，应当认定为政府性非营利性企业。

政府性非营利企业的列报原理

一、单个企业

对第一种运营模式的企业，都作为政府性非营利性企业在政府综合财务报告中采用报表“行对行”进行合并。

对第二种运营模式的企业，只要达到判别的标准，就应当作为政府性非营利性企业在政府综合财务报告中采用报表“行对行”的方式进行合并。

二、企业集团

有的企业集团中，有个别或部分企业属于政府性非营利性企业，出现这种情况的企业集团分为两种情况：一种是企业集团的子公司是政府性非营利企业，一种是企业集团的母公司是政府性非营利企业。此时，需要区别这些企业是集团的母公司还是集团的子公司，采用不同的合并方法。

（一）对于企业集团的母公司是政府性非营利企业的情况，母公司属下的子公司都是为母公司的企业目标服务，因此即便这些子公司不再接受财政补贴，或者接受很少，但是其性质应该与母公司一致。因此，可以将企业集团的报表采用行对行合并的方法，合并进入政府的报表。

（二）对于企业集团中只有某个或某些子公司是政府性非营利企业的情况，则需要分开进行列报处理。只将该企业集团中属于政府性非营利性企业的子公司在政府综合财务报告中采用报表“行对行”进行合并，该企业集团中的其他属于营利性企业的公司仍按照其所有者权益（国家所有部分）在政府综合财务报告的“对外投资”中以资产列报。

××市政府性非营利企业的具体划分

一、需要“行对行”合并的主要企业

按照以上标准，××市需要在政府综合财务报告中进行报表“行对行”合并的企业主要包括：

（一）××市 YG 公司

属于不承担盈亏责任的政府性非营利企业。它的亏损全部由财政拨款补偿；它的盈利，全额上交财政。

（二）××市 ZL 集团有限责任公司

××市 ZL 集团有限责任公司是该企业集团的母公司，属于主要提供公益性服务的政府性非营利企业集团，政府补贴收入占母公司运营成本的 33.55%，占企业集团运营成本的 25.19%。

二、需要将集团及其子公司分别按不同方法列报的主要企业

需要根据情况将企业集团和子公司分别按不同方法列报的主要企业：

（一） ××市 PS 集团及其下属的××JCZS 有限责任公司

××JCZS 有限责任公司属于 PS 集团中的一个子公司，是主要提供公益性服务的政府性非营利企业，政府补贴收入占公司运营成本的 55%。但就 PS 集团而言，政府补贴收入只占 7.21%。

（二） ××市 JT 集团及其下属的××LW 管理有限公司

××LW 管理有限公司属于集团中的一个子公司，是主要提供公益性服务的政府性非营利企业，政府补贴收入占公司运营成本的 94.72%。但就 JT 集团而言，政府补贴收入只占 14.68%。

企业集团中的个别政府性非营利企业在政府报表上的特殊列报

政府持有产权的企业集团，如果其中某一个或某几个子公司是政府性非营利企业，政府在企业集团中的权益就需要相应分成两部分，一部分是政府性非营利子公司的权益，政府将这部分企业视同政府单位；一部分是对一般企业的权益，政府将这部分企业视为被投资对象。具体的列报方法如下：

首先，仍然依据正常的填列方式，将企业集团合并资产负债表中归属政府的相应比例股东权益，填列政府资产负债表中的“对外投资”栏目；相应增加政府资产负债表中的净资产栏目金额。将企业集团利润表中的净利润归属政府的相应比例，填列政府收入费用表的“投资收益”，同时冲减“对外投资”。然后，将企业集团中的政府性非营利企业（子公司）资产负债表中的资产负债项目（不包括所有者权益部分）采用行对行的列报方式，填列到政府资产负债表相应各栏；同时，按照该政府性非营利企业的净资产金额，减少政府资产负债表中“对外投资”栏目的金额。

最后，将企业集团中的政府性非营利企业利润表所有收入费用项目分别采用行对行的列报方式，合并到政府的收入费用表中。根据子公司利润表上的“净利润”金额，抵减政府收入费用表上的“投资收益”栏目，对应调整政府资产负债表上的“对外投资”栏目。

2012 年《政府对外投资的核算报告问题研究》[①]

政府及政府部门对外投资的主要类型

政府及政府部门的对外投资包括股权投资和债权投资。前者是指政府或事业单位对国家出资企业[②]持有的股权或所有者权益份额，以及国家在国际金融组织中占有的股本份额；后者是指政府及政府单位购买的债券。

一、股权投资

由于反映国家在国际金融组织中占有的股本份额的对外投资比较特殊，且仅限于在中央政府中存在，因此政府的股权投资一般是指各级政府对国家出资企业持有的股权或所有者权益份额。

根据国家出资企业的目标和职能，可以把目前国家出资企业分为以下两种类型：

（一）营利性国家出资企业

营利性国家出资企业大多属于竞争性领域的企业，分布于与国计民生有关的各个重要行业，这些企业完全通过市场活动取得收

① 本课题由北京市财政局、北京市预算会计研究会委托研究小组完成，课题负责人为王彦，执笔人为王彦、王建英、赵西卜。

② 根据《中华人民共和国企业国有资产法》中的定义，国家出资的国有独资企业、国有独资公司，以及国有资本控股公司、国有资本参股公司统称为国家出资企业。

入。另一部分营利性国家出资企业属于公用事业领域，如供水、供电、供暖、城市供燃气、城市公交等公司。由于这些行业往往带有自然垄断性，所以企业产品价格有时受到政府管制而低于正常的市场价格水平，并且因此得到政府一定的补贴。但是自主经营、营利性仍是这类企业的基本特征。

在营利性国家出资企业中，有一些企业在形式上比较特殊，即企业化管理事业单位。这些单位面向市场，完全或主要进行经营活动，经济上自负盈亏，但是仍然登记为事业单位法人。

（二）非营利性国有企业

目前，我国存在少数事实上不以营利为目的的国家出资企业，政府对这类企业通常采用全资控制，本书将其称为非营利性国有企业。这类企业包括：政策性国有金融机构，为政府融资成立的融资平台公司，执行政府储备任务的非营利性公司等。非营利性国有企业虽然登记为企业法人，使用企业会计制度，但是它们都因非营利性的目的而成立，其活动多是政府活动的延伸，主要收入来源于政府财政资金而非市场。政府对非营利性国有企业的经营进行干预，并对其负有筹措资金的责任，提供包括偿还贷款在内的运转资金。

二、债权投资

债权投资根据政府及政府单位持有的债券划分，包括：政府购买的外国政府债券、地方政府财政部门购买的中国国债、政府单位购买的中国政府债券、政府单位购买的企业债券。其中，政府购买的外国政府债券仅限于中央政府；政府单位购买的中国政府债券对单位来说属于投资资产，但是在一级政府整体会计报告中，如果是单位购买本级政府发行的债券，就不属于政府的投资资产（需要和本级政府发债形成的负债抵销）。

政府及政府部门对外投资的管理体制

我国政府的对外投资管理分为政府管理的对外投资和政府单位管理的对外投资。

一、政府管理的对外投资

（一）管理体制

政府管理对外投资的部门主要是各级政府的国有资产管理部门（国资委、国资局等），国有资产管理部门代表政府履行出资人职责。由于有些国家出资企业由政府的其他主管部门管理，如司法局管理的监狱企业、宣传部门管理的传媒企业，金融主管部门管理的国有金融企业，另外有些企业和企业化管理的事业单位还没有划归国有资产管理部门归口管理，仍旧由原来的主管部门管理，所以相关主管部门代表政府对其所管理的企业履行出资人职责。

根据最新的国有资产管理体制改革构想，实行监督管理和投资运营分开。政府通过成立国有独资的控股公司，以持股运营的方式对政府的投资（包括政府购买外国政府债券形成的债权投资）进行经营，履行出资人的股东职责（包括投资受益、选择管理者、产权转让、重大决策等）；政府国有资产管理部门履行对投资的国有资产的行政监督管理职责。政府管理的国家出资企业管理体制如图 1 所示。

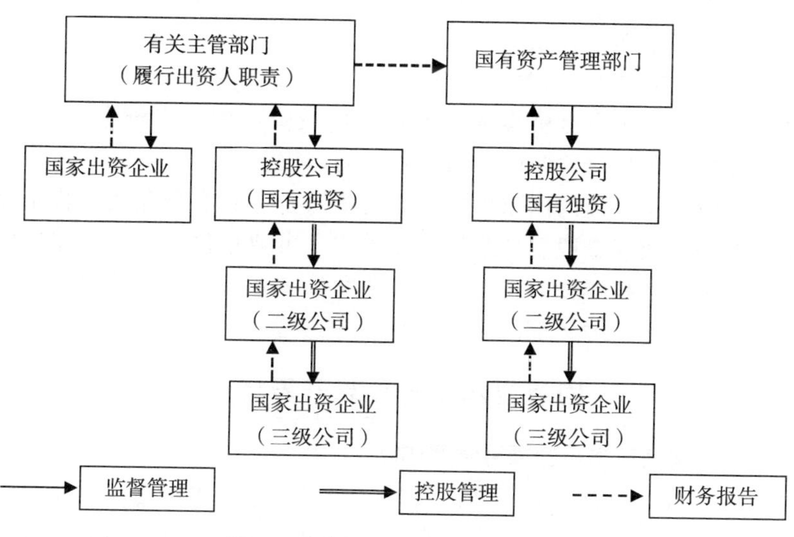

图 1　政府管理的国家出资企业

（二）政府与国家出资企业的资金拨缴关系

政府用财政资金对政府管理的国家出资企业出资，包括资本性出资和费用性出资。其中资本性出资增加了政府对国家出资企业的产权。在资本性出资中，又分为两种形式：一种是出资直接增加企业的资本金；另一种是对企业的基本建设投资项目出资，通过移交基本建设项目增加企业的资本金。

政府管理的国家出资企业要向政府缴交现金股利或利润。此外，政府管理的国家出资企业的国有股权转让等取得的现金收入也缴给政府财政部门。

二、政府单位管理的对外投资

（一）管理体制

政府单位管理的对外投资包括债权投资和股权投资。政府单位管理的债权投资主要是行政事业单位利用暂时不使用的资金购买国债和企业债券。对单位持有的债券，政府单位按照本单位的投资资产管理。政府单位管理的股权投资主要是事业单位利用自有资金或无形资产、闲置的实物资产等进行的股权投资。事业单位直接管理本单位的对外投资，对事业单位的股权投资，由出资的事业单位履行出资人（股东）职责。

（二）事业单位与国家出资企业的资金缴拨关系

事业单位用自有资金或其他资产向投资的国家出资企业出资，并形成事业单位对这些国家出资企业的产权。

事业单位管理的国家出资企业要按照企业利润分配政策将企业实现的利润或现金股利分配给事业单位。事业单位管理的国家出资企业的国有产权转让的现金收入，要交给事业单位，或按照规定由事业单位再缴给财政部门。

国有资本经营预算开展情况

一、国有资本经营预算管理体制

国有资本经营预算管理涉及财政部门，国家出资企业的主管部门，以及政府管理的国家出资企业。其中财政部门是国有资本经营预算的财政执行部门，国家出资企业的主管部门是国有资本经营预算的预算单位及部门预算执行单位，政府管理的国家出资企业是国有资本经营预算资金的来源和最终使用者。

事业单位管理的国家出资企业与事业单位的资金拨缴不纳入国有资本经营预算，目前仅将企业分配交给事业单位的利润纳入单位（部门）预算收入。

二、国有资本经营预算覆盖范围

实行国有资本经营预算后，国家出资企业与财政之间发生国有资本经营收支相关的拨缴，包括财政向国家出资企业的拨款，国家出资企业上交财政的利润，国有产权转让的现金收入等，都纳入国有资本经营预算管理。

目前各地政府实行的国有资本经营预算管理覆盖面尚不完全。有的没有划归国有资产管理部门归口管理并由其他政府部门管理的企业的相关收支，未纳入国有资本经营预算；有的财政部门通过基本建设支出对企业的出资，也未纳入国有资本经营预算。

按照现行规定，国家出资企业中的国有独资公司每年将企业实现的税后利润按照一定的比例（2011 年中央政府为一类企业上缴 15%，二类企业上缴 10%，三类企业上缴 5%，四类企业免缴）上缴，国有控股、参股企业将按照股东大会决定的利润分配方案中应当分配给国有股东的全部利润，上缴政府财政部门（确定上缴数额及上缴时间一般为企业实现利润的次年 5 月份左右）。另外，国家出资企业的国有产权转让收入、清算收入和其他国有资本经营收益，要按照规定全额上缴财政部门。

财政部门收到的国有资本经营预算收入，基本用于财政部门对国家出资企业的拨款支出。目前情况下，通过国有资本经营预算将企业上缴的利润最终纳入普通公共财政（一般预算）的极少，有的地方政府还需要从公共财政预算中安排一些资金，用于弥补国有资本经营预算的资金缺口。

政府对外投资的会计核算及报告现状

一、股权投资的核算及报告

目前，对政府管理的股权投资在政府会计中并没有进行核算，无论是财政部门还是国家出资企业主管部门的会计报表中，均不包括政府对国家出资企业的股权投资信息。政府管理的国家出资企业上缴给财政部门的利润，在财政总会计中按照收付实现制作为国有资本经营预算收入核算及报告，因为这并不包括企业利润的全部，所以并不是完整的投资收益。但是，财政部门可以通过政府管理的国家出资企业的管理体系，获得汇总的企业会计报告。在企业会计报告中，能够得到企业的资产负债表、利润表、现金流量表和所有者权益变动表，从中可以推算出政府对国家出资企业的国有股权资产，以及按照权益法确认的投资收益。

事业单位的股权投资按照《事业单位会计制度》等的规定进行核算，对股权投资采用成本法核算，会计账簿中的股权投资数额反映投资成本。在会计报表（包括部门决算报表）中，股权投资与债权投资合并反映在资产负债表中的“对外投资”栏目。事业单位对取得的股权投资企业分配的现金股利或利润，作为收入核算。在收入支出表（包括部门决算的收入决算表）的“其他收入”栏目中反映。事业单位另外可以通过其投资企业报送的会计报表，获悉事业单位对这些企业的股权份额数量及按照权益法确认的投资收益。

二、债权投资的核算及报告

在地方各级政府的总会计中，设有“有价证券”科目，对地方政府财政部门利用财政资金结余购买的国债进行核算。如果地方政府财政部门持有国债，对其持有的国债本金，可以在总会计的资产负债表“有价证券”栏目中反映。

在行政单位会计和基本建设会计账中，均对购买的国债等进行核算，在会计报表（包括部门决算报表）中，对持有国债的本金在资产负债表的“有价证券”栏目进行反映。对于因持有国债而获得的利息，按照收付实现制进行核算。其中行政单位作为收入确认，在收入支出表（包括部门决算的收入决算表）的“其他收入”栏目中反映；基本建设资金因购买债券而获得的利息，作为负债确认，在资金平衡表的“应交基建收入”栏目中反映。

在事业单位会计账中，购买债券（包括国债和企业债券）的成本在“对外投资”账户中进行核算，在会计报表（包括部门决算报表）中，债券投资的成本在资产负债表的“对外投资”栏目中与股权投资合并反映。对于因有债券而获得的利息，是按照收付实现制作为收入进行核算，在收入支出表（包括部门决算的收入决算表）的“其他收入”栏目中反映。

调整编制政府综合财务报告中对外投资的编列

关于长期股权投资的编列方法详见2011年《政府财务报告编制的研究》第一部分，本部分仅对债权投资的编列方法予以说明。

一、债券投资资产和投资收益的编列

（一）报表栏目的对应

目前在地方政府总会计和行政单位、基本建设资金会计报表的“有价证券”栏目中反映债券投资。在综合财务报告的资产负债表中设置了债券投资栏目后，地方政府总会计和行政单位、基本建设资金会计报表的“有价证券”栏目，直接对接综合财务报告的资产负债表的“债券投资”栏目。部门决算报表中事业单位资产负债表中目前没有单独划分债券投资，需要根据事业单位提供的债券投资资料，将事业单位的债券投资从对外投资中分出，列报于综合财务报告的资产负债表的“债券投资”栏目。

（二）债券投资的列报金额

目前反映在地方政府总会计和行政单位、事业单位、基本建设资金会计报表的债券投资数额都只包括债券投资的成本（本金），不包括按照权责发生制确认的利息。因此在权责发生制报表中，应当将持有债券的应收利息记入资产负债表的“债券投资”栏目。为此，需要根据有关单位报送的按照权责发生制计算的应付利息记入“债券投资”。

编制报表调整分录时，按照报告期以前年度的应计利息数：

借：债券投资

　　贷：累计净资产——以前年度净资产

按照报告年度的应计利息数：

借：债券投资

　　贷：投资收益

二、债券投资列报所需的补充数据

按照目前编报的财政报表、部门决算报表，尚不能满足按照权责发生制基础编报债券投资资产和投资收益的需求。为此，需要有关部门和单位报送补充资料。补充资料的报告格式如表1所示。

表1　　债券投资补充资料表

编报单位（部门）	债券本金（成本）	报告年以前应计利息	报告年发生的应计利息	年末债券本息合计	1年内到期的债券本金和利息
	1	2	3	4 = 1 + 2 + 3	5
1.					
2.					
3.					
4.					
合计					

填报说明：

①应计利息 = 计息债券面值 × 计息期 × 利息率，到期一次还本付息的计息期等于起息日到报告年末，分期付息的计息期等于上一次付息日到报告年末。

②1年内到期的债券本金和利息包括分期付息债券预计在报告年后1年内到期收回的利息。

三、建议对资产负债表中债券投资项目的修改

债权投资属于在政府持续运营条件下能够收回现金的资产，最终能够用于偿债或进行支付。将债券投资在综合财务报告的资产负

债表中单独列出，主要是为了根据报表产生财务状况分析指标，如支付能力、偿债能力等。为此，除了要单独列示债券投资以外，还需要将一年内到期债券的债券投资（也包括其他长期金融资产）单独列示。建议对综合财务报告的债券投资列报格式作如下修改，如表 2 所示。

表 2　对债券投资列报格式的修改

原资产负债表项目	修改后项目
对外投资	债券投资
	其中：一年内到期的债券

2012年

《政府固定资产核算与报告问题研究》[①]

目前我国政府会计对固定资产的核算尚不完善：在会计理论上，对政府固定资产的概念、核算范围、核算主体、核算方法均有许多值得探讨的地方；在会计实务中，存在很多政府固定资产没有得到核算、已经核算的固定资产后续支出资本化问题没有得到很好的解决等现象，固定资产的信息也还缺少应有的披露。凡此种种，导致目前政府会计提供的政府固定资产信息不完整、不真实，影响了这方面的政府会计信息质量。为此，本课题组对政府固定资产的会计核算进行研究，以期为下一步政府会计改革提供参考。

目前我国政府会计对固定资产核算的现状及存在问题

一、固定资产管理和核算现状

在目前的管理方式下，我国政府的各类固定资产，分散在各个政府单位和国有企业中进行管理，主要分为三种管理形式：

（一）政府单位管理并自用的固定资产

这类固定资产是我国目前政府会计制度定义的固定资产的主要内容。各个政府单位对于他们自用的各项固定资产，大多进行了必

① 本课题由北京市财政局、北京市预算会计研究会委托研究小组完成，课题负责人为王彦，执笔人为王彦、王建英、赵西卜、陶占录。

要的会计初始确认和计量，在政府单位会计报表上以“固定资产”项目列报。如行政单位履行管理职能、事业单位完成事业活动所必需的房屋建筑物、专用设备、通用设备；部分文物和陈列品；图书、档案；家具、用具、装具等。这些政府单位的固定资产经过部门报表汇总，形成政府整体财务报告的固定资产。但是，除了医院等个别行业的事业单位之外，这些固定资产大多没有进行折旧和后续修缮或改良的资本化处理。

（二）政府单位管理的公共固定资产

政府单位控制或管理的非自用的固定资产可统称为公共固定资产。公共固定资产主要是政府单位负责管理的公共基础设施、文化和文物资产、其他公共固定资产等。由于这些固定资产一般只由政府单位管理，供社会公众使用，在会计准则或制度对固定资产确认标准不完善的情况下，政府单位多数不确认这些固定资产，只有部分公共基础设置（如水利设施），以及部分文物（如博物馆收藏的有购买价格的文物等）由履行管理职能的政府单位进行了会计的初始确认和计量，并在单位的报表上进行了披露。更多的公共固定资产，主要是各种公共基础设施（不含水利设施）、文化和文物资产，尽管在实务中进行实物登记和统计，但是并没有进行相关的会计核算，也没有在政府会计报表中列示或进行表外披露。

（三）国有企业受托管理的政府固定资产

我国的一些营利性国有企业受政府委托，管理部分非营利性公共基础设施。这些固定资产不用于营利目的，政府对这些资产享有使用、费用弥补、处置等权利并且承担义务，而企业只是遵照政府的协议代为管理。这些固定资产仍旧属于政府固定资产。目前，这些营利性企业受托管理的固定资产，多数按照企业固定资产进行会计处理，在企业的“固定资产”账户中核算并在企业报表中列示。由于属于非营利性资产，这些固定资产在企业中的核算方法并不一致。经调查发现，企业对受托管理的非营利性公共基础设施是否计提折旧，往往要看政府给予的补贴中是否包含折旧费用。如果政府给予的补贴中包含折旧费用，企业就对公共基础设施计提折旧，其账面价值就为公共基础设施的净值；如果政府给予的补贴中不包含折旧费用，企业就不对公共基础设施计提折旧，其账面价值就为公共基础设施的原值。因为营利性国有企业不是政府单位，因此其报表中的资产项目不合并到政府部门报表中相同的资产项目中，其管理的属于政府固定资产的公共基础设施，也没在政府部门的汇总报表的固定资产项目中体现。

二、目前政府固定资产核算存在的问题

我国目前对政府固定资产的核算存在以下问题：

（一）政府固定资产的核算存在空白

调查发现，目前除了执行《水利工程管理单位会计制度》中规定的水利事业单位对水利工程设施进行固定资产核算以外，绝大多数政府公共固定资产都没有进行会计核算，这形成了政府固定资产核算的空白区域，导致通过政府单位会计报表汇总反映的政府固定资产缺少一大块内容。

（二）大多数固定资产没有反映固定资产净值

目前除了《医院会计制度》和《国有建设单位会计制度》的规定以外，《行政单位会计制度》、《事业单位会计制度》（1998）和其他行业的事业单位会计制度都没有规定对固定资产计提折旧。因此，大多数政府单位报表中反映的固定资产都是固定资产的原值，这显然造成了固定资产账面价值虚高的现象。

（三）固定资产的后续计量核算不规范

调查发现，很多单位对固定资产修缮，更新改造的支出是否资本化，是否增加固定资产账面价值以及如何变更固定资产原有价值都没有统一的做法。有的单位，把对固定资产修缮、更新改造的支出都只记入当期支出，不增加固定资产价值；有的单位，把固定资产修缮、更新改造的支出全部资本化，简单地在固定资产原有的账面价值基础上增加固定资产价值，导致固定资产账面价值随着每次修缮或更新改造越来越高，大大超出了其应有的价值。

目前政府固定资产核算中存在的问题与我国政府会计对固定资产核算规定的缺陷有关，这些缺陷主要包括：

1. 没有界定政府单位核算其管理固定资产的范围，即政府单位应当如何确定某项固定资产归属该单位核算及信息披露。

2. 固定资产分类具有局限性。目前的固定资产一般按照政府单位自用的固定资产进行分类，而对于政府单位管理但不自行使用的公共固定资产没有明确的分类，再加上上述第一个缺陷，就导致了对公共基础设施等资产核算的缺失。

3. 没有规定固定资产计提折旧。

4. 没有制定明晰的固定资产后续支出资本化标准。目前会计制度只笼统地规定进行改建、扩建的净增值部分应当计入固定资产价值，或将净增加值界定为改建、扩建发生的支出减去改建、扩建过程中的变价收入后的差额。在固定资产修理和改扩建无法分清的情况下，造成单位要么不进行固定资产后续支出资本化，要么盲目地将固定资产后续支出累积资本化。

另外，在政府会计理论研究中，对政府固定资产边界的界定仍不清楚。有些处于固定资产范围边缘的资产，如生物性资产、城市绿地、自然资源等似乎都可以用目前的固定资产定义涵盖，然而它们是否属于固定资产，是否需要作为固定资产确认，目前并没有权威的解释，这也给会计制度明确规定固定资产核算范围带来了困难。

政府会计中的固定资产范围及分类研究

一、我国政府会计制度对固定资产的定义及分类

在我国已有的政府相关会计制度中，固定资产指政府行政单位和事业单位占有或使用，单位价值在规定标准以上、使用期限在一年以上并且在使用过程中基本保持原有物质形态的资产①。在新颁布的《事业单位财务规则》中，将固定资产分为六类：房屋及构建物；专用设备；通用设备；文物和陈列品；图书、档案；家具、用

① 《行政单位财务规则》，经济科学出版社 2012 年版；《事业单位财务规则》，经济科学出版社 2012 年版。

具、装具及动植物。

二、国外政府会计中的固定资产范围及分类

在国际上，相当于我国政府控制的固定资产范围的资产有不同的称谓，如“长期实物资产”[①]、“资本资产”[②]、“不动产、厂场和设备”[③] 和“有形固定资产”[④]。国际会计师联合会公立部门委员会第 11 号研究报告在各国对于长期实物资产分类的基础上进行了汇总分类，第 11 号研究报告对于长期实物资产分类为：不动产、厂场和设备（property, plant and equipment）；基础设施资产（infrastructure assets）；长期实物资产投资（investments）；文物资产（heritage assets）；国防军队资产（defense or military assets）；自然资源（natural resources）。

各国政府会计准则中的固定资产分类因管理需要的不同，可能会少于这些类别。但是，不论国际公立部门会计准则，还是英国的会计准则，抑或美国的会计准则中，涉及固定资产的准则都认为专用军事设备、基础设施和文物资产属于固定资产，但是不包括自然资源和政府的投资性房地产。

三、我国政府固定资产的概念、研究范围及分类

（一）政府固定资产的概念

我国政府实际拥有或控制的固定资产，其涵盖范围比我国现有会计制度定义中提到的“固定资产”要更广泛、更全面。我们借鉴国外对政府固定资产的分类，针对我国政府实际所有或管理的固定资产会计问题进行全面研究。研究认为，我国政府会计中固定资产不仅包括政府单位自行使用的固定资产，而且还包括政府管理的固

---

① Study 11, Government Financial Reporting, International Federation of Accountants, 2000.

② GASB Statement 34, Basic Financial Statements—and Management's Discussion and Analysis—for State and Local Governments, Governmental Accounting Standards Board, 1999.

③ 《国际公立部门会计准则第 17 号——不动产、厂场和设备》。

④ Financial Report Standard 15, Tangible Fixed Assets, Accounting Standards Board, UK.

定资产。政府固定资产应该是：政府拥有或控制的、使用期限超过一年、价值在规定标准之上的有形资产。

（二）政府固定资产的研究范围

根据政府固定资产的定义，国防军队资产理论上属于政府固定资产，但是出于国家安全的考虑，国防军队资产不能像其他固定资产那样进行信息披露，因此很多国家都把国防军队资产分为单独的一类。本研究由于保密的原因，对国防军队资产的实务调查不易进行，所以除了分类研究，在后面的各类固定资产核算研究中，不涉及国防军队资产核算研究。

自然资源包括土地、森林、矿产等，这些资源属于政府管理的资产。但是，从政府会计的角度，自然资源存在确认和价值确定上的严重困难，对其进行会计核算的成本太高；对自然资源的信息，已经有用统计的方法进行披露，而目前还难以找到强于统计方法的会计核算方法；国际政府会计准则也不把自然资源纳入固定资产核算范围中。因此，本研究没有将自然资源纳入政府固定资产范围。

（三）政府固定资产的分类

按照我国现有的固定资产分类规范①，各单位的固定资产分为六大类：（1）土地、房屋及构筑物；（2）通用设备；（3）专用设备；（4）文物和陈列品；（5）图书、档案；（6）家具、用具、装具及动植物。

在此六大类之下，根据各类资产中的具体资产特点进一步细分。

本研究认为，我国政府固定资产的分类应考虑对外信息披露、会计核算和对内管理考核等目标，然后根据目标需要在不同层面进行分类。

1. 政府会计报表层面的分类。政府对外披露的报表项目分类，首要考虑报表使用者决策和监督的重要信息要求。对于特别重要的

① 中华人民共和国国家质量监督检验检疫总局、中国国家标准化管理委员会：《固定资产分类与代码》（GB/T 14885－2010）。

固定资产项目，应能够在报表上有明显的栏目列示。根据这个思路，可以考虑在政府会计报表上分列以下几个固定资产类别：

（1）普通固定资产。普通固定资产是除了以下特殊披露的固定资产之外的所有政府固定资产。

（2）公共基础设施。公共基础设施资产投入巨大，对社会正常运转发挥着重要的作用，很多国家的政府会计都在固定资产中将其作为一项单独的固定资产进行列示和说明，在我国也是社会公众高度关注的公共固定资产，因此建议单独栏目列示，并在报表附注中进一步列示具体的公共基础设施。

（3）文化文物资产。政府受整个社会委托对涉及历史、文化、艺术传承的资产进行保管和维护，这些资产通常具有不可复制性，尽管不一定能够用货币估值，但是其社会价值巨大，是整个社会历史、文化、艺术的宝贵财富，因此建议单独列示。

（4）国防军队资产。

2. 资产管理层面的分类。政府单位对固定资产的分类，应该以固定资产管理方式的一致性作为标准。而固定资产的管理方式，通常与固定资产自身的物质特征相关，如功能、使用方式、构成结构，以及由此引发的使用年限。按照管理方式进行的固定资产分类可以分为：房屋建筑物、专用设备、通用设备；图书和档案；家具、用具、装具等大类，在各大类下，再根据预计使用年限的不同划分更细的分类。

3. 绩效考核层面的分类。由于政府绩效考核对政府提供服务数量、耗用成本等指标的要求，政府单位自己使用的固定资产和单位管理的公共固定资产具有不同的管理要求。

单位自己使用的固定资产，如房屋建筑、各种设备、工具用具等，对这些资产，单位具有管理和有效使用的双重职责，资产的利用效率、损耗、维护管理费用的大小与单位履行职能直接相关。

单位管理的、供社会公众使用公共固定资产，如公共基础设施及相关专业设备、文化文物资产等，对这些资产，单位只具有管理职责，资产的利用效率、损耗、维护管理费用的大小与单位履行职能无直接关系。

在政府单位会计中，可以根据业绩考评的需要，将固定资产分为单位使用的固定资产和单位管理（不由单位使用）的公共固定资产两个部分。

政府固定资产的确认、计量和信息披露

一、固定资产的确认

政府固定资产的确认涉及两个层面：一是政府层面，确定哪些固定资产属于政府会计核算的固定资产；二是政府单位层面，确定一个政府单位应当确定、核算哪些政府固定资产。

（一）政府层面的固定资产确认

政府层面的固定资产确认应以该固定资产为政府所拥有或控制为标准。从政府层面看，固定资产的所有权属于政府、收益权和最终处置权属于政府，就可以判定为是政府拥有的固定资产，属于政府会计核算的固定资产。或者政府虽然不拥有该固定资产，但是可以代表全体国民对该固定资产进行控制并承担该固定资产上的所有风险和费用，比如拥有限定固定资产使用范围的权利、固定资产处置的权利、支付该固定资产维护所需的费用等。

需要说明的是，根据我们以往的研究，对于国家出资企业，不是将其拥有的具体资产反映为政府的资产，而是把企业的所有者权益反映为政府的投资资产。因此，国家出资企业的固定资产不属于政府会计核算的固定资产。

（二）政府单位层面的固定资产确认

我国目前政府固定资产的核算和披露存在空白区域，这与没有明确政府单位对固定资产的管理权责、核算义务有着很大关系。为了避免固定资产核算、报告出现空白区域，应当明确核算固定资产的会计主体及其核算固定资产的范围。

1. 核算固定资产的政府会计主体。政府的固定资产，都是由具体的政府单位进行管理的。确认一项固定资产是否属于政府固定资产，应判断拥有或控制固定资产的会计主体是否属于政府会计主

体。根据本课题组以往的研究，我们认为确认为作为政府单位会计主体的组织应该：(1) 属于政府单位；(2) 独立核算。

2. 属于某政府单位应当核算的固定资产。属于政府的各种固定资产一般都有其具体的管理单位，这些单位负有直接管理政府固定资产的责任，代表国家行使对固定资产的管理、处置权力。因此对于政府固定资产的核算，除了要求直接管理单位核算自己使用的固定资产以外，还应要求管理单位对本单位管理、供社会公众使用的政府固定资产进行核算，即按照“谁管理、谁核算、谁报告”的原则确定固定资产的核算主体（政府单位），以及某个政府单位核算固定资产的范围。

为了分清不同政府单位各自核算的固定资产范围，避免形成重复核算，政府单位确认、核算固定资产还应当考虑单位对固定资产的控制。政府单位对固定资产的控制是一种排他性权力，因此可以作为判定一项固定资产属于哪个政府单位核算的标准。对固定资产的控制可以用以下几个具体标准来衡量：

(1) 该政府单位承担对某项固定资产的风险。比如融资租赁固定资产，因为承租方要承担租入固定资产的耗损，固定资产的确认就应当归属于承租方而非出租方；又如政府单位委托企业管理的公共设施，政府要承担该公共设施的更新支出，支付公共设施的维护费用，该公共设施就是作为委托方的政府单位的固定资产。

(2) 该政府单位能够通过固定资产实现单位的职能目标。比如公共基础设施、文化文物资产，尽管不由其管理的政府单位使用，但是这些管理单位却能够通过向公众提供公共基础设施、展览文物及陈列品等方式达到管理单位的服务目标。

(3) 该政府单位能够通过拒绝、限制或管理等方式控制其他方占有、使用固定资产。比如，虽然有的固定资产可以出借，但是相关管理单位可以决定是否出借资产。

当一个政府单位对固定资产同时达到这三个条件，就可以断定该政府单位控制了该固定资产，该固定资产就属于该单位会计核算的资产。

二、固定资产的计量

（一）资产计量属性与政府固定资产计量

与政府固定资产计量有关的资产计量属性包括：历史成本、重置成本、公允价值。对政府固定资产核算来说，不同的计量属性具有不同的作用。

1. 历史成本。历史成本反映了政府购置固定资产所耗费的资金。按照历史成本对固定资产进行初始计量和后续计量（折旧），可以反映政府使用的资金在哪些期间发挥了作用。因此，使用历史成本核算固定资产有利于反映政府使用公共资金的受托责任履行情况。

2. 重置成本。重置成本反映了政府更换固定资产所需要的资金。按照重置成本核算固定资产，可以反映固定资产更换或新增固定资产需要的资金数量，为进行资金预算管理提供信息。

3. 公允价值。公允价值反映了固定资产出售（出租）可换回的现金数量。按照公允价值核算固定资产，可以反映用于出售（出租）的资产价值。

政府的固定资产中，绝大部分由政府单位使用和社会公众免费使用，不用于出售或商业出租。因此，公允价值计量属性一般不适用于政府固定资产的核算。

历史成本和重置成本在对政府固定资产核算方面各有优缺点：

历史成本客观性强、资料容易取得、计量成本低。但是对于使用时间很长的固定资产，由于受到通货膨胀的影响，新旧固定资产的历史成本差距较大，导致从账面价值反映新旧固定资产的可比性较低。

重置成本需要根据市场价格进行评估，具有一定的主观性，计量成本相对于历史成本来说也高一些。但是重置成本是按照现有市场价格计算的，更贴近于固定资产的现有价值，特别对使用期较长、处于使用年限后期的固定资产表现得更为明显。

综合考虑优缺点，本研究建议：政府固定资产的核算一般还是采用历史成本计量，对没有历史成本的固定资产采用重置成本计量。

（二）固定资产的初始计量

1. 存在历史成本资料的政府固定资产。不论是政府单位保留的历史成本数据，还是固定资产的原有所有者保留的历史成本数据，都可以作为依据确定固定资产的原值。固定资产原值的内容可以参考企业准则，包括固定资产购买价格或者建造成本，而且还包括为使固定资产达到预计的可使用情况而发生的必要费用，如保险费、安装费等。

2. 不存在历史成本资料的政府固定资产。由于政府已有的固定资产很多尚未被确认和计量，因此，对确认的政府固定资产进行初始计量，不能单纯地使用历史成本。政府目前已在使用、未确认且不存在历史成本资料的固定资产（如盘盈资产），以及政府通过非交易方式获得的固定资产（如通过捐赠、没收等方式获得的固定资产），如果没有可查的历史成本记录，则需要考虑按照重置成本方式计量。

3. 存在会计计量困难的政府固定资产。政府固定资产中的一些类别，比如非购买的文物等，既无历史成本，也无重置成本，评估也缺乏必需的依据，因此无法进行会计上的货币计量。对于这些符合政府固定资产定义，但是由于货币计量困难，无法在会计账户中记录，也就不能在政府会计报表上进行列示。

国际上有的国家采用以名义货币价值“1 货币单位”的方法计量固定资产，并将其列入会计报表[①]。本研究认为，名义货币价值列入会计报表不仅不能体现这些固定资产的价值，而且由于这种计价方式与其他资产计价方式差异巨大，导致政府资产负债表中固定资产总计金额无法说明其真实的含义，既不能反映资产的真实规模，也不能反映这些固定资产的真实价值。所以，对于这些存在会计计量困难，但是非常重要的政府固定资产，可以用非货币方式计

① 财政部会计司考察团：“英、法非营利组织和政府会计准则考察报告”，《会计研究》，2004 年第 11 期。

量，在政府会计报告中采用表外披露方式反映。这种方式不但不会削减固定资产信息的重要性，而且会更准确反映地这些重要资产的规模和状况。

（三）固定资产的后续计量

固定资产的后续计量包括三个方面：①固定资产折旧；②后续支出的资本化；③固定资产减值。

1. 固定资产折旧。

（1）固定资产折旧的范围。政府的固定资产，比如建筑物、设备等，随着不断被使用，其提供服务或产生经济效益的能力也不断消耗。无论从政府对固定资产管理的角度，还是从外界评价政府绩效的角度，对于这种能力的消耗都应该予以估计和计量，即进行政府固定资产的折旧。

并非所有的政府固定资产都会因使用而降低服务能力或经济效益。例如，文化文物资产不仅不会因时间的逝去而降低其服务能力或经济效益，甚至还会产生价值增值，这就不需要计提折旧。另外，以土地为主体形成的固定资产、城市绿地等，虽然其中植被部分需要更新，但是土地部分却不需要更新且长期持续存在，因此，城市绿地可以在初始计量的基础上，对土地部分不再进行折旧。

还有一些固定资产，特别是某些公共基础设施，由于资产在不间断地维护和局部更新使得其损耗能够得到全部恢复，并且不断地持续延长使用寿命，甚至达到无限的使用寿命。这些固定资产也不需要计提折旧。

（2）固定资产折旧的方法。对政府固定资产折旧，主要是为了反映使用固定资产所消耗的公共资源，而不是像企业那样为了计算利润和回收投资。因此，政府固定资产折旧可以采用相对简单的方法。政府固定资产折旧一般应当采用直线法，并按照适中的原则确定计算固定资产折旧的年限。

2. 政府固定资产的后续支出。政府固定资产的后续支出指固定资产使用过程中发生的更新改造支出、大修理费用等。固定资产后续支出是否需要资本化，应视后续支出是否能延长或提升固定资产的未来服务能力或未来经济效益而定。如果能延长或提升固定资产的未来服务能力或未来经济效益，则将固定资产后续支出价值加入固定资产账面价值，如果不能延长或提升固定资产的未来服务能力或未来经济效益，则不将固定资产后续支出价值加入固定资产账面价值。固定资产后续支出资本化时，应当扣除更新改造时拆除部分的固定资产价值。

不需要资本化的更新改造支出，以及固定资产为保持正常经济使用寿命所需的修理费用，应在发生当期作为费用确认和计量。

3. 固定资产减值。企业对固定资产进行减值，是因为企业的固定资产都需要为企业带来经济利益，当企业固定资产预期带来的经济利益小于固定资产账面价值时，就需要进行减值。而政府的固定资产一般不需要为政府带来经济利益，只需为政府带来服务能力即可。理论上说，如果政府固定资产所具备的服务能力小于固定资产账面价值代表的服务能力，也应当进行减值。然而，固定资产的服务能力与固定资产账面价值之间是否具有对等的线性关系，如何计算固定资产的服务能力，都是目前尚未解决的难题。因此我们建议，从信息提供的成本效益角度考量，对政府的固定资产不进行减值的核算。

三、固定资产的信息披露

（一）会计报表中的固定资产列报

能够以货币计量的固定资产，应该按照上述政府会计报表层面分类的固定资产四大类别分类列示在政府整体会计报表中。对于政府单位，可以根据单位性质对固定资产的分类要求，在单位会计报表中以更明晰的分类详细列示某类固定资产。

政府固定资产的原值、累积折旧和固定资产净值，是未来政府决策部门更新单位固定资产决策时需要使用的价值依据和更新时间依据。因此，固定资产中需要计提折旧的，应当在政府单位会计报表中以原值、累积折旧和固定资产净值的方式列示相应的金额，不需要计提折旧的固定资产，则只列示原值的金额。在政府整体层面，政府固定资产可以直接按照固定资产的净值列报。

（二）会计报表附注中政府固定资产的信息披露

在会计报表附注中，应该至少对固定资产表内信息作以下的说明：

1. 各类固定资产初始计量方法选择；
2. 各类固定资产折旧情况及折旧政策选择；
3. 各类固定资产后续计量方法选择；
4. 各类固定资产的明细分类及其价值；
5. 各类固定资产的重大价值变化及其原因。

（三）固定资产的表外披露

需要在政府会计报告中披露的政府固定资产，有一部分可能无法进行会计计量。比如文化与文物资产，很多不仅没有经过交易，不存在历史成本，而且还因为存在交易障碍，甚至根本没有市场交易，导致无法用货币衡量其价值。因此，这些固定资产无法在会计报表上列示，只能通过实物量的形式，在政府会计报告中进行表外披露。

对于表外披露的固定资产，至少应该披露以下信息：

1. 各类固定资产的实物量；
2. 重要固定资产的变化及其原因。

政府主要固定资产具体会计问题

一、普通固定资产

（一）普通固定资产的分类和范围

凡是没有被分类为公共基础设施和文化文物资产的政府固定资产，都属于普通固定资产。具体而言，这类固定资产包括：

政府单位自己使用的固定资产。主要是指政府单位为履行职能需要而使用的固定资产，其提供服务能力或经济效益的受益者主要是政府单位。

公共固定资产。从重要性出发，本研究中所列示的公共固定资产，包括开放的图书馆的图书及相关设施、开放的博物馆的展览品及相关设施、管理公共基础设施的政府单位为了维护公共基础设施而必须持有和使用的专业固定资产（如维护用的工程车辆、维修设备）等。

需要说明的是，政府单位商业性出租房屋，按照市场价格获取租金，这类情况在国际政府会计和企业会计中被称为投资性房地产，按照惯例，通常从固定资产中分离出来，并按公允价值计价。但是，由于我国政府单位这类房屋比重不大，并考虑到目前政府单位实施公允计量的难度，建议暂时采用历史成本计价。因此本研究认为可以将其放在普通固定资产的政府单位自用固定资产类别中进行核算和披露。

政府单位控制和管理居民保障住房。这类房屋按照低于市价的租金进行出租，属于政府向社会提供服务的一种资产，使用者为社会公众中的房屋租赁者，因此应当划归普通固定资产中的公共固定资产类别。

（二）普通固定资产的核算问题

在普通固定资产的核算中，对于房屋建筑、设备、工具、用具等的会计核算没有特殊的要求，只要按照固定资产核算的一般要求即可。其确认、计量参见文本第三部分固定资产的确认、计量和信息披露。在普通固定资产大类中，需要研究的是对核算有特殊要求的资产，这些资产包括：图书、档案和动植物。

1. 图书、档案，是指在图书馆、档案馆所有的大批量、入库管理的各种图书资料、档案资料等，由政府单位的内部单位或个人分散管理的零星图书和档案资料，按照重要性原则，可以不作为固定资产管理与核算。

图书、档案核算的特殊要求包括：

（1）单位价值一般小于固定资产的规定单位价值。单本的图书一般价格不高，达不到固定资产的规定确认金额（目前为 1000 元）。但是由于图书、档案往往是图书馆、档案馆中最主要的资产，又是长期使用，因此，对于大批量、单位金额小于固定资产确认标准金额的图书和档案，也作为固定资产确认。

（2）不需要计提折旧。图书档案属于文字、图画的载体，其承载内容一般不会随着时间的推移而逐渐损耗。图书档案失去效用而报废往往是因其承载的内容报废而不是图书、档案的物质实体消失。因此，对图书档案可以不计提固定资产折旧。

2. 动植物，又称生物性资产，其生产存续过程是对动植物的社会生产过程与动植物的自然生命过程的统一，受到动植物生命规律的制约，存在使用期限不易确定、变动大等特点。因此，动植物的核算应当符合动植物的特殊情况。动植物作为固定资产核算需要具备特殊的确认条件：

（1）能够稳定地长期使用。有些动植物生命长度难以确定，如政府单位将动植物用于研究试验，其持续使用期较短或难以确定，就不应当确认为固定资产，而有些动植物由于饲养条件等限制，经常发生死亡，也不宜作为固定资产核算。

（2）达到成年、成熟期。一方面，动植物在生长初期，存活率低，有的也难以使用（如试验用），因此，尚未达到成年、成熟期的动植物不能作为固定资产核算；另一方面，尚未达到成年、成熟期的动植物的培育、饲养费用，相当于非生命固定资产的在建工程成本，应当资本化计入动植物确认固定资产时的成本中去。

（3）具有明确的核算成本。有些单位如动物园的动物来源渠道复杂，有自己繁育的、有实物交换获得的、有接受捐赠的、有购买征集的，并且各种能够形成固定资产、不能形成固定资产的动物混在一起很难核算具体动物的成本，即使核算，其核算成本也太高。对于这样的情况，就可以视为不具备明确的核算成本，不作为固定资产入账登记，而是采用按照实物数量登记辅助账的方法核算。

二、公共基础设施

（一）公共基础设施的概念

公共基础设施在我国的含义比较广泛，是指为直接生产部门和人民生活提供共同条件和公共服务的设施[①]。在该概念下，“基础

① 何天成、刘欢、张宁：“中央与地方基础设施建设投资分析”，《中外企业家》，2009 年第 24 期。

设施”不仅包括公路、铁路、机场、通讯、水电煤气等公共设施，即“基础建设”（Physical Infrastructure），而且包括教育、科技、医疗卫生、体育、文化等社会事业，即“社会性基础设施”（Social Infrastructure）。但是，政府会计中的公共基础设施只指前者，后者所指的社会性基础设施基本上都是以政府单位的形式存在，在以政府单位为基本核算主体的会计核算中，已经得到了核算并反映在这些政府单位的固定资产项目中，因此不再将其整体作为固定资产进行核算。

国际上政府会计对于公共基础设施并无一致的定义，但是对公共基础设施的基本特点具有大体一致性的描述。借鉴国际上较为一致的特征描述，并结合针对我国政府会计的研究认为我国政府公共基础设施的界定标准应该包括以下三项：

1. 网络性或网点性。网络型基础设施是指其中的每个部分只有作为网络的一部分时，才能充分体现其服务潜力或经济利益。比如道路、给排水系统。网点型基础设施是指在整个行政区划内分布成系统的设施，其功能范围联合起来后覆盖大部分或全部居民，如垃圾处理设施、公共卫生设施、社区公共设施、公园绿地等。

2. 长使用寿命。由于基础设施本身的社会作用，即便其中的部分资产寿命期间有限，政府也会在有计划的更新、重建、维护中保持整个系统长时间的使用寿命，不能随意废弃。如公共照明系统，尽管单根灯杆使用寿命有限，但是整个系统却有长的寿命期间。

3. 地点固定。尽管基础设施中的单项资产可能会增加或废弃，但是作为系统整体，基础设施是固定存在、不可移动的。如何确认某项固定资产是否属于公共基础设施的一部分，可以依照以下两条标准判断：

（1）它必须是维持公共基础设施基本功能不可或缺的。比如，高速路上的固定护栏。如果是可移动的临时防护栏，则属于普通固定资产。

（2）它必须是安装并固定在该公共设施系统中，不可轻易移动的，比如给排水系统中大型泵站内部安装固定的给排水设备和监控仪器。如果是移动使用的仪器设备、修理工具等，则属于普通固定资产。

（二）政府公共基础设施的分类

根据政府公共基础设施的界定标准，借鉴国际经验，可以将我国公共基础设施依据基础设施的功能和物理形态按照以下类别划分：

公路、铁路、机场、供电、供水、排水、通讯、供暖、供燃气、水利、城市广场、城市绿地、社区公共设施和其他公共设施。

政府会计核算和报告的公共基础设施属于政府单位占有并管理的非营利性公共基础设施。一些类别的公共基础设施采用经营性运营方式由企业直接管理，则属于企业的资产，而不属于政府管理的公共基础设施。由于我国的铁路、机场、码头、公交、电力、自来水、通讯、供暖、供燃气等系统基本由企业进行运营，因此在政府会计核算的财务报告中，这些基础设施不应作为政府公共基础设施确认和报告。

如果某类公共基础设施采用非经营性运营方式由企业代为运营，由政府出资解决建设、维护等问题，那么该类公共基础设施仍属于政府管理的公共基础设施。

根据我们在北京市的了解情况，北京市属于政府管理的公共基础设施包括以下几类：

1. 公路系统，包括道路系统（道路、桥梁、隧道）、监控系统、安全设施系统（交通灯系统、交通指示牌、护栏挡牌、交通标示线等）、道路照明系统等系统；

2. 供水系统，包括房屋、构筑物（闸坝、渠、隧道、涵洞、井等）、管网、电路、供水设备等；

3. 排水系统，包括房屋、构筑物（闸坝、渠、隧道、涵洞、井等）、管网、电路、排水设备等；

4. 水利系统，包括房屋、构筑物（闸坝、渠、隧道、涵洞、井等）、管网、电路、水利设备等；

5. 城市绿地，包含非限制进入公园和非公园的城市公共人工绿地，其中包括园林场地（林地、草地、湖泊等）、房屋及建筑物、道路、照明、娱乐实施、安全设施等；

6. 城市广场，包括广场的建筑物、雕塑、照明、音响、喷泉、护栏等；

7. 社区公共设施，包括园林场地、房屋及建筑物、运动场、健身娱乐设备、照明系统等；

8. 垃圾处理设施，包括垃圾转运、分拣、处理的房屋及建筑物、设备、填埋场等；

9. 其他公共设施，如公共厕所、城市景观照明设施等。

（三）政府公共基础设施的会计核算现状

中国的公共基础设施部分由政府直接管理或委托企业进行管理，运营费用由政府出资解决，这种公共基础设施又称公益性基础设施，对公益性基础设施的会计核算属于政府会计核算范围。

目前中国政府公共基础设施的管理与核算基本上分为两块：一是由政府行政事业单位管理与核算，对公共基础设施的核算按照行政事业单位会计制度进行；二是由企业或企业化运营的事业单位管理与核算，对公共基础设施的核算按照企业会计制度或类似于企业会计制度的制度进行。目前公共基础设施核算主要存在以下问题：

1. 大部分行政事业单位管理的公共基础设施没有入账，不在账面和报表中反映，造成政府资产报告的缺项；

2. 有些事业单位管理的公共基础设施列入单位固定资产项目下核算，混淆了单位自用的固定资产与单位管理的公共基础设施资产的性质区别；

3. 企业化管理的公共基础设施有些因为政府不按照全部成本费用补偿（如缺少对折旧的费用补偿），导致企业对管理的公共基础设施不计提折旧，公共基础设施的账面价值为原值；

4. 有的企业管理的公共基础设施没有记入企业会计账，也没有在政府会计账上反映；

5. 有的企业化管理事业单位对公共基础设施的核算在购置时

列报支出，在计提折旧时又列报支出（列入经营费用），形成对公共基础设施的重复列支。

（四）政府公共基础设施的核算研究

1. 公共基础设施的初始确认。公共基础设施都属于人工产品，其初始成本的计量、确认并不困难。政府单位组织建造的公共基础设施，比照一般建筑类固定资产建造成本确认、计量公共基础设施资产即可。近年来，政府建造公共基础设施出现了一些新的形式，如 BOT 方式和 BOOT 方式。在这些方式中，建造阶段的工程管理由承建企业负责，管理责任及资产风险由承建企业承担，政府单位只是在接收公共基础设施后才能对其直接实施管理，因此，按照“谁管理、谁核算、谁报告”的原则，政府会计对运营企业移交（BOT 和 BOOT）的公共基础设施，应当在接受移交时确认资产。

实务中存在房地产开发企业无偿移交给政府（规定在土地出让协议中）的公共基础设施。在这种情况中，形式上是开发企业无偿将公共基础设施“赠送”给政府，实质上免费移交的公共基础设施是企业交给政府的实物地租，因此政府应当在接受移交的公共基础设施时，确认公共基础设施资产，同时确认收入。

2. 公共基础设施的后续支出。对公共基础设施的后续支出主要包括维修、更新改造等。对公共基础设施的后续支出核算可以仿照固定资产的核算，即凡是更新改造能够提升公共基础设施的性能或延长预定使用年限的，应当将更新改造费用记入公共基础设施的原值，凡是更新改造不能够提升公共基础设施的性能或不能延长预定使用年限的，应当将更新改造费用记入当期费用，不记入公共基础设施的账面成本。

3. 公共基础设施的折旧。公共基础设施基本属于人工建筑，都有一定的预计使用年限。但在实务中，很多基础设施采用的是局部更新的方法，即始终保持基础设施的正常使用状态，而不会进行整体报废。因此对于公共基础设施是否折旧，国际上有两种处理方式：

（1）计提折旧。对于按照规范的维修、局部更新措施进行管理，仍旧具有既定的使用寿命的公共基础设施，通过计提折旧，可以准确衡量公共基础设施每年所提供服务的成本。

（2）不计提折旧。对于按照规范的维修、局部更新措施进行管理，可以不断延长使用寿命的公共基础设施，在该管理程序下，公共基础设施中的某类固定资产可以视为被永久使用。在这种情况下，该类固定资产可不计提折旧。

大部分固定资产都需要计提折旧，不计提折旧的固定资产必须具有管理上的规范性，定期评估固定资产的使用状况并进行相应的局部更新和维护。结合我国公共基础设施的使用和管理特点，本研究建议对以下公共基础设施不计提折旧：①公路系统中的道路、隧道；②供水系统、排水系统和水利系统中的构筑物和管网部分；③公园绿地和社区公共设施中的园林场地。

（五）对企业化运营、政府补偿运营费用的非营利性公共基础设施的核算

由企业管理（包括企业化管理的事业单位）的公共基础设施，在企业的会计核算中，可以有三种方式：（1）不登记正式的会计账，只在备查账中进行记录，期末提供的会计报表中也不反映。（2）将公共基础设施作为自有资产单独记账，设立“公共基础设施”账户，采用与固定资产类同的核算方法，对公共基础设施计提的折旧记入企业当期费用。（3）将企业代管的公共基础设施作为一个单独的记账主体，主要设置资产类“公共基础设施”账户和“公共基础设施累计折旧”账户，净资产类“公共基础设施基金”账户。企业增加代为管理的公共基础设施时，按增加的金额同时登记“公共基础设施”账户的借方和“公共基础设施基金”账户的贷方。对公共基础设施按期计提折旧并冲减公共基础设施基金，按计算的折旧额登记“公共基础设施基金”账户的借方、“公共基础设施累计折旧”账户的贷方（使公共基础设施的折旧不记入企业的经营费用）。期末，对公共基础设施单独编制资产负债表，反映期末公共基础设施的净值和公共基础设施基金的余额。

综合考虑，对企业管理的公共基础设施的核算不宜采用第一种

方式，因为按照“谁管理、谁核算、谁报告”的原则，在政府投资公共基础设施并且将其交给企业管理后，政府会计核算中对这些资产不记账（或不再记账）。如果企业也不记账，这些公共基础设施就脱离了会计核算的视野。采用第二种方式适宜由政府出资补偿公共基础设施的全部成本或企业可以进行部分经营性收费，企业负有对公共基础设施保值责任的情况。采用第三种方式适宜仅由政府出资补偿公共基础设施的运营成本，企业不负有对公共基础设施保值责任的情况。

（六）公共基础设施的信息披露问题

在政府的会计报表中，要单独设置“公共基础设施”栏目，登记“公共基础设施”的资产净额。

在公共基础设施栏目中，除了填列政府单位管理的公共基础设施资产金额以外，还要填列企业受托管理，但企业不负有保值责任的公共基础设施。对企业不负有保值责任的公共基础设施，按照企业报表中反映的公共基础设施资产负债表中的公共基础设施资产净值填列；同时，政府会计报表的“对国有出资企业投资”栏目中，不反映企业报表中已反映的公共基础设施资产负债表中的公共基础设施净资产。

除了对政府管理的公共基础设施的价值进行信息披露外，在政府会计报告中还应当对包括营利性公共基础设施（包括企业负有保值责任的公共基础设施）在内的全部公共基础设施进行披露，以便于会计信息使用者全面了解政府服务能力的物质基础以及政府在建设公共基础设施方面所作的努力。

全部的公共基础设施分类，应在政府主体的公共基础设施类别之外，增加包括航空、航运、铁路、城市轨道交通、公共交通、自来水、煤气、电力、高速公路等企业所有或控制的公共基础设施类别。对全部公共基础设施的信息披露，可以采用披露非价值信息的方法。需要披露的公共基础设施非价值信息和其他信息主要包括：（1）公共基础设施的实物量；（2）公共基础设施的服务能力；（3）政府在公共基础设施上投入的资金。

三、文化文物资产

（一）文化文物资产的概念

文化文物资产是指用于展览、教育或研究等目的的历史文物、艺术品以及其他具有文化或历史价值并作长期或永久保存的典藏等。一般的文化资产与文物的区别仅在于文物是经过国家权威文物机构认定的文化资产，有时也出现普通固定资产因被认定为文物转为文化文物资产的情况，如将某处房屋确定为名人故居。

文化文物资产与普通固定资产相比，具有稀缺性、不可复制、永久保存的特点，其决定了文化文物资产具有与一般固定资产不同的资产特性。比如，一般固定资产在使用过程中的价值是不断消耗的，而文化文物资产在使用过程中的价值一般不会降低，甚至还会提高；一般固定资产可以重复制造，绝大多数来源于购买和自行建造，而文化文物资产不可复制。政府的文化文物资产很多来源于因政府权力或受托责任而获取以及接受捐赠。这些特点造成文化文物资产与一般固定资产在会计核算上的区别。

（二）文化文物资产的核算问题

文化文物资产核算问题包括两个方面：一是文化文物资产初始确认；二是文化文物资产的后续计量。

1. 文化文物资产的初始计量。政府管理的文化文物资产中，通过市场购买部分不多，因此文化文物资产很多没有一般意义上的历史成本。大多数文化文物资产是政府通过接受以前政府、考古发掘、无偿征集等方式得到的，所以，在对文化文物资产的确认中，如何计量成为政府会计的一个难点。我们分析后认为，只对能够确定初始成本的文化文物资产进行确认入账，不能确认初始成本的文化文物资产，则不登记正式会计账簿，而是通过辅助账进行实物登记。对文化文物资产的初始计量及确认入账主要按照以下原则：

（1）政府从以前政府机构无偿接收的文化文物资产，原来已经入账的，按照原来账面余额入账；原来没有入账、有同类物品市场价格的，按照市场价格入账；没有同类物品市场价格和原来账面成本的，不确认入账。

（2）接受捐赠人无偿捐赠给政府的文化文物资产，有同类物品市场价格的，按照市场价格入账；没有同类物品市场价格的，不确认入账。奖励给捐赠人的奖金，作为费用，不计入文化文物资产账面价值。

（3）政府按照法律规定无偿取得新发现的文化文物资产（包括由发现人依法上交国家），有同类物品市场价格的，按照市场价格入账；没有同类物品市场价格的，不确认入账。奖励给发现上交人的奖金，作为费用，不计入文化文物资产账面价值。

（4）通过考古挖掘取得的文化文物资产，不确认入账。政府支付的考古挖掘费用，作为费用，不计入文化文物资产账面价值。

（5）政府通过海外市场购买回原属于本国的文化文物资产，按照市场价格及其他相关成本入账。

2. 文化文物资产的后续计量。

（1）折旧。文化文物资产的使用价值是多方面的，包括承载历史及文化信息、作为艺术品、具有收藏价值等。很多文化文物资产由于其稀缺性，还具有不菲的市场交换价值。文化文物资产的使用价值及市场交换价值，一般不会随着时间流逝而逐渐减少，往往会提高。因此，对文化文物资产不需要计提折旧。

（2）后续支出资本化。文化文物资产存在后续支出，包括直接使文化文物资产保持现有状态的支出、恢复文化文物资产的支出等。这些后续支出是否应当资本化，计入文化文物资产的账面价值，是需要研究的问题。从文化文物资产的固定资产属性看，由于其单件性、不可复制的特性，对其的维修一般不会提高资产的使用功能，所以，大多数维修的后续支出，不应当资本化。

有些对文化文物资产的维护或修理，可以提高原来文化文物资产的预期保存时间，如果这种延长文化文物资产保存时间的效用是明显的，则比较符合增加固定资产使用价值的含义，可以将其支出进行资本化，计入文化文物资产的账面价值。

有些对文化文物资产的维护或修理，改善、恢复了文化文物资产的原有状态，也可以视作增加的固定资产的使用价值，因此应当将相应的支出进行资本化处理。

3. 文化文物资产的信息披露问题。在各类固定资产中，文化文物资产大多不能按照成本入账。这是因为，很多文化文物资产的价值难以计量，有些不能在表内确认，有些虽然已经在表内确认但仍无法反映实际价值，仅靠报表披露的文化文物资产信息不足以说明政府拥有的文化文物资产规模。因此，文化文物资产的会计信息披露，更要倚重于表外披露。对文化文物资产的会计报告应当分为两部分：一是在表内确认的文化文物资产，应当在资产负债表内单列项目进行报告；二是对文化文物资产采用实物计量的方式在表外进行披露。表外披露的文化文物资产信息应当包括：（1）文化文物资产的现有存量，包括等级和数量等；（2）文化文物资产数量的变化原因；（3）维护文化文物资产的支出。

附表：政府固定资产折旧年限表。

附表　　政府固定资产折旧年限表

一、普通房屋及建筑物	
房屋：	
钢结构	50年
钢筋混凝土结构	50年
砖混结构	30年
砖木结构	30年
简易房	8年
围墙	10～15年
构筑物：	

续表

其他建筑物	8 年
二、通用设备	
1. 办公自动化设备	
计算机设备:	
大型计算机	10 年
普通计算机及相关设备	6 年
其他办公设备，传真机、电话机、复印机等	8～10 年
2. 其他通用设备	
单体空调、通风除湿等设备	10～15 年
中央空调	20～25 年
中央通风设备	8～10 年
单体空调、通风除湿等设备	10～15 年
锅炉	14 年
电梯	15～18 年
监控设备	5～10 年
摄影器材、照相机、投影、音响等音像设备	8－10 年
电视机、洗衣机、冰箱	10 年
其他日用小电器，饮水机等	5 年
3. 车辆	参考交通部有关各类车辆报废年限的规定
九座以下（含）非营运客车（包括轿车、越野型）	15 年
非营运客车（九座以上）	10 年
营运（非出租）客车	10 年
轻货、大货	10 年
微货	8 年
带拖挂货车、矿山作业车	8 年

续表

吊车、消防车、钻探车等专用车	10年
全挂车	10年
半挂车	10年
半挂牵引车	10年
三轮农用	6年
四轮农用	9年
正三轮摩托	7~9年
其他摩托	8~10年
其他汽车	10年
三、家具，包括办公家具、宿舍家具、其他家具	15年
四、专用设施和设备	参考工业企业财务制度及相关行业企业财务制度
医疗专用设备	参考医院财务制度
通信通讯专用设备	参考邮电通信企业财务制度
道路及相关设施设备	参考高速公路企业财务制度
给排水管线及设备	参考水利工程管理单位财务制度
施工设备	参考施工和房地产企业财务制度
园林、农业、林业设施和设备	参考农业企业财务制度、国有林场和苗圃财务制度
文化、娱乐设施和设备	参考旅游餐饮企业财务制度

注：以上未包含的固定资产的折旧年限可参照相关专业标准估计。

2013年
《政府负债核算与报告研究》[①]

目前，我国政府负债的主体范围、内容边界很不清晰。在职能部门和财政部门的决算报告中，对政府债务负担情况缺少会计持续记录和定期披露，大量重要的政府债务没有反映，只能依赖不定期的专项审计查找可能存在的政府负债。现有的政府会计负债信息不能为财政持续健康发展提供及时准确的数据，无法起到对政府偿债危机及时预警的作用。本课题拟对政府负债的核算和报告进行全面的研究，提出政府负债会计核算和报告的理论分析结论和具体操作方案。

目前我国政府负债会计核算的现状及存在问题

一、目前我国政府负债主体的现状

政府负债主体的复杂性和模糊性，是导致我国政府会计确认负债存在困难的制度性原因。

（一）非政府单位存在政府需要负担偿还的债务

由于我国长期存在政府财权与事权分配的不一致，导致我国存在政府实务操作绕过法规限制的情况。政府采用传统政府单位之外

---

① 本课题由北京市财政局委托研究小组完成，课题负责人为王建英，执笔人为王建英、王彦、赵西卜、陶占录。

的企业作为融资主体进行融资，并承诺承担还款义务。在目前契约不完备的情况下，现有负债契约主体和负债责任主体相分离。目前这些企业不作为政府主体，这些负债全部游离于政府会计之外。

（二）大部分政府债务的发行、借入、使用、偿还单位不一致

政府主管部门或者财政部门借入的资金，如国债，借入单位是财政部，但是国债资金的实际使用单位和承担本息偿还义务的是下级政府的财政部门甚至是企业。在资金转拨的不同层级，形成了不同的偿债责任。类似的问题还存在于中央财政代地方财政发行债券的情况。地方政府债的借入方是地方政府，却是由中央政府代为发行。这些发行、借入、使用、偿还单位的不一致，使得负债偿还责任区分比较复杂，现有的会计核算对这些不同责任没有做到全面核算和报告。

（三）实务上对政府负债主体的理解存在差异

我国政府单位偿还负债的资金来源既包括财政资金也包括非财政资金，目前政府债务审计中只将使用财政资金偿还的负债视为政府负债，政府单位使用非财政资金偿还的负债被视为政府的或有负债。这种做法与会计上将事业单位本身作为政府主体确定单位负债的理论和实务是违背的。

政府负债主体的复杂性和模糊性，使得大量政府债务游离于政府会计核算和财务报告之外。对政府负债主体的范围和政府负债范围进行分析判断是本研究的首要问题。

二、目前我国政府负债的核算和披露问题

政府负债发生的条件和发生的形式非常复杂，我国目前相关的政府会计规范缺乏确认政府负债的具体标准，对政府负债的界定范围过于狭窄。对于哪些负债应该是政府会计报表上确认列示的表内负债，哪些是表外负债，是否需要在报表附注中进行披露等，没有清晰的规范和说明。具体表现在以下几个方面：

1. 政府会计主体界定不清且涉及范围过窄，大量政府主体的负债没有披露。一些在实质上属于政府主体的企业没有界定为政府主体，恰恰是这些企业，承担了大量由政府财政资金负担的债务。

尽管这些企业都对负债进行了核算和披露，但是因为目前政府并未将这些受到政府控制、履行政府职能的企业界定为政府主体部分，这些企业确认的负债不在政府的会计报表或财务报告中披露，使政府遗漏了这部分负债信息。

2. 一些明显的应该在表内披露负债由于会计制度原因没有相应核算和披露。例如，地方债券发行和归还，只在收到和归还时确认债务收入和支出，却没有按权责发生制确认为部门或单位的负债，因此政府部门决算和财政决算时报表上没有相关的债务信息。目前能够在表内确认为政府财政或部门单位“银行借款”或“借入款”的，只有事业单位的借款和中央财政部的国债。

3. 政府负债概念范畴过窄，不能全面披露政府负债。我国目前政府会计相关的规范均没有从负债的实质对负债进行定义，导致核算和披露的政府负债仅局限在少数显性的法定债务。政府更多的或有负债、隐性负债、因计量原因无法确认的负债等，几乎没有有关的界定和披露要求，政府财务报告上也没有披露。

4. 已有核算负债的会计报表类别设计不规范，不便于掌握债务性质和风险。政府单位的负债报表类别和相关会计科目设计存在缺陷，缺少体现偿债紧迫性、负债对象和债务成因的分类。如缺少流动性与非流动性负债的划分。行政单位没有借款和交易引起的负债有关的会计科目，使用一个“暂存款”科目承担所有的银行借款、交易往来等负债的核算，掩盖了不同负债的成因和性质，不利于信息使用者掌握政府单位不同负债导致的不同风险。

政府负债主体范围研究

政府负债主体问题产生的原因，很大程度是因政府主体不清。研究我国政府负债的首要问题：一是对政府负债的主体范围进行界定；二是对不同形式政府负债具体责任主体进行认定本部分论述第一个问题。

一、政府负债主体的概念界定

从会计角度看，政府负债主体是需要在主体会计报表或财务报告中披露它所承担负债的主体，因此就是政府会计和财务报告的主体，简称政府主体。政府负债主体的研究，实质上就是政府主体的研究。

根据本课题组以往的研究[①]，我们认为，在我国，政府主体包括政府单位主体和基金主体两种形式。其中，基金主体的界定相对清晰，在实务操作上难度不大，所以不作更多分析。政府单位会计主体的界定则存在较多问题。我们认为，政府单位会计主体是同时满足以下 3 个条件的单位：（1）属于国有单位；（2）属于非营利组织[②]；（3）政府控制所有权。

对于国家拥有全部财产所有权的组织，不论在法律形式上是行政单位、事业单位，还是企业，符合第 1、第 2 条标准就可以划分为政府会计主体。对于混合所有的非营利组织，需要按照第 2、第 3 条标准划分为政府会计主体。

依据以上标准，能够明确判断为政府主体，其所发生的负债属于政府负债的单位包括：行政单位、非自收自支的事业单位、政府控制所有权的社会团体、非营利性的国有企业，除此之外，政府主体还包括符合基金定义的政府基金会计主体，其负债也属于政府负债。

当以上这些政府主体根据需要汇总或合并成政府部门或政府整体时，形成了政府部门或政府综合会计报告主体，汇总或合并形成的负债，就构成了该报告主体的政府负债。

二、政府主体中对非营利国有企业界定

现实中，非营利这条标准有时比较模糊，需要研究什么样的国有企业属于非营利性，是否属于政府单位需进一步界定。

（一）界定非营利国有企业的具体标准

国际货币基金组织认为政府企业是否纳入政府范畴，核心在于该企业是否按照市场价格出售全部或几乎全部的产出。具体到我国

① 《政府会计主体范围研究》，北京市预算会计研究会课题组。

② 这里所说的非营利组织是指广义的非营利组织，包括政府组织。

的情况，本研究认为，非营利的内涵决定了这类企业的产品或服务定价不包含必要的利润，有时甚至不包括折旧等费用的弥补，因此这类企业的运营收入无法弥补全部的运营成本。

这类非营利企业提供产品或服务的活动，是政府履行公共管理或提供公共服务职能的一个组成部分，政府对这些组织承担行政上或公司管理层面的决策权力，并对他们的运营承担责任。政府对这类企业运营后果和负债的责任，可以成为判断这些组织的非营利特点和作为政府单位的特征。具体而言，如果一个政府控制的国有企业具有以下 1 个或多个现象，则可判定为非营利组织，应该属于政府单位：

1. 企业产生的利润全部上交财政部门，亏损全部由财政部门拨付资金弥补；

2. 企业产品或服务的价格由政府管理部门制定，且企业的主营产品或服务与政府相关管理部门存在因政策限价而签订的补贴、更新资产或追加投资的协议，补贴或相关投入条款金额计算所依据的产品或服务价格不包含利润；

3. 财政部门对企业的主要债务承担直接的偿还责任。

（二）界定非营利国有企业的实务操作方式

一些国有企业只是部分地符合上述第 2 条、第 3 条的条件，比如粮油企业中部分产品与政府存在补贴协议，一些政府基础设施运营企业的主营产品部分地获得政府补贴、它的部分债务由政府负责偿还。在这些情况下，需要人为划定一个具体的标准，将这些企业划分为非营利性和营利性企业。

在实践中，非营利性国有企业的界定可通过定期调查的方式，每年或每隔几年根据上述标准及具体确定的细节指标确定一次具体名录，名录上的非营利性国有企业在编制政府部门及综合财务报告时作为政府单位主体，它的有关负债也就成为政府负债。

在现实中，国有企业集团通常会将非营利业务放在母公司进行，营利业务在子公司进行，也不排除可能将非营利业务与营利业务分别放在不同的子公司进行。在这种情况下，如果执行非营利业务的母公司或者子公司满足上述 3 个特征中的 1 个或多个，可只将执行非营利业务的公司划分为政府单位。

三、营利性国有企业与政府主体的关系

以上对政府主体的定义，是基于国际货币基金组织对政府主体的定义，该定义的特点是强调政府职能，不履行政府职能的政府企业（公共企业），即我国的营利性国有企业，不构成政府主体。这种定义的优点是：

1. 强调履行政府职能组织的特点，符合我国政府会计信息使用者对于政府范围的理解；

2. 符合我国社会主义市场经济中对国有企业经营上的独立性要求，以及政府职能向履行行政管理和公共服务职能转换的思路。

对于政府企业，国外一些国家也将其作为政府主体，如美国，但更多的国家认为它是政府控制的主体，并不是政府主体。国际公共部门会计准则认为是否将政府企业纳入政府合并报表，要视政府对政府企业的控制而定，满足了控制的标准，政府企业就纳入政府主体的报表。以英、美、澳、加为代表的政府会计，都将政府拥有控制权的政府企业以合并或联合报表等方式纳入政府财务报告的范围，对政府没有拥有足够控制权份额的企业只以权益法在政府报告中披露。

根据本课题组以往的研究，我们认为，营利性国有企业不是政府主体。它的报表不是政府会计报表的一部分。但是，由于政府对营利性企业的控制，政府主体不可避免要在一定程度上承担对营利性国有企业的一些重大责任，尤其是偿债责任。因此，尽管营利性国有企业不是政府主体，但是政府主体财务报告仍旧要采用适当的方式披露政府对这些企业负债的责任信息。

政府负债定义及确认问题

一、现有的定义及改进

（一）现有的政府负债定义

目前我国未对政府负债有直接的定义，但是，相关会计规范中

对不同政府单位负债的定义可以作为我们对现有政府负债定义的参考。

财政总预算会计制度中对负债的定义为：负债是一级财政所承担的能以货币计量、需要以资产偿付的债务，包括应付及暂收款项、按法定程序及核定的预算举借的债务、借入财政周转金等。

行政单位财务规则中对负债的定义为：负债是指行政单位所承担的能以货币计量，需要以资产或者劳务偿还的债务，包括应缴款项、暂存款项、应付款项等。

事业单位会计准则中对负债的定义为：负债是指事业单位所承担的能以货币计量，需要以资产或者劳务偿还的债务。

《地方政府性债务审计工作方案》中对地方政府债务的定义为：地方政府负有偿还责任的债务是指地方政府（含政府部门和机构）、经费补助事业单位、公用事业单位、政府融资平台公司和其他相关单位举借，确定由财政资金偿还，政府负有直接偿债责任的债务。

（二）现有的政府负债定义存在的问题

1. 以债务定义负债，存在循环定义的问题；

2. 没有说明负债的经济实质；

3. 列举法不能穷尽可能的负债形式；

4. 《地方政府性债务审计工作方案》的定义忽略了政府单位和地方政府作为法人主体的特点，主体债务不论是否为财政资金偿还，都是该主体必须承担的一种义务，必须在未来进行偿还。这个定义是在会计上没有对政府实体进行明确界定的情况下的一种务实的做法，但从会计的角度必须予以完善。

（三）政府负债改进后的定义

参考我国企业会计准则和国际公共部门会计准则委员会对负债的定义，本研究对政府负债的定义为：负债是指政府会计主体由于过去的交易或事项形成的现实义务，履行该义务预期会导致会计主体掌握或控制的资源减少。

该定义明确政府负债的核心特点是：

1. 过去的交易或业务形成。这里的“过去”概念，意味着只有已经发生的活动导致的负债才是需要确认的政府负债。如果活动尚未发生，则相关的负债不能确认为负债。例如，政府对雇员的工资福利负债只有在政府获得雇员提供的服务之后才会产生，并不会对现有雇员未来的工资福利承担负债。

2. 会计主体履行义务预期会导致会计主体掌握或控制的资源减少。这种预期的资源减少，即可能是使用财政性资金支付，也可能使用非财政资金支付，不论哪类资金减少，都属于会计主体掌握或控制的资源减少。

二、政府负债定义中的负债责任主体确认

当债务发生时，由谁来承担未来归还的义务，属于负债责任主体的确认问题。前文指出，在我国，这种负债责任主体的确认是政府负债确认遇到的首要问题之一。

（一）政府负债责任主体确认的契约前提

确认任何负债责任主体的标准，都应该以契约（书面或口头）的约定为准。在契约明确的情况下，契约上承担债务归还义务的一方（借款人）就是债务的主体，不论实质上的未来资源流出方是谁。在契约完备的情况下，这种确认并不困难，但是，在现在的政府负债中，由于契约的不完备，使得负债责任主体的确认遇到比较多的困难。

为了明确区分债务主体，需要相关债务契约的明确和完整，即需要对契约上相关的借款人、保证人、借款金额和条件、还款方式、相关方的权利和义务有明确的表述。目前大量政府、非银行金融机构、非金融机构的企业等之间形成的负债责任关系和相关责权利，仅仅以口头约定的形式存在，责任方、责任条款均没有法律上的监督和保障，这是造成目前政府负债风险的直接原因，也是造成会计确认负债主体困难的直接原因。

规范政府负债需根据相关法律补充完善有关的文件或凭据，并且保证违反法律规定的行为受到必要的惩处，保证政府的负债行为限定在法律规范的框架内。

（二）政府负债责任主体的具体确认

目前我国各种类型的政府负债，如果依据完善的契约方式推

断，可以具体确认相关的责任方。在契约不完善的情况下，可以补充有关契约，确定负债的责任方和相关责任。

1. 政府主体是某债务契约中写明的借款人，也是未来资源流出的主体。当承担未来资源流出的主体就是该契约中的借款人政府主体时，该负债就是该政府单位的负债。因此，依据前文界定的政府主体标准，我国的行政单位、非自收自支的事业单位、政府控制所有权的社会团体、非营利性的国有企业以及符合基金定义的政府基金会计主体，以他们名义承担的负债都属于政府负债。

2. 非政府主体是与金融机构债务契约中写明的借款人，但是政府同时或事先或事后与该非政府主体签订另外一项契约（可能是某个文件），表明政府将提供偿还此项负债的资金来源。在这种情况下，非政府主体是金融债务（前一个契约）的债务人，该债务属于企业的负债；政府则是与企业发生债务契约（后一个契约）的债务人，这项负债属于政府债务。

3. 非政府主体是某债务契约中写明的借款人，同时该契约上写明政府是保证人，在企业无法偿还该项负债时由政府承担偿还责任。在这种情况下，非政府主体是该债务的债务人，政府主体是该债务的保证人，该债务为政府或有债务。

4. 政府主体是某契约上的借款人，但是同时或事前或事后在另外的契约上约定最终的还款资金来源是另外的政府或非政府主体。在这种情况下，第一个契约的负债主体仍旧是名义上承担负债的政府；第二个契约中的债务人则是未来资源流出的主体。比如中央财政向公众发行国债，但是国债资金已确定借给地方政府或企业，由地方政府或企业再与中央财政签订使用和还款协议，则中央政府应该作为发行国债契约中的债务主体；地方政府或企业则应该是与中央政府契约关系中的债务主体。

5. 一个政府主体代另外政府主体签订契约，契约上约定后者是借款人，则该负债为后者的负债，与代发行人无关。如中央政府代地方政府发行的债券，契约上显示地方政府为借款人，该债务的主体是地方政府。

三、政府负债的可能性确认

能够在政府会计报表中列报的政府负债，称为表内负债，它不仅需要满足负债定义，而且必须可以计量。但是，在承担负债的问题上，政府主体与企业最大的不同是政府通常需要承担社会公众对它要求的道义上的责任。由此导致许多事项引起的未来资源是否会流出政府会计主体具有相当的不确定性，一些负债在计量上也存在可靠性问题。这些不确定性使得大部分的政府负债不能被很好地确认。

借鉴世界银行的高级经济学家 Hana Olackova Brixi 通过建立财政风险矩阵模型来分析政府面临的财政风险的做法，本研究将我国政府负债按照责任和确定性的不同分为四个类型（如表 1 所示）。

表 1　　我国政府负债类型

政府负债	确定负债（任何时候都已存在）	或有负债（由过去事项引起，但是需未来特定事项发生时才存在）
显性负债（由法律或契约确定了的义务）	Ⅰ	Ⅱ
	借款（包括政府主体外部机构借款，但明确由政府主体归还的借款）	对政府主体外的机构担保的负债
	与政府主体外部机构或个人的交易或往来欠款	未决诉讼
	政府主体间往来欠款	BT 或 BOT 项目中政府约定保障项目收益率形成的负债
	已经程序确定对象的政府承诺补贴或救济	
	BT 或 BOT 项目中政府与企业之间有关的债务	
	现有公共基础设施预提的更新和维护	
	未纳入社保的政府养老金等福利负债	

续表

政府负债	确定负债（任何时候都已存在）	或有负债（由过去事项引起，但是需未来特定事项发生时才存在）
隐性负债（由公众或某些团体压力产生的政府道德义务）	Ⅲ	Ⅳ
	社会保障基金缺口（净负债）	营利性国有企业资不抵债的缺口
		对象尚未经程序确定的政府承诺补贴、救济
		环境负债

（一）表内负债

在四种类型的负债中（见表 1），第Ⅰ象限确定显性的政府负债，其发生的可能性大到足以进行确认，并且大部分负债的金额确定或几乎确定，符合政府会计确认和计量标准，属于政府会计报表中需要列示的表内负债。由于存在相关的法律法规或契约，因此，负债的计量比较清晰，通常可以依据法律法规或契约约定的金额确认政府负债金额。

（二）表外负债

表 1 的第Ⅰ象限中也存在部分负债，尽管发生是显性的和确定的，但是计量存在一定的困难，如现有公共基础设施应做未做的更新和维护、未纳入社保的政府养老金等福利负债。

除第Ⅰ象限外的其余 3 个象限的负债，或是由于发生与否不确定（如第Ⅱ象限的或有显性负债），或是由于政府承诺的可更改性导致确认问题和货币计量金额存在不确定性（如第Ⅲ象限的确定隐性负债），或者同时存在这些特点（如第Ⅳ象限的或有隐性负债），通常不在会计报表上进行确认和计量。

尽管不能进行确认和表内列报，这些负债依旧是政府负债的组成部分，也是信息使用者关注的内容，因为它们在未来某个时点或者某种条件下，有可能因满足确认或计量的标准而成为表内负债。

根据这些负债的可能性和重要性，表外方式披露这类不确定的负债包括披露其存在条件、估算的金额等，对于政府财务报表信息的使用者评价政府的债务风险，进行相关决策是非常有用的。本文后面将对这些表外的政府负债的披露问题进行研究。

四、可能性转化与负债确认

（一）事项发生可能性的转化

或有负债因事项发生，满足确认计量的要求时，就应该确认为负债并在政府会计报表中列示。例如，当政府因诉讼判决生效而承担特定金额的赔偿责任时，就应该在负有支付赔偿责任的政府主体中确认相关的负债。

（二）计量可能性的转化

计量技术完善或金额变得可以确定的情况下，通常会将表外的相关负债进行表内确认。例如，美国等一些国家对政府雇员养老金使用较为成熟的精算模型进行确认和计量，因此这些国家将政府雇员养老金纳入表内政府负债。我国目前尚未构建统一的有关政府雇员养老金的精算模型，因此，对于这部分负债，目前还没有在表内列报。一旦模型建立，相关金额能够比较可靠地确定，这部分债务就应该在表内列示。

（三）承诺与契约的转化

承诺与契约的差异，在于承诺有不经过对方同意而更改的可能性。针对公众或某类群体，政府承诺可能导致未来的某项资源的流出，但是其是否会真的发生流出，往往取决于未来的某个事项发生或某个条件的满足，并且总体金额通常并不确定。从国际上的政府实践看，政府承诺只有在政府约定事项发生或条件满足时——此时政府因无权更改相关承诺而形成一种契约，且金额能够确定的时候才会确认为表内负债。例如，当政府宣布黄标车报废补贴时，相关的黄标车报废补贴负债因为报废在未来发生、总体金额因技术限制不能准确估算，属于或有隐性负债，但相关车辆报废后，一方面导致可能支出补贴的报废事项发生，另一方面政府根据车辆所有者报废的相关凭据，可确定发放补贴的金额，对已报废车辆所有者承担明确金额的补贴发放义务。如果政府主体未能在补贴金额确定程序完成时发放补贴，则该承诺就构成政府确定显性负债，须要确认和计量，并在政府会计报表上反映。

五、政府负债的账务处理方案

（一）已核算债务的重新分类

已在政府主体会计报表内的债务，但是如果存在分类方法影响信息可理解的，应该按照更详细的分类方式重新分类。如将暂收款、其他应收款等项目中的内容重新梳理，将其中符合新分类的债务项目结转到新的债务类别中；对借款重新按照短期借款和长期借款进行账户划分。

（二）尚未纳入核算的政府对金融机构负债

这部分负债通常是可以可靠计量的，应该根据清查的情况确认相关负债。如地方政府债券，应该设置"应付债券"科目，根据尚未归还的债券金额，在"应付债券"中进行确认，同时减少政府的净资产。

当发行新的债券时，在六要素情况下，政府一方面借记货币资金相关科目，贷记预算收入类科目，同时借记"净资产——盈余调整"科目，贷记"应付债券"科目。在八要素情况下，政府一方面借记货币资金相关科目，贷记"应付债券"科目，同时借记结余类科目，贷记预算收入类科目。

随着债券到期归还，在六要素情况下，政府一方面借记"应付债券"科目，贷记"净资产——盈余调整"科目，同时借记预算支出类科目，贷记货币资金相关科目；在八要素情况下，政府一方面借记应付债券科目，贷记货币资金相关科目，同时借记预算支出类科目，贷记结余类科目。

（三）尚未纳入核算的政府对营利性国有企业的欠款

这部分负债，是指以营利性国有企业为借款人从金融机构借款，但是政府提供偿还这部分借款的资金而引起的政府对营利性国有企业的负债。政府在这类负债业务中，对企业相应资金形成的资产份额具有所有权，因此，应根据尚未偿还的债务金额，确认应付企业的欠款，同时增加因政府承担这些负债而产生的对应属于政府的资产价值。为此，在核算上应增加政府负债类科目“应付工程设施款”。

政府与营利性国有企业签订契约，对企业完成某项政府工程或项目而借入的金融借款承担支付偿债资金义务时，由于不涉及现金交易，六要素和八要素的核算分录一样，政府每年年末均根据企业上报的借款实际进度和对应形成的资产类别，借记“储备物资”、“应收工程设施”或者“公共基础设施等”科目，贷记“应付工程设施款”等科目。

当政府按照契约约定支付企业相关的偿债资金时，六要素情况下，借记相应负债类科目，贷记净资产结余类科目，同时借记相应预算支出科目，贷记相关货币资金类科目；八要素情况下，借记相应负债科目，贷记相关货币资金类科目，同时借记预算支出类科目，贷记结余类科目。

（四）未纳入核算的日常业务引起的负债

这部分负债包括政府因政策承诺产生的，有关负债产生的条件事项发生而引起的或有负债变为应确认的表内负债，以及政府其他日常业务中应确认未确认的负债。对于以往累积的尚未确认的政府负债，应在确认相应负债的同时，减少政府净资产。

当政府发生这类业务或在年末对这类负债进行确认时，六要素情况下，因尚未产生现金流出，因此借记“净资产——盈余调整”科目，贷记相关负债项目；八要素情况下，应借记相关费用或净资产科目，贷记相关负债科目。

当政府偿付此类债务时，六要素情况下，借记相关负债科目，贷记“净资产——盈余调整”科目，同时借记相关预算支出类科目，贷记货币资金类科目或其他资产科目；八要素情况下，借记相关负债科目，贷记货币资金科目或其他资产科目，同时借记预算支出类科目，贷记结余类科目。

政府负债信息披露

一、政府表内负债的报表披露

政府表内负债如何在报表上披露，是政府表内负债在资产负债表上的归类设计问题。

国际公立部门会计准则委员会对各国的表内负债分类进行归总后认为，政府负债通常有多种分类方法，如何分类均是根据各国政府信息使用者对信息的使用要求而定。根据我国目前的情况，本研究建议我国政府会计表内负债可以参考各国经验的基础上，结合我国的财政体制特点、债务风险评价需要，考虑负债金额和性质的重要性，在资产负债表上进行如下分类：

（一）按照负债的流动性分类

这是类似于企业负债的分类方式，将政府负债按照是否 1 年内到期，划分为流动负债和非流动负债。

划分为流动负债与非流动负债，有利于信息使用者评价政府债务期限的合理性，评价短期和长期内偿债安全程度以及未来预算安排偿债资金。

（二）按照负债的欠款对象和欠款成因分类

按照负债的欠款对象和欠款成因分类，有利于信息使用者评价政府债务结构的合理性，对重点债务项目进行监控。由于欠款对象和欠款成因在一定程度上有重合，因此在这里混合成为分类标准。

1. 借款。政府从金融机构借入的款项。可进一步分为短期借款和长期借款分别在流动负债和非流动负债中列示。长期借款 1 年内到期的部分，也应该在流动负债中列示。

2. 应付债券。政府通过发放有价证券形式进行的借款。通常这类债券期限长于 1 年。但是，如果政府发放期限短于 1 年的短期融资券，则应该将短期债券和长期债券分开，分别列示在流动负债和非流动负债中。长期的应付债券 1 年内到期的部分应该在流动负债中列示。

3. 应计利息。对于长期借款和长期债券，按照权责发生制，应该计提相应的应付未付利息。通常应付利息是流动负债，但如果按照契约，该利息在1年的时间后才进行支付，则应与相关负债一同列入非流动负债。

4. 应付工程设施款。政府根据契约约定对营利性国有企业借入金融借款建造公共基础设施的项目所承担的支付偿债资金的义务。

5. 应付账款和预收账款，包括政府主体与政府之外主体发生的购买商品或劳务引起的1年内到期的应付账款。如果是期限长于1年的款项，则应该在长期应付款中列示。

6. 长期应付款，包括政府单位购买商品或劳务时，采用期限长于1年的支付方式所欠付的账款，包括分期付款、融资租赁的应付款项。

7. 应付工资和福利。在财政直接支付方式发放工资的制度下，大多数政府单位计算应计工资和福利的同时就完成该负债的支付偿还，应付工资和福利通常没有余额。但是，一方面，该制度并未全面落实完成，我国仍有部分政府单位采用实拨资金制度；另一方面，仍有一些政府主体由于种种原因，如财政资金紧张，存在欠付职工工资福利的现象，尽管该现象并不一定普遍，但是却关系到政府的信誉，具有重要的社会影响。因此，应付工资和福利仍旧需要单独成为一个类别。

8. 应退税金。政府税收单位根据退税政策确定退税具体对象和具体金额，但尚未退还的税金。

9. 应付政府补贴款，包括政府已经确认对象和金额的对企业、个人的尚未支付的补贴款、救济款等。

10. 与上级往来和与下级往来，包括政府与上下级政府主体之间的资金拨付或借入借出业务。该科目方便不同层级政府报表合并时进行相关负债的抵销。

11. 应计费用。政府固定资产、公共基础设施等应计提的更新维护费用。

12. 暂存款，包括政府与非政府主体之间除前述事项外引起的负债。

13. 预计负债，是指因引起未来资源流出的事项已发生，并且金额可以确定，因而从或有负债转为表内的负债，如担保确定变为实际负债、确定的诉讼赔偿等。

14. 未纳入社保的政府养老金负债。由于计量原因，该项目在我国政府会计主体中尚未进行核算和表内列示。当计量方法成熟时，该项目应列入资产负债表。

15. 递延收入，是指政府尚待确认的收入。如因 BOT 项目产生的待实现特许经营权，政府在 BOT 项目中无需支付而取得的资产，构成政府资产的同时，形成递延收入，在 BOT 项目期间逐步转为政府的收入。

二、政府表内负债的报表附注

政府表内负债的各个项目在附注中披露的内容，应该有利于信息使用者对表内信息的理解。建议有关的附注至少包括以下内容：

1. 重要负债项目的主要构成，如重要的单笔借款、欠付的主要供货商债务的到期日期、金额。

2. 重大金额或发生重大变化的负债项目产生原因。

3. 其他有助于信息使用者理解和决策的信息，如因存在导致借款金额发生变化的汇率风险，将借款按照不同币种及相关币种金额进行分别披露。

三、表外负债的信息披露

由于政府存在大量的表外负债，并且这些表外负债对政府未来的偿债安全和财政可持续性具有重大的影响，因此尽管表外负债由于确认和计量等原因无法在会计报表内部进行列示，但是必须在报表附注中进行尽可能详细的披露。

对表外负债的具体披露，从读者的习惯和方便理解的角度，可以按照表外负债的类别、重要性、发生可能性大小进行说明。具体而言，表外负债的信息披露可以包括以下几个大类：

（一）因故未纳入表内的政府表内负债

对于因某些原因不能在当前纳入政府财务报表的表内负债，如未纳入社保的政府养老金负债，应披露未纳入表内负债的原因、估算的方法和估算的金额。对于容易与融资租赁混淆的经营性租赁，如果金额重大，也应在报表附注中披露相关的债务条款、债务期限和金额测算方法等。

（二）或有负债

对具有显性的、发生可能性较大或者金额重大的或有负债，应逐项列示产生的原因、可能的金额；如果不能对可能的金额进行估计，应说明不能估计的原因，提供对估计相关金额有用的其他信息。对于有一定可能性、金额很小的或有负债，可以不用披露。

（三）重大的政府政策负债

对于具有较大可能性或者金额重大的政府政策承诺，应披露引发该类负债的相关政策、涉及的对象范围、可能的金额估计。如果并不重大或者金额较小，发生的可能性极低，则可以不披露。

（四）重大的政府社会责任义务负债

对于政府从社会责任或道义出发，可能承担的其他社会成员发生的负债，如社会保障基金缺口、国有企业重大的亏损、已发生重大损失的环境污染等，应披露有关的事项、可能损失或赔偿金额估计的方法、估计的金额、政府与这类负债之间的关系等。如果存在多种估计方法，应尽可能提供不同方法下的估计结果。

四、部门或政府整体的负债披露

除政府主体提供单独的会计报表和财务报告外，政府还需要以部门和政府整体为会计主体进行报表披露和财务报告。这就涉及不同政府主体如何合并报表和披露负债。

我国的政府主体包括行政单位、非自收自支的事业单位、非营利国有企业、政府控制的社会团体和基金等形式。除此之外，政府还控制着非政府主体的营利性国有企业。使用一种方法合并或汇总他们的报表，并不能得到符合信息使用者可理解和清晰性要求的信息。针对不同的政府主体特点以及他们与政府部门或政府整体的关系，有以下多种汇总或合并的方式可供选择。

（一）行对行合并报表方式

行对行全面并表，是完全合并会计报表的方式。将汇总范围内各政府主体完全视同一个主体，抵销内部交易或事项的有关栏目数据后，将报表的相同栏目数据加总，最终获得一套视所有政府主体为一体的合并报表。

这种方法要求信息使用者认为合并的所有政府主体具有相同的特性，包括对他们履行政府职能的特点没有异议，各主体报表的会计基础一致，各主体的会计事项采用的会计方法基本一致。如果各主体存在报表会计基础和会计方法差异，也能够经过调整后一致。

在我国，能够基本满足这种条件的政府主体包括行政单位、非自收自支事业单位、政府控制的社会团体和政府的基金。将他们的会计报表行对行合并成一张政府报表，基本不会存在问题，因为：

1. 这些政府主体范围是我国传统的政府信息使用者对政府职能履行机构的理解范围，合并之后的信息比较容易为信息使用者所理解。

2. 尽管这些政府主体有的采用现金制行政单位会计制度，有的采用部分应计制事业单位会计准则和制度，但是受到会计基础影响而完全不同的项目和金额比较少，因此行对行合并要求的项目调整难度不大，不会造成过高的报表合并成本。

合并报表时，各政府主体之间的负债被相互抵销，合并报表显示的政府负债是合并后的主体对合并后的主体外的负债情况。

合并报表附注对政府或有负债或其他隐性负债的披露，不再考虑合并主体内部各政府主体间相互形成的或有负债或隐性负债。

（二）联合报表方式

1. 联合报表。对于属于政府部门或政府整体，但因某些原因不适合行对行合并的政府主体，可采用不合并报表的披露模式。国际上这种模式有并排列报和联合报表两种方法。并排列报是在政府合并报表栏目旁边，使用一栏或多栏将这些政府主体的报表并排列示；联合报表则是列示合并主体报表的同时，列示合并报表之外的政府主体的报表（或者这类主体的合并报表）。并排列报或联合报表的方式保留了特殊政府主体的独特信息，使信息使用者更好地理解和使用不同类型政府主体的会计信息。

本课题认为，由于非营利国有企业与政府其他主体之间的会计基础和报表项目设置差异较大，不适合并排列报的方式，建议采用联合报表方式列报非营利国有企业的合并报表。理由如下：

（1）风险监控的需要。我国前期出现的政府依托国有企业替政府借债的行为，一方面与政府权力和职责的分配问题有关，但另一方面，也与我国政府会计信息中遗漏政府控制的国有企业这一重大构成有密切关系。我国的政府会计报表和财务报告中对政府控制的国有企业没有进行适当的汇总或合并反映，导致政府因这些企业特别是非营利国有企业而承担的负债游离在政府会计报表和财务报告之外，无法为信息使用者提供持续、及时、全面的风险监控信息。只有在会计上将属于政府部分的非营利国有企业的会计信息作为政府会计报表的正式信息，才能向信息使用者揭示政府主体的主要风险。

（2）提供完整政府会计报表的需要。我国政府控制的国有企业分为两类，一类是政府在履行公共管理和服务职能过程中成立的非营利目的的国有企业；一类是我国传统的营利性国有企业。这两类不同类型的国有企业在过去并没有进行区分，一律作为政府之外的企业。但是，随着政府职能越来越清晰，对国有企业功能定位划分越来越明确，公益性国有企业（本研究称其为非营利国有企业）的概念被提出来，这促使政府对于政府范畴的职能和实体进行重新思考。非营利国有企业是政府履行职能的一个重要组成部分，应该列入政府的范畴，这一观点越来越被信息使用者认可。政府会计需要对不同国有企业信息进行适当的反映。

（3）加强信息可理解性的需要。我国的国有企业数量众多，传统上我国政府报表信息使用者对政府信息的使用主要以行政事业单位信息为核心，如果将非营利国有企业的报表直接合并，容易导致信息使用者理解上的困难。采用联合报表的披露，则可帮助信息使用者对于政府不同职能的履行结果进行判断。

（4）节约合并成本的需要。在联合报表列报的形式下，非营利国有企业与合并主体间的相关业务不需要进行抵销。由此避免不同会计基础报表的合并问题，节约编制政府部门或政府整体财务报表的成本。

2. 联合列报非营利国有企业报表时应该注意的问题。

（1）联合报表的合并问题。联合列报非营利国有企业报表时，通常采用联合列报非营利国有企业合并会计报表的形式，但建议将金融企业（如果是非营利国有企业）与非金融的非营利国有企业分别编制合并报表，在政府财务报表中联合列报。这样可以避免非金融企业与金融企业间的债权债务相互抵销，非金融企业的金融债务信息对于国家金融安全评价和决策而言是非常重要的。

（2）联合报表的抵销问题。尽管非营利国有企业的联合报表与其他政府主体合并报表之间不进行业务和项目的抵销，但是对于他们之间比较重要的内部业务，应该在报表附注中进行说明和抵销。如报表附注中应对合并主体中包含的对非营利国有企业的投资项目，与非营利国有企业的净资产相互抵销，并披露考虑这些抵销后加总计算的政府部门或整体的资产、负债、净资产规模及必要的明细信息。

3. 报表附注的联合报表负债问题。联合报表是介于政府合并报表与政府报表附注信息之间的一种披露形式，政府合并报表的主体与联合报表（合并的）主体是具有不同特点的政府主体，它们之间的关系与各主体内部已抵销主体的关系并不完全相同，因此本研究建议在报表附注中，还应当对合并报表主体与非营利国有企业联合报表主体之间的关系进行说明，对两类主体之间存在重要的或金额重大的或有负债、隐性负债等进行详细的披露。

（三）附注披露营利性国有企业的主要会计信息

在国际上，对于政府具有控制权的国有企业，不论是否是营利性的，只要具备政府控制的特点，通常是要合并到政府报表中或者并排列报在政府报表里，以便完整反映整个政府的全部职能和活动。但是，根据我国的实际情况，营利性国有企业从本质上并不是政府职能延伸的机构，因此本课题不建议合并或联合列报这部分企业的报表。

基于我国政府主体与营利性国有企业之间的控制关系，本研究建议采用在报表附注中披露营利性国有企业的以下负债相关信息：

1. 营利性国有企业主要报表信息或简易报表，披露政府控制的营利性国有企业的主要资产、主要负债、股东权益、收入、费用和利润情况。

2. 政府主体与营利性国有企业之间产生的主要表内债务事项、性质、金额等。

3. 政府主体与营利性国有企业之间产生的主要表外债务类别、重要事项、性质、金额等。这其中，包括目前我国一些政府委托企业借款并进行项目建设的负债。这些负债，是政府的或有负债，政府需要对营利性国有企业中的这类或有负债进行详细的说明。如果政府与企业之间具有书面或口头契约，约定政府对这类负债承担支付的责任，则这些负债应该在政府会计中进行确认并在政府主体会计报表中列示。

4. 政府主体与营利性国有企业之间存在的亏损救助情况。应披露发生重大亏损的营利性国有企业的亏损金额，政府对这类亏损的政策、有可能的救助条件、救助金额等细节。

主要政府负债项目的会计问题

一、应退税款

（一）应退税款及其引发的政府负债

应退税款是指按照“先征后退”的原则，对符合税收优惠政策的企业和其他单位按照规定应当退还的税款。应退税款需要当事企业和其他单位按照规定提出退税申请，并由税务部门根据税收法规及政策规定进行审核，审核通过后，由财政部门退库支付。

符合退税条件的应退税款在没有按时退还时，就形成了政府的负债。

（二）应退税款负债核算存在的问题

目前在政府会计中尚未对应退税款进行核算。其中一种情况是现行会计制度只要求对已经支付的退税税金进行核算，不包括对已经核准、尚未支付的应退税金进行核算；另一种情况是有的地方因财力问题，不及时对符合退税条件的退税申请进行审批，因此应退税金也不能反映。

（三）对应退税款负债核算的改进

1. 应退税款的管理。在管理层面上对应退税款做到依法管理。凡是依法符合退税条件的，退税单位就可以提出退税申请，税务机构应当及时依法审核批准（无论财政部门是否具有退款的财力）。

2. 应退税款负债的确认和计量。在会计核算层面，应当确认应退税款负债。对应退税款负债进行核算，在税务机构依法审核批准退税申请时，就应当确认应退税款负债，并按照批准的退税金额进行计量应退税款负债。在具体核算时，也可以对即时支付的应退税款不作负债处理，以减少会计核算工作量。

3. 应退税款负债的会计核算及报告。由于税收机构是确定应退税金机构，也掌握是否已经支付应退税金的金额，因此应退税金的负债可以由税收机构来核算。在有关税收会计核算制度中，应当设置反映应退税金的负债科目及报表栏目，对政府的应退未退税金负债进行反映，并且通过合并各部门的会计报表，将应退税金负债反映在政府整体的资产负债表中。

二、政府债券和政府借款

（一）政府债券

1. 政府债券及其引发的政府负债。政府债券是指以政府信用为保障、以政府为发债主体向社会公众发行到期还本付息的债券。政府发行债券形成了政府的债务。政府债券可以在上下级政府之间、财政部门与行政事业单位之间转贷，因此接受转贷债券款项的政府及政府单位还会形成归还转贷款的债务。目前我国政府发行的债券包括国债和地方政府债。承担转贷责任的财政部门和行政单位，对归还转贷款承担担保义务，因此形成了或有负债。

2. 应付政府债券的会计核算要求及其存在的问题。由于要求将财政部门筹集的所有资金收支都纳入财政预算，因此政府债券本金的借入、转贷和归还，形成了财政债务预算收支。在财政会计层面，对政府债券核算既要反映债务预算收支，又要反映政府债务的变动。

目前对国债的会计核算存在的问题包括：对国债本金借入和归还的核算时没有进行收入、支出的核算；财政对国债转贷形成的债权、债务核算是通过往来款账户进行，没有通过反映借入、借出款的科目核算；没有对国债的应付利息进行核算。

目前对地方政府债的会计核算存在的问题包括：财政没有对地方政府债本金借入、转贷和归还形成的负债及转贷债权进行核算；没有对地方政府债的应付利息进行核算。

3. 应付政府债券会计核算问题的解决。对国债和地方政府债核算作为同类业务，采用相同的会计核算方法：①财政对政府债券本金的借入、转贷、归还（不含代还转贷款）都要进行收入、支出的核算，同时要作相应负债和转贷债权资产的核算；②财政对政府债券的应付利息都要按照权责发生制确认负债；③负责向所属单位转贷的行政单位，应当设置相应的科目，核算转贷形成的债权资产和负债；④使用转贷款的行政单位和事业单位，要对借入的转贷款作负债的核算，对借款利息按照权责发生制确认应付利息负债；⑤承担转贷责任的财政部门和行政单位，对归还转贷款承担担保义务形成的或有负债在会计报表附注中进行披露。

4. 政府债券会计信息的披露。在解决了会计核算层面的问题后，财政部门、行政单位和事业单位对政府债券会计信息的披露，通过编制单位（财政部门）、部门（汇总）、政府整体（合并）的会计报表进行反映。

（二）政府向金融机构的借款

政府向金融机构的借款分为两种：主权外债和向国内金融机构的借款。

1. 政府向金融机构的借款及其引发的政府负债。主权外债是指以我国政府主权为信用向国际金融组织等借款形成的债务。向国内金融机构的借款是指我国政府向国内金融组织借款形成的债务。根据签订借款合同的主体，分为政府（由财政部门代表）借款、主管部门（行政单位）借款和事业单位借款。

2. 政府向金融机构借款的会计核算问题。目前主权外债和向国内金融机构的借款，在财政会计制度和事业单位会计制度中都设置了相应的会计科目，可以核算。在财政会计中，还实现了对外债本金借入、转贷、归还的“双分录”核算，对债务收支、负债（和转贷债权）都进行了反映。

目前存在的问题是：①在行政单位会计制度中，由于目前财务规则的限制，没有设置核算借款类负债的会计科目，只是放在往来款（其他应付款或暂存款）科目核算；②在对主权外债和向国内金融机构借款的核算中，目前均不对利息采用权责发生制核算，只是在支付利息时作支出的核算，人为地缩小了实际负债的反映金额；③承担主权外债转贷责任的财政部门和行政单位，对归还转贷款承担担保义务形成的或有负债尚未披露。

3. 政府向金融机构借款会计核算问题的解决。对主权外债和向国内金融机构借款的会计核算，应当解决三个问题：一是对行政单位承担的债务通过设置专门的科目进行核算；二是对借款的利息采用权责发生制核算，在会计期末进行确认利息负债的核算；三是对或有负债进行披露。

4. 政府向金融机构借款会计信息的披露。在解决了会计核算层面的问题后，财政部门、行政单位和事业单位对主权外债和向国内金融机构借款会计信息的披露，通过编制单位（财政部门）、部门（汇总）、政府整体（合并）的会计报表进行反映。

三、政府通过企业的借款融资

（一）企业借款导致的政府负债

很可能导致发生政府负债的企业借款活动包括企业发行的城市投资债券（以下简称城投债）和企业向银行的借款。城投债是企业（一般是政府融资平台企业）为了建造公共基础设施，向公众募集资金发行的到期还本付息企业债券。这里所说的企业向银行借款，是指企业承担建造公共基础设施或购买政府储备物资向银行的借款。

城投债和企业银行借款的直接债务人是发债或借款企业，但是由于所建造的公共基础设施和购买的政府储备物资属于政府应当用公共财政资金取得的资产，因此政府要为归还城投债和企业银行借款承担最终还款义务，形成了政府的实际负债。在企业承担半公益性公共基础设施建造时发生的银行借款，可以由企业将来通过其他经营收入来偿还，但有时由于未来收入的不确定性，政府对这种情况下的借款归还承担了担保义务，因此会形成政府的或有负债。

（二）企业借款导致的政府负债如何在政府会计中反映

城投债和企业银行借款的借款主体是企业，在借入时企业进行了负债的会计核算，在企业的会计报表中也有反映。但是这类负债政府有提供偿债资金的义务，因此也是政府负债，如何在政府的会计报表中反映，是政府会计核算需要解决的问题。

如本文前面所述，对非营利性国有企业，将其作为政府会计报告范围内的主体，通过建立联立报表的方法，将企业的各种负债全部反映为政府负债。因此，解决政府通过企业借款融资形成的负债反映问题，主要是针对营利性企业。

企业的直接负债。承接政府建设项目和物资储备项目的企业往往需要进行借款融资，形成企业的直接负债。企业承接政府项目融资的主要方式包括：发行城投债和向银行等金融机构借款。

企业发行城投债，一般不会由政府承诺担保，因此发行城投债的债务人只是企业，形成企业的直接负债。政府不对城投债持有人承担直接或间接债务归还责任，因此不会导致政府对城投债的负债。但是，发行城投债的企业将来建成的公共基础设施资产，势必要向政府移交，因此通常企业会与政府签有公共基础设施资产移交的协议，而为建设公共基础设施融资发行城投债的债务的偿还资金，会根据公共基础设施资产移交的协议的规定，由政府承担。

企业向银行等金融机构的借款，按照是否由政府承担担保，分为两种：一种是政府在企业借款合同（协议）中承担担保责任，那么政府就对企业的借款承担了担保责任，进而形成政府对银行等金融机构的或有负债；另一种是政府在企业借款合同（协议）中不承担担保责任，那么就不会形成政府对银行等金融机构的任何负债。对于政府担保的企业向银行等金融机构的借款形成的或有负债，应当由承担担保责任的政府机构确认，在其编报的资产负债表报表附注中反映。

另有一种特殊情况，即企业代政府借款后直接给财政。经调研了解，有的地方政府为了筹集资金，又可以有效地掌控资金的使用，采取由企业借款、并将借入的款项直接转入财政部门的资金专户的方法。在这种方法下，企业在将所借款项转入财政资金专户时，记入了企业的往来款（其他应收款），财政部门在收到款项时，也记入了财政部门的往来款（暂存款）。因此，这种政府的负债，已经在财政部门的会计报表中有所反映。需要规范的是：这种代借款方式不符合现代企业制度，应当尽量杜绝这种借款方式。

政府与企业协议移交的公共基础设施资产。政府与企业签订的公共基础设施资产移交协议，主要包括：

1. 企业向政府无偿移交公共基础设施资产一般为房地产开发企业在开发房地产项目时，向政府无偿提供项目使用的公共基础设施或其他公益性（如政府廉租房）资产。企业这种“无偿”移交的资产，实际上是企业向政府缴纳的实物地租，源于政府在土地出让金中予以了一定的免除。因此政府不需再为企业移交的公共基础设施资产承担付款等责任，也不产生政府负债。

2. 企业以政府支付一定金额的资金为前提条件，移交公共基础设施资产时，产生了政府对移交资产企业的直接负债。这种政府负债应当由移交协议规定的政府有关单位会计为核算的主体，确认为应付款负债，并在会计报表中进行反映。

3. 企业以获得政府授予的特许经营权为前提，待经营权到期向政府移交公共基础设施资产。这种协议又称为 BOT 协议。当签订 BOT 协议后，政府根据协议会获得未来（特许经营期结束时）接收的公共基础设施资产，同时，也产生了递延收入负债。在企业进行特许经营期间，政府的递延收入负债不断地转化为财务收入（权责发生制基础）。在这种协议方式下，应当由签订协议的政府单位为负债核算的会计主体，对未来收到的资产和递延收入负债进行核算，并在会计报表中进行反映。

4. 企业以获得政府授予的特许经营权为前提，待经营权到期向政府移交公共基础设施资产，但同时规定，如果企业在特许经营期未获得协议规定的预期收益，政府在移交公共基础设施资产时予以补偿。这种协议又可称为带有保障收益条件的 BOT 协议。当签订带有保障收益条件的 BOT 协议后，政府根据协议会获得未来（特许经营期结束时）接收的公共基础设施资产，同时，也产生了递延收入负债。此外，政府还产生了对预期补偿企业收益的或有负债。在企业进行特许经营期间，政府的递延收入负债不断地转化为财务收入（权责发生制基础）。待到特许经营期结束，根据企业经营实际情况，或者政府的或有负债消失，或者政府的或有负债转为实际负债。在这种协议方式下，应当由签订协议的政府单位为负债核算的会计主体，对未来收到的资产、递延收入负债和或有负债进行核算，并在会计报表及报表附注中进行反映。

（三）政府与企业协议储备的物资

政府与企业协议由企业储备政府储备物资的方式主要包括：政府采购的储备物资，交由企业代储；政府委托企业代为采购，并代储政府储备物资；政府仅要求企业在其日常商业储备中保持一定数量的物资，供政府需要时采购。前两种协议方式中，储备物资的产权属于政府；后一种协议方式中，储备物资的产权属于企业。

1. 政府采购、企业代储。在这种协议方式中，政府负责采购储备物资，政府储备物资产权属于政府，企业只负责储备。政府在采购时已经支付了采购物资的款项，需要向企业支付的只是代储费用。因此，企业如有向银行的借款，需要使用企业自有的经营资金偿还，政府不为此承担企业还款义务，也不需要确认相应的负债。

2. 委托企业采购并代储。在这种协议方式中，企业负责代采购储备物资，还负责储备，企业代为采购的政府储备物资产权属于政府。政府在企业采购时如没有向企业支付采购物资的款项，需要向企业支付的资金除了代储费用外，还要向企业支付购买储备物资的款项。在这种协议方式中，企业往往也会因为采购储备物资向银行借款，这些借款是否作为政府负债？我们认为，应当按照本文前述的原则，对代购代储企业与银行、政府与代购代储企业两种契约的关系处理。企业因代购政府储备物资的借款，作为企业对银行的负债，而不作为政府的负债确认；当企业已经完成采购储备物资时，政府会计应当根据企业提供的凭据作增加政府储备物资资产的会计处理，同时按照相同的金额，作政府对企业应付款项负债的会计处理。

3. 委托企业保留储备。在这种协议方式中，企业不负责为代采购储备物资，企业储备的物资属于企业拥有所有权的商业储备。政府对企业储备的物资没有所有权。在这种协议方式中，企业因为采购储备物资向银行借款属于企业的负债，不作为政府的负债。政府在委托企业储备时，需要向企业支付因保证满足政府随时调拨需要保留储备物资的储备费用，其中也包括因占用资金发生的财务费用。所以，在这种协议方式下，一般不会发生因储备物资形成的政府负债。

（四）BT、BOT 建设方式形成的政府负债和相关会计要素项目的会计核算

1. 建造阶段。

（1）政府承担建造风险。在 BT、BOT 承包协议中，如果写明承包企业不承担因地质或环境等因素对工程成本上升的风险，且协议不可撤销的，那么政府就承担了项目建造的风险。在这种协议中，工程造价（含承包商利润）在建造开始时难以确认。在这种情况下，政府会计在建造开始时，就应当确认“应收工程设施”资产，同时按照相同的金额，确认“应付工程设施款”负债。并按照工程实际发生的造价（政府和承包方双方认可），按照完工百分比法逐步确认“应收工程设施”资产增加和“应付工程设施款”负债增加。

如果在技术上难以做到按照完工百分比法逐步确认“应收工程设施”资产增加和“应付工程设施款”负债增加，也可以采用建造

完工时确认相关资产、负债的方法，按照最后工程实际发生的造价（政府和承包方双方认可），确认“应收工程设施”资产，同时按照相同的金额，确认“应付工程设施款”负债。

（2）政府不承担建造风险。在BT、BOT承包协议中，如果写明承包企业完全承担工程成本的风险。在这种协议中，工程造价（含承包商利润）在建造开始时就能够确认，并作为建造完成时移交的对价依据。在这种情况下，政府会计应当在建造完工时，按照协议约定的工程移交对价，确认“应收工程设施”资产，同时按照相同的金额，确认“应付工程设施款”负债。

2. 完成建造（或移交）。

（1）完成建造并移交。按照BT承包协议完成的工程项目，建造完成后，经验收合格移交政府。移交时政府的应收工程资产转变成实际占有的资产，在会计上将“应收工程设施”资产项目转为“公共基础设施”资产项目。应当支付的工程款项则分两种情况：一种是按照协议支付了移交工程款，那么政府会计原确认的“应付工程设施款”负债被冲销；另一种是政府尚未及时支付移交工程款，那么政府会计原确认的“应付工程设施款”负债转为“应付账款”负债。

（2）完成建造转入特许经营。按照BOT承包协议完成的工程项目，建造完成后转入特许经营。对于转入特许经营的公共基础设施，虽然由企业占有并经营但产权已经属于政府，因此，在会计上将“应收工程设施”资产项目转为“公共基础设施”资产项目。同时，政府未来通过让渡特许经营权交换公共基础设施，并不支付资金购买（不保障收益）或不支付全部资金（保障收益）。授予但需要将来实现的特许经营权实际上形成了一种类似递延收入的负债，会计处理上应将原确认的“应付工程设施款”负债转为“待实现特许经营权”负债。

3. 特许经营期间。

（1）不保障收益特许经营。属于BOT项目的公共基础设施在特许经营期间，企业逐期使用被授予特许经营权并获得收入，相应地，政府应将“待实现特许经营权”负债逐期转为政府的财务收入。在会计上，对原确认的“待实现特许经营权”负债逐期确认减少，并同时确认各期财务收入（八要素核算）或净资产增加（六要素核算）。

（2）保障收益特许经营。保障收益的特许经营是指在 BOT 项目协议中，规定在企业特许经营收费达不到预期收益时，政府在特许经营结束时需支付一定数量的资金以保障企业的收益率。因此，政府在企业特许经营期间，形成了对企业的或有负债。对于这种情况，在会计上可以采用逐期估计的方法估计或有负债的金额进行披露。具体而言，政府每期期末对企业的预期收益与实际收益进行比较，前者减去后者的差额是政府当期增加或减少的或有负债金额（正数为每期增加的或有负债，负数为每期减少的或有负债），各期累计的结果是政府此项或有负债金额。

4. 特许经营期结束移交。

（1）不保障收益移交。不保障收益的 BOT 项目公共基础设施在特许经营期结束时，政府的“待实现特许经营权”负债已经冲减为零，政府也无需向特许经营企业支付资金。因此，在会计上不需要对移交公共基础设施资产进行会计处理。

（2）保障收益移交。保障收益的 BOT 项目公共基础设施在特许经营期结束时，根据企业实际经营结果分为两种情况：一是企业实际收益总额等于或高于协议约定的预期收益总额，在这种情况下，政府的或有负债消失；二是企业实际收益总额小于协议约定的预期收益总额，在这种情况下，政府的或有负债转变为应付的账款，需要向特许经营企业支付约定的资金。因此，在会计上要对移交公共基础设施资产借记“净资产”，贷记“应付账款”。

四、政策性补贴

（一）政策性补贴形成的负债

政策性补贴是国家和地方政府根据有关产业政策、社会保障政策及其他政策对企业事业单位或个人给予的补贴。我国现行的财政补贴主要包括价格补贴、企业亏损补贴、财政贴息、房租补贴、职工生活补贴和外贸补贴等；补贴的对象主要是国有企业和居民等；补贴的范围涉及工业、农业、商业、交通运输业、建筑业、外贸等国民经济各部门和生产、流通、消费各环节及居民生活各方面。补贴方式可以分为按应计补贴量定率补贴和按核定量定额补贴等。

政府宣布和约定某项政策性补贴，是一种承诺，通常还需要认定补贴的具体受益人、具体受益金额后才可以进行支付。这之前，政府具有单方面修订政策的可能性。因此，政府宣布补贴政策，未来发生补贴的事项没有产生，金额也没有确定，只是政府的一种承诺。一旦进入申请和审批环节，审批后的结果政府就不可更改，于是形成政府的一项表内负债。

（二）政府补贴负债的确认

应付政策性补贴实际上是已确定承诺的债务，为便于安排预算，政府整体财务报告中应对已经过审批的政府政策性补贴予以反映。在会计处理上应根据实际发生的但尚未支付的政策性补贴予以确认、计量和报告。对于政策性补贴，应在符合下列条件时予以确认和计量：（1）接受政策性补贴的主体（含居民个人）已经提出申请或根据相关政策已有确定的具体接受者；（2）补贴金额已经审核认定。

（三）政策性补贴负债的披露

应付政策性补贴是政府的一种支出义务，在会计上应在符合政策性补贴负债确认计量条件时予以确认和计量。

申请人尚未提出申请，或者申请尚未审核批准，则相关的补贴政策应作为政府承诺予以披露。可能情况下，还应对可能的金额、发生的可能时间等进行估计和说明。

（四）几种主要类别的政策性补贴项目核算和披露

在实际工作中，需要在近期支付的政府政策性补贴义务主要包括已经实际发生或承担但尚未实际支付的价格补贴、企业政策性亏损、贴息、外贸补贴等。由于不同的政策性补贴各有不同的补贴程序和方法，除按基本原则对政策性补贴进行会计处理外，对于不同的补贴还应结合具体的补贴程序和方法，在获得确切证据时予以确认计量和报告披露。本研究报告仅以应付经销商政策性补贴和企业政策性亏损补贴为例说明政策性补贴的会计处理方法。

1. 经销商领取的政策性补贴。政府在实行刺激消费政策时，对商品进行鼓励购买的政策补贴，由经销商根据实际销售商品数量向政府领取，由此可能形成政府补贴负债。

经销商领取的政策性补贴负债的会计核算应当由负责审核批准发放补贴的主管部门进行。确认经销商领取的政策性补贴负债应当满足以下条件：（1）经销商明确提出领取补贴金额要求；（2）主管部门已经审核批准；（3）财政部门尚未支付补贴。主管部门根据审核批准的补贴项目和补贴金额，确认负债和相关的费用或净资产。

经销商领取的政策性补贴负债应当在主管部门的会计报表中进行反映，并通过合并报表方式在政府整体的资产负债表中反映。

2. 企业政策性亏损补贴。国有企业政策性亏损，是指企业为实现政府规定的社会公益目标或生产经营专项、特种商品，由于国家限价原因而产生的亏损。发生这类亏损，由财政部门审核后给予合理弥补。弥补政策性亏损的方法主要有：一是定额补贴，即制定单位商品销售量的亏损弥补定额；二是计划补贴总额控制，即由企业编制亏损计划，经批准后在计划核定的亏损总额范围内，按实际亏损的款额弥补，实际亏损超过定额或计划的部分，财政不予补贴。

确认政策性亏损补贴的难点是认定范围问题。本研究认为，只有符合以下条件之一并且有相关政策文件才可认定为政策性亏损补贴：

（1）为实现政府规定的社会公益目标或经营专项、特种商品，政府在制定定价时即承认的亏损数额；

（2）在执行政府定价过程中，由于市场原因造成的原材料价格上涨，导致生产成本增加而形成的亏损；

（3）在生产过程中，由于国家、省、市政府政策调整造成企业收入减少而使企业形成的亏损；

（4）按照政府指令投资非本企业经营范围内项目形成的亏损；

（5）按照政府指令代政府垫付资金实施社会公益项目，在政府返还期垫付资金时未返还的资金利息等财务费用形成的亏损；

（6）按照政府指令向社会无偿或让利提供产品、服务形成的亏损；

（7）由于同级财政年度预算安排的对企业政策性亏损补贴资金应拨未拨，应补未补期间形成的财务费用（贷款利息可按照央行发布的企业同期流动资金贷款基准利率测算确认）；

（8）政府认为可以认定为政策性亏损的其他方面亏损。

政策性亏损补贴在有确切证据证明应由财政承担并给予弥补时，应确认政府的相应负债（应付政策性补贴）。其具体金额根据实行定额补贴或计划补贴的方式不同予以计量。确认企业政策性亏损补贴负债应当同时满足以下条件：①企业的政策性亏损已经实际发生且政府已经确定补贴定额，或者政府已就补贴原则与企业达成协议；②企业已经提出明确的补贴金额要求或根据补贴管理办法，计算出应由财政部门定期或定额支付的具体补贴金额；③主管部门已经审核批准；④财政部门尚未支付补贴。

政府主管单位根据确定的补贴项目和补贴金额，确认企业政策性补贴负债，在政府主管单位的会计报表中进行反映，并通过合并报表方式在政府整体的资产负债表中反映。

五、政府职员福利和政府养老金负债

（一）确认政府职员福利和养老金负债的必要性

政府职员福利实际上就是现在的应付职工薪酬，该项负债按照现行制度已有比较完整的核算和披露。

政府养老金是政府因已有和现有雇员在过去提供服务而在法律上必须承担的未来养老金支出的义务，因此该负债其属于典型的直接显性负债，应该确认为政府负债。但是由于需要借助精算技术予以计量，目前尚无相应的核算披露规范。本研究认为，鉴于养老金精算模型已经比较成熟，政府养老金负债作为政府的一项重要支付义务，进行比较科学的估计和核算，并进行比较完整的报表列示，应该列入议事日程。理由主要有 4 个方面：

1. 政府养老金负债符合负债的定义，在模型完善的情况下，满足确认计量和披露的要求；

2. 政府安排预算支出时需要先行安排人员支出，养老金负债为政府安排预算提供了人员支出预算的重要基础；

3. 国际公共部门会计准则第 1 号《财务报表的列报》实施指南中已将养老金分别作为流动负债和非流动负债的项目列示，便于满足《财政统计手册》的基本要求；

4. 能够使政府职员了解政府对职员养老金的支付义务，以增进其对未来个人收入的了解。

（二）政府养老金负债的确认

养老保险肩负稳定社会和保障生活的双重职能，因此养老金负债的确认和披露是世界各国政府会计共同关注的焦点问题。在我国，养老金重要地位更是突出，它不仅是广大离退休人员的活命钱，也是我国养老保险制度的根本目的和核心任务。

本研究认为，根据我国目前政府养老金的现状，确认养老金负债应同时满足符合以下条件：（1）政府员工未参加社会保障制度；（2）人力与社会保障部门已经测算出养老金债务。

（三）政府养老金负债的列报

政府养老金根据到期期限，分为：

1. 1 年以内到期的养老金，列在流动负债项目下；

2. 1 年以上到期的养老金（按精算原理以现值计量），列在非流动负债项目下。

（四）政府养老金会计的具体操作单位

政府养老金会计在具体操作单位上可以有两种选择：

1. 由人力与社会保障部门根据未参加社会保障制度的政府职员测算出的养老金债务进行会计处理（入账和入表），并通过合并报表方式在政府整体的资产负债表中反映。

2. 由财政部门根据人力与社会保障部门的测算结果入账和入表，直接反映在政府整体资产负债表中。

（五）政府养老金的会计处理

1. 首次列报的会计处理。政府首次列报养老金债务时，应将养老金债务中不属于下年度支付的养老金部分作为净资产的调整，将属于下年度支付的养老金部分作为养老金支出（费用）。即属于下年度支付的养老金债务借记养老金支出（费用），贷记应付养老金债务（流动负债），不属于下年度支付而由以后年度支付的养老金债务借记净资产，贷记应付养老金债务（非流动负债）。

2. 每年列报的会计处理。以后年度测算出养老金债务后，将当期的养老金债务与上期测算的养老金债务总额（包括流动负债中的养老金债务和非流动负债中的养老金债务）金额的差额进行支出（费用）调整：

（1）大于上年测算的养老金债务的部分借记养老金费用（八要素）或净资产（六要素），贷记养老金负债；

（2）小于上年测算的养老金债务的部分借记养老金负债，贷记养老金费用（八要素）或净资产（六要素）。

同时将当年测算的养老金债务总额中属于下年度支付的养老金债务作为流动负债项目列示。

六、社会保障基金净负债

社会保障基金是根据国家有关法律、法规和政策的规定，为实施社会保障制度而建立起来、专款专用的资金。社会保障基金一般按不同的项目分别建立，如社会保险基金、社会救济基金、社会福利基金等。其中，社会保险基金是社会保障基金中最重要的组成部分，是为了保障保险对象的社会保险待遇，按照国家法律、法规，由缴费单位和缴费个人分别按缴费基数的一定比例缴纳以及通过其他合法方式筹集的专项资金，用于支付劳动者因暂时或永久丧失劳动能力或劳动机会时所享受的保险金和津贴的资金。社会保险基金是本研究关注的重点，因为社会保障基金缺口（净负债）可能导致政府产生隐性负债。其他几种保障基金通常不会产生负债，特别是与政府有关的负债。

尽管在国际和国内，社保基金净负债是否是政府负债仍旧存在很大争议，但是对社会保障基金净负债应以专业方法进行合理预计并根据预计结果进行相应的列报和披露，已经成为一个比较普遍的做法。大多数国家都没有将它列入政府主体的财务报表，也就是没有作为表内负债，而是在表外采取一定方式进行披露。有的国家则在政府报告中单独披露社会保障基金的财务报表，同时表外披露政府可能因此产生的负债。

本研究建议，鉴于社会保障基金净负债是否是政府负债仍旧存在的争议，特别是与该负债相关的未来资产没有同时加以考虑这一关键质疑，同时考虑我国社会保障基金净负债计量还存在众多不计量参数的选择疑虑和困难，通过精算模型估计政府隐性承担的社会保障基金净负债在准确性和认可度上还存在疑问，建议不纳入政府表内负债。但是考虑到它的信息对于信息使用者对安排未来预算和相关政策的制定具有重要的参考价值，因此建议在政府综合财务报告中进行表外披露。披露内容包括使用的模型和假设、最终估计金额等内容，必要时应该对不同参数值和不同模型的结果都进行披露。

2014 年《政府财务报告分析和政府养老金负债研究》[①]

本研究包括研究报告全文、××市 2013 年财政供养人员养老金负债测算方法说明和政府存量债务会计核算设想三大部分。

第一部分 研究报告全文

我国传统的政府单位和部门提交的决算报告中，初步涉及财务分析，其分析内容包括“预算编制与执行、资产使用、收入支出状况等”，其主要服务目标是提供预算符合程度的补充说明。近几年，我国政府在国内环境和政府职能转变过程中，跟随国际趋势，编制权责发生制的政府财务报告（以下简称“政府财务报告”）。政府财务报告强调对政府公共服务职能的效率性和持久性相应的信息披露。这些披露内容包括要求符合一定目的的、利用会计报表数据和其他数据的财务分析内容。

本课题讨论我国政府财务报告中需要财务分析的披露内容和相应的财务分析方法及指标的应用。

① 本课题由北京市财政局、北京市预算会计研究会委托研究小组完成，课题负责人为王建英，执笔人为王建英、王彦、赵西卜、陶占录。

政府财务报告的目标和内容

政府财务报表分析，是利用政府财务报告中的财务报表信息，补充信息使用者需求相关的分析信息，满足政府财务报告信息使用者的需求。因此，政府财务报表分析的目标和分析内容，与它的分析对象以及它所参与的信息载体——政府财务报告的目标和内容紧密相关。

一、政府财务报告的目标

根据以往的调查研究，我们认为，我国政府财务报告最主要的使用者是人大代表和政府管理和决策者。我国政府财务报告至少要满足以下方面信息的需要：

1. 预算资金及全部资金使用的预算符合性；

2. 政府财务状况，包括政府家底、政府债务，更包括政府的债务安全性；

3. 政府绩效，包括政府运营过程中的成本情况、收入支出满足服务需求的程度等。

从理论上讲，要满足信息使用者的这些信息需求，政府必须在提供传统上的预算报表信息的基础上，还需要提供包括权责发生制报表，以及对所有报表的分析信息在内的、内容更为丰富的财务报告。

二、政府财务报告信息内容和披露形式的国际经验

（一）政府财务报告信息内容的国际经验

围绕政府财务报告的目的，拓展政府财务报告信息容量的趋势已经越来越显著。国际公共部门会计准则委员会（IPSASB）《公共部门实体通用目的财务报告概念框架》中认为，通用目的财务报告可以包括多角度报告，每个报告都可以更直接地针对财务报告目标的特定方面，以及在财务报告范围内的特定事项。基于这样的理念，目前国际上政府财务报告可能包含以下内容：

1. 管理讨论与分析（美国），或者评述（澳大利亚），对报表中的关键数据进行解释（加拿大等）；

2. 审计报告；

3. 财务报表和财务附注；

4. 财务报表讨论和分析（国际公共部门会计准则委员会推荐实务指南）或趋势数据和非财务数据（美国、加拿大）；

5. 预算比较（澳大利亚、美国、国际公共部门会计准则委员会）；

6. 财政可持续性分析（美国联邦政府、国际公共部门会计准则委员会推荐实务指南）。

以上内容是否都包含在政府财务报告中，各个国家的做法非常不一样。但是，对于这些信息是否应该提供给财务报告的信息使用者，却都是赞成的。

（二）政府财务报告信息披露形式的国际经验

政府财务报告应包括所有为了满足财务报告信息使用者目的的附加信息。这些信息主要以财务数据为主，并且主体范围应该与政府财务报告的主体范围一致，是对财务报表信息的补充。

有些国家将所有财务分析内容直接纳入政府财务报告，作为财务报告的一个组成部分，而在另外一些国家，则按照分析主题以单独报告的形式进行披露。如一些国家政府财务报告内包括的财务报表讨论和分析，在美国州和地方政府以及加拿大，则同时存在独立于政府财务报告的专门财务状况分析报告披露。美国联邦政府在财务报告内披露政府财政可持续性分析预测方法和预测结果，而在澳大利亚、英国和瑞士，以及欧盟，都采用专门的财政可持续性报告。

三、我国政府财务报告内容问题及其解决

从理论上讲，政府财务报告中的附加信息即便以单独报告的形式出现，本质上应该还是属于政府财务报告。所有围绕财务报表数据形成的对政府财务信息的分析、解释和应用报告，都是政府财务报告的一部分。

鉴于我国财务报告刚刚开始试编，信息使用者和信息提供者都需要一个适应新的信息和信息模式及其提供方式的过程。本研究认

为，我国目前政府财务报告内容，以及与之密切相关的财务报表分析，最好采用循序渐进的方式。

（一）决算报告是否纳入的问题

由于政府的特性，使得政府预算执行情况相关报告也属于对外披露的报告的一部分，在很多国家的政府财务报告中都存在预算报表及说明，以及预算报表与运营表的差异对比和解释。我国预算执行情况披露一直采用决算报告体系，该体系早于目前的政府财务报告，单独披露。政府财务报告中是否加入预算执行情况的信息，有以下两种选择：

1. 在试编阶段，政府财务报告中不设计预算执行情况的相关信息。随着政府财务报告正式编制，以及财务报告分级体系的建立和完善，可以考虑在财务报告中加入决算报表及相关报表附注、预算执行情况的简要说明，然后将决算报告作为独立报告，供需要更多信息的财务报告使用者单独查阅，或者向某些特殊使用者单独报告。

2. 在独立提供决算报告的同时，政府财务报告中考虑以附表的形式加入预算收入支出表，但不作相关附注和预算执行情况的说明。这样做的原因在于，我国的预算收入和预算支出在很大程度上体现政府当期的现金收入和支出情况，这些现金收支信息在政府财务状况分析中会被频繁使用，如果没有预算收入支出表，信息使用者无法清晰地看到财务报告分析的数据来源。

考虑到目前我国政府财务报告工作的进展情况，本课题倾向于采用第二种方案。

（二）政府长期可持续性预测信息是否纳入的问题

政府长期可持续性预测主要基于对经济增长率、人口增长率、收入和支出与这些基本因素之间的变化关系，对政府未来 50 ~ 70 年长期内的负债增长或财政缺口进行预测。本研究认为，近期我国政府财务报告中不宜纳入这部分长期预测信息。原因如下：

1. 尽管我国的信息使用者非常关注政府财政的可持续性，但是，对于当前政府的行为后果的分析还非常不充分，对长期预测性信息的关注首先让位于对使用历史数据进行的财务分析。各国经验也说明使用历史数据进行的财务分析在很大程度上能够对政府财政可持续性作出必要的预测和解释。

2. 长期可持续性预测需要基于较为复杂的经济模型，预测的准确性与关键假设的准确性密切相关，因此模型使用难度较高，我国有关学者刚开始相关模型的研究，还处在一个非常初级的学习层面，所以短期内不适合放入政府财务报告。

3. 尽管 IPSASB 认为这种预测信息同样适用于地方政府，但是当前国际上的政府长期可持续性预测的主体还是以国家为主体，尚未见到以地方政府为主体的。这应该与信息使用者的需求紧迫性以及预测时很多参数主要与国家层面控制的政策制定因素有关。

但是，对于政府 5～10 年内的偿债能力，本研究认为，可以尝试通过相对可预见的政策分析，预测政府偿债相关的现金流状况，估计每个预测期的偿债资金是否存在缺口。这种预测尽管不能保证政府在长期内可持续运营，但是却能够提供政府面临的短期安全性信息，在一定程度上可以满足信息使用者对政府偿债能力的数量分析信息要求。

（三）政府绩效报告是否纳入的问题

尽管政府财务报表中的运营表（或称收入费用表）也是反映政府绩效的一种财务信息，但是，由于政府的职能并非是使资金达到经济上的效率，因此对于政府绩效，更多的需要结合与政府职能相关的非财务信息进行评价，比如国外采用与企业类似的关键业绩指标（KPI）系统进行评价。因此，在国外，这类绩效分析报告的任务主要落在承担具体业务职责的政府或部门、政府单位身上，而不是政府整体，除非这个政府的职能较为单一。

我国当前政府的绩效缺少政府职能部门和政府单位对于各自职能履行的绩效数据和绩效报告，但是财政部门已经开始对政府层面和一些重要项目进行财政管理方面的综合绩效评价。未来，随着更多有针对性的政府职能绩效评价报告的出现，这些绩效报告的主要结论应该在政府财务报告的概述或者专门章节进行综合描述，并提示财务报告的使用者如果需要了解更多信息，应该到相应的政府绩效报告中查阅。

目前，政府财务报告中对政府绩效信息的披露尚不存在条件。

（四）政府财政管理情况是否纳入的问题

目前我国政府财务报告中的政府财务管理情况说明的内涵还不明确，地方上的有主要阐述政府财务管理相关法规和内部控制制度的遵守情况，有的主要阐述地方政府财政经济政策的推行情况和效果。

1. 制度遵守情况不应纳入财务报告。制度遵守情况不属于财务报表信息理解上的相关信息，而属于报表质量的一个证明，属于审计报告中需要披露的内容，审计报告中需要对政府的内部控制有效性进行表述，对于报表的真实性发表意见。目前在财务报告中专门进行表述意义并不大。如果是作为政府当前进行的政府财政绩效评价报告结果在财务报告中的简单披露，则属于资金预算符合性相关内容，与当前财务报告以权责发生制报表为核心，强调反映财务状况而非资金符合性的目标不相符合，因此，本研究认为，目前我国政府财务报告中无须披露政府财政管理情况。

2. 地方财政部门对经济的管理情况应作为背景信息。政府在经济上的财政管理政策应该在财务报告的开篇进行描述，作为理解财务报表的宏观经济背景信息，是非常有益的，如果放在报告最后，则失去作用。

四、我国政府财务报告的具体项目安排

（一）未来我国政府财务报告体系的构成

综上所述，我国政府财务报告应该是一个多层级的综合报告系统，是以披露政府财务报表为核心的财务报告，以及围绕理解财务报表所需的各类信息的汇总。综合财务报告系统内部各方面信息的具体披露，则通过各类独立报告完成。

各类信息使用者通过财务报告了解政府总体的财务状况和运营状况，如果还对其中的某类信息有针对性的需求，则可以通过报告中指明的信息来源，在相应的独立报告中获得相关的具体信息。

这些独立报告包括：政府预算报告、政府长期可持续性预测报告、政府公共基础设施运营情况报告、国有企业股权投资情况报告、政府绩效报告、政府职能部门财务报告（含职能部门绩效）等。未来我国政府一个较为完整的政府财务报告体系如图1所示。

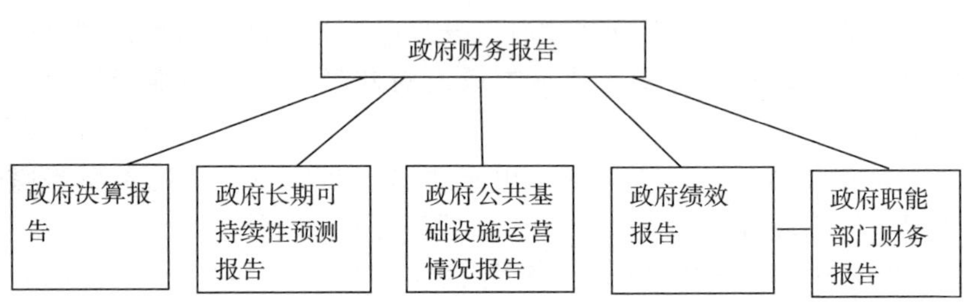

图1　政府财务报告体系图

（二）当前我国政府财务报告的项目

本课题研究认为，在尚未形成综合财务报告系统的情况下，目前我国政府财务报告应集中于权责发生制的财务报表以及相应的解释和说明。

借鉴企业和国际上的经验，并且结合我国已有的做法和前面的研究内容，本课题建议，目前我国政府财务报告应该包括以下几部分：

1. 概述。解释政府组织构成、政府当期目标和长远战略进行描述，针对政府财务报表中的主要财务指标、重大资产进行简要列示和说明，并对期间内影响关键财务指标的政府政策变化、经济环境变化以及重大事件等进行解释，如经济周期、税种税率政策的变化、并对关键财务指标的具体影响进行说明。

2. 财务报表。其包括资产负债表和收入费用表。未来可能增加现金流量表、预算完成情况表（预算收入支出表）。

3. 财务报表附注。其包括合并报告合并的主体范围的说明、会计政策的说明、会计报表重要报表项目的详细信息、表外重要事项的信息、报表日后的重要事项信息。由于我国目前的政府报告没有编制现金流量表，因此需要同时附注一份预算收入支出表，为后面的财务状况分析提供必要的现金流量数据基础。

4. 财务状况分析。利用资产负债表和收入费用表等权责发生制的财务报表数据，结合必要的非财务报表数据，对财务报告主体的财务状况进行多指标分析和评价。

5. 短期偿债现金流预测。这部分利用政府预测现金流量表的编制，为信息使用者提供政府在未来 5 ~ 10 年期间，每一期现金流收支的具体情况，核心是披露政府在预测是否会出现偿债现金缺口，并对政府可能的应对政策进行阐述。

6. 热点和专题分析。这部分没有固定的格式和方法要求，应针对当期重大环境变化或者报表使用者可能特别关注的专题，进行有针对性的主题分析，如可发债务规模预测分析、特殊债务风险分析、收益性固定资产的效率分析、重大项目的财务影响分析等。

正规的财务报告中应该包含审计报告，目前我国政府财务报告由于编制程序的原因，不可能进行审计。未来实现按照会计准则汇总编制政府财务报告后，肯定需要披露审计报告，以证明财务报告的可信程度。

本课题的研究基于我国政府财务报告内容的当前和近期发展，只将单独的、包含财务报表的报告称为财务报告，对于利用财务报表信息而进行的分析，如果列入财务报告，则视为我们后面具体的研究对象。因此，本课题的研究范围是前述的“当前我国政府财务报告”中各个项目涉及的财务分析问题，对于未来政府单独披露的其他独立报告，本课题不做研究。

政府财务报告分析的目标和内容

一、政府财务报告分析的目标

本课题研究在政府财务报告中，如何利用政府财务报表数据进行数据加工，产生出新的信息——这些信息成为财务分析信息，使财务报告信息使用者通过财务报告中的财务分析信息，进一步理解财务报表，实现利用政府财务报告的目标。从总体上看，政府财务报告的目的就是政府财务报告分析的目的，在我国当前的财务报告目标下，财务报告分析是使信息使用者能够通过财务报告分析全面深入地了解政府的财务状况。

国际上，没有一个对政府财务状况的权威定义，有的国家把相关的内容理解成为财政可持续性。但是，从各国的文献中，我们看到对它的理解围绕以下两个方面：

1. 政府在不改变当前的收入种类和支出模式，不增加债务的前提下提供公众期望的服务水平的能力。

2. 政府的财务健康，不发生财务危机，具体表现为政府能够满足现有的服务承诺和财务义务，即政府能够偿还债务。

简而言之，政府财务状况就是政府持续提供服务的能力，其前提是政府能够按时偿还债务。

二、政府财务报告分析的具体方法

国际上对政府财务状况，尤其是其中的政府可持续服务能力的分析，包括历史数据分析和长期预测分析两种方法。

（一）历史数据分析法

以历史数据为主进行的分析和评价在各国的政府财务报告分析中都非常普遍。在政府财务报告的各个部分（有的国家甚至采用独立的财务状况报告），利用政府财务报表中的数据，结合非财务报表的经济和人口数据，就政府当前的财务状况指标，以及过去到现在的趋势变化进行分析，寻找趋势和变化原因，从而表明政府财务状况的健康程度。

使用历史资料的分析方法，以趋势的眼光，认为未来是历史的延续，因此以政府过去的财务状况信息作为未来财务状况的替代。这种分析的优点是数据客观、计算分析相对简单易操作，分析的角度较为全面，并且由于这种方法历史悠久，具有较为充分的对比标准和研究成果支持，可以得到对政府财务状况较为客观可靠的描述。

但是该方法的缺陷是，使用历史预测未来的前提是环境相对的稳定。当环境或政府政策发生较大变化的时候，这种基于历史的预测有可能不能及时发现政府的偿债危机。另外，这种方法下的分析结果，对于政府可持续性和安全性的描述不够直观。

（二）预测数据分析法

金融危机之后，各国政府都加强了对政府财务状况的预测研究，使用预测数据进行可持续性的分析和报告。这些分析通常是基于未来较长期间（50～70 年），在特定经济和人口假设下预测的收入、支出、结余或赤字，以及由此产生的预测净债务和净资产变化趋势；有的进一步将其折现后的价值代入预测模型，由此判断财政可持续的程度或者财政缺口的大小。这些预测的目的是揭示政府在未来预测期间内保持目前政策不变的情况下偿还债务的能力。

使用预测数据分析方法，只是集中于政府财务状况中的财政可持续性一个问题上，但是模型的描述和结果非常直观，使信息使用者能够一眼看出政府是否存在财务上的资金缺口等现象。目前国外政府编制的政府可持续性报告期间长达 50～70 年，在这样长的时间里，需要预测预算收入和支出与经济因素之间的长期关系，并对政府未来债务的利率和债务率进行设定。由于模型参数的设定复杂，合理性和可靠性较难把握，长期预测的准确性受到限制。

因此，本课题建议，对政府财务状况的分析可结合历史数据分析和预测数据分析两种方法。从我国实际情况出发，由于长期财政可持续性预测模型还非常不完善，数据难以取得，因此，本课题拟通过缩短预测年限，通过采用更为具体的现金流量表预测法，预测 3～5 年的政府偿债现金流情况，分析政府介于短期安全与长期可持续之间的偿债能力分析。缩短的预测年限，有利于降低预测的不确定性，提高预测数据的相对准确度；3～5 年的预测期，一定程度满足我国政府财务报告使用者对未来一段期间内的政府的财务安全性和可持续性直观判断的迫切需要。

三、政府财务报告分析的具体项目

政府财务报告分析的具体项目，体现在政府财务报告的整个内容之中。除政府财务报表和必要的会计政策解释之外，政府财务报告的其他各个组成内容都应围绕政府财务状况分析的目标进行选择和披露。根据前文本课题对我国政府财务报告内容构成的研究，各个组成部分都应从各自的角度完成对政府财务状况的分析和阐述。具体而言：

（一）概述中的财务分析

财务报告概述中的财务分析，主要是从宏观和整体的角度，对影响政府可持续性和安全性的因素和结果进行分析和解释，有助于信息使用者对政府财务状况相关的重大指标及其背景的了解，同时也为理解后面的财务报表和具体财务指标提供帮助。

概述中的财务分析建议包括以下3个内容：

1. 经济等宏观环境因素的分析和描述。这部分分析的目的是通过对影响政府持续服务能力和安全性所涉及的政府收入费用（支出）相关因素变化进行分析和说明，使信息使用者通过这些信息了解本期财务报表数据形成的背景原因和未来的影响，特别是对政府收入费用（支出）等服务能力和安全性的影响程度。

2. 重要财务报表数据的分析和描述。政府财务报表中的资产负债表、收入费用表分别从存量和流量的角度披露政府财务状况，两个报表中的资产、负债、净资产、收入、费用和盈亏，是信息使用者关注的重点。通过对于这些报表要素总额的分析和描述，使信息使用者对于政府当期财务状况有一个总体和直观的了解，并可以与过去进行比较，对未来趋势有所判断。

3. 政府重要基础设施的分析和描述。政府提供的服务中有很大部分是依托价值规模巨大的公共基础设施提供的。因此，这些基础设施的规模和完好情况，是政府未来是否能够进一步提供必需数量甚至更多数量服务的物质基础。对重要基础设施的分析和描述，信息使用者能够大致了解和判断政府重要基础设施的数量是否足以满足未来的服务需要。

（二）财务报表附注中的财务分析

政府财务报表附注中，对于直接关系到政府服务能力和安全性的资产、负债、收入、费用要素的具体项目，需要特别提供关于项目所显示的服务能力或对安全性相关的细节信息，使信息使用者可以对政府重要的服务性资产、收入项目和可能带来安全隐患的负债项目、支出项目进行必要的监控，为财务状况的判断提供细节资料。

（三）财务状况分析

这部分是政府财务报告中，对于政府财务状况最集中的分析和说明，通过具有经验价值的具体财务比率和财务指标，给信息使用者提供基于历史数据的、有关政府服务可持续性和安全性不同分析角度、具体指标数据的衡量结果和判断结论。

（四）短期偿债现金流预测

这部分利用政府预测现金流量表的编制，为信息使用者提供政府在未来 5～10 年期间，每一期现金流收支的具体情况，核心是给信息使用者提供政府在预测期是否会出现偿债现金缺口的警示，并对政府可能的应对政策进行阐述。

政府财务报告概述中的财务分析

一、经济环境指标及相关说明

从信息使用者的阅读习惯和理解需求出发，政府财务报告应该对政府所处的经济环境和发生的重大事项有一个清晰的描述，并分析它对政府财务状况，如收入、费用、负债的主要影响，以及政府为之已采取或即将采取的政策措施，使信息使用者对政府过去和未来即将面对的环境风险进行判断，从而理解和预知政府的可持续性和安全性。

这部分的分析数据主要集中：

1. 经济增长数据，如 GDP 增长率，多年的 GDP 变化趋势图。GDP 的增长会对政府收入基础产生较为直接的正向作用，因此分析时应说明 GDP 变化对于政府当期税收和未来税收可能产生的影响。

2. 人口变化趋势数据，如人口增长率。如果可能，还应该分析对政府主要收入、支出项目产生重大影响的人口数据，如学龄人口、老年人口比重、劳动力人口比重、失业人口比重、需救济的人口数量变化趋势等。分析时应说明这些因素分别对政府当期和未来的教育支出、医疗支出、所得税收入、社保支出等产生的影响。

3. 构成地方税收和收入的地方重要产业的发展数据，如主要行业企业的销售收入总额、利润总额的变化趋势、可供开发土地面积的趋势等。分析时应分别说明这些收入基础的变化对本期政府收入项目的影响。

4. 重大的经济或政策的变化对政府收入和支出的影响。比如税制改革、经济危机、大型人口政策、福利政策等的变化。分析时应描述这些变化对政府当前和未来收入支出产生影响的方式和程度。

这部分尽管不是财务分析的核心内容，但它是财务报表数据形成的环境背景，是政府可持续性和安全性的基础，也是后面具体的财务分析解释必须依托的基础，政府的财务危机往往与经济的变化直接相关，因此这部分应该放在财务报告的最前面提供。

二、重要财务报表要素指标及其变化

在财务报告概述部分，应该对信息使用者关注的与政府财务状况直接相关的重要财务指标以图表的形式进行披露。为了与后面详细的财务状况分析部分有所区别，避免内容上的重叠，概述中的指标要少而精，将政府财务报表中最核心的几个数据，用类似快照形式进行披露，可以让信息使用者对他们关注的政府财务状况有比较清晰直观的印象。

可以列入快照的财务报表数据为报表要素总的金额和变化情况。这其中包括：总资产、总负债、净资产、收入、费用及盈余（或亏损）。

我国目前的收入费用表没有计算盈余或亏损，但是这个指标在国际上所有编制权责发生制财务报表都有独立的栏目。收入与费用的差额，体现了本期政府服务的使用者是否公平地支付了相应服务的资金，是否因本期的业务和活动，对未来世代产生不利影响。因此，这个盈余或亏损指标是财务状况分析中一个非常重要的财务指标。

在对具体要素分析之前，还可以披露一个报表快照（或称报表简表）如表 1 所示。

表 1　　政府财务报表快照

报表项目	期初金额	期末金额
资产		
负债		
净资产		
收入		
费用		
盈余或亏损		

（一）资产的分析

资产是政府未来提供服务的物质基础，同时也具有一定的偿还债务的能力，因此，资产的总体分析包括：

1. 资产结构分布图。

2. 重点资产比重变化图，包括货币资金、固定资产、对外投资的比重变化趋势图。

通过政府资产的结构图和重点资产比重变化图，分析资产变化对政府财务状况的影响。例如，货币资金的增加有助于增强政府的偿债能力和财务安全性；固定资产的增加能够提高政府未来服务的能力；对外投资的变化则需要说明是否与政府当前的国有企业改革和政府报告主体分类的影响有关，是否有利于政府增强未来的公共服务能力。

（二）负债的分析

政府负债是政府安全性的直接影响因素。政府负债的总体分析包括：

1. 负债金额的变化趋势图。

2. 主要负债项目的变化趋势图。

政府债务规模大小、债务结构和发展趋势表明政府控制债务的能力，尤其是其中金融债务的规模和比重、担保债务的规模和比重以及社保基金缺口和政府养老金负债的规模，是政府偿债风险的主要来源。这些负债规模的上升、比重的增长，都造成政府债务负担和偿债风险。

这部分分析可以通过绘制近年来政府负债的金额变化趋势图，计算历年的债务增长率。同时，结合政府资产负债表内主要负债项目，如金融机构借款、贷款转贷、政府债券、粮食外贸企业亏损挂账、政府养老金等的结构和变化趋势图表，分析政府债务增长的主要成因，必要时还应对重大的或有负债金额进行提示。

（三）净资产的分析

政府净资产是历年积累的资源，较大规模的净资产和增长，提升了政府服务持续性和安全性。通过政府净资产的变化趋势图，分析和调整对政府可持续发展和财务安全性的判断。政府负债增长的同时，如果政府净资产也同时增长，表明政府积累的可供未来使用的资源在增加。

（四）收入的分析

收入是政府提供服务的直接资金来源，以及偿还债务的直接资金来源。收入的总体分析可以包括：

1. 收入按来源的分布图。

2. 重点来源收入项目的比重和金额变化趋势图。

通过政府收入来源的分布图，分析政府不同来源收入所占的比重。其中重点来源收入项目比重和金额的变化，反映政府财政对该来源的依赖程度和风险性。

税收收入是我国政府一个重要的收入来源，应结合相关税收政策的变化或税收基础在这些年间受到政策影响的情况进行说明，比如“营改增”、房地产调控、金融危机后的调控政策、产业调整、政府特别的发展政策等对税收基础的影响和最终对于税收的影响，得到近年来政府税收的稳定性和风险信息。税收比重和金额的增加有利于政府财政的安全性和可持续。

另外一些收入的变化，比如非税收入和政府性基金比重和变化，则反映政府在收入管理、特殊业务活动上的政策改变或者经济环境改变。通过分析这些收入过去和未来的稳定性，可以说明政府收入在本期的变化原因和未来对政府财务状况的影响。

（五）费用的分析

费用不同于支出，费用代表了政府本期提供服务所承担的资源的耗费，这些耗费也许不是现金支出，但却是这一期服务所应承担的成本。在我国，费用与支出最重要的差异是固定资产应该计提的折旧费用。费用的变化，除了固定资产折旧因素的影响之外，与支出的变化原因类似，是政府提供服务的消耗。费用的总体分析可以包括：

1. 费用按功能的分布图。

2. 重点功能费用项目的比重和金额变化趋势图。

费用分析描述政府最主要的费用项目和变化，帮助信息使用者判断政府影响未来可持续性的最重要的费用，并且通过费用金额变化分析，了解政府应对环境因素变化而采取政策的具体程度，或者这些重大费用可能对经济产生的影响，以及对政府财务安全性产生的影响。

由于目前我国政府财务报告中包括的固定资产的范围、金额、折旧范围和折旧率估计都非常不稳定，因此会因折旧费用的大幅度变化影响费用的分析效果，折旧范围和折旧政策的影响程度应该在这里予以说明。

（六）盈余或亏损的分析

盈余或亏损是权责发生制下的收入费用差额。盈余或亏损的总体分析可以包括：

1. 盈余或亏损按照功能的分布图。

2. 重要功能项目的盈余或亏损的变化趋势图。

3. 预算结余的变化趋势图。

盈余或亏损表明政府当前的收入是否能够覆盖应该承担的费用，如果连续产生亏损，尽管可能不需要支出现金，但是表明过去和本期的服务动用了未来世代的资源，政府可持续性会受到损害。

目前我国的财务报告没有现金流量表，也没有包括预算收支情况表和相关分析，但是，在有关盈余或亏损的分析中，建议对比现金收支（预算收支）结余。说明这两者产生差异的原因，列示预算收支结余的金额变化趋势。预算收支结余如果持续是负数，意味着政府需要增加负债维持运营，政府可持续性受到影响。

三、重要基础设施的服务能力说明

公共基础设施是向社会公众提供共同的生产生活条件和公共服务的设施，具有网络性或网点性、使用寿命长久、地点固定的特点。政府拥有的公共基础设施，是政府拥有的，由政府财政资金拨款建造和维护的公共基础设施，免费提供社会公众使用。政府对重要固定资产和基础设施的投入对社会经济具有重要影响，因此在独立的报告之外，应该给信息使用者一个重要基础设施主要服务能力及其变化的总体说明。比如：

1. 对重大基础设施投资的金额趋势图。

2. 现有服务能力与实际投入使用量的差异表。

3. 设计量与未来需要量之间的差异表及变化图。

分析时应对这些信息进行原因和政策的说明，对公共基础设施改变对政府未来服务能力、后续更新改造、维护相关支出的影响进行分析。

财务报表附注中的财务分析

政府财务报表中的资产负债表和收入费用表，分别从存量和流量角度对政府财务状况进行反映。对财务报表数据进行分解和补充信息，可以帮助信息使用者深入理解每一个反映政府财务状况变化的报表项目，由此对政府可持续性和偿债能力，以及对部分政府绩效进行判断。

以财务报表附注形式重点分析和披露的内容，主要是影响政府偿债能力和可持续性的重要报表项目的细节和变化。这其中包括：

1. 政府资产中能够用于政府偿债和持续提供服务能力的主要资产的状况和变化情况；

2. 政府主要负债项目的内容和变化趋势，反映政府对于不同债务偿还的紧迫程度；

3. 政府主要收入项目的内部结构，体现政府收入来源稳定性；

4. 政府费用按功能划分的结构，体现政府费用的刚性程度。

按照这个思路，财务报表附注中至少应该将上述报表项目进行细节披露和说明。

一、资产负债表重要项目附注分析

重要项目，是指对政府提供服务的可持续能力、偿债能力产生重要影响的项目，可能是性质上重要，也可能是金额上重大。对于其他项目，如果涉及金额重大或变化明显，也建议详细披露。

重要项目附注中的分析和说明包括：

（1）对重要项目本年度变动的情况。采用与前 1 个会计期间列表比较的方式，如表 2 所示。

（2）对重大项目金额的重大变动原因的说明，还可以说明由此造成的对未来服务能力的影响，或者对社会经济、福利等的影响。

表 2　　政府债券明细表

债券到期期限	本期期末金额	本期期初金额	本期增加额
1 年以内（含 1 年）			
1 ~ 5 年（含 5 年）			
5 ~ 10 年（含 10 年）			
10 年以上			

（一）存货

政府是否能够保持适当的应急能力，是服务可持续性的一个重要内容。公共储备物资的金额可以在一个方面表明这种能力的大小（见表 3）。

表 3　　公共储备物资明细表

公共储备物资	期末金额	期初金额
粮食		
食用油		
救灾物资		
医疗器械和药品		
公共储备物资合计		

分析时应对公共储备物资的储备方式进行说明，如粮油为政府买断储备，物资产权为政府所有。其他如肉、糖、棉花等政府采用支付企业周转金或补贴方式由企业购买储备，储备存货产权归企业所有，政府有权进行优先购买。

公共储备数量金额的确定方式、是否能够满足救灾需要、本年度储备动用情况简介、救灾情况等，进行简要说明。

（二）对外投资

我国政府具有非常多的国有企业股权投资。政府对这些国有企业的股权投资是否与政府的服务能力直接相关，需要向信息使用者披露。当这些国有企业通过不断的职能界定，一部分会成为非公益性国有企业，逐渐纳入政府范畴，由此引起政府对外投资的减少。在这个功能界定完成之前，可能还是有很多政府之外的国有企业承担政府公共服务职能。为了在这个过程中更好地披露政府与履行公共服务职能的国有企业之间的关系，以及政府为此进行的投资，应该按照投资对象履行公共服务职能的情况进行分类和分析，如表 4 所示。

表 4　　　　　　　对外投资明细表

对外投资明细表	市财政		政府单位		合计	
	期末金额	期初金额	期末金额	期初金额	期末金额	期初金额
公共基础设施企业投资：						
地面交通企业投资						
地铁企业投资						
给排水企业投资						
热力企业投资						
污水处理企业投资						
……						
小计						
非公共基础设施企业投资						
有价证券投资						
合计						

有价证券栏目的数据对于后面的财务分析指标中金融资产的计算必不可少，应单独列出，如表 5 所示。

表 5　　　投资比重占前 10 名的国有企业股权投资明细表

投资对象	期末金额	期初金额
企业 1		
企业 2		
……		
合计		

报表附注中应对政府国有企业股权投资的投资原则、投资对象重大变更的原因、对公共基础设施类国有企业股权投资的增长情况进行必要的说明。

（三）固定资产和公共基础设施

1. 固定资产价值的构成状况。政府固定资产是政府保持持续服务能力的重要资产项目，固定资产的原值、净值等金额及其比重，反映固定资产总体上的成新率和在未来提供服务的时间长度。固定资产总值和净值的变化，也体现政府未来提供服务能力的变化，如表6所示。

表6　　固定资产明细表　　单位：万元

资产类别	期末数			期初数		
	资产原值	累计折旧	资产净值	资产原值	累计折旧	资产净值
一、非公共基础设施						
房屋及构筑物						
通用设备						
专用设备						
交通运输设备						
电气设备						
电子产品及通信设备						
仪器仪表及其他						
文艺体育设备						
图书文物及陈列品						
家具用具及其他						
小计						
二、公共基础设施						
公路和道路						
供水						
排水						
水利						
城市绿地广场						

续表

资产类别	期末数			期初数		
	资产原值	累计折旧	资产净值	资产原值	累计折旧	资产净值
垃圾处理						
其他						
小计						
合计						

注：该表包括政府行政单位、事业单位、社会团体、公益性国有企业拥有或控制的所有固定资产，不包括经营性国有企业拥有或控制的公共基础设施。

财务报表附注中应对金额变化较大固定资产项目的变化原因进行分析和说明，包括非公共基础设施原值和净值发生重大变动的原因、公共基础设施原值和净值发生重大变动的原因等。

2. 主要的非公共基础设施在不同政府单位间的分布情况。非公共基础设施是政府单位为履行单位职能而占用的固定资产。列示前几位占用主要非公共基础设施固定资产的政府单位并作说明，可以反映一些主要职能部门未来履行服务的物质保障能力，同时也从另外的侧面为信息使用者评价政府履行职能过程中对资源的占用效率提供信息。如表 7 所示。

表 7　前 × × 位占用非公共基础设施固定资产的单位明细表

固定资产类型	单位 1	单位 2	单位 3	单位 4	单位 5
房屋及构筑物					
通用设备					
专用设备					
交通运输设备					
电气设备					

续表

固定资产类型	单位 1	单位 2	单位 3	单位 4	单位 5
电子产品及通信设备					
仪器仪表及其他					
文艺体育设备					
图书文物及陈列品					
家具用具及其他					
合计					

3. 由于政府财务报告中合并了部分公益性国有企业的报表，因此，如果这些企业因为借款而出现固定资产抵押，这些固定资产未来提供持续服务的能力将存在一定程度的风险。因此，报表附注应分析存在固定资产抵押的情况。如表 8 所示。

表 8　　被抵押固定资产明细表

固定资产名称	抵押用途	抵押金额
合计		

（四）在建工程

在建工程是使用政府建造的未完工或尚未履行竣工手续的固定资产建设项目。这些在建工程在竣工之后形成政府的服务能力；在建设过程中，则需要消耗政府的资金。因此，对在建工程的信息披露和分析包括两点：一是工程的服务领域；二是工程的完工情况。如表 9 所示。

表9　在建工程明细表

在建工程类别	期初金额	本期增加	本期减少	期末金额
土地储备售出项目				
行政单位在建工程				
学校在建工程				
医院在建工程				
……				
在建工程合计				

报表附注中应说明各类在建工程的服务目标和将要提供服务的预期能力。

对这些重大在建工程，可以说明建设的预期服务对象和服务能力。如表10所示。

表10　重大在建工程（预算工程总金额前10名）完工百分比

在建工程类别	预算金额	已完工金额	完工百分比
××工程			
××工程			
……			

（五）借入款项

借入款项大多数为政府从金融机构的借款，其金额大小、期限长短、利率高低直接影响政府财务安全性。借款的不断增加，近期大量到期债务、不断上升的利率水平，都对政府财务安全产生不利影响。如表11所示。

表 11　　借入款项明细表

借入款项	市财政		政府单位		合计	
	期末金额	期初金额	期末金额	期初金额	期末金额	期初金额
1 年以内（含 1 年）						
1 年以上						
合计						

借入款项是政府从银行和金融机构以借款方式借入的资金。财政部门借入款项明细表如表 12 所示。

表 12　　财政部门借入款项明细表

借入款项内容	期末金额	期初金额
国际金融组织贷款和外国政府贷款		
农业综合开发财政专户借款		
土地整理储备中心借入款		
基建账户借款		
通过融资平台借入款		
其他借款		
合　　计		

说明财政各部分借款的合规性、借款余额变化或不变的原因。财政借入款项的担保情况。

通过融资平台或非政府单位借入款项用途明细表如表 13 所示。分析项目借款归还资金的来源、担保情况、本期金额变化的原因。

表 13　　通过融资平台或非政府单位借入款项用途明细表

借入款项	融资平台或非政府借款单位	期末金额	期初金额
项目 1			

续表

借入款项	融资平台或非政府借款单位	期末金额	期初金额
项目 2			
……			
合　计			

政府单位借入款项明细表如表 14 所示。重点分析说明行政单位、事业单位借款的主要原因和合规性。

表 14　　政府单位借入款项明细表

借入款项单位	期末金额	期初金额
行政单位借款		
事业单位借款		
非营利组织借款		
企业化事业单位借款		
公益性国有企业借款		
合　计		

政府单位借入款项偿还情况明细表如表 15 所示。重点说明分析逾期借款的原因和金额。

表 15　　政府单位借入款项偿还情况明细表

借入款项单位	本期到期金额	本期偿还金额	逾期金额	
行政单位借款				
事业单位借款				
非营利组织借款				
企业化事业单位借款				
公益性国有企业借款				
合　计				

（六）政府债券

当前，我国地方政府较少发行地方政府债券。未来，地方政府被允许发行地方债的时候，本项目就需要单独进一步进行分析。政府债券是政府安全性的重要影响因素。如表 16 所示。

表 16　政府债券明细表

债券到期期限	偿债资金来源	期初金额	以往发行债券到期	本期增加发行债券	本期归还金额	期末金额
1 年以内到期债券						
1～2 年内到期债券						
2～3 年内到期债券						
3～4 年内到期债券						
4～5 年内到期债券						
5 年以上到期债券						
合　计						

分析时需要对本期存在的政府债券的发行目标、偿债资金来源、增加或减少的程度和原因，以及各期限债券增加或减少的原因，相关的债券条款进行充分的说明。政府债券发行的增加可能增大政府财务风险。

（七）政府养老金负债

政府养老金负债，在没有转交社保基金的情况下，这部分负债构成政府直接显性的债务，如果计量得当，应在报表内进行确认。如果没有表内确认，则应在财务报表附注中披露，在表外披露估计的金额及其变化。如表 17 所示。

表 17　　政府供养人员养老金负债明细表

供养人员所属单位	期末数		期初数	
	供养人数	负债金额	供养人数	负债金额
行政单位				
事业单位				
其他单位				
合 计				

分析时应说明养老金负债估算的所有假设条件；本年度养老金负债变化的主要原因，如估计基础因为技术的改变、政府相关政策的改变等。

（八）未纳入报表的政府资产

由于不满足会计确认或计量条件，以下重要的政府资产没有在报表中列示。这些资产同表内资产一样，由政府拥有或控制，在未来提供服务的能力。这些资源主要为自然资源，如表 18 所示。

表 18　　自然资源储备情况表

资源名称	计量单位	计量单位	……	期末数量	期初数量
建设用地					
矿产					
森林					
水资源					

对各类自然资源的变动进行说明，包括有关的使用量、增加量等。

（九）未纳入报表的政府负债

未纳入报表的政府负债在未来消耗政府的资源，直接威胁政府的财务安全性，因此报表附注中需要披露这些负债。限于目前的会计确认或计量条件，尚未纳入财务报表的政府负债包括：

（1）社保基金收支缺口。说明目前社保基金为弥补缺口情况，包括个人账户空账情况。

（2）经营性国有企业政策性亏损挂账。如果有可能确定金额，建议列入政府资产负债表。

（十）或有负债

政府或有负债主要包括政府担保的债务，以及未决诉讼中可能的赔偿金额。这些负债对政府未来的影响不确定，但是构成财务安全的隐患，如表19所示。

表19　　或有负债的主要项目构成

或有负债项目	担保对象	担保金额	到期日期	担保方式

分析时对于重大的或有负债项目可能的承担风险应该予以说明。

二、收入费用表重大项目分析

收入项目关系到政府未来提供服务和偿债的资源流入。对收入项目的明细信息，主要侧重收入的稳定性和规模。

（一）税收收入

税收收入是政府收入中具有持续性、相对稳定的资金来源，分析重要税种金额数量和变化的原因，可以使信息使用者了解主要的税收渠道和该渠道的重要性程度，估计未来财务安全性和收入的可持续性。如表20所示。

表20　　税收收入明细表

税种	本期金额	上期金额

（二）非税收入

分析重要的非税收入项目金额变化的原因、与经济政策的一致性，对于其中政府基金、专项收费等金额较大、对收入变化影响较大的项目，可进一步编制明细表说明。如表21所示。

表21　　非税收入明细表

非税收入项目	本期金额	上期金额

（三）事业收入

事业收入明细表如表22所示，分析重要的事业收入项目金额变化的原因。

表22　　事业收入明细表

事业收入类别	本期金额	上期金额

（四）费用

费用是权责发生制下政府当期提供服务、履行职能时对应的资源消耗。报表上已经对费用采用经济分类进行了披露，附表中可以对费用按照功能进行明细披露，使信息使用者了解政府履行主要职能消耗的资源的规模，帮助预期和判断政府未来的服务耗费情况和资金需求情况。如表 23 所示。

表 23　　　　费用按功能分类明细表

费用项目	本期金额	上期金额
行政		
教育		
医疗卫生		
……		
合　计		

对于一些职能上费用的重大变化应该说明具体原因，以及这些原因在未来可能的趋势。

财务状况分析的指标和说明

政府财务报告上的财务状况分析部分，是财务报告中集中分析和说明政府当前可持续能力和安全性的核心部分。这部分主要利用财务报表上的数据，必要时结合经济或人口数据等历史数据，计算新的财务指标，产生财务报表之外的描述政府财务状况中的可持续性和财务安全性的新信息。通过阐述这些财务指标的计算结果、说明指标含义、描述指标所体现的可持续性或财务安全性，综合各指标的评价结果得出基本的结论，使信息使用者对政府的财务状况有更量化的判断。

一、财务状况分析指标的选择原则

财务状况分析，首先是对筛选的描述政府财务状况的财务指标进行计算，然后是对这些财务指标进行综合判断，从而得出结论。从国际经验看，财务状况分析的指标没有固定的组合，各国根据本国数据特点、多年间实践经验的积累、评价过程中各方权衡结果，形成了各自的指标建议或实务应用。尽管如此，一些指标在各国多年的实践中体现出使用上的一致性，不同国家不约而同都采用这些指标，并在实践上形成一些判断的标准。

我国在政府财务状况的分析上刚刚起步，由于没有历史积累，同时缺乏横向比较的数据积累，因此，本课题在财务状况指标的研究选择中，遵循以下原则：

1. 国际上较常使用。本研究使用的指标，在美国、澳大利亚、加拿大等国家的实务和研究文献中较常出现。

2. 经济含义容易理解。指标在体现政府服务可持续性、偿债能力方面的原因比较直观，容易理解。

3. 用于计算指标的数据与我国报表数据内涵基本一致。例如，尽量采用权责发生制收入费用概念或政府整体的现金收入和现金费用概念（与我国预算收支基本对应），而不采用与基金预算会计相关的数据。

4. 有较为明确的评判标准或者趋势利弊说明。国外经验或研究中介绍了相关的评价标准或趋势利弊说明。

5. 我国目前可较容易地获得计算所需的数据。数据基本上在我国现有的预算收支表、资产负债表、收入费用表上可以获取。

6. 指标的重要性，或不可替代性。如果存在多个类似含义的指标，尽量选取满足前 5 个要求的指标；如果某类分析中仅有的指标不能满足前面的标准，从重要性上考虑，仍旧纳入体系，但是具体使用可能需要等待未来的数据。

二、政府可持续性分析指标

政府可持续性是政府未来是否可以在维持当前政策和负债水平情况下继续保持现有服务的水平。政府可持续性可以由收入的稳定性和费用或支出的刚性（可变性）程度，以及政府提供服务过程中维持盈余的资金储备能力来体现。

（一）收入稳定性

1. 税收收入弹性 $= \dfrac{\text{本期税收收入增长率}}{\text{本期 GDP 增长率}}$

指标含义：税收收入弹性指标衡量政府伴随经济增长增加获取资源的长期潜力。经济增长，税收应相应增长，两者呈一定的比例关系。这个比例关系是否正常，体现经济增加税收的能力，从另一方面讲，又是税收给经济造成负担的程度。

取值：此处的收入可以使用收入费用表中的收入，也可以使用预算收支表中的收入（不含债务收入），因为两者误差不大。如果差异较大，使用预算收支表中的收入效果更好。

该指标分母中的 GDP 增长率，应使用本政府行政区域范围内的 GDP 数据计算。如果不能区分本级政府行政区域内的 GDP 与下级政府行政区域内的 GDP 数据，则指标的可用性降低。在这种情况下，使用本级政府与下级政府合并报表的数据计算该指标，分析分母数据范围就可以一致。只是指标就是合并政府的收入稳定性。如果认为区域内本级政府与下级政府的 GDP 增长较为一致，这样的比率也可以近似替代本级政府的税收收入弹性。

评价和参考值：该指标的值过大，政府从社会获取资源过多；该指标值过小，政府可能面临服务不足的问题。需要结合政府的绩效综合评判。美国联邦政府建议的标准值为 0.9，可供参考。

分析政府近年来税收收入弹性指标，如果接近国际建议指标，说明政府的财政收入与经济发展相互匹配，目前的税收具有可持续性。否则，可能存在社会负担过重或者政府收入滞后经济发展的问题，导致收入的不可持续。

2. 税收依存度 $= \dfrac{\text{税收收入}}{\text{收入}}$

指标含义：税收依存度指标反映政府运营对于相对稳定的税收收入的依存程度。

取值：分子是收入费用表或者预算收支表上的“税收收入”项目，分母是收入费用表或者预算收支表上的总收入。

评价：税收收入是政府相对稳定的收入，比重越大，政府未来的可持续服务能力越强。

分析时可以关注税收依存度的高低和变化情况，说明本政府主要税种如增值税、所得税的税率和税基变化等因素对税收依存度的影响以及对政府收入可持续性的影响。

3. 非税收入比重 $= \dfrac{\text{非税收入}}{\text{收入}}$

指标含义：非税收入通常具有交易的性质和非普遍性特点，征收对象不稳定。这部分收入比重越高，政府未来收入的稳定性越差。

取值：建议选取收入费用表中的“非税收入”项目金额。

评价：分析时应对该指标比重过高或趋势变化的原因进行说明，如主要非税收入征收对象状况的改变分析。在我国目前情况下，政府可供出售土地的面积、土地价格变化对非税收入中的国有土地使用权出让收入有非常关键的影响，应联系经济发展和房地产市场管理政策进行说明。

4. 政府间转移收入比重 $= \dfrac{\text{政府间转移收入}}{\text{收入}}$

指标含义：政府间转移收入的多少不是本级政府所能决策控制的，因此这部分比重体现政府财力受到非本级决策的制约程度。

取值：选取收入费用表或者预算收支表中的“政府间转移收入”项目金额。

评价：比重越大，政府对外部资源的依赖也就越大，未来收入的稳定性越不可预测，政府抗风险性也就越差。

（二）政府支出刚性分析

1. 资产应急能力指标 = 流动资产/支出 = （货币资金 + 借出款项 1 年内到期的部分 + 应收利息 + 应收股利 + 应收及预付款项 + 存货 + 对外投资中的有价证券）/支出（含偿债和利息支出）

指标含义：该比率体现在收入不能及时征收或动用的情况下，政府现有可在较短时间内变现或投入日常开支的资源能够支撑多长时间的正常运营。

取值：在资产负债表的相关项目及其附注中获得相关资料。

如果根本不能获得附注中的资料，比如对于“借出款项”，可能需要依据经验判断其中1年内到期的资金比重，如果较低，则计算中不包括这部分项目款项。

如果可以获得“对外投资”项目中的有价证券投资部分的数据，则在公式的分子中，还应包括这部分流动资产。

分母中的支出项目，可采用收入支出决算表中的支出（目前这部分支出缺少偿债支出）加上偿债支出。但是，由于我国目前的偿债支出没有在常规报表及其附注中体现，所以未来我们的资产负债表中需要在债务项目附注中补充披露债务增发和偿债支出的情况。

评价和参考值：美国国际城市/乡村管理协会认为该指标在5%以上比较好，也有人认为需达到8%以上较好，也就是能够坚持1个月；当该指标低于1.5%的时候，政府就需要警惕了。

2. 债务支出比重 $= \frac{\text{偿还债务本金和利息的支出}}{\text{支出(不含债务本息支付)}}$

指标含义：体现偿还债务的花费占用运营花费的比重，体现债务给政府运营带来的负担。

取值：这个指标的分子取值需要依托资产负债表中“政府借款”和“政府债券”项目的附注资料和收入费用表中的“财务费用”信息。

目前，我国这部分信息很不容易取到，因为部门和单位的收入支出决算表中只有利息支出，对于偿债支出，直接减少相关负债，而不确认为一种预算支出，因此，在财务报表上也没有此类信息的具体说明。未来应该要求财务报表的编制部门在资产负债表的负债项目附注中列报债务变动过程中的发行和偿还信息。

指标中的分母是收入支出决算表中的支出扣减利息支出后的金额，如果采用收入费用表中的费用项目，则需要加回折旧金额。

评价和参考值：可参考美国的经验数据，如果出现15%～20%的运营支出用于偿债就会被评级为警觉，27.5%以上就是财务紧张；标普认为小于等于 5% 代表政府债务负担较低。

（三）政府资金储备能力分析

1. $盈余比率 = \frac{盈余}{收入}$

指标含义：政府一期运营结束时，是否占用了未来的资源。

取值：盈余（亏损）是收入费用表上的收入与费用的差额。

评价和参考值：该比率如果是负数，则说明政府税收和收费不足以覆盖提供目前服务的成本，意味着将来需要使用资源来弥补当前服务的耗费。

我国目前预算收支出现赤字的现象并不常见，但是如果考虑到大量的折旧，收入费用表上很可能出现亏损，意味着我们享受本期服务的时候将负担留给了后代。盈余比率如果是负数，持续的时间越长，政府可持续能力越低，未来产生的后果越严重。

2. $赤字率 = \frac{赤字}{GDP}$

$$= \frac{预算支出（不包括利息支出）- 预算收入（不包括债务收入）}{GDP}$$

指标含义：赤字或结余是预算收入支出表中的收入和支出的差额，大体上应该可以看作是政府运营过程中除借债和偿债引起的现金收支之外的运营收支余额。结余如果是正数，意味着本期政府运营的现金收入大于现金支出，政府现金存在余额，可以用于支付未来的支出或者偿债；反之，政府需要动用现金或其他货币资金储备支付本期支出，在现金或其他货币资金储备不能动用的情况下，就需要增加债务。

政府本期运营结束后如果存在赤字，则赤字在经济体中的比例越大，政府未来需要发行的债务越多，给国民经济带来的负担越高。

指标取值：分子中的预算支出和预算收入都可取自收入支出决算表，其中注意预算支出中要扣减利息支出。我国部门和单位的预算收入中不包含债务收入，因此可以直接使用预算收入数据。

这里的 GDP 指标同样存在数据来源问题，如果不能区分本级政府与下级政府的 GDP 数据，该比率就不便使用。替代它的可以是政府合并后的结余与上下级政府整体的 GDP 比值，前提是上下级政府行政区域的经济状况比较近似。

评价和参考值：如果政府存在结余而非赤字，则该指标为负数，如果结余持续偏低，政府可持续性变差，如果连续多年为赤字，政府可持续性存在问题。

赤字率在马斯特里赫特条约中认为小于等于3%是一条警戒线，意味着财政不可持续。

（四）政府持续性的资产分析

政府的一个重要服务内容是提供公共基础设施服务。这些设施的新建、更新改造、维护是否及时到位，关系到政府未来持续提供服务的能力能否得到保障。因此，对于固定资产，特别是公共基础设施服务相关的分析，也是政府可持续性的重要内容。

1. $固定资产成新率 = \frac{固定资产账面净值}{固定资产原值}$

指标含义：固定资产成新率表明政府固定资产尚可用寿命的长短。成新率高一定程度上表明固定资产状态较好。

取值：分子和分母可以从资产负债表的附注资料中获取。

评价：评价固定资产成新率可以使用 5 年以上的趋势进行比较，如果出现减少，说明有可能出现越来越多的延迟维修或更新成本。

如果政府区分普通固定资产与公共基础设施资产，则该指标分母分子的数值应该是这两个科目相应的合计数。下面指标同样如此。

2. $固定资产可持续比率 = \frac{固定资产维护和更新支出}{折旧费用}$

指标含义：固定资产可持续比率体现政府固定资产是否能够在原有基础上维持其必要的功能。

取值：分子的固定资产维护和更新支出包括固定资产的日常维护、大修理、更新改造（不包括新购置或建造资产）的支出。

评价和参考值：如果更新改造和日常维护支出低于每年的折旧费用，即比率小于1，意味着现有的固定资产更新和维护不能弥补固定资产正常服务的消耗。政府服务的可持续性降低。

以上两个对政府持续性具有重要作用的资产分析指标，在我国目前情况下都存在较大的数据局限。由于我国在固定资产管理上存在较大的缺陷，导致很难取得与固定资产折旧、维护和更新相关的会计数据，因此必须对这两个指标的高低和变化谨慎得出结论，甚至可能需要推迟这两个指标的使用。固定资产成新率看似数据获取较为容易，但是目前折旧计提非常不准确，加之我国存在大量的新增固定资产，所以即便该指标是上升趋势，也无法说明不存在延迟的维护或推迟更新，而固定资产可持续比率更是因为缺少维护和更新支出的统计数据，短期内难以计算。

但是，这两个指标关系到我国政府服务的长期持续性，而且涉及政府重大的投入资源，因此这些指标信息，应该是信息使用者非常关注的。如果可能，尽量在统计的基础上获取相关数据进行计算。

三、政府安全性分析

政府财务安全性分析的核心是政府是否能够按时偿还各类债务。

（一）政府偿债能力的直接衡量

政府的偿债能力由两个方面可以直接衡量：一是政府未来的现金是否足够，即能应对政府运营必须的开支，还有足够结余可以用于到期债务本金的偿付。二是政府已有金融资产。金融资产包括现金储备或者可以转化成现金的其他资产储备。由于政府资产中除了金融资产之外的其他资产是满足政府提供服务能力所必需的，从功能上看不可用来变现，因此，偿债所依赖的资产储备只应是金融资产。

其中第一个方面，未来现金如果能够重组应对政府运营所必需的开支的能力，一部分可以由政府的可持续性指标反映，因此国外经常把政府可持续性与政府财务安全性两个概念合在一起使用，并不作特别具体的划分。本研究为了更好地让我国政府信息使用者对政府偿债能力的关注，把与债务偿还更为密切的指标集中归类为政府安全性指标，体现直接的偿还能力。

1. $偿债率 = \frac{债务支出}{收入或预算收入}$

$= \frac{偿债支出 + 债务利息支出}{收入或预算收入}$

指标含义：政府偿债占用可使用资源的程度。偿债率指标过高，意味着偿债占用收入的资源过多。如果持续出现这种现象，一方面，因为偿债压力会导致用于政府运营的资源减少，使得政府服务的可持续性受到损害；另一方面，政府必须考虑收入也需要满足必要的运营，持续高债务率，意味着可能收入满足支出后没有足够资金偿还债务，债务的偿还出现危机，需要发行新的债务偿还过去债务，甚至可能需要增加新的债务数量。

取值：指标分母可以使用收入费用表中的收入项目金额。

分子中的债务支出，需要从资产负债表各债务项目的附注中查找。目前这些附注信息不全面，影响指标的直接计算。

评价和参考值：美国城市管理协会 ICMA 认为，该指标在 10% 以下比较适当，高于 20%，则政府必须引起警惕。标普则认为，5% 以下为可接受，超过 15% 就偏高了。

计算政府近几年该指标的数据，并制表或绘图体现变化情况，并对这种偿债压力的变化进行分析。

2. $金融资产负债率 = \frac{金融资产}{负债}$ =（货币资金 + 借出款项 + 应收款项 + 对外投资中的有价证券投资）/ 负债

指标含义：金融资产负债率表现政府已有的资产储备在未来可用于偿债的程度。

取值：分子中的对外投资中的证券投资需要从资产负债表的对外投资项目附注中取得，因此建议资产负债表的对外投资项目需要附注有价证券的信息。

评价和参考值：该比率的值大于 1，意味着金融资产足以满足所有的偿债义务，并还可用于未来的运营。如果小于 1，意味着偿债需要依赖未来收入，或者通过发行更多的债务支付已有的负债。该比率应该进行趋势上的比较。

3. 逾期债务率 = 逾期债务/本期到期债务或期末债务

指标含义：逾期债务率表明政府该偿还的债没能按时偿还，或者至少在到期的时候还没有与债权人达成借入新债偿还旧债的操作。政府已存在偿债危机。

取值：分子中的逾期债务，是超过约定的支付日期尚未支付的债务。如果政府通过借新债即使偿还旧债，则不算为逾期债务。如果政府通过与债权人协商，延后已有债务的偿还日期，则仍旧属于逾期债务。

如果分母中使用本期到期债务数据，则该指标更能体现政府不能偿还到期债务的危机程度，如果使用期末债务作为分母，则在一定程度上掩盖了这种危机的程度。建议只有本期到期债务金额数据不易取得时，使用期末债务金额代替。

分子和分母的数据需要在资产负债表的政府借款和应付债券项目的附注中获取。目前的资产负债表附注需要有债务是否按期偿还的明细信息披露。

评价和参考值：该指标大于 0，说明政府不能按期支付到期债务，意味着政府收入、继续借款等收集资金的能力发生了危机。

（二）政府偿债能力的间接衡量

政府负债一方面可能促进社会经济的增长，但在另一方面可能导致因未来偿债压力而需要提升税率等方式增加政府收入。如果提升税收等收入，会给社会造成压力，降低经济的增长；如果提升税收的空间有限，则政府直接面临偿债危机。这种间接的偿债压力，可以用债务率指标来测算。

$$债务率 = \frac{净负债}{GDP} = \frac{负债 - 金融资产}{GDP}$$

$$=\frac{\text{负债}-\text{货币资金}-\text{借出款项}-\text{各类应收款项}-\begin{matrix}\text{对外投资中的}\\\text{有价证券投资}\end{matrix}}{\text{GDP}}$$

指标含义：表明债务给经济带来的压力的大小。

取值：分子数值从资产负债表项目及其相关附注中获取。GDP问题同前面指标取值的说明。

评价和参考：欧盟马斯特里赫特条约中对成员国的该项指标的标准要求在60%以下，可以成为我们的参考。该指标越高，社会经济承担政府负债的负担越重，或者说，政府负债对社会经济的促进作用越小。

分析近几年政府债务与GDP的关系，可说明社会承担政府负债的负担变化情况。社会债务负担过重，对政府未来发行新的债务，以及从社会中筹集更高的税收等都会造成困难，危害政府的可持续能力和偿债能力。

财务状况指标分析的比较依据和综合评价

一、财务状况指标分析的比较依据

财务状况指标分析过程中，许多指标很可能无法从单一的数值判断其所体现的背后的政府可持续能力或安全性的绝对好坏，只有通过比较，才能获得最终的比较结果。通常的比较对象或比较标准包括：

（一）已有的实务经验取得的标准

如前面大量指标采用了这种方法，参考国际上已有经验的国家的指标标准值。

（二）本国范围内的排序

这种方法的前提是本国国家层面的政府可持续性和安全性没有重大问题。于是可以将本政府的财务数据与本国内其他地区同级别政府的数据进行比较，如果本政府的相关指标处于平均值之下，达到一定程度，如排序的最后的1/4，则说明本政府的该项指标反映政府可持续性或安全性出现较为严重的问题。

（三）本政府同一指标时间序列的比较

通过趋势比较，可以发现政府当前政策或运营出现的可能值的警惕的问题。单个指标在某一年很差不一定说明政府可持续性或财务安全性一定出现问题，偶尔一年的收入减少或储备不足如果是偶然事件导致，在未来很快就转，也不一定会出现问题，但是如果这种改变非常剧烈，可能说明偶然事件的影响非常强大，则需要分析关注它对未来该指标变化的影响程度。如债务占收入比重在本期接近经验值，但是通过趋势比较，如果发现这种趋势的改变非常剧烈，则政府需要关注剧烈改变的原因。

二、财务状况分析指标的综合评价方法

财务状况指标本身是分散的，每一个都会反映政府可持续性或财务安全性，但每一个又都是从单一的角度进行评价。因此可能出现不同指标得出相反结论的情况。要得到政府整体的财务状况分析结果，需要将这些指标结果进行汇总，得出相对一致的判断。根据财务分析实务中的操作方法和国际上对政府财务指标分析的具体应用过程，本研究总结了几种可行的综合方法：

（一）不良指标个数

当政府选定财务状况指标系统中的财务指标之后，通过与警戒值或国内同类型政府同一指标均值进行比较后打分，如果政府指标低于警戒值或均值以下一定程度（如后 20% 排名），则设定该指标为不良指标。当不良指标个数过半，可认为政府可持续性和财务安全性出现问题。

（二）综合打分法

通过对全国同类政府同一财务指标多年数据的统计，对各指标值的高低进行赋分。各指标的重要性可以采用算术平均法（国外研究认为算术平均法和几何平均法对结果的影响不大）通过打分，计算政府财务状况的综合得分。

政府偿债现金流的预测

本研究拟采用财务管理中的预测未来现金流量表的方法，对政府在5~10年间的偿还金融性负债的现金流充足情况进行预测模型研究。政府日常运营过程中发生的结算性质的负债不做考虑，因为假定他们在政府日常运营过程中可以形成正常的循环周转。

这种研究不针对政府的长期可持续性，而是针对政府有限期内的偿债现金流情况进行直接预测，为信息使用者了解未来一定时期内政府的安全性提供预测数据。

一、政府债务与现金收支的关系

政府对债务需求的产生和预测方法与企业不同。

（一）企业债务产生的财务原因

1. 从企业投资和资金来源的角度看，企业产生债务的原因是企业为了取得经营收入而必须进行资产投资，根据企业经营收入与投资资产之间的比率关系，经营收入要求的资产投资如果超过所有者投资加上利润所能提供的资金之和，于是便产生借债需求。

2. 从企业的现金收支角度看，企业的现金收入和现金支出中间通过资产投资产生因果关系。企业是否借债要看企业经营产生的现金收入和投资支付的现金支出是否产生缺口。企业在取得经营收入的同时，因需要对消耗的资产进行弥补，并可能为今后运营增加更多的资产投入，资产的循环投资和扩大投资导致企业的现金支出。

因此，企业是否增加债务直观上取决于企业的现金收支差额，即企业的资金缺口，但是这个缺口的财务预测基础是企业资产的投资：

1. 企业的经营收入规模是由企业资产水平决定，并且企业对资产的投资决定了企业经营支出的多少。

2. 企业对债务的需要量预测，通常需要使用预测利润表和预测资产负债表进行现金收入和所需资产投资支出的测算。

由于企业债务与现金流、资产投资之间的上述关系特点，企业许多偿债能力指标设计和计算与资产和经营现金收入同时相关。

（二）政府债务产生的财务原因

政府债务产生的财务原因也是政府运营的现金收入不能满足现

金支出，因产生的资金缺口而需要融资。但是，这个资金缺口只与政府现金收入本身相关，与政府资产没有关系。

1. 政府的收入不是由政府资产的多少决定，而是由政府的国家权力和相应的征收基础和征收比率决定，政府实现收入不会受政府资产多少的影响。

2. 由于政府收入不是由政府资产规模决定，因此政府支出也与政府收入没有直接的因果关系。尽管政府提供服务的能力会受到政府资产的制约，如基础设施的投资。但是政府不是因为要取得收费收入而发生基础设施投资支出，而是因为要满足社会的需求必须进行基础设施投资，基础设施不是取得收入的依据，而是政府支出决策的一个组成部分。因此，政府的收入和支出之间没有因果联系。

在这种情况下，政府资产不是政府支出的原因，而是政府支出的结果。政府是否增加债务只取决于政府运营收入和运营支出，与政府资产没有直接关系。只要政府运营现金收入能够满足运营现金支出的需要，政府就无需借款。同样，政府偿还债务的能力，是与政府运营现金收支状况直接相关，与政府资产的关系较弱。政府未来运营现金收支赤字就会导致债务的增加；政府到期债务的偿还如果不是借新偿旧，则主要依赖运营现金结余来逐步偿还。

（三）政府债务与政府现金收入和支出的关系

政府债务与政府现金收入和支出的关系如下：

下期债务 = 本期债务 ×（1 + 利息率）+（运营现金收入 - 运营现金支出）

该公式整理后得到：

运营现金收入 - 运营现金支出 - 本期债务 × 利息率 = 下期债务 - 本期债务

运营结余（赤字）- 本期债务 × 利息率 = 下期债务的减少额（增加额）

二、政府到期偿债预测的现金流量表基础

根据政府债务与政府现金收入和支出关系的公式，可以编制现

金流量表，对政府所有的现金收支进行描绘。从中可以看到，政府运行现金收支与债务收支和其他活动收支之间的关系。根据现金流量表中体现的各项现金收支的关系，分析预测一定期限内政府的债务变化，体现政府到期偿债的资金储备或短缺情况。简易的现金流量表如表24所示。

表24　　简易的现金流量表

项　目	金　额
运营活动	
运营现金收入	
运营现金支出（不含利息支出）	
运营现金流量净额	
投资活动	
金融资产投资出售	
投资收益现金	
购买金融资产	
投资现金流量净额	
筹资活动	
发行债务	
偿还债务利息	
偿还债务本金	
筹资现金流量净额	
现金期初余额	
现金净增加额	
现金期末余额	

1. 运营活动的现金收入和支出形成政府履行职能，为社会提供服务的现金流量，如果运营现金流量净额是正数，意味着运营结

余，可用于偿还发行的债务或购买金融资产作为投资；否则，政府需要依靠出售金融资产或动用现金储备弥补运营赤字；当出售金融资产成为不可能或现金储备不足的时候，就需要发行债务筹资弥补亏损。

2. 投资活动是政府出售和购买运营活动不需要的金融资产，包括政府对外投资中的各类有价证券投资等。金融投资是调节政府现金余缺的一种手段。当运营现金出现赤字的时候，首先动用现金和可出售的金融资产进行弥补；如果运营现金出现余额，或者由于发行债务等活动导致临时流入大量现金，则可以通过购买金融资产进行资金储备。

3. 筹资活动是政府发行和偿还债务本息的过程。当运营赤字不能由金融资产或现金储备满足时，政府需要发行新的债务；如果运营结余，但是即便通过出售金融资产仍然不能满足当期偿还债务本息的现金需要时，政府也需要发行新的债务偿还一部分旧债。

4. 政府的运营活动、投资活动、筹资活动的现金流量净额合计以后就是政府当期现金的增加额或减少额。

三、政府偿债能力的现金流量表预测原理

对政府偿债能力的预测，是对现金流量表最终现金余额是否能够保持在设定的现金余额进行估计和判断。如果通过现金流量表各项的预测，发现期末现金余额低于设定的现金余额，则认为当期政府不能偿还其负债，反之，则认为政府能够偿还负债。

具体的预测程序为：

1. 预测当期政府运营收入和运营支出并计算出差额，即运营结余或赤字。

2. 确定当期需偿还的债务本金和利息。

3. 确定当期可以发行债务的本金，当期可发行债务的本金多少，取决于政府对于当前负债水平的控制。如果政府希望保持目前债务绝对金额不变，则发行的债务本金应该等于偿还债务的本金；如果政府希望减少债务的绝对金额至目标金额，则发行的金额减去偿还金额应该等于当期政府需偿还负债减去期末目标负债金额。

4. 确定当期净偿还债务本金和利息的金额。

5. 根据运营结余或赤字，减去需要偿还的净债务本金利息，得到运营现金偿债的现金溢余或短缺。

6. 如果发现运营现金偿债短缺，则根据已有的金融资产储备状况，预测投资收益和可供本期出售的金融资产的最大金额（偿债现金短缺时）；如果发现现金溢余，则直接进入程序8。

7. 根据运营偿债的现金余缺和金融资产出售提供的现金金额，计算当期偿债后现金增减额。

8. 根据现金期初金额和预测的当期现金增减额，计算预测的现金期末余额。

9. 根据对下期运营支出的预测，确定本期期末目标现金余额。此金额可以参考历史上的或同类政府的现金余额与政府运营支出之间的比率关系中值进行设定。

10. 与设定的期末现金余额进行比较，得到本期最终的现金溢余或短缺。如果是现金短缺，说明政府当期无法偿还负债；如果是现金溢余，说明政府当期能够偿还负债。

11. 如果连续预测时出现政府无力偿还负债，则需要增加负债的发行，增加发行金额为该期现金短缺的金额，或者调整该期的收入或支出政策，编制调整后的偿债能力预测表，并将此表与原表并列，以便信息使用者能够了解政府为了应对偿债资金不足而被迫进行的政策调整。

12. 如果出现现金溢余，则增加期末现金余额，或者转为增加金融资产投资。

根据上述原理，重新调整编制政府偿债能力预测的现金流量计算表如表25所示。

表25　　　　政府偿债现金流量预测表

序号	项　目	金　额
1	运营现金收入	预测

续表

序号	项　目	金　额
2	运营现金支出	预测
3	运营现金流量净额	3 = 1 - 2
4	偿还债务本息金额	确定
5	发行债务金额	确定
6	净偿还债务金额	6 = 4 - 5
7	运营现金偿债溢余（短缺）	7 = 3 - 6
8	金融资产投资出售	确定
9	金融资产投资收益现金（金额较少，可忽略不计）	预测
10	当期偿债后现金增（减）额	10 = 7 + 8 + 9（或10 = 7，如果项目7≥0）
11	期初现金余额	已知
12	预测期末现金余额	13 = 10 + 11
13	目标现金期末余额	设定
14	偿债现金溢余或缺口	14 = 12 - 13

四、政府偿债能力预测中的关键数据及预测方法

（一）预测模型中的几个主要概念

1. 现金，是指货币资金，包括银行存款、国库存款。如果是银行定期存单，一般可列为金融资产。

2. 金融资产，是指政府临时存放多余的现金以提高收益率的投资对象，如各类有价证券，包括银行定期存单、债券投资、其他金融产品的投资等。有的政府部门有对外支付的借款，如农业开发贷款，或者政府对营利性国有企业的产权投资，这些都是我国政府的运营活动，不属于存放现金的投资手段。

3. 债务，是指政府直接或间接通过金融机构发行或借入的款项，如借款、发行国债等。

4. 运营现金收入，是指政府除偿还债务和出售金融资产之外，

在履行职能和提供服务过程中取得的现金收入，主要包括公共财政预算中的各类税收收入、非税收入；政府性基金预算收入；国有资本经营预算收入中的非税收入。

5. 运营现金支出，是指政府除偿还债务本金、利息及购买金融资产之外，在履行职能和提供服务过程中支付的现金支出，主要包括公共财政预算、政府基金预算和国有资本经营预算支出中的工资福利支出、商品和服务支出、对个人和家庭的补助、对企事业单位的补贴、转移性支出、赠予、基本建设支出、其他资本性支出、产权参股和其他支出。

（二）运营现金收入的预测

利用政府现金流量表预测政府偿债能力的难点在于几个关键数据的预测和确定。其中运营现金收入和运营现金支出是最为关键的两个参数。

在关键数据的预测上，对于主要的收支项目，需要找出影响他们的外界因素，并根据历史资料，建立收支项目与这些外在因素之间的系数关系，从而预测主要收支项目的金额。对于非主要收支项目，特别是一些具有偶然性的项目，或者对外界环境不敏感的项目，则可以采用历史数据的均值，或者基期数据保持不变的简化方式。在预测过程中，从重要性出发，不考虑运营收入出现应收未收、期初期末金额的改变，因此不考虑期间内是否存在应收未收的问题。

我国政府运营现金收入中需要重点预测的项目包括：

1. 税收收入。构成我国地方政府主要税收收入的税种如增值税、消费税、营业税、企业所得税和个人所得税等。预测方法可以为：

（1）需要根据对税基（企业销售收入、企业利润、居民收入等）的预测，以及这些税种的税率，计算预测税收收入。公式如下：

预测税收收入 $y = \sum$ 预测某税种税基 × 税率

（2）如果没有相关资料，则可根据历史资料（至少 5 年以上比较合适），使用时间序列预测方法，预测未来的税收收入。公式如下：

某种税收的预测收入 y = a + bt

其中，a 和 b 都是根据历史税收收入与时间回归得到的系数。

（3）计算过去至少 5 年间的税收收入与 GDP 或居民收入之间的比率关系，然后根据预测的 GDP 或居民收入增长率，预测税收收入的金额。公式如下：

某种税收的预测收入 y = 预测 GDP ×（历史平均的税收收入/GDP）

2. 非税收入。非税收入针对收费基础的预测和相应费率计算。预测方法可以为：

（1）如各行政事业单位的收费应按照预测的服务量进行测算，这些服务量通常与特殊年龄或特殊行业人口、机动车保有量、全部或某些行业的企业数量相关。

（2）如果不能取得相关收费基础的具体预测数量，可参考历史上各类收费的增长趋势，结合已知的政策调整，预测各类收费的金额。

3. 政府性基金收入。政府性基金收入的收费基础主要包括高速公路、建设用地转让面积、国有土地转让面积、企业收入等。预测方法为：

（1）政府性基金的主要收费可以依据这些收费基础的数量进行预测。

（2）如果无法取得收费基础的预测数，则可采用历史趋势预测法进行预测。转移性收入则可根据相关法规确定的转移标准进行预测，或采用历史趋势预测。

4. 国有资本经营预算收入。国有资本经营预算收入的多少取决于所投资的国有企业的盈利状况和上缴利润的比例政策。政府可以根据所持有的国有企业股份整体的平均盈利与利润上缴比率，估计国有企业上缴红利的金额。对未来几年内国有企业转让等有关规划，按照历史上国有企业的转让收入与账面价值的比率，估计转让收入。

（三）运营支出的预测

我国政府运营支出中的重点预测项目包括：

1. 工资和福利支出。这类支出的预测，主要根据行政事业单位的编制数量和工资标准进行预测，但是在现实中，由于存在大量编外人员，所以工资和福利支出可能需要使用历史趋势的方法进行预测，准确性会受到影响。

2. 商品和服务支出。预测方法为：

（1）如果可能，对于重点的支出项目应该分项进行预测。如办公费、水电费、取暖费等办公必须的支出可以根据计划增减比率进行预测。一些与政策相关，具有明显变化的费用，如会议费、培训费、公务用车维护费等，应按照计划金额进行预测。

（2）对于非重点的支出可以根据历史趋势进行预测。

3. 对个人和家庭的补助。这类支出应根据目标人群的数量和费用标准变化趋势进行估计。如果不能估计目标人群数量，则可按照历史趋势进行估计。

4. 对企事业单位的补贴。这类支出可根据补贴政策，估计补贴对象的数量进行预测。

5. 转移性支出。这类支出根据政府间转移支出的相关政策进行估计。

6. 基本建设支出。根据政府的基本建设计划和建设预算进行估计。

7. 其他资本性支出。这类支出中的各类固定资产购置和维护支出可根据历史趋势进行估计。土地补偿和安置补助等各类与土地征收交易相关的补偿款，应按照国有土地拆迁计划和补偿标准进行预测。

8. 贷款转贷和产权参股。贷款转贷支出可根据历史趋势进行估计。产权参股则根据政府的投资计划进行估计，如果没有投资计划，则根据历史趋势进行估计。

（四）偿还债务本金和利息的估计

1. 本期偿还债务本金。第一个预测期的金额可以根据资产负债表流动负债中的相关债务栏目计算得出。后续预测期的金额则需要根据资产负债表附注中的债务明细表，以及前一预测期对所借入或发行债务期限的假设进行到期日的确定。

2. 利息支出。利息支出可根据前期有息负债的平均金额和利息支出，测算平均的利息率，然后根据前一期期末的有息负债金额，以及本期偿还和借入债务后的平均债务金额，计算估计本期的利息支出。

（五）发行债务金额预测

预测期内发行债务，按照如下步骤预测：

1. 如果政府对目前债务规模较为满意，预测期内不打算改变已有负债的金额，则根据所替换债务的金额确定预计发债金额。新债的期限不用确定，在预测中根据未来运营结余或赤字的发生期间，随时确定可以偿还的期间。这样做的原因在于，新债是滚动偿还，因此不论多长期间，都可以通过即时发行新债换旧债。

2. 如果政府希望根据债务与收入的比重，逐渐减少预测期内债务的金额。在这种情况下，最终减少的总债务金额应该按如下公式计算：

目标债务金额 = 最后一个预测期期末预测运营收入 × 目标的债务偿付比（债务支出/收入或债务/GDP）

达到目标债务的当期及以后期间，预计的发债金额与偿债金额是一致的。达到目标债务之前各期，根据债券到期情况，直接归还债务，不发行新债务，即预计发债金额为 0。

不论上述哪种情况，政府都可以测算出预计发行债务金额。如果政府运营现金结余能够支付利息并足够偿还计划归还的负债，这个债务发行额就是最终的预测金额。

3. 政府在前面两种情况下，如果发现预测期运营赤字或结余不足以支付当期债务利息或到期债务，则需要估计是否有金融资产可供出售用于偿还债务，得出偿债后现金增减额。

4. 如果出售金融资产也不足以支付利息或到期债务，就需要考虑动用现金储备偿还债务。测算使用期初现金余额进行偿债支付后的余额如下：

预测期末现金余额 = 期初现金余额 + 当期偿债后现金增

（减）额

5. 如果储备仍旧不足以支付负债，就形成政府最终的偿债现金缺口，需要补发债务弥补缺口。偿债现金缺口，即增加发行新债的金额应该按如下公式计算：

偿债现金缺口 = 预测期末现金余额 - 目标期末现金余额

补发债务 = 偿债现金缺口

政府预测期发行债务 = 预计发行债务 + 补发债务

（1）如果出现偿债现金缺口，说明政府如果按照原有计划进行运营和偿债，在这个预测期缺乏偿债能力。政府偿债现金缺口就是需要补发的新债金额。

政府可以根据决策需要，连续编制 5 ~ 10 年期的偿债现金流量预测表，测算每一期是否出现需要补发债务的情况。

政府还可以根据对补发债务的预测，反过来对政府预测运营收入和运营支出的政策基础进行反思，研究是否可以有促进收入或降低支出的可能性，提高运营收支结余，加强偿债能力。特别是如果发现需要补发的债务金额超过本级政府预计的可发行债务金额，则需要对该期的收入和支出项目政策进行重新考虑和调整，否则政府就会出现偿债危机。

（2）如果政府运营资金偿还债务后出现现金溢余，则可转入金融资产，或留存在现金余额中，用于未来的运营或偿债。

转入金融资产的金额 = 期初现金余额 + 运营现金偿债溢余 - 目标期末现金余额

（六）政府连续期间的偿债现金流预测表

当考虑到政府预测期发行的债务有可能出现在预计发行债务之外的补发现象，政府编制连续期间的偿债现金流量表最好是一期两张，一张是按照预计发行债务后的偿债现金缺口情况，另一张是根据偿债现金缺口补发债务后的现金平衡情况，使出现偿债能力问题的期间政府可以继续运营下去，以便进一步预测未来各期的偿债现金流量表。

政府连续期间的偿债现金流量预测表如表 26 所示。

表 26　政府偿债现金流量预测表

序号	项　目	第 1 期计划	第一期调整	第 2 期计划	第 2 期调整	...
1	运营现金收入	预测	同前	同前期 预测过程	同前期 调整过程	
2	运营现金支出	预测	同前			
3	运营现金流量净额	3 = 1 − 2	同前			
4	偿还债务本息金额	确定	同前			
5	发行债务金额	确定	前表发行债务金额 5 + 前表偿债现金缺口 14			
6	净偿还债务金额	6 = 4 − 5	6 = 4 − 5			
7	运营现金偿债溢余（短缺）	7 = 3 − 6	7 = 3 − 6			
8	金融资产投资出售	确定	同前			
9	金融资产投资收益现金 （若金额较小，可忽略不计）	预测	同前			
10	当期偿债后现金增（减）额	10 = 7 + 8 + 9（或 10 = 7，如果项目 7 ≥ 0）	10 = 7 + 8 + 9			
11	期初现金余额	已知	同前	前表 13		
12	预测期末现金余额	13 = 10 + 11	13 = 10 + 11	同前期 预测过程		
13	目标现金期末余额	根据第 2 期的运营 支出规模按比例设 定或直接根据经验设定	同前			
14	偿债现金溢余或缺口	14 = 12 − 13	0			

第二部分 ××市2013年财政供养人员养老金负债测算方法说明

市级政府职工养老金负债反映财务报告日市级政府未来需支付给市本级行政事业单位现有在职职工和离退休职工（财政供养人员，不含参加社会养老保险的经费自理事业单位职工）寿命周期内的全部养老金形成的负债。

一、政府职工养老金负债测算模型

政府的养老金负债由两部分构成：一部分是对已退休人员的养老金负债，另一部分是对在职职工的养老金负债。

本课题的政府养老金隐性债务测算采用 Holzman（2004）① 对养老金隐性债务测算口径和定义，即依据现行制度，在评估时点已积累的、需要在未来偿还的养老金净负债。根据该定义，构建测算模型的具体方法。

（一）已退休人员（n=1的情况）的养老金测算模型

已退休人员的养老金负债等于每个年龄段的退休人员在未来存活期限内（考虑存活概率）将要领取的退休金的现值（负债）加总。

为了计算这个现值总和，我们需要计算对每个年龄段的负债，这个负债的计算思路就是：计算每个年龄段未来每年需要领取的养老金在当前的现值，然后把这些现值加总（Σ）。

具体计算某个年龄段k的每个退休人员养老金负债的思路如下：

1. 每个人未来各年的养老金都是他当前这一年的养老金乘以按照养老金增长率λ［假设该增长率低于工资增长率，本文采用工

① Holzman, R., Palacios, R., Zviniene, A. Implicit Pension Debt: Issues, Measurement and Scope in International Perspective［J］. Social Protection Discussion Paper 0403, 2004.

资增长率乘以养老金替代率 l（即养老金与工资之间的比例，通常小于 1），也可以只假设为工资增长率的一半，甚至不增长］增长到未来某一年的金额，用系数表示为 $(1+\lambda)^m$（未来取得养老金的年份从 m = 1，m = 2……一直到 m = 105 - k 为止），某年龄段 k 每个退休人员未来某一年 m 的养老金金额为：

$B_k \times (1+\lambda)^m$

2. 但是，每个人在未来某一年是否存活有一个概率，所以上面计算的养老金金额要打个折扣，要根据每个年龄段在未来某年 m 的存活概率 $_mP_k$（k 年龄段的人在未来 m = 1，m = 2……m = 105 - k 的年份中，每年的存活概率 P 是不一样的）调整未来这年的养老金额，经过调整，考虑某年龄段 k 某个退休人员未来某一年 m 存活概率 $_mP_k$ 后的养老金金额为：

$B_k \times (1+\lambda)^m \times {}_mP_k$

3. 以上是某个年龄段 k 中的每个人未来某年 m 的养老金金额，这个金额还需要折现 m 次到本期，所以要乘以一个折现系数 $V^m = \left(\frac{1}{1+\text{无风险利率}}\right)^m$（其中，m = 1，m = 2……m = 105 - k）

于是，每个年龄段 k 未来某一年 m 的养老金在当前的现值就是：

$B_k \times (1+\lambda)^m \times {}_mP_k \times V^m$

4. 某个年龄段 k 某个人未来生存期间内各年汇总的养老金现值就是未来每年现值的和，将未来每一年的 $B_k \times (1+\lambda)^m \times {}_mP_k \times V^m$ 合计并整理，就是：

$B_k \times a_k^{\lambda}$

其中：$a_k^{\lambda} = \sum_{m=1}^{105-k} (1+\lambda)^m V^m {}_mP_k$

5. 某个年龄段所有人的养老金负债是每个人的养老金负债乘以该年龄段的人数 L_k，即：

$L_k \times B_k \times a_k^{\lambda}$

6. 每个年龄段的养老金负债合计，最终得到退休人员养老金负债，即：

$$IPD_n = \sum_{k=s_n}^{e_n} L_k B_k a_k^{\lambda}, n = 1$$

其中：

$$a_k^{\lambda} = \sum_{m=1}^{105-k} (1+\lambda)^m V^m {}_m P_k$$

（二）在职职工（n=2 的情况）的养老金负债测算思路

在职职工的养老金负债金额是由他们通过已工作年限积累起来的，在退休后能够得到的养老金，即每个年龄段的在职职工人员因为已有的工作年限而获得的在未来退休存活期限内（考虑存活概率）将要领取的退休金的现值加总。

政府对每个年龄段职工未来退休金负债的多少，即每个年龄段当前能够得到的对未来退休金的权利大小，由以下两个因素决定：(1) 坚持工作到退休情况下的未来退休后的养老金金额。(2) 每个年龄段已工作年限。

每个年龄段工作年限不同，导致的对未来退休时的养老金金额的要求份额不同。工作时间长，要求的份额多，如果工作期满，就可以获得下列测算思路中的养老金金额。

具体的测算思路如下：

1. 坚持工作到退休情况下的未来退休后的养老金金额计算。各年龄段在职人员如果能坚持工作到退休，他们能够获得的养老金金额可以按以下思路考虑：

(1) 计算正常工作到退休时，某个年龄段 k 职工退休当年的退休金 B_k。退休当年的退休金 B_k 的计算，先考虑从现在起，年龄段 k 的职工当前的每人平均工资 W_k，然后按照从第二年（如 2013 年预测 2014 年）开始的每年预测工资增长率为 g，增长到退休（退休年龄为 r）当年的工资。从公式计算上看，就是：

$$W_k \times (1+g)^{r-k-1}$$

为了方便表述，将 $(1+g)^{r-k-1}$ 用 fk 表示。

年龄段 k 职工未来退休当年的养老金是退休当年的工资乘以养

老金替代率 l，即该年龄段正常退休当年的养老金 $B_k = W_k \times f_k \times l$

（2）某个年龄段 k 职工退休后的全部养老金负债为退休后每年的养老金的现值，但是从计算方便角度，这里先将每年的养老金折现到退休当年。职工退休后某年 m 的养老金计算公式与（1）中退休人员养老金的计算原理完全一样，只是计算起点是从退休年龄 r 开始。将各年养老金折现得到某个年龄段 k 职工在退休当年的养老金负债：$B_k \times a_r^\lambda$，其中：

$$a_k^\lambda = \sum_{m=1}^{105-r} (1+\lambda)^m V^m {}_mP_r$$

（3）某个年龄段 k 全部在职职工退休当年的养老金负债总额是该年龄段职工人数与每个人养老金负债的乘积 $L_k \times B_k \times a_r^\lambda$，但是，考虑到职工从现在到退休当年的存活概率${}_{r-k}P_k$，需要进一步根据生存概率调整成：

$$L_k \times B_k \times a_r^\lambda \times {}_{r-k}P_k$$

对某个年龄段 k 的全体职工在测算当期的负债，是（3）中退休当年的负债再次折现（r－k）期，得到

$$L_k \times B_k \times a_r^\lambda \times {}_{r-k}P_k \times V^{r-k}$$

2. 对不同工作年限的职工，政府承担养老金负债份额计算。不同工龄的职工，由于服务期限不同，所以对未来的养老金并不是全额享有，而是按照现有工龄（$k - S_n$，S_n 为设定的最小入职年龄）占应服务年限（$r - S_n$）的比例享有养老金。理论上，政府只对已经提供服务部分的年份产生养老金负债。因此，计算某个年龄段 k 的职工的养老金负债为：

$$\frac{k - S_n}{r - S_n} \times L_k \times B_k \times a_r^\lambda \times {}_{r-k}P_k \times V^{r-k}$$

以上公式只针对某一年龄段 k 的职工计算养老金负债，下面需要对同类退休年龄规定的所有年龄段的职工的养老金负债进行合计。对同一退休年龄职工的养老金负债为：

$$IPD_n = \sum_{k=S_n}^{e_n} \frac{k - S_n}{r - S_n} \times L_k \times B_k \times a_r^\lambda \times {}_{r-k}P_k \times V^{r-k}$$

退休年龄分为三类，所以要根据不同退休年龄，分别使用以上公式计算 $r=60$ 的男性职工养老金负债；$r=55$ 的女性干部养老金负债；$r=50$ 的女性工人养老金负债。

二、养老金负债模型基础数据选择

（一）养老金负债公式中的参数数据选择

1. 数据库取值的参数。模型需要从数据库中取值的参数主要有以下三个。根据目前市财政局的数据库现状，各参数具体取值如下：

（1）退休职工和在职职工某个年龄段 k 的人数（L_k）分别直接从市财政供养人员相关数据库直接取值。

（2）每个年龄段（k）已退休人员的平均退休费计算，需要从数据库中取出年龄段数据、对应年龄段的退休费总额数据，以及这一年龄段的总人数数据。由于性别不同导致的退休年龄不同，所以还应该对应性别（男、女）分别提取以上数据。根据上述数据，计算得到每类人员每个年龄段的平均退休费 B_k。

（3）每个年龄段（k）在职职工的平均工资（W_k），需要从数据库中取出年龄段数据、对应年龄段的工资总额数据，以及这一年龄段的总人数数据。由于性别不同、身份不同导致退休年龄不同，所以还应该对应性别（男、女）、身份（干部、工人）分别提取以上数据。根据上述数据，通过公式计算得到每类人员每个年龄段的平均退休费 B_k。

2. 直接假设的参数。

（1）设定财政供养人员的最小工作年龄（S_n）为 20 周岁。

（2）设定财政供养人员的极限年龄（e_n）为 105 岁。

（3）设定退休年龄 r，男性干部 60 岁、男性工人 60 岁，女性干部 55 岁、女性工人 50 岁。

（4）设定财政供养人员平均工资增长率 g 为 5.96%。一般文献研究中假设未来工资增长率为 6% ~8%，本测算为了使未来的工资增长率贴近本市级财政供养人员的平均工资增长率，通过计算 2005 ~2012 年市级财政供养人员人均工资的平均增长率，最终取值为 5.96%。以后根据现状变化可以进行变更。

(5) 设定养老金替代率 (l)：干部的养老金替代率为 90%，工人的养老金替代率为 80%。该设定也是可以根据具体变化进行调整。

(6) 折现系数 V 采用选定的无风险利率的折现系数，一般用 5 年期国债年利率表示，本年延续去年一样的折算率为 4% 的折现系数。

3. 从外部获得的参数。存活概率 ${}_{m}P_{k}$ 采用中国人寿保险公司《中国人寿保险业经验生命表 (2000～2003 年)》中的数据。

(二) 养老金负债测算中的估计

养老金测算中需要从数据库提取的数据是否完整，决定了模型计算是否存在推算估计的情况。

1. 数据完整的情况。根据市本级测算年度部门决算资料，如果数据库允许，应收集测算年度 (2013 年) 市级行政单位、全额和差额事业单位在职男干部、在职男工人、在职女干部、在职女工人、退休男干部、退休男工人、退休女干部、退休女工人等 8 类财政供养人员各年龄段的工资 (W_k)、退休费 (B_k)，见表 27。

根据这些数据，代入其他参数，可以直接得到各类人员的养老金负债，合计形成政府养老金负债。

2. 不完善情况。目前情况下，由于无法得到 × × 市 2013 年财政供养人员中各年龄段对应的工资总额，所以必须想办法通过推算获得各年龄段的工资 (W_k)、退休费 (B_k)。

目前可以获得的是 × × 市 2013 年统发工资总额以及 8 类人员各年龄段工资、退休费总额决算数据，这些数据仅仅是部分人员的情况，所以需要再提取市本级 8 类人员中，各类人员分别的工资总额或退休费总额，然后通过计算市本级人员经费管理系统中财政统发工资 8 类人员各年龄段工资总额 (退休费总额) 占该类型人员工资总额 (退休费总额) 的比例，推算出全部财政供养人员各类型人员各年龄段的工资 (退休费) 总额，据此作为测算养老金隐性债务的原始数据。

3. 其他考虑。对于市财政供养人员的范围，有两个不同的理解：一种是不含政府基金支付人员；一种是包含政府基金支付人员。课题组认为应将政府基金支付人员视同为财政供养人员，但课题组也认为这一口径可能与财政局的理解不一致，故既测算了不含政府基金支付人员的财政供养人员的养老金隐性债务，也测算了包含政府基金支付人员的财政供养人员的养老金隐性债务，以供财政局选择使用。

三、2013 年养老金负债测算表（见表 27）

表 27　　市级政府职工 2013 年养老金负债测算表　　单位：元

范围 / 人员类别	不含政府基金支付人员	包含政府基金支付人员
退休男干部		
在职男干部		
退休男工人		
在职男工人		
退休女干部		
在职女干部		
退休女工人		
在职女工人		
合计		

对本年养老金负债与上年养老金负债差异的结果说明如下：

采用与上年同一范围口径的财政供养人员为测算政府养老金的范围，即不含政府基金支付人员的养老金负债进行对比，2012 年，本部分人员的养老金负债总额为××××亿元，（上年报告中的数值为××××亿元，本年使用调整上年计算差错后的数据比较），本年比上年增长了×××亿元。

养老金增长的原因在于：

1. 本年度考虑干部与工人在养老金替代率上可能存在差异，从稳健原则出发，提高了干部人群的养老金替代率到 90%；

2. 本年度对测算对象的分类更加细致，按照男和女、退休和在职、工人和干部区分了 8 组人员进行测算，人员分组与上年发生变化，有可能导致本年度的数据会高于上年数据；

3. 更为关键的是，本年度人群中，特别是在职人员的年龄结构中，年龄大的人数增加，职工因增加工龄而获得更多的养老金权益；

4. 本年度工资总额在上年基础上有小幅增长，导致计算的基数增加。

第三部分　政府存量债务会计核算设想①

政府存量债务的会计核算范围及分类界定

政府存量债务是指政府对债务单位因完成政府建设项目举借的债务负有某种偿还责任的负债，包括债务单位的银行借款、发行企业债券等。

政府存量债务按照时间划分分为 2014 年底前的债务和 2014 年底后新发生的债务。

2014 年底前政府存量债务范围是指 2014 年底以前，债务单位已经收到或使用债务资金，并产生本息偿还责任、尚未清偿的负债。债务单位已与银行签订借款协议、尚未到达单位银行账户的借款，不属于 2014 年底以前政府存量债务；企业获准发行、尚未得到认购或债务单位尚未收到发债资金的企业债券，也不属于 2014 年底以前政府存量债务。

经认定属于产生政府存量债务的项目，因 2015 年起后续融资新产生的应当由政府负有某种偿还责任的负债，属于 2014 年底后

① 本部分由王彦设计并撰写。

新发生的政府存量债务。

政府存量债务按照政府承担的责任范围划分为：政府负有确定偿还责任的负债；政府负有或有责任的负债。

政府负有确定偿还责任的负债，是指政府负有偿还责任的负债中，确定由政府承担的部分。如建设完全公益性项目产生的负债，以及有一定收费的项目负债中，已经确定由政府承担金额的部分。

政府负有或有责任的负债，是指政府负有担保责任的负债和可能承担一定救助责任的负债。有一定收费的项目负债中，如果不能确定由政府承担的部分数额，政府承担的部分数额还需要根据以后实际收费情况才能确定，那么项目产生的负债也属于政府负有或有责任的负债。

政府存量债务的会计核算

一、政府存量债务的核算方式

政府存量债务的核算根据不同的负债分别进行处理。

政府负有确定偿还责任的负债，要在政府会计核算中确认负债并记账，会计报告中作为会计报表的表内负债披露。

政府负有或有责任的负债，不作为负债记账，会计报告中不作为会计报表的表内负债披露，而是在会计报表附注中披露信息。

政府负有或有责任的负债，一旦确定由政府承担偿还责任且能够确定金额，应当转为政府负有确定偿还责任的负债，并在会计核算中确认记账，作为会计报表中的表内负债披露。

二、2014年底前政府存量债务的确认、记账

（一）债务单位为企业

财政总预算会计：按照确认的政府存量债务的金额，借记“待偿债净资产”科目，按照确认的政府存量债务中应付本金的金额，贷记“借入款项——政府存量债务——本金”科目，按照确认的政府存量债务中应付利息的金额，贷记“借入款项——政府存量债务——应付利息”科目。企业（债务单位）会计不作账务处理。

（二）债务单位为行政单位

财政总预算会计不做账务处理。行政单位（债务单位）会计按

照以下要求处理：

1. 尚未将举借的政府存量债务记账的，按照确认的政府存量债务的金额，借记“待偿债净资产”科目，按照确认的政府存量债务中应付本金的金额，贷记“长期应付款——政府存量债务——本金”科目，按照确认的政府存量债务中应付利息的金额，贷记“长期应付款——政府存量债务——应付利息”科目。

2. 已经将举借的政府存量债务记账的（通过“长期应付款”科目），不作账务处理。

（三）债务单位为事业单位

财政总预算会计不作账务处理。事业单位（债务单位）已经在新会计制度实施后并入或记入“长期借款”等负债科目的，不作账务处理。

三、2014 年底后新发生的政府存量债务确认、记账

（一）财政总预算会计

如果 2014 年底后新发生的政府存量债务纳入财政预算管理。财政总预算会计按照债务单位（企业）新发生的政府存量债务（政府负有偿还责任）的金额，借记“待偿债净资产”科目，贷记“借入款项——政府存量债务——本金”科目；同时，按照相同的金额借记“一般公共预算本级支出”科目，贷记“债务收入——国内债务收入——地方政府存量债务收入①”科目。

如果 2014 年底后新发生的政府存量债务不纳入财政预算管理。财政总预算会计按照债务单位（企业）新发生的政府存量债务（政府负有偿还责任）的金额，借记“待偿债净资产”科目，贷记“借入款项——政府存量债务——本金”科目。

（二）债务单位会计

各债务单位会计按照本单位适用的会计制度规定对新发生的政府存量债务进行记账。其中行政单位会计通过“长期应付款”、“待偿债净资产”科目对新发生的政府存量债务记账。

---

① 需要在政府收入分类科目中 10501 国内债务收入下加一个项级科目。

四、政府存量债务期末计价的核算

已经记账的政府存量债务在未偿还的会计期末和偿还利息时，应当进行应付利息的记账。

（一）债务单位为企业

财政总预算会计：期末按照确认的政府存量债务本期应付利息的金额，借记“待偿债净资产”科目，贷记“借入款项——政府存量债务——应付利息”科目；偿付利息时，按照尚未记账的应付利息（上一计息日至偿还利息日）金额，借记“待偿债净资产”科目，贷记“借入款项——政府存量债务——应付利息”科目。

（二）债务单位为行政单位

财政总预算会计不作账务处理。行政单位（债务单位）会计：期末，按照确认的政府存量债务本期应付利息的金额，借记“待偿债净资产”科目，贷记“长期应付款——政府存量债务——应付利息”科目；偿付利息时，按照尚未记账的应付利息（上一计息日至偿还利息日）金额，借记“待偿债净资产”科目，贷记“长期应付款——政府存量债务——应付利息”科目。对工程尚未完工交付使用的项目，在登记应付利息的同时，还应当按照应付利息的金额，借记“在建工程”科目，贷记“资产基金”科目。

（三）债务单位为事业单位

财政总预算会计不作账务处理。事业单位（债务单位）会计不作账务处理，但是要对应付利息登记辅助账（台账）。

五、政府存量债务还本付息的核算

财政部门对政府存量债务支付还本付息资金时，无论是直接支付给放款金融机构，还是通过债务单位偿付本息，财政总预算会计和债务单位会计都要进行相应的账务处理。

（一）财政总预算会计

支付还本付息资金时，按照实际支付的金额，借记“债务还本支出”科目及相关明细科目①，贷记“国库存款”科目；按照归还的本金金额，借记“借入款项——政府存量债务——本金”科目，按照归还的利息金额，借记“借入款项——政府存量债务——应付利息”科目；按照归还的本息金额，贷记“待偿债净资产”科目。

（二）债务单位会计

1. 债务单位为企业——企业会计。按照归还的属于政府存量债务的本息金额，借记“长期借款”科目，贷记“专项应付款”科目（项目尚未完工交付使用），或者贷记“资本公积”科目（项目已经完工并作为企业资产管理、核算），或者贷记“其他应收款”科目（项目已经完工交付其他单位管理）。

2. 债务单位为行政单位——行政单位会计。按照相同的金额借记“经费支出”科目（项目使用借入资金时未记入本单位支出），贷记“财政拨款收入”科目；或者按照归还的本金金额借记“财政拨款结转”科目（项目使用借入资金时记入本单位经费支出），按照归还的利息金额借记“经费支出”科目，按照归还的本息金额贷记“财政拨款收入”科目。同时，按照归还的属于政府存量债务的本息金额，借记“长期应付款”科目，贷记“待偿债净资产”科目。

3. 债务单位为事业单位——事业单位会计。按照归还的属于政府存量债务的还本金额，借记“长期借款”科目，贷记“财政补助收入”科目；按照归还的属于政府存量债务的付息金额，借记“事业支出”科目，贷记“财政补助收入”科目。

编制权责发生制政府财务报告中对政府存量债务的处理

一、政府负有确定偿还责任的政府存量债务的编报

（一）债务单位为企业的政府存量债务编报

由于财政部门已经确认、登记了企业举借的政府存量债务，因

① 需要在政府支出功能分类科目中 228 国债还本付息支出下加两个款级科目：地方政府存量债务还本支出和地方政府存量债务付息支出，同时 228 国债还本付息支出的名称也应当适当改变。

此在财政部门编制的政府财政权责发生制财务报告中，已经包含了政府存量债务。在此基础上，合并编制的政府整体综合财务报告，就包括了债务单位为企业的政府存量债务。

但是，由于财政总预算会计在确认政府存量债务时，直接减少了政府财政的净资产，因而在合并编制政府综合财务报告时，会缺少相应的在建项目资产（该项目资产应当在交付使用时无偿交给政府单位）。因此，在合并编制政府综合财务报告时，要按照企业尚未移交政府的在建工程产生的政府存量债务金额，调增政府资产负债表的资产和净资产。

合并编制政府综合财务报告时，对国有企业采用股权投资方式列报。由于企业在借入属于政府存量债务的负债时，也同时确认相关的资产，因而并不减少企业的净资产，所以从政府对企业的角度，无论采用权益法还是成本法列报股权投资，都不会对企业发生政府存量债务产生影响。

（二）债务单位为行政事业单位的政府存量债务编报

行政事业单位举借的政府存量债务，已经在单位的相关会计账户中登记（缺事业单位的应计利息）。因此，在单位编制的权责发生制财务报告中，已经反映了政府存量债务。在此基础上，通过对债务单位权责发生制会计报表行对行合并汇总编制的政府综合财务报告，也就包括了政府存量债务。

事业单位在日常核算中，没有对长期借款的应付利息采用权责发生制核算，在负债中不反映长期借款的应计利息部分。因此反映属于政府存量债务的事业单位长期借款的账面记录，也缺少应付利息部分。在编制单位权责发生制财务报告时，事业单位先要进行调整，将长期借款的应付利息补充进单位权责发生制财务报告的资产负债表。对长期借款调整后编制的资产负债表中，已经包括了长期借款的应计利息，也就包括了属于政府存量债务的应付利息。在此基础上合并编制的政府综合财务报告，也就反映了事业单位的全部政府存量债务。

二、政府负有或有责任的政府存量债务的编报

政府负有或有责任的政府存量债务，由财政总预算会计在政府财政权责发生制财务报告中通过会计报表附注方式披露。

对政府负有或有责任的政府存量债务披露时，将或有责任政府存量债务分为政府承担不确定偿还责任、政府承担担保责任和政府承担可能的救助责任三种。

政府承担不确定偿还责任和可能的救助责任的政府存量债务金额，应当按照估计最可能发生的金额披露；政府承担担保责任的政府存量债务金额，应当按照协议约定的担保偿债金额披露。

2015年《政府综合财务报告应用体系研究》[①]

本研究报告包括主要观点归纳和研究报告全文两大部分。

第一部分　主要观点归纳

根据党的十八届二中、三中、四中全会精神和新修订的《中华人民共和国预算法》和《国务院关于深化预算管理制度改革的决定》（国发〔2014〕45号）有关要求，为建立权责发生制的政府综合财务报告制度，全面、准确反映各级政府整体财务状况、运行情况和财政中长期可持续发展水平，国家制定了《权责发生制政府综合财务报告制度改革方案》（国发〔2014〕63号），将建立健全政府财务报告分析应用体系作为重要任务之一，要求以政府财务报告反映的信息为基础，采用科学方法系统分析政府的财务状况、运行成本和财政中长期可持续发展水平。充分利用政府财务报告反映的信息，识别和管理财政风险，更好地加强政府预算、资产和绩效管理，并将政府财务状况作为评价政府受托责任履行情况的重要指标。本研究针对以上需要，提出以下有关政府综合财务报告应用的

① 本课题由北京市财政局、北京市预算会计研究会委托研究小组完成，课题负责人为王建英，执笔人为王建英、王彦、赵西卜。

相关观点。

政府综合财务报告应用的信息是综合信息

政府各部门和人大代表所使用的政府综合财务报告，是政府“综合”了财务报告使用者所需要的财务信息和与理解使用这些信息相关的综合信息的一整套全面信息体系，既包括“综合”了部门财务报告的政府本级综合财务报告，也包括“综合”了下级政府信息的政府整体综合财务报告。

从具体的内容构成上看，主要有：

1. 构成主要财务报告体系的政府权责发生制财务报告；

2. 围绕主要财务报告的政府专项报告，包括政府财务状况专项报告、政府公共基础设施运营专项报告、政府国有资本投资绩效专项报告、政府整体绩效报告等；

3. 对主要财务报告起支撑作用的政府部门财务报告，它以政府部门的财务报表及政府部门重要项目和主要职能绩效为核心内容，对政府本级以及政府整体的权责发生制财务报告、政府专项报告提供必要的部门细节信息。

政府综合财务报告应用，是针对上述信息体系的全面应用。

我国政府综合财务报告应用研究所针对的应用主体，是以人大和政府部门为主的应用研究。对于社会公众、债权人，他们对政府综合财务报告的应用具有相当的自主性，因此不需要专门的研究。

人大和政府部门在日常和年度，以及中长期的管理和决策过程中，为了提高管理和决策依据的客观性和科学性，必须由有关人员或部门提供不同侧重点、不同形式的、与具体管理和决策事项相关的政府综合财务报告应用资料或分析报告，因此需要研究有针对性地指导相关部门或人员提供可供管理决策使用的综合财务报告信息的专题应用报告。本研究分析其可能具体应用的政府综合财务报告所形成的资料或分析报告如下：

一、中长期规划及预算编制中的应用

人大和政府每年的预算和中长期规划制定和审批过程中，至少

关注以下几个方面的问题，可以针对这些问题进行综合财务报告信息的应用：

（一）资金保障分析

预算和中长期规划中，政府为了实现社会目标，需要有相应的资金保障。预算和中长期规划中对于未来资金可能的保障程度取决于政府未来通过税收、非税收入等收入渠道来源数量和能力，以及政府在这些正常渠道不足的情况下所必须依赖的借款能力。综合财务报告应用的目的是对这两者的历史及当前状况提供深入的分析结果。在预算和中长期规划决策制定前，应提供相关决策支持报告。

1. 运行资金的保障程度分析。它针对历史和当前政府各项运行收入的类别，通过简化的比率关系，或者更复杂精准的数学模型和大数据分析，提供每个主要类别收入与该类别收入产生基础之间的因果关系、影响程度及收入波动程度，用于预测未来主要收入来源的保障程度。

2. 借债能力分析。政府未来可能的借债能力取决于政府现有的债务规模、当前债务偿还能力、财务安全性以及未来预计的债务余额规模。

分析债务期限结构与对应还款来源收入之间的配合情况可以直接提供当前债务在到期时的还款能力。

财务安全性情况可以通过政府本级或整体的历史债务规模及趋势和各偿债能力分析指标，并结合全国甚至国际相同指标的单个或综合排名比较，获得政府当前的财务安全性绝对状况和相对状况。

未来预计债务余额规模，可基于本级或整体政府运行收入资金保障程度、利用全国和国际上的财务安全性指标标准，根据政府对财务安全性的控制目标制定。

政府在预算期借款能力的预测，更多是在相对短的期间内（3～5 年）通过现金流量预测（包括运行收入、运行支出、已有债务规模、偿债支出、期末债务余额的预测）方法计算判断。但是，即便是政府年度预算的制定和决策，也需要相应提供并参考政府短期和中长期的财务安全性分析结果。

由于我国政府存在上下级之间的借款担保关系，因此，对于上一层级的政府，除了本级借款能力分析之外，还必须有整体政府的借款能力分析，以便在预算和规划中充分考虑潜在的偿债风险。

（二）支出控制能力分析

预算和中长期规划中的支出控制能力，主要受到固定性支出和可变性支出的影响，政府支出控制能力对于过去和未来的固定性支出控制能力较弱，对于可变性支出的控制能力较强。

这类分析需要使用政府综合财务报告系统中决算报告、部门财务报告和政府专项报告，通过分析向决策者提供有关固定性支出和可变性支出的规模、比重、成因和变化趋势。固定性支出是政府在以往公共基础设施、固定资产上投入而引起的后续维护、更新支出以及教育、卫生、民生等方面的人员经费投入；可变性支出则是政府在目标服务能力范围内可以调整修改的支出项目。这些内容，需要有专门的分析报告为决策提供支持（见公共服务资产投资决策和管理监督中的应用）。

（三）特殊重大资源的运用能力分析

政府预算和中长期规划中，通常涉及决策是否动用特殊重大资源，以便为偿债、支出提供资金来源，例如，自然资源的出售、国有股权的出售等。但是，这些资源提供保障的同时，通常会带来持续能力的不足。作为决策的支持手段，必须通过政府综合财务报告体系中相关专项报告和部门财务报告，分析提供专门的特殊资源可持续性信息，避免涸泽而渔的行为。

二、债务发行规模控制、债务评级支持、债务风险预警、债务风险化解预案的应用

（一）债务发行规模控制

中央财政对地方政府进行的债务发行规模控制，是对全国作为整体的中长期财务安全评价以及每个地方政府整体的运行收入能力和财务安全性评价。通过对全国的中长期财务安全评价，预测全国未来安全的债务规模；通过地方政府整体的运行收入能力和财务安全性评价，预测各地方的债务承受能力，以便将全国债务分解到不

同的省份。

对以全国作为整体的中长期财务安全评价，需要以历史大量财务收入支出数据与经济数据之间构建数学模型，模拟和预测未来的运行收支缺口状况，评价政府现有政策和改变政策情况下未来长期（50～70年）的财务可持续性，以此发现政府债务需要与经济政策和经济规模之间的关系，确定相应政策下的全国债务规模。

（二）债务评级支持

外部评级机构对于政府债务的评级，取决于债务项目自身的风险和相关政府担保情况以及紧急动员的重大资产和融资能力。要使外部评级机构对债务项目评级准确，债务发行方的政府需要为其最大程度地提供能够充分显示债务项目风险的相关资料，以及担保主体短期和长期的财务状况、收入能力、紧急偿债资产的状况等分析信息。在充分披露的政府综合财务报告体系下，通常能够满足评级机构对这些分析信息的需要。

（三）债务风险预警体系构建

应用全国和各层级政府综合财务报告体系，可以构建全国范围不同层级政府系统的债务风险预警指标体系。通过对时间序列、全国范围、区分层级的政府债务率、新增债务率、偿债率、逾期债务率等财务指标的统计和排序，评估某一层级政府在每个评估试点的债务风险状况，对落后的政府提出预警，帮助政府自身评估债务风险，制定预算和中长期规划。

（四）债务风险化解预案制定

应用综合财务报告信息提供的历史资料分析结果，可以为债务风险化解预案的制定提供客观依据，如估计政府可使用的特殊资产存量和可变现价值、计算变动性支出规模和比重、挖掘可能的收入渠道。

三、公共基础设施的投资决策和管理监督中的应用

公共基础设施资产的投资以及日后对政府收入、支出的持续影响，不仅是人大和政府在制定预算和中长期规划时必须考虑的，而且也应该是政府加强固定资产日常管理、相关政府部门绩效考核所

必须考虑的。在制定预算和中长期规划时单独提出有关公共服务资产的投资申请，包括公共服务资产的投资决策和管理部门联合提供相关的投资和日后维护支出数据测算结果。在日常管理中，通过向人大提供公共服务资产的专项报告，作为人大对预算或中期规划中投资申请的审批依据。

（一）公共基础设施投资和更新申请中的应用

通过阅读参考政府单位或部门提出的公共基础设施投资或更新申请中的已有公共基础设施的持有状况、使用状况和充足状况分析，人大和政府决策部门对相关公共基础设施项目投资或更新的必要性和紧迫性才能有客观判断依据。这种投资申请中的可行性说明应该使用政府综合财务报告的信息分析说明。

1. 已有公共基础设施历史的投入和服务潜能发挥状况分析，通过对资产原值、成新率、剩余使用年限、实际和设计服务能力比较等分析内容，判断已有公共基础设施是否已经充分利用、是否达到使用上限，由此为新建公共基础设施提供依据。

2. 该类投资历史上和类似政府或私人部门运营的服务经济性和服务效率的分析内容，通过诸如单位业务量投资额、单位业务量的维护和运行费用成本分析等，判断是否由政府运营公共基础设施还是委托私人运营。

3. 该类投资未来可行的服务量规模分析。通过对现有项目的资产的固定成本与变动成本、业务规模、边际成本、甚至是作业成本等管理用财务指标，可以客观预测未来公共基础设施不同业务量下的单位服务成本，进一步揭示公共基础设施投入的经济性与所产生社会效益之间的匹配程度。

（二）申请和审批公共基础设施维护经费环节中的应用

在每年的预算决策、审批以及决算的审核中，人大和政府部门应该要求公共基础设施管理部门提供所管理的公共基础设施资产维护状况的分析。这类分析最终要向人大和管理者说明已有公共基础设施的维护是否到位。如果不到位，需要增加未来的维护投入；如果超过必要的维护规模，可能存在资产建设质量问题，都需要在后期的预算中予以考虑。这类分析需要利用政府综合财务报告提供的资产损耗情况信息和维护支出情况进行对比，例如固定资产和公共基础设施的折旧数据、以往的日常维护费用情况、固定资产和公共基础设施大修费用情况、固定资产和公共基础设施完好率情况等。

四、政府机构运行成本控制中的应用

人大和政府编制审定预算和中长期规划，都要对政府运营成本进行相应的计划和控制。这其中的依据应该是综合财务报告中对政府机构运行中的各项支出的分类分析，包括规模分析、单位业务量、人均支出和人均费用的分析等，在分析和比较的基础上，客观评价政府机构运行成本的高低，为控制提供客观数据。

五、政府服务收费标准制定中的应用

一些收费性公共服务或公共产品政府是否提供服务收费标准的制定、定价的合理性以及提供服务的经济性分析依赖综合财务报告中关于成本费用的相关信息。政府定价决策过程，要求相关政府部门出具利用综合财务报告分析数据的信息，包括按照项目或服务归集并分摊的项目执行期间或服务提供期间的人工费用、材料耗费、外购服务消耗、应该负担的固定资产的损耗（折旧）、无形资产的损耗（摊销）、自然资源消耗或损坏、相关的实物损失报废等，并最终计算出单个项目产出或单位服务的成本。相关政府部门还应该通过与历史或政府同类业务或私人部门类似业务的单位成本进行比较，评价该项目或服务的效率。

六、评价每届政府对地区可持续发展能力影响中的应用

中国经济的发展需要坚持科学发展观，每一届政府在履行职能过程中，不能仅仅考虑本届政府的经济业绩，更应该考虑不侵占后人的资源，不欠后人的账。每届政府的业绩考核中，应该增加本届政府的行为对地区综合可持续发展能力的影响。综合财务报告在这方面的应用包括对以下方面进行判断提供客观的依据：

（一）本届政府遗留债务规模的合理性

通过本级政府和政府整体财务安全性的分析、政府在全国债务预警体系中的排位状况、重要债务项目的现金流保障情况等分析，判断本届政府遗留的债务水平是否突破设定的标准。对本届政府通过债务使用带来的资产的服务潜力和对未来经济的影响分析，结合财务安全性，综合评价本届政府举债的绩效。

（二）本届政府运行对经济资源产生和消耗的平衡性影响

通过本级政府和政府整体的权责发生制收入与权责发生制费用差异及其变化趋势的分析比较，可以评价本届政府任内各期运营取得的收入是否能够覆盖各期运行应该承担的费用。如果连续产生亏损，表明过去和本期产生的收入不足支付本期的服务，因此动用了前期的积累或者是提前消耗了留给以后期间或未来世代的其他资源，政府可持续性会受到损害。

（三）本届政府使用土地等自然资源的适度性

通过本级政府和政府整体任内对土地、矿产等自然资源使用权、开采权等的出售量与总储存量的比较、单位平均出售价格、出售收入在政府运营收入中的比重、政府出售收入资金的使用方向等，判断本届政府是否过度出售自然资源或者低价出售自然资源、是否存在对自然资源的不合理利用。

（四）本届政府对环境保护投资和环境治理的有效性

通过本级政府和政府整体任内在主要的环境保护方面的投资规模、投资比重、环境保护项目的效果、任期内出现的环境损害、治理费用规模和比重、环境损害治理效果等，评价本届政府提升环境质量的努力程度。

（五）公共基础设施和遗产维护的充分性

通过本级政府和政府整体任内对公共基础设施总体成新度、单位价值固定资产的日常维护费用规模、折旧与固定资产大修更新的比较、公共基础设施完好程度等，评价本届政府在公共基础设施的日常维护和大修更新方面是否合理作为，是否存在拖延维护损害服务寿命的情况，或者是否存在过度维护或因资产质量问题而引起的异常维护。同样的评价还可以应用在对政府辖区内的文化文物遗产保护评价，如使用针对文化文物遗产保护方面预防支出、损坏修复支出的规模、状态良好程度的评价指标。

（六）养老金资金的充足程度

通过本级政府和政府整体内养老金各个渠道的筹集数量、筹资比重、支出规模、缺口的变动以及任期末养老金缺口的测算，评价本级政府在养老金筹集方面的情况，包括筹资方式的合理性。

政府综合财务报告应用的程序和制度保障

人大和政府决策的科学性，依赖于客观的数据，只有采取措施，提升政府综合财务报告生成内容的有用性、时效性，督促相关政府部门在管理和决策的关键点提供应用政府综合财务报告所做的决策支持依据，才能实现政府综合财务报告真正有用。因此，现有的政府信息生成、披露、决策应用体系需要进行改变和完善，形成一个政府综合财务报告应用的程序和制度保障。

一、建立由具体到综合的、突破部门壁垒的政府综合财务报告生成体系

我国政府单位和政府部门承担政府不同的服务职能，而前述的大量应用分析都需要完整的职能或业务信息，需要打破部门间的信息壁垒，在制度上保证综合财务报告体系中的专项报告能够提供完整职能或者完整业务的信息。

二、制度保障政府综合财务报告的编制嵌入政府内部控制各环节

政府综合财务报告是政府整体性的汇总报告，要保证政府综合财务报告及分析应用的质量，需要政府全体部门、单位和人员的全面参与。一方面，需要政府整体设计的内部控制流程，明确每一个报告信息相应的生成单位或部门的业务管理与信息披露间的连带责任，规范政府财务报告基础数据生成、汇总、合并以及相应数据解释和文字说明编写的流转程序和具体方法。另一方面，必须有相应的法律法规和组织制度保障，确保政府预算编制、执行和监督的所有环节的具体职能部门、机构、人员能够参加到政府财务报告信息的提供和使用环节，提高财务报告分析和应用的专业性和针对性，避免综合财务报告的编制和分析仅仅由政府财政部门独家完成，在政府职能部门得不到重视和应用的现象。

三、制度保障信息使用者获得和使用综合财务报告及其分析信息的权利和渠道

政府综合财务报告的使用者包括自由使用政府信息的社会公众和债权人，还包括政府管理和决策环节的人大代表、上级政府单位以及单位内部的管理者和相关职能人士。

（一）制度保障政府综合财务报告信息的公开和使用需要

对于自由使用政府信息的社会公众和债权人进行政府财务报告分析的活动，应该从制度上保障他们能够及时、全面地获得他们需要的政府综合财务报告体系的内容，不仅包括政府信息公开中定期、及时的要求，而且还要制度保证向社会披露的政府综合财务报告体系的全面性和层次性，如包括简易版本、全面版本的政府综合财务报告、历届政府综合财务报告、专项报告和政府部门财务报告等。

在信息充分的情况下，这些使用者会自行利用政府综合财务报告体系的数据进行分析、评价和决策。在使用过程中，如果出现对现有政府综合财务报告及其体系的补充或修改需要，应有相应制度保障这种修改能够适时进行。

（二）制度保障提供和应用综合财务报告信息的责任义务，提高政府相关决策科学性

对于政府管理和决策环节，需要有制度保障各环节必须充分采用综合财务报告体系相关信息，让决策有充分可靠的数据依据，提高决策的科学性。为此，需要有效的制度保障政府财务部门和相关业务部门在人大、上级部门、政府自身相关管理决策的不同环节提供各环节需要的综合财务报告信息材料，并且保障没有应用支持材料的决策方案不能受理或通过。

四、公布全国范围的综合财务报告重要分析指标的统计排序

不仅是债务预警体系涉及全国范围的财务安全性指标排序，许多综合财务报告应用的领域，都需要比较本级政府的相关指标在全国可比政府间所处的位置，只有通过长期的横向信息积累和比较，才能逐渐获得有关指标合理范围的经验积累，许多财务分析指标才

能够得到有效解释和应用。建议财政部筛选包括财务状况、资产使用效率、职能绩效状况等重要指标，定期发布全国数据排行信息，作为各级政府综合财务报告应用中的参考。

第二部分　研究报告全文

党的十八届三中全会指出：我国深化财税体制改革，需要“建立权责发生制的政府综合财务报告制度”，国务院和财政部据此提出了“逐步建立以权责发生制政府会计核算为基础，以编制和报告政府资产负债表、收入费用表等报表为核心的权责发生制政府综合财务报告制度”，“建立健全政府财务报告分析应用体系”[①] 的具体落实方案。本课题针对如何健全政府综合财务报告应用进行研究，分析我国政府综合财务报告的目标、应用的范畴以及为了满足这些应用而应改进的报告制度。

政府综合财务报告概念的界定

一、政府综合财务报告与政府财务报告、部门财务报告

在财政部《权责发生制政府综合财务报告制度改革方案》中，提出“各级政府财政部门应合并各部门和其他纳入合并范围主体的财务报表，编制以资产负债表、收入费用表等财务报表为主要内容的本级政府综合财务报告”。在《政府会计准则——基本准则》（第二次讨论稿）中，认为“政府财务报告包括政府综合财务报告和政府部门财务报告”，“政府综合财务报告是指由政府财政部门编制的，反映各级政府整体财务状况、运行情况和财政中长期可持续性的报告”。在这两个文件中，区别于政府“综合”财务报告的，是政府“部门”财务报告，“政府部门财务报告是指政府各部门及其所属单位的财务报告”。

① 国务院批转财政部：《权责发生制政府综合财务报告制度改革方案》（国发〔2014〕63 号）。

在以上定义中，可以看到政府综合财务报告的“综合”二字，主要强调“综合”部门财务报告的政府层面、甚至包括下级政府的政府整体的财务报告；这一概念，强化了政府整体作为被监督和评价对象的责任意识，明确了政府承担全面受托责任的义务，为政府外部的社会各方参与国家治理提供了完整的信息基础，各方对政府综合财务报告的应用，成为参与国家治理的重要依据。

本研究认为：除此之外，“综合”还应有另一面含义，它是指政府“综合”了财务报告使用者所需要的财务信息和与理解使用这些信息相关的综合信息的财务报告。这个概念意义上的“财务报告”，类似于国外研究中所提到的“通用目的的财务报告”概念。政府整体财务报告的“综合”加上“财务报告内容”上的综合，以及对这样具有综合信息的财务报告的应用研究，是本研究的对象。

本文之后提到的政府综合财务报告概念，均是指这两个层面含义的财务报告。由于政府综合财务报告本身与政府部门财务报告、政府单位财务报告都是通用目的的财务报告，因此本文的研究内容，有一部分对于政府部门财务报告和政府单位财务报告也是适用的。

二、政府综合财务报告与权责发生制政府综合财务报告

目前我国对于政府综合财务报告的概念中，非常强调权责发生制会计基础，将政府综合财务报告等同于采用权责发生制编制的部分政府财务报表。在财政部《权责发生制政府综合财务报告制度改革方案》中提到，“适度分离政府财务会计与预算会计、政府财务报告与决算报告功能”，“加快推进政府会计改革，逐步建立以权责发生制政府会计核算为基础，以编制和报告政府资产负债表、收入费用表等报表为核心的权责发生制政府综合财务报告制度”；在《政府会计准则——基本准则》（第二次讨论稿）中提出，“政府会计由财务会计和预算会计构成。财务会计应当采用权责发生制，预算会计一般采用收付实现制”，“政府应当编制财务报告和决算报告”。

本研究认为，会计基础不是构成政府报告体系差异的根本原因，会计信息服务的目的才是造成会计体系和会计报告体系差异的根本原因。政府综合财务报告不一定等同于权责发生制政府综合报告。如果为满足政府综合财务报告的信息的使用目的同样需要收付实现制的信息，那么政府综合财务报告也应该予以披露。此时，尽管权责发生制报表是政府综合财务报告的核心报表，但是政府综合财务报告也不能因此直接称为权责发生制财务报告。

三、政府综合财务报告与决算报告

《政府会计准则——基本准则》认为，“财务报告的目标是向财务报告使用者提供与政府的财务状况、运行情况（含运行成本，下同）和现金流量等有关信息，反映政府会计主体公共受托责任履行情况，有助于财务报告使用者作出决策或者进行监督和管理”。“决算报告的目标是向决算报告使用者提供与政府预算执行情况有关的信息，综合反映政府会计主体预算收支的年度执行结果，有助于决算报告使用者进行监督和管理，并为编制后续年度预算提供参考和依据。”

这种强调财务报告与决算报告差异的观点，在一定程度上有利于我们把精力集中在我国亟需的权责发生制的报告部分的研究和应用。但是，这种分类方式实际上分离了政府受托责任报告的内容。

国际上有关政府财务报告的研究报告、概念框架中认定的政府通用财务报告信息目标聚焦在两个方面：帮助使用者评价受托责任以及进行经济、社会和政治决策。其中，对受托责任的评估是政府财务报告更为重要的财务目标[①]。各类政府财务报告外部使用者对政府财务信息的应用都是基于这两个根本目的的。

政府受托责任指全面受托责任，它既包括评价传统的财政受托责任，即“政府有责任证明其当期行为遵守了关于短期内（通常为1个预算周期或者1年）公共资金的筹集和使用的公共政策”，也

① Objectives of Financial Reporting, Concepts Statement No. 1 of the Governmental Accounting Standards Board.

包括运营受托责任，即“政府有责任报告其使用各种可获得的资源满足运营目标的效率和效果的程度，即是否在可预见的将来能够继续实现其目标”①。两者不可或缺。因此，政府综合财务报告不仅包括权责发生制基础的政府财务报表和信息，也包括满足政府综合财务报告使用者目标所必要的收付实现制基础的决算报表及相关信息。

政府综合财务报告应用所需的会计信息既包括财务会计信息也包括预算会计信息，预算会计信息的使用（主要是决算报表信息）已经有较为成熟的方法体系，且被业界认可。政府综合财务报告应用需要解决的现实问题主要是如何有效使用权责发生制的资产负债表、收入费用表等核心报表以及相关的财务和非财务信息以及与收付实现制会计信息的结合应用。因此，尽管本研究认为，决算报告也应该是政府综合财务报告的重要组成部分，但是，研究的主要力量还是放在对权责发生制部分的财务报表和相关内容。

政府综合财务报告的目标

一、政府综合财务报告信息的使用者

在财政部《权责发生制政府综合财务报告制度改革方案》中并没有提及政府综合财务报告的使用者，在《政府会计准则——基本准则》中，以列举法概括了政府财务报告的使用者，包括“各级人民代表大会常务委员会、债权人、各级政府及其有关部门、政府会计主体自身和其他利益相关者”；同样方式定义了政府决算报告的使用者，包括“各级人民代表大会及其常务委员会、各级政府及其有关部门、政府会计主体自身、社会公众和其他利益相关者”。

实际上，债权人作为决算信息的利益相关者，也对政府决算报告中体现的收入支出及其平衡能力非常关注，而社会公众更不会忽视政府资产负债信息和收入费用信息所体现的政府的安全性和持续性。

① 美国财政管协会：《政府会计、审计和财务报告》，经济科学出版社 2011 年版。

本研究认为，尽管国际上从提供信息的目标上，把通用财务报告的目标定义在政府外部使用者，但是，从通用财务报告使用者的角度，政府内部的人士也是重要的使用者之一。因此，政府财务报告的使用者与政府决算报告的使用者其实是相同的，他们的使用目的具有共性。他们应该是政府所有的利益相关者，包括：(1) 社会公众，主要是政府服务的接受者和纳税人；(2) 人大代表；(3) 债权人及服务他们的评级机构等；(4) 政府自身和各级政府及相关部门。

二、政府综合财务报告使用者的使用目的

政府综合财务报告的使用者为了满足他们的使用目的应用政府综合财务报告，这些使用目的，就是政府综合财务报告提供信息要实现的目标。

国际上有关政府财务报告的研究报告、概念框架中认定的政府财务报告提供信息的目标有：帮助使用者评价受托责任和进行经济、社会和政治决策。其中，对受托责任的评估是至高无上的财务目标①。各类政府财务报告的使用者对政府财务信息的应用都是基于这两个根本目的。

从我国的情况来看，政府综合财务报告对于其外部使用者而言，主要是满足他们评价政府整体全面受托责任履行情况的需要，而政府综合财务报报的内部使用者，则希望通过政府综合财务报告，“强化政府资产管理、降低行政成本、提升运行效率、有效防范财政风险，以满足建立现代财政制度、促进财政长期可持续发展和推进国家治理现代化”②，即管理决策的需要。政府综合财务报告的应用框架应基于这些使用者的目标予以构建。

（一）评价全面受托责任的履行

财政危机、管理危机和信任危机是 20 世纪 80 年代后世界各国

---

① 美国政府会计准则委员会概念公告第 1 号。

② 《国务院关于批转财政部权责发生制政府综合财务报告制度改革方案的通知》〔国发〔2014〕63 号〕。

普遍面对的三大问题①。产生这些问题的原因，即有战后各国政府财政在“干预经济”的过程中形成了巨额的赤字，也有政府官僚系统的“帕金森现象”导致的组织臃肿无效，以及传统的委托代理理论下，预算和会计体系更多满足对政府投入的核算和监督，而不考虑政府活动的社会效果所导致的对于支出的偏好和财政资金的浪费。因此，社会公众不再满足于要求政府仅是履行遵循法律法规的责任，在新公共管理理论指导下，社会公众对政府的功能产生了新的看法。政府的定位从权力型政府向服务性政府转变，公众要求政府参照企业管理的经验，重视政府活动的经济性、效率性和有效性，重视政府绩效的评价和管理。

在这个过程中，社会公众与政府之间的关系从传统的委托代理关系发展为包括对政府绩效要求在内的全面的委托代理关系。以权责发生制会计报表为核心的政府综合财务报告，旨在提供信息使用者从单纯的财政受托责任评价，转向评价全面的受托责任所需要的全部信息。

以上的变化，同样发生在我们国家。社会压力构成了政府改革的动力，政府希望通过政府综合财务报告，“强化政府资产管理、降低行政成本、提升运行效率、有效防范财政风险，以满足建立现代财政制度、促进财政长期可持续发展和推进国家治理现代化的需要”，这实际上是承认了政府的全面受托责任。政府综合财务报告的首要目标，就是服务于信息使用者评价全面受托责任的履行。

全面受托责任，不仅包括评价传统的财政受托责任，即“政府有责任证明其当期行为遵守了关于短期内（通常为一个预算周期或者一年）公共资金的筹集和使用的公共政策”，而且包括运营受托责任，即“政府有责任报告其使用各种可获得的资源满足运营目标的效率和效果的程度，亦即是否在可预见的将来能够继续实现其目标”②。

---

① 郑建新等：《国际绩效预算改革与实践》，中国财政经济出版社 2014 年版。

② 美国财政管协会：《政府会计、审计和财务报告》，经济科学出版社 2011 年版。

1. 评价政府财政受托责任的履行。在前述的各类信息使用者中，除债权人之外的其他几类使用者，都是“公民—政府”受托链条中某一环节的委托人，在没有利润等指标可以考评约束政府行为的情况下，整个受托过程都是采用法律、法规、政策等约束政府受托管理资金的取得和使用。社会公众、人大代表、上级政府，乃至政府自身都需要通过财务报告评价这个过程和实际结果，这是财政受托责任评价的传统内容。

2. 评价政府运营受托责任。政府运营受托责任的评价，一方面包括对政府报告期财务状况的评价，即政府已有的运营是否安全、是否保持了政府在未来提供服务、完成政府目标的可能性、对未来经济的可能影响；另一方面包括政府绩效评价，既政府在报告期提供的服务、产品等运营活动的效率和效果。

由于政府运营不是实现财务收支结余目标，政府的服务效果不能由政府财务活动的结果来表示，因此，对政府服务效果的评价必须使用财务信息，但又不能局限于财务信息，信息使用者对服务绩效的评价需要依赖政府综合财务报告，同时还需要其他报告进行支持。

（二）进行社会、经济、政治决策

由于政府信息使用者的决策涉及的多是非货币价值的判断，所以较难采用经济价值模型描述财务信息与决策结果变量之间的关系，目前的模型主要是我们只能从逻辑关系上分析信息使用者决策中对财务报告信息的应用内容，而不能给出确定的量化关系。受托责任与决策有时并不能截然分开，信息使用者作决策过程中对信息的使用很大程度上与受托责任评价中的信息内容存在一致性。本研究将结合政府受托责任评价中对信息的具体应用，分析相关的决策应用。

政府综合财务报告的应用体系

政府综合财务报告使用者及其使用信息的目的，决定了他们需要怎样的财务信息以及如何应用这些财务信息实现相应的目的。下面结合上述目的进行具体应用体系的构建分析。

一、应用决算信息，评价财政受托责任

评价财政受托责任所借助的信息，过去是通过独立的决算报告取得，在有政府综合财务报告的情况下，信息使用者需要通过政府综合财务报告获得与总体评价和重要预算项目相关的信息，对于具体和细节的评价，则可通过独立的预算报告取得信息。

1. 政府实际收支结果与预算的比较，包括收入来源、支出用途符合预算限制与否、收入支出金额的实际与预算的比较是否存在差异，以及差异产生的原因说明。

2. 政府有关的收入、支出是否符合其他相关的法律法规和契约，例如，政府的非税收入的取得、债务发行规模是否符合国家的相关规定，债务本息的偿还是否符合相关的债务契约要求；政府的重要支出（如三公经费支出等）是否符合相关法律法规的规定；政府资金受到外界限定的情况等。

二、应用不同会计基础的信息，评价政府运营受托责任，约束、制定和调整决策计划

政府综合财务报告中的权责发生制资产负债表和收入费用表，提供了政府运营过程中使用全部经济资源的结果和过程信息。因此，使用者一方面可以全面评价运营责任的履行完成情况，另一方面，权责发生制信息提供了当前资源状况对未来政府服务潜能和风险的影响信息，使用者可以进行相关决策计划的编制和决策。

（一）评价受托资产的服务潜能，从政府层面制定资本类支出决策和管理措施

信息使用者需要评价政府资产的服务潜能大小，判断其未来提供服务的能力。通过对政府综合财务报告中政府不同性质资产的财务和非财务信息，可以评价相关资产提供服务的种类、规模和尚存的服务潜力。例如：货币资金的增加，有助于增强政府的偿债能力和财务安全性；储备物资的种类分布、数量和金额的变动对政府应急能力的影响。

固定资产和公共基础设施原值和净值的增加，能够提高政府未

来服务的能力，对外投资的变化，是否与政府国有企业功能定位和改革相关，是否有利于政府增强未来的公共服务能力。固定资产和公共基础设施的维护费用与折旧费用相比，是否在金额上大致匹配？是否存在异常的更新、维修和损失及其原因等。

自然资源的发现和出售情况、出售规模和出售价格是否合理？信息使用者除了评价出售价格的合理性以及对本期政府筹资能力的影响、政府支配这些资产所产生的现金流是否符合法律法规、符合社会总体的利益，更关注出售这些资源对后代可用资源总量的影响，甚至还包括对环境的影响等。文化遗产的数量和状态是否良好？

由于政府受托资产的服务潜力并不是用价值手段可以全面判断的，因此，对于受托资产服务潜能的评价，还需要大量使用非价值的数量信息，甚至是定性的信息。

政府综合财务报告的信息集合了各部门运行和管理活动的信息，在以综合财务报告为基础的决策体制和绩效评价体系的驱动下，必然要突破部门自身需要，处处以国家角度考虑其活动对评价政府整体活动的具体影响，需要从政府总体层面对资产的服务目的、资产总量、金额、服务效率、后期维护和折旧等财务和非财务信息进行分析和管理监督，在资本支出计划编制和未来的资产管理规划中充分考虑政府资产更新购置、处置变卖的合理性、维护的适时性以及这些资产项目对未来跨期的政府财力和政府财务安全性的影响等。

（二）评价政府财务安全性和持续性，支撑政府层面制定中长期融资规划

政府财务安全性，既涉及政府收支（费用）表所体现的支付能力，也涉及资产负债存量带来的债务压力和资产变现能力带来的存量保障。

信息使用者评价政府财务安全性和持续性时，需要全面应用政府综合财务报告中的政府整体实际或可能承担的债务的规模、偿还期限、用途等信息，结合债务资金使用可能带来的资产的服务潜力

和对未来经济的影响分析，评价政府当期债务产生的合理性；同时，通过报表数据预测政府实际的债务压力与财政政策所约束的债务压力的财务指标差异，获得政府未来使用债务融资的可能性的信息。将债务规模分析与债务压力分析结合，使用者可以预测政府未来财务资源的筹集能力，从而制定相应的融资政策措施，控制财政风险，降低未来的融资成本，避免财政危机。

政府内部管理者对实施资本项目的决策计划，将受到政府综合财务报告中提示的未来折旧、政府债务规模、偿债能力变动的影响，决策者可以应用政府权责发生制的财务信息约束政府谨慎制定未来的支出决策、筹资政策和决策，以合理安排滚动预算及中长期规划。

1. 应用流量信息评价政府财政安全性和持续性。收入支出信息体现政府现金资源的筹集和使用，可以用于分析政府当期现金流的产生途径和变化原因，据此对未来政府收入支出进行预测并可以反映政府短期财务安全程度。

权责发生制收入费用信息，体现政府运营活动中，各类资源筹集和消耗之间的期间配比，它强调政府运营当期所应取得的资源流入和所应承担的资源付出，对于不是为了当期运营所产生的资源流入和流出，则需要按照其权责归属的期间进行递延。信息使用者利用这类收支信息，可以非常清楚地评价政府当期活动对资源的获取及消耗的程度，而不会把为未来期间或世代提供服务的资源流入（如债务收入、预收款）或资源流出（如购置固定资产、基础设施）错误地由本期政府和民众承担。

权责发生制的收入是政府在期间内产生的导致净资产增加的资源流入。它不仅是政府提供服务的直接资金来源，以及偿还债务的直接资金来源，更重要的是与收付实现制的收入相比，权责发生制的收入反映政府取得的属于当期可用的资源，发行债务取得的现金流入、出售其他资产产生的现金流入（如出售土地、矿产资源、固定资产）都不会被确认为收入，对它的使用不会带来资源的耗竭或导致未来期间的负担。

对收入结构进行分析可以预测政府未来收入的可持续性，这类信息将广泛应用于使用者的各类决策。对决策有用，关键是区分政府资源流入中的可持续、可控制的部分（如税收收入）和不可持续、不可控制的部分（如转移收入、超过成本出售土地和自然资源的现金流入）。

利用权责发生制的收入金额及其内部结构，可以计算税收依存度、非税收入比重、政府间转移收入比重等关系政府收入稳定性的指标。

费用不同于支出，费用代表了政府本期提供服务所应承担的资源的耗费，这些耗费也许不是现金支出，但却是这一期间服务所应承担的成本。在我国，费用与支出最重要的差异是固定资产和公共基础设施计提的折旧费用，以及可能的资产处置带来的损失。这些指标对于分析固定资产和公共基础设施的可持续性具有非常重要的意义。如果能够结合披露的更新维护费用，可以通过计算折旧与维护费用的比值评价政府对固定资产和公共基础设施维护保养状况，更可以通过对重点资产处置的原因和结果的分析，评价政府的资本性投资决策是否存在问题。

信息使用者使用权责发生制下收入费用的差额——盈余或亏损数据，能够了解政府当期应该取得的收入是否能够覆盖当期提供服务应该承担的费用，如果连续产生亏损，尽管可能当期并未支付现金资源，但是表明过去和本期产生的收入不足支付本期的服务，因此动用了前期的积累或者是提前消耗了留给以后期间或未来世代的其他资源，政府可持续性会受到损害。

2. 应用资产存量评价政府财务安全性和持续性。信息使用者应用政府可变现或可获得持续流入的资产的种类、变现或获得现金流的周期、可能的变现金额或现金流入金额、资产数量和金额变动等信息，可以分析判断政府利用这些资产对当期和未来筹资能力产生怎样的影响。例如，金融资产可以为政府未来运营提供现金流，也可以用于偿还政府债务。因此，可以把金融资产与政府预计的运营资金消耗速度相比较，评价政府极端情况下的运营安全性；还可以与政府债务金额结合起来，分析政府短期内偿债的保障程度。

信息使用者应用受托资产损耗的信息，例如固定资产和公共基础设施的折旧数据，可以分析判断政府当期和未来实际和应该产生的潜在支出需要。这些都是信息使用者直接或间接影响政府制定未来的筹资政策和滚动预算、中长期规划的依据。

3. 应用债务存量评价政府财务安全性和持续性。政府负债是政府安全性的直接影响因素。债务的规模和债务周期分布以及债务变化的趋势，是信息使用者对政府财务安全性和未来服务的可持续性进行分析、债券评价机构对政府信用评级等所必需的信息。

（1）评价政府债务合理性。政府当期或过去的运行产生的债务，将导致未来的现金流出。为了判断政府债务是否是政府对未来资源的透支，信息使用者需要使用对政府债务的规模、偿还期限、用途等信息，结合债务资金使用可能带来的资产服务潜力分析，判断政府当期债务产生的合理性。

债务的规模和周期分布关系到政府未来偿债支出的预计。政府负债与政府相应资产的规模比较，比如在政府固定资产或基础设施资产中对应负债的资产类型及其是否产生现金流，是债券评级机构评级中要考虑的指标内容。

（2）评价政府债务的安全性。政府综合财务报告的使用者通过使用政府实际或可能承担的债务种类、债务规模、债务到期日、利率高低和支付方式等债务契约信息，尤其是其中金融债务的规模和比重、担保债务的规模和比重以及或有负债、社保基金缺口，可以预计政府未来期间的偿债资金流出金额和可能性；同时，通过比较政府实际的债务压力与财政政策所约束的债务压力指标的差异，可以获得政府未来使用债务融资的可能性。这两者结合，可以预测政府未来财务资源的筹集能力，从而制定相应的政策措施，控制财政风险，降低未来的融资成本，避免政府产生财政危机。

（三）评价政府资源消耗权责一致的运营绩效，支撑、约束资本支出决策

1. 评价政府财务运行结果对代际公平的影响。权责发生制下

收入费用信息，强调政府当期运营所应取得的资源流入和所应承担的资源流出；不是为了当期运营所产生的资源流入或流出，则需要按照其权责归属的期间予以递延反映。信息使用者利用该类信息，可以评价政府当期活动对资源的获取及消耗程度，从而有助于判断政府当期运营结果是否保持了代际公平。

一方面，信息使用者根据政府综合财务报告中权责发生制的费用信息，如折旧、摊销等，可以评价政府资产消耗的代际公平，并决定相关政策的制定或改变。政府受托管理了大量自用和公用的固定资产，它们需要维护和更新，如对自然资源的保护、长期资产折旧与维护等支出，如果为了当期利益而出现维护更新的拖延，则会对后代产生侵占。同样，债务无节制的增长，也会给后代造成偿债的负担。

另一方面，信息使用者需要通过收付实现制的结余及其产生原因，可以评价政府当期活动的财务结果是否危及政府的财务安全，如运营部分的赤字代表了对过去积累的财务资源的消耗，降低政府财政能力或者导致政府负债增加；而通过权责发生制下的盈余及其产生原因，可以评价本届政府和社会是否为以后的政府和社会积累了可用的资源。对结余或盈余变动趋势进行评价，为修订政策提供依据。

2. 计算完整运营成本，进行相关定价和资产管理。依赖于政府提供的区分服务对象和服务数量的公共服务或公共产品，政府通常要针对使用者进行收费。社会公众需要对收费的合理性进行监督和判断，以便作出是否同意收费的决策。

（1）计算单个项目产出或单位服务的实际成本。这些成本中包括按照项目或服务归集并分配合摊的项目执行期间或服务提供期间的人工费用、材料耗费、外购服务消耗、应该负担的固定资产的损耗（折旧）、无形资产的损耗（摊销）、自然资源消耗或损坏、相关的实物损失报废等，并最终计算出单个项目产出或单位服务的成本，通过与历史或政府同类业务或私人部门类似业务的单位成本进行比较，评价该项目或服务的效率。

（2）计算项目或服务产生的损失。当项目或服务因故终止，没有实现既定的目标时，项目或服务已有的成本就是最直接的项目损失。除此之外，由于与该项目或服务相关的其他项目或服务，如果因此受到影响而终止，则在评价该项目的损失时，对于这些配套或被配套项目的成本，应该记入整个项目的损失之中。

（3）计算保本业务量、边际成本等管理决策指标。当政府进行后续资本性投资规划时，现有项目的资产的固定成本与变动成本、业务规模、边际成本，甚至是作业成本等管理用财务指标，可以为现有项目资产是否充分使用提供数据分析和指导，并为类似资产的追加投资提供可行性的数据依据，约束政府自用资产的投资支出和后续的资产管理。

三、评价政府绩效，问责政府职能履行情况

（一）评价政府绩效

评估政府的努力程度、努力结果和努力效果，督促政府有效管理和使用公共资源已经成为政府履行受托责任的一个重要组成部分。前面提到的财政受托责任的履行和政府财务运行的结果，都只是政府财务绩效，并不能说明政府服务是否能够获得公众和其他委托人的满意。对政府服务的经济性、效率性和有效性，是评价政府服务绩效的核心。目前西方国家普遍采用的是“目标——成果”模式，政府服务的特性导致“目标——成果”模式的评价体系需要大量的非财务指标衡量服务的目标、服务提供的数量（产出）、服务产生的效果（有效性）。尽管项目或服务的效果通常不能用货币的形式衡量，但是对于政府活动中的经济性和效率性评价，财务信息仍具有重要的地位。

信息使用者对政府进行绩效评价，通常需要使用权责发生制财务信息完成上述两个方面的评价：

1. 评价政府活动的经济性。经济性指获得特定水平的投入时，使成本降到最低水平，也就是充分运用已有的资金取得最大量和最

大比例的成果[1]。对于政府发生特定投入的领域，财务信息可以提供有关投入的成本情况，即归集各项目发生的投入成本及其比较：

（1）在既定数量和性能前提下，资产或服务政府采购价格的经济性；

（2）在提供既定数量和质量的服务中，人员投入中各项费用构成的情况及经济性，比如人员数量和人员费用结构中是否存在不合理的耗费；

（3）既定项目服务或产品所占用物质资源的经济性，比如占用固定资产的规模、物资消耗的价值等。

2. 评价政府活动的效率性。效率性是政府的产出与所消耗的人力、物力等要素的比率[2]。政府综合财务报告的信息使用者可以通过政府既定项目或服务产出下所耗用的资源（单位服务成本）及其成本构成信息，例如政府行政成本、政府提供不同类型教育服务的成本、政府提供城市垃圾回收处理服务的成本等等，评价政府提供服务的效率状况。这些数据，在项目失败或者低效的情况下，成为评价损失的重要依据。

（二）以政府职能为导向问责

目前，我国政府某一职能的履行可能跨多个部门。在过去，每个部门都履行政府某一职能中的一个环节或一个部分，信息使用者无法从部门报告中得出该职能整体的完整履行成本和绩效。政府综合财务报告在打破政府部门间信息割裂状况的同时，也打破了政府职能履行中的部门分割壁垒，政府综合财务报告给信息使用者提供了评价政府某一职能履行绩效相关的完整信息，信息使用者可以分析评价他们所关注的某一职能项目的整体效果，而不是其对某一单位的个别效果，借助政府综合财务报告可以评价政府具体职能履行情况并据此问责。这样的评价和问责机制还能够促进政府努力推进部门或单位间职能履行的协作，避免推诿责任。

---

① 财政部会计准则委员会：《政府绩效评价与政府会计》，大连出版社 2005 年版。

② 财政部会计准则委员会：《政府绩效评价与政府会计》，大连出版社 2005 年版。

四、对政府整体进行信用评级，确定政府债券决策

社会公众对政府发行的债券通常要根据未来现金流的多少和风险程度决定购买与否。信用评级机构为社会公众的决策提供对政府及政府债券的信用评级信息，帮助社会公众确定政府债券应有的利率水平和具体的购买价格。政府债券潜在的投资者和信用评级机构都需要应用政府综合财务报告的信息，确定债券的级别，最终作出购买决策。本文以债券评价机构的评级过程分析作为信息使用者如何应用政府综合财务报告信息。

我国采用统一领导、分级管理的政府管理体制。尽管财政体系上采用一级政府一级财政，但是实际中上级政府对下级政府存在政策、人事、转移支付等资金上的控制和影响，因此在现实中，上级政府会对下级政府的财政安全起到背书的作用。在债券评级中，评级企业不仅需要发债本级的政府财务报告，还需要本级政府合并下面各级政府后的合并政府的财务报告，以了解政府全面的财务风险。

因此，实务中的政府债券评级更多的是对发债政府的政府信用评级。政府信用评级中，政府综合财务报告对债权人和信用评级公司而言非常重要：

1. 分析政府资产和净资产的金额信息评价政府业务规模；

2. 分析政府资产中可以变现或者能够在未来产生现金流资产的规模；

3. 分析政府负债的规模、负债所形成资产对负债的保障程度；

4. 分析政府预算收入支出信息中的收入和支出规模和结构，政府收支的平衡程度；

5. 分析政府预算收入支出的构成信息，评价政府收入来源的稳定性以及支出的刚性程度；

6. 分析政府现有的现金和现金流资源对债务的保障程度以及政府当前经济发展形成的资源对债务的间接保障程度。

满足应用要求的政府综合财务报告的特点和构成

一、政府综合财务报告的信息中“综合”的特点

（一）包括超出财务信息的大量非财务信息

由于政府区别于企业的众多特点，例如政府的服务没有市场价格、政府收入与政府的服务提供支出之间不存在直接的对应关系、政府的活动不能为资源提供者带来直接的经济利益、信息使用者无法用基于利润指标为中心的结果性财务数据来评估政府的责任和制定决策。他们对政府受托责任履行的评价和决策过程需要逐一考虑政府提供服务的整个过程的具体信息、全部资源具体使用的信息、各种财务状况信息等。相比企业信息使用者，他们所需要的细节要求更多[①]，不仅仅是财务报表及其详细的附注，还要包括与理解这些财务报表项目必须的经济政治社会背景信息、非财务的服务数量和质量信息等。

（二）既包括财务信息本身，也包括对财务信息的分析应用

在政府综合财务报告的应用者中，社会公众甚至是人大代表对政府财务信息的收集、理解和分析通常具有非常高的成本，他们通过投票、媒体方式监督、肯定或否定政府受托责任和绩效结果给个人带来的利益远远不能跟他们因此付出的成本相配比，因此，在各国都可能表现出公众对政府信息的漠然或较少的关注。但是，根据社会治理理论，只有公民积极参加共同治理，才能实现公民对政府的监督和对政治参与的热情，提高整个社会治理的质量。这种积极性发挥最重要的前提是政府财政透明，公民获取信息的成本越低，社会监督效率就越高，公众参与治理的积极性也越高[②]。

因此，即便在信息使用者没有提出更多或更具体的信息要求情况下，政府也有责任和义务为降低信息使用者的信息获取成本和信

① 财政部会计准则委员会：《政府绩效评价与政府会计》，大连出版社 2005 年版。

② 姚宝燕：《权责发生制政府会计改革问题研究——给予政府绩效治理的视角》，厦门大学出版社 2010 年版。

息使用成本，除了主动提供可能为他们方便使用的财务信息、对理解财务信息必要的经济信息之外，最好还提供帮助信息使用者便利应用信息的内容，促使更多的信息使用者能够参与到信息的应用之中。

从这个角度讲，政府有义务帮助信息使用者进行一系列必要的分析，在政府综合财务报告中提供可供参考的分析结果或结论。政府综合财务报告中不仅需要包括财务报表，更应该包括使用者可能需要的重要分析内容的参考性分析结果。

二、政府综合财务报告的“体系”特点

本研究认为，我国政府综合财务报告具有体系的特点，这里的体系有两层含义，一是内容报告上的体系，二是组织责任的体系。

（一）政府综合财务报告体系是以全面受托责任为主的报告体系

围绕政府财务报告使用者的使用目标和使用特点，国际上拓展政府财务报告信息容量的趋势已经越来越明显。国际公共部门会计准则委员会（IPSASB）《公共部门实体通用目的的财务报告概念框架》中认为，通用目的财务报告包括多角度报告，每个报告都可以更直接地针对财务报告目标的特定方面，以及在财务报告范围内的特定事项。

政府财务报告最重要的目标是全面受托责任评价，而信息使用者对于政府全面受托责任履行的评价目标，显然不是一份通用的财务报告可以全面容纳完成的。本研究认为，我国政府财务报告应是一套体系，以一份通用目的的政府综合财务报告为核心（其中包括财务报表及附注，同时披露围绕理解财务报表所需的各类财务和非财务信息、包括应用财务信息所进行的主要专题分析结论的汇总），在必要和可能条件下，以一系列针对全面受托责任评价中的某一具体目标为服务对象的单独报告为支持，为政府综合财务报告使用者的主要的受托责任评价内容提供充分的参考信息。这样构造的政府综合财务报告信息体系，可以避免政府通用目的的综合财务报告自身的信息超载，又可以满足信息使用者对政府综合财务报告内容的

深入理解和有效应用。

在政府综合财务报告体系的构建中，不必把决策有用的专门目的作为单独报告。原因在于：

1. 决策有用的目的大多数可以通过全面受托责任评价的相关信息来实现。

2. 信息使用者决策的内容非常广，只针对某一决策提供应用信息是不够的。

3. 政府债券和信用评级机构自身为专业机构，政府不必要为他们提供参考报告信息。

（二）政府综合财务报告及其体系是层层负责的组织责任体系

政府综合财务报告及其体系内的其他报告都是基于部门和单位财务报告及体系汇总得到的。如果没有部门和单位的相应报告内容，政府综合财务报告及体系内的其他报告很难编制。因此，政府综合财务报告及体系必须是一个层层负责的组织责任体系。

1. 政府、政府部门、政府单位都应提供成体系的财务报告。政府不仅仅对它的信息使用者提供通用的财务报告和一套政府层级的政府财务报告体系，它的部门和政府单位也应该按照政府财务报告体系的内容结构提供各自主体的财务报告和必要的单独报告。在我国，政府单位和政府部门是独立的法人机构，他们根据职能分工，承担政府不同的服务职能。信息使用者不仅仅会关注政府本级受托责任履行情况，对于不同服务的使用者，他们更多关注相关政府服务的提供过程，由于篇幅限制，这些内容在政府本级的财务报告中披露得较为概括，他们需要部门甚至政府单位提供相关的财务报告。

当然，政府部门和政府单位由于业务及业务规模的差异，对于是否提供针对信息使用者某一信息应用的单独报告，如单独的绩效报告或资产管理报告，可以酌情处理。如果该部门的某一服务非常特别，是部门或单位的主要业务，则以非独立报告的形式在单位的财务报告中披露相关的绩效信息。

2. 政府、政府部门、政府单位分别是其财务报告及体系的责任主体。政府综合财务报告与部门报告合称政府财务报告，是由政府部门财务报告层层汇总合并基础上生成的报告，因此从组织责任上看，政府综合财务报告及体系的责任主体是一级政府，而相应的生成该报告的各部门财务报告和各政府单位财务报告的责任主体是部门和单位本身。

明确政府综合财务报告及体系的责任主体是编制报告的相应的政府主体，包括一级政府、政府部门或政府单位，而不是具体编制报告的财政部门或财务部门。政府财务报告体现报告主体的受托责任履行，这种责任履行必须由整个政府主体来承担，具体到组织和个人，则是本政府主体的最高行政长官。只有这样的制度安排，才能保证和协调政府综合财务报告信息的生成、汇总的效率性，同时也保证整个会计系统对于各个资产、负债管理部门的管理约束。

例如，目前我国政府部门信息传递过程中，资产折旧信息必须由各部门或各单位的资产管理机构提供相应的基础资料，财政或财务部门才能进行折旧的核算。只有将政府综合财务报告的责任主体落实到政府主体及其最高行政长官的个人时，编制综合财务报告的财政或财务部门才能够获得相关部门的数据和业务配合。

三、政府综合财务报告体系的构成

（一）政府综合财务报告体系的内容

综上所述，我国综合政府财务报告体系应该是一个多层级的报告系统。从组织责任上说，部门和政府单位的财务报告体系共同支撑了政府综合财务报告体系，从内容上说，与政府全面受托责任相关的单独报告支撑了政府通用目的的政府综合财务报告。

根据前述的政府综合财务报告信息使用者对信息的应用内容，以及政府综合财务报告体系中的其他报告以全面受托责任为主提供的特点，我国政府综合财务报告体系可以由以下这些报告构成：

1. 政府综合财务报告。这是政府综合财务报告体系中的统领报告，它以财务报表及附注为核心，对信息使用者理解财务报表及附注提供背景说明和重要应用的参考分析结果。

政府综合财务报告的具体内容可以包括：

（1）概述。这部分实际上是政府对信息使用者关心的政府受托责任履行情况的背景介绍和简要的综合自我评价。信息使用者通过这部分的内容对政府受托责任履行的环境背景和主要履行情况进行综合了解和对政府自我评价进行再评价。

（2）财务报表和财务报表附注。

（3）财务状况分析。这部分是政府针对信息使用者对运营受托责任中的财务状况评价需要，为信息使用者提供的政府财务状况的总体分析，比如政府运行状况和政府财务安全性分析、政府重要资产和资源的管理维护状况、政府活动的代际公平状况等主要指标和分析结论。如果涉及政府的财务状况分析内容较多，可以再提供单独的报告。

（4）政府预算完成情况分析。这部分是政府针对信息使用者对财政受托责任评价的需要，为信息使用者提供有关政府预算执行数据与预算之间的差异，以及预算收入和预算支出的重点项目构成情况和变化。对于预算的细节内容，这里可以不再涉及。

（5）政府绩效分析。这部分是政府对于期间内政府的行政成本、重点项目和重要服务的绩效进行简要的分析说明。

（6）热点和专题分析。这部分没有固定的格式和方法要求，应针对当期重大环境变化或者信息使用者在某一阶段共同关注的政府受托责任专题，进行有针对性的专题分析，如可发债务规模预测分析、特殊债务风险分析、收益性固定资产的效率分析等以及前面几个部分中需要在本期单独重点说明的内容。

2. 决算报告。政府综合财务报告中应包括反映政府财务受托责任的信息，例如预算收入支出表及预算执行情况的简要说明。为了对这种责任履行有更全面的阐述，应特别提供单独的决算报告。

3. 政府财务状况报告。由于政府运营受托责任的内容非常多，因此必要的时候，可以单独披露政府财务状况报告，其中包括财务运营结果信息及相关评价、政府财务安全性分析、可持续性分析等财务状况分析的参考结论。如果部门或单位中这些内容不多，可以放在通用财务报告内披露。

4. 政府绩效报告。政府绩效报告是政府主体的绩效情况报告。除了总体绩效之外，对于特殊服务或特殊业务，可以考虑采用更具体的绩效报告来披露。在披露形式上有两种选择，一种是政府层级单独汇总各部门中有关该类服务的绩效信息，编制政府层级的专项绩效报告。这种方式适合分散在各部门的重大服务项目，例如公共基础设施服务和国有企业股权投资。另一种是利用单独披露的部门财务报告，不再另外编制单独的服务绩效报告。这种方式适合集中在一个部门的服务。由于大多数的服务是由某个部门集中提供，因此使用部门财务报告体系就可以支撑这部分信息的需要。

5. 专项报告。在我国现有状况下，建议在政府层面单独披露公共基础设施运营报告和国有企业股权投资报告。原因在于：一方面，如前所述，这两类资产的管理分散在不同部门，信息使用者通过部门财务报告体系无法看到政府该项服务的全貌；另一方面，这两部分金额重大、对经济和政府未来财务资源变动及服务能力变动影响巨大，信息使用者对他们的资产受托责任和运营绩效给予特殊的关注，他们需要通过有针对性的分析过程，评价这类重大资产的运营受托责任各个方面的履行情况。

（1）公共基础设施运营状况报告。政府公共基础设施运营状况评价建议包括以下内容：

①政府公共基础设施管理的分工情况、政府对公益性公共基础设施的投资和运营形式，如合资、国有还是委托经营？

②对政府公共基础设施的种类、实物数量、重要项目的使用寿命、预期未来的使用寿命、服务能力规模、价值金额的规模、变化进行披露和分析，说明满足用户需求的程度；

③对政府公共基础设施维护的情况、公共基础设施的完好率，重大的毁损等，说明保管责任的履行情况；

④对政府公共基础设施的更新维护的计划、资金需求情况，提供信息使用者对未来资源筹集和使用的预测信息；

⑤对政府公共基础设施重大投入金额和服务成本及其变化的说明，说明公共基础设施运营的经济性和效率性；

（2）国有企业股权投资运营情况报告。国有企业股权投资情况报告主要针对政府控制的非公益性国有企业，它们在政府通用财务报表中以“长期股权投资”的形式体现政府对它们的所有权。政府控制的公益性国有企业，主要业务通常是政府公共基础设施的运营和维护。这些内容，已经在公共基础设施运营状况报告中披露，因此这个报告中不再披露这些非公益性国有企业的运营情况。

公益性国有企业股权投资的运营情况，建议分析以下内容：

①政府国有企业股权投资的行业、本金、当前的账面价值和市场价值（如果有的话），如果财务报表上反映的是投资的历史成本，还应说明按照权益法计算这些投资的价值；

②政府国有企业股权投资当期的变动情况和变动原因；

③政府国有企业股权投资当期的增值情况、分红情况、投资收益指标分析；

④政府投资金额重大的国有企业名称、行业、各自的投资额和投资价值；

⑤政府国有企业的债务状况、重要国有企业的偿债能力分析说明、政府对这些国有企业重要债务事项所承担的责任；

⑥政府近期和未来对这些非公益性国有企业的投资政策及其可能的改变。

（二）政府综合财务报告体系的内部关系

未来我国政府较为完整的政府综合财务报告体系中各报告的内部关系如图1所示。

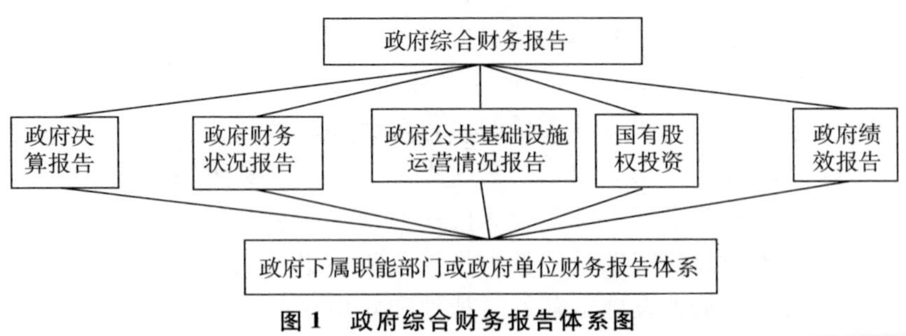

图1　政府综合财务报告体系图

（三）对政府长期可持续性报告的看法

对于国际上流行的长期可持续性报告，有的国家将其放在财务报告中，有的国家则把它单独报告。

政府长期可持续性预测主要基于对经济增长率、人口增长率、收入和支出以这些基本因素之间的变化关系，对政府未来 50 ~ 70 年长期内的负债增长或财政缺口进行预测。政府长期可持续性报告是对政府受托责任的一个补充，反映政府在现有环境趋势下，已有政策和财务状况对未来长期的可持续性的影响。本研究认为，近期我国政府财务报告中不宜纳入这部分长期预测信息。原因如下：

1. 尽管我国的信息使用者非常关注政府财政的可持续性，但是，目前对于政府的行为后果的分析还非常不充足，对长期预测性信息的关注首先让位于对使用历史数据进行的财务分析。各国经验也说明使用历史数据进行的财务分析在很大程度上能够对政府财政可持续性作出必要的预测和解释。

2. 长期可持续性预测需要基于较为复杂的经济模型，预测的准确性与关键假设的准确性密切相关，因此模型使用难度较高，我国有关学者刚开始相关模型的研究，还处在一个非常初级的学习层面，所以短期内不适合放入政府财务报告。

3. 尽管 IPSASB 认为这种预测信息同样适用于地方政府，但是当前国际上的政府长期可持续性预测的主体还是以国家为主体，尚未以地方政府为主体。这应该与信息使用者的需求紧迫性以及预测时很多参数主要与国家层面控制的政策制定因素有关。

所以，本研究建议，政府综合财务报告体系中暂缓对政府长期可持续性的说明或报告，等待相应的模型成熟以后，再考虑纳入政府综合财务报告体系。

政府综合财务报告应用的有效性前提

政府综合财务报告及其体系内的其他报告都是基于部门和单位财务报告体系汇总得到的。如果没有部门和单位的相应报告内容，政府综合财务报告及体系内的其他报告很难编制，因此，政府综合财务报告及体系必须是一个有法律法规保障、层层负责的组织责任体系。

一、政府、政府部门、政府单位应提供类似体系的财务报告

政府不仅对其信息使用者提供政府层面的政府财务报告体系，其部门和单位也应该按照政府财务报告体系的内容结构提供各自的财务报告和必要的单独报告。信息使用者不仅会关注政府本级受托责任履行情况，对于不同使用者，他们更会去关注相关政府服务的提供过程，这些内容在政府本级的财务报告中披露得较为概括，需要部门甚至政府单位提供相关的财务报告，如重大项目的财务报告等。

二、政府、政府部门、政府单位应是其财务报告及体系的责任主体

政府综合财务报告与部门报告合称政府财务报告，是由政府部门财务报告层层汇总合并基础上生成的报告。因此从组织责任上看，政府综合财务报告及体系的责任是一级政府，而相应的生成该报告的各部门财务报告和各政府单位财务报告的责任主体是部门和单位本身。不能因为综合财务报告是政府整体的财务报告而解除政府部门和单位对相关财务报告的责任。

三、制度保障政府综合财务报告的编制和应用嵌入政府管理各环节

政府综合财务报告是政府整体高度的汇总报告，要保证政府综合财务报告及分析应用的质量，需要政府全体部门、单位和人员的全面参与。一方面，需要政府整体设计的内部控制流程，明确每一个报告信息相应的生成单位或部门的业务管理与信息披露间的连带责任，规范政府财务报告基础数据生成、汇总、合并以及相应数据解释和文字说明编写的流转程序和具体方法。另一方面，必须有相应的法律法规和组织制度保障，确保政府预算编制、执行和监督的所有环节的具体职能部门、机构、人员能够参加到政府财务报告信息的提供和使用环节，提高财务报告分析和应用的专业性和针对性，避免综合财务报告的编制和分析仅仅由政府财政部门独家完成，在政府职能部门得不到重视和应用的现象。